北京大學《儒藏》編纂與研究中心 編

《儒藏》精華編選刊

四書集編（上）

〔南宋〕真德秀 撰

陳静 校點

北京大學出版社
PEKING UNIVERSITY PRESS

圖書在版編目 (CIP) 數據

四書集編：全二册 / (南宋) 真德秀撰；北京大學《儒藏》編纂與研究中心編. —北京：北京大學出版社，2023.8

(《儒藏》精華編選刊)

ISBN 978-7-301-33904-6

Ⅰ. ①四… Ⅱ. ①真… ②北… Ⅲ. ①四书–研究 Ⅳ. ① B222.15

中國國家版本館 CIP 數據核字 (2023) 第 065126 號

書　　名	四書集編 SISHU JIBIAN
著作責任者	〔南宋〕真德秀　撰 陳　静　校點 北京大學《儒藏》編纂與研究中心　編
策劃統籌	馬辛民
責任編輯	武　芳
標準書號	ISBN 978-7-301-33904-6
出版發行	北京大學出版社
地　　址	北京市海淀區成府路 205 號　100871
網　　址	http://www.pup.cn　　新浪微博：@ 北京大學出版社
電子郵箱	編輯部 dj@pup.cn　　總編室 zpup@pup.cn
電　　話	郵購部 010-62752015　發行部 010-62750672 編輯部 010-62756449
印 刷 者	三河市北燕印裝有限公司
經 銷 者	新華書店 650 毫米 ×980 毫米　16 開本　48.5 印張　589 千字 2023 年 8 月第 1 版　2023 年 8 月第 1 次印刷
定　　價	158.00 元（全二册）

目録

上冊

下册

校點説明

《四書集編》二十六卷，南宋真德秀撰。德秀（一一七八—一二三五）字景元，後更爲希元，建州浦城（今屬福建）人。慶元五年（一一九九）進士。召試學士院，遷秘書郎、起居舍人兼太常少卿。出爲江東轉運副使，歷知泉州、隆興、潭州。理宗即位，召爲中書舍人，擢禮部侍郎、直學士院，後進户部尚書，參知政事，提舉萬壽宫。端平二年（一二三五）卒，贈銀青光禄大夫，謚文忠，學者稱西山先生。明正統二年（一四三七）從祀孔廟，成化三年（一四六七）追封浦城伯。

真德秀著述頗豐，《四書集編》之外，還有《大學衍義》四十三卷、《讀書記》六十一卷、《心經》一卷、《政經》一卷、《西山文集》五十五卷，又編《文章正宗》二十卷，主張文章論理不論文，成文章談理一派，影響深遠。

德秀早歲從朱熹弟子詹體仁遊，爲朱熹再傳弟子，其學以朱熹爲宗。黄百家曰：「從來西山、鶴山並稱」，「兩家學術雖同出於考亭，而鶴山識力横絶，真所謂卓犖觀羣書者；西山則依門傍户，不敢自出一頭地，蓋墨守之而已。」闞文瑛《通志堂經解提要》稱：「惟能墨守，故是編無少旁雜」，「其得在此，其失亦在此也」。韓侂胄立僞學之名，罷逐理學家，朱熹之書皆禁絶。德秀慨然以斯文自任，講習而服行之。晚年侍讀，奏乞進讀朱熹《大學章句》、《或問》，理宗從之；又進言編類朱熹解注文字，以補經筵講授，帝嘉納之。德秀以尊崇朱學爲己任，故《宋史》本傳稱：「正學遂明於天下後世，多其力也。」朱熹畢生精力萃於四書，《章句》多出新意，《集注》參取舊文，亦多與先儒異。其所以去取之意，散見《或問》、《語類》、《文集》中，其間又多一時未定之説與門人記録失真之處，故先後異同重複顛舛，讀者往往病焉。德秀始採朱子語録附於《章句》、《集注》之下，又採程子、南軒之説，或間引他説，復附己見，以折衷訛異，爲《集編》。德秀自謂：「《大學》、《中庸》之書，至於朱子而理盡明，至予所編而説始備。雖從《或問》、《輯略》、《語類》中出，然銓擇刊潤之功亦多。」學者然之。

《四書集編》惟《大學》一卷、《中庸》一卷爲德秀手定。《大學章句序》後有題記一行：「寶慶三年八月丁卯後學真德秀編於學易齋」，是其成書年月也。據德秀子真志道咸淳七年（一二七一）序：「《大學中庸集編》，先公手所定也。」「《論語孟子集注》，雖已點校，而集編則未成。」咸淳九年劉才之序稱：「西山所編《中庸》、《大學》，本之朱子《集注》。」「惟《論》、《孟》二書闕焉。扣之庭聞，則云已經點校，但未編集。是《論》、《孟》固未嘗無成書也。一旦論諸堂上，學正劉樸谿承謂《讀書記》中所載《論》、《孟》處，與今所刊《中庸》、《大學》凡例同，其他如《文集》、《衍義》等書，亦有可采摭者。因勉其彙集成書。凡五閲月而帙就，又五閲月而刊畢。至是西山所編之四書爲大全。」據此，《四書集編》中《論語》十卷、《孟子》十四卷，皆劉承以德秀遺書補輯而成，而《四書集編》全書完成於咸淳九年，距真德秀卒時已三十八載。後六年而宋亡。

《四書集編》刊行於南宋末年。趙順孫《四書纂疏》博採諸家，列德秀所著諸書而不載《四書集編》，蓋其出最晚，順孫未之見。明《文淵閣書目》載：《四書集編》一部十八册，存黄字號第一橱，不載卷數。清初《千頃堂書目》卷三載：真德秀《四書集編》二十六卷。之後書録，多載爲二十六卷。

《四書集編》現存最早版本，是《通志堂經解》本。《通志堂經解》由徐乾學、納蘭成德合力編刊，初刻於康熙十九年（一六八〇），後有乾隆五十年（一七八五）補刊本、同治十二年（一八七三）粤東書局重刊本。通志堂本《四書集編》的底本，《通志堂經解目録》引何焯之説，稱「李中麓鈔本，惜未盡善」。李中麓，明李開先是也，中麓其號，嘉靖己丑（八年，一五二九）進士，官至太常寺卿。《明史·文苑傳》稱：「其性好蓄書，藏書之名聞天下。」王士禎《香祖筆記》曰：「李中麓太常藏書畫極富。」《蜀鑑》曰：「李中麓氏藏書百六十年未散，近始歸昆山徐宫贊健庵乾學。」足證何焯之説。

《四書集編》還有《四庫全書》本,《四庫全書總目提要》標明其版本來源是兩江總督採進本。通志堂本《大學章句序》後「寶慶三年八月丁卯後學真德秀編於學易齋」題記,不見於《四庫全書》本,則其所據,蓋不同於通志堂本矣。嘉慶年間,祝昌泰編《浦城宋元明儒遺書》,收書十四種,其中有《四書集編》(簡稱浦城遺書本),祖之望《四書集編後序》稱「從四庫借鈔付梓」,但浦城遺書本顯然據通志堂本校勘過,因爲《四庫全書》本與通志堂本之間的異文,浦城遺書本多從通志堂本而不同於《四庫全書》本。浦城西山祠編《真西山先生全集》,初刊於道光年間,現存「同治戊辰重鐫」本,其中《四書集編》,採用浦城遺書本。

中國國家圖書館還存有一部十二册一函的《四書集編》,無封面書名及其他刻板信息,國圖提供的出版信息爲「日本,清」,又稱其爲清代影印宋本。此本開本闊大,刻印極精美,版式格局、序言規模和分卷數目全同通志堂本。首頁欄框外右下有清初藏書家季振宜「季振宜讀書」印一方。

版本梳理表明,《四書集編》有通志堂本和《四庫全書》本兩個系統,其分卷略有不同,通志堂本二十六卷,《四庫全書》本析《大學》爲上、下兩卷,析《中庸》爲上、中、下三卷,因此,雖然《四庫全書總目》載《四書集編》二十六卷,但文本實際已析爲二十九卷。浦城遺書本稱《四書集編》二十九卷,《四庫全書簡明目録》亦載爲二十九卷,原因蓋在於此。

此次校點整理，以通志堂康熙十九年初刻本爲底本（簡稱通志堂本），以上海古籍出版社影印文淵閣《四庫全書》本爲校本（簡稱四庫本）。摛藻堂《四庫全書薈要》所録《四書集編》（簡稱四庫薈要本）據内府藏通志堂本繕録，又據宋劉才之、謝侯善諸本校訂，其先《大學》、次《論語》、次《孟子》而《中庸》殿後的文本順序，正是四書排序的早先規模，故此本可資校正底本和校本之訛。某些文義難通之處，還需核查相關典籍，如《二程全書》、《朱子語類》等加以校訂。凡於底本有所改變，均出校記予以説明並注明依據。《四書集編》原無目録，爲方便檢閲，以底本内容爲據編制目録，列於書前。《四庫全書·四書集編提要》有助於了解此書，故附於書後。

校點者　陳　静

四書集編序一

朱子四書，郡庠舊所刊也。自壬子水蕩之後，遂爲闕里一大欠事。近得西山所編《中庸》、《大學》，本之朱子《集注》，附以諸儒問辯，間又斷之以己意，會稡詳，采擇精，誠後學所願見者。已鋟之梓，爲衍其傳。惟《論》、《孟》二書闕焉。扣之庭聞，則云已經點校，但未編集。是《論》、《孟》固未嘗無成書也。一旦論諸堂上，學正劉樸谿承謂《讀書記》中所載《論》、《孟》處，與今所刊《中庸》、《大學》凡例同，其他如《文集》、《衍義》等書，亦有可采摭者。因勉其彙集成書。凡五閱月而帙就，又五閱月而刊畢。至是西山所編之四書爲大全。不惟有以成西山點校之初志，抑使天下學者得是書而讀之，皆曰自吾建學，始庶知沿流而遡源。夫豈小補云乎哉！咸寧九年至日後學迪功郎建洺掾劉才之謹序。❶

❶「咸寧」，宋無此年號，當爲「咸淳」之誤。《四庫提要》已改正。

四書集編序二

《大學中庸集編》，先公手所定也。公每晨起坐堂上，炷香開卷，必點校一章，從而演説其義。子姪皆立侍焉。既終篇，呼志道而前，告之曰：「《大學》、《中庸》之書，至於朱子而理盡明，至予所編而説始備。雖從《或問》、《輯略》、《語録》中出，然銓擇刊潤之功亦多，間或附以己見。學者儻能潛心焉，則有餘師矣。然又須先熟乎諸書，然後知予用功深，采取精，此亦自博而約之義也。」志道拜受此書，銘記於懷，於今三紀，不敢失墜。挈之郛居，間以語同志。而郡博士謝君聞之，來請甚勤，且曰：「刊之泮宫，俾家有其書，人傳其學，豈不公溥？」志道有感其言，遂出授之，且著其説於下方。使得此書者必深思而力踐之，斯爲善讀，庶亦不負謝君私淑之意。謝君，莆之名士，於斯道有聞，故於學政知所先務云。如《論語孟子集注》，雖已點校，而集編則未成。咸淳辛未季冬嗣子真志道謹識。

大學章句序

《大學》之書，古之大學所以教人之法也。蓋自天降生民，則既莫不與之以仁、義、禮、智之性矣。然其氣質之禀或不能齊，是以不能皆有以知其性之所有而全之也。一有聰明睿智能盡其性者出於其間，則天必命之以爲億兆之君師，使之治而教之，以復其性。此伏羲、神農、黄帝、堯、舜所以繼天立極，而司徒之職、典樂之官所由設也。

三代之隆，其法寖備，然後王宫、國都以及閭巷莫不有學。人生八歲，則自王公以下，至於庶人之子弟，皆入小學，而教之以洒埽、應對、進退之節，禮、樂、射、御、書、數之文；及其十有五年，則自天子之元子、衆子，以至公、卿、大夫、元士之適子，與凡民之俊秀，皆入大學，而教之以窮理、正心、修己、治人之道。此又學校之教、大小之節所以分也。

夫以學校之設，其廣如此，教之之術，其次第節目之詳又如此，而其所以爲教，則又皆本之人君躬行心得之餘，不待求之民生日用彝倫之外，是以當世之人無不學。其學焉者，無不有以知其性分之所固有，職分之所當爲，而各俛焉以盡其力。此古昔盛時所以治隆於上，俗美於下，而非後世之所能及也。

及周之衰，賢聖之君不作，學校之政不修，教化陵夷，風俗頹敗，時則有若孔子之聖，而不得君師之位以行其政教，於是獨取先王之法，誦而傳之，以詔後世。若《曲禮》、《少儀》、《内則》、《弟子職》諸篇，固小學之支流餘裔，而此篇者，則因小學之成功，以著大學之明法，外有以極其規摹之大，而内有以盡其節目之詳者也。三千之徒，蓋莫不聞其説，而曾氏之傳獨得其宗，於是作爲傳義，以發其意。及孟子没而其傳泯焉，則其書雖存，而知者鮮矣！

自是以來，俗儒記誦詞章之習，其功倍於小學而無用；異端虚無寂滅之教，其高過於大學而無實。其他權謀術數，一切以就功名之説，與夫百家衆技之流，所以惑世誣民、充塞仁義者，又紛然雜出乎其閒。使其君子不幸而不得聞大道之要，其小人不幸而不得蒙至治之澤，晦盲否塞，反覆沈痼，以及五季之衰，而壞亂極矣！

天運循環，無往不復。宋德隆盛，治教休明。於是河南程氏兩夫子出，而有以接乎孟氏之傳。實始尊信此篇而表章之，既又爲之次其簡編，發其歸趣，然後古者大學教人之法、聖經賢傳之指，粲然復明於世。雖以熹之不敏，亦幸私淑而與有聞焉。顧其爲書猶頗放失，是以忘其固陋，采而輯之，閒亦竊附己意，補其闕略，以俟後之君子。極知僭踰，無所逃罪，然於國家化民成俗之意、學者修己治人之方，則未必無小補云。淳熙己酉二月甲子新安朱熹序。

寶慶三年八月丁卯後學真德秀編於學易齋。

大學

大，舊音泰，今讀如字。

子程子曰：「《大學》，孔氏之遺書，而初學入德之門也。」於今可見古人爲學次第者，獨賴此篇之存，而《論》、《孟》次之。學者必由是而學焉，則庶乎其不差矣。朱子曰：學問須以《大學》爲先，次《論語》，次《孟子》，次《中庸》。《中庸》工夫密，規摹大。○今人讀書，且從易曉易解處去讀，如《大學》、《中庸》、《語》、《孟》四書，道理粲然，人只是不去看。若理會得此四書，何書不可讀，何理不可究，何事不可處也。○此書首尾具備，易以推尋。○今且須熟究一箇《大學》作間架，却以他書填補去。如此看得一兩書，便自占得分數多，却易爲力。聖賢之言難精，難者既精，則後面粗者却易曉。○《大學》一書，如行程相似，自某處到某處幾里，自某處到某處幾里，識得行程，須便行始得。若只讀得空殼子，亦無益也。○《大學》是一箇腔子，而今却要去填教實。如他説格物，自家須是去格物後，填教實著。如他説誠意，自家須是去誠意後，亦填教實著。○《大學》是修身治人底規摹，如人起屋相似，須先打箇地盤。地盤既成，則可舉而行之矣。○《大學》重處都在前面，後面工夫漸漸輕了，只是揩磨在。○今人却是爲人而學。某所以教諸公讀《大學》，且看古人爲學是如何，是理會甚底事。諸公願爲古人之學乎？願爲今人之學乎？○明德如八牕玲瓏。致知、格物，各從其所明處去。今人不曾做得小學工夫，一旦學大學，是以無下手處。今且當自持敬始，使端慤、純一、專静，然後能致知、格物。○《大學》揔説了，又逐段更説許多道理。聖賢怕有些子照管不到，節節覺察將去，到這裏有恁地病，到那裏有恁地病。○《大學》是爲學綱目，先通《大學》，立定綱領，其他經皆雜説在裏許。通得《大學》了，去看他經，方見得此是格物、致知事，此是正心、誠意事，此是修身事，此是齊家、治國、平天下事。○問：「讀《大學》如何？」答云：「稍通。方要讀《論語》。」先生曰：「且未要讀《論語》。《大學》稍通，正好著心精讀，如何便住却？讀此書功深，則用博。昔尹和靖見伊川，半年方得《大學》、《西銘》看。今人半年要讀多少書？某且要人讀此，是如何？緣此書却不多，而規摹周備。」○此一箇心，須每日提撕，令常惺覺，頃刻放寬，便隨物流轉，無復收拾。如今《大學》一書，豈在看他言語？正欲驗之於心，如何「如好好色，如惡惡臭」，試驗之吾心，好善惡惡，果能如此乎？「閒居爲不善，見君子則掩其不善而著其善」，是果有此乎？一有不致，則勇猛奮躍不已，必有長進處。今不知如此，則書自書，我自我，何益之有！○問《大學》。曰：「看聖賢説話，所謂坦然若大路然。止緣後來人説得崎嶇，所以聖賢意思難見。」○聖人不令人懸空窮理，須要格物者，是要人就那上見得道理破，便實。只如《大學》一書，有正經，有解，有《或問》。看來看去，不用《或問》，只看注解便了。久之，又只看正經便了。又久之，自有一部《大學》在我胷中，而正經亦不用矣。然不用某許多工夫，亦看某底不出。不用聖賢許多工夫，亦看聖賢底不出。○問朱敬之：「有異聞乎？」曰：「得一日，教看《大學》，曰：『我平生精力盡在此書。先須通此，方可讀他書。』」○横渠云：「如《中庸》、《大學》，直須句句理會過，使其言互相發明。」今讀《大學》亦然。某年十七八時讀《中庸》、《大學》，每早起，須誦十遍。今《大學》可且熟讀。

大學之道，在明明德，在親民，在止於至善。程子曰："親，當作『新』。"〇大學者，大人之學也。明，明之也。明德者，人之所得乎天，而虛靈不昧，以具衆理而應萬事者也。但爲氣稟所拘，人欲所蔽，則有時而昏。然其本體之明，則有未嘗息者。故學者當因其所發而遂明之，以復其初也。新者，革其舊之謂也。言既自明其明德，又當推以及人，使之亦有以去其舊染之污也。止者，必至於是而不遷之意。至善，則事理當然之極也。言明明德、新民，皆當止於至善之地而不遷。蓋必其有以盡夫天理之極，而無一毫人欲之私也。此三者，大學之綱領也。〇或問："大學之道，吾子以爲大人之學，何也？"曰："此對小子之學言之也。"曰："敢問其爲小子之學，何也？"曰："愚於序文已略陳之，而古法之宜於今者，亦既輯而爲書矣。學者不可以不之考也。"曰："吾聞君子務其遠者大者，小人務其近者小者。今子方將語人以大學之道，而又欲其考乎小學之書，何也？"曰："學之大小，固有不同，然其爲道則一而已。是以方其幼也，不習之於小學，則無以收其放心，養其德性，而爲大學之基本。及其長也，不進之於大學，則無以察夫義理，措諸事業，而收小學之成功。是則學之大小所以不同，特以少長所習之異宜，而有高下、深淺、先後、緩急之殊，非若古今之辨，義利之分，判然如薰蕕、冰炭之相反而不可以相入也。今使幼學之士，必先有以自盡乎洒埽、應對、進退之閒，禮、樂、射、御、書、數之習，俟其既長，而後進乎明德、新民，以止於至善。是乃次第之當然，又何爲而不可哉？"曰："幼學之士，以子之言而得循序漸進，以免於躐等陵節之病，則誠幸矣。若其年之既長而不及乎此者，欲反從事於小學，則恐其不免於扞格不勝、勤苦難成之患；欲直從事於大學，則又恐其失序無本，而不能以自達也。則如之何？"曰："是其歲月之已逝者，則固不可得而復追矣。若其功夫之次第條目，則豈遂不可得而復補邪？蓋吾聞之，敬之一字，聖學所以成始而成終者也。爲小學者不由乎此，固無以涵養本原，而謹夫洒埽、應對、進退之節與夫六藝之教。爲大學者不由乎此，亦無以開發聰明，進德修業，而致夫明德、新民之功也。是以程子發明格物之道，而必以是爲説焉。不幸過時而後學者，誠能用力於此以進乎大，而不害兼補乎其小，則其所以進者，將不患於無本而不能以自達矣。其或摧頹已甚，而不足以有所兼，則其所以固其肌膚之會、筋骸之束，而養其良知良能之本者，亦可以得之於此，而不患其失之於前也。顧以七年之病，而求三年之艾，非百倍其功，不足以致之也。若徒歸咎於既往，而所以補之於後者又不能以自力，則吾見其扞格勤苦日有甚焉，而身心顛倒，眩瞀迷惑，終無以爲致知力行之地矣，况欲有以及乎天下國家也哉！曰：「然則所謂敬者，又若何而用力邪？」曰：「程子於此，嘗以『主一無適』言之矣，嘗以『整齊嚴肅』言之矣。至其門人謝氏之説，則又有所謂『常惺惺』法者焉。尹氏之説，則又有所謂『其心收斂，不容一物』者焉。觀是數説，足以見其用力之方矣。」曰：「敬之所以爲學之始者然矣，其所以爲學之終也，奈何？」曰：「敬者，一心之主宰，而萬事之本根也。知其所以用力之方，則知小學之不能無賴於此以爲始。知小學之賴此以始，則夫大學之不能無賴乎此以爲終者，可以一以貫之而無疑矣。蓋此心既立，而由是格物、致知以盡事物之理，則所謂『尊德性而道問學』；由是誠意、正心以修其身，則所謂『先立其大者，而小者不能奪』；由是齊家、治國以及乎天下，則所謂『修己以安百姓』，『篤恭而天下平』，是皆未始一日而離乎敬也。然則敬之一字，豈非聖學始終之要也哉！」○曰：「然則此篇所謂『在明明德，在親民，在止於至善』者，亦可得而聞其説之詳乎？」曰：「天道流行，發育萬物，其所以爲造化者，陰陽五行而已。而所謂陰陽五行者，又必有是理而後有是氣，及其生物，則又必因是氣之聚而後有是形。故人物之生，必得是理，然後有以爲健、順、仁、義、禮、智之性；必得是氣，然後有以爲魂魄、五臟、百骸之身。❶周子所謂『無極之真，二五之精，妙合而凝』者，正謂是也。然以其理而言之，則萬物一原，固無人物貴賤之殊。以其氣而言之，則得其正且通者爲人，得其偏且塞者爲物，是以或貴或賤而不能齊也。彼賤而爲物者，既梏於形氣之偏塞，而無以充其本體之全矣。惟人之生乃得其氣之正且通者，而其性爲最貴，故其方寸之間，虛靈洞澈，萬理咸備。蓋其所以異於禽獸者正在於此，而其所以可爲堯、舜而能參天地以贊化育者，亦不外焉，是則所謂明德者也。然其通也，或不能無清濁之異，其正也，或不能無美惡之殊，故其所賦之質，清者智而濁者愚，美者賢而惡者不肖，又有不能同者。必其上智大賢之資乃能全其本體，而無少不明。其有不及乎此，則其所謂明德者，已不能無蔽而失其全矣。況乎又以氣質有蔽之心，接乎事物無窮之變，則其目之欲色，耳之欲聲，口之欲味，鼻之欲臭，四肢之欲安佚，所以害乎其德者，又豈可勝言也哉！二者相因，反覆深固，是以此德之明，日益昏昧，而此心之靈，其所知者不過情欲利害之私而已。是則雖曰有人之形，而實何以遠於禽獸？雖曰可以爲堯、舜而參天地，而亦不能有以自充矣。然而本明之體得之於天，終有不可得而昧者，是以雖其昏蔽之極，而介然之頃，一有覺焉，則即此空隙之中，而其本體已洞然矣。是以聖人施教，既已養之於小學之中，而後開之以大學之道。其必先之以格物致知之說者，所以使之即其所養之中而因其所發，以啓其明之之端也。

---

❶「魂」，原誤作「魄」，今據四庫本改。

繼之以誠意、正心、修身之目者，則又所以使之因其已明之端而反之於身，以致其明之之實也。夫既有以啓其明之之端，而又有以致其明之之實，則吾之所得於天而未嘗不明者，豈不超然無有氣質物欲之累，而復得其本體之全哉！是則所謂明明德者，而非有所作爲於性分之外也。然其所謂明德者，又人人之所同得，而非有我之所得私也。向也俱爲物欲之所蔽，則其賢愚之分固無以大相遠者。今吾既幸有以自明矣，則視彼衆人之同得乎此而不能自明者，方且甘心迷惑没溺於卑汙苟賤之中而不自知也，豈不爲之惻然而思有以救之哉！故必推吾之所自明者以及之，始於齊家，中於治國，而終及於平天下，使彼有是明德而不能自明者，亦皆有以自明，而去其舊染之汙焉。是則所謂新民者，而亦非有所付畀增益之也。然德之在己而當明，與其在民而當新者，則又皆非人力之所爲，而吾之所以明而新之者，又非可以私意苟且而爲也。是其所以得之於天而見於日用之間者，固已莫不各有本然一定之則。程子所謂『以其義理精微之極，有不可得而名者，故姑以至善目之』，而《傳》所謂君之仁、臣之敬、子之孝、父之慈、與人交之信，乃其目之大者也。衆人之心，固莫不有是，而或不能知。學者雖或知之，而亦鮮能必至於是而不去。此爲大學之教者，所以慮其禮雖粗復而有不純，己雖粗克而有不盡，且將無以盡夫修己治人之道，故必指是而言，以爲明德、新民之標的也。欲明德而新民者，誠能求必至是而不容其少有過不及之差焉，則其所以去人欲而復天理者，無豪髮之遺恨矣。大抵《大學》一篇之指，總而言之，不出乎八事，而八事之要，總而言之，又不出乎此三者，此愚所以斷然以爲《大學》之綱領而無疑也。然自孟子没而道學不得其傳，世之君子各以其意之所便者爲學，於是乃有不務明其明德，而徒以政教法度爲足以新民者；又有愛身獨善，自謂足以明其明德而不屑乎新民者；又有略知二者之當務，顧乃安於小成，狃於近利，而不求止於至善之所在者，是皆不考乎此篇之過。其能成己成物而不謬者鮮矣。」○天之賦於人物者，謂之命。人與物受之者，謂之性。主於一身者，謂之心。有得於天而光明正大者，謂之明德。○明德未嘗息，時時發見於日用之閒，如見非義而羞惡，見孺子入井而惻隱，見尊賢而恭敬，見善事而歎慕，皆明德之發見也。如此推之極多，但當因其所發而推廣之。○明德者，人之所得乎天而虛靈不昧，以具衆理而應萬事者也。禪家則但以虛靈不昧者爲性，而無以具衆理以下之事。○問：「德是心中之理否？」曰：「便是心中道理，光明鑒照，豪髮不差。」○此明德是天之予我者，莫令汙穢，常有以明之。○學者須是爲己。聖人教人，只在《大學》第一句「明明德」上。以此立心，則如今端容貌，亦爲己也；讀書窮理，亦爲己也；做得一件事是實，亦爲己也。聖人教人持敬，只是須著從這裏説起。其實若知爲己後，則自然著敬。○爲學只在「明明德」一句。君子存之，存此而已；小人去之，去此而已。一念竦然，自覺其非，便是明之之端。○《大學》「在明明德」一句，當常常提撕。能如此，便有進步處。蓋其原自此發見，人只一心爲本，存得此心，於事物方知有脉絡貫通處。○在明明德，須是自家見得這物事光明燦爛，常在目前始得。○或以「明明德」譬之磨鏡。曰：「鏡猶磨而後明，若人之明德則未嘗不明。雖其昏蔽之極，而其善端之發終不可絶。但當於其所發之端而接續光明之，令其不昧，則其全體大用可以盡明。且如人知己德之不明而欲明之，只這知其不明而欲明之者，便是明德，就這裏便明將去。○明德是自家心中許多道理在這裏，本是箇明底物事，初無暗昧，如羞惡、是非、辭遜、惻隱，皆欲自家心裏出來，觸著那物，便有那箇物出，何嘗不明？緣爲物欲所蔽，故其明易昏。如鏡本明，被外物點汙，則不明了，少間磨了，則其明又能照物。

○問：「明德章句，自覺胷中甚昧。」先生云：「這明德亦不甚昧。如羞惡、是非、惻隱、辭遜，此是心中原有此等物，發而爲惻隱，這便是仁；發而爲羞惡，這便是義；發而爲辭遜、是非，便是禮、智。看來這箇亦不是甚昧，但恐於義理差誤處有似是而非者，未能分別耳。」○問「在明明德」云云。曰：「不消如此説，只要著實去體察，行之於身。須是真箇明得這明德是怎生地明，是如何了得它虛靈不昧，須是真箇不昧，具得衆理，應得萬事。只恁地説，不濟得事。」又曰：「如格物、致知、誠意、正心、修身五者，皆明明德事。格物、致知，便是要知得分明。誠意、正心、修身，便是要行得分明。若是格物、致知有所未盡，便是知得這明德未分明。意未盡誠，便是這德有所未明。心有不正，則德有所未明。身有不修，則德有所未明。須是意不可有頃刻之不誠，心不可有頃刻之不正，身不可有頃刻之不修，這明德方常明。」或曰：「所謂明德，工夫也只在讀書上。」曰：「固是在讀書上，然亦不專是讀書，事上也要理會。書之所載者，固要逐件理會。也有書所不載，而事上合當理會者；也有古所未有底事，而今之所有當理會者，極多端。」○「學者當因其所發而遂明之，是如何？」曰：「人固有理會得處。如孝於親，友於弟，如水之必寒，火之必熱，不可謂他不知。但須去致極其知，因那理會得底，推之於理會不得底，自淺以致深，自近以致遠。」○明德，謂本有此明德也。孩提之童，無不知愛其親，及其長也，無不知敬其兄。其良知良能，本自有之，只爲私欲所蔽，故暗而不明。所謂「明明德」者，求所以明之也。譬如鏡焉，本是箇明底物，緣爲塵昬却，故不能照，須是磨去塵垢，然後鏡明。○問：「明德而不能推之以新民，可謂是自私？」曰：「德既明，自然是著新民。然亦有一種人不如此，此便是釋老之學。這箇道理，人人有之，不是自家可專獨之物。既是明得此理，須當推以及人，使各明其德。豈可説我自會了，我自樂之，不與人共。」○至善只是十分是處。○至善猶今人言極好。○凡曰善者，固是好，然方是好，未是極好處。必到極處，便是道理十分盡頭，無一豪不盡，故曰至善。○至善是極好處。且只如孝，冬温夏凊，❶昏定晨省，雖然是孝底事，然須是能聽於無聲，視於無形，方始得，是盡得所謂孝。○問：「《章句》中解『止』字，云『必至於是而不遷』，如何？」曰：「未至其地而求其至，既至其地，則不當遷動而之他也。」○問「在止於至善」至善者。先生云：「事物當然之極也。」「恐與伊川説『艮其止，止其所也』之義一。同謂『夫有物必有則』。如父止於慈，子止於孝，君止於仁，臣止於敬，萬物庶事莫不各得其所。得其所則安，失其所則悖』。所謂止其所者，即止於至善之地也。」先生云：「只是如此。」○孩提之童，無不知愛其親，及其長也，無不知敬其兄，此良心也。良心便是明德。○問：「何謂明德？」先生曰：「我之所得以生者，有許多道理在裏，其光明處乃所謂明德也。明明德者，是指全體之妙，下面許多節目，皆是靠明德做去。」又問：「既曰明德，又曰至善，何也？」先生曰：「明得一分，便有一分。明得十分，便有十分。明得十分，乃是極至處也。」又曰：「明德是下手做，至善是行到極處。」○問：「明德、至善，莫是一箇否？」曰：「至善是明德中有此極至處。如君止於仁，臣止於敬，父止於慈，子止於孝，與國人交止於信，此所謂『在止於至善』。又當知所謂如何而爲止於仁，如何而止於敬，如何而止於慈、孝、與國人交之信，這裏便用究竟一箇下工夫處。」曰：「止，莫是止於此而不過否？」曰：「固是。過與不及，皆不濟事。仁、敬、慈、孝，誰能到得這裏？聞有

❶「凊」，原誤作「清」，今據四庫本改。下文不再出校。

不及者矣，未聞有過於此者也。」○問：「新民如何止於至善？」答曰：「事事皆有至善處，己也要止於至善，人也要止於至善。蓋天下只是一箇道理，在他雖不能，在我之所以望他者，則不可不如是也。」○問：「《大學》至善，不是明德外别有所謂善，只就明德中到極處便是否？」曰：「是也。明德中也有至善，新民中也有至善，皆要使到那極處。❶至善隨處皆有，修身中也有至善，亦要到那盡處；齊家中也有至善，皆要到那盡處。至善只是以其極言，不特是理會到極處，做亦要做到極處。」○韓文公謂「軻之死，不得其傳」，自秦漢以來豈無人？亦只是無那至善，見不到十分極好處，做亦不做到十分極處。○明德是我得之於天，而方寸中光明底物事，統而言之，仁、義、禮、智；以其發見而言之，如惻隱、羞惡之類；其見於實用而言之，如事親從兄是也。如此等德，不待自家明之，但從來爲氣稟所拘，物欲所蔽，而此等德一向暗昧，更不光明。而今却在挑剔揩磨出來，以復向來得之於天者，此便是「明明德」。我既是明得箇明德，見他人爲氣稟物欲所昏，自家豈不惻然，欲有以新之，使之亦如我挑剔揩磨，以革其向來氣稟物欲之昏，而復其得之於天者，此便是「新民」。然明德、新民，初非是人力私意所爲，本有一箇當然之則，過之不可，不及亦不可。且以孝言之：孝是明德，然亦自有當然之則，不及則固不是，若是過其則，必有刲股之事。須是要到當然之則田地而不遷，此方是「止於至善」。○欲新民而不止於至善，是不以堯之所以治民者治民也。「明明德」是欲去長安，「止於至善」是已到長安也。○明德、新民，皆當止於極好處。止之爲言，未到此處便住，不可謂止；到得此而不

---

❶「使」，原誤作「便」，今據四庫本改。

得守，亦不可言止。止者，止於是而不遷之意。或問：「明明德是自己事，可以做得到極好處。若新民，則在人，如何得他極好處？」曰：「且教自家先明得盡，然後漸民以仁，摩民以義，如孟子所謂『勞之、來之、匡之、直之、輔之、翼之，又從而振德之』，如此變化，他自然解到極好處。」○先生問友仁曰：「公近日看《大學或問》，如何？」曰：「粗曉其義，但恐未然。」先生舉一二處令友仁說。先生曰：「如何是收其放心，養其德性？」曰：「放心者，或心起邪思，意有妄念，耳聽邪言，目觀亂色，口談不道之言，至於手足動之不以禮，皆是放也。收者，便於邪思妄念處截斷不續，至於耳目言動皆然，此乃謂之收。既能收其放心，德性自然養得，不是收放心之外，又養箇德性也。」先生曰：「看得也好。」○問：「《或問》『以七年之病，求三年之艾，非百倍其功，不足以致之』，人於已失學後，須如此勉强奮勵，方得。」曰：「失時而後學，必著如此，趲補得前許多欠闕處。『人一能之，己百之；人十能之，己千之。』若不如是，悠悠度日，一日不做得一日工夫，只見没長進，如何要填補前面。」○今人不曾做得小學工夫，一旦學大學，是以無下手處。今且當自持敬始，使端的、純一、静專，然後能致知、格物。敬字是徹頭徹尾工夫，自格物、致知，至治國、平天下，皆不外此。○問《或問》中「健、順、仁、義、禮、智之性」。曰：「此承上文陰陽五行而言。健，陽也。順，陰也。四者，五行也。分而言之，仁禮屬陽，義智屬陰。」○問：「《或問》説仁、義、禮、智之性，添『健順』字如何？」曰：「此健順只是那陰陽之性。」○問：「氣則有清濁，而理則一同，如何？」曰：「固是如此。理者如一寶珠，在聖賢則如置在清水中，其輝光自然發見。在愚不肖者如置在濁水中，須是澄去泥沙，則光方可見。至如萬物，亦有此理，天何嘗不將此理與他？只爲氣昏塞，如置寶珠於濁泥中，不復可見。然物類中亦有知君臣母子、知祭知時者，亦是其中有一線明處。然而不能如人者，只爲他不能克治耳。」○曰：「天地之氣，有清有濁，若值得晦暗昏濁底氣，這便稟受得不好了。既是如此，又加以應接事物，逐逐於利欲，故本來明德，只管昏塞了。故《大學》必教人如此用工，到後却會復得初頭渾全底道理。」○問：「《或問》中『介然之頃，一有覺焉，則其本體已洞然矣』，須是就這些覺處，便致知充廣將去。」曰：「然。如擊石之火，只是些子，纔引著，便可以燎原。若必欲等大覺了，方去格物致知，如何等得？那箇覺是物格知至了，人徹悟到恁地時，事都了。若是介然之覺，一日之閒，其發也無時無數，只要人識認得，操持充養將去。」○問程子「以其義理精微之極，始以至善目之」之語。曰：「大抵至善只是極好處。十分端正恰好，無一豪不是處，無一豪不到處。且如事君，必當如舜之所以事堯，而後唤做敬。治民，必當如堯之所以治民，而後唤做仁。不獨如此，凡事皆有箇極好處。」○至善只是明德極盡處。至纖至悉，無所不盡。○至善，便如今人説極是。且如説孝，孟子説「博奕好飲酒，不顧父母之養」，此是不孝。到得會奉養其親，也似煞强得這箇，又須看如曾子之養志，而後爲能養。這又似好了，又當如所謂「先意承志，諭父母於道，不遺父母惡名」，使國人稱，須道「幸哉有子如此」方好。○自謂能明其德而不屑乎新民者，如佛老便是。不務明其明德而以政教法度爲足以新民者，如管仲之徒便是。略知明德、新民而不求止於至善者，如前日所論王通便是。如此看他於己分上亦甚修飭，其論爲治本末亦有條理，甚有志於斯世。只是規摹淺狹，不曾就本原上著功，便做不徹。須是無所不用其極，方始是。看古之聖賢别無用心，只這兩者是喫緊處。「明明德」，便欲無一豪私欲。「新民」，便欲人於事事物物上皆是當。

知止而后有定，定而后能静，静而后能安，安而后能慮，慮而后能得。后，與後同。後做此。○止者，所當止之地，即至善之所在也。知之，則志有定向。静，謂心不妄動。安，謂所處而安。慮，謂處事精詳。得，謂得其所止。**物有本末，事有終始，知所先後，則近道矣。**明德爲本，新民爲末。知止爲始，能得爲終。本始所先，末終所後。此結上文兩節之意。○問云云何也。曰：「此推本上文之意，言明德、新民，所以止於至善之由也。蓋明德、新民，固皆欲其止於至善，然非先有以知夫至善之所在，則不能有以得其所當止者而止之。如射者固欲其中夫正鵠，然不先有以知其正鵠之所在，則不能有以得其所當中者而中之也。知止云者，物格知至，而於天下之事皆有以知其至善之所在，是則吾所當止之地也。能知所止，則方寸之閒事事物物皆有定理矣。理既有定，則無以動其心而能静矣。心既能静，則無所擇於地而能安矣。能安，則日用之閒從容閒暇，事至物來，有以揆之而能慮矣。能慮，則隨事觀理，極深研幾，無不各得其所止之地而止之矣。然既真知所止，則其必得所止固已不甚相遠，其閒四節，蓋亦推言其所以然之故。有此四者，非如孔子之志學以至從心，孟子之善信以至聖神，實有等級之相懸，爲終身經歷之次序也。」○定以理言，故曰有。静以心言，故曰能。○定静之説：定是理，静在心。既定於理，心便會静。若不定於理，則此心只是東走西走。○安只是無䡇兀之意，才不紛擾，便安。問：「如此則静與安無分别？」先生曰：「此二字自有淺深。」○静是就心上説，安是就身上説。○能安者，以地位言之也。在此則此安，在彼則彼安，在富貴亦安，在貧賤亦安。○能安者，隨所處而安，無所擇地而安。能慮，是見於應事處能慮。○慮是思之重復詳審者。○慮是研幾。○「『安而後能慮』，不審此一句如何？」先生曰：「若不如此，則自家先已紛擾，安能慮？」○問：「《大學》知止章中所謂定、静、安，終未深瑩。」先生曰：「知止只是識得一箇去處。既已識得，即心中便定，更不他求。如求之彼，又求之此，即是未定。『定而后能静，静而后能安』，此亦相去不遠，但有淺深耳。與《中庸》動、變、化相類，皆不甚相遠。」○《大學》定、静、安，頗相似。定謂所止各有定理，静謂遇物來能不動，安謂隨所寓而安。安蓋深於静也。○問「安而後能慮」。曰：「先是自家心安了，有些事來方始思量區處得當。如今人先是自家這裏鶻突了，到事來便都區處不下，既欲爲此，又欲若彼，既欲爲東，又欲向西，便是不能慮。然這也從知止説下來，若知其所止，自然如此，這却不消得工夫。若知所止，如火之必熱，如水之必深，如食之必飽，如飲之必醉，若知所止，便見事事決定是如此，決定著做到如此地位，欠闕些子便自住不得。且如説『事父母能竭其力，事君能致其身』，人多會説得過，只是多不曾見得決定著竭其力處，決定著致其身處。若決定見得著如此，看如何也須要到竭其力處，須要到致其身處。且如而今事君，若不見得決定著致其身，則在内親近，必不能推忠竭誠，有犯無隱；在外任使，必不能展布四體，有殞無二。『無求生以害仁，有殺身以成仁』，這若不是見得到，如何會恁地？」○知止只是知有這箇道理也，須是得其所止方是。若要得其所止，直是能慮方得。能慮，却是緊要。知止，如知爲子而必孝，知爲臣而必忠。能得，是身親爲忠孝之事。若徒知這箇道理，至於事親之際，爲私欲所汩，不能盡其孝；事君之際，爲利禄所汩，不能盡其忠，這便不是能得矣。能慮，是見得此事合當如此，便如此做。○問：「知止矣，如何於此復説能慮？」先生曰：「既知此理，更須是審思而行。且如知孝於事親，須思所以爲事親之道。」○問「知止而後有定」。答曰：「須是灼然知得物理當止之處，心自會定。」又問：「上既言知止了，何更待慮而後能得？」答曰：「知止是知事事物物各有其理，到慮而後能得處，便是得所以處事之理。」○問：「知止便是知至否？」

曰：「知止就事上説，知至就心上説。知止，知事之所當止。知至，則心之知識無不盡。」又問「知止」、「能慮」之別。曰：「知止是知事物所當止之理，到得臨事，又須研幾審處，方能得所止。」○問：「知與得，如何分別？」曰：「知只是方知，得便是在手。」○知者，知其所止。得者，得其所止。○問：「知止至能得，其間有工夫否？」曰：「有次序，無工夫。纔知止，自然相因而見。只知止處，便是工夫。」○定對動而言。初知所止，是動底方定，方不走作，如水之初定。静則定得來久，物不能撓，處山林亦静，處廛市亦静。安則静者廣，無所適而不安。静固安，動亦安，看處甚事皆安然不撓。安然後能慮，今人心中摇漾不定疊，還能處得事否？慮者，思之精審也。人之處事於叢冗急遽之際而不錯亂者，非安不能。聖人言雖不多，及至推出來，便有許多説話，在人細看之耳。○問：「知止、得止，莫稍有差別否？」曰：「然。知止是如射者之於的，得止是已中其的。」○或又問：「何故知止而定、静、安了，又復言慮？」曰：「且如『可以予，可以無予；可以取，可以無取；可以死，可以無死』，這上面有幾許商量在。」○問《大學》知止能得一段。先生曰：「只是這箇物事，滋長得頭面自各別，今未要理會許多次第，且要先理會箇知止，待將來熟時，便自見得。」○物亦有該事而言者。如仁者不過乎物，所謂物亦只是事。○問：「事、物何以別？」曰：「對言則事是事，物是物。獨言物，則兼事在其中。」

古之欲明明德於天下者，先治其國；欲治其國者，先齊其家；欲齊其家者，先脩其身；欲脩其身者，先正其心；欲正其心者，先誠其意；欲誠其意者，先致其知；致知在格物。

治，平聲。後倣此。○明明德於天下者，使天下之人皆有以明其明德也。心者，身之所主也。誠，實也。意者，心之所發也。實其心之所發，欲其一於善而無自欺也。致，推極也。知，猶識也。推極吾之知識，欲其所知無不盡也。格，至也。物，猶事也。窮至事物之理，欲其極處無不到也。此八者，大學之條目也。○問云云何也。曰：「此言大學之序，其詳如此，蓋綱領之條目也。格物、致知、誠意、正心、修身者，明明德之事也。齊家、治國、平天下者，新民之事也。格物、致知，所以求知至善之所在，自誠意以至於平天下，所以求得夫至善而止之也。所謂明明德於天下者，自明其明德而推以新民，使天下之人皆有以明其明德也。人皆有以明其明德，則各誠其意，各正其心，各脩其身，各親其親，各長其長，而天下無不平矣。然天下之本在國，故欲平天下者，必先有以治其國。國之本在家，故欲治國者，必先有以齊其家。家之本在身，故欲齊家者，必先有以脩其身。至於身之主則心也，一有不得其本然之正，則身無所主，雖欲勉强以脩之，亦不可得而脩矣。故欲脩身者，必先有以正其心，而心之發則意也，一有私欲雜乎其中，而爲善去惡或有未實，則心爲所累，雖欲勉强以正之，亦不可得而正矣。故欲正心者，必先有以誠其意。若夫知則心之神明，妙衆理而宰萬物者也，人莫不有，而或不能使其表裏洞然無所不盡，則隱微之閒真妄錯雜，雖欲勉强以誠之，亦不可得而誠矣。故欲誠意者，必先有以致其知。致者，推致之謂，如『喪致乎哀』之『致』，言推之而至於盡也。至於天下之物，則必各有所以然之故，與其所當然之則，所謂理也，人莫不知，而或不能使其精粗隱顯究極無餘，則理所未窮，知必有蔽，雖欲勉强以致之，亦不可得而致矣。故致知之道，在乎即事觀理以格夫物。格者，極至之謂，如『格于文祖』之『格』，言窮之而至其極也。此《大學》之條目，聖賢相傳，所以教人爲學之次第，至爲纖悉。然漢魏以來，諸儒之論未聞有及之者。至唐，韓子乃能援以爲説，而見於《原道》之篇，則庶幾其有聞矣。然其言極於正心、誠意，而無曰致知、格物云者，則是不探其端，而驟語其次，亦未免於擇焉不精、語焉不詳之病矣。何乃以是而議荀、揚哉！」○致知乃本心之知，如一面鏡子，本全體通明，只被昏翳了。而今逐旋磨去，使四邊皆照見，其明無所不到。○所謂窮理者，事事物物各自有一事一物底道理，窮之須要周盡。若見得一邊，不見一邊，便不該通，窮之未得，更須款曲推明。蓋天理在人，終有明處。「大學之道，在明明德」，謂人合下便有此明德，雖爲物欲掩蔽，然這些明底道理未嘗泯絶，須從明處漸漸推將去，窮到是處，吾心亦自有準則。窮理之初，如攻堅物，必尋其罅隙可入之處，乃從而擊之，則用力爲不難矣。孟子論四端，便各自有箇柄靶，仁義禮智皆有頭緒可尋，即其所發之端而求其可見之體，莫非可窮之理也。○問：「致知莫只是致察否？」曰：「如讀書而求其義，處事而求其當，接物存心察其是非邪正，皆是也。」○致知，所以求爲真知。真知是要徹骨都見得透。○問：「道之不明，蓋是後人舍事迹以求道？」先生曰：「所以古人只道格物。有物便有理。若無事親事君底事，何處得忠孝？」○格物，不説窮理，却言格物。蓋言理，則無可捉摸，理與物有時而離。言物，則理自在，自是離不得。○「窮理」二字不若「格物」之爲切，便就事物上窮格。○人多把這道理作一箇懸空底物。《大學》不説窮理，只説箇格物，是要人就事物上理會，如此方見得實體。所謂實體，非就事物上見，不得。○格，盡也。須是窮得盡到十分，方是格物。○問：「格物最難，日用間應事處，平直者却易見。如交錯疑似處，要如此則彼礙，要如彼則此礙，不審何以窮之？」曰：「如何一頓便要格得恁地。且要見得大綱，且看箇大胚摹是恁地，方就裏面旋旋做細。如樹，初間且先斫倒在這裏，逐旋去皮，方始出細。若難曉易曉底，一齊都要理會得，也不解恁地，但不失了大綱，理會一重了，裏面又見一重，一重了，又見一重。以事之詳略言，理會一件又一件。以理之淺深言，理會一重又一重，只管理會，須有極盡時。『博學之，審問之，慎思之，明辨之』，成四節次第，恁地方是。」○窮理格物，如讀經看史，應接事物，理會箇是處，皆是格物。只是常教此心存，莫教他閒，没箇勾當處。公且道如今不去學問時，此心頓放那處？○格物須是從切己處理會去，待自家者已定疊，然後漸漸推去，這便是能格物。○物，謂事物也。須窮極事物之理到盡處，便有一箇是，一箇非。是底便行，非底便不行。凡自家身心上，皆須體驗得一箇是非。若講論文字，應接事物，各各體驗，漸漸推廣，地步自然寬闊。○問：「物者，理之所在，人所必有而不能無者，何者爲切？」先生云：「君臣、父子、兄弟、夫婦、朋友，皆人所不能無者。但學者須要窮格得盡。事父母，則當盡其孝。處兄弟，則當盡其友。如此之類，須是要見得盡。若有一豪不盡，便是窮格不至也。」○格物，須真見得決定是如此。爲子豈不知是要孝？爲臣豈不知是要忠？人皆知得是如此。然須當真見得子決定是合當孝，臣決定是合當忠，決定如此做始得。○問：「格物須合内外始得？」曰：「他内外未嘗不合。自家知得物之理如此，則因其理之自然而應之，便見合内外之理。目前事事物物皆有至理，如一草一木一禽一獸，皆有理。草木春生秋殺，好生惡死，『仲夏斬陽木，仲冬斬陰木』，皆是順陰陽道理。自家知得萬物均氣同體，『見生不忍見死，聞聲不忍食肉』，非其時不伐一木，不殺一獸，『不殺胎，不殀夭，不覆巢』，此便是合内外之理。」○聖人只説「格物」二字，便是要人就事物上理會。且自一念之微，以至事事物物，若静若動，凡居處、飲食、言語，無不是事，無不各有箇天理人欲，須是逐一驗過。雖在静處坐，亦須驗箇敬肆，敬便是天理，肆便是人欲。如居處，便須驗得敬與不敬。有一般人專要就寂然不動上理會，及其應事，却七顛八倒，倒了又牽動他寂然底。又有人專要理會事，却於根本上全無工夫。須是徹上徹下，表裏洞徹。如居仁，便自能由義；由義，便是居仁。「敬以直内」，便能「義以方外」；「義以方外」，便是「敬以直内」。○問：「格物則恐有外馳之病。」答曰：「若合做，則雖治國平天下之事，亦是己事。『周公思兼三王，以施四事，其有不合者，仰而思之，夜以繼日，幸而得之，坐以待旦。』不成也説道外馳。」又問：「若如此，則恐身在此而心不在此。『視而不見，聽而不聞，食而不知其味』，有此等患。」答曰：「合用他處，也著用。」又問：「如此則不當論其内外，但當論合爲與不合爲。」先生頷之。○問：「知者，妙衆理而宰萬物者也。何謂妙衆理？」曰：「大凡道理，皆是我自有之物，非從外得。所謂知者，便只是知得我底道理，非是以我之知去知彼道理也。道理固本有，用知方發得出來，若無知，道理何從而見？所以謂之『妙衆理』，猶言能運用衆理也。『運用』字有病，故只下得『妙』字。」○問：「莫不有以知夫所以然之故，與其所當然之則。當然之則，如君之仁，臣之敬，子之孝，父之慈。所以然之故，如君何故用仁，臣何故用敬，父何故用慈，子何故用孝。」曰：「所以然之故，即是更上面一層，如君之所以仁，蓋君是箇主腦，百姓、人民、土地皆屬他管，他自是用仁愛，非説是爲君了，❶不得已以仁愛行之，自是理合如此。試以一家論之：爲家長者，便用愛一家之人，惜一家之物，自是理合如此，若天使之然。又如父之所以慈，子之所以孝，蓋父子本同一氣，只是一人之身，分成兩箇，其恩愛相屬，自有不期然而然者。其他大倫皆然，天理使之如此也，豈容强爲哉！且以仁言之，只天地生這物時便有箇仁，他只知生而已。從他原頭下來，自然有箇春夏秋冬。初有陰陽，有陰陽便有四象、金木水火

❶「了」，原誤作「子」，今據四庫薈要本改。

土。故賦於人物，便有仁義禮智之性。自他原頭處，便如此了。仁則屬春、屬木，且看春間發生之功，藹然和氣，如草木之萌芽，初間僅一針許，少間漸漸生發，以致枝葉花實，變化萬狀，便可見他生之意，非仁愛何以如此？緣他本原處有箇仁愛温和之理如此，所以發之於用，自然慈祥惻隱。義屬秋、屬金，是天地自然有箇清峻剛烈之氣，所以人稟得，便自然有裁制，便自然有羞惡之心。禮、智亦然。蓋自本原而已然，非旋安排教如此也。昔龜山問一學者：『當見孺子入井時，其心怵惕惻隱，何故如此？』學者曰：『自然如此。』龜山曰：『豈可只説自然如此了便休？須是知其所自來。』龜山此語極好。又引或人問『知覺如何』？龜山曰：『知是知此事，覺是覺此理。且如知得君之仁，臣之敬，父之慈，子之孝，是知此事。又知所以仁，所以敬，所以慈，所以孝，是覺此理。』」○問格物致知。先生曰：「他所以下『格』字、『致』字者，皆是爲自家原有是物，但爲他物所蔽耳。而今便要從那知處推開去，是因其所已知而推之，以至於無所不知也。」○知者，吾自有此知。此心虚明廣大，無所不知，要當極其至耳。今學者豈無一班半點，只是爲利欲所昏，不曾致其知。○人之一心，本自光明，常提撕他起，莫爲物欲所蔽，便將這箇做本領，然後去格物致知。如《大學》中條目便是材料，❶聖人教人將許多材料來修持此心，令常常光明耳。伊川曰「我使他思時便思」，如此方好。儻臨事不醒，只爭一餉時，便爲他引去。且如何兩眼光瞻瞻，又白日裏在大路上行，如何會被別人引去草中。也只是我自昏睡，或暗地裏行，便被別人胡亂引去耳。但只要自家常醒得他做主宰，出乎萬物之上，物來便

❶「是」，原誤作「自」，今據四庫本改。

應。易理會底便理會得，難理會底思量久之也理會得。難理會底理會不得，是此心尚皆未明，便用提醒他。○致知、格物，只是一箇。○致知是自我而言，格物是就物而言，若不格物，何緣得知？○格物是物物上窮其至理，致知是吾心無所不知。格物是零細説，致知是全體説。○「孩提之童，莫不知愛其親，及其長也，莫不知敬其兄。」人皆有是知，而不能極盡其知者，人欲害之也。故學者必須先克人欲以致其知，則無不明矣。「致」字如推開去，譬如暗室中見些子明處，便尋從此明處去，忽然出到外面，見得大小大明。人之致知亦如此也。格物是爲人君止於仁，爲人臣止於敬之類。事事物物，各有箇至極之處，所謂「止」者，即至極之處也。然須是極盡方得。久之又云：「知在我，理在物。」○「致」之爲義，如以手推送去之義。凡經傳中云「致」者，其義皆如此。**物格而后知至，知至而后意誠，意誠而后心正，心正而后身脩，身脩而后家齊，家齊而后國治，國治而后天下平。**治，去聲，後倣此。○物格者，物理之極處無不到也。知至者，吾心之所知無不盡也。知既盡，則意可得而實矣。意既實，則心可得而正矣。修身以上，明明德之事也。齊家以下，新民之事也。物格知至，則知所止矣。意誠以下，則皆得所止之序也。○問云云何也。曰：「此覆説上文之意也。物格者，事物之理各有以詣其極而無餘之謂也。理之在物者既詣其極而無餘，則知之在我者亦隨所詣而無不盡矣。知無不盡，則心之所發能一於理而無自欺矣。意自不欺，則心之本體物不能動而無不正矣。心得其正，則身之所處不至陷於所偏而無不修矣。身無不修，則推之天下國家亦舉而措之耳，豈外此而求之智謀功利之末哉！」曰：「篇首之言明明德，以新民爲對，則固專以自明爲言矣。後段於平天下者，復以明明德言之，則似新民之事亦在其中，何其言之不一，而辨之不明邪？」曰：「篇首三言者，

《大學》之綱領也。而以其賓主對待、先後次第言之，則明明德者，又三言之綱領也。至此段，然後極其體用之全而一言以舉之，以見夫天下雖大而吾心之體無不該，事物雖多而吾心之用無不貫。蓋必析之有以極其精而不亂，然後合之有以盡其大而無餘，此又言之序也。」○知至，謂天下事物之理，知無不到之謂。若知一而不知二，知大而不知細，知高遠而不知幽深，皆非知之至也。要須四至八到，無所不知，乃爲至耳。」問：「致知之致，❶知至之至，有何分别？」答曰：「上一『致』字，是推致，方爲也。下一『至』字，是已至。」○致知，不是知那人不知底道理，只是人面前底。且如義利兩件，昨日雖看義當爲，然而却又説未做也無害，見得利不可做，却又説做也無害，這便是物未格、知未至。今日見得義當爲決爲之，利不可做決定是不做，心下自信得極，這便是物格，便是知得至了。○物格、知至處，便是凡聖之關。物未格、知未至，如何殺也是凡人。須是物格知至，方能循循不已而入於聖賢之域。○某嘗謂物格知至後，雖有不善，亦是白地上黑點。物未格、知未至，縱善，也只是黑地上白點。○問：「尋常讀《大學》未有所得，願請教。」曰：「致知、誠意兩節若打得透時，已自是箇好人。其他事一節大如一節，病敗一節小如一節。」○問：「誠意在致知格物後，如何？」曰：「源頭只在致知。知至之後，如從上面放水來，已自迅流湍決，只是臨時又要略略撥剔，莫令壅滯耳。」○致知，如一事只知得三分，這三分知得者是真實，那七分不知者是虚僞。爲善，須十分知善之可好，若知得九分，而一分未盡，只此一分未盡，便是鶻突苟且之根。少間説便爲惡也不妨，便是意不誠。所以貴致

---

❶「致知之致知至之至」，原誤作「致知至之致知之至」，今據四庫本改。

知，窮到極處謂之致。○知與意皆出於心，知是知覺處，意是發念處。○因論「誠意」曰：「過此一關方是人，不是賊。過得此關，道理方牢固。」○意誠如蒸餅，外面是白麵，透裏是白麵。意不誠如蒸餅，外面雖白，裏面却只是麤底一般。○意誠後，推盪得查滓怜利，心盡是義理。○致知、誠意，乃學者兩箇關。致知乃夢與覺之關，誠意乃惡與善之關。透得致知之關則覺，不然則夢。透得誠意之關則善，不然則惡。○問「知至而後意誠」。先生曰：「意誠只是要情願做工夫，若非情願，亦强不得。未過此一關，猶有七分是小人。」○知若至，則意無不誠。若知之至，雖欲著此物，亦留不住，東西中央皆著不得。若是不誠之人，亦不肯盡去，亦要留些子在。○問：「知至到意誠之間，意似不聯屬，須是別識得天理人欲分明，盡去人欲，全是天理，方誠。」曰：「固是。這事不易言，須是格物精熟方到，居此常無事，天理實然，有纖豪私欲，便能識破他，自來點檢慣了。譬有賊來，便識得，便捉得他。不曾用工底，與賊同眠同食也不知。」○問「知至而后意誠」云：「有知其如此，而行又不如此者，是如何？」曰：「此只是知之未至。」曰：「必待行之皆是，而後驗其知至歟？」曰：「不必如此說。而今說與公，是知之未至，公不信，且去就格物窮理上做工夫。窮來窮去，末後自家真箇見得此理是善，彼是惡，自心甘意肯不去做，此方是意誠。若猶有一豪疑貳底心，便是知未至，意未誠，久後依舊去做。然學者未能便得會恁地，須且致其知，工夫積累，方會知至。」○「知至而後意誠，須是真知了，方能誠意。知苟未至，雖欲誠意，固不得其門而入矣。惟其胷中了然，知得路徑如此，知善之當好，惡之當惡，然後自然意不得不誠，心不得不正。」因指燭曰：「如點一條燭在中間，光明洞達，無處不照，雖欲將不好物事來，亦没安頓處，自然著他不得。若是知未至，譬如一盞燈，用罩子蓋住，則光之所及者固可見，光之所不及處則皆黑暗無所見，雖有不好物事安頓在後面，固不得而知也，所以貴格物。如佛、老之學，他非無長處，但他只知得一路，其知之所及者，則路徑甚明，無有差錯，其知所不及處，則皆顛倒錯亂，無有是處，緣無格物工夫也。」又問：「物未格時，意亦當誠。」曰：「固然。豈可説物未能格，意便不用誠？自始至終，意常要誠。如人適楚，當南其轅，豈可謂吾未能到楚，且北其轅？但知未至時，雖欲誠意，其道無由。如人夜行，雖知路從此去，但黑暗行不得，所以要得致知。知至則道理坦然明白，安而行之。今人之未至者也，知道善之當好，惡之當惡，然臨事不如此者，只是實未曾見得。若實見得，自然行處無差。」○欲知知之真不真，意之誠不誠，只看做不做如何。只箇如此做底，便是知至意誠。○問：「知至了，意便誠，抑是方可做誠意工夫？」曰：「也不能恁地説得，這箇也在人。一般人自便能如此，一般人自當循序做。但知至了，意誠便是。且如這一件事，知得不當如此做，末梢又却如此做，便是知得也未至。若知得至時，便決不如此。如人既知烏喙之不可食，水火之不可蹈，豈肯便試去食烏喙、蹈水火？若是知得未至時，意決不能誠。」○心言其統體，意是就其中發出。正心如戒懼不睹不聞。誠意如謹獨。❶又曰：「由小而大，意小心大。」○問：「心者，身之主也。意者，心之發也。既是意發於心，則意當聽命於心可也。今而曰『意誠而后心正』，則是意反爲心之管束矣，何也？」曰：「心之本體何嘗不正，所以不得其正者，蓋由邪惡之念勃勃而興，有以動其心也。譬之水焉，本自瑩净寧息，蓋因波濤洶湧，水遂爲其所激而動也。」○心無形影，教人如何撑拄？須

❶「謹」，應作「慎」，避宋孝宗諱。底本「謹」、「慎」並存，今依底本原貌。下文不再出校。

是從心之所發處下手，先須去了許多惡根。如人家裏有賊，先去了賊，方得家中寧。如人種田，不先去了草，如何下種？○致知，知之始。意誠，行之始。○致知、格物，十事格得九事通透，一事未通透，不妨。一事只格得九分，一分不透，最不可。凡事不可著箇「且」字，「且」字其病甚多。○《大學》一篇，有兩箇大節目。物格知至是一箇，誠意脩身是一箇，纔過此二關了，則便可直行將去。○問：「家齊而后國治、天下平，如堯有丹朱，舜有瞽瞍，周公有管、蔡，却能平治，何也？」曰：「堯不以天下與丹朱而與舜，舜能使瞽瞍不格姦，周公能致辟於管、蔡，使不爲亂，便是措置得好了。然此皆聖人之變處，不須如此思量，且去理會那常處。」○先生說《大學》次序曰：「致知、格物，是窮此理；誠意、正心、修身，是體此理；齊家、治國、平天下，只是推此理，要做三節看。」○格物、致知，比治國、平天下，其事似小，然打不透，則病痛却大，無進步處。治國、平天下規摹雖大，然這裏縱有未盡處，病痛却小。○一是一切也。《漢書·平帝紀》「一切」，❶顏師古注：「猶如以刀切物，取其整齊。」○《大學》「在明明德，在新民，在止於至善」，此三箇是大綱，做工夫全在此三句內。下面「知止」五句，是說效驗如此。上面是服藥，下面是說藥之效驗。**自天子以至於庶人，壹是皆以脩身爲本。**壹是，一切也。正心以上，皆所以脩身也。齊家以下，則舉此而錯之耳。**其本亂而末治者否矣，其所厚者薄，而其所薄者厚，未之有也。**本，謂身也。所厚，謂家也。此兩節結上文兩節之意。○曰：「治國平天下者，天子諸侯之事也，卿大夫以下蓋無與焉。今大學之教，乃例以明明德於

❶「紀」，原誤作「已」，今據文淵閣《四庫全書》本《朱子語類》卷十五《大學》二《經》下改。

天下爲言，豈不爲思出其位，犯非其分，而何以得爲爲己之學哉？」曰：「天之明命，有生之所同得，非有我之得私也。是以君子之心豁然大公，其視天下，無一物而非吾心之所當愛，無一事而非吾職之所當爲，雖或勢在匹夫之賤，而所以堯舜其君、堯舜其民者，亦未嘗不在其分内也。又况大學之教，乃爲天子之元子、衆子，公侯卿大夫士之適子與國之俊選而設，是皆將有天下國家之責而不可辭者，則其所以素教而預養之者，安得不以天下國家爲己事之當然，而預求有以正其本、清其源哉！後世教學不明，爲人君父者慮不足以及此，而苟狥於目前，是以天下之治日常少，亂日常多，而敗國之君、亡家之主常接迹於當世，亦可悲矣！論者不此之監，而反以聖法爲疑，亦獨何哉？大抵以學者而視天下之事，以爲己事之所當然而爲之，則雖甲兵、錢穀、籩豆、有司之事，皆爲己也。以其可以求知於世而爲之，則雖割股、廬墓、弊車、羸馬，亦爲人耳。善乎張子敬夫之言曰：『爲己者，無所爲而然者也。』此其語意之深切，蓋有前賢所未發者。學者以是而日自省焉，則有以察乎善利之閒而無豪釐之差矣。」○爲己者，無所爲而然。無所爲，只是見得自家合當做，不是要人道好。如甲兵、錢穀、籩豆、有司，到當自家理會便理會，不是爲別人了理會。如割股、廬墓，一則是不忍其親之病，一則是不忍其親之死，這都是爲己。若因要人知了去，恁地便是爲人。○問：「子房以家世相韓，故從少年結士，欲爲韓報仇，這是有所爲否？」曰：「他當初只一心欲爲國報仇，只見這是箇臣子合當做底事。不是爲別人，不是要人知。」○有所爲者，是爲人也。這須是見得天下之事，實是己所當爲，非吾性分之外所能有，然後爲之，而無爲人之弊耳。且如「哭死而哀，非爲生者」，今人弔人之喪，若以爲亡者平日與吾善厚，真箇可哭，哭之發於中心，此固出於自然者。又有一般人，欲亡者家人知我如此而哭者，便不是，這便是爲人。又如人做一件善事，是自家自肯去做，非待人教自家做，方勉做，此便不是爲人也。○問：「割股一事如何？」曰：「割股固自不是。若誠心爲之，不求人知，亦庶幾。今有以此要譽者。」

右經一章，蓋孔子之言而曾子述之。凡二百五字。其傳十章，則曾子之意而門人記之也。舊本頗有錯簡，今因程子所定，而更考經文，別爲序次如左。凡千五百四十六字。

○凡傳文雜引經傳，若無統紀，然文理接續，血脉貫通，深淺始終，至爲精密。熟讀詳味，久當見之，今不盡釋也。○曰：「子謂正經蓋夫子之言而曾子述之，其傳則曾子之意而門人記之。何以知其然也？」曰：「正經辭約而理備，言近而指遠，非聖人不能及也。然以其無他左驗，且意其或出於古昔先民之言也，故疑之而不敢質。至於傳文，或引曾子之言，而又多與《中庸》、《孟子》者合，則知其成於曾氏門人之手，而子思以授孟子無疑也。蓋《中庸》之所謂明善，即格物致知之功。其曰誠身，即誠意、正心、修身之效也。孟子之所謂『知性』者，物格也；『盡心』者，知至也；『存心、養性、修身』者，誠意、正心、修身也。其他如謹獨之云，不慊之説，義利之分，常言之序，亦無不脗合焉者。故程子以爲孔氏之遺書，學者之先務，而《論》、《孟》猶處其次焉，亦可見矣。」曰：「程子之先是書而後《論》、《孟》，又且不及乎《中庸》，何也？」曰：「是書垂世立教之大典，通爲天下後世而言者也。《論》、《孟》應機接物之微言，或因一時一事而發者也。是以是書之規摹雖大，然其首尾該備而綱領可尋，節目分明而工夫有序，無非切於學者之日用。《論》、《孟》之爲人雖切，然而問者非一人，記者非一手，或先後淺深之無序，或抑揚進退之不齊，其間蓋有非初學日用之所及者，此程子所以先是書而後《論》、《孟》。蓋以其難易緩急言之，而非以聖人之言爲有優劣也。至於《中庸》，則又聖門傳授極致之言，尤非後學之所易得而聞者，故程子之教未遽及之，豈不又以爲《論》、《孟》既通，然後可以及此乎？蓋不先乎《大學》，無以提挈綱領而盡《論》、《孟》之精微；不參之《論》、《孟》，無以融貫會通而極《中庸》之歸趣。然不會其極於《中庸》，則又何以建立大本，經綸大經，而讀天下之書、論天下之事哉！以是觀之，則務講學者固不可不急於四書，而讀四書者又不可不先於《大學》，亦已明矣。今之教者，乃或棄此不務，而反以他說先焉，其不溺於虛空，流於功利，而得罪於聖門者，幾希矣。」

《康誥》曰：「克明德。」《康誥》，《周書》。克，能也。**《大甲》曰：「顧諟天之明命。」**大，讀作泰。諟，古是字。○《大甲》，《商書》。顧，謂常目在之也。諟，猶此也。或曰審也。天之明命，即天之所以與我，而我之所以爲德者也。常目在之，則無時不明矣。**《帝典》曰：「克明峻德。」**峻，《書》俊字。○《帝典》，《堯典》，《虞書》。峻，大也。**皆自明也。**結所引書，皆言自明己德之意。○或問：「克明德者，何也？」曰：「此言文王能明其德也。蓋人莫不知德之當明而欲明之，然氣稟拘之於前，物欲蔽之於後，是以雖欲明之，而有不克也。文王之心，渾然天理，亦無待於克之而自明矣。然猶云爾者，亦見其獨能明之，而他人不能，又以見夫未能明者之不可不致其克之之功也。」○曰：「顧諟天之明命，何也？」曰：「人受天地之中以生，故人之明德非他也，即天之所以命我，而至善之所存也。是其全體大用，蓋無時而不發見於日用之間。

人惟不察於此，是以汩於人欲，而不知所以自明。常目在之，而真若見其參於前、倚於衡也，則成性存存而道義出矣。」〇曰：「克明峻德，何也？」曰：「言堯能明其大德也。」〇曰：「是三者，固皆自明之事也，然其言之亦有序乎？」曰：「《康誥》通言明德而已。《大甲》則明天之未始不爲人，而人之未始不爲天也。《帝典》則專言成德之事而極其大焉。其言之淺深，亦略有序矣。」〇自人受之，喚做明德。自天言之，喚做明命。今人多鶻鶻突突，一似無這箇明命。若常見其在前，則凜凜然不敢放肆，見許多道理都在眼前。又曰：「人之明德，即天之明命。雖則是形骸間隔，然人之所以能視聽言動，非天而何？」〇問「克明德」。曰：「德之明與不明，只在人之克不克。只是真箇會明其明德。」〇「顧諟天之明命」，諟是詳審，顧是見得子細。〇問：「『顧諟天之明命』，如何看？」答曰：「天之明命，是天之所以命我，而我之所以爲德者也。然天之所以與我者雖曰至善，苟不能常提撕省察，使大用全體昭晰無遺，則人欲益滋，天理益昏，而無以有諸己矣。」先生曰：「此便是至善。但今人無事時，又却恁昏昏地，至有事時，則又隨事逐物而去，都無一箇主宰。這須是常加省察，真如見一箇物事在裏，不要昏濁了他，則無事時自然凝定，有事時隨理而處，無有不當。」又云：「古注説『常目在之』，這説得極好。」〇「顧諟天之明命」，非謂有一物常在目前可見，也只是常存此心，知得有這道理光明不昧。方其静坐未接物也，此理固湛然清明，及其遇事而應接也，此理亦隨處發見。只要常提撕省察，念念不忘，存養久之，則是理愈明，雖欲忘之，而不可得矣。孟子曰：「學問之道無他，求其放心而已矣。」所謂求放心，只常存此心便是。存養既久，自然信向，決知堯舜之可爲，聖賢之可學，如菽粟之必飽，布帛之必暖，自然不爲外物所勝。若是若存若亡，如何會信？如何能必行？又曰：「千書萬書，只是教人求放心。聖賢教人，其要處皆一。苟得一處，則觸處皆通矣。」○問：「顧，謂『常目在之』，天命至微，恐不可目在之。」先生曰：「只是見得長長地在面前樣。『立則見其參於前，在輿則見其倚於衡』，豈是有物可見。」○問：「『顧諟天之明命』，顧如何是目在之？」先生曰：「常在視瞻之間，蓋言存之而不忘。」○問：「《或問》云：『全體大用，無時不發見於日用之間。』日用間如何是全體大用處？」曰：「赤子匍匐將入井，皆有怵惕惻隱之心。舉此一節，體用亦可見。體與用不相離，如這是體，起來運行便是用。如喜怒是用，所以能喜怒者，便是體。」○明德如明珠，常自光明，但要時加拂拭耳。若爲物欲所蔽，即是珠爲泥涴，然光明之性，依舊自在。○問：「所謂德者，乃天之所以命我而具於一心之微，初豈有形體之可見？今乃曰『真若見其參於前而倚於衡』，不知其所見者，果何物也？」曰：「此豈有物可見！但是凡人不知省察，常行日用，每與是德相忘，亦不自知其有是也。今所謂顧諟者，只是心裏常存著此理在。一出言，則言必有當然之則，不可失也。一行事，則事必有當然之則，不可失也。不過如此耳。初豈實有一物之可以見其形象也！」○問：「顧諟明命一條，引『成性存存，道義出矣』，何如？」曰：「自天之所命，謂之明命。我這裏得之於己，謂之明德。只是一箇道理。人只要存得這些在這裏，才存得在這裏，則事君必會忠，事親必會孝，見孺子入井則怵惕之心便發，見穿窬之類則羞惡之心便發，合恭敬處便自然會恭敬，合辭遜處便自然會辭遜。須要常存得此心，則便見得此性發出底，都是道理。若不存得這些，待做出，那箇會合道理？」○問：「顧諟一句，《或問》復以爲見『天之未始不爲人，而人之未始不爲天』，何也？」曰：「只是言人之性本無不善，而其日用之間莫不有當然之則，所謂天理也。人若每事做得是，則便合天理。天人本只一理，若理會得此意，則天何嘗大，人何嘗小也！」○問：「天未始不爲人，而人未始不爲天。」曰：「天即人，人即天。人之始生，得於天也。既生此人，則天又在人矣。凡語言、動作、視聽，皆天也。只今説話，天便在這裏。顧諟，是常要看教光明粲爛，照在目前。」

右傳之首章。釋明明德。此通下三章，至「止於信」，舊本誤在「没世不忘」之下。

湯之《盤銘》曰：「苟日新，日日新，又日新。」盤，沐浴之盤也。銘，名其器以自警之辭也。苟，誠也。湯以人之洗濯其心以去惡，如沐浴其身以去垢。故銘其盤，言誠能一日有以滌其舊染之汙而自新，則當因其已新者，而日日新之，又日新之，不可略有間斷也。**《康誥》曰：「作新民。」**鼓之舞之之謂作，言振起其自新之民也。**《詩》曰：「周雖舊邦，其命惟新。」**《詩》，《大雅・文王》之篇。言周國雖舊，至於文王，能新其德以及於民，而始受天命也。**是故君子無所不用其極。**自新、新民，皆欲止於至善也。○或問：「盤之有銘，何也？」曰：「盤者，常用之器。銘者，自警之辭也。古之聖賢，兢兢業業，固無時而不戒謹恐懼，然猶恐其有所怠忽而或忘之也。是以於其常用之器，各因其事而刻銘以致戒焉，欲其常接乎目，每警乎心，而不至於忽忘也。」曰：「然則沐浴之盤，而其所刻之辭如此，何也？」曰：「人之有是德，猶其有是身也。德之本明，猶其身之本潔也。德之明而利欲昏之，猶身之潔而塵垢汙之也。一旦存養省察之功，真有以去其前日利欲之昏而日新焉，則亦猶其疏瀹澡雪，而有以去其前日塵垢之汙也。然既新矣，而所以新之之功不繼，則利欲之交將復有如前日之昏，猶既潔矣，而所以潔之之功不繼，則塵垢之集將復有如前日之汙也。故必因其已新而日日新之，又日新之，使其存養省察之功無少間斷，則明德常明而不復爲利欲之昏。亦如人之一日沐浴而日日沐浴，又無日而不沐浴，使其疏瀹澡雪之功無少間斷，則身常潔清而不復爲舊染之汙也。昔成湯所以反之而至於聖者，正惟有得於此，故稱其德者，有曰『不邇聲色，不殖貨利』，又曰『以義制事，以禮制心』；有曰『從諫弗咈，改過不吝』，又曰『與人不求備，檢身若不及』，此皆足以見其日新之實。至於所謂『聖敬日躋』云者，則其言愈約而意愈切矣。然本湯之所以得此，又其學於伊尹而有發焉。故伊尹自謂與湯『咸有一德』，而於復政太甲之初，復以『終始惟一，時乃日新』爲丁寧之戒云。」○曰：「《康誥》之言『作新民』，何也？」曰：「武王之封康叔也，以商之餘民染紂汙俗而失其本心也，故作《康誥》之書而告之以此，欲其有以鼓舞而作興之，使之振奮踴躍，以去其惡而遷於善，舍其舊而進乎新也。然此豈聲色號令之所及哉？亦自新而已矣。」○「《詩》之言『周雖舊邦，其命惟新』，何也？」曰：「言周之有邦，自后稷以來千有餘年，至於文王，聖德日新，而民亦丕變，故天命之，以有天下。是其邦雖舊，而命則新也。蓋民之視效在君，而天之視聽在民，君德既新則民德必新，民德既新則天命之新亦不旋日矣。」○人誠能有日新之功，則須日有進益，若不能接續，則間斷了。○新與舊，非是去外面討來。昨日之舊，乃是今日之新。○成湯工夫全是在「敬」字上。

右傳之二章。釋新民。

《詩》云：「邦畿千里，惟民所止。」《詩》，《商頌·玄鳥》之篇。邦畿，王者之都也。止，居也。言物各有所當止之處也。**《詩》云：「緡蠻黃鳥，止于丘隅。」子曰：「於止，知其所止，可以人而不如鳥乎！」**緡，《詩》作「緜」。○《詩》，《小雅·緜蠻》之篇。緡蠻，鳥聲。丘隅，岑蔚之處。「子曰」以下，孔子説《詩》之辭。言人當知所當止之處也。**《詩》云：「穆穆文王，於緝熙敬止。」爲人君止於仁，爲人臣止於敬，爲人子止於孝，爲人父止於慈，與國人交止於信。**「於緝」之「於」，音烏。○《詩》，《文王》之篇。穆穆，深遠之意。於，歎美辭。緝，繼續也。熙，光明也。敬止，言其無不敬而安所止也。引此而言聖人之止，無非至善。五者乃其目之大者也。學者於此，究其精微之藴，而又推類以盡其餘，則於天下之事，皆有以知其所止而無疑矣。**《詩》云：「瞻彼淇澳，菉竹猗猗。有斐君子，如切如磋，如琢如磨。瑟兮僩兮，赫兮喧兮，有斐君子，終不可諠兮。」如切如磋者，道學也。如琢如磨者，自脩也。瑟兮僩兮者，恂慄也。赫兮喧兮者，威儀也。有斐君子，終不可諠兮者，道盛德至善，民之不能忘也。**澳，於六反。菉，《詩》作「緑」。猗，叶韻，音阿。僩，下版反。喧，《詩》作「咺」；諠，《詩》作「諼」，並况晚反。恂，鄭氏讀作峻。○《詩》，《衛風·淇澳》之篇。淇，水名。澳，隈也。猗猗，美盛貌。興也。斐，文貌。切以刀鋸，琢以椎鑿，皆裁物使成形質也。磋以鑢錫，磨以沙石，皆治物使其滑澤也。治骨角者，既切而復磋之。治玉石者，既琢而復磨之。皆言其治之有緒，而益致其精也。瑟，嚴密之貌。僩，武毅之貌。赫喧，宣著盛大之貌。諠，忘也。道，言也。學，謂講習討論之事。自脩者，省察克治之功。恂慄，戰懼也。威，可畏也。儀，可象也。引《詩》而釋之，以明明德者之止於至善。道學、自脩，言其所以得之之由。恂慄、威儀，言其德容表裏之盛。卒乃指其實而歎美之也。**《詩》云：「於戲前王不忘！」君子**

賢其賢而親其親，小人樂其樂而利其利，此以没世不忘也。於戲，音嗚呼。樂，音落。○《詩》，《周頌·烈文》之篇。於戲，歎辭。前王，謂文、武也。君子，謂其後賢後王。小人，謂後民也。此言前王所以新民者止於至善，能使天下後世無一物不得其所，所以既没世而人思慕之，愈久而不忘也。此兩節咏歎淫泆，其味深長，當熟玩之。○緝熙，是工夫。敬止，是功效。○或問：「引文王之詩，而繼以君臣、父子、與國人交之所止，何也？」曰：「此因聖人之止，以明至善之所在也。蓋天生烝民，有物有則，是以萬物庶事莫不各有當止之所。但所居之位不同，則所止之善不一。故爲人君則其所當止者在於仁，爲人臣則其所當止者在於敬，爲人子則其所當止者在於孝，爲人父則其所當止者在於慈，與國人交則其所當止者在於信，是皆天理人倫之極致，發於人心之不容已者。而文王之所以爲法於天下，可傳於後世者，亦不能加豪末於是焉。但衆人類爲氣稟物欲之所昏，故不能常敬而失其所止。惟聖人之心，表裏洞然，無有一豪之蔽，故連續光明，自無不敬，而所止者，莫非至善，不待知所止而後得所止也。故《傳》引此詩而歷陳所止之實，使天下後世得以取法焉。學者於此，誠有以見其發於本心之不容已者而緝熙之，使其連續光明，無少間斷，則其敬止之功是亦文王而已矣。《詩》所謂『上天之載，無聲無臭。儀刑文王，萬邦作孚』，正此意也。」曰：「子之説《詩》，既以『敬止』之『止』爲語助之辭，而於此書，又以爲所止之義，何也？」曰：「古人引《詩》斷章，或姑借其辭以明己意，未必皆取本文之義也。」曰：「五者之目，辭約而義該矣。子之説，乃復有所謂究其精微之藴而推類以通之者，何其言之衍而不切邪？」曰：「舉其德之要而總名之，則一言足矣。論其所以爲是一言者，則其始終本末豈一言之所能盡哉？得其名而不得其所以名，則仁或流於姑息，敬或墮於阿諛，孝或陷父，而慈或敗子，且其爲信亦未必不爲尾生、白公之爲也。又况《傳》之所陳，姑以見物各有止之凡例，其於大倫之目猶且闕其二焉，苟不推類以通之，則亦何以盡天下之理哉？」○曰：「復引《淇澳》之詩，何也？」曰：「上言止於至善之理備矣，然其所以求之之方與其得之之驗，則未之及，故又引此詩以發明之也。夫『如切如磋』，言其所以講於學者已精，而益求其精也。『如琢如磨』，言其所以修於身者已密，而益求其密也。此其所以擇善固執，日就月將，而得止於至善之由也。恂慄者，嚴敬之存乎中也。威儀者，輝光之著乎外也。此其所以睟面盎背，施於四體，而爲止於至善之驗也。盛德至善，民不能忘，蓋人心之所同然，聖人既先得之，而其充盛宣著又如此，是以民皆仰之而不能忘也。盛德，以身之所得而言也。至善，以理之所極而言也。切磋琢磨，求其止於是而已矣。」曰：「切磋琢磨，何以爲學問自修之別也？」曰：「骨角脉理可尋，而切磋之功易，所謂始條理之事也。玉石渾全堅確，而琢磨之功難，所謂終條理之事也。」○問：「至善，如君之仁，臣之敬，父之慈，子之孝者，固如此。就萬物中細論之，則其類如何？」曰：「只恰好底便是。坐如尸，乃是坐恰好底。立如齋，便是立恰好底。」○問：「『敬止』既注云『究其精微之藴，而又推類以通其餘』，何謂也？」曰：「大倫有五，此言其三，蓋不止此。『究其精微之藴』，是就三者裏面窮究其藴。❶『推類以通其餘』，是就外面推廣，如夫婦、兄弟之類。」○《大學》「至善」一章，工夫都在切磋琢磨上。○問切磋琢磨之説。曰：「恰似剥了一重，又有一重。學者做工夫，消磨舊習，幾時便去得盡？須是只管磨礲，教十分净潔。最怕如今

❶「是就」，原作「就是」，今據《朱子語類》卷十六《大學》三《傳》三章改。

於眼前道理略理會得些，便自以爲足，更不著力向上去，這如何得會到至善田地。」○既切而復磋之，既琢而復磨之，方止於至善。不然，雖善非至也。○問：「『如切如磋』者，道學也。『如琢如磨』者，自修也。此詩人美武公之本旨，抑姑借其辭以發學問自修之義邪？」曰：「衛武公大段是有學問底人，《抑》之一詩，義理精密，詩中如此者，甚不易得。」○問：「《大學》解『瑟』爲『嚴密』，是就心言，抑就行言？」曰：「是就心言。」曰：「心如何是密處？」曰：「只是不麤疎，恁地縝密。」○僩，武毅之貌。能剛强卓立，不如此，怠惰闒颯。○問：「恂慄，何以知其爲戰懼？」先生曰：「莊子云『木處則恂慄危懼』。」○「與《淇澳》詩『瑟兮僩兮者，恂慄也』，注云：『瑟者，武毅之貌，而恂慄，則戰懼之貌也。』不知人當戰懼之時，果有武毅之意否？」先生曰：「人而懷戰懼之心，則必齋莊嚴肅，又烏可犯？」○古人直是如此嚴整，然後有那威儀烜赫著見。○大率切而不磋，亦未到至善處。琢而不磨，亦未到至善處。「瑟兮僩兮」，則誠敬存於中矣。未至於「赫兮喧兮」，威儀光輝著見於外，亦未爲至善。此四句是此段緊切處，專是説至善。蓋不如此，則雖善矣，未得爲至善也。至於「民之不能忘」，若非十分至善，何以使民久而不能忘？古人言語精密，有條理如此。○「如切如磋」者，道學也。「如琢如磨」者，自修也。既學而猶慮其未至，則復講習討論以求之。猶治骨角者，既切而復磋之。切得一箇樸在這裏，似亦可矣，又磋之使至於滑澤，這是治骨角者之至善也。既修而猶慮其未至，則又省察克治以終之。猶治玉石者，既琢而復磨之，琢是琢得一箇樸在這裏，似亦得矣，又磨之使至於精細，這是治玉石之至善也。取此而喻君子之至於善，既格物以求知所止矣，又日用力以求得其所止焉。○道學是起頭處，修身是成就處。

右傳之三章。釋止於至善。此章内自引《淇澳》詩以下，舊本誤在「誠意」章下。

子曰：「聽訟，吾猶人也，必也使無訟乎。」無情者，不得盡其辭。大畏民志，此謂知本。猶人，不異於人也。情，實也。引夫子之言，而言聖人能使無實之人不敢盡其虛誕之辭。蓋我之明德既明，自然有以畏服民之心志，故訟不待聽而自無也。觀於此言，可以知本末之先後矣。○曰：「然則聽訟無訟，於明德新民之義何所當也？」曰：「聖人德盛仁熟，所以自明者，皆極天下之至善，故能大有以畏服其民之心志，而使之不敢盡其無實之辭。是以雖其聽訟無以異於衆人，而自無訟之可聽。蓋己德既明，而民德自新，則得其本之明效也。或不能然，而欲區區於分争辯訟之間，以求新民之效，其亦末矣。」○問「聽訟，吾猶人也，必也使無訟乎」云云。曰：「聖人固不會錯斷了事。只是他所以無訟者，却不在於善於聽訟，在於意誠心正，自然有以薰炙漸染，大服民志，故自無訟之可聽耳。如成人有其兄死而不爲之衰者，聞子皋將至，遂爲衰。子皋又何常聽訟了致然，只是自有以感動人處故耳。」

右傳之四章。釋本末。此章舊本誤在「止於信」下。

此謂知本。程子曰：衍文也。**此謂知之至也。**此句之上，别有闕文，此特其結語耳。

右傳之五章，蓋釋格物致知之義，而今亡矣。此章舊本通下章，誤在經文之下。閒嘗竊取程子之意以補之曰：「所謂致知在格物者，言欲致吾之知，在即物而窮其理也。蓋人心之靈莫不有知，而天下之物莫不有理，惟於理有未窮，故其知有不盡也。是以《大學》始教，必使學者即凡天下之物，莫不因其已知之理而益窮之，以求至乎其極。至於用力之久，而一旦豁然貫通焉，則衆物之表裏精粗無不到，而吾心之全體大用無不明矣。此謂物格，此謂知之至也。」問：「此經之序，自誠意以下，其義明而傳悉矣。獨其所謂格物、致知者，字義不明，而傳復闕焉。且爲最初用力之地，而無復上文語緒之可尋也。子乃自謂取程子之意以補之，則程子之言，何以見其必合於經意？而子之言，又似不盡出於程子，何邪？」曰：「或問於程子曰：『學何爲而可以有覺也？』程子曰：『學莫先於致知，能致其知，則思日益明，至於久而後有覺爾。《書》所謂「思曰睿，睿作聖」，董子所謂「勉强學問，則聞見博而智益明」，正謂此也。學而無覺，則亦何以學爲也哉。』」○或問：「忠信則可勉矣，而致知爲難，奈何？」程子曰：「誠敬固不可以不勉，然天下之理不先知之，亦未有能勉以行之者也。故《大學》之序，先致知而後誠意，其等有不可躐者，苟無聖人之聰明睿智，而徒欲勉焉以踐其行事之迹，則亦安能如彼之動容周旋無不中禮也哉！惟其燭理之明，乃能不待勉强而自樂循理爾。夫人之性本無不善，循理而行，宜無難者，惟其知之不至，而但欲以力爲之，是以苦其難而不知其樂耳。知之而至，則循理爲樂，不循理爲不樂，何苦而不循理以害吾樂邪？昔嘗見有談虎傷人者，衆莫不聞，而其間一人神色獨變，問其所以，乃嘗傷於虎者也。夫虎能傷人，人孰不知，然聞之有懼有不懼者，知之有真有不真也。學者之知道，必如此人之知虎，然後爲至耳。若曰知不善之不可爲，而猶或爲之，則亦未嘗真知而已矣。」此兩條者，皆言格物致知所以當先而不可後之意也。〇又有問進修之術何先者。程子曰：「莫先於正心誠意，然欲誠意，必先致知，而欲致知，又在格物。致，盡也。格，至也。凡有一物，必有一理，窮而至之，所謂格物者也。然而格物亦非一端，如或讀書講明道義，或論古今人物而別其是非，或應接事物而處其當否，皆窮理也。」〇曰：「格物者，必物物而格之邪？將止格一物而萬理皆通邪？」曰：「一物格而萬理通，雖顏子亦未至此。惟今日而格一物焉，明日又格一物焉，積習既多，然後脱然有貫通處耳。」〇又曰：「自一身之中，以至萬物之理，理會得多，自當豁然有箇覺處。」〇又曰：「窮理者，非謂必盡窮天下之理，又非謂止窮得一理便到，但積累多後，自當脱然有悟處。」〇又曰：「格物，非欲盡窮天下之物，但於一事上窮盡，其他可以類推。至於言孝，則當求其所以爲孝者如何。若一事上窮不得，且別窮一事，或先其易者，或先其難者，各隨人淺深。譬如千蹊萬徑，皆可以適國，但得一道而入，則可以類推而通其餘矣。蓋萬物各具一理，而萬理同出一原，此所以可推而無不通也。」〇又曰：「物必有理，皆所當窮，若天地之所以高深，鬼神之所以幽顯是也。若曰天吾知其高而已矣，地吾知其深而已矣，鬼神吾知其幽且顯而已矣，則是已然之辭，又何理之可窮哉！」〇又曰：「如欲爲孝，則當知所以爲孝之道，如何而爲奉養之宜，如何而爲溫清之節，莫不窮究，然後能之，非獨守夫孝之一字而可得也。」〇或問：「觀物察己者，豈因見物而反求諸己乎？」曰：「不必然也。物我一理，纔明彼，即曉此，此合内外之道也。語其大，天地之所以高厚；語其小，至一物之所以然，皆學者所宜致思也。」曰：「然則先求之四端可乎？」曰：「求之性情，固切於身，然一草一木亦皆有理，不可不察。」〇又曰：「致知之要，當知至善之所在，如父止於慈，子止於孝之類。若不務此，而徒欲汎然以觀萬物之理，則吾恐其如大軍之遊騎，出太遠而無所歸也。」〇又曰：「格物，莫若察之於身，其得之尤切。」此十條者，皆言格物致知所當用力之地，與其次第工程也。〇又曰：「格物窮理，但立誠意以格之，其遲速則在乎人之明暗耳。」〇又曰：「入道莫如敬，未有能致知而不在敬者。」〇又曰：「涵養須用敬，進學則在致知。」〇又曰：「致知在乎所養，養知莫過於寡欲。」〇又曰：「格物者，適道之始，思欲格物，則固已近道矣。是何也？以收其心而不放也。」此五條者，又言涵養本原之功，所以爲格物致知之本者也。凡程子之爲説者，不過如此，其於格物致知之傳詳矣。今也尋其義理，既無可疑，考其字義，亦皆有據。至以他書論之，則《文言》所謂「學、聚、問、辨」，《中庸》所謂「明善、擇善」，《孟子》所謂「知性、知天」，又皆在乎固守力行之先，而可以驗夫《大學》始教之功，爲有在乎此也。愚嘗反覆考之，而有以信其必然。是以竊取其意，以補傳文之闕。不然，則又安敢犯不韙之罪，爲無證之言，以自託於聖經賢傳之間乎？曰：「然則吾子之意，亦可得而悉聞之乎？」曰：「吾聞之也，天道流行，造化發育，凡有聲色貌象而盈於天地之間者，皆物也。既有是物，則其所以爲是物者，莫不各有當然之則而自不容已，是皆得於天之所賦，而非人之所能爲也。今且以其至切而近者言之，則心之爲物，實主於身，其體則有仁、義、禮、智之性，其用則有惻隱、羞惡、恭敬、是非之情，渾然在中，隨感而應，各有攸主而不可亂也。次而及於身之所具，則有口、鼻、耳、目、四肢之用。又次而及於身之所接，則有君臣、父子、夫婦、長幼、朋友之常。

是皆必有當然之則而自不容已，所謂理也。外而至於人，則人之理不異於己也。遠而至於物，則物之理不異於人也。極其大，則天地之運、古今之變不能外也。盡於小，則一塵之微、一息之頃不能遺也。是乃上帝所降之衷，烝民所秉之彝，劉子所謂『天地之中』，夫子所謂『性與天道』，子思所謂『天命之性』，孟子所謂『仁義之心』，程子所謂『天然自有之中』，張子所謂『萬物之一原』，邵子所謂『道之形體』者。但其氣質有清濁偏正之殊，物欲有淺深厚薄之異，是以人之與物，賢之與愚，相與懸絶而不能同耳。以其理之同，故以一人之心而於天下萬物之理無不能知。以其稟之異，故於其理或有所不能窮也。理有未窮，故其知有不盡。知有不盡，則其心之所發，必不能純於義理，而或雜乎物欲之私。此其所以意有不誠，心有不正，身有不修，而天下國家不可得而治也。昔者聖人蓋有憂之，是以於其始教，爲之小學而使之習於誠敬，則所以收其放心、養其德性者，已無所不用其至矣。及其進乎大學，則又使之即夫事物之中，因其所知之理，推而究之，以各到乎其極。則吾之知識，亦得以周遍精切而無不盡也。若其用力之方，則或考之事爲之著，或察之念慮之微，或求之文字之中，或索之講論之際。使於身心性情之德，人倫日用之常，以至天地鬼神之變，鳥獸草木之宜，自其一物之中，莫不有以見其所當然而不容已，與其所以然而不可易者，必其表裏精粗無所不盡，而又益推其類以通之，至於一日脱然而貫通焉，則於天下之物皆有以究其義理精微之所極，而吾之聰明睿智亦皆有以極其心之本體而無不盡矣。此愚之所以補乎本傳闕文之意。雖不能盡用程子之言，然其指趣要歸，則不合者鮮矣。讀者其亦深考而實識之哉。」曰：「然則子之爲學，不求諸心而求諸迹，不求之内而求之外，吾恐聖賢之學不如是之淺近而支離也。」曰：「人之所以爲學，心與理而已矣。心雖主乎一身，而其體之虚靈，足以管乎天下之理。理雖散在萬物，而其用之微妙，實不外乎一人之心。初不可以内外精粗而論也。然或不知此心之靈而無以存之，則昏昧雜擾而無以窮衆理之妙；不知衆理之妙而無以窮之，則偏狹固滯而無以盡此心之全。此其理勢之相須，蓋亦有必然者。是以聖人設教，使人默識此心之靈，而存之於端莊静一之中，以爲窮理之本。使人知有衆理之妙，而窮之於學、問、思、辨之際，以致盡心之功。巨細相涵，動静交養，初未嘗有内外精粗之擇。及其真積力久而豁然貫通焉，則亦有以知其渾然一致而果無内外精粗之可言矣。今必以是爲淺近支離，而欲藏形匿景，别爲一種幽深恍惚艱難阻絶之論，務使學者莽然措其心於文字言語之外，而曰求道必如此，然後可以得之，則是近世佛學詖淫邪遁之尤者，而欲移之以亂古人明德新民之實學，其亦誤矣。」○曰：「近世大儒有爲格物致知之説者曰：『格猶扞也、禦也，能扞禦外物，而後能知至道也。』又有推其説者曰：『人生而静，其性本無不善，而有爲不善者，外物誘之也。所謂格物以致其知者，亦曰扞去外物之誘，而本然之善自明耳。』是其爲説，不亦善乎？」曰：「天生烝民，有物有則，則物之與道，固未始相離也。今曰禦外物而後可以知至道，則是絶父子而後可以知孝慈，離君臣然後可以知仁敬也。是安有此理哉！若曰所謂外物者，不善之誘耳，非指君臣父子而言也，則夫外物之誘人，莫甚於飲食男女之欲，然推其本，則固亦莫非人心所當有而不能無者也，但於其間自有天理、人欲之辨，而不可以豪釐差耳。惟其徒有是物而不能察於吾之所以行乎其間者，孰爲天理，孰爲人欲，是以無以致其克復之功，而物之誘於外者得以奪乎天理之本然也。今不即物以窮其原，而徒惡物之誘乎己，乃欲一切扞而去之，則是必閉口枵腹然後可以得飲食之正，絕滅種類然後可以全夫婦之别也。是雖裔戎無君無父之教，有不能充其説者，況乎聖人大中至正之道，而得以此亂之哉！」〇曰：「自程子以格物爲窮理，而其學者傳之，見於文字多矣。是亦有以發其師説而有助於後學者邪？」曰：「程子之説，切於己而不遺於物，本於行事之實而不廢文字之功。極其大而不略其小，究其精而不忽其粗。學者循是而用力焉，則既不務博而陷於支離，亦不徑約而流於狂妄；既不舍其積累之漸，而其所謂豁然貫通者，又非見聞思慮之可及也。是於説經之意，入德之方，其亦可謂反復詳備，而無俟於發明矣。若其門人雖曰祖其師説，然以愚考之，則恐其皆未足以及此也。蓋有以必窮萬物之理同出於一爲格物，知萬物同出乎一理爲知至，如合内外之道，則天人物我爲一；通晝夜之道，則死生幽明爲一；達哀樂好惡之情，則人與鳥獸魚鼈爲一；求屈伸消長之變，則天地山川草木爲一者，似矣。然其欲必窮萬物之理而專指外物，則於理之在己者有不明矣。但求衆物比類之同，而不究一物性情之異，則於理之精微者有不察矣。不欲其異而不免乎四説之異，必欲其同而未極乎一原之同，則徒有牽合之勞，而不睹貫通之妙矣。其於程子之説何如哉！又有以爲窮理只是尋箇是處，然必以恕爲本，而又先其大者，則一處理通而觸處皆通者。其曰尋箇是處者則得矣，而曰以恕爲本，則是求仁之方，而非窮理之務也。又曰先其大者，則不若先其近者之切也；又曰一處通而一切通，則又顔子之所不能及，程子之所不敢言，非若類推積累之可以循序而必至也。又有以爲天下之物不可勝窮，然皆備於我，而非從外得也。所謂格物，亦曰反身而誠，則天下之物無不在我者，是亦似矣。然反身而誠，乃爲物格知至以後之事，言其窮理之至，無所不盡。故凡天下之理，反求諸身，皆有以見，其如目視耳聽、手持足行之畢具於此，而無豪髮之不實耳。固非以是方爲格物之事，亦不謂但務反求諸身，而天下之理自然無不誠也。《中庸》之言『明善』，即物格知至之事；其言『誠身』，即意誠心正之功。故不明乎善，則有反諸身而不誠者，其功夫地位固有序而不可誣矣。今爲格物之説，又安得遽以是而爲言哉！又有以今日格一物、明日格一物爲非程子之言者，則諸家所記程子之言，此類非一，不容皆誤。且其爲説，正《中庸》學、問、思、辨，弗得弗措之事，無所咈於理者，不知何所病而疑之也？豈其習於持敬之約，而厭夫觀理之煩邪？抑直以己所未聞，而不信他人之所聞也？夫持敬觀理，不可偏廢，程子固已言之。若以己偶未聞，而遂不之信，則以有子之似聖人而速貧速朽之論，猶不能無待於子游而後定，今又安得遽以一人之所未聞，而盡廢衆人之所共聞者哉！又有以爲物物致察而宛轉歸己，如察天行以自强，察地勢以厚德者，亦似矣。然其曰物物致察，則是不察程子所謂不必盡窮天下之物也。又曰宛轉歸己，則是不察程子所謂物我一理，纔明彼，即曉此之意。又曰察天行以自强，察地勢以厚德，則是但欲因其已定之名，擬其已著之迹，而未嘗如程子所謂求其所以然與其所以爲者之妙也。獨有所謂即事即物、不厭不弃，而身親格之以精其知者，爲得致字向裏之意。而其曰格之之道，必立志以定其本，居敬以持其志，志立乎事物之表，敬行乎事物之内，而知乃可精者，又有以合乎所謂未有致知而不在敬者之指。但其語意頗傷急迫，既不能盡其全體規摹之大，又無以見其從容潛玩、積久貫通之功耳。嗚呼！程子之言，其答問反復之詳且明也如彼，而其門人之所以爲説者乃如此，雖或僅有一二之合焉，而不免於猶有所未盡也。是亦不待七十子喪而大義已乖矣，尚何望其能有所發而有助於後學哉！間獨惟念昔聞延平先生之教，以爲爲學之初，且當常存此心，勿爲他事所勝。凡遇一事，即當且就此事反復推尋，以究其理，待此一事融釋脱落，然後循序少進，而別窮一事。如此既久，積累之多，胷中自當有洒然處，非文字言語之所及也。詳味此言，雖其規摹之大，條理之密，若不逮於程子，然其功夫之漸次，意味之深切，則有非他説所能及者。惟嘗實用力於此者，爲能有以識之，未易以口舌爭也。」曰：「然則所謂格物致知之學，與世之所謂博物洽聞者奚以異？」曰：「此以反身窮理爲主，而必究其本末是非之極致；彼以徇外誇多爲務，而不覈其表裏真妄之實然。必究其極，是以知愈博而理愈明；不覈其實，是以識愈多而心愈窒。此正爲己爲人之所以分，不可不察也。」○問：「格物工夫未到得貫通，亦未害否？」先生云：「學者所以學，便須是到聖賢地位，不到不肯休，方是。但用工做向前去，莫問程途，少間自能到。如何先立一箇不解到得便休底規摹放這裏了，如何做事？」○問「全體大用」。曰：「體用元不相離，如人行坐，坐則此身全坐，便是體，行則此體全行，便是用。」○學而無覺，則亦何以學爲也哉！此程子曉人至切處。○「今日格一件，明日又格一件，積習既多，然後脱然有箇貫通處」，此一項尤有意味。向非其人善問，則亦何以得之！○又曰：「自一身之中以至萬物之理，理會得多，自當豁然有箇覺處。」先生曰：「此一段尤其要切，學者所當深究。」道夫曰：「自一身以至萬物之理，則所謂『由中而外，自近而遠，秩然有序而不迫切』者？」先生曰：「然。到得豁然處，是非人力勉强而至者也。」○又曰：「窮理者，非謂必盡窮天下之理，又非謂止窮得一理便到。但積累多後，自當脱然有悟處。」先生曰：「程先生言語氣象自活，與衆人不同。」○又問「物必有理，皆所當窮」云云。先生曰：「此處是緊切，學者須當知夫天如何而能高，地如何而能厚，鬼神如何而能幽顯，山岳如何而能融結，這方是格物。」○又曰「致知之要，當知至善之所在」云云。先生曰：「天下之理，富塞充滿。耳之所聞，目之所見，無非物也。若之何而窮之哉？須當察之於心，使此心之理既明，然後於物之所在從而察之，則不至於汎濫矣。」○又曰：「格物莫若察之於一身，其得之爲尤切。」先生曰：「前既説當察物理，不可專在性情，至此又言莫若得之於身爲尤切，皆是互相發處。」○又曰「格物窮理，但立誠意以格之」云云。先生曰：「立誠意，只是樸實下工夫，與經文誠意之説不同。」○又曰「入道莫如敬，未有致知而不在敬者」。先生曰：「敬則此心惺惺。」○又曰「涵養須用敬，進學則在致知」。先生曰：「二者偏廢不得，致知須用涵養，涵養必用致知。」○知便要知得極致。知是推致到極處，窮究徹底，真見得決如此。程子説虎傷人之譬，甚好。這如一箇物，四陲四角皆知得盡，前頭更無去處，外面更無去處，方始是格到那物。○問：「固有人明得此理，而涵養未到，却爲私意所奪。」先生云：「只爲明得不盡。若明得盡，私意自然留不得。若半青半黄，未能透徹，便是尚有查滓，非所謂真知也。」問：「須是涵養到心體無不盡處方善。不然，知之雖至，行之終恐不盡也。」先生云：「只爲知不至。今人行到五分，便是他只知得五分，見識只識到那地位。譬諸穿窬，稍是箇人，便不肯做，蓋真知穿窬之不善也。」○問：「一理通則萬理通，其説如何？」曰：「伊川嘗云『雖顔子亦未到此』，天下豈有一理通解，萬理皆通也？須積累將去。如顔子高明，不過聞一以知十，亦是大段聰明了。學問却有漸，無急迫之理。有人嘗説，學問只用窮究一箇大處，❶則其他皆通。如某正不敢如此説，須是逐旋做將去，不成只用窮究一箇，其他更不用管，便都理會得？豈有此理！」○問：「正心誠意，莫須操存否？」曰：「也須見得後，方始操得。不然，只恁空手，終不濟事。蓋謹守則在此，一合眼則便走了。須是格物，蓋格物則理明，理明則誠一而心自正矣。不然則戢戢而生，如何守得他住？」曰：「格物最是難事，如何便盡格得？」曰：「程子謂『今日格一件，明日又格一件，積習既多，然後脱然有貫通處』。某嘗謂他此語便是真實做工夫來。他也不説格一件後便會通，也不説盡格得天下物理後方始通，只云『積習既多，然後脱然有箇貫通處』。」又曰：「今却不用慮其他，只是箇『知至而后意誠』這一轉較難。」○「今日格一件，明日格一件，積習既多，自當脱然有貫通處」，乃是零零碎碎，湊合將來，不知不覺，自然醒悟。其始固須用力，及其得之也，又却不假用力。此箇事不可欲速，欲速則不達。○問：「伊川説『今日格一件，明日格一件』，工夫如何？」曰：「如讀書，今日看一段，明日看一段。又如今日理會一事，明日理會一事，積習多後，自然貫通。」○人之良知，本所固有。然不能窮理者，只是足於已

❶「學」，原誤作「曰」，今據《朱子語類》卷十八《大學》五《或問》下改。

知已達，而不能窮其未知未達。故見得一截，不曾又見得一截，此其所以於理未精。○問：「無事時見得是如此，臨事又做錯了，如何？」曰：「只是斷置不分明，所以格物便要閒時理會，不是要臨時理會。閒時看得道理分曉，則事來時斷置自易。格物只是理會未理會得底，不是從頭都要理會。如水火，人自是知其不可蹈，何曾有錯去蹈水火？格物只是理會當蹈水火與不當蹈水火，臨事時斷置教分曉。且如看文字，聖賢説話，粹無可疑者，若後世諸儒之言，唤做都不是也不得，有好底，有不好底，好底裏面也有不好處，不好底裏面也有好處。有這一事説得是，那一件説得不是，有這一句説得是，那一句説得不是，都要恁地分別。如臨事，亦要如此理會那箇是，那箇不是，若道理明時自分曉。有一般説漢唐來都是，有一般説漢唐來都不是，恁地也不得。且如董仲舒、賈誼説話，何曾有都不是底？何曾有都是底？須是要見得他那箇議論是不是，如此方唤做格物。如今將一箇物事來，是與不是見得不定，便是自家這裏道理不通透。若道理明，則這樣處自通透。」○又問「天地之所以高深，鬼神之所以幽顯」。曰：「公且説天是如何後高？蓋天只是氣，非獨是高，只今人在地上，便只見如此高。要之，他連那地下亦是天。天只管轉來旋去，天大了，故旋得許多查滓在中間。世間無一箇物事恁地大。地只是氣之查滓，故厚而深。鬼神之幽顯，自今觀之，他是以鬼爲幽，以神爲顯。鬼者，陰也。神者，陽也。氣之屈者謂之鬼，氣之只管恁地來者謂之神。『洋洋然如在其上』，『焄蒿悽愴，此百物之精也，神之著也』，這便是那發生之精神。神者是生底，以至長大，故見其顯，便是氣之伸者。今人謂人之死爲鬼，是死後收斂，無形無迹，不可理會，便是那氣之屈底。」道夫問：「橫渠所謂『二氣之良能』，良能便是那會屈伸底否？」曰：「然。」〇問：「程子言『格物非謂盡窮天下之理，但於一事上窮盡，其他可以類推』。二説如何？」曰：「既是教類推，不是窮盡一事便了。且如孝，盡得箇孝底道理，故忠可移於君，又須去盡得忠。以至於兄弟、夫婦、朋友，從此推之無不盡窮，始得。」〇格物不可只理會文義，須便實下工夫格將去，始得。〇今人務博者，却要盡窮天下之理，務約者又要反身而誠，則天下之物無不在我者，皆不是。如一百件事，理會得五六十件了，這三四十件雖未理會，也大概是如此。〇問程子格物之説。曰：「須合而觀之。所謂『不必盡窮天下之物』者，如十事已窮得八九，則其一二雖未窮得，將來湊會，都自見得。又如四旁已窮得，中央雖未窮得，畢竟是在中間了，將來貫通，自能見得。程子謂『但積累多後，自當脱然有悟處』，此語最好。」〇問：「程子論致知處云：『若一事上窮不得，且別窮一事。』竊謂致之爲言，推而至之，以至於盡也。於窮不得處，正當努力，豈可遷延逃避，別窮一事邪？至於所謂『但得一道而入，則可以類推而通其餘矣』，夫專心致志，猶慮其未能盡知，況敢望以其易而通其難者乎？」曰：「這是言隨人之量，非曰遷延逃避也。蓋於此處既理會不得，若專一守在這裏，却轉昏了，須著別窮一事，又或可以因此而明彼也。」〇問：「伊川説『若一事窮不得，須別窮一事』，與延平李先生説如何？」曰：「這説自有一項難窮底事。如造化、禮樂、度數等事，是卒急難曉，只得且放住。且如所説《春秋》書『元年春王正月』，這如何要窮曉得？李先生説，是窮理之要。若平常遇事，這一件理會未透，又理會第二件，第二件理會未得，又理會第三件，恁地終身不長進。」〇問：「《或問》中『千蹊萬徑，皆可適國』，國恐是譬理之一源處。不知從一事上便可窮得到一源處否？」曰：「也未解便如此，只要以類而推。理固是一理，然其間曲折甚多，須是把這箇做樣子，却從這裏推去，始得。且如事親，固當盡其事之之道，若得於親時是如何，不得於親時又當如何。以此而推之於事君，則知得於君時是如何，不得於君時又當如何。推以事長亦是如此。自此推去，莫不皆然。」○問：「萬物各具一理，而萬理同出一源，此所以可推而無不通也。」曰：「近而一身之中，遠而八荒之外，微而一草一木之衆，莫不各具此理。如此四人在坐，各有這箇道理，某不用假借於公，公不用求於某。然雖各自有這一箇理，又却同出於一箇理爾。如排數器水相似，這盂也是這樣水，那盂也是這樣水，各各滿足，不待求假於外，然打破放裏，却也只是箇水。此所以可推，推而無不通也。所以謂格得多後，自此貫通者，只謂是一理。釋氏云：『一月普現一切水，一切水月一月攝。』這是那釋氏也窺見得他這些道理。濂溪《通書》只是説這一事。」○問「萬物各具一理，而萬理同出一原」。曰：「萬物皆有此理，理皆同出一原，但所居之位不同，則其理之用不一。如爲君須仁，爲臣須敬，爲子須孝，爲父須慈，物物各具此理，而物物各異其用，然莫非一理之流行也。聖人所以窮理盡性而至於命，凡世間所有之物，莫不窮極其理，所以處置得物物各得其所，無一事一物不得其宜。除是無此物，方無此理，既有此物，聖人無有不盡其理者也。」○問：「《或問》『觀物察己，還因見物反求諸己』，此説亦是。程子非之，何也？」曰：「這理是天下公共之理，人人都一般，初無物我之分。不可道我是一般道理，人又是一般道理，將來相比。如赤子入井，皆有怵惕，知得人有這箇，便知自家亦有這箇，更不消比並自知。」〇格物致知，彼我相對而言耳，格物所以致知。於這一物上窮得一分之理，即我之知亦知得一分。於物之理窮二分，即我之知亦知得二分。於物之理窮得愈多，則我之知愈廣。其實只是一理，才明彼，即曉此。所以《大學》説「致知在格物」，又不説「欲致其知者在格其物」，蓋致知便在格物中，非格之外別有致處也。又曰：「格物之理，所以致我之知。」〇問：「《或問》致知章引程子所謂『汎然徒欲以觀萬物之理，譬如大軍之遊騎，出太遠而無所歸』。莫只是要切己看否？」曰：「只要從近去。」〇且窮實理，令有切己功夫。若只汎窮天下萬物之理，不務切己，即是《遺書》所謂「遊騎無所歸」矣。〇問：「程子謂『一草一木皆所當窮』，又謂『恐如大軍遊騎，出太遠而無所歸』，何也？」曰：「便是此等語説得好，平正不向一邊去。」〇問：「『知至而后意誠』，而程子又云『格物窮理，立誠意以格之』，何也？」曰：「此『誠』字説較淺，未説到深處，只是確定其志，樸實去做工夫。如胡氏『立志以定其本』，便是此意。」〇敬則心存，心存則理具，於此而得失可驗，故曰「未有致知而不在敬者」。〇問：「程子云『未有致知而不在敬者』，蓋敬則胷次虛明，然後能格物而判其是非。」曰：「雖是如此，然亦須格物。不使一豪私欲得以爲之蔽，然後胷次方得明。只一箇持敬，也易得做病。若只持敬，不時時提撕著，亦易以昏困。須是提撕，才見有私欲底意思來，便屏去，且謹守著，到得復來，又屏去，時時提撕，私意當自去也。」〇問：「格物敬爲主，如何？」曰：「敬者，徹上徹下工夫。」〇世間之物，無不有理，皆須格過。古人自幼便識其具，且如事親事君之禮，鍾鼓鏗鏘之節，進退揖遜之儀，皆目熟其事，躬親其禮。及其長也，不過只是窮此理，因而漸及於天地、鬼神、日月、陰陽、鳥獸、草木之理，所以用工也易。今人皆無此等禮數可以講習，只靠先聖遺經，自去推究，所以要人格物主敬，便將此心去體會古人道理，備而行之。如事親孝，自家既知所以孝，便將此孝心依古禮而行之。事君敬，便將此敬心依聖經所說之禮而行之。一一須要窮過，自然浹洽貫通。○問：「《或問》『涵養又在致知之先』。」曰：「涵養是合下在先。古人從少以敬涵養，父兄漸漸教之讀書識義理。今若說待涵養了方去理會致知，也無期限，須是兩下用工，也著涵養，也著致知。伊川多說敬，敬則此心不放，事事皆從此做去。」○問：「養知莫過於寡欲，是既知後，便如此養否？」曰：「此不分先後。未知之前若不養之，此知如何發得？既知之後若不養，則又差了。不可道未知之前便不必如此。」○「致知」一章，此是《大學》最初下手處。若理會得透徹，後面便容易。故程子此處說得節目甚多，皆是因人之資質了說，雖若不同，其實一也。見人之敏者，太去理會外事，則教之使去父慈子孝處理會。曰：「若不務此，而徒欲汎然以觀物之理，則吾恐其如大軍之遊騎，出太遠而無所歸。」若是人專只去裏面理會，則教之以求之性情，固切於身，然一草一木亦皆有理。要之，內事外事皆是自己合當理會底，但須是六七分去裏面理會，三四分去外面理會方可。若是工夫中半時，亦自不可。况在外工夫多，在內工夫少邪？此尤不可也。○誠敬涵養，爲格物、致知之本。○問：「《或問》載程子致知格物之說不同。」曰：「當時答問，各就其人而言之。今須是合就許多不同處，來看作一意爲佳。」○問「由中而外，自近而遠」。曰：「某之意，只是說欲致其知者，須先存得此心。此心既存，却看這箇道理是如何。又推之於身，又推之於物，只管一層展開一層，又見得許多道理。」又曰：「如『足容重，手容恭，目容端，口容止，聲容静，頭容直，氣容肅，立容德，色容莊』，這便是一身之則所當然者。『曲禮三百，威儀三千』，皆是人所合當做而不得不然者，非是聖人安排這物事約束人。如《洪範》亦曰『貌曰恭，言曰從，視曰明，聽曰聰，思曰睿』，以至於『睿作聖』，夫子亦謂『君子有九思』，此皆人之所不可已者。」○問：「『降衷』之『衷』與『受中』之『中』，二字義如何？」曰：「左氏云：『始終而衷舉之。』又曰：『衷甲以見。』看此『衷』字，義本是『衷甲以見』之義，爲其在裏而當中也。然『中』字大概因過不及而立名。後人云：衷，善也。却説得未親切。」○問：「天道流行，發育萬物，人物之生，莫不得其所以生者以爲一身之主。是此性隨所生處便在否？」曰：「一物各具一太極。」○問：「《或問》『《詩》所謂秉彝，《書》所謂降衷』一段，其名雖異，要之皆是一理。」曰：「誠是一理，豈可無分别？且如何謂之『降衷』？」曰：「衷是善也。」曰：「若然，何不言降善而言降衷？『衷』字看來只是箇無過不及之中，是箇恰好底道理。天之生人物，箇箇有這一副當恰好無過不及底道理降與你，與程子所謂『天然自有之中』，劉子所謂『民受天地之中』相似。與《詩》所謂『秉彝』，張子所謂『萬物之一原』又不同。須各曉其名字訓義之所以異，方見其所謂同。『衷』只是中。今人言折衷，折衷者，以中爲準則而取正也。『天生烝民，有物有則』，『則』字却似『衷』字。天之生此物，必有箇當然之則，故民執之以爲常道，所以無不好此懿德。物物有則，蓋君有君之則，臣有臣之則。『爲人君止於仁』，君之則也。『爲人臣止於敬』，臣之則也。如耳有耳之則，目有目之則。『視遠惟明』，目之則也。『聽德惟聰』，耳之則也。『從作乂』，言之則。

『恭作肅』，貌之則也。四支百骸，萬物萬事，莫不各有當然之則。子細推之，皆可見。」又曰：「凡看道理，須是細心看他名義分位之不同。通天下固同此一理，❶然聖賢所説有許多般樣，須是一一通曉，分別得出始得。若只儱侗説了，盡不見他裏面好處。如『降衷于下民』，這緊要字却在『降』字上。故自天而言，則謂之『降衷』；自人受此衷而言，則謂之性。如云『天所賦爲命，物所受爲性』，命便是那『降』字，至物所受，則謂之性，而不謂之衷。所以不同，緣各據他來處所受處而言也。惟『皇上帝降衷于下民』，此據天之所與物者而言。『若有常性』，是據民之所受者而言。『克綏厥猷』，猷即道。道者，性之發用處，能安其道者惟后也。如『天命之謂性，率性之謂道，脩道之謂教』三句，亦是如此。古人説得道理如此縝密，處處皆合。今人心粗，如何看得出！」○用之説「『衷』是道理之心」，這話恁地説不得。心、性固只一理，然自有合言處，又有析而言處。須知其所以析，又知其所以合，乃可。然謂性便是心，則不可。謂心便是性，亦不可。孟子曰「盡其心，知其性」，又曰「存其心，養其性」，聖賢説話，自有分別，何嘗如此儱侗不分曉？固有儱侗一統説時，然名義各自不同。心性之別，如以碗盛水，水須碗乃能盛，然謂碗便是水，則不可。後來橫渠説得極精，云「心統性情者也」。如「降衷」之「衷」，同是此理，然此字但可施於天之所降而言，而不可施於人之所受而言也。○問：「劉子所謂『天地之中』，即周子所謂『太極』否？」曰：「只一般，但名不同。中只是恰

❶「固」，原作「故」，據《朱子語類》卷十八《大學》五《或問》下改。

好處。《書》『惟皇上帝降衷于下民』，亦只是恰好處。極不是中，極之爲物，只是在中。」○問：「『民受天地之中以生』，與程子『天然自有之中』，還是一意否？」曰：「只是一意，蓋指大本之中也。」○問：「《或問》云：『天地鬼神之變，鳥獸草木之宜，莫不有以見其所當然而不容已。』此處所謂『不容已』者，是何？」曰：「春生了，便秋殺，他住不得。陰極了，便陽生，如人在背後，只管來相趲，如何住得！」○問《或問》中「莫不有以見其所當然而不容已者，然又當求其所以然而不可易者」。先生問：「每常如何看？」廣云：「『所以然而不可易者』，是指理而言。『所當然而不容已者』，是指人心而言。」曰：「下句只是指事而言，凡事固有『所當然而不容已』者，然又當求其所以然者，何故？其所以然，理也，理如此，故不可易。又如人見赤子入井，皆有怵惕惻隱之心，此其事『所當然而不容已』者也。然其所以者，是何故？必有箇道理之不可易者。今之學者，但止見其一邊，只據眼前理會得箇皮膚便休，都不曾會得那徹心徹髓處。以至於天地間造化，固是陽長則生，陰消則死，然其所以然者是如何？又如天下萬事，一事各有一理，須是一一理會交徹。不成只説道『天，吾知其高而已；地，吾知其深而已；萬物萬事，吾知其爲萬物萬事而已』。明道詩云：『道通天地有形外，思入風雲變態中。』觀他此語，須知有極至之理，非册子之上所能載者。」廣云：「大至於陰陽造化，皆是『所當然而不容已』者。所謂太極，則是『所以然而不可易』者。」曰：「固是。人須是自向裏入深去理會。此箇道理，才理會到深處，又易得似禪。須是理會到深處，又却不與禪相似，方是。」○因舉五峯之言曰：「『身親格之，以精其知』，雖於『致』字得向裏之意，然却恐遺了外面許多事。如某便不敢如此説。須是内外、本末、隱顯、精粗一一周遍，方始是儒者之學。」○或問：「理之不容已者如何？」曰：「理之所當爲者，自不容已。孟子最發明此理處，如曰『孩提之童，無不知愛其親，及其長也，無不知敬其兄』，自是有住不得處。」○上蔡説：「窮理只尋箇是處，以恕爲本。」窮理自是我不曉這道理，所以要窮，如何説得「恕」字？○窮理蓋是合下工夫，恕則在窮理之後。胡文定載顯道語云「恕則窮理之要」，某理會安頓此語不得。○謝子「尋箇是處」之説甚好。○龜山説：「只反身而誠，便天地萬物之理在我。」胡文定却言「物物致察，宛轉歸己。見雲雷，知經綸；見山下出泉，知果行」之類。惟伊川言「不可只窮一理，亦不能徧窮天下萬物之理」。某謂：須有先後緩急，久之亦要窮盡。如《正蒙》，是盡窮萬物之理。○問：「『物物致察』與『物物而格』何别？」曰：「文定所謂『物物致察』，只求之於外，如所謂『察天行以自强，察地勢以厚德』，祇因其物之如是而求之耳。初不知天如何而健，地如何而順也。」道夫曰：「所謂『宛轉歸己』，此等言語，似失之巧。」曰：「若宛轉之説，則是理本非己有，乃强委曲牽合，使他入來爾。許多説，只有上蔡所謂『窮理只是尋箇是處』爲得之。」道夫曰：「龜山『反身而誠』之説，只是摹空説了。」曰：「都無一箇著實處。」道夫曰：「却似甚快。」曰：「若果如此，則聖賢都易做了。」又問：「他既如此説，其下工夫時亦須有箇窒礙。」曰：「也無做處。如龜山於天下事極明得，如言治道與官府政事，至纖至細處，亦曉得。到這裏却恁説，次第他把來做兩截看了。」○五峯説「格物，立志以定其本，居敬以持其志。志立乎事物之表，敬行乎事物之内，而知乃可精」者，這段語本説得極精。然却有病者，只説得向裏來，不曾説得外面，所以語意頗傷急迫。蓋致知本是廣大，須用說得表裏内外周徧兼該，方得。其曰「志立乎事物之表，敬行乎事物之内」，此語極好。而曰「而知乃可精」，便有局蹙氣象。他便要就這裏便精其知。殊不知致知之道不如此急迫，須是寬其程限，大其度量，久久自然通貫。他言語只說得裏面一邊極精，遺了外面一邊，所以其規摹之大，不如程子。且看程子所說：「今日格一件，明日格一件，積久自然貫通。」此言該内外，寬緩不迫，有涵泳從容之意。所謂「語小，天下莫能破；語大，天下莫能載」也。○諸公致知格物之說皆失了伊川意，此正是入門款。於此既差，則他可知矣。

所謂誠其意者：毋自欺也，如惡惡臭，如好好色，此之謂自謙，故君子必慎其獨也！

好、惡上字，皆去聲。謙讀爲慊，苦劫反。○誠其意者，自修之首也。毋者，禁止之辭。自欺云者，知爲善以去惡，而心之所發有未實也。慊，快也，足也。獨者，人所不知而己所獨知之地也。言欲自修者知爲善以去其惡，則當實用其力，而禁止其自欺。使其惡惡則如惡惡臭，好善則如好好色，皆務決去而求必得之，以自快足於己，不可徒苟且以狥外而爲人也。然其實與不實，蓋有他人所不及知而己獨知之者，故必謹之於此以審其幾焉。

小人閒居爲不善，無所不至，見君子而后厭然，揜其不善，而著其善。人之視己，如見其肺肝然，則何益矣。此謂誠於中，形於外，故君子必慎其獨也。

閒，音閑。厭，鄭氏讀爲黶。○閒居，獨處也。厭然，消沮閉藏之貌。此言小人陰爲不善，而陽欲揜之，則是非不知善之當爲與惡之當去也，但不能實用其力以至此耳。然欲揜其惡而卒不可揜，欲詐爲善而卒不可詐，則亦何益之有哉！此君子所以重以爲戒，而必謹其獨也。**曾子曰：「十目所視，十手所指，其嚴乎！」**引此以明上文之意。言雖幽獨之中，而其善惡之不可揜如此。可畏之甚也。**富潤屋，德潤身，心廣體胖，故君子必誠其意。**胖，步丹反。○胖，安舒也。言富則能潤屋矣，德則能潤身矣，故心無愧怍，則廣大寬平，而體常舒泰，德之潤身者然也。蓋善之實於中而形於外者如此，故又言此以結之。○或問：「六章之指，其詳猶有可得而言者邪？」曰：「天下之道二，善與惡而已矣。然揆厥所元，而循其次第，則善者天命所賦之本然，惡者物欲所生之邪穢也。是以人之常性莫不有善而無惡，其本心莫不好善而惡惡。然既有是形體之累，而又爲氣稟之拘，是以物欲之私得以蔽之，而天命之本然者不得而著。其於事物之理，故有瞢然不知其善惡之所在者，亦有僅識其粗而不能真知其可好可惡之極者。夫不知善之真可好，則其好善也雖曰好之，而未能無不好者以拒之於內。不知惡之真可惡，則其惡惡也雖曰惡之，而未能無不惡者以挽之於中。是以不免於苟焉以自欺，而意之所發有不誠者。夫好善而不誠，則非惟不足以爲善，而反有以賊乎其善。惡惡而不誠，則非惟不足以去惡，而適所以長乎其惡。是則其爲害也，徒有甚焉，而何益之有哉？聖人於此，蓋有憂之，故爲大學之教，而必首之以格物致知之目以開明其心術，使既有以識夫善惡之所在與其可好可惡之必然矣。至此而復進之以必誠其意之説焉，則又欲其謹之於幽獨隱微之奥，以禁止其苟且自欺之萌。而凡其心之所發，如曰好善，則必由中及外，無一豪之不好也；如曰惡惡，則必由中及外，無一豪之不惡也。夫好善而中無不好，則是其好之也，如好好色之真，欲以快乎己之目，初非爲人而好之也。惡惡而中無不惡，則是其惡之也，如惡惡臭之真，欲以足乎己之鼻，初非爲人而惡之也。所發之實既如此矣，而須臾之頃，纖芥之微，念念相承，又無敢少有間斷焉，則庶乎內外昭融，表裏澄徹，而心無不正，身無不修矣。若彼小人，幽隱之間，實爲不善，而猶欲外託於善以自蓋，則亦不可謂其全然不知善惡之所在，但以不知其真可好惡，而又不能謹之於獨，以禁止其苟且自欺之萌，是以淪陷至於如此而不自知耳。此章之説，其詳如此，是固宜爲自修之先務矣。然非有以開其知識之真，則不能有以致其好惡之實，故必曰『欲誠其意者，先致其知』，又曰『知至而后意誠』。然猶不敢恃其知之已至而聽其所自爲也，故又曰『必誠其意，必謹其獨，而毋自欺焉』。則大學功夫次第相承，首尾爲一，而不假他術以雜乎其間，亦可見矣。彼此皆然，今不復重出也。」○曰：「然則慊之爲義，或以爲少，又以爲恨，與此不同，何也？」曰：「慊之爲字，有作『嗛』者，而字書以爲口銜物也。然則慊亦但爲心有所銜之義，而其爲快、爲足、爲恨、爲少，則以所銜之異而別之耳。孟子所謂『慊於心』，樂毅所謂『慊於志』，則以銜其快與足之意而言者也。孟子所謂『吾何慊』，《漢書》所謂『嗛栗姬』，則以銜其恨與少之意而言者也。讀者各隨所指而觀之，則既並行而不悖矣。字書又以其訓快與足者，讀與愜同，則義愈明而音又異，尤不患於無別也。」○問：「格物知至了，如何到誠意又説『毋自欺』也？毋者，禁止之辭？」曰：「物既格，知既至，到這裏方可著手下工夫。不是物格知至了，下面許多一齊掃了。若如此，却不消説下面許多。看下面許多，節節有工夫。」○問劉棟：「看《大學》自欺之説如何？」曰：「不知義理，却道我知義理，是自欺。」先生曰：「自欺是箇半知半不知底人，知道善我所當爲，却又不十分去爲善；知道惡不可作，却又是自家所愛，舍他不得，這便是自欺。不知不識，只喚做不知不識，却不喚做自欺。」○或問「誠其意者毋自欺」。先生曰：「譬如一塊物，外面是銀，裏面是鐵，便是自欺。須是表裏如一，便是不自欺。然所以不自欺，須是見得分曉。譬如今人見烏喙之不可食，知水火之不可蹈，則自不食不蹈。如寒之欲衣，飢之欲食，則自是不能已。今人果見得分曉，如烏喙之不可食，水火之不可蹈，見善如飢之欲食、寒之欲衣，則此意自是實矣。」○自欺，非是心有所慊。蓋外面雖爲善事，其中却是不然，乃自欺也。○而今説自欺，未説到與人説時，方謂之自欺。只是自家知得善好，要爲善，然心中却覺得微有些没緊要底意思，便是自欺，便是虚僞不實矣。正如金，已是真金了，只是鍛鍊得微不熟，微有些查滓去不盡，顔色或白、或青、或黄，便不是十分精金。○問「自慊」。先生云：「人之爲善，須是十分真實爲善，方是自慊。若有六七分爲善，又有兩三分爲惡底意思在裏面相牽，便是不自慊。須是如『惡惡臭，好好色』方是。」○「『自慊』之『慊』，大意與《孟子》『行有不慊』相類，細思亦微有不同。《孟子》『慊』訓滿足意多，《大學》訓快意多。横渠云：『自慊，不足以合天心。』初看亦只一般，然横渠亦是訓足底意思多。」○字有同一義而二用者。「慊」字訓足也：「我何慊乎哉！」彼心中不以彼之富貴而懷不足也；「行有不慊於心」，謂義須充足於中，不然則餒也。如「忍」之一字，自容忍而爲善者言之，則爲忍去忿欲之氣；自殘忍而爲惡者言之，則爲忍去了惻隱之心。「慊」字一從口，如胡孫兩「嗛」，皆本虚著懷藏何物於内耳。❶如「銜」字或爲銜恨，或爲銜恩，亦同此義。○誠意，十分爲善。有一分不好底意思潛發以間於其間，此意一發，便由斜徑以長，這箇却是實，前面善意却是虚矣。如見孺子入井，救之是好意，其間便有些要譽底意思以雜之；如薦好人，是善意，便有些要人德之之意隨後生來；治

---

❶「虚著懷藏」，《朱子語類》、文淵閣《四庫全書》本《西山讀書記》作「虚字看懷藏」。

惡人，是好意，便有狼疾之意隨後來：前面好意都成虚了。如姤卦上五爻皆陽，下面只是一陰生，五陽便立不住。○「誠與不誠，自慊與自欺，只争這些子豪髮之間耳。」又曰：「自慊則一，自欺則二。自慊者，外面如此，中心也是如此，表裏一般。自欺者，外面如此做，中心其實有些子不願，外面且要人道好，只此便是二心，誠僞之所由分也。」○知之不至，則不能謹獨，亦不肯謹獨。知至者，見得實是實非灼然如此，而必戰懼以終之，此所謂能謹獨也。如顔子「請事斯語」，曾子「戰戰兢兢」，終身而後已，彼豈知之不至？必如此，方意誠。蓋無放心底聖賢，「惟聖罔念作狂」。一豪少不謹懼，則已墮於意欲之私矣。此聖人教人徹上徹下，不出一「敬」字也。蓋「知至而後意誠」，則知至之後，意已誠矣。猶恐隱微之間有所不實，又必提掇而謹之，使無豪髮妄馳，則表裏隱顯無一不實而自快慊也。○「知至而後意誠」，已有八分。恐有照管不到，故曰謹獨。○「誠意」章上云「必慎其獨」者，欲其自慊也。下云「必慎其獨」者，防其自欺也。○致知者，誠意之本也。慎獨者，誠意之助也。致知則意已誠七八分了，只是猶恐隱微幽獨處尚有些子未誠實，故其要在謹獨。○《大學》看來雖只恁地滔滔地説去，然段段致戒，如一下水船相似，也要柁，也要楫。○誠意只是表裏如一，若外面白，裏面黑，便非誠意。○凡惡惡之不實，爲善之不勇，外然而中實不然，或有所爲而爲之，或始勤而終怠，或九分爲善，内有一分苟且之心，皆不實而自欺之患也。所謂「誠其意」者，表裏内外徹底皆如此，無纖豪絲髮苟且爲人之弊。如飢之必欲食，渴之必欲飲，皆自以求飽足於己而已，非爲他人而食飲也。又如一盆水，徹底皆清瑩，無一豪砂石之雜。如此，則其好善也必誠好之，惡惡也必誠惡之，而無一豪勉强自欺之雜。所以説自慊，但自滿足而已，豈有待於外哉！是故君子謹其獨，非特顯明之處是如此，雖至微至隱，人所不知之地，亦常謹之。小處如此，大處亦如此；顯明處如此，隱微處亦如此。表裏内外，精粗隱顯，無不謹之，方謂之誠其意。○謂誠意者，須是隱微顯明小大表裏都一致，方得。○「誠於中，形於外」，那箇形色氣貌之見於外者自別，决不能欺人，祇自欺而已這樣底，永無緣做得好人，爲其無爲善之地也。外面一副當雖好，然裏面却踏空，永不足以爲善。○敬子問：「『所謂誠其意者，毋自欺也。』注云：『外爲善，而中實未能免於不善之雜。』某意欲改作『外爲善，而中實容其不善之雜』，如何？蓋所謂不善之雜，非是不知，是知得了，又容著在這裏，是不奈他何了，不能不自欺。」曰：「公合下認錯了，只管説箇『容』字。不是如此。『容』字又是第二節，緣不奈何，所以容在這裏。荀子曰：『心卧則夢，偷則自行，使之則謀。』蓋偷心是不知不覺自走去底，不由自家使底，倒要自家去捉他。『使之則謀』，這却是好底心，由自家使底。」又引《中庸》論誠處而曰：「一則誠，雜則僞。只是一箇心，便是誠；纔有兩箇心，便是自欺。好善『如好好色』，惡惡『如惡惡臭』，它徹底只是這一箇心，所以謂之自慊。若纔有些子間雜，便是兩箇心，便是自欺。如自家欲爲善，後面又有箇心在這裏拗你莫去爲善；欲惡惡，又似有箇人在這裏拗你莫要惡惡，此便是自欺。如人説十句話，九句實，一句脱空，那九句實底被這一句脱空底都壞了。如十分金，徹底好，方謂之真金。若有一分銀，便和那九分底也壞了。」又曰：「佛家看此亦甚精，被他分析得項數多，如云有十二因緣，只是一心之發，便被他推尋得許多，察得來極精微。又有所謂『流注想』，他最怕這箇。所以潙山禪師云：『某參禪幾年了，至今不曾斷得這流注想。』此即荀子所謂『偷則自行』之心也。」次早又曰：「昨夜思量，敬子之言自是，但傷雜耳。某之言却即説得那箇自欺之根。自欺却是敬子『容』字之意，『容』字却説得是。蓋知其爲不善之雜，而又蓋庇以爲之，此方是自欺。」○「看來『如好好色，如惡惡臭』一段，便是連那『毋自欺也』說，言人之毋自欺時，便要『如好好色，如惡惡臭』樣方得。若好善不『如好好色』，惡惡不『如惡惡臭』，此便是自欺。毋自欺者，謂如爲善，若有些自欺時，便當斬根去之，真箇是『如惡惡臭』始得。如『小人閒居爲不善』底一段，便是自欺底，只是反說。『閒居爲不善』，便是惡惡不『如惡惡臭』。『見君子而後厭然，揜其不善而著其善』，便是好善不『如好好色』。若只如此看，此一篇文義都貼實平易，坦然無許多屈曲。」○「心廣體胖」，心本是闊大底物事，只是因愧作了，便卑狹，便被他隔礙了。只見得一邊，所以體不能得舒泰。○問誠意章曾子曰「十目所視」止「心廣體胖」處。先生曰：「『十目所視，十手所指』，不是怕人見。蓋人雖不知，而我已自知，自是甚可皇恐了。其與十目十手，所視所指，何以異哉？」○意誠，便全然在天理上行。意未誠以前，尚汩在人欲裏。○知至意誠，是萬善之根。

右傳之六章。釋誠意。經曰：「欲誠其意者，先致其知。」又曰：「知至而后意誠。」蓋心體之明有所未盡，則其所發必有不能實用其力而苟焉以自欺者。然或已明而不謹乎此，則其所明又非己有，而無以爲進德之基。故此章之指，必承上章而通考之，然後有以見其用力之始終，其序不可亂而功不可闕如此云。

所謂脩身在正其心者，身有所忿懥，則不得其正；有所恐懼，則不得其正；有所好樂，則不得其正；有所憂患，則不得其正。程子曰：「身有之身，當作心。」忿，弗粉反。懥，敕值反。好、樂，並去聲。○忿懥，怒也。蓋是四者，皆心之用，而人所不能無者。然一有之而不能察，則欲動情勝，而其用之所行，或不能不失其正矣。**心不在焉，視而不見，聽而不聞，食而不知其味。**心有不存，則無以檢其身，是以君子必察乎此而敬以直之，然後此心常存而身無不脩也。**此謂脩身在正其心。**或問：「人之有心，本以應物，而此章之傳，以爲有所喜怒憂懼，便爲不得其正。然則其爲心也，必如槁木之不復生，死灰之不復然，乃爲得其正邪？」曰：「人之一心，湛然虛明，如鑑之空，如衡之平，以爲一身之主者，固其真體之本然，而喜怒憂懼隨感而應，妍蚩俯仰因物賦形者，亦其用之所不能無者也。故其未感之時，至虛至静，所謂鑑空衡平之體，雖鬼神有不得窺其際者，固無得失之可議。及其感物之際，而所應者，又皆中節，則其鑑空衡平之用流行不滯，正大光明，是乃所以爲天下之達道，亦何不得其正之有哉！惟其事物之來，有所不察，應之既或不能無失，且又不能不與俱往，則其喜怒憂懼必有動乎中者，而此心之用始有不得其正者耳。傳者之意，固非以心之應物便爲不得其正，而必如枯木死灰然後乃爲得其正也。惟是此心之靈，既曰一身之主，苟得其正，而無不在是，則耳、目、鼻、口、四肢、百骸，莫不有所聽命以供其事，而其動静語默，出入起居，惟吾所使而無不合於理。如其不然，則身在於此，而心馳於彼，血肉之軀，無所管攝，其不爲『仰面貪看鳥，回頭錯應人』者，幾希矣。孔子所謂『操則存，舍則亡』，孟子所謂『求其放心，從其大體』者，蓋皆謂此。學者可不深念而屢省之哉！」○到得正心時節，已是煞好了。只是就好裏面又有許多偏。要緊最是誠意時節，正是分别善惡，最要著力，所以重複説道「必謹其獨」。若打得這關過，已是煞好了。到正心，又怕於好上要偏去。如水相似，那時節已是淘去了濁，十分清了，又怕於清裏面有波浪動蕩處。○問：「忿懥、恐懼、憂患、好樂，皆不可有否？」曰：「四者豈得皆無？但要得其正耳，如《中庸》所謂『喜怒哀樂發而中節』者也。」○問忿懥章。先生云：「這心之正，却如稱一般。未有物時，稱無不平，纔把一物在上面，❶便不平了。鏡中先有一人在裏面了，别一箇來，便照不得。這心未有物之時，先有箇主張説道我要如何處事，纔遇著事，便以是心處之，便是不正。且如今人説『是我做官，要抑强扶弱』，及遇著當强底事，也去抑他，這便是不正。」○問正心章云「人心要當不容一物」。曰：「這説便是難。纔説不容一物，却又似一向全無相似。只是這許多好樂、恐懼、忿懥、憂患，只要從無處發出，不可先有在心下。」○人心如一箇鏡，先未有一箇影象，有事物來，方始照見妍醜。若先有一箇影象在裏，如何照得？人心本是湛然虚明，事物之來，隨感而應，自然見得高下輕重，事過便當依前恁地虚，方得。若事未來，先有一箇忿懥、好樂、恐懼、憂患之心在這裏，及忿懥、好樂、恐懼、憂患之事到來，又以這心相與衮合，便失其正。事了，又只管留在這裏，如何得正？○《大學》七章，看「有所」二字。「有所憂患」，憂患是合當有，若因此一事而在胷中，便是有。「有所忿懥」，因人之有罪而撻之，才撻了，其心便平，是不有。若此心常又不平，便是有。恐懼、好樂亦然。○問：「伊川云：『忿懥、恐懼、好樂、憂患，人所不能無者，但不以動其心。』既謂之忿懥、憂患，如何不牽動他心？」曰：「事有當怒當憂者，但過了則休，不可常留在心。顔子未常不怒，但不遷耳。」○四者人不能無，只是不要他留而不去，如所謂「有所」，則是被他爲主於内心，反爲他動也。○心不可有一物，外面酬酢萬變，都只是隨

❶「物」，原誤作「字」，今據四庫本改。

其分限應去，都不關自家心事。纔係於物，心便爲其所動。其所以係於物者有三：或是事未來而自家先有這箇期待底心；或事已應過去了，又却長留在胷中不能忘；或正應事之時，意有偏重，便只見那邊重。這都是爲物所係縛。既爲物所繫縛，便是有這箇物事，及別事來到面前，應之便差了。這如何會得其正？聖人之心，瑩然虛明，無纖豪形迹。一看事物之來，若小若大，四方八面，莫不隨物隨應，此心元不曾有這箇物事。○或問：「忿懥、恐懼、好樂、憂患四者，人之所不能無，何以謂心不得其正？」曰：「四者心之所有，但不可使之有所私爾。纔有所私，便不能化，梗在胷中。且如忿懥、恐懼，有當然者，若定要他無，直是用死方得，但不可先有此心耳。今人多是纔忿懥，雖有可喜之事，亦所不喜。纔喜，雖有當怒之事，亦不復怒，便是蹉過事理了，便是『視而不見，聽而不聞，食而不知其味』了。蓋這物事纔私，便不去，只管在胷中推盪，終不消釋。設使此心如太虛然，則應接萬務，各止其所而我無所與，則便視而見，聽而聞，食而真知其味矣。看此一段，只是要人不可先有此心耳。譬如衡之爲器，本所以平物也，今若先有一物在上，則又如何稱？」或問公私之別。曰：「今小譬之：譬如一事，若係公衆，便心下不大段管，若係私己，便只管横在胷中，念念不忘。只此便是公私之辨。」○問：「七章謂喜怒憂懼，人心所不能無。如忿懥乃戾氣，豈可有？」曰：「忿又重於怒。然此處須看文勢大意，但此心先有忿懥時，這下面便不得其正。如鏡有人形在裏面，第二人來，便照不得。如稱子，釘盤星上加一錢，則稱一錢物，便成兩錢重了。心若先有怒時，更有當怒底事，便成兩分怒了。有當喜底事來，又減却半分喜了。但先有好樂，也如此。先有憂患，也如此。若把忿懥做可疑，則下面憂患、好樂等皆可疑。」○或問：「《大學或問》『意既誠矣，而心猶有動焉，然後可以責其不正而復乎正』，是如何？」曰：「若是意未誠時，只是一箇虚僞無實之人，更問甚心之正與不正。惟是意已誠實，然後方可見得忿懥、恐懼、好樂、憂患有偏重處，即便隨而正之也。」

右傳之七章。釋正心脩身。此亦承上章以起下章。蓋意誠則真無惡而實有善矣，所以能存是心以檢其身。然或但知誠意，而不能密察此心之存否，則又無以直内而脩身也。○自此以下，並以舊文爲正。

所謂齊其家在脩其身者：人之其所親愛而辟焉，之其所賤惡而辟焉，之其所畏敬而辟焉，之其所哀矜而辟焉，之其所敖惰而辟焉。故好而知其惡，惡而知其美者，天下鮮矣！辟，讀爲僻。惡而之惡、敖、好，並去聲。鮮，上聲。○人，謂衆人。之，猶於也。辟，猶偏也。五者，在人本有當然之則；然常人之情惟其所向而不加審焉，則必陷於一偏而身不脩矣。**故諺有之曰：「人莫知其子之惡，莫知其苗之碩。」**諺，音彦。碩，叶韻，時若反。○諺，俗語也。溺愛者不明，貪得者無厭，是則偏之爲害，而家之所以不齊也。**此謂身不脩不可以齊其家。**或問：「八章之辟，舊讀爲譬，而今讀爲僻，何也？」曰：「舊音舊説，以上章例之而不合也，以下文逆之而不通也，是以間者竊以類例文意求之，而得其説如此。蓋曰人之常情，於此五者一有所向，則失其好惡之平，而陷於一偏，是以身有不修，不能齊其家耳。蓋偏於愛，則溺焉而不知其惡矣。偏於惡，則阻焉而不知其善矣。是其身之所接，好惡取舍之間，將無一當於理者，而况於閨門之内，恩常掩義，亦何以勝其情愛暱比之私，而能有以齊之哉！」曰：「凡是五者，皆身與物接所不能無，而亦既有當然之則矣。今曰一有所向，便爲偏倚而身不修，則是必其接物之際，此心漠然，都無親疎之等、尊賤之别，然後得免於偏也。且心既正矣，則宜其身之無不修，今乃猶有若是之偏，何哉？」曰：「不然也。此章之義，實承上章，其立文命意大抵相似。蓋以爲身與事接而後或有所偏，非以爲一與事接而必有所偏。所謂心正而后身修，亦曰心得其正，乃能修身，非謂此心一正，則身不待檢而自修也。」○曰：「親愛、賤惡、畏敬、哀矜，固人心之所宜有，若夫敖惰，則凶德也，曾謂本心而有如是之則哉？」曰：「敖之爲凶德也，正以其先有是心，不度所施而無所不敖爾。若因人之可敖而敖之，則是常情所宜有，而事理之當然也。今有人焉，其親且舊，未至於可親而愛也；其位與德，未至於可畏而敬也；其窮未至於可哀，而其惡未至於可賤也；其言無足去取，而其行無足是非也，則視之泛然如塗之人而已爾。又其下者，則夫子之取瑟而歌，孟子之隱几而卧，蓋亦因其有以自取，而非吾故有敖之之意，亦安得而遽謂之凶德哉？又况此章之指，乃爲慮其因有所重而陷於一偏者發，其言雖曰有所敖惰，而其意則正欲人之於此更加詳審，雖曰所當敖惰，而猶不敢肆其敖惰之心也，亦何病哉！」○或問：「正心章説忿懥、恐懼、好樂、憂患，與夫修身章説親愛、賤惡、畏敬、哀矜、敖惰如何？」曰：「是心卓然立乎此數者之外，則平正而不偏辟，自外來者必不能以動其中，自内出者必不至於溺於彼。」或問：「畏敬如何？」曰：「如家人有嚴君焉，吾之所當畏敬者也。然當不義則争之，若過於畏敬而從其令，則陷於偏矣。若夫賤惡者固當賤惡，然或有長處，亦當知之。下文所謂『好而知其惡，惡而知其美者，天下鮮矣』，此是指點人偏處，最切當。」○問：「正心章既説忿懥四者，而修身章又説『之其所親愛』之類，是如何？」曰：「忿懥等是心與物接時事，親愛等是身與物接時事。」○親愛、賤惡、畏敬、哀矜、敖惰，各自有當然之則，只不可偏。如人飢而食，食纔過些子，便是偏。渴而飲，飲纔過些子，便是偏。如愛其人之善，若愛之過，則不知其惡，便是因其所重而陷於所偏。惡惡亦然。下面說「人莫知其子之惡，莫知其苗之碩」，上面許多偏病不除，必至於此。○「人之其所親愛而辟焉」，如父子是當主於愛，然父有不義，子不可以不争。如爲人父雖是止於慈，若一向辟將去，則子有不肖，亦不知責而教焉，不可。「人之其所賤惡而辟焉」，人固自有一種可厭者，然猶未至於可賤惡處，或尚可教，若一向辟將去，便賤惡他，也不得。「人之其所畏敬而辟焉」，如事君固是畏敬他，然「說大人則藐之」，又不甚畏敬也。孟子此語雖稍麤，然古人正救其惡，與「陳善閉邪」，「責難於君」，也只管畏敬不得。○或問：「之其所親愛、哀矜、畏敬而辟焉，莫是君子用心過於厚否？」先生曰：「此可將來『觀過知仁』處說，不可將來此說。蓋不必論近厚近薄，大抵一切事，只是才過便不得。『觀過知仁』乃是因此見其用心之厚，故可知其仁，然過則終亦未是也。大凡讀書，須要先識認他本文是說箇甚麽，須全做不曾識他相似，虚心認他字字分明，復更看數過，自然會熟，見得分明。」○問「齊家段『辟』作『僻』」。曰：「人情自有偏處，所親愛莫如父母，至於父母有當幾諫處，豈可以親愛而忘正救？所敬畏莫如君父，至於所當直言正諫，豈可專持敬畏而不敢言？」○問：「敖惰，惡德也，豈君子宜有？」曰：「讀書不可泥，且當看其大意。」○問：「人之其所親愛、賤惡、畏敬、哀矜、敖惰而辟焉，《章句》曰：『人於五者本有當然之則。』竊謂則之爲言法也，性之所固有，事之所當然，而不可易者也。然敖之與惰，則氣習之所爲，實爲惡德，非性之所有。若比之四者而言，則是性有善惡。至若哀矜之形，正良心苗裔，偏於哀矜，不失爲仁德之厚，又何以爲『身不修而不可以齊其家』者乎？」先生曰：「敖惰，謂如孔子之不見孺悲，孟子不與王驩言。哀矜，謂如有一般大姦大惡，方欲治之，被他哀鳴懇告，却便恕之。」道夫曰：「這只是言流爲姑息之意。」曰：「這便是哀矜之不得其正處。」○問：「『之其所敖惰而辟焉』，君子亦有敖惰於人者乎？」曰：「人自有苟賤可厭弃者。」○問：「《大學》釋修身齊家章，不言修身，何也？」答曰：「好而不知其惡，惡而不知其美，是以好爲惡，以曲爲直，可謂之修身乎？」○問：「正心修身章後注云：『此亦當通上章推之。蓋意或不誠，則無能實用其力以正其心者。』竊謂意既能誠，則復何所待於用力？」先生曰：「《大學》所以有許多節次，正欲學者逐節用工。非如一無節之竹，使人才能格物，則便到平天下也。夫人蓋有意誠而心未正者，故於忿懥、恐懼等事，誠不可不隨事而排遣也。蓋有心正而身未修者，故於好惡之間，誠不可不隨人而節制也。至於齊家以下，皆是教人節節省察用功。故經序但言心正者必自誠意而來，修身者必自正心而來。非謂意既誠而心無事乎正，心既正而身無事乎修也。」○《大學》如正心章已説盡了，❶至修身章又從頭説起，至齊家治國章又依前説教他，何也？蓋要節節去照管，不成却説自家在這裏心正身修了，便都只聽其自治。

右傳之八章。釋脩身齊家。

所謂治國必先齊其家者，其家不可教而能教人者，無之。故君子不出家而成教於國：

---

❶「章」，原誤作「意」，今據《朱子語類》卷十六《大學》三《傳》一章改。

孝者，所以事君也；弟者，所以事長也；慈者，所以使衆也。弟，去聲。長，上聲。○身脩，則家可教矣；孝、弟、慈，所以脩身而教於家者也；然而國之所以事君事長使衆之道不外乎此。此所以家齊於上，而教成於下也。《康誥》曰：「如保赤子。」心誠求之，雖不中不遠矣。未有學養子而后嫁者也！中，去聲。○此引《書》而釋之，又明立教之本不假强爲，在識其端而推廣之耳。一家仁，一國興仁；一家讓，一國興讓；一人貪戾，一國作亂：其機如此。此謂一言僨事，一人定國。僨，音奮。○一人，謂君也。機，發動所由也。僨，覆敗也。此言教成於國之效。堯舜帥天下以仁，而民從之；桀紂帥天下以暴，而民從之；其所令反其所好，而民不從。是故君子有諸己而后求諸人，無諸己而后非諸人。所藏乎身不恕，而能喻諸人者，未之有也。好，去聲。○此又承上文一人定國而言。有善於己，然後可以責人之善；無惡於己，然後可以正人之惡。皆推己以及人，所謂恕也，不如是，則所令反其所好而民不從矣。喻，曉也。故治國在齊其家。通結上文。《詩》云：「桃之夭夭，其葉蓁蓁；之子于歸，宜其家人。」宜其家人，而后可以教國人。夭，平聲。蓁，音臻。○《詩》，《周南·桃夭》之篇。夭夭，少好貌。蓁蓁，美盛貌。興也。之子，猶言是子，此指女子之嫁者而言也。婦人謂嫁曰歸。宜，猶善也。《詩》云：「宜兄宜弟。」宜兄宜弟，而后可以教國人。《詩》，《小雅·蓼蕭》篇。《詩》云：「其儀不忒，正是四國。」其爲父子兄弟足法，而后民法之也。《詩》，《曹風·鳲鳩》篇。忒，差也。此謂治國在齊其家。此三引《詩》，皆以詠歎上文之事，而又結之如此。其味深長，最宜潛玩。○「孝者所以事君，弟者所以事長，慈者所以使衆。」此道理皆是我家裏做成了，天下人看著自能如此，不是我推之於國。○「心誠求之」者，求赤子之所欲也。於民，亦當求其有不能自達。此是推其慈幼之心以使衆也。○問「有諸己而后求諸人」。先生云：「只從頭讀來，便見得分曉。這箇只是『躬自厚而薄責於人』，『攻其惡，無攻人之惡』。」○或問「有諸己而後求諸人，無諸己而後非諸人」。先生曰：「此是退一步説，猶言温故知新而可以爲人師，以明未能如此，則不可如此。非謂温故知新，便要求爲人師也。然此意正爲治國者言。必先治國，禁人爲惡而欲人爲善，便是求諸人、非諸人。然須是在己有善無惡，方可求人、非人也。」或問：「范忠宣『以恕己之心恕人』，此語固有病。但上文先言『以責人之心責己』，則連下句亦未害。」先生曰：「上句自好，下句自不好。蓋纔説恕己，便已不是。若横渠云『以愛己之心愛人，則盡仁；以責人之心責己，則盡道』，語便不同。蓋『恕己』與『愛己』字不同。大凡知道君子，發言自別。近觀聖賢言語，與後世人言語自不同。此學者所以貴於知道也。」○問：「『所藏乎身不恕』處，『恕』字還只就接物上説，如何？」曰：「是就接物上見得『忠』只是實心，直是真實不僞。到應接事物，也只是推這箇心去，直是忠方能恕，若不忠，便無本領了，更把甚麼去及物？程先生説道：『維天之命，於穆不已，忠也，便是實理流行。乾道變化，各正性命，恕也，便是實理及物。』」問：「恁地説，又與『夫子之道，忠恕而已矣』之『忠恕』相似。」曰：「只是一箇忠恕，豈有二樣？聖人與常人忠恕也不甚相遠。」○治國章乃責人之恕，平天下章乃愛人之恕。○因講「禮讓爲國」曰：「『一家仁，一國興仁；一家讓，一國興讓』，自家禮讓有以感之，故民亦如此興起。自家好争利，却責民間禮讓，如何得他應？東坡《策别·敦教化》中一段，説得也好，雖説得麤，道理却是如此。看道理不要玄妙，只就麤處説得出便是。如今官司不會制民之産，民自去買田，又取他牙税錢。古者羣飲者殺，今置官誘民飲酒，惟恐其不來，如何得民興於善！」〇問：「齊家治國之道，斷然『是父子兄弟足法，而後人法之』。然堯舜不能化其子，而周公則上見疑於君，下不能和其兄弟，是如何？」曰：「聖人是論其常，堯舜是處其變。看他『烝烝乂，不格姦』，至於『瞽瞍厎豫』，便是他有以處那變處。」〇或問「先吏部説『有諸己而后求諸人，無諸己而后非諸人』」。曰：「這便是説尋常人，若自家有諸己，又何必求責於人。『攻其惡，毋攻人之惡』，至於《大學》之説，是有天下國家者，勢不可以不責他，然又須自家有諸己，然後可以求人之善，無諸己，然後可以非人之惡。」〇范忠宣公「恕己之心恕人」這一句自好，只是聖賢説恕，不曾如是倒説了。不若橫渠説「以責人之心責己，愛己之心愛人」，則是見他人不善，我亦當無是不善；我有是善，亦要他人有是善，推此計度之心，此乃恕也。於己不當下「恕」字。

右傳之九章。釋齊家治國。

所謂平天下在治其國者：上老老而民興孝，上長長而民興弟，上恤孤而民不倍，是以君子有絜矩之道也。長，上聲。弟，去聲。倍，與背同。絜，胡結反。〇老老，所謂老吾老也。興，謂有所感發而興起也。孤者，幼而無父之稱。絜，度也。矩，所以爲方也。言此三者，上行下效，捷於影響，所謂家齊而國治也。亦可以見人心之所同，而不可使有一夫之不獲矣。是以君子必當因其所同，推以度物，使彼我之間各得分願，則上下四旁均齊方正，而天下平矣。**所惡於上，毋以使下；所惡於下，毋以事上；**

所惡於前，毋以先後；所惡於後，毋以從前；所惡於右，毋以交於左；所惡於左，毋以交於右：此之謂絜矩之道。 惡、先，並去聲。○此覆解上文絜矩二字之義。如不欲上之無禮於我，則必以此度下之心，而亦不敢以此無禮使之。不欲下之不忠於我，則必以此度上之心，而亦不敢以此不忠事之。至於前後左右，無不皆然，則身之所處，上下、四旁、長短、廣狹，彼此如一，而無不方矣。彼同有是心而興起焉者，又豈有一夫之不獲哉。所操者約，而所及者廣，此平天下之要道也。故章内之意，皆自此而推之。

《詩》云：「樂只君子，民之父母。」民之所好好之，民之所惡惡之，此之謂民之父母。 樂，音洛。只，音紙。好、惡，並去聲，下並同。○《詩》，《小雅·南山有臺》之篇。只，語助辭。言能絜矩而以民心爲己心，則是愛民如子，而民愛之如父母矣。

《詩》云：「節彼南山，維石巖巖，赫赫師尹，民具爾瞻。」有國者不可以不慎，辟則爲天下僇矣。 節，讀爲截。辟，讀爲僻。僇，與戮同。○《詩》，《小雅·節南山》之篇。節，截然高大貌。師尹，周太師尹氏也。具，俱也。辟，偏也。言在上者人所瞻仰，不可不謹。若不能絜矩而好惡狥於一己之偏，則身弒國亡，爲天下之大僇矣。

《詩》云：「殷之未喪師，克配上帝；儀監于殷，峻命不易。」道得衆則得國，失衆則失國。 喪，去聲。儀，《詩》作「宜」。峻，《詩》作「駿」。易，去聲。○《詩》，《文王》篇。師，衆也。配，對也。配上帝，言其爲天下君，而對乎上帝也。監，視也。峻，大也。不易，言難保也。道，言也。引《詩》而言此，以結上文兩節之意。有天下者，能存此心而不失，則所以絜矩而與民同欲者，自不能已矣。

是故君子先慎乎德。有德此有人，有人此有土，有土此有財，有財此有用。 先謹乎德，承上文不可不謹而言。德，即所謂明德。有人，謂得衆。有土，謂得國。有國則不患無財用矣。**德者本也，財者末也，**本上文而言。**外本内末，争民施奪。**人君以德爲外，以財爲内，則是争鬬其民，而施之以劫奪之教也。蓋財者人之所同欲，不能絜矩而欲專之，則民亦起而争奪矣。**是故財聚則民散，財散則民聚。**外本内末故財聚，争民施奪故民散，反是則有德而有人矣。**是故言悖而出者，亦悖而入；貨悖而入者，亦悖而出。**悖，布内反。○悖，逆也。此以言之出入，明貨之出入也。自先謹乎德以下至此，又因財貨以明能絜矩與不能者之得失也。**《康誥》曰：「惟命不于常！」道善則得之，不善則失之矣。**道，言也。因上文引《文王》詩之意而申言之，其丁寧反覆之意益深切矣。**《楚書》曰：「楚國無以爲寶，惟善以爲寶。」**《楚書》，《楚語》。言不寶金玉而寶善人也。**舅犯曰：「亡人無以爲寶，仁親以爲寶。」**舅犯，晉文公舅狐偃，字子犯。亡人，文公時爲公子，出亡在外也。仁，愛也。事見《檀弓》。此兩節又明不外本而内末之意。**《秦誓》曰：「若有一个臣，斷斷兮無他技，其心休休焉，其如有容焉。人之有技，若己有之，人之彦聖，其心好之，不啻若自其口出，寔能容之，以能保我子孫黎民，尚亦有利哉。人之有技，媢疾以惡之，人之彦聖，而違之俾不通，寔不能容，以不能保我子孫黎民，亦曰殆哉。」**个，古賀反，《書》作「介」。斷，丁亂反。媢，音冒。○《秦誓》，《周書》。斷斷，誠一之貌。彦，美士也。聖，通明也。尚，庶幾也。媢，忌也。違，拂戾也。殆，危也。**唯仁人放流之，迸諸四夷，不與同中國。此謂唯仁人爲能愛人，能惡人。**迸，讀爲屏，古字通用。○迸，猶逐也。言有此媢疾之人，妨賢而病國，則仁人必深惡而痛絶之。以其至公無私，故能得好惡之正如此也。**見賢而不能舉，舉而不能先，命也；見不善而不能退，退而不能遠，過也。**命，鄭氏云當作「慢」，程子云當作「怠」，未詳孰是。遠，去聲。○若此者，知所愛惡矣，而未能盡愛惡之道，蓋君子而未仁者也。**好人之所惡，惡人之所好，是謂拂人之性，菑必逮夫身。**菑，古「災」字。夫，音扶。○拂，逆也。好善而惡惡，人之性也。至於拂人之性，則不仁之甚者也。自《秦誓》至此，又皆以申言好惡公私之極，以明上文所引《南山有臺》、《節南山》之意。**是故君子有大道，必忠信以得之，驕泰以失之。**君子，以位言之。道，謂居其位而修己治人之術。發己自盡爲忠，循物無違謂信。驕者矜高，泰者侈肆。此因上所引《文王》、《康誥》之意而言。章内三言得失，而語益加切，蓋至此而天理存亡之幾決矣。**生財有大道，生之者衆，食之者寡，爲之者疾，用之者舒，則財恒足矣。**恒。胡登反。○吕氏曰：「國無遊民，則生者衆矣。朝無倖位，則食者寡矣。不奪農時，則爲之疾矣。量入爲出，則用之舒矣。」愚按：此因有土有財而言，以明足國之道在乎務本而節用，非必外本内末而後財可聚也。自此以至終篇，皆一意也。**仁者以財發身，不仁者以身發財。**發，猶起也。仁者散財以得民，不仁者亡身以殖貨。**未有上好仁而下不好義者也，未有好義其事不終者也，未有府庫財非其財者也。**上好仁以愛其下，則下好義以忠其上，所以事必有終，而府庫之財無悖出之患也。**孟獻子曰：「畜馬乘不察於雞豚，伐冰之家不畜牛羊，百乘之家不畜聚斂之臣，與其有聚斂之臣，寧有盜臣。」此謂國不以利爲利，以義爲利也。**畜，許六反。乘、斂，並去聲。○孟獻子，魯之賢大夫仲孫蔑也。畜馬乘，士初試爲大夫者也。伐冰之家，卿大夫以上，喪祭用冰者也。百乘之家，有采地者也。君子寧亡己之財，而不忍傷民之力，故寧有盜臣，而不畜聚斂之臣。「此謂」以下，釋獻子之言也。**長國家而務財用者，必自小人矣。彼爲善之，小人之使爲國家，菑害並至。雖有善者，亦無如之何矣！此謂國不以利爲利，以義爲利也。**長，上聲。「彼爲善之」，此句上下，疑有闕文誤字。○自，由也，言由小人導之也。此一節深明以利爲利之害，而重言以結之，其丁寧之意切矣。○問「平天下在治其國章」。曰：「此三節見上行下效，理之必然，又以見人心之所同。『是以君子有絜矩之道』，所以以己之心度人之心，使皆得以自盡其興起之善心。若不絜矩，則雖躬行於上，使彼有是興起之善心，而不可得遂，亦徒然也。」又曰：「因何恁地上行下效？蓋人心之同然，所以絜矩之道：我要恁地，也使彼有是心者亦得恁地。全章大意，只反覆說絜矩。如專利於上，急征橫斂，民不得以自養，我這裏雖能興起其善心，濟甚事！若此類，皆是不能絜矩。」○問：「『上老老而民興孝』，下面便接『是以君子有絜矩之道也』，似不相續，如何？」曰：「這箇便是相續。絜矩是四面均平底道理，教他各得老其老，各得長其長，各得幼其幼。不成自家老其老，教他不得老其老；長其長，教他不得長其長；幼其幼，教他不得幼其幼。便不得。」○上面說人心之所同者既如此，是以君子見人之心與己之心同，故必以己心度人之心，使皆得其平。下面方說所以絜矩。○問「絜矩」。曰：「上之人老老、長長、恤孤，則下之人興孝、興弟、不倍，此是說上行下效。到絜矩處，是就政事上言。若但興起其善心，而不有以使之得遂其心，則雖能興起，終亦徒然。如政煩賦重，不得以養其父母，又安得以遂其善心？須是推己之心以及於彼，使之『仰足以事父母，俯足以畜妻子』，方得如《詩》裏說大夫行役無期度，不得以養其父母。到得使下，也須教他外無怨，始得。」〇爲國絜矩之大者，又在於財用，所以後面只管説財。〇問：「前後左右何指？」先生曰：「譬如交代官相似。前官之待我者既不善，吾毋以前官之所以待我者待後政也。左右，如東鄰西鄰。以鄰國爲壑，是所惡於左而以交於右也。俗語所謂『將心比心』，如此則各得其平矣。」〇問：「《章句》中所謂『絜矩之道，是使之各得盡其心而無不平也』，如何？」曰：「此是推本『上老老而民興孝，上長長而民興弟，上恤孤而民不倍』。須是留那地位，使人各得自盡其孝弟不倍之心，如『八十者其家不從政，廢疾非人不養者，一子不從政』，是使其各得自盡也。又如生聚蓄息，無令父子兄弟離散之類。」〇「所謂絜矩者，如以諸侯言之，上有天子，下有大夫。天子擾我，使我不得行其孝悌，我亦當察此，不可有以擾其大夫，使大夫不得行其孝悌。且如自家有一丈地，左家有一丈地，右家有一丈地，左家侵著我五尺地，是不矩，我必去説他，取我五尺。我若侵著右家五尺地，亦是不矩，合當還右家。只是上也方，下也方，左也方，右也方，前也方，後也方，不相侵越。」亞夫曰：「務使上下四方一齊方，不侵過他人地步。」曰：「然。」〇問：「論平天下而言財利者，何也？」答曰：「天下之所以不平者，皆因此也。」〇問：「絜矩之道是廣其仁之用否？」先生曰：「此乃求仁工夫，此處正要著力。若仁者，則是舉而措之，不待絜矩，而自無不平者矣。」〇問：「盡得絜矩，是仁之道？恕之道？」曰：「未可説到那裏。且理會絜矩是如何。」曰：「此是『我不欲人之加諸我，吾亦欲無加諸人』意否？」曰：「此是兩人，須把三人看，便見。人莫不有在我之上者，莫不有在我之下者。如親在我之上，子孫在我之下。我欲子孫孝於我，而我却不能孝於親，我欲親慈於我，而我却不能慈於子孫，便是一畔長，一畔短，不是絜矩。」〇「君子先慎乎德」一條，德便是「明德」之「德」。自家若意誠、心正、身修、家齊了，則天下之人安得不歸於我。如湯武之東征西怨，則自然有人有土。○斷斷者是絜矩，媢疾者是不能。「唯仁人放流之」，是大能絜矩底人。「見賢而不能舉，舉而不能先」，是稍能絜矩。「好人之所惡」者，是大不能絜矩。○問「仁者以財發身」。曰：「不是特地散財以取名，買教人來奉己。只是不私其有，則人自歸之而身自尊。只是言其散財之效如此。」○問：「『未有上好仁而下不好義』，如何上仁而下便義？」曰：「這只是一箇。在上便喚做仁，在下便喚做義，在父便謂之慈，在子便謂之孝。」真卿曰：❶「也只如『孝慈則忠』。」曰：「然。」○如食禄之家，又畜雞豚牛羊，却是與民爭利，便是不絜矩。所以道「以義爲利」者，「義以方外」也。○問：「絜矩以好惡、財用、媢疾、彦聖爲言，何也？」答曰：「如桑弘羊聚許多財，以奉武帝之好。若是絜矩底人，必思許多財物必是侵過著民底，滿得我好，民必惡。言財用者，蓋如自家在一鄉之間，却專其利，便是侵過著他底，便是不絜矩。言媢疾彦聖者，蓋有善人，則合當舉之，使之各得其所。今則不舉他，便失其所，是侵善人之分，便是不絜矩。此特言其好惡、財用之類當絜矩，事事亦當絜矩。」○問：「自致知至於平天下，其道至備，其節目至詳且悉，而反覆於終篇者，乃在於財利之説。得非義利之辨，其事尤難。而至善之止，於此尤不可不謹歟？」曰：「此章大概是專從絜矩上來。蓋財者，人之所同好也，而我欲專其利，則民有不得其所好者矣。大抵有國有家所以生起禍亂，皆是從這裏來。」道夫云：「古注，絜音户結反，云結也。」曰：「作結字解，亦自得。蓋《荀子》、《莊子》注云：『絜，圍束也。』是將一物圍

❶ 「真」，當爲「直」字之誤，黄榦字直卿，《朱子語類》作「直」。

束以爲之則也。」又曰：「某十二三歲時，見范文正所言如此。他甚自喜，以爲先儒所未嘗到也。」

右傳之十章。釋治國平天下。此章之義，務在與民同好惡而不專其利，皆推廣絜矩之意也。能如是，則親賢樂利，各得其所而天下平矣。凡傳十章：前四章統論綱領指趣，後六章細論條目功夫。其第五章乃明善之要，第六章乃誠身之本，在初學尤爲當務之急，讀者不可以其近而忽之也。

中庸章句序

《中庸》何爲而作也？子思子憂道學之失其傳而作也。蓋自上古聖神繼天立極，而道統之傳有自來矣。其見於經，則「允執厥中」者，堯之所以授舜也；「人心惟危，道心惟微，惟精惟一，允執厥中」者，舜之所以授禹也。堯之一言，至矣，盡矣，而舜復益之以三言者，則所以明夫堯之一言，必如是而後可庶幾也。

蓋嘗論之：心之虛靈知覺，一而已矣。而以爲有人心、道心之異者，則以其或生於形氣之私，或原於性命之正，而所以爲知覺者不同。是以或危殆而不安，或微妙而難見耳。然人莫不有是形，故雖上智不能無人心；亦莫不有是性，故雖下愚不能無道心。二者雜於方寸之間，而不知所以治之，則危者愈危，微者愈微，而天理之公卒無以勝夫人欲之私矣。精則察夫二者之間而不雜也，一則守其本心之正而不離也。從事於斯，無少間斷，必使道心常爲一身之主，而人心每聽命焉，則危者安，微者著，而動静云爲自無過不及之差矣。

夫堯、舜、禹，天下之大聖也。以天下相傳，天下之大事也。以天下之大聖，行天下之大事，而其授受之際，丁寧告戒，不過如此。則天下之理，豈有以加於此哉？自是以來，聖聖相承，若成湯、文、武之爲君，皐陶、伊、傅、周、召之爲臣，既皆以此而接夫道統之傳；若吾夫子，則雖不得其位，而所以繼往聖，開來學，其功反有賢於堯、舜者。當是時，見而知之者，惟顔氏、曾氏之傳得其宗。及曾氏之再傳，而復得夫子之孫子思，則去聖遠而異端起矣。子思懼夫愈久而愈失其真也，於是推本堯、舜以來相傳之意，質以平日所聞父師之言，更互演繹，作爲此書，以詔後之學者。蓋其憂之也深，故其言之也切；其慮之也遠，故其説之也詳。其曰「天命」「率性」，則道心之謂也。其曰「擇善固執」，則精一之謂也。其曰「君子時中」，則執中之謂也。世之相後，千有餘年，而其言之不異，如合符節。歷選前聖之書，所以提挈綱維，開示藴奥，未有若是其明且盡者也。自是而又再傳以得孟氏，爲能推明是書，以承先聖之統，及其没而遂失其傳焉。則吾道之所寄，不越乎言語文字之間，而異端之説日新月盛，以至於老、佛之徒出，則彌近理而大亂真矣。然而尚幸此書之不泯，故程夫子兄弟者出，得有所考，以續夫千載不傳之緒，得有所據，以斥夫二家似是之非。蓋子思之功於是爲大，而微程夫子，則亦莫能因其語而得其心也。惜乎其所以爲説者不傳，而凡石氏之所輯録，僅出於其門人之所記，是以大義雖明，而微言未析。至其門人所自爲説，則雖頗詳盡而多所發明，然倍其師説而淫於老、佛者，亦有之矣。

熹自早歲即嘗受讀而竊疑之，沈潛反復，蓋亦有年。一旦恍然似有以得其要領者，然後乃敢會衆説而折其中。既爲定著《章句》一篇，以俟後之君子。而一二同志復取石氏書，删其繁亂，名以《輯略》，且記所嘗論辨取舍之意，别爲《或問》，以附其後。然後此書之旨，支分節解，脉絡貫通，詳略相因，巨細畢舉。而凡諸説之同異得失，亦得以曲暢旁通，而各極其趣。雖於道統之傳不敢妄議，然初學之士或有取焉，則亦庶乎行遠升高之一助云爾。

淳熙己酉春三月戊申，新安朱熹序。

中庸

朱子曰：「中者，不偏不倚、無過不及之名。庸，平常也。」

或問：「名篇之義，程子專以不偏爲言，吕氏專以無過不及爲説，二者固不同矣。子乃合而言之，何也？」曰：「中，一名而有二義，程子固言之矣。今以其説推之，不偏不倚云者，程子所謂在中之義，未發之前，無所偏倚之名也；無過不及者，程子所謂中之道也，見諸行事，各得其中之名也。蓋不偏不倚，猶立而不近四旁，心之體、地之中也。無過不及，猶行而不先不後，理之當、事之中也。故於未發之大本，則取不偏不倚之名，於已發而時中，則取無過不及之義，語固各有當也。然方其未發，雖未有無過不及之可名，而所以爲無過不及之本體，❶實在於是。及其發而得中也，雖其所主不能不偏於一事，然其所以無過不及者，是乃無偏倚者之所爲，而於一事之中，亦未嘗有所偏倚也。故程子又曰：『言和，則中在其中。言中，則喜怒哀樂在其中。』而吕氏亦云：『當其未發，此心至虚，無所偏倚，故謂之中。以此心而應萬物之變，無往而非中矣。』是則二義雖殊，而實相爲體用。此愚於名篇之義，所以不得取此而遺彼也。」○曰：「庸字之義，程子以不易言之，而子以爲平常，何也？」曰：「唯其平常，故可常而不可易，若驚世駭俗之事，則可暫而不得爲常矣。二説雖殊，其致

❶「不及」二字，原脱，今據四庫本補。

一也。但謂之不易，則必要於久而後見，不若謂之平常，則直驗於今之無所詭異，而其常久而不可易者，可兼舉也。況《中庸》之云，上與高明爲對，而下與無忌憚者相反。其曰庸德之行，庸言之謹，又以見夫雖細微而不敢忽，則其名篇之義，以不易而爲言者，又孰若平常之爲切乎？」曰：「然則所謂平常，將不爲淺近苟且之云乎？」曰：「不然也。所謂平常，亦曰事理之當然，而無所詭異云爾。是固非有甚高難行之事，而亦豈同流合汙之謂哉！既曰當然，則君臣、父子日用之常，推而至於堯、舜之禪授，湯、武之放伐，其變無窮，亦無適而非平常矣。」○曰：「此篇首章先明中和之義，次章乃及中庸之説，至其名篇，乃不曰中和而曰中庸者，何哉？」曰：「中和之中，其義雖精，而中庸之中，實兼體用。且其所謂庸者，又有平常之理焉，則比之中和，所該者尤廣，而於一篇大指，精粗本末，無所不盡。此其所以不曰中和，而曰中庸也。」問名篇之義。曰：「中者，不偏不倚、無過不及之名，兼此二義，包括方盡。所以名篇者，本是取『時中』之『中』。然所以能時中者，蓋有那未發之中在。所以先説未發之中，然後又説『君子之時中』。」○未發之中是體，時中之中是用。○「中庸」之「中」，是兼以發而中節，無過不及者得名。故周子曰：「惟中者，和也，中節也，天下之達道也。」若不識得此理，則周子之言更解不得。○問：「程子以不易爲庸，先生以常爲庸，二説不同。」曰：「言常，則不易在其中矣。惟其常也，所以不易。如飲食之有五穀，衣服之有布帛，若是奇羞異味、錦綺組繡，不久便須厭了。『庸』固是定理，若直解爲定，又却不見得平常意思。今以平常言，定理在其中矣。」○問：「以不偏不倚、無過不及説中，乃是精密切至之語，而以平常説庸，恰似不相黏著。」

曰：「此其所以黏著。蓋緣處得極精極密，只是如此平常。若有些子差異，便不是精密，便不是中庸。」○中庸只是一箇道理，以其不偏不倚，故謂之中；以其不差異可常行，故謂之庸。未有中而不庸者，亦未有庸而不中者。惟中，故平常。堯授舜，舜授禹，都是當其時合如此做，做得來恰好，所謂中也。中即平常也，不如此，便非中，便不是平常。以至湯、武之事亦然。又如當盛夏極暑時，須飲冷就涼，衣葛揮扇，此便是中，便是平常。當隆冬盛寒時，須飲湯密室，重裘擁火，此便是中，便是平常。若極暑時重裘擁火，盛寒時衣葛揮扇，便是差異，便是失其中矣。」○中庸該得中和之義。庸是見於事，和是發於心，庸該得和。

子程子曰：「不偏之謂中，不易之謂庸。中者，天下之正道；庸者，天下之定理。」此篇乃孔門傳授心法，子思恐其久而差也，故筆之於書，以授孟子。其書始言一理，中散爲萬事，末復合爲一理。「放之則彌六合，卷之則退藏於密」，其味無窮，皆實學也。善讀者玩索而有得焉，則終身用之，有不能盡者矣。

又曰：「《中庸》之書，雖是雜記，更不分精粗，一滾説了。今人語道，多説高便遺却卑，説本便遺却末。」○張子曰：「學者信書，且須信《論》、《孟》、《詩》、《書》，無舛雜。如《中庸》、《大學》出於聖門，無可疑者。」又曰：「學者如《中庸》文字輩，直須句句理會過，使其互相發明。」○吕氏曰：「《中庸》之書，聖門學者盡心以知性，躬行以盡性，始卒不越乎此書。孔子傳之曾子，曾子傳之子思，子思述所授之言，以著於篇。故此書所論，皆聖人之緒言，入德之大要也。」又曰：「《中庸》之書，學者所以進德之要，本末具備矣。」○龜山楊氏曰：「《中庸》爲書，微極乎性命之際，幽盡乎鬼神之情，廣大精微，無不畢舉，而獨以《中庸》名書何也？曰：予聞之師曰：『不偏之謂中，不易之謂庸。中者，天下之正道；庸者，天下之定理。』推是言也，則其所以名篇者，義可知也。世之學者，智不足以知此，而妄意聖人之微言，故物我異觀，天人殊歸，而高明、中庸之學，始二致矣。謂高明者，所以處己而同乎天；中庸者，所以應物而同乎人。則聖人所以處己者常過乎中，而與不及者無以異矣。爲是説者，奚足以議聖學哉。」

天命之謂性，率性之謂道，脩道之謂教。命，猶令也。性，即理也。天以陰陽五行化生萬物，氣以成形，而理亦賦焉，猶命令也。於是人物之生，因各得其所賦之理，以爲健順五常之德，所謂性也。率，循也。道，猶路也。人物各循其性之自然，則其日用事物之間，莫不各有當行之路，是則所謂道也。脩，品節之也。性道雖同，而氣稟或異，故不能無過不及之差，聖人因人物之所當行者而品節之，以爲法於天下，則謂之教，若禮、樂、刑、政之屬是也。蓋人之所以爲人，道之所以爲道，聖人之所以爲教，原其所自，無一不本於天而備於我。學者知之，則其於學知所用力而自不能已矣。故子思於此首發明之，讀者所宜深體而默識也。○或問：「『天命之謂性，率性之謂道，脩道之謂教』，何也？」曰：「此先明性、道、教之所以名，以見其本皆出乎天，而實不外於我也。『天命之謂性』，言天之所以命乎人者，是則人之所以爲性也。蓋天之所以賦與萬物而不能自已者，命也。吾之得乎是命以生而莫非全體者，性也。故以命言之，則曰元、亨、利、貞，而四時五行，庶類萬化，莫不由是而出。以性言之，則曰仁、義、禮、智，而四端五典，萬物萬事之理，無不統於其間。蓋在天、在人，雖有性命之分，而其理則未嘗不一。在人、在物，雖有氣稟之異，而其理則未嘗不同。

此吾之性所以純粹至善，而非若荀、揚、韓子之所云也。『率性之謂道』，言循其所得乎天以生者，則事事物物莫不自然各有當行之路，是則所謂道也。蓋天命之性，仁、義、禮、智而已。循其仁之性，則自父子之親，以至於仁民、愛物，皆道也。循其義之性，則自君臣之分，以至於敬長、尊賢，亦道也。循其禮之性，則恭敬、辭讓之節文，皆道也。循其智之性，則是非、邪正之分別，亦道也。蓋所謂性者，無一理之不具，故所謂道者，不待外求而無所不備。所謂性者，無一物之不得，故所謂道者，不假人爲而無所不周。雖鳥獸草木之生，僅得形氣之偏，而不能有以通貫乎全體，然其知覺運動，榮悴開落，亦皆循其性而各有自然之理焉。至於虎狼之父子，蜂蟻之君臣，豺獺之報本，雎鳩之有別，則其形氣之所偏，又反有以存其義理之所得，尤可以見天命之本然，初無間隔，而所謂道者亦未嘗不在是也。是豈有待於人爲，而亦豈人之所得爲哉。『修道之謂教』，言聖人因是道而品節之，以立法垂訓於天下，是則所謂教也。蓋天命之性，率性之道，皆理之自然而人物之所同得者也。人雖得其形氣之正，然其清濁厚薄之稟，亦有不能不異者，是以賢智者或失之過，愚不肖者或不能及，而得於此者，亦或不能無失於彼。是以私意人欲或生其間，而於所謂性者，不免有所昏蔽錯雜，而無以全其所受之正。性有不全，則於所謂道者，因亦有所乖戾舛逆而無以適乎所行之宜。惟聖人之心，清明純粹，天理渾然，無所虧闕，故能因其道之所在而爲之品節防範，以立教於天下，使夫過不及者，有以取中焉。蓋有以辨其親疏之殺，而使之各盡其情，則仁之爲教立矣。有以別其貴賤之等，而使之各盡其分，則義之爲教行矣。爲之制度文爲，使之有以守而不失，則禮之爲教得矣。爲之開導禁止，使之有以別而不差，則知之爲教明矣。夫如是，是以人無智愚，事無大小，皆得有所持循據守，以去其人欲之私，而復乎天理之正。推而至於天下之物，則亦順其所欲，違其所惡，因其材質之宜以致其用，制其取用之節以遂其生，皆有政事之施焉。此則聖人所以財成天地之道，而致其彌縫輔贊之功，然亦未始外乎人之所受乎天者而强爲之也。子思以是三言著於篇首，雖曰姑以釋夫三者之名義，然學者能因其所指而反身以驗之，則其所知，豈獨名義之間而已哉。蓋有得乎天命之說，則知天之所以與我者，無一理之不備，而釋氏所謂空者，非性矣。有以得乎率性之說，則知我之所得乎天者，無一物之不該，而老氏所謂無者，非道矣。有以得乎修道之說，則知聖人之所以教我者，莫非因其所固有而去其所本無，背其所至難而從其所甚易，而凡世儒之訓詁辭章，管、商之權謀功利，佛、老之清净寂滅，與夫百家衆技之支離偏曲，皆非所以爲教矣。由是以往，因其所固有之不可昧者而益致其學、問、思、辨之功，因其所甚易之不能已者而益致其持守、推行之力，則夫天命之性，率性之道，豈不昭然日用之間，而脩道之教，又將由我而復立矣。」〇曰：「率性之說不同，孰爲是邪？」曰：「程子之論率性，正就私意人欲未萌之處，指其自然發見各有條理者而言，以見道之所以得名，非指脩爲而言也。吕氏『良心之發』以下，至『安能致是』一節，亦甚精密，但謂人雖受天地之氣以生，❶而梏於形體，又爲私意小知所撓，故與天地不相似而發不中節，必有以不失其所受乎天者，然後爲道，則所謂道者，又在修爲之後，而反由教以得之，非復子思、程子所指人欲未萌、自然發見之意矣。游氏所謂『無容私焉』，則道在我，楊氏所謂『率之而已』者，似亦皆有吕氏之病也。」〇「天命之謂性」，是專言理，雖氣亦包在其中，然

❶「氣」，四庫本作「中」。

説理意較多。若云兼言氣，便説「率性之謂道」不去，如太極雖不離乎陰陽，而亦不雜乎陰陽。○「率性之謂道」，蓋曰循萬物自然之性之謂道，此「率」字不是用力字，伊川謂「合而言之道也」，是此義。○問「率」字。曰：「只是『循』字，循此理便是道。」○「率性之謂道」，只是隨性去，皆是道。吕氏説以人行道。若然，則未行之前便不是道乎？○或問「率性之謂道」。曰：「率，非人率之也。伊川解字亦只訓『循』。到吕與叔説『循性而行，則謂之道』，伊川以爲非是。至其言則曰：『循牛之性，則不爲馬之性；馬之性不爲牛之性。』乃知循性者，是循其理之自然耳。」○性善只一般，但人、物氣稟有異，不可道無這理。性是個渾淪物，道是性中分派條理，隨分派條理去，皆是道。如穿牛鼻，絡馬首，皆是隨他所通處，仁、義、禮、智，物豈不有，但偏耳。隨他性之所通處，道皆無所不在。○性與道相對，則性是體，道是用。道便是在裏面做出底道理。○孟子説「性善」，全是説理。若《中庸》「天命之謂性」，已是兼帶人物而言。○問：「『率性之謂道』，通人、物而言，則『修道之謂教』，亦通人、物。如『服牛乘馬』，『不殺胎，不殀夭』，『斧斤以時入山林』，此是聖人教化，不特在人倫上品節防範，而及於物否？」曰：「也是如此，所以謂之『盡物之性』。但於人較詳，於物較畧，人上較多，物上較少。」○《輯略》程子曰：「言天之自然者，謂之天道。言天之付與萬物者，謂之天命。」○又曰：「民受天地之中以生，『天命之謂性』也。『人之生也直』，意亦如此。」○又曰：「孟子曰『仁者，人也，合而言之道也』，《中庸》所謂『率性之謂道』是也。」○生之謂性云云，此謂天命也。順而循之，則道也。循此而修之，各得其分，則教也。自天命以至於教，我無加損焉，此舜有天下而不與焉者也。○又曰：「『上天之載，無聲無臭』，其體則謂之易，其理則謂之道，修道則謂之教。」○道即性也。若道外尋性，性外尋道，便不是。○又曰：「『生之謂性』與『天地之性』同乎『性』字，不可一概論。『生之謂性』，止訓『所稟受』也。『天命之謂性』，此言『性之理』也。今人言性柔緩、性剛急，皆生來如此，此訓所稟受也。若性之理，則無不善。」曰：「天者，自然之理也。」○又曰：「告子云『生之謂性』，凡天地所生之物，須是謂之性。皆謂之性則可，於中却須分別牛之性、馬之性。是他便只道一般，如釋氏説蠢動含靈，皆有佛性，如此則不可。『天命之謂性，率性之謂道』者，『天降是於下，萬物流形，各正性命』者，是所謂性也。循其性而不失，是所謂道也。此亦通人物而言。循性者，馬則爲馬之性，又不做牛底性；牛則爲牛之性，又不爲馬底性：此所謂率性也。人在天地之間，與萬物同流，天幾時分別出是人是物？『修道之謂教』，此則專在人事。」○又曰：「『率性之謂道』，率，循也。若言道不須先立下名義，則茫茫地何處下手？何處著心？」○又曰：「人須是自爲善，然又不可都不管他，蓋有教焉，『修道之謂教』，豈可不修？」○吕氏曰：「中者，天道也，天德也，降而在人。人稟而受之，是之謂性。《書》曰：『惟皇上帝降衷于下民。』《傳》曰：『民受天地之中以生。』此人性之所以必善，故曰：『天命之謂性。』性與天道，本無有異，但人雖受天地之中以生，而梏於蕞然之形體，常有私意小知撓乎其間，故與天地不相似，所發遂至乎出入不齊而不中節。如使所得於天者不喪，則何患不中節乎？故良心所發，莫非道也。在我者，惻隱、羞惡、辭遜、是非，皆道也。在彼者，君臣、父子、夫婦、兄弟、朋友之交，亦道也。在物之分，則有彼我之殊，在性之分，則合乎内外一體而已。是皆人心所同然，乃吾性之所固有，隨喜怒哀樂之所發，則愛必有差等，敬必有節文。所感重者，其應也亦重；所感輕者，其應也亦輕。自斬至緦，喪服異等，而九族之情無所憾。自王公至皁隸，儀章異制，而上下之分莫敢争，非出於性之所有，安能致是乎？故曰：『率性之謂道。』」○游氏曰：「天之所以命萬物者，道也。而性者，其道以生也。因其性之固然而無容私焉，則道在我矣，此『率性之謂道』也。若出於人爲，則非道矣。夫知天命之謂性，則孟子性善之說可見矣。或曰性惡，或曰善惡混，或曰有三品，皆非知天命者也。」○楊氏曰：「『天命之謂性』，人欲非性也。『率性之謂道』，離性非道也。性，天命也。命，天理也。道，則性命之理而已。孟子道性善，蓋原於此。謂性有不善者，誣天也。性無不善，則不可加損也，無俟乎修焉，率之而已。揚雄謂『學以修性』，非知性也，故孔子曰『盡性』，子思曰『率性』，曰『尊德性』，孟子曰『知性養性』，未嘗言修也。」「然則道其可修乎？」曰：「道者，日用而不知也，先王爲之防範，使過不及者取中焉，所以教也。謂之修者，蓋亦品節之而已。」○又曰：「性、命、道，三者一體而異名，初無二致也。故在天曰『命』，在人曰『性』，率性而行曰『道』，特所從言之異耳。」○又曰：「人性上不可添一物，堯、舜所以爲萬世法，只是率性而已。所謂率性，循天理是也。外邊用計用數，假饒立得功業，只是人欲之私，與聖賢作用天地懸隔。」**道也者，不可須臾離也，可離非道也。****是故君子戒慎乎其所不睹，恐懼乎其所不聞。**離，去聲。○道者，日用事物當行之理，皆性之德而具於心，無物不有，無時不然，所以不可須臾離也。若其可離，則爲外物而非道矣。是以君子之心常存敬畏，雖不見聞，亦不敢忽，所以存天理之本然，而不使離於須臾之頃也。**莫見乎隱，莫顯乎微，故君子慎其獨也。**見，音現。○隱，暗處也。微，細事也。獨者，人所不知而已所獨知之地也。言幽暗之中，細微之事，跡雖未形而幾則已動，人雖不知而已獨知之，則是天下之事無有著見明顯而過於此者。是以君子既常戒懼，而於此尤加謹焉，所以遏人欲於將萌，而不使其滋長於隱微之中，以至離道之遠也。○或問：

「既曰『道也者，不可須臾離也，可離非道也。是故君子戒慎乎其所不睹，恐懼乎其所不聞』矣，而又曰『莫見乎隱，莫顯乎微，故君子慎其獨也』，何也？」曰：「此因論率性之道，以明由教而入者，其始當如此，蓋兩事也。其先言道不可離，而君子必戒謹恐懼乎其所不睹不聞者，所以言道之無所不在，無時不然，學者當無須臾毫忽之不謹而周防之，以全其本然之體也。又言莫見乎隱，莫顯乎微，而君子必謹其獨者，所以言隱微之間，人所不見而己獨知之，則其事之纖悉，無不顯著，又有甚於他人之知者，學者尤當隨其念之方萌而致察焉，以謹其善惡之幾也。蓋所謂道者，率性而已，性無不有，故道無不在，大而父子君臣，小而動静食息，不假人力之爲，而莫不各有當然不易之理。所謂道也，是乃天下人物之所共由，充塞天地，貫徹古今，而取諸至近，則常不外乎吾之一心，循之則治，失之則亂，蓋無須臾之頃可得而暫離也。若其可以暫合暫離而於事無所損益，則是人力私智之所爲者，而非率性之謂矣。聖人之所修以爲教者，因其不可離者而品節之也。君子之所由以爲學者，因其不可離者而持守之也。是以日用之間，須臾之頃，持守工夫一有不至，則所謂不可離者雖未嘗不在我，而人欲間之，則亦判然二物而不相管矣。是則雖曰有人之形，而其違禽獸也何遠哉。是以君子戒慎乎其目之所不及見，恐懼乎其耳之所不及聞，瞭然心目之間，常若見其不可離者，而不敢有須臾之間，以流於人欲之私，而陷於禽獸之域。若《書》之言防怨而曰『不見是圖』，《禮》之言事親而曰『聽於無聲，視於無形』，蓋不待其徵於色、發於聲，然後有以用其力也。夫既已如此矣，則又以謂道固無所不在，而幽隱之間，乃他人之所不見而己所獨見；道固無時不然，而細微之事，乃他人之所不聞而己所獨聞。是皆常情所忽，以爲可以欺天罔人而不必謹者，而不知吾心之靈，皎如日月，既已知之，則其毫髮之間無所潛遁，又有甚於他人之知矣。又況既有是心，藏伏之久，則其見於聲音容貌之間，發於行事施爲之實，必有暴著而不可掩者，又不止於念慮之差而已也。是以君子既戒懼乎耳目之所不及，則此心常明，不爲物蔽，而於此尤不敢不致其謹焉。必使其幾微之際，無一毫人欲之萌，而純乎義理之發，則下學之功盡善全美，而無須臾之間矣。二者相須，皆反躬爲己，遏人欲、存天理之實事。蓋體道之功，莫有先於此者，亦莫有切於此者，故子思於此，首以爲言，以見君子之學必由此而入也。」曰：「諸家之說，皆以戒謹不睹，恐懼不聞，即爲慎獨之意，子乃分之以爲兩事，無乃破碎支離之甚邪？」曰：「既言道不可離，則是無適而不在矣，而又言『莫見乎隱，莫顯乎微』，則是切要之處，尤在於隱微也。既言『戒謹不睹，恐懼不聞』，則是無處而不謹矣。又言『謹獨』，則是其所謹者，尤在於獨也。是固不容於不異矣，若其同爲一事，則其爲言又何必若是之重複邪？且此書卒章『潛雖伏矣』、『不愧屋漏』，亦兩言之，正與此相首尾。但諸家皆不之察，獨程子嘗有『不愧屋漏與謹獨是持養氣象』之言，其於二者之間，特加『與』字，是固已分爲兩事，而當時聽者有未察耳。」曰：「子又安知不睹不聞之不爲獨乎？」曰：「其所不睹不聞者，己之所不睹不聞也。故上言道不可離，而下言君子自其平常之處，無所不用其戒懼，而極言之以至於此也。獨者，人之所不睹不聞也，故上言『莫見乎隱，莫顯乎微』，而下言君子之所謹者尤在於此幽隱之地也。是其語勢自相唱和，各有血脉，理甚分明。如曰是兩條者皆爲謹獨之意，則是持守之功無所施於平常之處，而專在幽隱之間也，且雖免於破碎之譏，而其繁複偏滯而無所當，亦甚矣。」○楊氏「無適非道」之云則善矣，然其言似亦有未盡。蓋衣食、作息、視聽、舉履，皆物也，其所以如此之義理準則，乃道也。若曰所謂道者，不外乎物，而人在天地之間，不能違物而獨立，是以無適而不有義理之準則，不可頃刻去之而不由，則是《中庸》之旨也。若便指物以爲道，而人不能頃刻而離此，百姓特日用而不知耳，則是不唯昧於形而上下之别，而墮於釋氏「作用是性」之失，且使學者誤謂道無不在，雖欲離之而不可得，吾既知之，則雖猖狂妄行，亦無適而不爲道。則其爲害將有不可勝言者，不但文義之失而已也。○問：「《中庸》曰『道不可須臾離』，伊川却云『存無不在道之心，便是助長』，何也？」曰：「《中庸》所言是日用常行合做底道理，如『爲人君止於仁，爲人臣止於敬，爲人子止於孝，爲人父止於慈，與國人交止於信』，皆是不可已者。伊川所言是爲闢釋氏而發，蓋釋氏不理會常行之道，只要空守著這一個物事，便唤做道，與《中庸》自不同。」○問楊氏所謂「無適非道」之云。曰：「衣食動作只是物，物之理乃道也。將物便唤做道，則不可。且如這箇椅子，有四隻脚，可以坐，此椅之理也。若除去一隻脚，坐不得，便失其椅之理矣。形而上爲道，形而下爲器。就這形而下之器之中，便有那形而上之道。若便將形而下之器作形而上之道，則不可。天地中間，上是天，下是地，中間有許多日月星辰、山川草木、人物禽獸，此皆形而下之器也。然這形而下之器之中，便各有箇道理，此便是形而上之道。所謂格物，便是要就這形而下之器，窮得那形而上之道理而已，如何便將形而下之器作形而上之道。理得飢而食，渴而飲，日出而作，入而息，其所以飲食作息者，皆道之所在也。若便謂飲食作息者是道，則不可。與龐居士『神通妙用，運水搬柴』之頌一般，亦是此病。如『徐行後長』與『疾行先長』都一般是行，只是徐行後長方是道，若疾行先長便不是道，豈可説只認行底便是道？『神通妙用，運水搬柴』，須是運得水是，搬得柴是，方是神通妙用。若運得不是，搬得不是，如何是神通妙用。佛家所謂『作用是性』，便是如此。他都不理會是和非，只認得那衣食作息、視聽舉履，便是道。説我這箇會説話底，會作用底，叫著便應底，便是神通，更不問道理如何。儒家則須是就這上尋討箇道理，方是道。」○又曰：「所謂不可離者，謂道也。若便以日用之間、舉止動作便是道，則無所適而非道，無時而非道，然則君子何用恐懼戒慎？何用更學道爲？爲其不可離，所以須是依道而行。如人説話，不成便以説話者爲道，須是有箇仁、義、禮、智，始得。若便以舉止動作爲道，何用更説不可離得。」又曰：「《大學》所以説格物，却不説窮理。蓋説窮理，則似懸空無捉摸處。只説格物，則只就那形而下之器上便尋那形而上之道，便見得這箇原不相離，所以只説格物。『天生蒸民，有物有則』，所謂道者是如此，何嘗説物便是則？龜山便只指那物做則，只是就這物上分精粗，爲物則，如云目是物也，目之視乃則也；耳是物也，耳之聽乃則也。殊不知目視耳聽依舊是物，其視之聽之方是則也。龜山又云：『伊尹之耕於莘野，此農夫田父之所日用者，而樂在是。』如此，則世間伊尹甚多矣。龜山説話，大概有此病。」○「戒謹不睹，恐懼不聞」，即是道不可須臾離處。○所不聞不見，❶非是合眼掩耳，便是喜怒哀樂未發時。只是凡事若未萌芽，自家便先恁地戒謹恐懼，常要提起此心，使在這裏，便是防於未然，不見是圖底意思。○問：「戒謹恐懼，只管如此，又恐執持太過，若不如此，又恐都忘了。《中庸》之言，必有深旨。」曰：「也有甚麽矜持？只不要昏了他，便是戒謹恐懼。」○戒謹恐懼，不須説得太重，只是常常提撕，認得那箇物事，常常存得，不失了。今人只見他説得四箇字重，便作臨事驚恐看了。「如臨深淵，如履薄冰」，曾子也只是順這道理，常常恁地把捉去。

❶「見」，四庫本作「睹」。

○若不用戒謹恐懼而此理常流通者，惟天地與聖人耳。聖人不勉而中，不思而得，從容中道，亦只是此心常存、理常明，故能如此。賢人所以異於聖人，衆人所以異於賢人，亦只争這些子境界存與不存而已。嘗謂人無有極則處，便是堯、舜、周、孔。不成說我是從容中道，不要去戒謹恐懼，他那工夫，亦自未嘗得息。○「戒謹恐懼是未發，然只做未發也不得，便是所以養其未發。只是聳然提起在這裏，這箇未發底便常在，何曾發？」或問：「戒懼是已思否？」曰：「思又別。思是思索了，戒謹恐懼正是防閑其未發。」或問：「即是持敬否？」曰：「亦是。程子曰：『敬不是中，只敬而無失，則所以中。』『敬而無失』，便是常敬，這中底便常在。」○問：「《中庸》所謂『戒謹恐懼』，《大學》所謂『格物致知』，皆是爲學知、利行以下底說否？」曰：「固然。然聖人亦未嘗不戒謹恐懼。『惟聖罔念作狂，惟狂克念作聖。』但聖人所謂念者，自然之念。狂者之念，則勉强之念耳。」○問：「伊川鬼神憑依語言爲『莫見乎隱，莫顯乎微』，如何？」曰：「隱微之事在人心，不可得而知，却被他說出來，豈非『莫見乎隱，莫顯乎微』？蓋鬼神只是氣，心中實有是事，則感於氣者，自然發見昭著如此。」○黄灝云：「戒懼是統體做工夫，謹獨是又於其中緊要切處加工夫，猶一經一緯而成帛。」先生以爲然。○問：「能存天理了，則下面謹獨似多了一截。」先生曰：「雖是存得天理，臨發時也須點檢，這便是他密處。若只說存天理了，更不謹獨，却是只用致中，不用致和也。」又問：「致中是未動之前，然謂之戒懼，却是動了。」先生曰：「公莫看得戒謹恐懼太重了，此只是略略收拾來，便在這裏。伊川所謂『道箇「敬」字，也不大段用得力』。孟子曰：『操則存。』操亦不是著力把持，只是操一操，便在這裏。如人之氣，呼便出，吸便入。」○戒謹恐懼，是事之未形處。謹獨，是幾之將然處。○「道不可須臾離」，言道之至廣至大者。「莫見乎隱，莫顯乎微」，言道之至精至極者。○方不聞不睹之時，不惟人所不知，自家亦未有所知。若所謂獨，即人所不知而己所獨知，極是要戒懼。自來人説「不睹不聞」與「謹獨」只是一意，無分別，便不是。○「戒謹不睹，恐懼不聞」，非謂於睹聞之時不戒懼也。言雖不睹不聞之際，亦致其謹，則睹聞之際，其謹可知。此乃統同説，承上「道不可須臾離」，則是無時不戒懼也。然下文「謹獨」既專就已發上説，則此段正是未發時工夫，只得説「不睹不聞」也。「莫見乎隱，莫顯乎微，故君子必謹其獨。」上既統同説了，此又就中有一念萌動處，雖至隱微，人所不知而己所獨知，尤當致謹。如一片止水，中間忽有一點動處，此最緊要著工夫處。《輯略》程子曰：「一物不該，非中也。一事不爲，非中也。一息不存，非中也。何哉？爲其偏而已矣，故曰：『道也者，不可須臾離也，可離非道也。』修此道者，戒慎乎其所不睹，恐懼乎其所不聞而已。由是而不息焉，則上天之載，無聲無臭，可以馴致也。」○或問：「游宣德記先生語云：『人能戒慎恐懼於不睹不聞之間，則無聲無臭可以馴致。』此説如何？」曰：「馴致，漸進也，然此亦大綱説。固是自小以至大，自修身可以至於盡性至命，然其間有多少股數，其所以至之之道當如何？荀子曰：『始乎爲士，終乎爲聖人。』今學者纔讀書，便望爲聖賢，然中間至之之方，更有多少！荀子雖能如此説，却以禮義爲僞，性爲不善，他自情性尚理會不得，怎生到得聖人？大抵以堯所行者欲力行之，以多聞多見取之，其所學者，皆外也。」○曰：「道之外無物，物之外無道，是天地之間，無適而非道也。即父子，而父子在所親。即君臣，而君臣在所敬。以至爲夫婦、爲長幼、爲朋友，無所爲而非道，此道所以不可須臾離也。然則毀人倫、去四大者，其去於道也遠矣。」○又曰：「人只以耳目所見聞者爲顯見，所不見者爲隱微，然不知理却甚顯也。且如昔人彈琴，見螳蜋捕蟬，而聞者以爲有殺聲。殺在心，而人聞其琴而知之，豈非顯乎？人有不善，自謂人不知之，然天地之理甚著，不可欺也。」○又曰：「不愧屋漏與慎獨，這是箇持養底氣象也。」○吕氏曰：「此章明道之要，不可不誠。道之在我，猶飲食居處之不可去，可去皆外物也。誠以爲己，故不欺其心。人心至靈，一萌於思，善與不善，莫不知之。他人雖明，有所不與也。故慎獨者，知爲己而已。」○又曰：「『率性之謂道』，則四端之在我者，人倫之在彼者，皆吾性命之理，受乎天地之中，所以立人之道，不可須臾離也。絶類離倫，無意乎君臣、父子者，過而離乎此者也。賊恩害義，不知有君臣、父子者，不及而離乎此者也。雖過不及有差，而皆不可以行於世，故曰『可離非道也』。」○楊氏曰：「夫盈天地之間，孰非道乎？道而可離，則道有在矣。譬之四方有定位焉，適東則離乎西，適南則離乎北，斯則可離也。若夫無適而非道，則烏得而離邪？故寒而衣，飢而食，日出而作，晦而息，耳目之視聽，手足之舉履，無非道也。此百姓所以日用而不知，伊尹耕于有莘之野，以樂堯舜之道。夫堯舜之道，豈有物可玩而樂之乎？即耕于有莘之野是已，此農夫田父之所日用者，而伊尹之樂有在乎是。若伊尹，所謂知之者也。」**喜怒哀樂之未發，謂之中；發而皆中節，謂之和。中也者，天下之大本也；和也者，天下之達道也。**樂，音洛。中節之中，去聲。○喜、怒、哀、樂，情也。其未發，則性也，無所偏倚，故謂之中。發皆中節，情之正也，無所乖戾，故謂之和。大本者，天命之性，天下之理皆由此出，道之體也。達道者，循性之謂，天下古今之所共由，道之用也。此言性情之德，以明道不可離之意。**致中和，天地位焉，萬物育焉。**致，推而極之也。位者，安其所也。育者，遂其生也。自戒懼而約之，以至於至静之中，無少偏倚，而其守不失，則極其中而天地位矣。自謹獨而精之，以至於應物之處，無少差謬，而無適不然，則極其和而萬物育矣。蓋天地萬物本吾一體，吾之心正，則天地之心亦正矣，吾之氣順，則天地之氣亦順矣。故其效驗至於如此。此學問之極功，聖人之能事，初非有待於外，而修道之教亦在其中矣。是其一體一用雖有動静之殊，然必其體立而後用有以行，則其實亦非有兩事也。故於此合而言之，以結上文之意。○或問：「『喜怒哀樂之未發謂之中』云云，何也？」曰：「此推本天命之性，以明由教而入者，其始之所發端，終之所至極，皆不外於吾心也。蓋天命之性，萬理具焉，喜怒哀樂，各有攸當。方其未發，渾然在中，無所偏倚，故謂之中。及其發而皆得其當，無所乖戾，故謂之和。謂之中者，所以狀性之德，道之體也，以其天地萬物之理無所不該，故曰天下之大本。謂之和者，所以著情之正，道之用也，以其古今人物之所共由，故曰天下之達道。蓋天命之性，純粹至善，而具於人心者，其體用之全，本皆如此，不以聖愚而有加損也。然静而不知所以存之，則天理昧而大本有所不立矣。動而不知所以節之，則人欲肆而達道有所不行矣。惟君子自其不睹不聞之前，而所以戒謹恐懼者，愈嚴愈敬，以至於無一毫之偏倚，而守之常不失焉，則爲有以致其中，而大本之立日以益固矣。尤於隱微幽獨之際，而所以謹其善惡之幾者，愈精愈密，以至於無一毫之差謬，而行之每不違焉，則爲有以致其和，而達道之行日以益廣矣。致者，用力推致而極其至之謂。致焉而極其至，至於静而無一息之不中，則吾心正，而天地之心亦正，故陰陽動静各止其所，而天地於此乎位矣。動而無一事之不和，則吾氣順，而天地之氣亦順，故充塞無間，歡欣交通，而萬物於此乎育矣。此萬化之本原，一心之妙用，聖神之能事，學問之極功，固有非始學所當議者。然射者之的，行者之歸，亦學者立志之初所當知也。此章雖爲一篇開卷之首，然子思之言，亦必至此而後已焉，其旨深矣！」「然則中和果二物乎？」曰：「觀其一體一用之名，則安得不二。察其一體一用之實，則此爲彼體，彼爲此用。如耳目之能視聽，視聽之由耳目，初非有二物也。」曰：「天地位，萬物育，諸家皆以其理言，子獨以其事論。然則自古衰亂之出，所以病乎中和者多矣，天地之位，萬物之育，豈以是而失其常邪？」曰：「三辰失行，山崩川竭，則不必天翻地覆而已爲不位矣。兵亂凶荒，胎殰卵殈，則不必人消物盡而已爲不育矣。凡若此者，豈非不中不和之所致，而又安可誣哉！今以事言，固以爲有是理而後有是事。彼以理言者，亦非以爲無是事而徒有是理也。但其言之不備，有以啓後學之疑，不若直以事言，而理在其中之爲盡耳。」曰：「然則當其不位不育之時，豈無聖賢生於其世，而其所以致夫中和者，乃不能有以救其一二，何邪？」曰：「善惡感通之理，亦及其力之所至而止耳。彼達而在上者，既曰有以病之，則夫災異之變，又豈窮而在下者所能救也哉。但能致中和於一身，則天下雖亂，而吾身之天地萬物，不害爲安泰。其不能者，天下雖治，而吾身之天地萬物，不害爲乖錯。其間一家一國，莫不皆然，此又不可不知耳。」曰：「二者之爲實事可也，而分中和以屬焉，將不反爲破碎之甚邪？」曰：「世固未有能致中而不足於和者，亦未有能致和而不本於中者也。未有天地已位而萬物不育者，亦未有天地不位而萬物自育者也。特據其效而推本其所以然，則各有所從來，而不可紊耳。」曰：「子思之言中和如此，而周子之言則曰『中者，和也，中節也，天下之達道也』，乃舉中而合之於和，然則又將何以爲天下之大本邪？」曰：「子思之所謂中，以未發而言也。周子之所謂中，以時中而言也。愚於篇首已辨之矣，學者涵泳而別識之，見其並行而不相悖焉可也。」○或問：「程子以赤子之心爲已發，何也？」曰：「衆人之心，莫不有未發之時，亦莫不有已發之時，不以老稚賢愚而有別也。但孟子所指赤子之心純一無僞者，乃因其發而後可見，若未發，則純一無僞又不足以名之。」曰：「程子明鏡止水之云，固以聖人之心爲異乎赤子之心矣，然則此其爲未發者邪？」曰：「聖人之心，未發則爲水鏡之體，既發則爲水鏡之用，亦非獨指未發而言也。」曰：「諸説如何？」曰：「程子備矣，但其答蘇季明後章，記録多失本真，如耳無聞目無見之答，以下文若無事時須見須聞之説參之，其誤必矣。蓋未發之時，但爲未有喜怒哀樂之偏耳，若其目之有見，耳之有聞，則當愈益精明而不可亂，豈若心不在焉，而遂廢耳目之用哉。其言静時既有知覺，豈可言静？而引『復以動見天地之心』爲説，亦不可曉。蓋當至静之時，但有能知覺者，而未有所知覺也。故以爲静中有物則可，而便以才思即是已發爲比則未可。以爲坤卦純陰而不爲無陽則可，而便以復之一陽已動爲比則未可也。其答動字静字之問，以至若無事時須見須聞之説，則皆精當。但其曰當祭祀時，無所見聞，則古人之制祭服、設旒纊，雖曰欲其不得廣視雜聽，而致其精一，然非以爲是真足以全蔽其聰明，使之一無見聞也。若曰履之有絇，以爲行戒，尊之有禁，以爲飲戒，然初未嘗以是而遂不行不飲也。若使當祭之時而爲旒纊所塞，遂如聾瞽，則是禮容樂節，皆不能知，亦將何以致其誠意，而交於鬼神哉？程子之言，决不如是之過也。」○又曰：「吕氏此章，尤多可疑，蓋其病根，正在欲於未發之前，求見夫所謂中者而執之，是以屢言之而病愈甚。殊不知經文所謂致中和者，亦曰當其未發，此心至虚，如鏡之明，如水之止，則但當敬以存之，而不使其少有偏倚。至於事物之來，此心發見，喜怒哀樂各有攸當，則又當敬以察之，而不使其小有差忒而已，未有如是之説也。且曰未發之前，則宜其不待著意推求，而瞭然心目之前。一有求之之心，則是便爲已發，固已不得而見之。况欲從而執之，則其爲偏倚亦甚矣，又何中之可得乎？且夫未發已發，日用之間，固有自然之機，不假人力。方其未發，本自寂然，固無所事於執。及其當發，則又當即事即物，隨感而應，亦安得塊然不動，而執此未發之中邪？此爲義理之根本，於此有差，則無所不差矣。此吕氏之説，所以條理紊亂，援引乖剌，而不勝其可疑也。程子譏之，以爲不識大本，豈不信哉！」○問：「舊看程先生所答蘇季明『耳無聞，目無見』之説，亦不甚曉，昨見先生答吕子約書，以爲『目之有見，耳之有聞，心之有知』（未發）與『目之有視，耳之有聽，心之有思』（已發）不同，方曉然無疑。不知足之履、手之持，亦可分未發已發否？」曰：「便是書不如此讀。聖人只教去喜怒哀樂上討未發已發，却何嘗教去手持足履上分未發已發？都不干事。且如眼見一箇物事，心裏愛，便是已發，便屬喜。見箇物事，惡之，便屬怒。若見箇物事，心裏不喜不怒，有何干涉。」○問静中有知覺。曰：「此是坤中不能無陽，到動處却是復，只將十二卦排便見。」○問：「未發之前，當戒謹恐懼，提撕警覺，則亦是知覺矣。而伊川謂『既有知覺，却是動』，何也？」曰：「未發之前，須常恁地醒，不是瞑然只省，❶則道理何在？成甚麽大本？」○問：「伊川言『喜怒哀樂未發之前，下静字亦可，然静中須有物始得』，此物云何？」先生曰：「是太極也。」○問：「所謂『静中有物』，莫是喜怒哀樂？雖未形，而含喜怒哀樂之理否？」先生曰：「喜怒哀樂乃是感物而有，猶鏡中之影，鏡未照物，安得有影？」曰：「然則『静中有物』乃鏡中之光明？」曰：「此却説得近似，但只是比類。所謂『静中有物』者，只是知覺便是。」曰：「伊川却云『纔説知覺，便是動』。」曰：「此恐伊川説得太過，若云知箇甚底，覺箇甚底，如知得寒，覺

---

❶「不是瞑然只省」，《朱子語類》作「不是瞑然不省若瞑然不省」。

得暖，便是知覺一箇物事。今未曾知覺甚事，但有知覺在，何妨其爲静？不成静坐便只是瞌睡。」○涵養於喜怒哀樂未發之前，只是「戒慎乎其所不睹，恐懼乎其所不聞」，大綱約住，執持在這裏。到謹獨處，便是發了，「莫見乎隱，莫顯乎微」，雖未大段發出，便已有一毫一分見了，便就這處分別，從善去惡。○問：「伊川言『喜怒哀樂之未發，謂之中』，是言在中之義，如何？」曰：「是言在裏面底道理，非以在中釋中字。」○問：「喜怒哀樂固是心之發，如未喜怒哀樂之前，便是寂然而静時，然豈得皆塊然如槁木？其耳目亦必有自然之聞見，其手足亦必有自然之舉動，不審此時唤作如何？」曰：「喜怒哀樂未發，只是這心未發耳。其手足運動，自是形體如此。」○「中」字是狀性之體，性具於心，發而中節，則是性自心中發出來也，是之謂情。○問：「『坤卦純陰，不爲無陽』之説，如何？」曰：「雖是十月爲坤，十一月爲復，然自小雪後，其下面一畫，便有三十分之一分陽生，至冬至，方足得一爻成耳，故十月謂之陽月。蓋嫌於無陽也。自姤至坤，亦然。」○爲臣必忠、爲子必孝之類，皆是已發，然所以合做此事，實具此理，乃未發也。○喜怒哀樂未發，如處室中，東西南北未有定向，所謂中也。及其既發，如已出門，東者不復能西，南者不復能北，然各因其事，無所乖逆，所謂和也。○中，性之德。和，情之德。○孟子所謂「存心養性」、「收其放心」、「操則存」，此等處，乃致中也。至於充廣其仁義之心等處，乃致和也。○「致」字是只管挨排去之義，如射箭，才上紅心，便道是中，亦未是。須是射著紅心之中，方是。如「致知」之「致」，亦同此義。「致」字工夫極精密也。○天地位，萬物育，便是財成輔相，以左右民底工夫。○此爲在上聖人而設。○問：「致中和，天地位，萬物育，此以有位者言，如一介之士，如何得如此？」先生曰：「若致得一身中和，便充塞得一身。致得一家中和，便充塞得一家。

若致天下中和，便充塞天下。有此理，便有此事。有此事，便有此理。如『一日克己復禮，天下歸仁』，如何一日克己於家，便得天下歸仁？爲有此理故也。」○《輯略》吕與叔曰：「中者，道之所由出。」程子曰：「此語有病。」吕曰：「論其所同，不容更有二名，别而言之，亦不可混爲一事。如所謂『天命之謂性，率性之謂道』，又曰『中者，天下之大本。和者，天下之達道』，則性與道，大本與達道，豈有二乎？」先生曰：「中即道也。若謂道出於中，則道在中内，别爲一物矣。所謂『論其所同，不容更有二名，别而言之，亦不可混爲一事』，此語固無病。若謂性與道，大本與達道，可混爲一，即未安。在天曰命，在人曰性，循性曰道。性也、命也、道也，各有所當。大本言其體，達道言其用，體用自殊，安得不爲二乎？」吕曰：「既云率性之謂道，則循性而行莫非道，此非性中别有道也。中即性也，在天爲命，在人爲性，由中而出莫非道，所以云『中者，道之所由出』。」先生曰：「『中即性也』，此語極未安。中也者，所以狀性之體段，如稱天圓地方，遂謂方圓即天地可乎？方圓既不可謂之天地，則萬物决非方圓之所自出。如中既不可謂之性，則道何從稱出於中？蓋中之爲義，自過不及而立名，若只以中爲性，則中與性不合。」吕曰：「不倚之謂中，不雜之謂和。」先生曰：「『不倚之謂中』，甚善，語猶未瑩。『不雜之謂和』，未當。」吕曰：「喜怒哀樂之未發，則赤子之心，當其未發，此心至虚，無所偏倚，故謂之中。以此心應萬物之變，無往而非中矣。孟子曰：『權然後知輕重，度然後知長短。物皆然，心爲甚。』此心度物所以甚於權度之審者，正以至虚無所偏倚故也。有一物存乎其間，則輕重長短皆失中矣，又安得如權度乎？『大人不失其赤子之心』，乃所謂『允執厥中』者也。大臨始者有見於此，便指此心名爲『中』，故前言『中者，道之所由出也』。今細思，乃命名未當耳。此心之狀，可以言中，未可便指此心名之曰中。」先生曰：「喜怒哀樂未發謂之中，赤子之心，發而未遠乎中，若便謂之中，是不識大本也。」呂曰：「聖人智周萬物，赤子全未有知，其心固有不同矣。然推孟子所云，豈非止取純一無僞可與聖人同乎？非謂無毫髮之異也。大臨前日所云，亦取諸此而已。此義大臨昔者既聞先生君子之教，反求諸己，若有所自得，參之前言往行，將無所不合，由是而之焉，似得其所安，以是自信不疑。今承教乃云『已失大本』，茫然不知所向。聖人之學，以中爲大本，雖堯、舜相授以天下，亦云『允執其中』。中者，無過不及之謂也。何所準則而知過不及乎？求之此心而已。此心之動，出入無時，何從而守之乎？求之於喜怒哀樂未發之際而已。當是時也，此心即赤子之心，此心所發，純是義理，與天下之所同然，安得不和？大臨前日敢指赤子之心爲中者，其説如此。來教云『赤子之心可謂之和，不可謂之中』，大臨思之，所謂和者，指已發而言之。今言赤子之心，乃論其未發之際純一無僞，無所偏倚，可以言中。若謂已發，恐不可言心。」先生曰：「所云『非謂無毫髮之異』，是有異也。有異者，得爲大本乎？推此一言，餘皆可見。」呂曰：「大臨以赤子之心爲未發，先生以赤子之心爲已發，所謂大本之實，則先生與大臨之言未有異也，但解赤子之心一句不同耳。大臨初謂赤子之心，止取純一無僞與聖人同，孟子之義亦然，更不曲折一一較其同異，故指以爲言，固未嘗以已發不同處爲大本也。先生謂凡言心者，皆指已發而言，然則未發之前，謂之無心可乎？竊謂未發之前，心體則昭昭具在，已發乃心之用也。」先生曰：「所論意雖以已發者爲未發，反求諸言，却是認已發者爲説。辭之未瑩，乃是擇之未精。『凡言心者，指已發而言』，此固未當。心，一也，有指體而言者，『寂然不動』是也；有指用而言者，『感而遂通天下之故』是也，惟觀其所見何如耳。大抵論愈精微，言愈易差也。」〇又曰：「敬而無失，便是喜怒哀樂之未發，謂之中也。敬不可謂之中，但敬而無失，即所以中也。」○蘇季明問：「中之道，與喜怒哀樂未發謂之中，同否？」曰：「非也。喜怒哀樂未發，是言在中之義，只一箇中字，但用不同。」或曰：「於喜怒哀樂之前，求中可否？」曰：「不可。既思於喜怒哀樂未發之前，求之，又却是思也。既思，即是已發，才發便謂之和，不可謂之中也。」又問：「呂博士當求於喜怒哀樂未發之前，信斯言也，恐無著落，如之何而可？」曰：「言存養於喜怒哀樂未發之時，則可。若言求中於喜怒哀樂未發之前，則不可。」又問：「學者於喜怒哀樂發時固當勉强裁抑，於未發之前，當如何用功？」曰：「喜怒哀樂未發之前，更怎生求？但平日涵養便是。涵養久，則喜怒哀樂發自中節。」或曰：「有未發之中，有既發之中。」曰：「非也。既發時，便是和矣。發而中節，固是得中、時中之類，只爲將中和來分說，便是和也。」○又問：「先生說喜怒哀樂未發謂之中，是在中之義，不識何意？」曰：「只喜怒哀樂未發，便是中也。」曰：「中莫無形體，只是箇言道之題目否？」曰：「非也。中有甚形體，然既謂之中，也須有箇形象。」曰：「當中之時，耳無聞，目無見否？」曰：「雖耳無聞，目無見，然見聞之理在，始得。」曰：「中是有時而中否？」曰：「何時而不中？以事言之，則有時而中。以道言之，何時而不中。」曰：「固是所爲皆中，然而觀於四者未發之時，靜時自有一般氣象，及至接事時，又自別，何也？」曰：「善觀者不如此，却於喜怒哀樂已發之際觀之焉，且說靜時如何。」曰：「謂之無物則不可，然自有知覺處。」曰：「既有知覺，却是動也，怎生言靜？人說『復其見天地之心』，皆以謂至靜能見天地之心，非也。復之卦，下面一畫，便是動也，安得謂之靜？自古儒者皆言靜見天地之心。」或曰：「莫是於動上求靜否？」曰：「固是，然最難云云。」或曰：「先生於喜怒哀樂未發之前，下『動』字下『靜』字？」曰：「謂之静，則可，然静中須有物，始得。這裏便是難處。學者莫若且先理會得敬，能敬則自知此矣。」或曰：「敬何以用功？」曰：「莫若主一。」季明曰：「某嘗患思慮不定，或思一事未了，他事如麻又生，如何？」曰：「不可，此不誠之本也。須是習，習能專一時便好，不拘思慮與應事，皆要求一。」或曰：「當静坐時，物之過乎前者，還見不見？」曰：「看事如何。若是大事，如祭祀，前旒蔽明，黈纊充耳，凡物之過者，不見不聞也。若無事時，目須見，耳須聞。」或曰：「當敬時，雖見聞莫過焉，而不留否？」曰：「不説道非禮勿視、勿聽？勿者，禁止之辭，纔説弗字，便不得也。」或問：「《雜説》中以赤子之心爲已發，是否？」曰：「已發而去道未遠也。」曰：「『大人不失赤子之心』，如何？」曰：「取其純一近道也。」曰：「赤子之心與聖人之心若何？」曰：「聖人之心如明鏡，如止水。」○又曰：「性即理也，所謂理，性是也。天下之理，原其所自，未有不善。喜怒哀樂未發，何嘗不善？發而中節，即無往而不善，發而不中節，然後爲不善。故凡言善惡，皆先善而後惡；言吉凶，皆先吉而後凶；言是非，皆先是而後非。」○又曰：「喜怒哀樂未發謂之中，只是言一箇中一作本體。既是喜怒哀樂未發，那裏有箇甚麽，只可謂之中。如乾體便是健，及分在諸處，不可皆名健，然在其中矣。天下事事物物皆有中，發而皆中節謂之和，非是謂之和便不中也，言和則中在其中矣。中便是含喜怒哀樂在其中矣。」○又曰：「聖人未嘗無喜也，『象喜亦喜』；聖人未嘗無怒也，『一怒而安天下之民』；聖人未嘗無哀也，『哀此煢獨』；聖人未嘗無懼也，『臨事而懼』；聖人未嘗無愛也，『仁民而愛物』；聖人未嘗無欲也，『我欲仁，斯仁至矣』。但其中節，則謂之和。」○又曰：「中者，天下之大本，天地之間，亭亭當當，直上直下之正理。出則不是，唯『敬而無失』最盡。」○又曰：「『喜怒哀樂未發謂之中』，中也者，言『寂然不動』者也，故曰

『天下之大本』。『發而皆中節謂之和』，和也者，言『感而遂通』者也，故曰『天下之達道』。」〇又曰：「『致』與『位』字，非聖人不能言，子思特傳之耳。」〇又曰：「聖人修己以敬，以安百姓，篤恭而天下平。唯上下一於恭敬，則天地自位，萬物自育，氣無不和，四靈何有不至。此體信達順之道，聰明睿知皆由是出，以此事天享帝。」〇游氏曰：「極中和之理，則天地之覆載，四時之化育，在我而已，故曰『天地位焉，萬物育焉』。然則三公所以變理陰陽者，豈有資於外哉？亦盡吾喜怒哀樂之性而已。」〇楊氏曰：「自『天命之謂性』至『萬物育焉』，《中庸》一篇之體要也。」〇又曰：「怒者喜之反，哀者樂之反。既發則倚於一偏而非中也，故『未發謂之中』。中者，不偏之謂也。由中而出，無人欲之私焉，發必中節矣。一不中節，則與物戾，非和也，故『發而皆中節謂之和』。中也者，『寂然不動』之時也，無物不該焉，故謂之『大本』。和也者，所以『感通天下之故』，故謂之『達道』。中以形道之體，和以顯道之用。致中則範圍而不過，致和則曲成而不遺，故『天地位焉，萬物育焉』。」〇孔子之慟，孟子之喜，因其可慟可喜而已，於孔、孟何有哉？其慟也，其喜也，中固自若也。鑑之茹物，因物而異形，而鑑之明未嘗異也。若聖人而無喜怒哀樂，則天下之達道廢矣。一人衡行於天下，武王亦不必耻也。故於是四者，當論其中節不中節，不當論其有無也。〇中，一也。未發之中，「時中」在其中矣，特未發耳。〇祁寬問曰：「如顔子之不遷怒，此是中節，亦只是中，何故才發便謂之和？」尹子曰：「雖顔子之怒，亦是倚於怒矣。喜哀樂亦然，故只可謂之和。」〇又曰：「『致中和』，致者，致之也，如致將去。」

右第一章。子思述所傳之意以立言。首明道之本原出於天而不可易，其實體備於己而不可離。次言存養省察之要。終言聖神功化之極。蓋欲學者於此反求諸身而

自得之，以去夫外誘之私，而充其本然之善，楊氏所謂一篇之體要是也。其下十章，

蓋子思引夫子之言，以終此章之義。

仲尼曰：「君子中庸，小人反中庸。中庸者，不偏不倚，無過不及，而平常之理，乃天命所當然，精微之極致也。唯君子爲能體之，小人反是。**君子之中庸也，君子而時中；小人之中庸也，小人而無忌憚也。」**王肅本作「小人之反中庸也」，程子亦以爲然。今從之。○君子之所以爲中庸者，以其有君子之德，而又能隨時以處中也。小人之所以反中庸者，以其有小人之心，而又無所忌憚也。蓋中無定體，隨時而在，是乃平常之理也。君子知其在我，故能戒謹不睹、恐懼不聞，而無時不中。小人不知有此，則肆欲妄行，而無所忌憚矣。○或問曰：「君子所以中庸，小人所以反之者，何也？」曰：「中庸者，無過不及而平常之理，蓋天命人心之正也。唯君子爲能知其在我，而戒謹恐懼以無失其當然，故能隨時而得中。小人則不知有此，而無所忌憚，故其心每反乎此，而不中不常也。」○曰：「『小人之中庸』，王肅、程子悉加『反』字，蓋疊上文之語。然諸説皆謂小人實反中庸，而不自知其爲非，乃敢自以爲中庸而居之不疑，如漢之胡廣，唐之吕温，柳宗元者，則其所謂中庸，是乃所以爲無忌憚也。如此，則不煩增字而理亦通矣。」曰：「小人之情狀固有若此者矣，但以文勢考之，則恐未然。蓋論一篇之通體，則此章乃引夫子所言之首章，且當略舉大端，以分別君子小人之趣向，未當遽及此意之隱微也。若論一章之語脉，則上文方言君子中庸而小人反之，其下且當平解兩句之義以盡其意，不應偏解上句而不解下句，又遽別生他説也。故疑王肅所傳之本爲得其正，

而未必肅之所增，程子從之，亦不爲無所據而臆決也。諸説皆從鄭本，雖非本文之意，然所以發明小人之情狀則亦曲盡其妙，而足以警乎鄉原亂德之姦矣。今存吕氏以備觀考，他不能盡録也。」〇《輯略》程子曰：「君子之於中庸也，無適而不中，則其心與中庸無異體矣。小人之於中庸，無所忌憚，則與戒慎恐懼者異矣，是其所以反中庸也。」又曰：「『小人之中庸，小人而無忌憚也』，小人更有甚中庸，脱一『反』字。小人不主於義理，則無忌憚，無忌憚，所以反中庸也。亦有其心畏謹而不中，亦是反中庸。謂惡有淺深則可，謂之中庸則不可。」〇又曰：「欲知中庸，無如權。須是時而爲中。若以手足胼胝、閉户不出二者之間取中，便不是中。若當手足胼胝，則於此爲中；當閉户不出，則於此爲中。權之爲言，稱錘之義也。何物爲權？義也。」〇蘇季明問：「君子時中，莫是隨時否？」曰：「是也。中字最難識，須是默識心通。且試言：一廳則中央爲中，一家則廳中非中而堂爲中。言一國，則堂非中，而國之中爲中。推此類可見矣。且如初寒時，則薄裘爲中，如在盛寒而用初寒之裘，則非中也。更如『三過其門不入』，在禹、稷之世爲中，若『居陋巷』，則不中矣。『居陋巷』在顔子之時爲中，若『三過其門不入』，則非中矣。」或曰：「男女不授受之類皆然？」曰：「是也。男女不授受，中也。在喪祭則不如此矣。」〇又曰：「楊子『拔一毛』不爲，墨子又『摩頂放踵』爲之，此皆是不得中。至於『子莫執中』，又欲執此二者之中，不知怎生執得？識得則事事物物上皆天然有箇中在這上，❶不待人安排也。安排著則不中矣。」〇又曰：「『可以仕則仕，可以止則止，可以久則久，可以速則速』，此皆時

❶「這」，原誤作「箇」，今據四庫薈要本改。

也，未嘗不合中，故曰『君子而時中』。」○又曰：「萬物無一物失所，便是天理時中。」○張子曰：「『時中』之義甚大，須『精義入神』，始得。觀其會通，行其典禮，此方是真義理也。行其典禮而不達會通，則有非時中者矣。君子要『多識前言往行以畜其德』者，以其看前言往行熟，則自能見得時中。」○吕氏曰：「『時中』者，『當其可』之謂也。『時止則止，時行則行』，當其可也。『可以仕則仕，可以止則止，可以久則久，可以速則速』，當其可也。『曾子、子思易地則皆然』，『禹、稷、顔回同道』，當其可也。舜不告而娶，周公殺管、蔡，孔子以微罪行，當其可也。小人見君子之時中唯變所適，而不知當其可，而欲肆其姦心，濟其私欲。或言不必信，行不必果，則曰『唯義所在』而已，然實未嘗知義之所在。有臨喪而歌，人或非之，則曰『是惡知禮意』，然實未嘗知乎禮意。猖狂妄行，不謹先王之法，以欺惑流俗，此小人之亂德，先王之所以必誅而不以聽者也。」○又曰：「『執中無權，雖君子之所惡，苟無忌憚，則不若無權之爲愈。」○游氏曰：「道之體無偏，而其用則通而不窮。無偏，中也；不窮，庸也。以性情言之則爲中和，以德行言之則爲中庸，其實一道也。君子者，道中庸之實也。小人則竊中庸之名而實背之，是中庸之賊也，故曰『反中庸』。」○或問：「有謂『中所以立常，權所以盡變』，不知權則不足以應物，知權則中有時乎不必用矣，是否？」楊氏曰：「知中則知權，不知權則是不知中也。如一尺之物，約五寸而執之，中也。一尺而厚薄小大之體殊，則所執者輕重不等矣，猶執五寸以爲中，是無權也。蓋五寸之執，長短多寡之中，而非厚薄小大之中也。欲求厚薄小大之中，則釋五寸之約，唯輕重之知，而其中得矣。故權以中行，中因權立。《中庸》之書不言權，其曰『君子而時中』，蓋所以爲權也。」○又曰：「中者豈執一之謂哉？亦貴乎時中也。時中者，當其可之謂也。堯授舜，舜授禹，受之而不爲泰；湯放桀，武王伐紂，取之而不爲貪。伊尹放太甲，君子不以爲篡；周公誅管、蔡，天下不以爲逆。以其事觀之，豈不異哉？聖人安行而不疑者，蓋當其可也。後世聖學不明，昧執中之權，而不通時措之宜，故狥名失實，流而爲之噲之讓、白公之爭，自取絶滅者有之矣。至或臨之以兵而爲忠，小不忍而爲仁，皆失是也。」

右第二章。此下十章，皆論中庸以釋首章之義。文雖不屬，而意實相承也。變和言庸者，游氏曰：「以性情言之則曰中和，以德行言之則曰中庸是也。」然中庸之中，實兼中和之義。

子曰：「中庸其至矣乎！民鮮能久矣！」過則失中，不及則未至，故惟中庸之德爲至。然亦人所同得，初無難事，但世教衰，民不興行，故鮮能之，今已久矣。《論語》無「能」字。

右第三章。

子曰：「道之不行也，我知之矣，知者過之，愚者不及也。道之不明也，我知之矣，賢者過之，不肖者不及也。道者，天理之當然，中而已矣。知愚賢不肖之過不及，則生稟之異而失其中也。知者知之過，既以道爲不足行；愚者不及知，又不知所以行：此道之所以常不行也。賢者行之過，既以道爲不足知；不肖者不及行，又不求所以知：此道之所以常不明也。**人莫不飲食也，鮮能知味也。」**道不可離，人自不察，是以有過不及之弊。○或問：「智愚之過不及，宜若道之所以不明也；賢不肖之過不及，宜若道之所以不行也。今其互言之，何也？」曰：「測度深微，揣摩事變，能知君子之所不必知者，知者之過乎中也。昏昧蹇淺，不能知君子之所當知者，愚者之不及乎中也。知之過者，既唯知是務，而以道爲不足行，愚者又不知所以行也，此道之所以不行也。刻意尚行，驚世駭俗，能行君子之所不必行者，賢者之過乎中也。卑汙苟賤，不能行君子之所當行者，不肖者之不及乎中也。賢之過者，既唯行是務，而以道爲不足知，不肖者又不求所以知也，此道之所以不明也。然道之所謂中者，是乃天命人心之正，當然不易之理，固不外乎人生日用之間，特行而不著，習而不察，是以不知其至而失之耳。故曰：『人莫不飲食也，鮮能知味也。』知味之正，則必嗜之而不厭矣；知道之中，則必守之而不失矣。」〇《輯略》程子曰：「『知者過之』，若是聖人之知，豈更有過？」〇又曰：「聖人與理爲一，故無過無不及，中而已矣。其他皆以心處這箇道理，故賢者常失之過，不肖者常失之不及。」〇吕氏曰：「諸子百家，異端殊技，其設心非欲理義之不當，然卒不可以入堯舜之道者，所知有過不及之害也。疏明曠達，以中爲不足守，出於天地範圍之中，淪於虛無寂滅之境，窮高極深，要之無所用於世，此過之之害也。蔽蒙固滯，不知所以爲中，泥於形名度數之末節，狥於耳目聞見之所及，不能體天地之化，達君子之時中，此不及之害也。二者所知，一過一不及，天下欲蹈乎中庸而無所歸，此道之所以不行也。賢者常處其厚，不肖者常處其薄。曾子執親之喪，水漿不入口者七日；高柴泣血三年，未嘗見齒：雖本於厚，而滅性傷生，無義以節之者也。宰予以三年之喪爲已久，食稻衣錦而自以爲安；墨子之治喪也，以薄爲其道：既本於薄，又狥生逐末，不勉於恩以厚之也。二者所行，一過一不及，天下欲擇乎中庸而不得，此道之所以不明也。」〇楊氏曰：「若佛氏之寂滅，莊生之荒唐，絶類離倫，不足以經世，道之所以不行也，此『知者過之』也。若楊氏之爲我，墨氏之兼愛，過乎仁義者也，而卒至於塞路，道之所以不明也，此『賢者過之』也。自知賢愚不肖言之，則賢知宜愈矣，至其妨於道，則過猶不及也。」

右第四章。

子曰：「道其不行矣夫！」由不明，故不行。

右第五章。此章承上章而舉其不行之端，以起下章之意。

子曰：「舜其大知也與！舜好問而好察邇言，隱惡而揚善，執其兩端，用其中於民，其斯以爲舜乎！」舜之所以爲大知者，以其不自用而取諸人也。邇言者，淺近之言，猶必察焉，其無遺善可知。然於其言之未善者則隱而不宣，其善者則播而不匿，其廣大光明又如此，則人孰不樂告以善哉。兩端，謂衆論不同之極致。蓋凡物皆有兩端，如小大厚薄之類，於善之中又執其兩端，而量度以取中，然後用之，則其擇之審而行之至矣。然非在我之權度精切不差，何以與此？此知之所以無過不及，而道之所以行也。○兩端之説，吕、楊爲優。○兩端，如厚薄、輕重，執其兩端用其中於民，非謂只於二者之間取中。當厚而厚，即厚上是中；當薄而薄，即薄上是中。輕重亦然。○《輯略》吕氏曰：「舜之知所以爲大者，樂取諸人以爲善而已。『好問好察邇言』，『隱惡而揚善』，皆樂取諸人者也。兩端，過與不及也。『執其兩端』，乃所以用其時中，猶持權衡而稱物，輕重皆得其平。故舜之所以爲舜，取諸人，用諸民，皆以能執兩端而不失中也。」

○一本云：「好問」則無知愚，無賢不肖，無貴賤，無長幼，皆在所問。「好察邇言」者，流俗之諺，野人之語，皆在所察。廣問合乎衆議者也，邇言出於無心者也，雖未盡合乎理義，而理義存焉。其惡者隱而不取，其善者舉而從之，出與人同之道也。○楊氏曰：「道之不行，知者過之也，故以舜大知之事明之。『舜好問而好察邇言』，取諸人以爲善也；『隱惡而揚善』，與人爲善也。取諸人以爲善，人必以善告之；與人爲善，人必以善歸之，皆非小智自私之所能爲也。『執其兩端』，所以權輕重而取中也，由是而用於民，雖愚者可及矣。此舜之所以大知，而道之所以行也。」

右第六章。

子曰：「人皆曰予知，驅而納諸罟獲陷阱之中，而莫之知辟也。人皆曰予知，擇乎中庸而不能期月守也。」罟，網也；獲，機檻也；陷阱，坑坎也：皆所以揜取禽獸者也。擇乎中庸，辨別衆理以求所謂中庸，即上章好問用中之事也。期月，匝一月也。言知禍而不知辟，以況能擇而不能守，皆不得爲知也。○呂氏曰：「中庸者，天下之所共知，天下之所共行，猶寒而衣，飢而食，渴而飲，不可須臾離也。衆人之情，厭常而喜新，質薄而氣弱，雖知不可離，亦不能久也。惟君子之學，自明而誠，明而未至乎誠，雖心悅而不去。然知不可不思，行不可不勉，在思勉之分。而氣不能無衰，志不能無懈，故有『日月至焉』者，有『三月不違』者，皆德之可久者也。若至乎誠，則不思不勉，至於常久而不息，非聖人，其孰能之？」

右第七章。承上章大知而言，又舉不明之端，以起下章也。

子曰：「回之爲人也，擇乎中庸，得一善則拳拳服膺而勿失之矣。」回，孔子弟子顔淵名。拳拳，奉持之貌。服，猶著也。膺，胷也。奉持而著之心胷之間，言能守也。顔子蓋真知之，故能擇能守如此，此行之所以無過不及，而道之所以明也。○或問：「此其稱回之賢，何也？」曰：「承上章『不能朞月守』者而言，如回之賢而不過，則道之所以明也。蓋能擇乎中庸，則無賢者之過矣；服膺不失，則非不肖者之不及矣。然則兹賢也，乃其所以爲知也歟？」曰：「諸説如何？」曰：「程子所引『屢空』，張子所引『未見其止』，皆非《論語》之本意，唯吕氏之論顔子有曰：『隨其所至，盡其所得，據而守之，則「拳拳服膺」而不敢失，勉而進之，則既「竭吾才」而不敢緩，此所以怳惚前後而不可爲象，求見聖人之止，欲罷而不能也。』此數言者，乃爲親切確實而足以見其深潛縝密之意，學者所宜諷誦而服行也。但『求見聖人之止』一句，文義亦未安耳。」

○《輯略》程子曰：「顔子擇中庸，得善則拳拳。中庸如何擇？如『博學之』，又『審問之』，又『謹思之』，又『明辨之』，所以能擇中庸也。雖然，學、問、思、辨，亦何所據乃識中庸？此則存乎致知。致知者，此則在學者自加功也。大凡於道，擇之則在乎智，守之則在乎仁，斷之則在乎勇。人之於道，則患在不能擇，不能守，不能斷。」吕氏曰：「擇乎中庸，可守而不能久，知及之而仁不能守之者也。『知及之，仁不能守之』，自謂之知，安在其爲知也歟？『雖得之，必失之』。故君子之學，自明而誠，明則能擇，誠則能守。能擇，知也；能守，仁也。如顔子者，可謂能擇而能守也。高明不可窮，博厚不可極，則中道不可識，『仰之彌高，鑽之彌堅，瞻之在前，忽焉在後』。察其志也，非見聖人之卓，不足謂之中，隨其所至，盡其所得，據而守之，則『拳拳服膺』而不敢失，勉而進之，則既『竭吾才』而不敢緩。此所以怳惚前後而不可爲象，求見聖人之止，欲罷而不能也。」

右第八章。

子曰：「天下國家可均也，爵禄可辭也，白刃可蹈也，中庸不可能也。」均，平治也。三者亦知、仁、勇之事，天下之至難也。然不必其合於中庸，則質之近似者皆能以力爲之。若中庸，則雖不必皆如三者之難，然非義精仁熟而無一毫人欲之私者，不能及也。三者難而易，中庸易而難，此民之所以鮮能也。○或問：「『中庸不可能』，何也？」曰：「此亦承上章之意，以三者之難，明中庸之尤難也。蓋三者之事，亦知、仁、勇之屬，而人之所難。然皆取必於行，而無擇乎義，且或出於氣質之偏，事勢之迫，未必從容而中節也。若曰中庸，則雖無難行之事，然天理渾然，無過不及，苟一毫之私意有所未盡，則雖欲擇而守之，而擬議之間，忽已墮於過與不及之偏而不自知矣。此其所以雖若甚易，而實不可能也。故程子以克己最難言之，其旨深矣。」○問：「『天下國家可均也，爵禄可辭也，白刃可蹈也』，謂資質之近於智而力能勉者，皆足以能之。若中庸，則四邊都無倚著，净净潔潔，不容分豪力。」曰：「中庸便是三者之間，非是别有箇道理。只於三者做得那恰好處，便是中庸。不然，只可謂之三事。」○《輯略》程子曰：「克己最難，故曰『中庸不可能也』。」○呂氏曰：「此章言中庸之難也。『均』之爲言，平治也，《周官》冢宰『均邦國』，平治之謂也。平治乎天下國家，智之所能也。遜千乘之國，辭萬鐘之禄，廉者之所能也。犯難致命，死而無悔，勇者之所能也。三者世之所難也，然有志者率皆能之。中庸者，世之所謂易也，然非聖人，其孰能之？唯其以爲易，故以爲不足學而不察，以爲不足行而不守，此道之所以不行也。」

右第九章。亦承上章，以起下章。

子路問强。子路，孔子弟子仲由也。子路好勇，故問强。**子曰：「南方之强與？北方之强與？抑而强與？**抑，語辭。而，汝也。**寬柔以教，不報無道，南方之强也，君子居之。**寬柔以教，爲含容巽順以誨人之不及也。不報無道，謂横逆之來，直受之而不報也。南方風氣柔弱，故以含忍之力勝人爲强，君子之道也。**衽金革，死而不厭，北方之强也，而强者居之。**衽，席也。金，戈兵之屬。革，甲冑之屬。北方風氣剛勁，故以果敢之力勝人爲强，强者之事也。**故君子和而不流，强哉矯！中立而不倚，强哉矯！國有道，不變塞焉，强哉矯！國無道，至死不變，强哉矯！」**此四者，汝之所當强也。矯，强貌。《詩》曰「矯矯虎臣」是也。倚，偏著也。塞，未達也。國有道，不變未達之所守；國無道，不變平生之所守也。此則所謂中庸之不可能者，非有以自勝其人欲之私，不能擇而守也。君子之强，孰大於是？夫子以是告子路者，所以抑其血氣之剛，而進之以德義之勇也。○或問：「此章記子路之問强，何也？」曰：「亦承上章之意，以明擇中庸而守之，非强不能，而所謂强者，又非世俗之所謂强也。蓋强者，力有以勝人之名也。凡人和而無節，則必至於流；中立而無依，則必至於倚；國有道而富貴，或不能不改其平素；國無道而貧賤，或不能久處乎窮約。非持守之力有以勝人者，其孰能及之？故此四者，汝子路之所當强也。南方之强，不及强者也；北方之强，過乎强者也；四者之强，强之中也。子路好勇，故聖人之言所以長其善而救其失者類如此。」曰：「和與物同，故疑於流，而以不流爲强。中立本無所依，又何疑於倚而以不倚爲强哉？」曰：「中立固無所依也，然凡物之情，惟强者爲能無所依而獨立，弱而無所依，則其不傾側而偃仆者幾希矣，此中立之所以疑於必倚，而不倚之所以爲强也。」○又問中立而不倚。先生曰：「只中立便是不倚了。然中立却易得倚，中立而不倚，此其所以爲强。」○國有道，則有達之理，故不變其未達之所守。國無道，則有不幸而死之理，故不變其平生之所守。不變其未達之所守易，不變其平生之所守難。○《輯略》程子曰：「南方人柔弱，所謂强者，是理義之强，故君子居之。北方人强悍，所謂强者，是血氣之强，故小人居之。凡人血氣，須要以理義勝之。」

右第十章。

子曰：「素隱行怪，後世有述焉，吾弗爲之矣。素，案《漢書》當作「索」，蓋字之誤也。索隱行怪，言深求隱僻之理，而過爲詭異之行也。然以其足以欺世而盜名，故後世或有稱述之者。此知之過而不擇乎善，行之過而不用其中，不當强而强者也，聖人豈爲之哉！**君子遵道而行，半塗而廢，吾弗能已矣。**遵道而行，則能擇乎善矣；半塗而廢，則力之不足也。此其知雖足以及之，而行有不逮，當强而不强者也。已，止也。聖人於此，非勉焉而不敢廢，蓋至誠無息，自有所不能止也。**君子依乎中庸，遯世不見知而不悔，唯聖者能之。」**不爲索隱行怪，則依乎中庸而已。不能半塗而廢，是以遯世不見知而不悔也。此中庸之成德，知之盡、仁之至、不賴勇而裕如者，正吾夫子之事，而猶不自居也，故曰唯聖者能之而已。○

或問素隱之説。曰：「吕氏從鄭注，以素爲傃，固有未安。唯其舊説有謂無德而隱爲素隱者，於義略通，又以『遯世不見知』之語反之，似亦有據。但素字之義，與後章『素其位』之素，不應頓異，則又若有可疑者。獨《漢·藝文志》劉歆論神仙家流引此而以素爲索，顔氏又釋之以爲求索隱暗之事，則二字之義既明，而與下文『行怪』二字語勢亦相類，其説近是。」○《輯略》程子曰：「『索隱行怪』，是過者也。『半塗而廢』，是不及者也。『不見知而不悔』，是中者也。」

右第十一章。子思所引夫子之言，以明首章之義者，止此。蓋此篇大旨，以知、仁、勇三達德爲入道之門。故於篇首，即以大舜、顔淵、子路之事明之。舜，知也；顔淵，仁也；子路，勇也。三者廢其一，則無以造道而成德矣。餘見第二十章。

君子之道費而隱。費，符味反。○費，用之廣也。隱，體之微也。**夫婦之愚，可以與知焉，及其至也，雖聖人亦有所不知焉；夫婦之不肖，可以能行焉，及其至也，雖聖人亦有所不能焉。天地之大也，人猶有所憾。故君子語大，天下莫能載焉；語小，天下莫能破焉。**與，去聲。○君子之道，近自夫婦居室之間，遠而至於聖人天地之所不能盡，其大無外，其小無内，可謂費矣。然其理之所以然，則隱而莫之見也。蓋可知可能者，道中之一事，及其至，而聖人不知不能。則舉全體而言，聖人固有所不能盡也。侯氏曰：「聖人所不知，如孔子問禮問官之類；所不能，如孔子不得位、堯舜病博施之類。」愚謂人所憾於天地，如覆載生成之偏，及寒暑災祥之不得其正者。**《詩》云：「鳶飛戾天，魚躍于淵。」**

言其上下察也。鳶，余專反。○《詩》，《大雅·旱麓》之篇。鳶，鴟類。戾，至也。察，著也。子思引此詩以明化育流行，上下昭著，莫非此理之用，所謂費也。然其所以然者，則非見聞所及，所謂隱也。故程子曰：「此一節，子思喫緊爲人處，活潑潑地，讀者其致思焉。」**君子之道，造端乎夫婦；及其至也，察乎天地。**結上文。○或問十二章之説。曰：「道之用廣，而其體則微密而不可見，所謂『費而隱』也。即其近而言之，男女居室，人道之常，雖愚不肖亦能知而行之；極其遠而言之，則天下之大，事物之多，聖人亦容有不盡知盡能者也。然非獨聖人有所不知不能也，天能生覆而不能形載，地能形載而不能生覆，至於氣化流行，則陰陽寒暑，吉凶災祥，不能盡得其正者尤多，此所以雖以『天地之大，而人猶有憾』也。夫自夫婦之愚不肖所能知行，至於聖人天地之所不能盡，道蓋無所不在也。故君子之語道也，其大至於天地聖人所不能盡，而道無不包，則『天下莫能載』矣。其小至於愚夫愚婦之所能知能行，而道無不體，則『天下莫能破』矣。道之在天下，其用之廣如此，可謂費矣，而其所用之體，則不離乎此，而有非視聽之所及者，此所以爲『費而隱』也。子思之言，至此極矣，然猶以爲不足以盡其意也，故又引《詩》以明之，曰『鳶飛戾天，魚躍於淵』，所以言道之體用，上下昭著，而無所不在也。『造端乎夫婦』，極其近小而言也；『察乎天地』，極其遠大而言也。蓋夫婦之際，隱微之間，尤見道之不可離處，知其造端乎此，則其所以戒謹恐懼之實，無不至矣。《易》首乾、坤而重咸、恒，《詩》首《關雎》而戒淫泆，《書》記釐降，《禮》謹大昏，皆此意也。」○曰：「諸説如何？」曰：「程子至矣。」曰：「諸家皆以夫婦之能知能行者爲道之費，聖人之所不知不能而天地有憾者爲道之隱，其於文義協矣。若從程子之説，則使章内專言費而不及隱，恐其有未安也。」曰：「謂不知不能爲隱，似矣。

若『天地有憾』、『鳶飛魚躍』、『察乎天地』而欲亦謂之隱，則恐未然。且隱之爲言，正以其非言語指陳之可及耳，故獨舉費而隱常默具乎其中。若於費外別有隱而可言，則已不得爲隱矣。程子之云，又何疑邪？」○曰：「然則程子所謂『「鳶飛」、「魚躍」，子思喫緊爲人處，與「必有事焉而勿正心」之意同，活潑潑地』者，何也？」曰：「道之流行發見於天地之間，無所不在，在上則鳶之飛而戾于天者此也，在下則魚之躍而出於淵者此也，其在人則日用之間，人倫之際，夫婦之所知所能，而聖人之所不知不能者，亦此也。此其流行發見於上下之間者，可謂著矣。子思於此指而言之，惟欲學者於此默而識之，則爲有以洞見道體之妙而無疑。而程子以爲『子思喫緊爲人處』者，正以示人之意爲莫切於此也。其曰『與「必有事焉而勿正心」之意同，活潑潑地』，則又以明道之體用流行發見，充塞天地，亘古亘今，雖未嘗有一毫之空闕，一息之間斷，然其在人而見諸日用之間者，則初不外乎此心。故必此心之存，而後有以自覺也。『必有事焉而勿正心，活潑潑地』，亦曰此心之存，而全體呈露，妙用顯行，無所滯礙云爾，非必仰而視乎鳶之飛，俯而觀乎魚之躍，然後可以得之也。抑孟子此言，固爲精密，然但爲學者集義養氣而發耳。至於程子借以爲言，則又以發明學者洞見道體之妙，非但如孟子之意而已也。蓋此一言，雖若二事，然其實則必有事焉，半辭之間已盡其意。善用力者，苟能於此超然默會，則道體之妙，已躍如矣，何待下句而後足於言邪。聖賢特恐學者用力之過，而反爲所累，故更以下句解之，欲其雖有所事，而不爲所累耳。非謂必有事焉之外，又當別設此念，以爲正心之防也。」曰：「然則其所謂『活潑潑地』者，毋乃釋氏之遺意邪？」曰：「此但俚俗之常談，釋氏蓋嘗言之，而吾亦言之耳，彼固不得而專之也。況吾之所言雖與彼同，而所形容實與彼異。若出於吾之所謂，則夫道之體用，固無不在，然鳶而必戾于天，魚而必躍于淵，是君君、臣臣、父父、子子，各止其所，而不可亂也。若如釋氏之云，則鳶可以躍淵，而魚可以戾天矣，是安可同日而語哉？且子思以夫婦言之，所以明人事之至近而天理在焉，釋氏則舉此而絶之矣，又安可同年而語哉？謝氏既曰『非是極其上下而言』矣，又曰『非指鳶魚而言』，蓋曰子思之引此詩，姑借二物以明道體無所不在之實，非以是爲窮其上下之極，而形其無所不包之量也。又非以是二物專爲形其無所不在之體，而欲學者之必觀乎此也。此其發明程子之意，蓋有非一時同門之士所得聞者，而又别以夫子與點之意明之，則其爲説益以精矣。但所謂察見天理者，恐非本文之訓，而於程子之意，亦未免小失之耳。」○問：「形而上下與費而隱如何？」先生曰：「『形而上』者就物上説，『費而隱』者就道上説。」○「夫婦之愚可以與知焉」，若據先儒解，當初何不道行道之人，❶何不道衆人之愚，何爲説夫婦，是必有意。○至，盡也。論道而至於盡處，若有小小閑慢，亦不必知、不必能亦可。○至者，非極至之至。蓋道無不包，若盡論之，聖人豈能纖悉盡知？伊川之説是。○聖人也只知得大綱，到不可知處，亦無可奈何。但此等瑣碎，不知亦無害耳。○問：「『語小天下莫能破』，是極其小者而言之。今以一髮之微，尚有可破而爲二者。所謂『莫能破』，則足見其小。注中謂『其小無内』，亦是説其至小無去處了。」先生曰：「然。」○問：「『其大無外，其小無内』二句，是古語，是自做？」先生曰：「《楚辭》云：『其小無内，其大無垠。』」○鳶飛可見，魚躍可見，而所以飛，所以躍，果何物也？《中庸》言許多費而不言隱者，隱在費之中。

❶「初」，原誤作「切」，今據《西山讀書記》卷十五改。

〇鳶飛魚躍之説，盡是分明，見得道體隨事發見處。察者，著也，非「察察」之察。詩中之意，本不爲此，《中庸》只是借此兩句形容道體。〇鳶飛魚躍，費也。必有一箇什麽物使得他如此，此便是隱。〇問：「『鳶飛』、『魚躍』如何與他『勿忘、勿助長』之意同？」曰：「孟子言『勿忘、勿助長』，本言得粗，程子却説得細，只是用其語句耳。如程子之説，却不曾下『勿』字，蓋謂都没耳。其曰『正當處』者，謂天理流行處，故謝氏亦以此論曾點事。其所謂『勿正、勿助長』者，亦非立此在四邊，故防檢不得犯著，蓋謂俱無此而皆天理之流行耳。」〇問：「《中庸》語鳶飛魚躍處，伊川云：『會得活潑潑地，不會得只是弄精神。』惟上蔡看破。先生引君臣、父子爲言此吾儒之所以異於佛者，如何？」先生曰：「鳶飛魚躍，只是言其發見耳。釋氏亦言發見，但渠言發見却一切混亂，至吾儒須辨其定分，君臣、父子皆定分也。鳶必戾于天，魚必躍于淵。」〇問：「鳶有鳶之性，魚有魚之性，其飛其躍，天機自完，便是天理流行發見之妙處。故子思姑舉此一二，明道之無所不在否？」曰：「是。」〇「活潑潑地」，所謂活者，只是不滯於一隅。〇又問：「『上下察』是此理流行，上下昭著。下面『察乎天地』是察見天地之理，或是與上句『察』字同意？」先生曰：「與上句『察』字同意，言其昭著徧滿於天地之間。」〇問：「《中庸》言『造端乎夫婦』，何也？」先生曰：「夫婦者，人倫中之至親且密者。夫人所爲，蓋有不可告其父兄而悉以告其妻子者。」〇或問：「《中庸》説道之費隱，如是其大且妙，後面却只歸在『造端乎夫婦』上，此中庸之道所以異於佛老之謂道也？」曰：「須更看所謂『優優大哉！禮儀三百，威儀三千』處，聖人之道，彌滿充塞，無少空闕處。若於此有一毫之差，便於道體有虧欠也。若佛則只説道無不在，無適而非道，政使於禮儀有錯差處亦不妨，故他於此都理會不得。」〇問「君子之道費而隱」云：「許多章都是説費處，却不説隱處，莫所謂隱者只在費中否？」曰：「惟是不説，乃所以見得隱在其中。舊人都分晝，將聖人不知不能處做隱，覺得下面多説不去。且如『鳶飛于天，魚躍于淵』，亦何嘗隱來？」〇《輯略》程子曰：「費，日用處。」〇問：「聖人亦何有『不能』『不知』也？」曰：「天下之理，聖人豈有不盡者？蓋於事有所不徧知、不徧能也。至纖悉委曲處，如農圃百工之事，孔子亦豈能知哉！」〇又曰：「『鳶飛』、『魚躍』，『言其上下察也』。此一段，子思喫緊爲人處，與『必有事焉而勿正』之意同，活潑潑地。會得時，活潑潑地；會不得，只是弄精神。」〇又曰：「『鳶飛戾天』，向上更有天在；『魚躍于淵』，向下更有地在。」〇謝氏曰：「『鳶飛戾天，魚躍于淵』，非是極其上下而言，蓋真箇見得如此。此正是子思喫緊道與人處，若從此解悟，便可入堯舜氣象。」〇又曰：「『鳶飛戾天，魚躍于淵』，無些私意。『上下察』，以明道體無所不在，非指鳶魚而言也。若指鳶魚言，則上面更有天，下面更有地在。知『勿忘勿助長』則知此，知此則知夫子與點之意。」〇又曰：「《詩》云『鳶飛戾天，魚躍于淵』，猶韓愈所謂『魚川泳而鳥雲飛』，上下自然，各得其所也。詩人之意，言如此氣象，周王之『作人』似之。子思之意，言『上下察也』，猶孟子所謂『必有事焉而勿正』，察見天理，不用私意也。故結上文云：『君子語大，天下莫能載；語小，天下莫能破。』今人學《詩》，將章句横在肚裏，怎生得脱洒去？」〇楊氏曰：「道者，人之所日用也，故『費』。雖曰日用，而『至賾』存焉，故『隱』。」

右第十二章。子思之言，蓋以申明首章道不可離之意也。其下八章，雜引孔子之言以明之。

子曰：「道不遠人，人之爲道而遠人，不可以爲道。道者，率性而已，固衆人之所能知能行者也，故常不遠於人。若爲道者厭其卑近，以爲不足爲而反務爲高遠難行之事，則非所以爲道矣。**《詩》云：『伐柯伐柯，其則不遠。』執柯以伐柯，睨而視之，猶以爲遠。故君子以人治人，改而止。**睨，研計反。○《詩》，《豳風·伐柯》之篇。柯，斧柄。則，法也。睨，邪視也。言人執柯伐木以爲柯者，彼柯長短之法，在此柯耳。然猶有彼此之別，故伐者視之猶以爲遠也。若以人治人，則所以爲人之道各在當人之身，初無彼此之別。故君子之治人也，即以其人之道，還治其人之身。其人能改，即止不治。蓋責之以其所能知能行，非欲其遠人以爲道也。張子所謂「以衆人望人則易從」是也。**忠恕違道不遠，施諸己而不願，亦勿施於人。**盡己之心爲忠，推己及人爲恕。違，去也，如《春秋傳》「齊師違穀七里」之「違」。言自此至彼，相去不遠，非背而去之之謂也。道，即其不遠人者是也。施諸己而不願，亦勿施於人，忠恕之事也。以己之心度人之心，未嘗不同，則道之不遠於人者可見。故己之所不欲，則勿以施之於人，亦不遠人以爲道之事。張子所謂「以愛己之心愛人則盡仁」是也。**君子之道四，丘未能一焉。所求乎子，以事父未能也；所求乎臣，以事君未能也；所求乎弟，以事兄未能也；所求乎朋友，先施之未能也。庸德之行，庸言之謹，有所不足，不敢不勉，有餘不敢盡；言顧行，行顧言，君子胡不慥慥爾！」**子、臣、弟、友四字絶句。○求，猶責也。道不遠人，凡己之所以責人者，皆道之所當然也，故反之以自責而自脩焉。庸，平常也。行者，踐其實。謹者，擇其可。德不足而勉，則行益力；言有餘而訒，則謹益至。謹之至則言顧行矣，行之力則行顧言矣。慥慥，篤實貌。言君子之言行如此，豈不慥慥乎，贊美之也。

凡此皆不遠人以爲道之事。張子所謂「以責人之心責己則盡道」是也。○或問：「十三章之説，子以爲以人治人，爲以彼人之道還治彼人，善矣。又謂責其所能知能行，而引張子之説以實之，則無乃流於姑息之論，而所謂人之道者，不得爲道之全也邪？」曰：「上章固言之矣。夫婦之所能知能行者，道也。聖人之所不知不能而天地猶有憾者，亦道也。然自人而言，則夫婦之所能知能行者，人之所切於身而不可須臾離者也。至於天地聖人所不能及，則其求之當有漸次，而或非日用之所急矣。然則責人而先其切於身之不可離者，後其有漸而不急者，是乃行遠自邇、升高自卑之序，使其由是而不已焉，則人道之全，亦將可以馴致。今必以是爲姑息，而遽欲盡道以責於人，吾見其失先後之序，違緩急之宜。人之受責者，將至於有所不堪，而道之無窮則終非一人一日之所能盡也，是亦兩失之而已焉耳。」○曰：「子、臣、弟、友之絶句，何也？」曰：「夫子之意，蓋曰我之所責乎子之事己者如此，而反求乎己之所以事父，則未能如此也；所責乎臣之事己者如此，而反求乎己之所以事君，則未能如此也；所責乎弟之事己者如此，而反求乎己之所以事兄，則未能如此也；所責乎朋友之施己者如此，而反求乎己之所以先施於彼者，則未能如此也。於是以其所以責彼者，自責於庸言庸行之間，蓋不待求之於他，而吾之所以自脩之則具於此矣。今或不得其讀，而以父、君、兄、之四字爲絶句，❶則於文意皆有所不通，而其義亦何所當哉。」○曰：「諸説如何？」曰：「諸家説《論語》者，多引此章以明『一以貫之』之義，説此章者，又引《論語》以釋『違道不遠』之意，一矛一盾，終不相謀，而牽合不置，

❶「之」，原誤作「友」，今據明翻弘治間刻本《四書或問》卷四《中庸》上改。

學者蓋深病之。及深考乎程子之言，有所謂『動以天』者，然後知二者之爲忠恕，其迹雖同，而所以爲忠恕者，其心實異。非其知德之深，知言之至，其孰能判然如此而無疑哉！然盡己推己，乃忠恕之所以名，而正爲此章違道不遠之事。若動以天，而一以貫之，則不待盡己，而至誠者自無息；不待推己，而萬物已各得其所矣。曾子之言，蓋指其不可名之妙，而借其可名之粗以明之，學者默識於言意之表，則亦足以互相發明，而不害其爲同也。餘説雖多，大概放此，推此意以觀之，則其爲得失自可見矣。違道不遠，如齊師『違穀七里』之『違』，蓋曰自此而去以至于穀纔七里耳。孟子所謂『夜氣不足以存，則其違禽獸不遠矣』，非謂昔本禽獸而今始違之也，亦曰自此而去入於禽獸不遠耳。蓋所謂道者，當然之理而已，根於人心而見諸行事，不待勉而能也。然惟盡己之心而推以及人，可以得其當然之實而施無不當，不然，則求之愈遠而愈不近矣。此所以自是忠恕而往，以至於道，獨爲不遠，其曰違者，非背而去之之謂也。程子又謂『事上之道莫若忠，待下之道莫若恕』，此則不可曉者。若姑以所重言之，則似亦不爲無理，若究其極，則忠之與恕，初不相離。張子所謂要除一箇除不得，而謝氏以爲猶形影者，意可見矣。今析爲二事而兩用之，則是果有無恕之忠、無忠之恕，而所以事上接下者，皆出於强爲而不由乎中矣，豈忠恕之謂哉？是於程子他説，殊不相似，意其記録之或誤，不然，則一時有爲言之，而非正爲忠恕發也。張子二説，皆深得之。吕氏改本太略，不盡經意，舊本乃推張子之言而詳實有味，但『柯猶在外』以下爲未盡善。若易之曰：所謂則者，猶在所執之柯，而不在所伐之柯，故執柯者必有睨視之勞，而猶以爲遠也。若夫以人治人，則異於是。蓋衆人之道，止在衆人之身，若以其所及知者責其知，以其所能行者責其行，人改即止，不厚望焉，則不必睨視之勞，而所以治之之則不遠於彼而得之矣。忠者，誠有是心而不自欺也。恕者，推待己之心以及人也。推其誠心以及於人，則其所以愛人之道不遠於我而得之矣。至於事父、事君、事兄、交友，皆以所求乎人者責乎己之所未能，則其所以治己之道亦不遠於心而得之矣。夫四者固皆衆人之所能，而聖人乃自謂未能者，亦曰未能如其所以責人者耳。此見聖人之心純亦不已，而道之體用，其大天下莫能載，其小天下莫能破，舜之所以盡事親之道，必至於瞽瞍厎豫者，蓋爲此也。如此，然後屬乎庸者常道之云，則庶乎其無病矣。且其曰『有餘而盡之，則道難繼而不行』，又不若游氏所引『耻躬不逮』爲得其文意也。謝氏、侯氏所論《論語》之忠恕，獨得程子之意。但程子所謂天地之不恕，亦曰天地之化，生生不窮，特以氣機闔闢，有通有塞。故當其通也，天地變化草木蕃，則有似於恕；當其塞也，天地閉而賢人隱，則有似於不恕耳。其曰不恕，非若人之蔽於私欲而實有忮害之心也。謝氏推明其説，乃謂天地之有不恕，乃因人而然，則其説有未究者。蓋若以爲人不致中則天地有時而不位，人不致和則萬物有時而不育，是謂天地之氣因人之不恕而有似於不恕，則可，若曰天地因人之不恕而實有不恕之心，則是彼爲人者，既以忮心失恕而自絶於天矣，爲天地者，反效其所爲，以自已其於穆之命也，豈不誤哉！游氏之説，其病尤多。至謂『道無物我之間，而忠恕將以至於忘己忘物』，則爲已違道而猶未遠也，是則老莊之遺意，而遠人甚矣，豈中庸之旨哉！楊氏又謂『以人爲道，則與道二而遠於道』，故戒人不可以爲道，如執柯以伐柯，則與柯二，故睨而視之，猶以爲遠，則其違經背理，又有甚焉。使經而曰，人而爲道則遠人，故君子不可以爲道，則其説信矣。今經文如此，而其説乃如彼，於文義有所不通。而推其意，又將使道爲無用之物，人無入道之門，而聖人之教人以爲道者，反爲誤人而有害於道。是安有此理哉？至四者未能之説，獨以爲若止謂恕己以及人，則是聖人將使天下皆無父子、君臣矣。此則諸家皆所不及。蓋近世果有不得其讀而輒爲之説，曰：此君子以一己之難克，而知天下皆可恕之人也。嗚呼！此非所謂將使天下皆無父子、君臣者矣。侯氏之言於是乎驗矣。」○未改以前，却是失人道，既改，則便是復得人道了，更何用治他。○能改即是善矣，更何待別求善邪？天下只是一箇善惡，不善即惡，不惡即善。如何説既能改其惡，更用別討箇善？只改底，便是善。○「所求乎子，以事父，未能也。」須要如舜之事父，方盡得子之道。若有一毫不盡，便是道理有所欠闕，便非子之道矣。「所求乎臣，以事君，未能也。」須要如舜、周公之事君。若有一毫不盡，便非臣之道矣。無不是如此，只緣道理當然，自是住不得。○論著忠恕名義，自合依子思「忠恕違道不遠」是也。曾子所説，却是移上一階，説聖人之忠恕。到程子又移上一階，説天地之忠恕。其實只一箇忠恕，須自看教有許多等級分明。○或謂：「到得忠恕，已是道，如何云『違道不遠』？」曰：「仁是道，忠恕正是學者著力下工夫處。」○「維天之命，於穆不已」，「乾道變化，各正性命」，便是天之忠恕；「純亦不已」，「萬物各得其所」，便是聖人之忠恕；「施諸己而不願，亦勿施於人」，便是學者之忠恕。○問：「忠恕即道也，而曰『違道不遠』，何邪？」曰：「道是自然底。人能忠恕，則去道不遠。」○《輯略》程子曰：「『執柯伐柯，其則不遠』，人猶以爲遠。君子之道本諸身，發諸心，豈遠乎哉！」○以己及物，忠也；推己及物，恕也，「違道不遠」是也。忠恕一以貫之，忠者天道，恕者人道，忠者無妄，恕者所以行乎忠也。忠者體，恕者用，「大本」、「達道」也。此與「違道不遠」異者，動以天耳。○又曰：「忠恕兩字，要除一箇除不得。」○又曰：「盡己之謂忠，推己之謂恕。忠，體也；恕，用也。」○又曰：「盡己爲忠，如心爲恕。」○或問：「恕字學者可用功否？」曰：「恕字甚大。然恕不可獨用，須得忠以爲體，不忠何以能恕？看忠恕兩字，自見相爲用處。」○又曰：「忠恕所以公平，造德則自忠恕，其致則公平。」○又曰：「人謂盡己之謂忠，盡物之謂恕。盡己之謂忠固是，盡物之謂恕則未盡。推己之謂恕，盡物之謂信。」○又曰：「有餘便是過。慥慥，篤實貌。」○張子曰：「所求乎『君子之道四』，是實未能。道何嘗有盡？聖人，人也。人則有限，是誠不能盡道也。聖人之心則直欲盡道，事則安能盡？如博施濟衆，堯、舜實病諸。堯、舜之心，其施直欲至於無窮方爲博施，然安能若是？修己以安百姓，是亦堯、舜實病之，欲得人人如此，然安得如此？」○又曰：「以責人之心責己則盡道，所謂『君子之道四，丘未能一焉』者也。以愛己之心愛人則盡仁，所謂『施諸己而不願，亦勿施於人』者也。以衆人望人則易從，所謂『以人治人，改而止』者也。此君子所以責己、責人、愛人之三術也。」○吕氏曰：「妙道精義，常存乎君臣、父子、夫婦、朋友之間，不離乎交際、酬酢、應對之末，皆人心之所同然，未有不出於天者也。若絶乎人倫，外乎世務，窮其所不可知，議其所不可及，則有天人之分，内外之别，非所謂『大而無外』，『一以貫之』，安在其爲道也歟？柯，斧之柄也。執斧之柯而求柯於木，其尺度之則固不遠矣。然在柯猶在外，睨而視之，始得其則。若夫治己治人之道，於己取之，不必睨視之勞而自得於此矣。故君子推是心也，其治衆人也，以衆人之道而已。以衆人之所及知責其所知，以衆人之所能行責其所行，改而後止，不厚望也。其愛人也，以忠恕而已。忠者，誠有是心而不自欺；恕者，推待己之心以及人者也。忠恕不可謂之道，而道非忠恕不行，此所以言『違道不遠』者。其治己也，以求乎人者反於吾身，事父、事君、事兄、先施之朋友，皆衆人之所能，盡人倫之至，則雖聖人亦自謂未能。此舜所以盡事親之道，必至瞽瞍厎豫者也。庸者，常道也。事父孝，事君忠，事兄弟，交朋友信，『庸德』也，必行而已。有問有答，有唱有和，不越乎此者，『庸言』也，無易而已。不足而不勉，則德有止而不進，有餘而盡之，則道難繼而不行。無是行也，不敢苟言以自欺，故『言顧行』。有是言也，不敢不行而自棄，故『行顧言』。」○問忠恕。謝氏曰：「猶形影也，無忠做恕不出來。『己所不欲，勿施於人』，『施諸己而不願，亦勿施諸人』，說得自分明。恕，如心而已。」○游氏曰：「『有所不足，不敢不勉』，將以踐言也，則其『行顧言』矣。『有餘不敢盡』，『恥躬之不逮』也，則其『言顧行』矣。言行相顧，則於心無餒，故曰『胡不慥慥爾』。慥慥，心之實也。」○楊氏曰：「孟子言舜之『怨慕』，非深知舜之心不能及此。據舜惟患『不順於父母』，不謂其盡孝也。《凱風》之詩曰：『母氏聖善，我無令人。』孝子之事親如此，此孔子所以取之也。孔子曰：『君子之道四，丘未能一焉。』若乃自以爲能，則失之矣。」○或曰：「曾子說出忠恕二字，子思所以只發明恕字者，何故？」侯氏曰：「無恕不見得忠，無忠做恕不出來。誠有是心之謂忠，見於功用之謂恕。」曰：「明道言『忠恕二字，要除一箇除不得』，正謂此歟？」曰：「然。」○曰：「父子、君臣、兄弟、朋友之常，孔子自謂皆未能，何也？只謂恕己以及人，則將使天下皆無父子、無君臣乎？蓋以責人之心責己，則盡道也。今人有君親而不盡其心以事焉，曰聖人猶未能盡，而曰恕己以及人，是禍天下君臣、父子也。」

右第十三章。道不遠人者，夫婦所能，丘未能一者，聖人所不能，皆費也。而其所以然者，則至隱存焉。下章倣此。

君子素其位而行，不願乎其外。素，猶見在也。言君子但因見在所居之位而爲其所當爲，無慕乎其外之心也。**素富貴，行乎富貴；素貧賤，行乎貧賤；素夷狄，行乎夷狄；素患難，行乎患難；君子無入而不自得焉。**難，去聲。○此言素其位而行也。**在上位不陵下，在下位不援上，正己而不求於人則無怨。上不怨天，下不尤人。**援，平聲。○此言不願乎其外也。**故君子居易以俟命，小人行險以徼幸。**易，去聲。○易，平地也。居易，素位而行也。俟命，不願乎外也。徼，求也。幸，謂所不當得而得者。**子曰：「射有似乎君子，失諸正鵠，反求諸其身。」**正，音征。鵠，工毒反。○畫布曰正，棲皮曰鵠，皆侯之中、射之的也。子思引此孔子之言，以結上文之意。○或問十四章之說。曰：「此章文義，無可疑者，而張子所謂『當知無天下國家皆非之理』者，尤爲切至。呂氏說雖不免時有小失，然其大體則皆平正慤實而有餘味也。游氏說亦條暢，而存亡、得喪、窮通、好醜之說尤善。侯氏所辨常總默識自得之說甚當。近世佛者妄以吾言傳著其說，而指意乖刺，如此類者多矣，甚可笑也。」○《輯略》張子曰：「責己者當知無天下國家皆非之理，故學至於『不尤人』，學之至也。」○呂氏曰：「『達則兼善天下』，『得志則澤加於民』，『素富貴，行乎富貴』者也，不驕不淫，不足以道之也。『窮則獨善其身』，『不得志則修身見於世』，『素貧賤，行乎貧賤』者也，不諂不懾，不足以道之也。『言忠信，行篤敬，雖蠻貊之邦行矣』，『素夷狄，行乎夷狄』者也。文王『内文明而外柔順，以蒙大難』，箕子『内難而能正其志』，『素患難，行乎患難』者也。」○又曰：「『愛人不親反其仁，治人不治反其智』，此『在上位』所以『不陵下』也。『彼以其富，我以吾仁，彼以其爵，我以吾義，吾何慊乎哉』，此『在下位』所以『不援上』也。陵下不從則罪其下，援上不得則非其上，是所謂『尤人』者也。『庸德之行，庸言之謹』，『居易』者也。『國有道，不變塞焉』，『國無道，至死不變』，『心逸日休』，『行其所無事』，如子從父命，無所往而不受，『俟命』者也。若夫行險以徼一旦之幸，得之則貪爲己力，不得則不能反躬，是所謂『怨天』者也。故君子『正己而不求於人』，如射而已，射之不中，由我巧之不至也，故『失諸正鵠』者，未有不反求諸身。如君子之治己，行有不得，亦反求諸身，則德之不進，豈吾憂哉？」

○游氏曰：「『素其位而行』者，即其位而道行乎其中，若其素然也。『舜之飯糗茹草，若將終身』，此非素貧賤而道行乎貧賤不能然也。『及其爲天子，被袗衣鼓琴，若固有之』，此非素富貴而道行乎富貴不能然也。『飯糗』、『袗衣』，其位雖不同，而此道之行一也。至於夷狄、患難，亦若此而已。道無不行，則『無入而不自得』矣。蓋道之在天下，不以易世而有存亡，故無古今。則君子之行道，不以易地而有加損，故無得喪。至於『在上位不陵下』，知富貴之非泰也；『在下位不援上』，知貧賤之非約也。此惟『正己而不求於人』者能之，故能『上不怨天，下不尤人』。蓋君子爲能循理，故『居易以俟命』。居易未嘗不得也，故窮通皆好。小人反是，故『行險以徼幸』。行險未必常得也，故窮通皆醜。學者要當篤信而已。『射有似乎君子』者，射者發而不中，則必反而求其不中之故，意者志未正邪？體未直邪？持弓矢而未審固邪？然而不中者寡矣。君子之正身亦若此也，『愛人不親反其仁，治人不治反其智，禮人不答反其敬，行有不得者，皆反求諸己』而已，而何怨天尤人之有哉！『失諸正鵠』者，行有不得之況也。」○楊氏曰：「君子居其位，若固有之，不出位之思，『素其位』也。」○侯氏曰：「總老嘗問一士人曰：『《論語》云「默而識之」，識是識箇甚？子思言「君子無入不自得」，得是得箇甚？』或者無以爲對。此是不識吾儒之道，猶以吾儒語爲釋氏用，在吾儒爲不成說話。既曰『默識』與『無入不自得』，更理會甚識、甚得之事，是不成説話也。今人見筆墨須謂之筆墨，見人須謂之人，不須問。『默而識之』是默識也。聖賢於道猶是也，庸言之信，庸行之謹，是自得也。豈可名其所識、所得之事乎？」

右第十四章。子思之言也。凡章首無「子曰」字者放此。

君子之道辟如行遠，必自邇；辟如登高，必自卑。辟、譬同。**《詩》曰：「妻子好合，如鼓瑟琴。兄弟既翕，和樂且耽。宜爾室家，樂爾妻帑。」**好，去聲。耽，《詩》作湛，亦音耽。樂，音洛。○《詩》，《小雅·常棣》之篇。鼓瑟琴，和也。翕，亦合也。耽，亦樂也。帑，子孫也。**子曰：「父母其順矣乎！」**夫子誦此詩而贊之曰：人能和於妻子，宜於兄弟，如此則父母其安樂之矣。子思引詩及此語，以明行遠自邇、登高自卑之意。○《輯略》吕氏曰：「不得乎親，不可以爲人；不順乎親，不可以爲子。故君子之道莫大乎孝，孝之本莫大乎順父母。故仁人孝子欲順乎親，必先乎妻子不失其好，兄弟不失其和，室家宜之，妻帑樂之，致家道成，然後可以養父母之志而無違。『行遠』、『登高』者，謂孝莫大乎順其親者也。『自邇』、『自卑』者，謂本乎妻子兄弟者也。故身不行道，不行於妻子，文王『刑于寡妻，至于兄弟』，則治家之道必自妻子始。」

右第十五章。

子曰：「鬼神之爲德，其盛矣乎！程子曰：「鬼神，天地之功用，而造化之迹也。」張子曰：「鬼神者，二氣之良能也。」愚謂以二氣言，則鬼者陰之靈也，神者陽之靈也。以一氣言，則至而伸者爲神，反而歸者爲鬼，其實一物而已。爲德，猶言性情功效。**視之而弗見，聽之而弗聞，體物而不可遺。**鬼神無形與聲，然物之終始，莫非陰陽合散之所爲，是其爲物之體而物所不能遺也。其言體物，猶《易》所謂幹事。**使天下之人齊明盛服，以承祭祀。洋洋乎如在其上，如在其左右。**齊，側皆反。○齊之爲言，齊也，所以齊不齊而致其齊也。明，猶潔也。洋洋，流動充滿之意。能使人畏敬奉承，而發見昭著如此，乃其體物而不可遺之驗也。孔子曰：「其氣發揚于上，爲昭明焄蒿悽愴。此百物之精也，神之著也。」正謂此爾。**《詩》曰：『神之格思，不可度思！矧可射思！』**度，待落反。射，音亦，《詩》作斁。○《詩》，《大雅·抑》之篇。格，來也。矧，况也。射，厭也，言厭怠而不敬也。思，語辭也。**夫微之顯，誠之不可揜如此夫。」**夫，音扶。○誠者，真實無妄之謂。陰陽合散，無非實者。故其發見之不可揜如此。○或問：「鬼神之説，其詳奈何？」曰：「鬼神之義，孔子所以告宰予者，見於《祭義》之篇，其説已詳。而鄭氏釋之，亦已明矣。其以口鼻之嘘吸者爲魂，耳目之精明者爲魄，蓋指血氣之類以明之。程子、張子更以陰陽造化爲説，則其意又廣，而天地萬物之屈伸往來，皆在其中矣。蓋陽魂爲神，陰魄爲鬼，是以其在人也，陰陽合，則魂凝魄聚而有生；陰陽判，則魂升爲神，魄降爲鬼。《易大傳》所謂『精氣爲物，遊魂爲變，故知鬼神之情狀』者，正以明此。而《書》所謂『殂落』者，亦以其升降爲言耳。若又以其往來者言之，則來者方伸而爲神，往者既屈而爲鬼。蓋二氣之分，實一氣之運，故陽主伸，陰主屈，而錯綜以言，亦各得其義焉。學者熟玩而精察之，如謝氏所謂『做題目、入思議』者，則庶乎有以識之矣。」曰：「諸說何如？」曰：「吕氏推本張子之說，尤爲詳備，但改本有『所屈者不忘』一句，乃形潰反原之意，張子他書亦有是說。而程子數辨其非，《東見録》中所謂『不必以既反之氣，復爲方伸之氣』者，其類可考也。謝氏說則善矣，但歸根之云，似亦微有反原之累耳。游、楊之說，皆有不可曉者，唯『妙萬物而無不在』一語近是，而以其他語考之，不知其於是理之說果如何也。侯氏曰：『鬼神形而下者，非誠也，鬼神之德，則誠也。』案經文本贊鬼神之德之盛，如下文所云，而結之曰『誠之不可揜如此』，則是以爲鬼神之德所以盛者，蓋以其誠耳，非以誠自爲一物而别爲鬼神之德也。今侯氏乃析鬼神與其德爲二物，而以形而上下言之，乍讀如可喜者，而細以經文事理求之，則失之遠矣。程子所謂『只好隔壁聽』者，其謂此類也夫。」曰：「子之以『幹事』明『體物』，何也？」曰：「天下之物，莫非鬼神之所爲也，故鬼神爲物之體，而物無不待是而有者。然曰爲物之體，則物先乎氣；必曰體物，然後見其氣先乎物，而言順耳。幹，猶木之有幹，必先有此，而後枝葉有所附而生焉。貞之幹事，亦猶是也。」○侯師聖解《中庸》「鬼神之爲德」，謂：「鬼神爲形而下者，鬼神之德爲形而上者。」且如「中庸之爲德」，不成說中庸爲形而下者，中庸之德爲形而上者？○問：「『體物而不可遺』，是有此物便有鬼神，凡天下萬物萬事皆不能外夫鬼神否？」曰：「不是有此物時便有此鬼神，說倒了。乃是有這鬼神了，方有此物。及至有此物了，又不能違夫鬼神也。『體物而不可遺』，用拽轉看，將鬼神做主，將物做賓，方看得出是鬼神去體那物，鬼神却是主也。」○問：「《或問》中謂：『循其說而體驗之，若有以使人神識飛揚，眩瞀迷惑，無所底止。』所謂『其說』者，莫是指楊先生『非體物不遺者，其孰能察之』之說否？」曰：「然。不知前輩讀書，如何也恁鹵莽？據『體物而不遺』一句，乃是論鬼神之德爲萬物之體幹耳，今乃以爲體察之體，其可邪？」○「微之顯，誠之不可揜如此夫。」皆實理也。○問：「《中庸》十六章，初説鬼神『體物而不可遺』，只是就陰陽上説。末後又却以祭祀言之，是如何？」曰：「此是就其親切著見者言之也。若不如此説，則人必將風雷山澤做一般鬼神看，將廟中祭享者又做一般鬼神看。故即其親切著見者言之，欲人會之爲一也。」○問：「『鬼神之德其至矣乎』，此止説噓吸聰明之鬼神，末後却歸向『齊明盛服以承祭祀，洋洋乎如在其上』，是如何？」曰：「惟是齊戒祭祀之時，鬼神之理著。若是他人，亦是卒未曉得，他須道風雷山澤之鬼神是一般鬼神，廟中泥塑底又是一般鬼神，只道有兩樣鬼神。所以如此説起，又歸向親切明著處去，庶幾人知得不是二事也。」問：「鬼神之德，如何是良能、功用處？」曰：「論來只是陰陽屈伸之氣，只謂之陰陽亦可也。然必謂之鬼神者，以其良能功用而言也。今又須從良能功用上求見鬼神之德，始得。」○問：「《中庸》鬼神章，首尾皆主二氣屈伸往來而言，而中間『洋洋如在其上』引『其氣發揚於上，爲昭明焄蒿悽愴』，此乃人物之死氣，似與前後意不合，何也？」曰：「死便是屈，感召得來，便是伸。」曰：「『昭明焄蒿悽愴』，這是人之死氣也，此氣會消了？」曰：「是。」問：「伸底只是這既死之氣復來伸否？」曰：「這裏便難恁地説。這伸底又是别新生了。」問：「如何會别生？」曰：「祖宗氣只存在子孫身上，祭祀時只是這氣，便自然又伸。自家極其誠敬，肅然『如在其上』是甚物？得不是伸？此便是神之著也。所以古人燎以求諸陽，灌以求諸陰。謝氏謂『祖考精神，便是自家精神』，已説得是。」○問：「《章句》云，『猶言性情功效』云爾，性情乃鬼神之情狀，不審所謂功效者何謂？」曰：「能『使天下之人齊明盛服以承祭祀』，便是功效。」問：「魂魄守體，有所知否？」曰：「耳目聰明爲魄，安得謂無知？」問：「然則人之死也，魂升魄降，是兩處有知覺也？」曰：「孔子分明言『合鬼與神，教之至也』，當祭之時，求諸陽及求諸陰，正謂此。況祭亦有報魄之説。」○問：「五廟、七廟遞遷之制，恐是世代浸遠，精爽消亡，故廟有遷毁？」曰：「雖是如此，然祭者求諸陰，求諸陽，此氣依舊在。若不如此，則是『之死而致死之』也。❶蓋其子孫未絶，此氣接續亦未絶。」又曰：「天神地祇，山川之神，有此物在，其氣自在，此故不難曉。惟人已死，其事杳茫，所以難説。」○問鬼神造化之迹。曰：「鬼神是天地間造化，只是箇二氣屈伸往來。神是陽，鬼是陰。往者屈，來者伸，便有箇迹恁地。」○「人死時，這知覺便散否？」曰：「不是散，是盡了。氣盡則知覺亦盡。」曰：「世俗所謂物怪神姦之説，則如何斷？」曰：「世俗大抵十分有八分是胡説，二分亦有此理。多有是非命死者，是他氣未盡，故憑依如此，然終久亦必消了。又有是乍死後氣未消盡，是他當初稟得氣盛，故如此，終久亦消了。蓋精與氣合，便生人物，『游魂爲變』，便無了。如人説神仙，古來神仙皆不見，只是説後來神仙。」曰：「謝氏謂『祖考精神，便是自家精神』，如何？」曰：「此句已是説得好。祖孫只是一氣，極其誠敬，自然相感。如這大樹，有種子下地，生出又成樹，便即是那大樹也。」○問：「明則有禮樂，幽則有鬼神，何也？」程子曰：「鬼神只是一箇造化。『天尊地卑，乾坤定矣』，『鼓之以雷霆，潤之以風雨』是也。」○又曰：「夫天，專言之，則道也；分而言之，則以形體謂之天，以主宰謂之帝，以功用謂之鬼神，以妙用謂之神，以性情謂之乾。」伊川○又曰：「鬼神者，造化之迹也。」○又曰：「鬼神是往而不反之義。」○又曰：「言

❶ 上「之」，原誤作「知」，今據《朱子語類》卷六十三《中庸》改。

『清虛一大』爲萬物之源，恐未安。須兼清、濁、虛、實，乃可言神。道體物不遺，不應有方所。」明道〇又曰：「『上天之載，無聲無臭』，其體則謂之易，其理則謂之道，其用則謂之神。故説神『如在其上，如在其左右』，大小事，而只曰『誠之不可揜如此夫』！從上徹下，❶不過如此。」〇問：「世言鬼神之事，雖知其無，然不能無疑，如何可以曉悟其理？」曰：「理會得『精氣爲物，游魂爲變』，與『原始要終』之説，便能知也。鬼神之道，只恁説與賢，雖會得，亦信不過，須是自得也。」〇張子曰：「鬼神者，二氣之良能也。」〇又曰：「天道不窮，寒暑已，衆動不窮，屈伸已。鬼神之實，不越二端而已矣。」〇又曰：「鬼神，往來屈伸之義。故天曰神，地曰祇，人曰鬼。神來者，歸之始；鬼往者，❷來之終。」〇又曰：「天體物不遺，猶仁體事而無不在也。『禮儀三百，威儀三千』，無一物之非仁也。『昊天曰明，及爾出王。昊天曰旦，及爾游衍。』無一物之不體也。」〇又曰：「凡可狀，皆有也。凡有，皆象也。凡象，皆氣也。氣之性，本虛而神，則神與性乃氣所固有，此鬼神所以『體物而不可遺』也。」〇呂氏曰：「鬼神者無形，故視之不見；無聲，故聽之不聞。然萬物之生，莫不有氣，氣也者，神之盛也；莫不有魄，魄也者，鬼之盛也。故人亦鬼神之會耳，此『體物而不可遺者』也。鬼神者，周流天地之間，無所不在，雖『寂然不動』，而有感必通；雖無形無聲，而有所謂昭昭不可欺者，故『如在其上，如在其左右』也。『弗見』、『弗聞』，可謂『微』矣，然『體物而不可遺』，此謂之『顯』。周流天地之間，昭昭而不可欺，可謂『誠』矣。然因感而必通，此之謂『不可揜』。」〇又曰：「鬼神者，二氣之往來耳。物感雖微，無不通於二氣。故人有是心，雖自謂隱微，心未嘗不動，動則固已感於氣

❶「從上徹下」，文淵閣《四庫全書》本《論孟精義·孟子精義》卷三《公孫丑章句上》作「徹上徹下」。

❷「鬼」，原誤作「歸」，據四庫本改。

矣。鬼神安有不見乎？其心之動，又必見於聲色舉動之間，人乘見以知之，則感之著者也。」○謝氏曰：「動而不已，其神乎？滯而有迹，其鬼乎？往來不息，神也；摧仆歸根，鬼也。致生之故，其鬼神，致死之故，其鬼不神，何也？人以爲神則神，以爲不神則不神矣。知死而致生之，不智；知生而致死之，不仁。聖人所謂神明之也。」○或問死生之説。謝曰：「死時氣盡也。」曰：「有鬼神否？」謝曰：「余當時亦曾問明道先生，明道曰：『待向你道無來，你怎生信得，及待向你道有來，你但去尋討看。』」謝曰：「此便是答底語。」又曰：「横渠説得來別。這箇便是天地間妙用，須是將來做箇題目入思議，始得，講説不濟事。」曰：「沈魂滯魄影響底事，如何？」曰：「須是自家看得破，始得。張亢郡君化去，嘗來附語，亢所知事，皆能言之。亢一日方與道士圍碁，又自外來，道士封一把碁子，令將去問之，張不知數，便道不得。又如紫姑神，不識字底把著寫不得，不信底把著寫不得，推此可以見矣。」曰：「先生祭享鬼神則甚？」曰：「是他意思別。三日齊，五日戒，求諸陰陽、四方、上下，蓋是要集自家精神。所以格有廟，必於萃與涣言之。雖然，如是以爲有亦不可，以爲無亦不可。這裏有妙用，於若有若無之間，須斷置得去，始得。」曰：「如此却是鶻突也。」謝氏：「不是鶻突。自家要有便有，自家要無便無，始得。鬼神在虛空中辟塞滿，觸目皆是，爲他是天地妙用。祖考精神，便是自家精神。」○楊氏曰：「鬼神『體物而不可遺』，蓋其妙萬物而無不在故也。」

右第十六章。不見不聞，隱也。體物如在，則亦費矣。此前三章，以其費之小者而言。此後三章，以其費之大者而言。此一章，兼費隱、包小大而言。

子曰：「舜其大孝也與！德爲聖人，尊爲天子，富有四海之内。宗廟饗之，子孫保之。

與，平聲。○子孫，謂虞思、陳胡公之屬。**故大德必得其位，必得其禄，必得其名，必得其壽。**舜年百有十歲。**故天之生物，必因其材而篤焉。故栽者培之，傾者覆之。**材，質也。篤，厚也。栽，植也。氣至而滋息爲培，氣反而遊散則覆。**《詩》曰：『嘉樂君子，憲憲令德。宜民宜人，受禄于天。保佑命之，自天申之。』**《詩》，《大雅·假樂》之篇。假，當依此作嘉。憲，當依《詩》作顯。申，重也。**故大德者必受命。」**受命者，受天命爲天子也。○或問十七章之説。曰：「程子、張子、吕氏之説備矣。楊氏所辨孔子不受命之意，則亦程子所謂『非常理』者盡之。而侯氏所推以謂舜『得其常』，而孔子『不得其常者』，尤明白也。至於顔、跖壽夭之不齊，則亦不得其常而已。楊氏乃忘其所以論孔子之意，而更援老聃之言，以爲顔子雖夭而不亡者存，則反爲衍説，而非吾儒之所宜言矣。且其所謂不亡者，果何物哉？若曰天命之性，則是古今聖愚公共之物，而非顔子所能專；若曰氣散而其精神魂魄猶有存者，則是物而不化之意，猶有滯於冥漠之間，尤非所以語顔子也。侯氏所謂孔子『不得其常者』善矣，然又以爲天於孔子固已培之，則不免有自相矛盾處。蓋德爲聖人者，固孔子所以爲栽者也。至於禄也、位也、壽也，則天之所當以培乎孔子者，而以適丁氣數之衰，是以雖欲培之而有所不能及耳。是亦所謂『不得其常者』，何假復爲異説以汨之哉。」○問：「舜之大德受命，止是爲善得福而已。《中庸》却言天之生物，栽培、傾覆，何也？」曰：「只是一理。此亦非是有物使之然。但物之生時，自節節長將去，恰似有物扶持他。及其衰也，則自節節消磨將去，恰似有箇物推倒他。理自如此。唯我有是受福之理，故天既佑之，又申之。」○《輯略》程子曰：「『知天命』是達天理也，『必受命』是得其應也。命者是天之付與，如命令之命。天之報應，皆如影響，得其報者，是常理也，不得其報者，非常理也。然而細推之，則須有報應，但人以淺狹之見求之，便爲差誤。天命不可易也，然有可易者，唯有德者能之。如修養之引年，世祚之祈天永命，常人之至於聖賢，皆此道也。」伊川〇張子曰：「德不勝氣，性命於氣；德勝其氣，性命於德。窮理盡性，則性天命，命天德。氣之不可變者，獨死生脩夭而已。故論死生則曰『有命』，以言其氣也。語富貴則曰『在天』，以言其理也。此『大德』所以『必受命』。」〇呂氏曰：「中庸之行，孝悌而已。如舜之德位，皆極流澤之遠，始可謂盡孝。故禄位名壽之必得，非大德其孰能致之。」〇一本云：「天之於萬物，其所以爲吉凶之報，莫非因其所自取也。植之固者，加雨露之養，則其末必盛茂。植之不固者，震風淩雨，則其本先撥。至於人事，則『得道者多助，失道者寡助』，是皆『因其材而篤焉』，『栽者培之，傾者覆之』者也。古之君子，既有『憲憲』之『令德』，而又有『宜民宜人』之大功，此宜受天禄矣。故天保佑之，申之以受天命，此『大德』所以『必受命』。是亦『栽者培之』之義歟！」〇又曰：「命雖不易，惟至誠不息，亦足以移之。此『大德』所以『必受命』，君子所以『有性焉，不謂命也』。」〇侯氏曰：「舜，匹夫也，而有天下，『尊爲天子，富有四海之内』，以天下養，『宗廟饗之，子孫保之』，孝之大也。禄位名壽必得者，理之常也；不得者，非常也。得其常者，舜也；不得其常者，孔子也。舜自匹夫而有天下，『栽者培之』也；桀自天子而爲匹夫，『傾者覆之』也。天非爲舜、桀存亡之也，理固然也，故曰『大德必受命』。必，言其可必也。」

右第十七章。此由庸行之常，推之以極其至，見道之用廣也。而其所以然者，則爲體微矣。後二章亦此意。

子曰：「無憂者其惟文王乎！以王季爲父，以武王爲子，父作之，子述之。此言文王之事。《書》言「王季其勤王家」，蓋其所作，亦積功累仁之事也。**武王纘大王、王季、文王之緒，壹戎衣而有天下，身不失天下之顯名。尊爲天子，富有四海之内。宗廟饗之，子孫保之。**大，音泰，下同。○此言武王之事。纘，繼也。大王，王季之父也。《書》云：「大王肇基王迹。」《詩》云：「至于大王，實始翦商。」緒，業也。戎衣，甲冑之屬。壹戎衣，《武成》文，言一著戎衣以伐紂也。**武王末受命，周公成文、武之德，追王大王、王季，上祀先公以天子之禮。斯禮也，達乎諸侯大夫，及士庶人。父爲大夫，子爲士；葬以大夫，祭以士。父爲士，子爲大夫；葬以士，祭以大夫。期之喪達乎大夫，三年之喪達乎天子，父母之喪無貴賤，一也。」**追王之王，去聲。○此言周公之事。末，猶老也。追王，蓋推文、武之意，以及乎王迹之所起也。先公，組紺以上至后稷也。上祀先公以天子之禮，又推大王、王季之意，以及於無窮也。制爲禮法，以及天下，使葬用死者之爵，祭用生者之禄。喪服自朞以下，諸侯絶；大夫降；而父母之喪，上下同之，推己以及人也。

右第十八章。

子曰：「武王、周公，其達孝矣乎！」達，通也。承上章而言武王、周公之孝，乃天下之人通謂之孝，猶孟子之言達尊也。**夫孝者，善繼人之志，善述人之事者也。**上章言武王纘大王、王季、文王之緒以有天下，而周公成文、武之德以追崇其先祖，此繼志述事之大者也。下文又以其所制祭祀之禮，通於上下者言之。**春秋脩其祖廟，陳其宗器，設其裳衣，薦其時食。**祖廟：天子七，諸侯五，大夫三，適士二，官師一。宗器，先世所藏之重器，若周之赤刀、大訓、天球、河圖之屬也。裳衣，先祖之遺衣服，祭則設之以授尸也。時食，四時之食，各有其物，如春行羔、豚、膳、膏、香之類是也。**宗廟之禮，所以序昭穆也；序爵，所以辨貴賤也；序事，所以辨賢也；旅酬下爲上，所以逮賤也；燕毛，所以序齒也。**昭，如字，爲去聲。○宗廟之次：左爲昭，右爲穆，而子孫亦以爲序。有事於太廟，則子姓、兄弟、羣昭、羣穆咸在而不失其倫焉。爵，公、侯、卿、大夫也。事，宗祝有司之職事也。旅，衆也。酬，導飲也。旅酬之禮，賓弟子、兄弟之子各舉觶於其長而衆相酬。蓋宗廟之中以有事爲榮，故逮及賤者，使亦得以申其敬也。燕毛，祭畢而燕，則以毛髮之色別長幼，爲坐次也。齒，年數也。**踐其位，行其禮，奏其樂，敬其所尊，愛其所親，事死如事生，事亡如事存，孝之至也。**踐，猶履也。其，指先王也。所尊所親，先王之祖考、子孫、臣庶也。始死謂之死，既葬則曰反而亡焉，皆指先王也。此結上文兩節，皆繼志述事之意也。**郊社之禮，所以事上帝也。宗廟之禮，所以祀乎其先也。明乎郊社之禮、禘嘗之義，治國其如示諸掌乎！**郊，祭天。社，祭地。不言后土者，省文也。禘，天子宗廟之大祭，追祭太祖之所自出於太廟，而以太祖配之也。嘗，秋祭也。四時皆祭，舉其一耳。禮必有義，對舉之，互文也。示，與視同。視諸掌，言易見也。此與《論語》文意大同小異，記有詳略耳。

右第十九章。

哀公問政。哀公，魯君，名蔣。子曰：「文武之政，布在方策。其人存，則其政舉；其人亡，則其政息。方，版也。策，簡也。息，猶滅也。有是君，有是臣，則有是政矣。人道敏政，地道敏樹。夫政也者，蒲盧也。夫，音扶。○敏，速也。蒲盧，沈括以爲蒲葦是也。以人立政，猶以地種樹，其成速矣，而蒲葦又易生之物，其成尤速也。言人存政舉，其易如此。故爲政在人，取人以身，脩身以道，脩道以仁。此承上文人道敏政而言也。爲政在人，《家語》作「爲政在於得人」，語意尤備。人，謂賢臣。身，指君身。道者，天下之達道。仁者，天地生物之心，而人得以生者，所謂元者善之長也。言人君爲政在於得人，而取人之則又在脩身。能仁其身，則有君有臣，而政無不舉矣。仁者人也，親親爲大。義者宜也，尊賢爲大。親親之殺，尊賢之等，禮所生也。殺，去聲。○人，指人身而言。具此生理，自然便有惻怛慈愛之意，深體味之可見。宜者，分別事理，各有所宜也。禮，則節文斯二者而已。在下位不獲乎上，民不可得而治矣！鄭氏曰：「此句在下，誤重在此。」故君子不可以不脩身；思脩身，不可以不事親；思事親，不可以不知人；思知人，不可以不知天。」爲政在人，取人以身，故不可以不脩身。脩身以道，脩道以仁，故思脩身不可以不事親。欲盡親親之仁，必由尊賢之義，故又當知人。親親之殺，尊賢之等，皆天理也，故又當知天。天下之達道五，所以行之者三：曰君臣也，父子也，夫婦也，昆弟也，朋友之交也，五者天下之達道也。知、仁、勇三者，天下之達德也，所以行之者

一也。知，去聲。○達道者，天下古今所共由之路，即《書》所謂五典，孟子所謂「父子有親、君臣有義、夫婦有別、長幼有序、朋友有信」是也。知，所以知此也；仁，所以體此也；勇，所以强此也。謂之達德者，天下古今所同得之理也。一則誠而已矣。達道雖人所共由，然無是三德，則無以行之；達德雖人所同得，然一有不誠，則人欲間之，而德非其德矣。程子曰：「所謂誠者，止是誠實此三者。三者之外，更別無誠。」**或生而知之，或學而知之，或困而知之，及其知之一也。或安而行之，或利而行之，或勉强而行之，及其成功一也。**强，上聲。○知之者之所知，行之者之所行，謂達道也。以其分而言：則所以知者知也，所以行者仁也，所以至於知之成功而一者勇也。以其等而言：則生知安行者知也，學知利行者仁也，困知勉行者勇也。蓋人性雖無不善，而氣稟有不同者，故聞道有蚤莫，行道有難易，然能自强不息，則其至一也。吕氏曰：「所入之塗雖異，而所至之域則同，此所以爲中庸。若乃企生知安行之資爲不可幾及，輕困知勉行爲不能有成，此道之所以不明不行也。」**子曰：「好學近乎知，力行近乎仁，知耻近乎勇。**「子曰」二字衍文。好、近乎知之知，並去聲。○此言未及乎達德而求以入德之事。通上文三知爲知，三行爲仁，則此三近者，勇之次也。吕氏曰：「愚者自是而不求，自私者狥人欲而忘反，懦者甘爲人下而不辭。故好學非知，然足以破愚；力行非仁，然足以忘私；知耻非勇，然足以起懦。」**知斯三者，則知所以脩身；知所以脩身，則知所以治人；知所以治人，則知所以治天下國家矣。」**斯三者，指三近而言。人者，對己之稱。天下國家，則盡乎人矣。言此以結上文脩身之意，起下文九經之端也。**凡爲天下國家有九經，曰：脩身也，尊賢也，親親也，敬大臣也，體羣臣也，子庶民也，來百工也，柔遠人也，懷諸侯**

也。經，常也。體，謂設以身處其地而察其心也。子，如父母之愛其子也。柔遠人，所謂無忘賓旅者也。此列九經之目也。呂氏曰：「天下國家之本在身，故脩身爲九經之本。然必親師取友，然後脩身之道進，故尊賢次之。道之所進，莫先其家，故親親次之。由家以及朝廷，故敬大臣、體羣臣次之。由朝廷以及其國，故子庶民、來百工次之。由其國以及天下，故柔遠人、懷諸侯次之。此九經之序也。」視羣臣猶吾四體，視百姓猶吾子，此視臣視民之别也。**脩身則道立，尊賢則不惑，親親則諸父昆弟不怨，敬大臣則不眩，體羣臣則士之報禮重，子庶民則百姓勸，來百工則財用足，柔遠人則四方歸之，懷諸侯則天下畏之。**此言九經之效也。道立，謂道成於己而可爲民表，所謂「皇建其有極」是也。不惑，謂不疑於理。不眩，謂不迷於事。敬大臣則信任專，而小臣不得以間之，故臨事而不眩也。來百工則通工易事，農末相資，故財用足。柔遠人，則天下之旅皆悦而願出於其塗，故四方歸。懷諸侯，則德之所施者博，而威之所制者廣矣，故曰天下畏之。**齊明盛服，非禮不動，所以脩身也；去讒遠色，賤貨而貴德，所以勸賢也；尊其位，重其禄，同其好惡，所以勸親親也；官盛任使，所以勸大臣也；忠信重禄，所以勸士也；時使薄斂，所以勸百姓也；日省月試，既稟稱事，所以勸百工也；送往迎來，嘉善而矜不能，所以柔遠人也；繼絶世，舉廢國，治亂持危，朝聘以時，厚往而薄來，所以懷諸侯也。**齊，側皆反。去，上聲。遠、好、惡、斂，並去聲。既，許氣反。稟，彼錦、力錦二反。稱，去聲。朝，音潮。○此言九經之事也。官盛任使，謂官屬衆盛，足任使令也。蓋大臣不當親細事，故所以優之者如此。忠信重禄，謂待之誠而養之厚，蓋以身體之，而知其所賴乎上者如此也。既，讀曰餼。餼稟，稍食也。稱事，如《周禮》稾人職曰「考其弓弩，以上下其食」是也。往則爲之授節以送之，來則豐其委積以迎之。朝，謂諸侯見於天子。聘，謂諸侯使大夫來獻。《王制》：「比年一小聘，三年一大聘，五年一朝。」厚往薄來，謂燕賜厚而納貢薄。**凡爲天下國家有九經，所以行之者一也。**一者，誠也。一有不誠，則是九者皆爲虛文矣，此九經之實也。**凡事豫則立，不豫則廢。言前定則不跲，事前定則不困，行前定則不疚，道前定則不窮。**跲，其劫反。行，去聲。○凡事，指達道、達德、九經之屬。豫，素定也。跲，躓也。疚，病也。此承上文，言凡事皆欲先立乎誠，如下文所推是也。**在下位不獲乎上，民不可得而治矣；獲乎上有道，不信乎朋友，不獲乎上矣；信乎朋友有道，不順乎親，不信乎朋友矣；順乎親有道，反諸身不誠，不順乎親矣；誠身有道，不明乎善，不誠乎身矣。**此又以在下位者，推言素定之意。反諸身不誠，謂反求諸身而所存所發，未能真實而無妄也。不明乎善，謂未能察於人心天命之本然，而真知至善之所在也。**誠者，天之道也；誠之者，人之道也。誠者不勉而中，不思而得，從容中道，聖人也。誠之者，擇善而固執之者也。**中，並去聲。從，七容反。○此承上文誠身而言。誠者，真實無妄之謂，天理之本然也。誠之者，未能真實無妄而欲其真實無妄之謂，人事之當然也。聖人之德，渾然天理，真實無妄，不待思勉而從容中道，則亦天之道也。未至於聖，則不能無人欲之私，而其爲德不能皆實。故未能不思而得，則必擇善，然後可以明善；未能不勉而中，則必固執，然後可以誠身，此則所謂人之道也。不思而得，生知也。不勉而中，安行也。擇善，學知以下之事。固執，利行以下之事也。**博學之，審問之，**

慎思之，明辨之，篤行之。此誠之之目也。學、問、思、辨，所以擇善而爲知，學而知也。篤行，所以固執而爲仁，利而行也。程子曰：「五者廢其一，非學也。」**有弗學，學之弗能弗措也；有弗問，問之弗知弗措也；有弗思，思之弗得弗措也；有弗辨，辨之弗明弗措也；有弗行，行之弗篤弗措也；人一能之己百之，人十能之己千之。**君子之學，不爲則已，爲則必要其成，故常百倍其功。此困而知，勉而行者也，勇之事也。**果能此道矣，雖愚必明，雖柔必强。**明者擇善之功，强者固執之效。吕氏曰：「君子所以學者，爲能變化氣質而已。德勝氣質，則愚者可進於明，柔者可進於强。不能勝之，則雖有志於學，亦愚不能明，柔不能立而已矣。蓋均善而無惡者，性也，人所同也；昏明强弱之稟不齊者，才也，人所異也。誠之者，所以反其同而變其異也。夫以不美之質，求變而美，非百倍其功，不足以致之。今以鹵莽滅裂之學，或作或輟，以變其不美之質，及不能變，則曰天質不美，非學所能變。是果於自棄，其爲不仁甚矣。」○或問：「蒲蘆之説，何以廢舊説而從沈氏也？」曰：「蒲蘆之爲果蠃，他無所考，且於上下文義，亦不甚通，唯沈氏之説，乃與『地道敏樹』之云者相應，故不得而不從耳。」○曰：「達道達德，有三知三行之不同，而其致則一，何也？」曰：「此氣質之異，而性則同也。『生而知』者，生而神靈，不待教而於此無不知也。『安而行』者，安於義理，不待習而於此無所咈也。此人之稟氣清明，賦質純粹，天理渾然，無所虧喪者也。『學而知』者，有所不知，則學以知之，雖非生知，而不待困也。『利而行』者，真知其利而必行之，雖有未安，而不待勉也。此得清之多而未能無蔽，得粹之多而未能無雜，天理小失而能亟反之者也。『困而知』者，生而不明，學而未達，困心衡慮，而後知之者也。『勉强而行』者，不獲所安，未知其利，勉力矯强而行之者也。此則昏蔽駁雜，天理幾亡，久而後能反之者也。此三等者，其氣質之稟，亦不同矣，然其性之本，則善而已。故及其知之而成功也，則其所知所至無少異焉，亦復其初而已矣。」曰：「張子、吕、楊、侯氏，皆以生知安行爲仁，學知利行爲知，困知勉行爲勇，其説善矣。子之不從，何也？」曰：「安行可以爲仁矣，然生而知之，則知之大，而非仁之屬也。利行可以爲知矣，然學而知之，則知之次，而非知之大也。且上文三者之目，固有次序，而篇首諸章，以舜明知，以回明仁，以子路明勇，其語知也不卑矣，夫豈專以學知利行者爲足以當之乎？故今以其分而言，則三知爲智，三行爲仁，所以勉而不息，以至於知之成功之一爲勇。以其等而言，則以生知安行者主於知而爲智，學知利行者主於行而爲仁，困知勉行者主於强而爲勇。又通三近而言，則又以三知爲智，三行爲仁，而三近爲勇之次，則亦庶乎其曲盡歟！」〇曰：「九經之説奈何？」曰：「不一其内，則無以制其外；不齊其外，則無以養其内。静而不存，則無以立其本；動而不察，則無以勝其私。故齊明盛服，非禮不動，則内外交養，而動静不違，所以爲修身之要也。信讒邪，則任賢不專；狥貨色，則好賢不篤。賈捐之所謂『後宫盛色，則賢者隱微。佞人用事，則諍臣杜口』，蓋持衡之勢，此重則彼輕，理固然矣。故去讒遠色，賤貨而一於貴德，所以爲勸賢之道也。親之欲其貴，愛之欲其富，兄弟婚姻欲其無相遠，故尊位重禄，同其好惡，所以爲勸親親之道也。大臣不親細事，則以道事君者得以自盡，故官屬衆盛，足任使令，所以爲勸大臣之道也。盡其誠而恤其私，則士無仰事俯育之累，而樂趨事功，故忠信重禄，所以爲勸士之道也。人情莫不欲逸，亦莫不欲富，故時使薄斂，所以爲勸百姓之道也。日省月試，以程其能，既稟稱事，以償其勞，則不信度作淫巧者無所容，惰者勉而能者勸矣。爲之授節以送其往，待以委積以迎其來，因能授任以嘉其善，不强其所不欲以矜其不能，則天下之旅皆悦而願出於其塗矣。無後者續之，已滅者封之，治其亂使上下相安，持其危使大小相恤，朝聘有節而不勞其力，貢賜有度而不匱其財，則天下諸侯皆竭其忠力以蕃衛王室，而無倍畔之心矣。凡此九經，其事不同，然總其實，不出乎脩身、尊賢、親親三者而已。敬大臣，體羣臣，則自尊賢之等而推之也。子庶民，來百工，柔遠人，懷諸侯，則自親親之殺而推之也。至於所以尊賢而親親，則又豈無所自而推之哉？亦曰脩身之至，然後有以各當其理而無所悖耳。」曰：「親親而不言任之以事者，何也？」曰：「此親親尊賢並行不悖之道也。苟以親親之故，不問賢否而輕屬任之，不幸而或不勝焉，治之則傷恩，不治則廢法，是以富之貴之，親之厚之，而不曰任之以事，是乃所以親愛而保全之也。若親而賢，則自當置之大臣之位而尊之敬之矣，豈但富貴之而已哉。觀於管、蔡監商，而周公不免於有過，及其致辟之後，則惟康叔、聃季相與夾輔王室，而五叔者有土而無官焉，則聖人之意亦可見矣。」曰：「子謂信任大臣而無以間之，故臨事而不眩，使大臣而賢也則可，其或不幸而有趙高、朱异、虞世基、李林甫之徒焉，則鄒陽所謂『偏聽生姦，獨任成亂』，范雎所謂『妬賢嫉能，御下蔽上，以成其私，而主不覺悟』者，亦安得而不慮邪？」曰：「不然也。彼其所以至此，正坐不知九經之義而然耳。使其明於此義而能以修身爲本，則固視明聽聰而不可欺以賢否矣。能以尊賢爲先，則其所置以爲大臣者，必不雜以如是之人矣。不幸而或失之，則亦亟求其人以易之而已，豈有知其必能爲姦以敗國，顧猶置之大臣之位，使之姑以奉行文書爲職業，而又恃小臣之察以防之哉？夫勞於求賢而逸於得人，任則不疑而疑則不任，此古之聖君賢相所以誠意交孚，兩盡其道，而有以共成正大光明之業也。如其不然，吾恐上之所以猜防畏備者愈密，而其爲眩愈甚；下之所以欺罔蒙蔽者愈巧，而其爲害愈深。不幸而臣之姦遂，則其禍固有不可勝言者，幸而主之威勝，則夫所謂偏聽獨任、御下蔽上之姦，將不在於大臣而移於左右，其爲國家之禍，尤有不可勝言者矣。嗚呼危哉！」○曰：「所謂前定，何也？」曰：「先立乎誠也。先立乎誠，則言有物而不躓矣，事有實而不困矣，行有常而不疚矣，道有本而不窮矣。諸説惟游氏『誠定』之云得其要。張子以『精義入神』爲言，是則所謂『明善』者也。」○曰：「在下獲上，明善誠身之説，奈何？」曰：「夫在下位而不獲乎上，則無以安其位而行其志，故民不可治。然欲獲乎上，又不可以諛説取容也，其道在信乎友而已。蓋不信乎友，則志行不孚，而名譽不聞，故上不見知。然欲信乎友，又不可以便佞苟合也，其道在悦乎親而已。蓋不悦乎親，則所厚者薄，而無所不薄，故友不見信。然欲順乎親，又不可以阿意曲從也，其道在誠乎身而已。蓋反身不誠，則外有事親之禮，而内無愛敬之實，故親不見悦。然欲誠乎身，又不可以襲取强爲也，其道在明乎善而已。蓋不能格物致知，以真知至善之所在，則好善必不能如好好色，惡惡必不能如惡惡臭，雖欲勉焉以誠其身，而身不可得而誠矣。此必然之理也。故夫子言此，而其下文即以天道、人道、擇善、固執者繼之。蓋擇善所以明善，固執所以誠身。擇之之明，則《大學》所謂物格而知至也。執之之固，則《大學》所謂意誠而心正身脩也。知至，則反諸身者將無一毫之不實。意誠、心正而身脩，則順親、信友、獲上、治民，❶將無所施而不利，而達道達德，九經凡事亦一以貫之而無遺矣。」○曰：「誠之爲義，其詳可得而聞乎？」曰：「難言也。姑以其名義言之，則真實無妄之云

❶「上」，原誤作「土」，今據四庫本改。

也。若事理之得此名，則亦隨其所指之大小，而皆有取乎真實無妄之意耳。蓋以自然之理言之，則天地之間，惟天理爲至實而無妄，故天理得誠之名，若所謂天之道、鬼神之德是也。以德言之，則有生之類，惟聖人之心爲至實而無妄，故聖人得誠之名，若所謂不勉而中、不思而得者是也。至於隨事而言，則一念之實亦誠也，一言之實亦誠也，一行之實亦誠也。是其大小雖有不同，然其義之所歸，則未始不在於實也。」曰：「然則天理、聖人之所以若是其實者，何也？」曰：「一則純，二則雜，純則誠，雜則妄。此常物之大情也。夫天之所以爲天也，沖漠無朕，而萬理兼該，無所不具，然其爲體則一而已矣，未始有物以雜之也。是以無聲無臭，無思無爲，而一元之氣，春秋冬夏，晝夜昏明，百千萬年，未嘗有一息之繆；天下之物，洪纖巨細，飛潛動植，亦莫不各得其性命之正以生，而未嘗有一毫之差，此天理之所以爲實而不妄者也。若夫人物之生，性命之正，固亦莫非天理之實，但以氣質之偏，口鼻耳目四支之好，得以蔽之，而私欲生焉。是以當其惻隱之發，而忮害雜之，則所以爲仁者有不實矣；當其羞惡之發，而貪昧雜之，則所以爲義者有不實矣。此常人之心，所以雖欲勉於爲善，而内外隱顯，常不免於二致，其甚至於詐僞欺罔，而卒墮於小人之歸，則以其二者雜之故也。惟聖人氣質清純，渾然天理，初無人欲之私以病之。是以仁則表裏皆仁，而無一毫之不仁；義則表裏皆義，而無一毫之不義。其爲德也，固舉天下之善而無一事之或遺；而其爲善也，又極天下之實而無一毫之不滿。此其所以不勉不思，從容中道，而動容周旋，莫不中禮也。」曰：「然則常人未免於私欲而無以實其德者，奈何？」曰：「聖人固已言之，亦曰擇善而固執之耳。夫於天下之事，皆有以知其如是爲善而不能不爲，知其如是爲惡而不能不去，則其爲善去惡之心固已篤矣。於是而又加以固執之功，雖其不睹不聞之間，亦必戒謹恐懼而不敢懈，則凡所謂私欲者，出而無所施於外，入而無所藏於中，自將消磨泯滅，不得以爲吾之病，而吾之德又何患於不實哉！是則所謂誠之者也。」曰：「然則《大學》論小人之陰惡陽善，而以誠於中者目之，何也？」曰：「若是者，自其天理之大體觀之，則其爲善也誠虚矣；自其人欲之私分觀之，則其爲惡也何實如之，而安得不謂之誠哉？但非天理真實無妄之本然，則其誠也，適所以虚其本然之善，而反爲不誠耳。」○曰：「學、問、思、辨，亦有序乎？」曰：「學之博，然後有以備事物之理，故能參伍之以得其所疑而有所問；問之審，然後有以盡師友之情，故能反復之以發其端而可思；思之謹，則精而不雜，故能有所自得而可以施其辨；辨之明，則斷而不差，故能無所疑惑而可以見於行；行之篤，則凡所學、問、思、辨而得之者，又皆必踐其實而不爲空言矣。此五者之序也。」○曰：「何以言誠爲此篇之樞紐也？」曰：「誠者，實而已矣。天命云者，實理之原也。性其在物之實體，道其當然之實用，而教也者，又因其體用之實而品節之也。不可離者，此理之實也。隱之見，微之顯，實之存亡而不可掩者也。戒謹恐懼而謹其獨焉，所以實乎此理之實也。中和云者，所以狀此實理之體用也。天地位，萬物育，則所以極此實理之功效也。中庸云者，實理之適可而平常者也。過與不及，不見實理而妄行者也。費而隱者，言實理之用廣而體微也。鳶飛魚躍，流動充滿，夫豈無實而有是哉！道不遠人以下，至於大舜、文、武、周公之事，孔子之言，皆實理應用之當然。而鬼神之不可揜，則又其發見之所以然也。聖人於此，固以其無一毫之不實，而至於如此之盛，其示人也，亦欲其必以其實而無一毫之僞也。蓋自然而實者，天也，必期於實者，人而天也。誠明以下累章之意，皆所以反復乎此，而語其所以。至於正大經而立大本，參天地而贊化育，則亦真實無妄之極功也。卒章『尚絅』之云，又本其務實之初心而言也。內省者，謹獨克己之功；不愧屋漏者，戒謹恐懼而無己可克之事，皆所以實乎此之序也。『時靡有爭』，變也；『百辟刑之』，化也；『無聲無臭』，又極乎天命之性、實理之原而言也。蓋此篇大指，專以發明實理之本然，欲人之實此理而無妄，故其言雖多，而其樞紐不越乎誠之一言也，嗚呼深哉！」○聖賢言仁字處，便有箇溫厚慈祥之意，帶箇愛底道理。下文便言親親爲大。○問：『修道以仁』，繼之以『仁者人也』，何爲下面又添説義、禮？」曰：「仁便有義，如陽便有陰。親親尊賢，皆仁之事。親之尊之，其中自有箇差等，這便是義與禮。親親，在父子如此，在宗族如彼，所謂殺也。尊賢，有當事之者，有當友之者，所謂等也。」○問：「仁亦是道，如何却説脩道以仁？」答曰：「道是汎説，仁是切要底。」○思脩身，不可以不事親；思事親，不可以不知人；思知人，不可以不知天。知天起頭處，能知天，則知人、事親、脩身皆得其理矣。聞見之知與德性之知，皆知也，只是要知得到，信得及。如君之仁、子之孝之類，人所共知，而多不能盡者，非真知故也。○知恥。如「舜人也，我亦人也，舜爲法於天下，可傳於後世，我猶未免爲鄉人也，是則可憂也」，既恥爲鄉人，進學安得不勇！○豫，先知也。事未至而先知其理之謂豫。凡事豫則立，不豫則廢，横渠曰：「豫，吾內；求利，吾外也。」又曰：「精義入神者，豫而已矣。」皆一義也。○誠是天理之實然，更無纖毫作爲，聖人之生，其稟受渾然，氣質清明純粹，全是此理，更不待脩爲而自然與天爲一。若其餘，則須是博學、審問、謹思、明辨、篤行，如此不已，直待得仁義禮知與夫忠孝之道，日用本分事，無非實理，然後爲誠。有一毫見得與天理不相合，便於誠有一毫未至。○誠者，天之道。天無不實，寒便是寒，暑便是暑，更不待使他恁地。聖人仁便真箇是仁，義便真箇是義，更無不實處在。常人説仁時，恐猶有不仁處，説義時，恐猶有不義處，便須著思有以實之，始得。○問：「『博學之』至『明辨之』，是致知之事，『篤行』則力行之事否？」曰：「然。」○問哀公問政章。「舊只零碎解。某自讀時，只覺首段尾與次段首意相接。如云『政也者，蒲盧也，故爲政在人，取人以身，脩身以道，脩道以仁』，便說『仁者人也，親親爲大。義者宜也，尊賢爲大』，都接續說去，一段看，始覺貫穿。後因看《家語》，乃是本來只一段也。《中庸》三十三章，其次序甚密，古人著述便是不可及。此只將別人語言鬭凑成篇，本末次第終始總合，如此縝密。」○《輯略》程子曰：「生知者，只是他生自知禮義，不待學而知。縱使孔子是生知，亦何害於學？如問禮於老聃，訪官名於郯子，何害於孔子？禮文、官名，既欲知舊物，又不可鑿空撰得出，須是問他先知者，始得。」○又曰：「生而知之，學而知之亦是才。」○問：「生而知之要學否？」曰：「生而知固不待學，然聖人必須學。」○張子曰：「天下之達道五，其生民之大經乎！經正則道前定，事豫立，不疑其所行，利用安身之要，莫先焉。」○又曰：「知、仁、勇，天下之達道，雖本末有差，及其所以知之、成之，則一也。蓋仁者以生知、以安行此五者，知者以學知、以利行此五者，勇者以困知、以勉强行此五者。」○又曰：「性一也，形之分有剛柔、昬明者，非性也。有三人焉，皆有目以別乎衆色，一居乎密室，一居乎帷箔之下，一居於廣庭之中，三人所見昬明各異，豈目有不同乎？隨其所居，蔽有厚薄耳。凡學者，所以解蔽去惑，故生知、學知、困知，『及其知之一也』，安得不貴於學乎！」○誠即天道也。天道自然，無勉無思，其中其得，自然而已。聖人誠一於天，天即聖人，聖人即天，由仁義行，何思勉之有？故從容中道而不迫。誠之者，以人求天者也。思誠而復之，故明有未究，於善必擇，誠有未至，所執必固。學、問、思、辨，所以求之也；行，所以至之也。求之至之，非人一己百，人十己千，不足以化氣質。」○一本云：「誠者理之實，致一而不可易者也。大而天下，遠而萬古，求之人情，參之物理，皆所同然。有一無二，雖前聖後聖，若合符節。理本如是，非人私知之所能爲，此之謂誠。誠即天道也。天道自然，何勉何思，莫非性命之理而已。故誠者，天之道，性之者也；誠之者，人之道，反之者也。聖人之於天道，性之者也；賢者之於天道，反之者也。性之者，成性而與天無間也，天即聖人，聖人即天，縱心所欲，由仁義行也，出於自然，從容不迫，不待乎思勉而後中也。反之者，求復乎性而未至，雖誠而猶雜之僞，雖行而未能無息，則善不可不思而擇，德不可不勉而執，不如是猶不足以至乎誠，故學、問、思、辨，皆所以求之也；行，所以至之也。」○謝氏曰：「誠是實理，不是專一。尋常人謂至誠，止是專一。實理則『如惡惡臭，如好好色』，不是安排來。」○問：「《中庸》只論誠，而《論語》曾不一及誠，何也？」楊氏曰：「《論語》之教人，凡言恭敬忠信所以求仁而進德之事，莫非誠也。《論語》示人以入之方，《中庸》言其至也。蓋《中庸》子思傳道之書，不正言其至，則道不明。孔子所罕言，孟子常言之，亦猶是矣。」

右第二十章。此引孔子之言，以繼大舜、文、武、周公之緒，明其所傳之一致，舉而措之，亦猶是耳。蓋包費隱、兼小大，以終十二章之意。章内語誠始詳，而所謂誠者，實此篇之樞紐也。又案：《孔子家語》亦載此章，而其文尤詳。「成功一也」之下，有「公曰：子之言美矣！至矣！寡人實固，不足以成之也」，故其下復以「子曰」起答辭。今無此問辭，而猶有「子曰」二字，蓋子思删其繁文以附於篇，而所删有不盡者，今當爲衍文也。「博學之」以下，《家語》無之，意彼有闕文，抑此或子思所補也歟？

自誠明，謂之性；自明誠，謂之教。誠則明矣，明則誠矣。自，由也。德無不實而明無不照者，聖人之德，所性而有者也，天道也。先明乎善，而後能實其善者，賢人之學，由教而入者也，人道也。誠則無不明矣，明則可以至於誠矣。○或問誠明之説。曰：「吕氏性教二字得之。」○「自誠明，謂之性」，誠，實然之理，此堯舜以上事。學者則「自明誠，謂之教」，明此性而求實然之理。○《輯略》程子曰：「君子之學，必先明諸心，知所養，然後力行以求至，所謂自明而誠也。」○吕氏曰：「自誠明，性之者也；自明誠，反之者也。性之者，成德而言，聖人之所性也。反之者，自志學而言，聖人之所教也。」一本云：「謂之性者，生之所固有以得之；謂之教者，由學以復之。」

右第二十一章。子思承上章夫子天道、人道之意而立言也。自此以下十二章，皆子思之言，以反覆推明此章之意。

唯天下至誠，爲能盡其性；能盡其性，則能盡人之性；能盡人之性，則能盡物之性；能盡物之性，則可以贊天地之化育；可以贊天地之化育，則可以與天地參矣。天下至誠，謂聖人之德之實，天下莫能加也。盡其性者德無不實，故無人欲之私，而天命之在我者，察之由之，巨細精粗，無毫髮之不盡也。人物之性，亦我之性，但以所賦形氣不同而有異耳。能盡之者，謂知之無不明而處之無不當也。贊，猶助也。與天地參，謂與天地並立爲三也。此自誠而明者之事也。○或問：「至誠盡性諸説如何？」曰：「程子論贊天地之化育，而曰不可以贊助言，論窮理盡性以至於命，而曰只窮理便是至於命，則亦若有可疑者。蓋嘗竊論之，天下之理未嘗不一，而語其分，則未嘗不殊，此自然之勢也。蓋人生天地之間，稟天地之氣，其體即天地之體，其心即天地之心，以理而言，是豈有二物哉？故凡天下之事，雖若人之所爲，而其所以爲之者，莫非天地之所爲也。又况聖人純於義理，而無人欲之私，則其所以代天而理物者，乃以天地之心而贊天地之化，尤不見其有彼此之間也。若以其分言之，則天之所爲，固非人之所及，而人之所爲，又有天地之所不及者，其事固不同也。但分殊之狀，人莫不知，而理一之致，多或未察，故程子之言，發明理一之意多，而及於分殊者少，蓋抑揚之勢不得不然，然亦不無小失其平矣。唯其所謂止是一理，而天人所爲各自有分，乃爲全備而不偏，而讀者亦莫之省也。至於窮理至命，盡人盡物之説，則程、張之論雖有不同，然亦以此而推之，則其説初亦未嘗甚異也。蓋以理言之，則精粗本末，初無二致，固不容有漸次，當如程子之論。若以其事而言，則其親疎近遠、深淺先後，又不容於無别，當如張子之言也。吕、游、楊説皆善，而吕尤確實。」〇或曰：「《中庸》之盡性，即孟子所謂盡心否？」曰：「盡心是就知上説，盡性是就行上説。」或曰：「能盡得真實本然之全體，是盡性；能盡得虚靈知覺之妙用，是盡心。」曰：「然。盡心就所知上説，盡性就事物上説。」〇問：「至誠盡人物之性，是曉得盡否？」答曰：「非特曉得盡，亦是要處之盡其道。若凡所以養人教人之政，與夫利萬物之政，皆是也。故下文云『贊天地之化育，而與天地參矣』。若只曉得盡，如何得與天地參？」〇盡人性，盡物性，性只一般，人物氣稟不同。人雖稟得氣濁，善底只在那裏，有可開通之理。是以聖人有教化去開通他，使復其善底。物稟得氣偏了，無道理使開通，故無用教化。盡物性，只是所以處之各當其理，且隨他所明處使之。他所明處亦只是這箇善，聖人便是用他善底。如馬悍者，用鞭策亦乘得。

然物只到得這裏，此亦是教化，是隨他天理流行發見處使之也。如虎狼，便只得陷而殺之，驅而遠之。○盡己之性，如在君臣則義，在父子則親，在兄弟則愛之類，己無一之不盡。盡人之性，如黎民時雍，各得其所。盡物之性，如鳥獸草木咸若。如此，則可以贊天地之化育。○聖人贊天地之化育，有不恰好處，被聖人做得都好。丹朱不肖，堯則以天下與人。洪水汎濫，舜尋得禹而民得安居。桀、紂暴虐，湯、武起而誅之。○贊天地之化育，人在天地中間，雖只是一理，然天人所爲各自有分。人做得底，却有天做不得底。如天能生物，而耕種必用人；水能潤物，而灌溉必用人；火能熯物，而薪爨必用人。財成輔相須是人做，非贊助而何？○《輯略》程子曰：「『贊天地之化育』，自人而言之。從『盡其性』至『盡物之性』，然後『可以贊天地之化育』，『可以與天地參矣』，言人盡性所造如是，若只是『至誠』，更不須論。所謂『人者天地之心』，及『天聰明，自我民聰明』，止謂只是一理，而天人所爲各自有分。」○又曰：「至誠可以贊化育者，可以回造化。」○又曰：「贊者，參贊之義，『先天而天弗違，後天而奉天時』之謂也。非謂贊助只有一箇誠，何助之有？」○張子曰：「二程解『窮理盡性以至於命』，只窮理便是至於命，亦是失於太快。此義儘有次序，須窮理便能盡得己之性，既盡得己之性，則推類又盡人之性，既盡得人之性，須是并萬物之性一齊盡得，如此然後至於天道也。其間煞有事，豈有當下理會了。學者須是窮理爲先，如此則方有學。今言『知命』與『至於命』，儘有遠近，豈可以知便謂之至也？」○吕氏曰：「人受天地之中，其生也具有天地之德，柔强昏明之質雖異，其心之所然者皆同。特蔽有淺深，故别而爲昏明；稟有多寡，故分而爲强柔。至於理之所同然，雖聖愚有所不異。盡己之性，則天下之性皆然，故能盡人之性。蔽有淺深，故爲昏明；蔽有開塞，故爲人物。稟有多寡，故爲强柔；稟有偏正，故爲人物。故物之性與人異者幾希，惟塞而不開，故知不若人之明；偏而不正，故才不若人之美。然人有近物之性者，物有近人之性者，亦繫乎此。於人之性開塞偏正無所不盡，則物之性未有不能盡也。己也、人也、物也，莫不盡其性，則天地之化幾矣。故行其所無事，順以養之而已，是所謂『贊天地之化育』者也。如堯『命羲、和，欽若昊天』，至於民之析、因、夷、隩，鳥獸之孳尾、希革、毛毨、氄毛，無不與知，則所贊可知矣。天地之化育猶有所不及，必人贊之而後備，則天地非人不立。故人與天地並立而爲三才，此之謂『與天地參』。」○游氏曰：「『萬物皆備於我矣，反身而誠，樂莫大焉』，故『惟天下至誠，爲能盡其性』。千萬人之性，一己之性是也，故『能盡其性，則能盡人之性』。萬物之性，一人之性是也，故『能盡人之性，則能盡物之性』。同然皆得者，各安其常，則盡人之性也；同然皆生者，各得其理，則盡物之性也。至於盡物之性，則和氣充塞，故『可以贊天地之化育』。夫如是，則天覆地載，教化各任其職，而成位乎其中矣。」○問：「天下將亂，何故賢者便生得不豐厚？」侯曰：「氣之所鍾便如此。」曰：「有變化之道乎？」曰：「在君相斡旋之力耳。若舉賢任能，使政事治而百姓和，則天地之氣和而復淳厚矣。此天下所以有資於聖賢，有賴於君相也。子思曰『贊天地之化育』，正謂是也。若曰治亂自有數而任之，則何賴於聖賢哉！子思所以言贊化育也，《書》亦曰『祈天永命』，如此而已。」

右第二十二章。言天道也。

其次致曲，曲能有誠，誠則形，形則著，著則明，明則動，動則變，變則化，唯天下至誠爲

能化。其次，通大賢以下凡誠有未至者而言也。致，推致也。曲，一偏也。形者，積中而發外。著，則又加顯矣。明，則又有光輝發越之盛也。動者，誠能動物。變者，物從而變。化，則有不知其所以然者。蓋人之性本無不同，而氣則有異，故惟聖人能舉其性之全體而盡之。其次則必自其善端發見之偏，而悉推致之，以各造其極也。曲無不致，則德無不實，而形、著、動、變之功自不能已。積而至於能化，則其至誠之妙，亦不異於聖人矣。○或問致曲之説。曰：「人性雖同，而氣稟或異。自其性而言之，則人自孩提，聖人之質悉已完具。以其氣而言之，則惟聖人爲能舉其全體而無所不盡，上章所言至誠盡性是也。若其次，則善端所發，隨其所稟之厚薄，或仁或義，或孝或弟，而不能同矣。自非各因其發見之偏，一一推之，以至乎其極，使其薄者厚而異者同，則不能有以貫通乎全體而復其初，即此章所謂致曲，而孟子所謂擴充其四端者是也。」○問：「致曲是就偏曲處致力否？」曰：「如程子説『或孝或弟，或仁或義』所偏發處，推致之各造其極也。」曰：「如此，恐將來只就所偏處成就。」曰：「不然。或仁或義，或孝或弟，更互而發，便就此做致曲工夫。」○又問：「『其次致曲』與《易》中『納約自牖』之意亦略相類。『納約自牖』是因人之明而導之，『致曲』是因己之明而推之。是如此否？」先生曰：「正是如此。」○問：「『其次致曲』，注所謂『善端發見之偏』如何？」曰：「人所稟各有偏善，或稟得剛强，或稟得和柔，各有一偏之善。若就他身上更求其他好處，又不能如此，所以就其善端之偏而推極其全。惻隱、羞惡、是非、辭遜四端，隨人所稟，發出來各有偏重處，是一偏之善。」○問：「前夜與直卿論『致曲』一段，《或問》中舉孟子四端『擴而充之』，直卿以爲未妥。既是四端，安得謂之曲？」曰：「四端先後互發，豈不是曲？孟子云『知皆擴而充之』，則自可見。若曰只有此一曲，則是夷、惠之偏，如何得該徧？聖人具全體，一齊該了，而當用時亦只時發一端。」○問：「聖人用時雖發一端，然其餘只平鋪在，要用即用，不似以下人有先後間斷之異，須待擴而後充。」曰：「然。」又問：「顏、曾以下皆是致曲？」曰：「顏子體段已具，曾子却是致曲，一一推之，至答一貫之時，則渾合矣。」曰：「所以必致曲者，只是爲氣稟隔，必待因事逐旋發見？」曰：「然。」又問：「程子説致曲『先於偏勝處發』，似未妥。如此則專主一偏矣。」曰：「此説甚可疑。須於事上論，不當於人上論。」○問《中庸》「致曲」。先生曰：「只爲氣質不同，故發見有偏。如至誠盡性，則全體著見。次於此者，未免爲氣質所隔。只如人氣質温厚，其發見者必多興仁，仁多便侵却那義底分數；氣質剛毅，其發見者必多興義，義多便侵却那仁底分數。」○問「其次致曲」。曰：「伊川先生説得好，將曲專做好處，所以云『或仁或義，或孝或弟』，就此等處推致其極。」○「曲能有誠」一句，猶言若曲處能盡其誠，則「誠則形，形則著」也。蓋曲處若不能有其誠，則其善端之發見者，或存或亡，終不能實有諸己。故須就此一偏發見處，便推致之，使有誠則不失也。又問：「明、動、變、化，伊川以『君子所過者化』解『動』字，是和那『變』、『化』二字都説在裏面否？」曰：「動，是方感動。變化，則已改其舊俗，然尚有痕迹在。化，則都消化了，無復痕迹矣。」○《輯略》程子曰：「『其次致曲』者，學而後知之也；而其成也，與生而知之者不異焉。故君子莫大於學，莫害於畫，莫病於自足，莫罪於自棄。學而不止，此湯、武所以聖也。」○又曰：「致曲者，就其曲而致之也。」○又曰：「人自孩提，聖人之質已完，只先於偏勝處發，或仁或義，或孝或弟，去氣偏處發，便是致曲。」○又曰：「曲，偏曲之謂，非大道也。就一事中用志不分，亦能有誠，如養由基射之類是也。誠則形，誠後便有物，如參前倚衡，如有所立卓爾是也。形則著，又著見也。著則明，是有光輝之時也。明則動，誠則動人也。君子所過者化，豈非動乎？」或曰：「變與化何別？」曰：「變如物方變而未化，化則更無舊迹，自然之謂也。莊子言變大於化，非也。」

右第二十三章。言人道也。

至誠之道，可以前知。國家將興，必有禎祥；國家將亡，必有妖孽；見乎蓍龜，動乎四體。禍福將至：善，必先知之；不善，必先知之。故至誠如神。見，音現。○禎祥者，福之兆。妖孽者，禍之萌。蓍，所以筮。龜，所以卜。四體，謂動作威儀之間，如執玉高卑，其容俯仰之類。凡此皆理之先見者也。然唯誠之至極，而無一毫私僞留於心目之間者，乃能有以察其幾焉。神，謂鬼神。○或問「至誠如神」之説。曰：「吕氏得之矣，其論動乎四體，爲威儀之則者，尤爲確實。」○程子「用便近二」之論，蓋因異教之説，如蜀山人董五經之徒，亦有能前知者，故就之而論其優劣，非以其不用而不知者爲真可貴，而賢於至誠之前知也。至誠前知，乃因其事理朕兆之已形而得之，如所謂不逆詐、不億、不信而常先覺者，非有術數推驗之煩，意想測度之私也，亦何害其爲一哉！○《輯略》程子曰：「人固可以前知，然其理須是用則知，不用則不知。知不如不知之愈，蓋用便近二，所以釋子謂又不是野狐精也。」○又曰：「蜀山人不起念十年，便能前知。」○吕氏曰：「誠一於理，無所間雜，則天地人物，古今後世，融徹洞達，一體而已。興亡之兆，猶心之有思慮，如有萌焉，無不前知。蓋有方所，則有彼此先後之別。既無方所，彼即我也，先即後也，未嘗分別隔礙，自然達乎神明，不特前知而已。」○一本云：「至誠與天地同德，與天地同德則其氣化運行與天地同流矣。興亡之兆，禍福之來，感於吾心，動於吾氣，如有萌焉，無不前知。況乎誠心之至，求乎蓍龜而蓍龜告，察乎四體而四體應，所謂『莫見乎隱，莫顯乎微』者也。此至誠所以達乎神明而無間，故曰『至誠如神』。『動乎四體』，如《傳》所謂『威儀之則以定命』者也。」

右第二十四章。言天道也。

誠者自成也，而道自道也。道也之道，音導。○言誠者物之所以自成，而道者人之所當自行也。誠以心言，本也；道以理言，用也。**誠者物之終始，不誠無物。是故君子誠之爲貴。**天下之物，皆實理之所爲，故必得是理，然後有是物。所得之理既盡，則是物亦盡而無有矣。故人之心一有不實，則雖有所爲亦如無有，而君子必以誠爲貴也。蓋人之心能無不實，乃爲有以自成，而道之在我者亦無不行矣。**誠者非自成己而已也，所以成物也。成己，仁也；成物，知也。性之德也，合外内之道也，故時措之宜也。**知，去聲。○誠雖所以成己，然既有以自成，則自然及物，而道亦行於彼矣。仁者體之存，智者用之發，是皆吾性之固有，而無内外之殊。既得於己，則見於事者，以時措之，而皆得其宜也。○或問二十五章之説。曰：「自成自道，如程子説，乃與下文相應。游、楊皆以無待而然論之，其説雖高，然於此爲無所當，且又老、莊之遺意也。誠者物之終始，不誠無物之義，亦唯程子之言爲至當，然其言太略，故讀者或不能曉，請得而推言之。蓋誠之爲言，實而已矣。然此篇之言，有以理之實而言者，如曰『誠不可揜』之類是也；有以心之實而言者，如曰『反諸身不誠』之類是也。讀者各隨其文意之所指而尋之，則其義各得矣。所謂

『誠者物之終始，不誠無物』者，以理言之，則天地之理，至實而無一息之妄，故自古至今，無一物之不實，而一物之中，自始至終，皆實理之所爲也。以心言之，則聖人之心，亦至實而無一息之妄，故從生至死，無一事之不實，而一事之中，自始至終，皆實心之所爲也。此所謂『誠者物之終始』者然也。苟未至於聖人，而其本心之實者猶未免於間斷，則自其實有是心之初，以至未有間斷之前，所爲無不實者。及其間斷，則自其間斷之後，以至未相接續之前，凡所云爲，皆無實之可言，雖有其事，亦無以異於無有矣。如曰『三月不違』，則三月之間所爲皆實，而三月之後未免於無實，蓋『不違』之終始，即其事之終始也。『日月至焉』，則至此之時所爲皆實，而去此之後未免於無實，蓋『至焉』之終始，即其物之終始也。是則所謂『不誠無物』者然也。以是言之，則在天者本無不實之理，故凡物之生於理者，必有是理，方有是物，未有無其理而徒有不實之物者也。在人者或有不實之心，故凡物之出於心者，必有是心之實，乃有是物之實，未有無其心之實而能有其物之實者也。程子所謂『徹頭徹尾』者蓋如此。其餘諸說，大抵皆知誠之在天爲實理，而不知其在人爲實心，是以爲說太高，而往往至於交互差錯，以失經文之本意。正猶知愛之不足以盡仁，而凡言仁者遂至於無字之可訓，其亦誤矣。」〇「誠者自成也，而道自道也。」上句是孤立懸空說這一句，四旁都無所倚靠。蓋有是實理，則有是天；有是實理，則有是地。如無是實理，則便沒這天，也沒這地。凡物都是如此，故云「誠者自成」，蓋本來自成此物。到得「道自道」，便是有這道在這裏，❶人若不自去行，便也空了。問：「既說『物之所以自

❶「這道在」三字，原缺，今據《朱子語類》卷六十四《中庸》三補。

成』，下文又云『誠以心言』，莫是心者物之所存主處否？」曰：「『誠以心言』者，是就一物一面説也。故凡物必有是心，有是心然後有是事。下面説『誠者物之終始』，是解『誠者自成』一句。『不誠無物』，已是説著『自道』句了。蓋人則有不誠，而理則無不誠者。恁地看，覺得前後文意相應。」○問：「『誠者自成也，而道自道也』，兩句語勢相似，而先生之解不同。上句工夫在『誠』字上，下句工夫在『行』字上。」先生曰：「亦微不同。『自成』若只做『自道』解，亦得。」某因言：「妄意謂此兩句只是説箇爲己，不是爲人，其後却説不獨是自成，亦可以成物。」先生未答，久之，復曰：「某舊説誠有病。蓋誠與道皆汩在『誠之爲貴』上了，後面却便是説箇合内外底道理。若如舊説，則誠與道成兩物也。」○「誠者自成也」，下文云「誠者物之終始，不誠無物」，此二句便解上一句。實有此理，故有是人；實有此理，故有是事。○誠有主事而言者，有主理而言者。蓋「不誠無物」，是事之實然，至於參贊化育，則便是實然之理。○「誠者物之終始」，猶言「體物而不可遺」。○「誠者物之終始」，以理而言。「不誠無物」，以人而言。○「誠者物之終始」，來處是誠，去處亦是誠。誠則有物，不誠則無物。且如而今對人説話，若句句説實，皆自心中流出，這便是有物。若是脱空誑誕，不説實話，雖有兩人相對説話，如無物也。且如草木自萌芽發生，以至枯死朽腐歸土，❶皆是有此實理，方有此物。若無此理，安得有此物。○「誠者物之終始，不誠無物。」如讀書半版以前，心在書上，則此半版有終有始。半版以後，心不在焉，則如不讀矣。○問：「『誠者物之終始，不誠無物』，是實有是理，而後有是物否？」答曰：「且

❶「土」，原誤作「生」，今據《朱子語類》卷六十四《中庸》三改。

看他聖人説底正文語脉。蓋『誠者物之終始』，却是事物之實理，始終無有間斷。自開闢以來，以至人物消盡，只是如此。在人之心，苟誠實無僞，則徹頭徹尾，無非此理。一有間斷，則就間斷處即非誠矣。如聖人至誠，便是自始生至没身，首尾是誠。顔子不違仁，便是自三月之初爲誠之始，三月之末爲誠之終，三月以後便不能不間斷矣。『日月至焉』，只就至焉時便爲終始，至焉之外即間斷而無誠，無誠即無物矣。不誠，則『心不在焉，視不見，聽不聞』，是雖謂之無耳目可也。」○「誠者物之終始，不誠無物。」做萬物看亦得，就事物上看亦得。物以誠爲體，故不誠則無此物。終始，是徹頭徹尾底意。「《或問》中云『自其間斷之後，雖有其事，皆無實之可言』，何如？」曰：「此是説『不誠無物』。如人做事，未做得一半，便棄了，即一半便不成。」問游氏云「四時之運已，即成物之功廢」。先生曰：「只爲有這些子，如無這些子，其機關都死了。」再問：「爲其『至誠無息』，所以『四時行，百物生』，更無已時。此所以『維天之命，於穆不已』也。」先生曰：「然。」○問不誠無物。曰：「誠，實也。且如人爲孝，若是不誠，恰似不曾，誠便是事底骨子。」○「不誠無物」，不誠，雖有物，猶無物。如「禘自既灌而往」者，誠意一散，如不祭一般。○「不誠無物」，人心無形影，惟誠時方有這物事。今人做事，若初間有誠意，到半截後意思懶散，慢做將去，便只是前半截有物，後半截無了。○「誠者物之終始」，指實理而言。「君子誠之爲貴」，指實心而言。○「誠者非自成己而已」，此「自成」字與前面不同。蓋怕人只説「自成」，故言「非自成己，乃所以成物」。成己便以仁言，成物便以知言。故成己、成物固無内外之殊，但必先成己，然後能成物，此道之所以當自行也。○「成己，仁也」是體，「成物，知也」是用。「學不厭，知也」是體，「教不倦，仁也」是用。○問：「『成己，仁也；成物，知也』，成物如何説知？」曰：「須是知運用，方成得物。」問：「『時措之宜』是顔、稷閉户纓冠之義否？」曰：「亦有此意。須是仁知具，内外合，然後有箇『時措之宜』。」又云：「如平康無事時，是一般處置；倉卒緩急時，又有一様處置。」○問：「『成己，仁也；成物，知也』，以某觀之，成己却是知，成物却是仁。」曰：「顔子『克己復禮爲仁』，非成己而何？『智周乎萬物而道濟天下』，非成物而何？」○《輯略》程子曰：「誠者自成。如至誠事親，則成人子；至誠事君，則成人臣。不誠無物，誠者物之終始，猶俗語徹頭徹尾，不誠更有甚物也。」○又曰：「聖人言忠信者多矣，人道只在忠信，不誠則無物。『出入無時，莫知其鄉』者，人心也。若無忠信，豈復有物乎？」○又曰：「學者不可以不誠，不誠無以爲善，不誠無以爲君子。修學不以誠，則學雜；爲事不以誠，則事敗；自謀不以誠，則是欺其心而自棄其志；與人不以誠，則是喪其德而增人之怨。今小道異端，亦必誠而後得，而況欲爲君子者乎？故曰學者不可以不誠。雖然，誠者在知道本而誠之耳。」○又曰：「成己須是仁，推成己之道成物，便是知。」○又曰：「性之德者，言性之所有，如卦之德乃卦之緼也。」又曰：「性不可以内外言。」○又曰：「『時措之宜』，言隨時之義，若『溥博淵泉而時出之』。」○吕氏曰：「誠者，實而已矣，所謂『誠者物之終始，不誠無物』也。故君子必明乎善，知至則意誠矣。既有惻怛之誠意，乃能竭不倦之强力，竭不倦之强力，然後有可見之成功。苟不如是，雖博聞多見，舉歸於虚而已，是誠之所以爲貴也。誠雖自成也，道雖自道也，非有我之得私也，與天下同之而已。故思成己，必思所以成物，是所謂仁智之道也，性之所固有，合外内而無間者也。天大無外，造化發育皆在其間，自無内外之别。人有是形而爲形所梏，故有内外。内外一生，則物自物，己自己，與天地不相似矣。反乎性之德，則安有物我之異、内外之别哉？故具仁與智，無己無物，誠一以貫之，合天地而施化育，故能『時措之宜』也。」○又曰：「子貢曰：『學不厭，智也；教不倦，仁也。』學不厭所以成己，此則成己爲仁；教不倦所以成物，此則成物爲智。何也？夫盡性以成己，則仁之體也；推是以成物，則智之事也，自成德而言也。學不厭所以致吾知，教不倦所以廣吾愛，自入德而言也。此子思、子貢之言所以異也。」

右第二十五章。言人道也。

故至誠無息。既無虛假，自無間斷。**不息則久，久則徵，**久，常於中也。徵，驗於外也。**徵則悠遠，悠遠則博厚，博厚則高明。**此皆以其驗於外者言之。鄭氏所謂「至誠之德，著於四方」者是也。存諸中者既久，則驗於外者益悠遠而無窮矣。悠遠，故其積也廣博而深厚；博厚，故其發也高大而光明。**博厚，所以載物也；高明，所以覆物也；悠久，所以成物也。**悠久，即悠遠，兼內外而言之也。本以悠遠致高厚，而高厚又悠久也。此言聖人與天地同用。**博厚配地，高明配天，悠久無疆。**此言聖人與天地同體。**如此者，不見而章，不動而變，無爲而成。**見，音現。○見，猶示也。不見而章，以配地而言也。不動而變，以配天而言也。無爲而成，以無疆而言也。**天地之道，可一言而盡也：其爲物不貳，則其生物不測。**此以下，復以天地明至誠無息之功用。天地之道，可一言而盡，不過曰誠而已。不貳，所以誠也。誠故不息，而生物之多，有莫知其所以然者。**天地之道：博也，厚也，高也，明也，悠也，久也。**言天地之道，誠一不貳，故能各極其盛，而有下文生物之功。**今夫天，斯昭昭之多，及其無**

窮也，日月星辰繫焉，萬物覆焉。今夫地，一撮土之多，及其廣厚，載華嶽而不重，振河海而不洩，萬物載焉。今夫山，一卷石之多，及其廣大，草木生之，禽獸居之，寶藏興焉。今夫水，一勺之多，及其不測，黿鼉、蛟龍、魚鼈生焉，貨財殖焉。

夫，音扶。華、藏，並去聲。卷，平聲。勺，市若反。○昭昭，猶耿耿，小明也。此指其一處而言之。及其無窮，猶十二章「及其至也」之意，蓋舉全體而言也。振，收也。卷，區也。此四條，皆以發明由其不貳不息以致盛大而能生物之意。然天、地、山、川，實非由積累而後大，讀者不以辭害意可也。

《詩》云：「維天之命，於穆不已！」蓋曰天之所以爲天也。「於乎不顯！文王之德之純！」蓋曰文王之所以爲文也，純亦不已。

於，音烏。乎，音呼。○《詩》，《周頌·維天之命》篇。於，歎辭。穆，深遠也。不顯，猶言豈不顯也。純，純一不雜也。引此以明至誠無息之意。程子曰：「天道不已，文王純於天道，亦不已。純則無二無雜，不已則無間斷先後。」○或問二十六章之說。曰：「此章之說，最爲繁雜。呂氏所謂『不已其命，不已其德』，意雖無爽，而語亦有病。蓋天道、聖人之所以不息，皆實理之自然，雖欲已之而不可得。今曰『不已其命，不已其德』，則是有意於不已，而非所以明聖人、天道之自然矣。又以積天之昭昭以至於無窮，譬夫人之充其良心，以至於與天地合德，意則甚善。而此章所謂至誠無息，以至於博厚高明，乃聖人久於其道；而天下化成之事，其所積而成者，乃其氣象功效之謂，若鄭氏所謂『至誠之德，著於四方』者是已。非謂在己之德，亦待積而後成也，故章末引文王之詩以證之。夫豈積累漸次之謂哉？若如呂氏之說，則是因無息然後至於誠，由『不已』然後純於天道也，失其旨矣。大抵聖賢之言，內外精粗，各有攸當，而無非極致。近世諸儒，乃或不察乎此，而於其外者皆欲引而納之於内，於其粗者皆欲推而致之於精，若致曲之明動變化，此章之博厚高明，蓋不勝其繁碎穿鑿，而於其本指失之愈遠，學者不可不察也。」○問：「『至誠無息，不息則久，久則徵』，徵是徵驗發見於外否？」曰：「除是久，然後有徵驗。只一日兩日工夫，如何有徵驗？」○問悠久、博厚、高明。曰：「此是言聖人功業，自『徵則悠遠』至『博厚』、『高明』、『無疆』，皆是功業著見如此，故鄭氏云『聖人之德，著於四方』。又致曲章『明則動』諸説，多就性分上理會，惟程子云『明則動是誠能動人也』。」又説：「『著則明』，如見面盎背是『著』，若『明』則人所共見，如『令聞廣譽施於身』之類。」○問：「悠遠、博厚、高明，《章句》中取鄭氏説，謂『聖人之德，著於四方』，豈以聖人之誠自近而遠，自微而著，如《書》稱堯『光被四表，格于上下』者乎？」曰：「亦須看他一箇氣象，自『至誠不息，不息則久』積之，自然如此。」○「至誠無息」一段，鄭氏曰：「言至誠之德著於四方」是也。諸家都將做進德次第説，只一箇「至誠」已該了，豈復更有許多節次，不須説入裏面來。古注有不可易處。○呂氏説：「有如是廣博，則不得不高；有如是深厚，則不得不明。」此兩句甚善。《章句》中雖是用他意，然當初只欲辭簡，故反不似他説得分曉。譬如爲臺觀，須是大做根基，方始上面可以高大。又如萬物精氣蓄於下者深厚，則其發越於外者自然光明。○《輯略》程子曰：「『維天之命，於穆不已』，此是理自相續不已，非是人爲之。如使可爲，雖使百萬般安排，也須有息時。只爲無爲，故不息。《中庸》言『不見而章，不動而變，無爲而成。天地之道，可一言而盡也』。」○呂氏曰：「實理不貳則其體無雜，其體不雜則其行無間，故『至誠無息』，非使之也，機自動耳，乃乾坤之所以闔闢，萬物之所以生育，亘萬古而無窮者也。如使之，則非實，非實則有時而息矣。久者，日新而無敝之謂也。徵，驗也。悠遠，長也。天地運行而不息，故四時變化而無斁；日月相從而不已，故朔晦生明而無斁，此之謂『不息則久』。四時變化而無斁，故有生生之驗；晦朔生明而無斁，故有照臨之驗，此之謂『久則徵』。生生也，照臨也，苟日新而有徵，則可以繼繼其長至於無窮矣，此之謂『徵則悠遠』。悠遠無窮者其積必多，博者能積衆狹，厚者能積衆薄，此之謂『悠遠則博厚』。有如是廣博，則其勢不得不高；有如是深厚，則其精不得不明，此之謂『博厚則高明』。博厚則無物不能任也，高明則無物不能冒也，悠久則無時而不養也。所以載物、覆物、成物者，其能也；所以章、所以變、所以成者，其功也。能非力之所任，功非用而後有，其勢自然，不得不爾，是皆至誠不貳而已，此天地之道所以一言而盡也。天地所以生物不測者，至誠不貳者也；天地所以成者，積之無疆者也。如使天地爲物而貳，則其行有息，其積有限，昭昭撮土之微，將下同乎衆物，又焉有載物、覆物、成物之功哉？雖天之大，昭昭之多而已；雖地之廣，撮土之多而已；山之一卷，水之一勺，亦猶是矣，其所以高明、博厚、神明不測者，積之之多而已。今夫人之有良心也，莫非受天地之中，是爲可欲之善，不充之，則不能與天地相似而至乎大，大而不化，則不能不勉不思與天地合德而至於聖。然所以至於聖者，充其良心，德盛仁熟而後爾也，故曰『過此以往，未之或知也。窮神知化，德之盛也』。如指人之良心而責之與天地合德，猶指撮土而求其載華嶽、振河海之力，指一勺而求其生蛟龍、殖貨財之功，是亦不思之甚也。天之所以爲天，不已其命而已；聖人之所以爲聖，不已其德而已。其爲天人德命則異，其所以不已則一。故聖人之道可以配命者，如此而已。」

右第二十六章。言天道也。

大哉聖人之道！包下文兩節而言。**洋洋乎！發育萬物，峻極于天。**峻，高大也。此言道之極於至大而無外也。**優優大哉！禮儀三百，威儀三千。**優優，充足有餘之意。禮儀，經禮也。威儀，曲禮也。此言道之入於至小而無間也。**待其人而後行。**總結上兩節。**故曰苟不至德，至道不凝焉。**至德，謂其人。至道，指上兩節而言也。凝，聚也，成也。**故君子尊德性而道問學，致廣大而盡精微，極高明而道中庸。温故而知新，敦厚以崇禮。**尊者，恭敬奉持之意。德性者，吾所受於天之正理。道，由也。温，猶燖温之温，謂故學之矣，復時習之也。敦，加厚也。尊德性，所以存心而極乎道體之大也。道問學，所以致知而盡乎道體之細也。二者修德凝道之大端也。不以一毫私意自蔽，不以一毫私欲自累，涵泳乎其所已知，敦篤乎其所已能，此皆存心之屬也。析理則不使有毫釐之差，處事則不使有過不及之謬，理義則日知其所未知，節文則日謹其所未謹，此皆致知之屬也。蓋非存心無以致知，而存心者又不可以不致知。故此五句，大小相資，首尾相應，聖賢所示入德之方，莫詳於此，學者宜盡心焉。**是故居上不驕，爲下不倍，國有道其言足以興，國無道其默足以容。《詩》曰「既明且哲，以保其身」，其此之謂與！**倍，與背同。與，平聲。○興，謂興起在位也。《詩》，《大雅·烝民》之篇。○或問二十七章之説。曰：「程、張備矣。張子所論逐句爲義一條，甚爲切於文義，故呂氏因之，然須更以游、楊二説足之，則其義始備爾。游氏分别『至道』、『至德』爲得之，唯『優優大哉』之説爲未善。而以無方無體、離形去智，爲極高明之意，又以人德、地德、天德，爲德性廣大高明之分，則其失愈遠矣。楊氏之説，亦不可曉。蓋道者自然之路，德者人之所得，故禮者道體之節文，必其人之有德，然後乃能行之也。今乃以禮爲德，而欲以凝夫道，則既誤矣，而又曰『道非禮則蕩而無止，禮非道則梏於儀章器數之末而有所不行』，則是所謂道者，乃爲虛無恍惚元無準則之物；所謂德者，又不足以凝道而反有所待於道也，其諸老氏之言乎？誤益甚矣。溫故知新，敦厚崇禮，諸説但以二句相對，明其不可偏廢。大意固然，然細分之，則溫故然後有以知新，而溫故又不可不知新；敦厚然後有以崇禮，而敦厚又不可不崇禮。此則諸説之所遺也。大抵此五句，承章首道體大小而言，故一句之内，皆具大小二意。如德性也，廣大也，高明也，故也，厚也，道之大也；問學也，精微也，中庸也，新也，禮也，道之小也。尊之，道之，致之，盡之，極之，道之，溫之，知之，敦之，崇之，所以修是德而凝是道也。以其於道之大小無所不體，故居上居下，在治在亂，無所不宜。此又一章之通旨也。」○「大哉聖人之道」，此一段，大處做大處有，細密處做細密處有，渾淪處做渾淪處有。○或問「聖人之道，發育萬物，峻極于天」。曰：「即春生夏長、秋收冬藏，便是聖人之道。不成須要聖人使他發育方是聖人之道？『峻極于天』只是充塞天地底意思。」○「禮儀三百，威儀三千」，「優優大哉」，皆是天道流行，發見爲用處。○「優優大哉，禮儀三百，威儀三千」，一事不可欠闕。才闕一事，便是於全體處有虧也。佛老之學，只説道無不存，無適非道，只此便了，若有一二事著也不妨。○「經禮三百」，便是《儀禮》中士冠、諸侯冠、天子冠禮之類。此是大節，有三百條。如始加、再加、三加，又如其「坐如尸，立如齊」之類，皆是其中之小目，便有三千條。或有變禮，亦是小目。呂與叔云：「經便是常行底，緯便是變底。」恐不然。經中自有常有變，緯中亦自有常有變。○「德性猶言義理之性？」曰：「然。」○不尊德性，則懈怠弛慢矣，學問何從而進！○聖人將那廣大底收拾向實處來，教人從實處做將去。老、佛之學則説向高遠處去，故都無工夫了。聖人雖説本體如此，及做時須事事著實。如禮樂刑政，文爲制度，觸處都是。體用動静，互换無端，都無少許空闕處。若於此有一毫之差，則便於本體有虧欠處也。「洋洋乎，禮儀三百，威儀三千。」洋洋是流動充滿之意。○「廣大」似所謂「理一」，「精微」似所謂「分殊」。○「致廣大」，謂心胷開濶，無此疆彼界之殊。「極高明」，謂無一毫人欲之私以累於己。纔汨於人欲，便卑汙矣。○問：「『致廣大』，《章句》謂『不以一毫私欲自蔽』，『極高明』是『不以一毫私欲自累』，豈以上面已説『尊德性』是『所以存心而極乎道體之大』，故於此略言之歟？」曰：「也只得如此説。此心本廣大，若有一毫私意蔽之，便狹小了；此心本高明，若以一毫私欲累之，便卑汙了。若能不以一毫私意自蔽，則其心開濶，都無此疆彼界底意思，自然能『致廣大』。惟不以一毫私欲自累，則其心峻潔，決無汙下昬冥底意思，自然能『極高明』。」因舉張子言曰：「陽明勝則德性用，陰濁勝則物欲行。」○「温故而知新」，温故有七分工夫，知新有三分工夫，其實温故則自然知新，上下五句皆然。○「敦厚以崇禮」，厚是資質恁地朴實，敦是愈加他重厚，此是培其基本。○問：「德性、問學、廣大、精微、高明、中庸，據《或問》中所論，皆具大小之意，如温故，恐做不得大看。」曰：「就知新言之，便是新來方理會得那枝分節解底，舊來已見得大體，與他温尋去，亦有大小之意。」○「居上不驕，爲下不倍，國有道其言足以興，國無道其默足以容。」舉此數事，言大小精粗，一齊理會過、貫徹了後，盛德之效自然如此。○問：「『尊德性而道問學』，行意在先；『擇善而固執之』，知意又在先，如何？」曰：「此便是互相爲用。」○「大哉聖人之道，洋洋乎，發育萬物，峻極于天」，是言道體之大處。「禮儀三百，威儀三千」，是言道之細處。只章首便分兩節來，故下文五句又相因。「尊德性」至「敦厚」此上一截，便是渾淪處；「道問學」至「崇禮」此下一截，便是詳密處。道體之大處直是難守，細處又難窮究。若有上面一截，而無下面一截，只管道是箇渾淪，❶更不務致知，如此則茫然無覺。若有下面一截，而無上面一截，只管要纖息皆知，更不去行，如此則又空無所寄。如有一般人實是敦厚淳朴，然或箕踞不以爲非，便是不崇禮。若只去理會禮文而不敦厚，則又無以居之。所以「忠信之人可學禮」，便是「敦厚以崇禮」。○三千三百之儀，聖人之道無不充足，其中略無些子空闕處，此便是「語小，天下莫能破」也。○因言：「某舊年讀《中庸》，都心煩看不得，且是不知是誰做。若以爲子思做，又却時復有箇『子曰』字更没理會處。蓋某僻性，讀書須先理會得這樣分曉了，方去涵泳他義理。後來讀得熟後，方見得是子思參取夫子之説，著爲此書。自是沈潛反復，遂漸得其旨趣，定得今《章句》一篇。其擺布得來直恁麽細密。」

○《輯略》程子曰：「自『大哉聖人之道』至『至道不凝焉』皆是一貫。」○又曰：「《中庸》言『禮儀三千』，方是説『優優大哉』，又却非如異教之説，須得如枯木死灰以爲得也。」○又曰：「德性者，言性之可貴，與言性善，其實一也。」○又曰：「須是合内外之道，一天人，齊上下，下學而上達，極高明而道中庸。」○又曰：「『極高明而道中庸』，非是二事。中庸，天理也。天理固高明，不極乎高明，不足以道中庸。中庸乃高明之極也。」又曰：「理則極高明，行之只是中庸。」○張子曰：「天體物而不遺，猶仁體事而無不在也。『禮儀三百，威儀三千』，無一物之非仁也。『昊天曰明，及爾出王，昊天曰旦，及爾游衍』，無一物之不體也。」又曰：「不尊德性，則問學從而不道；不致廣大，則精微無所立其誠；不極高明，則擇乎中庸，失時措之宜矣。」

---

❶「箇」，原誤作「我」，今據四庫本改。

○又曰：「『尊德性而道問學，致廣大而盡精微，極高明而道中庸』，皆逐句爲一義，上言重，下語輕。『尊德性』猶『據於德』，德性須尊之。道，行也。問，問得者；學，行得者，猶學問也。『尊德性』須是將前言往行、所聞所知以參驗，恐行有錯。『致廣大』須『盡精微』，不得鹵莽。『極高明』須道中庸之道。」○又曰：「今且將『尊德性而道問學』爲心，日自求於問學有所背否？於德性有所懈否？此義亦是博文約禮，下學上達。以此警策一年，安得不長？每日須求多少爲益，知所亡，改得少不善，此德性上之益。讀書求義理，編書須理會有所歸著，勿徒寫過，又多識前言往行，此問學上益也。勿使有俄頃閑度，似此三年，庶幾有進。」○又曰：「『致廣大』、『極高明』，此則儘遠大，所處則直是精約。」○又曰：「温故知新，多識前言往行以畜德，繹舊業而知新，益思昔未至而今至之，緣舊所見聞而察來，皆其義也。」○吕氏曰：「道之在我者，德性而已。不先貴乎此，則所謂問學者，不免乎口耳爲人之事而已。道之全體者，廣大而已。不先充乎此，則所謂精微者，或偏或隘矣。道之上達者，高明而已。不先止乎此，則所謂中庸者，同汙合俗矣。温故知新，將以進吾知也；敦厚崇禮，將以實吾行也。知崇禮卑至於成性，則道義皆從此出矣。居上而驕，知上而不知下者也；爲下而倍，知下而不知上者也。國有道，不知言之足興，知藏而不知行者也；國無道，不知默之足容，知行而不知藏者也。是皆一偏之行，不蹈乎時中。惟明哲之人，知上知下，知行知藏，此所以卒保其身者也。」○游氏曰：「『發育萬物，峻極于天』，至道之功也。『禮儀三百，威儀三千』，至道之具也。『洋洋乎』，言上際於天，下蟠於地也。『優優大哉』，言動容周旋中禮也。夫以三百三千之多儀，非天下至誠，孰能從容而盡中哉？故曰『待其人而後行』。蓋盛德之至者，人也，『故曰苟不至德，至道不凝焉』。至德非他，至誠而已矣。」○又曰：「『懲忿窒慾』、『閑邪存誠』，此『尊德性』也。非學以聚之，問以辨之，則擇善不明矣，故繼之以『道問學』。『尊德性而道問學』，然後能『致廣大』。尊其所聞，行其所知，充其德性之體，使無不該徧，此『致廣大』也。非『盡精微』，則無以極深而研幾也，故繼之以『盡精微』。『致廣大而盡精微』，然後能『極高明』。始也未離乎方，今則無方矣；始也未離乎體，今則無體矣。離形去智，廓然大通，此『極高明』也。非道中庸，則無踐履可據之地，不幾於蕩而無執乎，故繼之以『道中庸』。高明者，中庸之妙理，而中庸者，高明之實德也，其實非兩體也。」○楊氏曰：「道之『峻極于天』，道之至也，無禮以範圍之，則蕩而無止，而天地之化或過矣。『禮儀三百，威儀三千』，所以體道而範圍之也，『故曰苟不至德，至道不凝焉』。所謂至德者，禮其是乎！夫禮，天所秩也。後世或以爲忠信之薄，或以爲僞，皆不知天者也，故曰『待其人而後行』。蓋道非禮不止，禮非道不行，二者常相資也，苟非其人，而梏於儀章器數之末，則愚不肖者之不及也，尚何至道之凝哉！」○又曰：「『尊德性』而後能『致廣大』，『致廣大』而後能『極高明』，『道問學』而後能『盡精微』，『盡精微』而後能『擇中庸而固執之』，入德之序也。」○又曰：「國無道，可以『卷而懷之』，然後『其默足以容』。此明哲保身之道，非遵養之有素，其何能爾。不然，雖欲『卷而懷之』，其可得乎？」○又曰：「道止於中而已矣。出乎中則過，未至則不及，故惟中爲至。夫中也者，道之至極，故中又謂之極。屋極亦謂之極，蓋中而高故也。『極高明』而不道乎中庸，則賢智者過之也；『道中庸』而不極乎高明，則愚不肖者之不及也。世儒以高明、中庸析爲二致，非知中庸也。以謂聖人以高明處己，中庸待人，則聖人處己常過之，待人常不及，道終不明不行，與愚不肖者無異矣。」

右第二十七章。言人道也。

子曰：「愚而好自用，賤而好自專，生乎今之世，反古之道。如此者，裁及其身者也。」好，去聲。裁，古災字。○以上孔子之言，子思引之。反，復也。**非天子，不議禮，不制度，不考文。**此以下，子思之言。禮，親疏貴賤相接之體也。度，品制。文，書名。**今天下車同軌，書同文，行同倫。**行，去聲。○今，子思自謂當時也。軌，轍迹之度。倫，次序之體。三者皆同，言天下一統也。**雖有其位，苟無其德，不敢作禮樂焉；雖有其德，苟無其位，亦不敢作禮樂焉。**鄭氏曰：「言作禮樂者，必聖人在天子之位。」**子曰：「吾説夏禮，杞不足徵也；吾學殷禮，有宋存焉；吾學周禮，今用之，吾從周。」**此又引孔子之言。杞，夏之後。徵，證也。宋，殷之後。三代之禮，孔子皆嘗學之而能言其意；但夏禮既不可考證，殷禮雖存，又非當世之法，惟周禮乃時王之制，今日所用。孔子既不得位，則從周而已。○或問：「子思之時，周室衰微，禮樂失官，制度不行於天下久矣，其曰『同軌同文』，何邪？」曰：「當是之時，周室雖衰，而人猶以爲天下之共主，諸侯雖有不臣之心，然方彼此争雄，不能相尚，下及六國之未亡，猶未有能更姓改物，而定天下於一者也。則周之文軌，孰得而變之哉？」曰：「周之車軌書文，何以能若是其必同也？」曰：「古之有天下者，必改正朔，易服色，殊徽號，以新天下之耳目而一其心志，若三代之異尚，其見於書傳者詳矣。軌者，車之轍迹也。周人尚輿，而制作之法，領於冬官，其輿之廣六尺六寸，故其轍迹之在地者，相距之間，廣狹如一，無有遠邇，莫不齊同。凡爲車者，必合乎此，然後可以行乎方内而無不通。不合乎此，則不惟有司得以討之，而其行於道路，自將偏倚尷尬而跬步不前，亦不待禁而自不爲矣。古語所謂『閉門造車，出門合轍』，蓋言其法之同。而《春秋傳》所謂『同軌畢至』者，則以言其四海之内政令所及者，無不來也。文者，書之點畫形象也。《周禮》司徒教民道藝，而書居其一，又有外史掌達書名於四方，而大行人之法，則又每九歲而一喻焉。其制度之詳如此，是以雖其末流，海内分裂，而猶不得變也。必至於秦滅六國，而其號令法制有以同於天下，然後車以六尺爲度，書以小篆、隸書爲法，而周制始改爾。孰謂子思之時而遽然哉？」○楊氏曰：「愚，無德也，而好自用；賤，無位也，而好自專。居今之世，無德無位，而反古以有爲，皆取裁之道，明哲不爲也，故繼之曰：『非天子，不議禮，不制度，不考文。』蓋禮樂、制度、書文，必自天子出，所以定民志、一天下之習也；變禮易樂則有誅焉，況敢妄作乎！有其位，可以作也，然不知禮樂之情，則雖作而不足爲法於天下矣。故有其位無其德，亦不敢作也，況無其位乎！」

右第二十八章。承上章爲下不倍而言，亦人道也。

王天下有三重焉，其寡過矣乎！王，去聲。○呂氏曰：「三重，謂議禮、制度、考文。惟天子得以行之，則國不異政，家不殊俗，而人得寡過矣。」**上焉者雖善無徵，無徵不信，不信民弗從；下焉者雖善不尊，不尊不信，不信民弗從。**上焉者，謂時王以前，如夏、商之禮雖善，而皆不可考。下焉者，謂聖人在下，如孔子雖善於禮，而不在尊位也。**故君子之道：本諸身，徵諸庶民，考諸三王而不繆，建諸天地而不悖，質諸鬼神而無疑，百世以俟聖人而不惑。**此君子，指王天下者而言。其道，即議禮、制度、考文之事也。本諸身，有其德也。徵諸庶民，驗其所信從也。建，立也，立於此而參於彼也。天地者，道也。鬼神者，造化之迹也。百世以俟聖人而不惑，所謂聖人復起，不易吾言者也。**質諸鬼神而無疑，知天也；百世以俟聖人而不惑，知人也。**知天知人，知其理也。**是故君子動而世爲天下道，行而世爲天下法，言而世爲天下則。遠之則有望，近之則不厭。**動，兼言行而言。道，兼法則而言。法，法度也。則，準則也。**《詩》曰：「在彼無惡，在此無射；庶幾夙夜，以永終譽！」君子未有不如此而蚤有譽於天下者也。**惡，去聲。射，音妒，《詩》作斁。○《詩》，《周頌·振鷺》之篇。射，厭也。所謂此者，指本諸身以下六事而言。○或問二十九章之説。曰：「三重，諸説不同，雖程子亦因鄭注，然於文義皆不通，唯吕氏一説爲得之耳。至於上下焉者，則吕氏亦失之，惜乎其不因上句以推之，而爲是矛盾也。」曰：「然則上焉者以時言，下焉者以位言，宜不得爲一説，且又安知下焉者之不爲霸者事邪？」曰：「以王天下者而言，則位不可以復上矣，以霸者之事而言，則其善又不足稱也，亦何疑哉？」曰：「此章文義，多近似而若可以相易者，其有辨乎？」曰：「有。三王，以迹言者也，故曰不謬，言與其已行者無所差也。天地，以道言者也，故曰不悖，言與其自然者無所拂也。鬼神無形而難知，故曰無疑，謂幽有以驗乎明也。後聖未至而難料，故曰不惑，謂遠有以驗乎近也。動，舉一身兼行與言而言之也。道者，人所共由，兼法與則而言之也。法謂法度，人之所當守也。則謂準則，人之所取正也。遠者悦，其德之廣被，故企而慕之；近者習，其行之有常，故久而安之也。」○問：「『建諸天地而不悖』，以上下文例之，此天地似乎是形氣之天地，蓋建諸天地之間而其道不悖於我也。」先生曰：「此天地只是道耳，謂吾建於此而與道不相悖也。」○問：「『質諸鬼神而無疑』，只是龜從筮從，與鬼神合其吉凶否？」曰：「亦是，然不專在此，只是合鬼神之理。」○呂氏曰：「君子之道，必無所不合而後已。有所不合，僞也，非誠也。故於身、於民、於古、於天地、於鬼神、於後世無不合，是所謂誠也，非僞也，物我、古今、天人之所同者也。」

右第二十九章。承上章居上不驕而言，亦人道也。

仲尼祖述堯舜，憲章文武；上律天時，下襲水土。祖述者，遠宗其道。憲章者，近守其法。律天時者，法其自然之運。襲水土者，因其一定之理。皆兼内外該本末而言也。**辟如天地之無不持載，無不覆幬，辟如四時之錯行，如日月之代明。**辟，音譬。幬，徒報反。○錯，猶迭也。此言聖人之德。**萬物並育而不相害，道並行而不相悖，小德川流，大德敦化，此天地之所以爲大也。**悖，猶背也。天覆地載，萬物並育於其間而不相害；四時日月，錯行代明而不相悖。所以不害不悖者，小德之川流；所以並育並行者，大德之敦化。小德者，全體之分；大德者，萬殊之本。川流者，如川之流，脉絡分明而往不息也。敦化者，敦厚其化，根本盛大而出無窮也。此言天地之道，以見上文取辟之意也。○或問小德大德之説。曰：「以天地言之，則高下散殊者，小德之川流；於穆不已者，大德之敦化。以聖人言之，則物各付物者，小德之川流；純亦不已者，大德之敦化。以此推之，可見諸説之得失矣。」曰：「子之所謂『兼内外、該本末而言』者，何也？」曰：「是不可以一事言也，姑以夫子已行之迹言之。則由其書之有得夏時贊《周易》也，由其行之有不時不食也，迅雷風烈必變也，以至於仕止久速之皆當其可也，而其所以律天時之意可見矣。由其書之有序《禹貢》述職方也，由其行之有居魯而逢掖也，居宋而章甫也，以至於用舍行藏之所遇而安也，而其襲水土之意可見矣。若因是以推之，則古先聖王之所以迎日推筴，頒朔授民，而其大至於禪授放伐，各以其時者，皆律天時之事也。其所以體國經野，正位辨方，❶而其廣至於昆蟲草木各遂其性者，皆襲水土之事也。使夫子而得邦家也，則亦何慊於是哉！」○大德是敦那化底，小德川流出那敦化底出來，這便如忠恕，忠便是做那恕底，恕便是流出那忠來底。如中和，中便是「大德敦化」，和便是「小德川流」。自古亘今，都只是這一箇道理。「天高地下，萬物散殊，而禮制行矣；流而不息，合而同化，而樂興焉。」聖人做出許多文章制度禮樂，都只是這一箇道理做出來。○《輯略》程子曰：「孔子既知桓魋不能害己，又却微服過宋。舜既見象之將殺己，而又『象憂亦憂、象喜亦喜』。國祚長短，自有命數，人君何用汲汲求治。禹、稷救飢溺者，過門不入，非不知飢溺而死者自有命，又却救之如此其急。數者之事，何故如此？須思量到『道並行而不相悖』處可也。」○又曰：「『小德川流，大德敦化』，只是言孔子川流是日用處，大德是存主處，如俗言敦本之意。」○又曰：「『大德敦化』，於化育處敦本也。『小德川流』，日用處也。此言仲尼與天地合德。」○張子曰：「接物是皆小德，統會處便是大德。更須大體上求尋也。」○吕氏曰：「此言仲尼譬天地之大也。其博厚足以任天下，其高明足以冒天下。其化循環而無窮，達消息之理也；其用照監而不已，達晝夜之道也。尊賢容衆，嘉善而矜不能，『並育而不相害』之理也。貴貴尊賢，賞功罰罪，各當其理，『並行而不相悖』之義

---

❶「正位辨方」，原誤作「方設居方」，今據四庫薈要本改。四庫本作「辨物居方」。

也。『禮儀三百，威儀三千』，此小德所以川流；『洋洋乎，發育萬物，峻極于天』，此大德所以敦化也。」○一本云：「祖述者，推本其意。憲章者，循守其法。川流者，如百川派別。敦化者，如天地一氣。」○又曰：「五行之氣，紛錯於太虛之中，並行而不相悖也。然一物之感，無不具有五行之氣，特多寡不常耳，一人之身，亦無不具有五行之德，故百理差殊，亦並行而不相悖。」○游氏曰：「中庸之道，至仲尼而集大成，故此書之末，以仲尼明之。道著於堯、舜，故『祖述』焉。法詳於文、武，故『憲章』焉。體元而亨，利物而正，一喜一怒，通於四時，夫是之謂『律天時』。修其教不易其俗，齊其政不易其宜，使五方之民各安其常，各成其性，夫是之謂『襲水土』。『上律天時』，則天道之至教修。『下襲水土』，則地理之異宜全矣。故博厚配地，『無不持載』，高明配天，『無不覆幬』，變通『如四時之錯行』，照臨『如日月之代明』。小以成小，大以成大，動者植者皆裕如也，是謂『並育而不相害』。或進或止，或久或速，無可無不可，是謂『並行而不相悖』。動以利物者智也，故曰『小德川流』；静以裕物者仁也，故曰『大德敦化』。言川流，則知敦化者仁之體；言敦化，則知川流者智之用。」○侯氏曰：「『辟如天地之無不持載，無不覆幬』，萬物所以『並育而不相害』也；『辟如四時之錯行，如日月之代明』，道所以『並行而不相悖』也。」

右第三十章。言人道也。

唯天下至聖，爲能聰明睿知，足以有臨也；寬裕温柔，足以有容也；發强剛毅，足以有執也；齊莊中正，足以有敬也；文理密察，足以有别也。知，去聲。齊，側皆反。别，彼列反。○

聰明睿知，生知之質。臨，謂居上而臨下也。其下四者，乃仁義禮知之德。文，文章也。理，條理也。密，詳細也。察，明辨也。**溥博淵泉，而時出之。**溥博，周徧而廣濶也。淵泉，靜深而有本也。出，發見也。言五者之德，充積於中，而以時發見於外也。**溥博如天，淵泉如淵。見而民莫不敬，言而民莫不信，行而民莫不説。**見，音現。説，音悦。○言其充積極其盛，而發見當其可也。**是以聲名洋溢乎中國，施及蠻貊。舟車所至，人力所通，天之所覆，地之所載，日月所照，霜露所隊，凡有血氣者，莫不尊親，故曰配天。**施，去聲。隊，音墜。○「舟車所至」以下，蓋極言之。配天，言其德之所及，廣大如天也。○問：「至誠、至聖如何分？」曰：「至聖、至誠只是以表裏言。至聖是其德之發見乎外者，故人見之。但見其『溥博如天，淵泉如淵，見而民莫不敬，言而民莫不信』，至『凡有血氣者莫不尊親』，此其見於外者如此。至誠，則是那裏面骨子。經綸大經，立大本，知化育，此三句便是骨子，那箇聰明睿知却是這裏發出去。至誠處，非聖人不自知；至聖，則外人只見得到這處。」○或曰：「至誠至聖，亦可以體用言否？」曰：「體用也不相似，只是説得表裏。」○問：「仁義禮智之智，與聰明睿知，想是兩樣，禮智是自然之性，能辨是非者；睿知是説聖人聰明之德，無所不能者。」先生曰：「便只是這箇物事，禮智是通上下而言，睿知是擴充得較大。爐中底便是那禮智，如睿知則是那照天燭地底。『睿知聰明，足有臨也』，某初曉那『臨』字不得。後思之，大概是有過人處，方能服人。且如臨十人，須是强得那十人方得；至於百人、千人、萬人皆然。若臨天下，便須强得天下方得。所以道是『亶聰明，作元后』。又曰『聰明文思』，又曰『聰明時憲』，便是大故底要那聰明。」○問「文理密察」。先生曰：「此是聖人於至纖至悉無不詳密。且如一物，初破作兩片，又破作四片，若未恰好，又破作八片，只管詳密。文是文章，如物之文縷；理是條理。每事詳密審察，故曰『足以有別』。」○聰察便是知，强毅便是勇。○「溥博淵泉」，溥，周徧。博，宏大。淵，深沈。泉，便有箇發達不已底意。○《輯略》程子曰：「『溥博淵泉而時出之』，須是先有溥博淵泉，方始能時出，自無溥博淵泉，豈能以時出之？」○楊氏曰：「《書》曰『惟天生聰明時乂』，《易》曰『知臨大君之宜吉』，則聰明睿知，人君之德也，故『足以有臨』。臨而不容，不足以得衆；容而不執，不足以有制；執而不敬，或失於自私；敬而無別，或無以方外，非成德也。『溥博如天』，則其大無外；『淵泉如淵』，則其流不窮。『淵泉』言有本也，而『時出之』則其流不息矣。故民莫不敬信而悦服，凡有血氣之類莫不尊親，則與天同德矣，故曰『配天』。」

右第三十一章。承上章而言小德之川流，亦天道也。

唯天下至誠，爲能經綸天下之大經，立天下之大本，知天地之化育。夫焉有所倚？ 夫，音扶。焉，於虔反。○經、綸，皆治絲之事。經者，理其緒而分之；綸者，比其類而合之也。經，常也。大經者，五品之人倫。大本者，所性之全體也。唯聖人之德極誠無妄，故於人倫各盡其當然之實，而皆可以爲天下後世法，所謂經綸之也。其於所性之全體，無一毫人欲之僞以雜之，而天下之道千變萬化皆由此出，所謂立之也。其於天地之化育，則亦其極誠無妄者有默契焉，非但聞見之知而已。此皆至誠無妄，自然之功用，夫豈有所倚著於物而後能哉。**肫肫其仁！淵淵其淵！浩浩其天！** 肫，之純反。○肫肫，懇至貌，以經綸而言也。淵淵，静深貌，以立本而言也。浩浩，廣大貌，以知化而言也。其淵其天，則非特如之而已。

苟不固聰明聖知達天德者，其孰能知之？ 聖知之知，去聲。○固，猶實也。鄭氏曰：「唯聖人能知聖人也。」○經綸是用，立本是體。問：「知天地之化，是與天地合否？」答曰：「然。」

右第三十二章。承上章而言大德之敦化，亦天道也。前章言至聖之德，此章言至誠之道。然至誠之道，非至聖不能知；至聖之德，非至誠不能爲，則亦非二物矣。此篇言聖人天道之極致，至此而無以加矣。

《詩》曰「衣錦尚絅」，惡其文之著也。故君子之道，闇然而日章；小人之道，的然而日亡。君子之道：淡而不厭，簡而文，温而理，知遠之近，知風之自，知微之顯，可與入德矣。 衣，去聲。絅，口迥反。惡，去聲。闇，於感反。○前章言聖人之德，極其盛矣。此復自下學立心之始言之，而下文又推之以至其極也。《詩》，《國風·衛·碩人》、《鄭》之《丰》，皆作「衣錦褧衣」。褧、絅同，襌衣也。尚，加也。古之學者爲己，故其立心如此。尚絅故闇然，衣錦故有日章之實。淡、簡、温，絅之襲於外也；不厭而文且理焉，錦之美在中也。小人反是，則暴於外而無實以繼之，是以的然而日亡也。遠之近，見於彼者由於此也。風之自，著乎外者本乎内也。微之顯，有諸内者形諸外也。有爲己之心，而又知此三者，則知所謹而可入德矣。故下文引詩言謹獨之事。**《詩》云：「潛雖伏矣，亦孔之昭！」故君子内省不疚，無惡於志。君子之所不可及者，其唯人之所不見乎。** 惡，去聲。○《詩》，《小雅·正月》之篇。承上文言「莫見乎隱，莫顯乎微」也。疚，病也。無惡於志，猶言無愧於心，此君子謹獨之事也。**《詩》云：「相在**

爾室，尚不愧于屋漏。」故君子不動而敬，不言而信。相，去聲。○《詩》，《大雅・抑》之篇。相，視也。屋漏，室西北隅也。承上文又言君子之戒謹恐懼，無時不然，不待言動而後敬信，則其爲己之功益加密矣。故下文引詩并言其效。**《詩》曰：「奏假無言，時靡有爭。」是故君子不賞而民勸，不怒而民威於鈇鉞。**假、格同。鈇，音夫。○《詩》，《商頌・烈祖》之篇。奏，進也。承上文而遂及其效，言進而感格於神明之際，極其誠敬，無有言説而人自化之也。威，畏也。鈇，莝斫刀也。鉞，斧也。**《詩》曰：「不顯惟德！百辟其刑之。」是故君子篤恭而天下平。**《詩》，《周頌・烈文》之篇。不顯，説見二十六章，此借引以爲幽深玄遠之意。承上文言天子有不顯之德，而諸侯法之，則其德愈深而效愈遠矣。篤，厚也。篤恭，言不顯其敬也。篤恭而天下平，乃聖人至德淵微，自然之應，中庸之極功也。**《詩》云：「予懷明德，不大聲以色。」子曰：「聲色之於以化民，末也。」《詩》曰「德輶如毛」，毛猶有倫。「上天之載，無聲無臭」，至矣！**輶，由、酉二音。○《詩》，《大雅・皇矣》之篇。引之以明上文所謂不顯之德者，正以其不大聲與色也。又引孔子之言，以爲聲色乃化民之末務，今但言不大之而已，則猶有聲色者存，是未足以形容不顯之妙。不若《烝民》之詩所言「德輶如毛」，則庶乎可以形容矣，而又自以爲謂之毛，則猶有可比者，是亦未盡其妙。不若《文王》之詩所言「上天之事，無聲無臭」，然後乃爲不顯之至耳。蓋聲臭有氣無形，在物最爲微妙，而猶曰無之，故惟此可以形容不顯篤恭之妙。非此德之外，又别有是三等，然後爲至也。

○或問卒章之説。曰：「承上三章，既言聖人之德而極其盛矣，子思懼夫學者求之於高遠玄妙之域，輕自大而反失之也，故反於其至近者而言之，以示入德之方。欲學者先知用心於内，不求人知，然後可以謹獨誠身，而馴致乎其極也。君子篤恭而天下平，而其所以平者，無聲臭之可尋，此至誠盛德自然之效，而中庸之極功也，故以是而終篇焉。蓋以一篇而論之，則天命之性，率性之道，脩道之教，與夫天地之所以位，萬物之所以育者，於此可見其實德。以此章論之，則所謂『淡而不厭，簡而文，温而理，知遠之近，知風之自，知微之顯』者，於此可見其成功。皆非空言也。然其所以入乎此者，則無他焉，亦曰反身以謹獨而已矣。故首章已發其意，此章又申明而極言之，其旨深哉！其曰『不顯』，亦充『尚絅』之心以至其極耳，與《詩》之訓義不同，蓋亦假借而言，若《大學》敬止之例也。」「諸説如何？」曰：「程子至矣。吕氏既失其章旨，又不得其綱領條貫，而於文義尤多未當。如此章承上文聖誠之極致，而反之以本乎下學之初心，遂推言之，以至其極而後已也。而以爲皆言德成反本之事，則既失其章旨矣。此章凡八引《詩》，自『衣錦尚絅』以至『不顯惟德』凡五條，始學成德、疎密淺深之序也；自『不大聲色』以至『無聲無臭』凡三條，皆所以贊夫不顯之德也。今以『不顯惟德』，通前三義而并言之，又以後三條者，亦通爲進德工夫淺深次第，則又失其條理矣。至以『知風之自』，爲知見聞動作皆由心出；以『知微之顯』，爲知心之精微明達暴著；以『不動而敬，不言而信』，爲人敬信之；以貨色、親長、達諸天下，爲篤恭而天下平；以德爲誠之之事，而猶有聲色，至於『無聲無臭』，然後誠一於天，則又文義之未當者然也。然近世説者，乃有深取乎其『知風之自』之説，而以爲非大程夫子不能言者，蓋習於佛氏『作用是性』之談，而不察乎了翁序文之誤耳。學之不講，其陋至此，亦可憐也。游氏所謂『無藏於中，無交於物，泊然純素，獨與神明居』，所謂『離人而立於獨』者，皆非儒者之言。『不失足於人，不失色於人，不失口於人』，則又審於接物之事，而非簡之謂也。其論三知，未免牽合之病。其論『德輶如毛』以下，則其失與呂氏同。楊氏知風之自，與呂氏舊本之説略同，而其取證，又皆太遠。要當參取呂氏改本，去其所謂見聞者，而益以言語之得失，動作之是非，皆知其有所從來，而不可不謹，則庶乎其可耳。以『德輶如毛』爲有德而未化，則又呂、游之失也。侯氏説多疎濶，惟以此章爲再序入德成德之序者，獨爲得之也。」○問：「『衣錦尚絅』章，首段雖是再序初學入德之要，然也只是説箇存養致知底工夫，但到此説得來尤密。思量來『衣錦尚絅』之意，大段好。如今學者不長進，都緣不知此理，須是『灂然而日章』。」曰：「《中庸》後面愈説得向裏來，凡八引《詩》，一步退似一步，都用那般『不言』、『不動』、『不顯』、『不大』底字，直説到『無聲臭』，則至矣。」○問「知風之自」。答曰：「凡事自有箇來處，所以與『微之顯』厮對著。」○問「知微之顯」。先生曰：「只是收斂向内，工夫漸密，便見得近之可遠，風之自，微之顯，君子之道，固是不暴著於外。然曰『惡其文之著』，亦不是無文也，自有文在裏。淡則可厭，簡則不文，温則不理。而今却不厭而文且理，只緣有錦在裏。」○《中庸》末章恐是説只有收斂近裏如此，則工夫細密。而今人只是不收向裏，做時心便粗了，然而細密中却自有光明發出來。《中庸》一篇，始只是一，中間却事事有，末後却復歸結於一。○「不大聲以色」，只是説至德自無聲色。今人説恭了，便不用刑政，不用禮樂，豈有此理。古人未嘗不用禮樂刑政，但自有德以感人，不專靠他刑政耳。○問：「『不顯其德』，案《詩》中例，是言『豈不顯』也。今借引此詩，便真作『不顯』説，如何？」曰：「是箇幽深玄遠意，是不顯中之顯。此段自『衣錦尚絅』、『灂然日章』，漸漸收斂到後面，一段密似一段，直到聖而不可知處，曰『無聲無臭，至矣』。」○因問孔子「空空」、顏子「屢空」與《中庸》所謂「無聲無臭」之理。答云：「以某觀《論語》之意，自是孔子叩鄙夫，鄙夫空空，非是孔子空空。顏子簞瓢屢空，自對子貢貨殖而言。始自《文選》中説顔子屢空，空心受道，故疏《論語》者亦有此説。要之，亦不至如今日學者直是懸空説入玄妙處去也。《中庸》『無聲無臭』本是説天道。彼其所引《詩》，《詩》中自説須是『儀刑文王』，然後『萬邦作孚』，詩人意初不在『無聲無臭』上也。《中庸》引之，結《中庸》之義。嘗細推之，蓋其意自言謹獨以脩德。至《詩》曰『不顯惟德，百辟其刑之』，乃『篤恭而天下平』也。後面節節贊歎其德如此，故至『予懷明德』以至『「德輶如毛」，毛猶有倫，「上天之載，無聲無臭」，至矣』，蓋言天德之至，而微妙之極，難爲形容如此。今爲學之始，未知所有，而遂欲一蹴至此，吾見其倒置而終身迷亂矣。」○《輯略》程子曰：「學始於不欺暗室。」○又曰：「不愧屋漏便是持敬氣象。」○又曰：「不愧屋漏，則心安而體舒。」○又曰：「云云。所謂一者，無適之謂一。且欲涵泳主一之義，一則無二三矣。言敬無如《易》『敬以直内，義以方外』，須是直内，乃是主一之義。至於不敢欺不敢慢，『尚不愧於屋漏』，皆是敬之事也。」○又曰：「聖人脩己以安百姓，篤恭而天下平。惟上下一於恭敬，則天地自位，萬物自育，氣無不和，四靈何有不至。此體信達順之道，聰明睿知皆由是出，以此事天饗帝。」○又曰：「道一本也，知不二本，便是『篤恭而天下平』。」○又曰：「君子之遇事無巨細，一於敬而已矣。簡細故以自崇，非敬也；飾私智以爲奇，非敬也。要之無敢慢而已。《語》曰：『居處恭，執事敬，雖之夷狄，不可棄也。』然則『執事敬』者，固爲仁之端也，推是心而成之，則『篤恭而天下平』矣。」○又曰：「『毛猶有倫』，入毫釐絲忽，終不盡。」○又曰：「聖人之言依本分，至大至妙事，語之若尋常，此所以味長。釋氏之説，纔見得些，便驚天動地，言語走作，却是味短，只爲乍見。如《中庸》言道，只消道『無聲無臭』四字，緫括了多少釋氏『非黄非白，非鹹非苦』言語。」○又曰：「《中庸》之説，其本至於『無聲無臭』，其用至於『禮儀三百，威儀三千』，復歸於『無聲無臭』。此言聖人心要處，與佛家之言相反，儘教説無形迹無色，其實不過『無聲無臭』，必竟有甚見處？大抵語論間不難見。如人論金曰黄色，此人必是不識金。若是識金者，更不言，設或言時，别自有道理。張子厚嘗謂佛如大富貧子。横渠此一事甚當。」○張子曰：「瀫然，修於隱也。的然，著於外也。」○游氏曰：「『君子内省不疚，無惡於志』，『君子所不可及者，其惟人所不見乎』，言慎獨也。」○楊氏曰：「君子之道，充諸内而已，故『瀫然而日章』。小人務外而不孚其實，故『的然而日亡』。此『衣錦』所以『尚絅』，而『惡其文之著』也。淡疑於可厭，簡疑於不文，温疑於不理。淡、簡、温，所謂『瀫然』也。『淡而不厭，簡而文，温而理』，則瀫然而章矣。此充養『尚絅』之至也。」○又曰：「道不可須臾離也，以其無適而非道也。故於不聞不睹，必恐懼戒慎焉。『相在爾室，尚不愧於屋漏』，其充此之謂乎！」○又曰：「『上天之載，無聲無臭』，至矣。蓋道本乎天，而其卒也反乎天，兹其所以爲至者乎！」○又曰：「孟子言『大人正己而物正』，物正，物自正也。大人只知正己而已，物自然正，此乃『篤恭而天下平』之意。」○侯氏曰：「『不愧屋漏』與『慎獨』不同。」○又曰：「自『衣錦尚絅』至『無聲無臭，至矣』，子思再序入德成德之序也。」○又曰：「子思之書《中庸》也，始於『寂然不動』，中則『感而遂通天下之故』，及其至也，『退藏於密』，以神明其德，復於天命，反其本而已。其意義無窮，非玩味力索莫能得之。」

右第三十三章。子思因前章極致之言，反求其本，復自下學爲己謹獨之事，推而言之，以馴致乎篤恭而天下平之盛。又贊其妙，至於無聲無臭而後已焉。蓋舉一篇之要而約言之，其反覆丁寧示人之意，至深切矣，學者其可不盡心乎！

論語朱子集注序説

《史記·世家》曰：孔子名丘，字仲尼。其先宋人。父叔梁紇，母顔氏。以魯襄公二十二年庚戌之歲十一月庚子生孔子於魯昌平鄉陬邑。爲兒嬉戲，常陳俎豆，設禮容。及長，爲委吏，料量平；委吏，本作季氏史。《索隱》云：「一本作委吏，與《孟子》合。」今從之。爲司職吏，畜蕃息。職，見《周禮·牛人》，讀爲樴，義與杙同，蓋繫養犧牲之所。此官即《孟子》所謂乘田。適周，問禮於老子。既反，而弟子益進。昭公二十五年甲申，孔子年三十五，而昭公奔齊，魯亂。於是適齊，爲高昭子家臣，以通乎景公。有聞韶、問政二事。公欲封以尼谿之田，晏嬰不可，公惑之。有季、孟、吾老之語。孔子遂行，反乎魯。定公元年壬辰，孔子年四十三，而季氏强僭，其臣陽虎作亂專政。故孔子不仕，而退修《詩》、《書》、《禮》、《樂》，弟子彌衆。九年庚子，孔子年五十一，公山不狃以費畔季氏，召，孔子欲往，而卒不行。有答子路「東周」語。定公以孔子爲中都宰，一年，四方則之，遂爲司空，又爲大司寇。十年辛丑，相定公會齊侯于夾谷，齊人歸魯侵地。十二年癸卯，使仲由爲季氏宰，墮三都，收其甲兵。孟氏不肯墮成，圍之不克。十四年乙巳，孔子年五十六，攝行相事，誅少正卯，與聞國政。三月，魯國大治。齊人歸女樂以沮之，季桓子受之，郊又不致膰俎於大夫，孔子行。《魯世家》以此以上皆爲十二年事。適衛，主於子路妻兄顏濁鄒家。《孟子》作顏讎由。適陳，過匡，匡人以爲陽虎而拘之。有顏淵後及「文王既没」之語。既解，還衛，主蘧伯玉家，見南子。有矢子路及「未見好德」之語。去，適宋，司馬桓魋欲殺之。有「天生德」語及微服過宋事。又去，適陳，主司城貞子家。居三歲而反于衛，靈公不能用。有「三年有成」之語。晉趙氏家臣佛肸以中牟畔，召孔子，孔子欲往，亦不果。有答子路堅、白語及荷蕢過門事。將西見趙簡子，至河而反，又主蘧伯玉家。靈公問陳，不對而行，復如陳。據《論語》，則絶糧當在此時。季桓子卒，遺言謂康子必召孔子，其臣止之，乃召冉求。《史記》以《論語》「歸與」之歎爲在此時，又以《孟子》所記歎辭爲主司城貞子時語，疑不然。蓋《語》、《孟》所記，本皆此一時語，而記有異同耳。孔子如蔡及葉。有葉公問答子路不對、沮溺耦耕、荷蓧丈人等事。《史記》云：「於是楚昭王使人聘孔子，孔子將往拜禮，而陳、蔡大夫發徒圍之，故孔子絶糧於陳、蔡之間。」有愠見及告子貢「一貫」之語。案：是時陳、蔡臣服於楚，若楚王來聘孔子，陳、蔡大夫安敢圍之。且據《論語》，絶糧當在去衛如陳之時。楚昭王將以書社地封孔子，令尹子西不可，乃止。《史記》云「書社地七百里」，恐無此理，時則有接輿之歌。又反乎衛，時靈公已卒，衛君輒欲得孔子爲政。有魯衛兄弟及答子貢夷齊、子路正名之語。而冉求爲季氏將，與齊戰有功，康子乃召孔子，而孔子歸魯，實哀公之十一年丁巳，而孔子年六十八矣。有對哀公及康子語。然魯終不能用孔子，孔子亦不求仕，乃敘《書傳》、《禮記》，有杞宋、損益、「從周」等語。刪《詩》正樂，有語大師及「樂正」之語。序《易·彖》、《繫》、《象》、《説卦》、《文言》。有「假我數年」之語。弟子蓋三千焉，身通六藝者七十二人。弟子顔回最賢，早死，後唯曾參得傳孔子之道。十四年庚申，魯西狩獲麟，有「莫我知」之歎。孔子作《春秋》。有「知我」、「罪我」等語，《論語》請討陳恒事，亦在是年。明年辛酉，子路死於衛。十六年壬戌，四月己丑，孔子卒，年七十三，葬魯城北泗上。弟子皆服心喪三年而去，唯子貢廬於冢上，凡六年。孔子生鯉，字伯魚，先卒。伯魚生伋，字子思，作《中庸》。子思學於曾子，而孟子受業於子思之門人。

何氏曰：「《魯論語》二十篇。《齊論語》別有《問王》、《知道》，凡二十二篇，其二十篇中章句頗多於《魯論》。《古論》出孔氏壁中，分《堯曰》下章子張問以爲一篇，有兩《子張》，凡二十一篇，篇次不與《齊》《魯論》同。」

程子曰：「《論語》之書，成於有子、曾子之門人，故其書獨二子以子稱。」

程子曰：「讀《論語》，有讀了全然無事者，有讀了後其中得一兩句喜者，有讀了後知好之者，有讀了後直有不知手之舞之足之蹈之者。」

程子曰：「今人不會讀書。如讀《論語》，未讀時是此等人，讀了後又只是此等人，便是不曾讀。」

程子曰：「頤自十七八讀《論語》，當時已曉文義。讀之愈久，但覺意味深長。」

論語集編卷第一

學而第一

朱子曰：「此爲書之首篇，故所記多務本之意，乃入道之門，積德之基，學者之先務也。凡十六章。」

子曰：「學而時習之，不亦說乎？學之爲言效也。人性皆善，而覺有先後，後覺者必效先覺之所爲，乃可以明善而復其初也。習，鳥數飛也。學之不已，如鳥數飛也。說，喜意也。既學而又時時習之，則所學者熟，而中心喜說，其進自不能已矣。程子曰：「習，重習也。時復思繹，浹洽於中，則說也。」又曰：「學者，將以行之也。時習之，則所學者在我，故說。」謝氏曰：「時習者，無時而不習。坐如尸，坐時習也；立如齊，立時習也。」**有朋自遠方來，不亦樂乎？**朋，同類也。自遠方來，則近者可知。程子曰：「以善及人，而信從者衆，故可樂。」又曰：「說在心，樂主發散在外。」**人不知而不慍，不亦君子乎？」**慍，紆問反。○慍，含怒意。君子，成德之名。尹氏曰：「學在己，知不知在人，何慍之有？」程子曰：「雖樂於及人，不見是而無悶，乃所謂君子。」愚謂及人而樂者順而易，不知而不慍者逆而難，故惟成德者能之。然德之所以成，亦曰學之正、習之熟、說之深，而不已焉耳。○程子曰：「樂由說而後得，非樂不足以語君子。」○或問：「學之爲效，何也？」曰：「所謂學者，有所效於彼而求其成於我之謂也。以己之未知，而效夫知者，以求其知；

以己之未能，而效夫能者，以求其能，皆學之事也。」曰：「學而時習，何以説也？」曰：「人而不學，則無以知其所以爲人之理，無以能其所以爲人之事，固不足以謂之人矣。然學矣而不習，則表裏扞格，而無以致其學之之道；習矣而不時，則工夫間斷，而無以成其習之之功。是以雖曰知之，而枯燥生澀，無可嗜之味；雖曰能之，而危殆杌隉，無可即之安。如是而求有以勝夫氣稟物欲之私，亦何自而能得哉。是以聖人之教，使人既學矣，而於其所學，又必時時習之，則其心與理相涵，而所知者益精；身與事相安，而所能者益熟。此其中心油然悦懌之味，雖芻豢之甘於口，亦不足以喻其美，此學之始也。」曰：「以善及人，而信從者衆，若何而可樂邪？」曰：「聞之張子曰：『性者，萬物之一原，非有我之所得私也。惟夫人爲能盡其道，故立必俱立，知必周知，愛必兼愛，成不獨成。彼自蔽塞而不能順我理者，則亦末如之何矣。』嘗以是觀之，而朋來之樂，其指可知。然吾之善未充，而無以取信於彼，雖欲求以告之，亦將不吾顧矣。惟其有以充諸身而形諸外，則彼之望風覿德者，自將敬信服從之不暇。蓋近者既至，而遠者畢來，以學於吾之所學，而求以復其初。凡吾之所得而悦諸心者，彼亦將有以得而悦之，而無物我之間。是其歡欣交通、融怡和樂之意所以盈於內而達於外者，又豈手舞足蹈之可言哉！是學之中也。」曰：「人不知而不慍，何以爲君子也？」曰：「常人之情，人不知而不能不慍者，有待於外也。若聖門之學，則其本心正以爲己而已，初非爲是以求人之知也。人知之，人不知之，亦何加損於我哉？然人雖或聞此矣，而信之有不篤，養之有不厚，守之有不固，則居之不安，而臨事未必果能真不動也。今也人不見知而處之泰然，略無纖介含怒不平之意，非成德之士，信之篤而養之厚，守之固而居之安，其孰能之？故必如是而得夫君子之名。苟自是日進而不已焉，則不怨不尤，下學上達，以馴致於聖人，亦不難矣。此學之終也。」或曰：「學有大小，此所爲學，其大學邪？」曰：「不然也。學而習，習而悦，凡學皆然，不以大小而有間也。且洒埽應對之事，正門人小子之所宜先者，而大學之基也，聖人豈略之哉！」曰：「程子之於習，有兩義焉，何也？」曰：「重複思繹者，以知者言也。所學在我者，以能者言也。學之爲道，不越乎兩端矣。」曰：「時習之所以説，諸説孰近？」「夫習而熟，熟而説，脉絡貫通，最爲親切，程子所謂『浹洽者』是也。」曰：「朋來之樂奈何？」曰：「惟以程子之言求之，然後見夫樂之實。且其『以善及人而信從者衆』之云，才九字耳，而無一字之虚設也，非見之明而驗之實，其孰能與於此？」曰：「説、樂皆出於心，而程子有内外之辨，何也？」曰：「程子非以樂爲在外也，以爲積滿於中而發越乎外耳。説則方得於内而未能達於外也。」「不愠之説，孰爲得？」曰：「程子得之。至論其所以然者，則尹氏爲尤切，使人之始學，即知是説以立其心，則庶乎其無慕於外矣。」〇南軒曰：「人有所當知，有所當能，皆天理也。惟夫人未之知能也，則貴於學焉。學之爲言效也，效夫善而勉之於己也。學貴於時習者，重復温繹其所已知已能者也。蓋不習不時，則其趣不熟，其守不固，荒疎危殆，雖暫得之，亦且失之矣。惟夫學焉而時習之，則浹洽貫通，其説有不可既焉。『有朋自遠方來』，志同者，應講習相資，其樂孰尚？樂之義比於説，爲發舒也。雖然朋來固可樂，而人之不知，亦不愠也。蓋爲仁由己，亦豈與於知不知乎？」〇案：二先生釋朋來而樂之義不同，嘗參之《詳説》曰：「學既有得，同類之人自遠而至，己之所得有以及於人者廣，人之所得有以裕於己者多，則不但中心自説而已。則朱子初説亦取人己相資之意，而卒從程説者，蓋己之學僅有得焉，能使同類之遠至，必其善可以及人，然後從之者多也。」

○有子曰：「其爲人也孝弟，而好犯上者，鮮矣；不好犯上，而好作亂者，未之有也。弟、好，皆去聲。鮮，上聲，下同。○有子，孔子弟子，名若。善事父母爲孝，善事兄長爲弟。犯上，謂干犯在上之人。鮮，少也。作亂，則爲悖逆爭鬬之事矣。此言人能孝弟，則其心和順，少好犯上，必不好作亂也。**君子務本，本立而道生。孝弟也者，其爲仁之本與！」**務，專力也。本，猶根也。仁者，愛之理，心之德也。爲仁，猶曰行仁。與者，疑辭，謙退不敢質言也。言君子凡事專用力於根本，根本既立，則其道自生。若上文所謂孝弟，乃是爲仁之本，學者務此，則仁道自此而生也。○程子曰：「孝弟，順德也，故不好犯上，豈復有逆理亂常之事。德有本，本立則其道充大。孝弟行於家，而後仁愛及於物，所謂親親而仁民也。故爲仁以孝弟爲本，論性則以仁爲孝弟之本。」○或問：「孝弟爲仁之本，此是由孝弟可以至仁否？」曰：「非也。謂行仁自孝弟始，孝弟是仁之一事。謂之行仁之本則可，謂是仁之本則不可。蓋仁是性也，孝弟是用也，性中只有箇仁、義、禮、智四者而已，曷嘗有孝弟來？然仁主於愛，而愛莫大於愛親，故曰：『孝弟也者，其爲仁之本與！』」○《集義》明道先生曰：「孝弟本其所以生，乃爲仁之本。」或問：「爲仁先從愛物推，如何？」伊川先生曰：「不愛其親而愛他人者，謂之悖德。不敬其親而敬他人者，謂之悖禮。故君子親親而仁民，仁民而愛物。能親親，豈不能仁民？能仁民，豈不能愛物？仁民而推親親，墨子也。」○或問：「仁何以爲愛之理？」曰：「人稟五行之秀以生，故其爲心也，未發則具仁、義、禮、智、信之性，以爲之體；已發則有惻隱、羞惡、恭敬、是非、誠實之情，以爲之用。蓋木神曰仁，則愛之理也，而其發爲惻隱。火神曰禮，則敬之理也，而其發爲恭讓。金神曰義，則宜之理也，而其發爲羞惡。水神曰智，則別之理也，而其發爲是非。土神曰信，則實有之理也，而其發爲忠信。是皆天理之固然，人心之所以爲妙也。仁之所以爲愛之理，於此其可推矣。」或曰：「仁爲愛之理矣，又以爲心之德，何哉？」曰：「仁之道大，不可以一言盡。程子論乾：『四德之元，猶五常之仁，偏言則一事，專言則包四者。』推此而言，則可見矣。蓋仁者，五常之首也而包四者，惻隱之體也而貫四端。故仁之爲義，偏言之，則曰愛之理，此章『孝弟爲仁之本』是也。其實愛之理，所以爲心之德。是以聖門之學，必以求仁爲要，而語其所以行之者，則必以孝弟爲先，論其所以賊之者，則惟以巧言令色爲甚。記語者所以列二章於首章之次，欲學者以知仁爲急，而識其所當務與其所當戒也。」曰：「程子以孝弟爲行仁之本，而又曰『論性則以仁爲孝弟之本』，何也？」曰：「仁之爲性，愛之理也，其見於用，則事親、從兄、仁民、愛物，皆其爲之之事也，此論性而以仁爲孝弟之本者然也。但親者我之所自出，兄者同出而先我，故事親而孝，從兄而弟，乃愛之先見而尤切。若君子以此爲務而力行之，至於行成而德立，則自親親而仁民，自仁民而愛物，其愛有等差，其施有漸次，而爲仁之道生生而不窮矣。此孝弟所以爲行仁之本也。」曰：「然則所謂性中但有仁與義、禮、智而無孝弟者，又何邪？」曰：「此亦以爲自性而言，則始有四者之名，而未有孝弟之目耳。非謂孝弟之理不本於性而生於外也。」曰：「然則禮、義、智、信，爲之亦有本邪？」曰：「有。」請問之。曰：「亦孝弟而已矣。但以愛親而言，則爲仁之本，其順乎親則爲義之本，敬乎親則爲禮之本，其知乎此者則爲智之本，其誠乎此者則爲信之本。蓋人之所以爲五常百行之本，無不在此。孟子之論仁、義、智、禮、樂之實者，正爲是耳，❶此其所以爲至德要道也歟！」〇引程子云云，「譬如一粒粟，生出爲

❶「爲」，四庫本作「在」。

苗。仁是粟，孝弟是苗，便是仁爲孝弟之本。又如木，有根有榦，有枝有葉，親親是根，仁民是榦，愛物是枝葉，便是行仁以孝弟爲本」。○性中只有仁、義、禮、智四者，仁便包攝孝弟在其中，但未發出來，未有孝弟之名耳。非孝弟與仁各是一物，性中只有仁，而無孝弟也。仁所包攝，不止孝弟，凡慈愛之屬，皆所包也。○伊川云：「爲仁以孝弟爲本，事之本、守之本之類是也。論性以仁爲孝弟之本，天下之大本之類是也。」○黄氏曰：「先師嘗言，二程子之解釋經義，非諸儒所能及。程伯子曰『孝弟本其所以生，乃爲仁之本』，此語最深切。蓋推原孝弟之理，本於父母之所以生，所以爲行仁之本也。」或曰：「仁者愛之理，心之德，先師言之詳矣，而學者未之能曉也。」曰：「仁，性也，既曰愛，又曰心，何也？」「天地之大德曰生，天地之所以爲德，語其全體而極其大用，不過曰生而已，生之外無他道也。天地以是爲心，而人得天地之心以爲心，故其所以爲仁者，愛是也。仁固主於愛，然人之一心，有仁有義有禮有智，其所以爲德者非一，然仁包四德而貫四端，則凡吾心之全德，莫非仁也。論仁之所專主而至切者，則曰愛；論仁之所兼統而至廣者，則曰心。不若是不足以盡其義也。」「曰愛矣而又曰愛之理，曰心矣而又曰心之德，何也？」曰：「『愛自是情，仁自是性』，程子言之矣。愛非所以言仁也，曰愛之理，則是仁者乃愛之理，而非愛也，蓋指性而言也。『合性與知覺，有心之名』，張子言之矣。言心則合性知覺而言，曰心之德，則專指此心所得之理。所謂性也，而凡所具之理，皆在其中矣。既曰愛之理，心之德，則釐而爲二矣。」又曰：「『其實愛之理，所以爲心之德』，何也？」曰：「論其專主而至切者，固曰愛之理。然其兼統而至廣者，亦豈離乎愛之理哉？故春者，生意之生也；夏者，生意之長也；秋者，生意之斂也；冬者，生意之藏也。蓋無適而非生意也。方其静也，則一生意足以包四德；及其動也，則一生意足以貫四端。則愛之理、心之德，豈有二事哉？但別而言之，庶其部分位置，截然不亂，又合而言之，使其倫理脉絡渾然無間，是則先師之意也。孔門教人，莫切於求仁。歷代諸儒推明其義，卒無至當之論。自程子一爲主、一事包四者之言，而先師立『愛之理、心之德』六字以斷之，而又一離一合，以極其指歸，使天命人心之奥，聖賢典訓之微，一旦燦然大明，其功豈可量哉！」

○子曰：「巧言令色，鮮矣仁！」巧，好。令，善也。好其言，善其色，致飾於外，務以悦人，則人欲肆而本心之德亡矣。聖人辭不迫切，專言鮮，則絶無可知，學者所當深戒也。○程子曰：「知巧言令色之非仁，則知仁矣。」○或問：「『辭欲巧』，『令儀令色』，何以異於此章所謂『巧言令色』乎？」曰：「爲己爲人之不同而已。意誠在於爲己，則容貌辭氣之間無非持養用力之地，一有意於爲人，而求其悦己，則心失其正而鮮仁矣。」○只馳心於外，便是不仁。○南軒曰：「此所謂巧言令色，欲以悦人之觀聽者，其心如之何？故爲鮮矣仁。」或曰：「君子之於言色，未嘗有所苟也，則如何？」曰：「君子之修身，謹於言辭容色之間，乃所以體當在己之實事，是求仁之要也。」

○曾子曰：「吾日三省吾身：爲人謀而不忠乎？與朋友交而不信乎？傳不習乎？」

省，悉井反。爲，去聲。傳，平聲。○曾子，孔子弟子，名參，字子輿。盡己之謂忠，以實之謂信。傳，謂受之於師。習，謂熟之於己。曾子以此三者曰省其身，有則改之，無則加勉，其自治誠切如此，可謂得爲學之本矣。而三者之序，則又以忠信爲傳習之本也。○尹氏曰：「曾子守約，故動必求諸身。」謝氏曰：「諸子之學，皆出於聖人，其後愈遠而愈失其真。獨曾子之學，專用心於内，故傳之無弊，觀於子思、孟子可見矣。惜乎其嘉言善行不盡傳於世也。其幸存而未泯者，學者其可不盡心乎！」○或問：「程子所謂『盡己之謂忠，以實之謂信』，何也？」曰：「盡己之心而無隱，所謂忠也，以其出乎內者而言也。以事之實而無違，所謂信也，以其發乎外者而言也。然未有忠而不信，未有信而不出於忠者。故又曰：『發己自盡爲忠，循物無違謂信』，表裏之謂也，亦此之謂而加密焉耳。」曰：「程子又謂『忠信者，以人言之，要之則實理』，何也？」曰：「信之爲信，實有之理也。凡性之所謂仁、義、禮、智，皆實有而無妄者也，所謂實理者是也。其見於用，則出於心而自盡者謂之忠，以其物而無違者謂之信，而凡四端之發，必以是爲主焉，所謂以人言之者是也。蓋五行之氣，各居一方而王一時，惟土無不在，故居中央而分王於四季。是則天理之本然，而人之所稟以生者，莫不象之，此人之所以克肖天地而爲萬物之靈也。」○忠信一也，但發於心而自盡則爲忠，驗於理而不違則爲信。忠是信之本，信是忠之發。○忠信只是一事，而相爲內外、始終、本末，存於己爲忠，見於物爲信。○「發己自盡」，謂凡出於己者，必自竭盡而不使其有苟簡不盡之意。「循物無違謂信」，謂言語之發，循其物之本實而無所背戾。如大則言大，小則言小，循於物而無所違耳。○荀子曰：「君子博學而日參省乎己，則智明而行無過矣。」○問：「未爲人謀、未交友朋時，所謂忠信，如何做工夫？」朱子引程子「鷄鳴爲善，只是主敬」之説曰：「只是存養此心在這裏，照管勿差失，此便是不動而敬、不言而信處。」○南軒曰：「曾子以此三者自省，可謂爲己篤實之功矣。」

○子曰：「道千乘之國：敬事而信，節用而愛人，使民以時。」道、乘，皆去聲。○道，治也。千乘，諸侯之國，其地可出兵車千乘者也。敬者，主一無適之謂。敬事而信者，敬其事而信於民也。時，謂農隙之時。言治國之要，在此五者，亦務本之意也。○程子曰：「此言至淺，然當時諸侯果能此，亦足以治其國矣。聖人言雖至近，上下皆通。此三言者，若推其極，堯舜之治亦不過此。若常人之言近，則淺近而已矣。」楊氏曰：「上不敬則下慢，不信則下疑，下慢而疑，事不立矣。敬事而信，以身先之也。《易》曰：『節以制度，不傷財，不害民。』蓋侈用則傷財，傷財必至於害民，故愛民必先於節用。然使之不以其時，則力本者不獲自盡，雖有愛人之心，而人不被其澤矣。然此特論其所存而已，未及爲政也。苟無是心，則雖有政，不行焉。」胡氏曰：「凡此數者，又皆以敬爲主。」愚謂五者反復相因，各有次第，讀者宜細推之。

○子曰：「弟子入則孝，出則弟，謹而信，汎愛衆，而親仁。行有餘力，則以學文。」弟子之弟，上聲。則弟之弟，去聲。○謹者，行之有常也。信者，言之有實也。汎，廣也。衆，謂衆人。親，近也。仁，謂仁者。餘力，猶言暇日。以，用也。文，謂詩書六藝之文。○程子曰：「爲弟子之職，力有餘則學文，不修其職而先文，非爲己之學也。」尹氏曰：「德行，本也。文藝，末也。窮其本末，知所先後，可以入德矣。」洪氏曰：「未有餘力而學文，則文滅其質；有餘力而不學文，則質勝而野。」愚謂力行而不學文，則無以考聖賢之成法，識事理之當然，而所行或出於私意，非但失之於野而已。○南軒曰：「聖人之言貫徹上下，此章雖言爲弟爲子之職，始學者之事，然充而極之，爲賢爲聖，蓋不外是也。」

○子夏曰：「賢賢易色，事父母能竭其力，事君能致其身，與朋友交言而有信。雖曰未學，吾必謂之學矣。」子夏，孔子弟子，姓卜，名商。賢人之賢，而易其好色之心，好善有誠也。致，猶委也。委致其身，謂不有其身也。四者皆人倫之大者，而行之必盡其誠，學求如是而已。故子夏言有能如是之人，苟非生質之美，必其務學之至。雖或以爲未嘗爲學，我必謂之已學也。○游氏曰：「三代之學，皆所以明人倫也。能是四者，則於人倫厚矣。學之爲道，何以加此。子夏以文學名，而其言如此，則古人之所謂學者可知矣。故《學而》一篇，大抵皆在於務本。」吴氏曰：「子夏之言，其意善矣。然辭氣之間，抑揚太過，其流之弊，將或至於廢學。必若上章夫子之言，然後爲無弊也。」○或問：「賢賢而言易色，何也？」曰：「孔子兩言未見好德如好色，而《中庸》亦以遠色爲勸賢之事，則古人之言，其以德色相爲消長者舊矣。」○南軒曰：「子夏之意，非謂能如是則不待夫學也。蓋所以貴乎學者，在此而不在彼，欲學者務其本也。首言賢賢易色，夫能親賢，固學之先務也。不曰不學，而曰未學，辭蓋涵蓄矣。」

○子曰：「君子不重則不威，學則不固。重，厚重。威，威嚴。固，堅固也。輕乎外者，必不能堅乎内，故不厚重則無威嚴，而所學亦不堅固也。**主忠信。**人不忠信，則事皆無實，爲惡則易，爲善則難，故學者必以是爲主焉。程子曰：「人道唯在忠信，不誠則無物，且出入無時，莫知其鄉者，人心也。若無忠信，豈復有物乎？」○游氏曰：「忠信所以進德也，如甘之受和，白之受采。故善學者，其心以忠信爲主，不言則已，言則必忠信也，故其言爲德言；不行則已，行則必忠信也，故其行爲德行。止而思，動而爲，無時不在是焉，則安往而非進德哉！故爲仁不主於忠信，則仁出於姑息；爲義不出於忠信，則義必出於矯亢。操是心以往，則禮必出於足恭，智必出於行險，安往而非敗德哉！而何進德之有焉？譬之欲立數仞之牆，而浮埃積沫以爲之基，亦没世不能立矣。故主忠信者，學者之要言也。」○愚案：《論語》止言忠信，不言誠，至子思、孟子然後言誠。蓋誠指全體而言，忠信指用功處而言。忠是盡於中者，信是形於外者，有忠方有信，不信則非所以爲忠。二者表裏體用之謂，如形之有影也。心無不盡之謂忠，言與行無不實之謂信，盡得忠與信即是誠。故孔子雖不言誠，但欲人於忠信上著力，忠信無不盡，則誠在其中矣。孔子教人，大抵只就行處説，行到盡處，自然識得本源。子思、孟子則併本源發出以示人，其義一也。**無友不如己者。**無、毋通，禁止辭也。友所以輔仁，不如己，則無益而有損。**過則勿憚改。」**勿，亦禁止之辭。憚，畏難也。自治不勇，則惡日長，故有過則當速改，不可畏難而苟安也。程子曰：「學問之道無他也，知其不善，則速改以從善而已。」○程子曰：「君子自修之道當如是也。」游氏曰：「君子之道，以威重爲質，而學以成之。學之道，必以忠信爲主而以勝己者輔之。然或吝於改過，則終無以入德，而賢者亦未必樂告以善道，故以過勿憚改終焉。」○南軒曰：「學以重爲先。重者，視聽言動之際，不敢以易也。夫然，則暴慢遠而德性充，其思必謹，其行必果，其守必篤，學之所以固也。不然，則無以持其外而非心易以入，雖得之，必失之。『主忠信』，主字有力，蓋斯須不忠信，則思慮言行皆無所據依，同於無物。主乎忠信，則立於實地，德所以進也。取友當求勝己者，曾己之不如，則惰志而害德矣。過勿憚改，見過則速改也，人所以不能改過者，以憚之之故耳。夫重者，嚴於外者也。忠信者，存乎中者也。存中以制外，嚴於外所以保其中也。而資友以輔之，改過以成之，君子之學不越於是矣。」○愚案：成湯之聖，猶改過不吝。顔子之賢，猶曰不貳過。以此可見雖聖賢必以改過爲貴。若知其爲過而不肯改，則是文過遂非而流於惡矣。蓋無心而誤，謂之過；有心而爲，謂之惡。不待別爲不善方謂之惡，只知過不改，是有心，便謂之惡。

○**曾子曰：「慎終追遠，民德歸厚矣。」**謹終者，喪盡其禮。追遠者，祭盡其誠。民德歸厚，謂下民化之，其德亦歸於厚。蓋終者，人之所易忽也，而能謹之；遠者，人之所易忘也，而能追之，厚之道也。故以此自爲，則己之德厚，下民化之，則其德亦歸於厚也。

○**子禽問於子貢曰：「夫子至於是邦也，必聞其政，求之與？抑與之與？」**子禽，姓陳，名亢。子貢，姓端木，名賜。皆孔子弟子。或曰：亢，子貢弟子。未知孰是。抑，反語辭。**子貢曰：「夫子温、良、恭、儉、讓以得之。夫子之求之也，其諸異乎人之求之與？」**温，和厚也。良，易直也。恭，莊敬也。儉，節制也。讓，謙遜也。五者，夫子之盛德光輝接於人者也。其諸，語辭也。人，他人也。言夫子未嘗求之，但其德容如是，故時君敬信，自以其政就而問之耳，非若他人必求之而後得也。聖人過化存神之妙，未易窺測，然即此而觀，則其德盛禮恭而不願乎外，亦可見矣。學者所當潛心而勉學也。○謝氏曰：「學者觀於聖人威儀之間，亦可以進德矣。若子貢亦可謂善觀聖人矣，亦可謂善言德行矣。今去聖人千五百年，以此五者想見其形容，尚能使人興起，而況於親炙之者乎？」張敬夫曰：「夫子至是邦必聞其政，而未有能委國而授之以政者。蓋見聖人之儀形而樂告之者，秉彝好德之良心也，而私欲害之，是以終不能用耳。」○愚謂：温，和厚也。只和一字，不足盡温之義；只厚一字，亦不足以盡温之義。必兼二字者，和如春風和氣之和，厚如坤厚載物之厚，和不慘暴也，厚不刻薄也。良，易直也，亦如前義，易者，平易也，不艱險也；直，正直也，不邪曲也。恭，莊敬也。莊主容貌而言，敬主心内而言，自中而發外，故曰恭。儉，節制也。節制二字相似而實不同。節乃自然之節限，且如一年有八節，四立二分二至是也，四十五日而一换，乃天地自然之界限，故曰節。制乃用力裁制之意，義以制事，禮以制心，謂如事理合當如此，即以義裁制之，❶若以刀裁物也。一念慮之非，即以禮裁制之，亦如刀之裁物也。讓，謙遜也。謙謂不矜己之善，遜謂推善以及人。

○子曰：「父在，觀其志；父没，觀其行；三年無改於父之道，可謂孝矣。」行，去聲。○父在，子不得自專，而志則可知。父没，然後其行可見。故觀此足以知其人之善惡，然又必能三年無改於父之道，乃見其孝，不然，則所行雖善，亦不得爲孝矣。○尹氏曰：「如其道，雖終身無改可也。如其非道，何待三年？然則三年無改者，孝子之心有所不忍故也。」游氏曰：「三年無改，亦謂在所當改而可以未改者耳。」○或問：「此章之指猶有可取者乎？」曰：「晁氏、洪氏之説亦善。晁氏曰：『三年無改於父之道，此觀行之一節也。』洪氏曰：『父没雖可以行其志，然改父之道於三年之中，則無愛親之心，而其行亦不足觀矣。』」曰：「所取尹、游之説，何也？」曰：「尹氏得其用心之本，游氏得其制事之宜，二説相須，爲不可易矣。」曰：「必若尹、游之説，則夫子之言，得無有不盡者乎？」曰：「爲人子者，本以守父之道，不忍有改爲之心。至其所遇之不同，則隨其輕重而以義制之耳。三年而改者，意其有爲而言也。其不可改，則終身不改，固不待言。其不可以待三年者，則又非常之變，亦不可以預言矣。善讀者推類而求之，或終身不改，或三年而改，或甚不得已，則不待三年而改，顧其所遇之如何。但不忍之心，則不可無耳。」或曰：「昔謝方明承前代人，

---

❶「以」，四庫本作「是」。

不易其政，其必宜改，則漸變之，使無迹可尋。爲人子者，不幸而父之道有當必改者，以是爲法，而隱忍遷就於理義之中，不亦可乎？」曰：「吾常聞之師曰，以爲此其意則固善矣，然用心每每如此，則駸駸然所失多矣。若不得已，但當至誠哀痛以改之而已，何必隱忍遷就之云乎？❶此言足以儆學者用心之微矣。」○南軒曰：「舊説爲父在能觀其志而承順之，父没觀其行而擬述之。此説文理爲順。」○案：二先生之説不同，姑兩存之。○案：《書·蔡仲之命》：「爾尚蓋前人之愆，惟忠惟孝。」父子不幸，如大禹之承鯀，蔡仲之承蔡叔，又當思所以蓋之，故治水成功而鯀配夏郊，率德改行而蔡叔世祀，豈非孝之大乎！後世如沈充，叛臣也，其子勁以死節著；李義府，姦臣也，其子湛以忠義聞。若勁與湛，可謂能蓋其父之愆矣。○又《穀梁傳》：「孝子成父之美，不成父之惡。」故魏顆從治命，君子是之；魯隱與桓，《春秋》弗取。是亦不可不知也。

○有子曰：「禮之用，和爲貴。先王之道斯爲美，小大由之。禮者，天理之節文，人事之儀則也。和者，從容不迫之意。蓋禮之爲體雖嚴，而皆出於自然之理，故其爲用，必從容而不迫，乃爲可貴。先王之道，此其所以爲美，而小事大事無不由之也。**有所不行，知和而和，不以禮節之，亦不可行也。」**承上文而言，如此而復有所不行者，以其徒知和之爲貴而一於和，不復以禮節之，則亦非復禮之本然矣，所以流蕩忘反，而亦不可行也。○程子曰：「禮勝則離，故禮之用和爲貴。先王之道以斯爲美，而小大由之。樂勝則流，故有所不行者，知和而和，不以禮節之，亦不可行。」范氏曰：「凡禮之體主於敬，而其用則以和爲

❶「必」，四庫本作「以」。

貴。敬者，禮之所以立也；和者，樂之所由生也。若有子可謂達禮樂之本矣。」愚謂嚴而泰，和而節，此理之自然，禮之全體也。毫釐有差，則失其中正，而各倚於一偏，其不可行均矣。○或問：「禮之有和，何也？」曰：「禮之所以有是品節之詳者，皆出於人心自然之節，非以人之所不欲者强之也。故行之雖或甚苦，而自有不失其和者，若不本於此，而徒勉强於儀貌之間，則是徒禮而無和矣。」○黄直卿云：「《内則》一篇，子事父母之禮，亦嚴矣。然『下氣怡色』，則和可知也。《玉藻》、《鄉黨》所載臣之事君禮，亦嚴矣。然『二爵言言，三爵油油，君在與與』，則和可知也。」先生曰：「如此則和與禮成二物矣。須是見得禮便是和，方可。如『入公門，鞠躬，如不容』，可謂至嚴矣，然甘心爲之，而無厭倦之意者，乃所以爲和也。至嚴之中，便是至和處，不可分作兩截看。」○禮之用和，是禮中之和。知和而和，已離却禮。○禮中自有和，須是知得當如此，則行之自然到和處。因舉龜山與薛宗博説會職事茶事。薛曰：「禮起聖人之僞，今日會茶，莫不須得如此。」龜山曰：「只此打不過處，便見得禮非聖人之僞。『禮之用，和爲貴』，只爲不如此則心有不安，故行之自和耳。」○禮之和處，便是禮之樂；樂之有節處，便是樂之禮。○禮主於敬，而其用以和爲貴。然如何得他敬而和？著意做不得，才著意嚴敬，便拘迫而不安；要放寬些，又流蕩而無節。須是真箇識得禮之自然處，則事事物物上都有自然之節文，雖欲不如此，不可得。故雖嚴而未嘗不和，雖和而未嘗不嚴也。○南軒曰：「禮主乎敬，而其用則以和。然有敬而後有和，和者，樂也。禮樂相須而成，故禮必以和爲貴。禮樂分而言之，則爲體爲用，相須而成。合而言之，本一而已也。」

○有子曰：「信近於義，言可復也；恭近於禮，遠恥辱也；因不失其親，亦可宗也。」近、遠，皆去聲。○信，約信也。義者，事之宜也。復，踐言也。恭，致敬也。禮，節文也。因，猶依也。宗，猶主也。言約信而合其宜，則言必可踐矣。致恭而中其節，則能遠耻辱矣。所依者不失其可親之人，則亦可以宗而主之矣。此言人之言行交際，皆當謹之於始而慮其所終，不然，則因仍苟且之間，將有不勝其自失之悔者矣。○或問：「約信而合其宜，則言必可踐，何也？」曰：「人之約信，固欲其言之必可踐，然其始也，或不度其宜焉，則所言將有不可踐者矣。以爲義有不可，而遂不踐，則失其信；以爲信之所在，而必踐焉，則害於義，二者無一可也。若約信之始而必求近於義焉，則其言無不可踐，而無二者之失矣。」或曰：「然則葉公所謂復言非信者，何邪？」曰：「此特爲人之不顧義理、輕言而必復者發，以開其自新之路耳。若信之名，則正以復言而得之也。今不察其言不近義之差於前，而責其必復其言之失於後，顧與信之所以得名者而亂之，則是矯枉過其直矣。或者乃引之以釋此句，以爲信不近義，則言有不可復者，是乃使人不度於義而輕發其言，以開誕慢欺僞之萌，其弊且將無所不至，非聖賢所以垂世立教之旨也。」曰：「爲恭而中節，則能遠耻辱，何也？」曰：「致敬於人，固欲遠其耻辱。然不合於節文，則或過或不及，皆所以自取耻辱。」「若非禮之恭，則寧身被困辱而不爲也，其説何如？」曰：「此其意善矣，然亦非有子之意也。有子之意，本爲謹其言行，以防後患於未萌之前，所謂言必慮其所終，行必稽其所敝者也，豈使不戒於初，而徐計之於已然之後，崎嶇反側，如或者之言也哉。」曰：「因不失其所親，則爲可宗，何也？」曰：「此章前有孝弟謹信而親仁之説，厚重忠信而友勝己之説，後又有不求安飽，敏行謹言而就正有道之説，其與此章之意亦相表裏也。因，猶依也。宗，猶主也。言人欲有所從，必度其人之賢而後依之，則在我不失其所親，而後亦可以爲宗主也。」○問云云。曰：「須是合下要約時便審令近義。」○要去致敬那人合當拜，却長揖，則爲不及於禮。禮數不及，人必怒之，豈不爲辱？合當與那人相揖，却去拜他，便是過於禮。禮數過當，被人不答，豈不可耻？所依者，不失其可親之人，亦可宗而主之。一般人求薦，我合下須知得他如何，便當謹所擇，若失其可親之人而宗之，將來必生出悔吝。○陳了翁曾受蔡卞之薦，後來擺脱不得，乃是所因失其所當親者也。○與人交際，當謹之於始，若其人下來不可宗主，則今日便莫要親他。○宗，主也。所宗者可以久而宗主之，如夫子於衛，主顔讎由，則是可親之人，若主癰疽瘠環，則是不可親之人。○愚案：因不失其親，如擇師友、結昏姻之屬皆是。

○子曰：「君子食無求飽，居無求安，敏於事而慎於言，就有道而正焉，可謂好學也已。」

不求安飽者，志有在而不暇及也。敏於事者，勉其所不足。慎於言者，不敢盡其所有餘也。然猶不敢自是，而必就有道之人，以正其是非，則可謂好學矣。凡言道者，皆謂事物當然之理，人之所共由者也。○尹氏曰：「君子之學，能是四者，可謂篤志力行者矣。❶然不取正於有道，未免有差。如楊、墨學仁義而差者也，其流至於無父無君，謂之好學，可乎？」○學者先須有根本，方有可求正者。須是自去講學得七八分，一就有道求正，只一二語言，便可剖判，臨時旋學也難。○南軒曰：「於食與居，則不求飽與安。於言行，則敬而謹。是人也，物欲不行，而惟理之是趨，斯不謂之好學乎？然必終之以就正有道者，蓋世固有不徇物欲而

❶「力」，原誤作「立」，據四庫薈要本改。

勉於言行者，然其所學，毫釐之差，則其弊有不可勝言者。故必就夫有道而正，然後謂之好學也。正者，正吾之偏也。同世而親其人，異世而求之書，其爲就正，一也。」

○子貢曰：「貧而無諂，富而無驕，何如？」子曰：「可也。未若貧而樂，富而好禮者也。」諂，卑屈也。驕，矜肆也。常人溺於貧富之中，而不知所以自守，故必有二者之病。無諂無驕，則知自守矣，而未能超乎貧富之外也。凡曰可者，僅可而有所未盡之辭也。樂則心廣體胖而忘其貧，好禮則安處善，樂循理，亦不自知其富矣。子貢貨殖，蓋先貧後富，而嘗用力於自守者，故以此爲問。而夫子答之如此，蓋許其所已能，而勉其所未至也。**子貢曰：「《詩》云：『如切如磋，如琢如磨。』其斯之謂與？」**磋，七多反。與，平聲。○《詩》，《衛風·淇澳》之篇，言治骨角者，既切之而復磋之；治玉石者，既琢之而復磨之：治之已精，而益求其精也。子貢自以無諂無驕爲至矣，聞夫子之言，又知義理之無窮，雖有得焉，而未可遽自足也，故引是詩以明之。**子曰：「賜也，始可與言《詩》已矣！告諸往而知來者。」**往者，其所已言者。來者，其所未言者。○愚案：此章問答，其淺深高下，固不待辨説而明矣。然不切則磋無所施，不琢則磨無所措。故學者雖不可安於小成，而不求造道之極致；亦不可騖於虚遠，而不察切己之實病也。○南軒曰：「諂、驕，皆惡也。無諂無驕，則免於惡矣，然質美者能之。若夫樂與好禮，則非致知力行所造日深者，無此味也。」

○子曰：「不患人之不己知，患不知人也。」尹氏曰：「君子求在我者，故不患人之不己知。不知人，則是非邪正或不能辨，故以爲患也。」

爲政第二凡二十四章。

子曰：「爲政以德，譬如北辰，居其所而衆星共之。」共，音拱，亦作拱。○政之爲言正也，所以正人之不正也。德之爲言得也，得於心而不失也。北辰，北極，天之樞也。居其所，不動也。共，向也，言衆星四面旋繞而歸向之也。爲政以德，則無爲而天下歸之，其象如此。○程子曰：「爲政以德，然後無爲。」范氏曰：「爲政以德，則不動而化，不言而信，無爲而成。所守者至簡而能御煩，所處者至静而能制動，所務者至寡而能服衆。」

○子曰：「《詩》三百，一言以蔽之，曰『思無邪』。」《詩》三百十一篇，言三百者，舉大數也。蔽，猶蓋也。「思無邪」，《魯頌·駉篇》之辭。凡《詩》之言，善者可以感發人之善心，惡者可以懲創人之逸志，其用歸於使人得其情性之正而已。然其言微婉，且或各因一事而發，求其直指全體，則未有若此之明且盡者。故夫子言《詩》三百篇，而惟此一言足以盡蓋其義，其示人之意亦深切矣。○程子曰：「『思無邪』者，誠也。」范氏曰：「學者必務知要，知要則能守約，守約則足以盡博矣。經禮三百，曲禮三千，亦可以一言蔽之，曰『毋不敬』。」○朱子曰：「程子云云，蓋行無邪，未是誠；思無邪，乃可爲誠也。」又曰：「思無邪，是表裏皆無毫髪之不正。世人固有修飾於外，而其中未必能純一。惟至於思亦無邪，斯可謂之誠。」

○子曰：「道之以政，齊之以刑，民免而無耻；道，猶引導，謂先之也。政，謂法制禁令也。齊，所以一之也。道之而不從者，有刑以一之也。免而無耻，謂苟免刑罰而無所羞愧，蓋雖不敢爲惡，而爲惡之心未嘗忘也。**道之以德，齊之以禮，有耻且格。」**禮，謂制度品節也。格，至也。言躬行以率之，則民固有所觀感而興起矣，而其淺深厚薄之不一者，又有禮以一之，則民耻於不善，而又有以至於善也。一説，格，正也。《書》曰：「格其非心。」○愚謂政者，爲治之具。刑者，輔治之法。德禮則所以出治之本，而德又禮之本也。此其相爲終始，雖不可以偏廢，然政刑能使民遠罪而已，德禮之效，則有以使民日遷善而不自知。故治民者不可徒恃其末，又當深探其本也。

○子曰：「吾十有五而志于學，古者十五而入大學。心之所之謂之志。此所謂學，即大學之道也。志乎此，則念念在此而爲之不厭矣。**三十而立，**有以自立，則守之固而無所事志矣。**四十而不惑，**於事物之所當然，皆無所疑，則知之明而無所事守矣。**五十而知天命，**天命，即天道之流行而賦於物者，乃事物所以當然之故也。知此，則知極其精，而不惑又不足言矣。○程子曰：「知天命，窮理盡性也。」○或問：「所謂知天命者，何也？」曰：「天道運行，賦與萬物，莫非至善無妄之理而不已焉，是則所謂天命者也。物之所得，是之謂性。性之所具，是之謂理。其名雖殊，其實則一而已。」「程子直以窮理盡性言之，何也？」曰：「程子之意，蓋以禮也、性也、命也，即非二物而有是言耳。夫二者固非二物，然隨其所在而言，則亦不能無小分別。蓋理以事別，性以人殊，命則天道之全而性之所以爲性、理之所以爲理者也。自天命者而觀之，則性理云者，小德之川流。自性理者而觀之，則天命云者，大德之敦化也。故自窮理盡性而知天命，雖非有漸次階級之可言，然其爲先後，亦不能無眇忽之間也。然或者又以天命爲窮達之命，則所知云者，又若别有所屬者。」「然則命有二乎？」曰：「命一也，但聖賢之言，有以其理而言者，有以其氣而言者。以理言者，此章之云是也。以氣言者，窮達有命云者是也。讀者各隨其語意而推之，則各得其當而不亂矣。」○問云云。先生曰：「上蔡云『性之所自來，理之所自出』，此兩句甚好。子貢謂夫子言性與天道，便性是自家底，天道便是上面腦子。上面有箇腦子，下面便有許多物事，太極圖便是發明此理。箕子爲武王陳《洪範》，先言五行，次言五事，蓋在天則爲五行，在人則爲五事。知之者，須是知得箇模樣形體如何。舊見李先生云：『且静坐體認，作何形象。』此箇道理，大則包於乾坤，挈提造化，細則入毫釐絲忽裹去，無遠不周，無微不到。但須是見得這周到底是何物。」○問：「知天命與不知命之命，爲如何？」曰：「不同。知天命，則知其理之所自來，譬之於水，人知其爲水，聖人則知其發源處。知命，却是説死生壽夭貧富貴賤之命。」**六十而耳順，**聲入心通，無所違逆，知之之至，不思而得也。**七十而從心所欲，不踰矩。」**從，如字。○從，隨也。矩，法度之器，所以爲方者也。隨其心之所欲，而自不過於法度，安而行之，不勉而中也。○程子曰：「孔子生而知之也，言亦由學而至，所以勉進後人也。立，能自立於斯道也。不惑，則無所疑矣。知天命，窮理盡性也。耳順，所聞皆通也。從心所欲不踰矩，則不勉而中矣。」又曰：「孔子自言其進德之序如此者，聖人未必然，但爲學者立法，使之盈科而後進，成章而後達耳。」胡氏曰：「聖人之教亦多術，然其要使人不失其本心而已。欲得此心者，惟志乎聖人所示之學，循其序而進焉。至於一疵不存、萬理明盡之後，則其日用之間，本心瑩然，隨其意欲，莫非至理。蓋心即體，欲即用，體即道，用即義，聲爲律而身爲度矣。」又曰：「聖人言此，一以示學者當優游涵泳，不可躐等而進；一以示學者當日就月將，不可半途而廢也。」愚謂聖人生知安行，固無積累之漸，然其心未嘗自謂已至此也。是其日用之間，必有獨覺其進而人不及知者。故因其近似以自名，欲學者以是爲則而自勉，非心實自聖而姑爲是退託也。後凡言謙辭之屬，意皆放此。○志是心之深處。如今學者，誰不爲學？只是不可謂之志學，如果能志于學，自住不得。

○孟懿子問孝。子曰：「無違。」孟懿子，魯大夫仲孫氏，名何忌。無違，謂不背於禮。**樊遲御，子告之曰：「孟孫問孝於我，我對曰『無違』。」**樊遲，孔子弟子，名須。御，爲孔子御車也。孟孫，即仲孫也。夫子以懿子未達而不能問，恐其失指，而以從親之令爲孝，故語樊遲以發之。**樊遲曰：「何謂也？」子曰：「生，事之以禮；死，葬之以禮，祭之以禮。」**生事葬祭，事親之始終具矣。禮，即理之節文也。人之事親，自始至終，一於禮而不苟，其尊親也至矣。是時三家僭禮，故夫子以是警之，然語意渾然，又若不專爲三家發者，所以爲聖人之言也。○胡氏曰：「人子欲孝其親，心雖無窮，而分則有限。得爲而不爲，與不得爲而爲之，均於不孝。所謂以禮者，爲其所得爲者而已矣。」

○孟武伯問孝。子曰：「父母惟其疾之憂。」武伯，懿子之子，名彘。言父母愛子之心，無所不至，惟恐其有疾病，常以爲憂也。人子體此，而以父母之心爲心，則凡所以守其身者，自不容於不謹矣，豈不可以爲孝乎？舊説人子能使父母不以其陷於不義爲憂，而獨以其疾爲憂，乃可謂孝，亦通。

○子游問孝。子曰：「今之孝者，是謂能養。至於犬馬，皆能有養；不敬，何以別乎？」養，去聲。別，彼列反。○子游，孔子弟子，姓言，名偃。養，謂飲食供奉也。犬馬待人而食，亦若養然。言人畜犬馬，皆能有以養之，若能養其親而敬不至，則與養犬馬者何異。甚言不敬之罪，所以深警之也。○或問：「父母至尊親，犬馬至卑賤，聖人之言，豈若是其不倫乎？」曰：「此設戒之言也。故特以其尊卑懸絕之甚者明之，所以深警夫能養而不敬者之罪也。」○《坊記》：「子云：『小人皆能養其親，君子不敬，何以辨？』」

○子夏問孝。子曰：「色難。有事弟子服其勞，有酒食先生饌，曾是以爲孝乎？」食，音嗣。○色難，謂事親之際，惟色爲難也。食，飯也。先生，父兄也。饌，飲食之也。曾，猶嘗也。蓋孝子之有深愛者，必有和氣；有和氣者，必有愉色；有愉色者，必有婉容：故事親之際，惟色爲難耳，服勞奉養未足爲孝也。舊説承順父母之色爲難，亦通。○程子曰：「告懿子，告衆人者也。對武伯者，以其人多可憂之事。子游能養而或失於敬，子夏能直義而或少温潤之色。各因其材之高下與其所失而告之，故不同也。」

○子曰：「吾與回言終日，不違如愚。退而省其私，亦足以發。回也不愚。」回，孔子弟子，姓顔，字子淵。不違者，意不相背，有聽受而無問難也。私，謂燕居獨處，非進見請問之時。發，謂發明所言之理。愚聞之師曰：「顔子深潛純粹，其於聖人體段已具。其聞夫子之言，默識心融，觸處洞然，自有條理。故終日言，但見其不違，如愚人而已。及退省其私，則見其日用動静語默之間，皆足以發明夫子之道，坦然由之而無疑，然後知其不愚也。」○或問先儒之説。曰：「曾氏、胡氏、張敬夫之説，亦善。曾氏曰：『入乎耳，著乎心，默而識之，故不違如愚。退而察其踐履，則布乎四體，形乎動静，故足以發。』胡氏曰：『顔子之質，鄰於生知，聞夫子之言，心通默識，不復問辨，反如愚蒙之未達者。及侍坐而退，夫子察其燕私，則其視聽言動，皆能以聖人所教，隨用發見，然後知向之所謂愚者，乃所謂上智也。然聖人久已知顔子之不愚矣，而必曰「退而省其私」之云者，所以見其非無證之空言。且以明進德之功，必内外相符，隱顯一致，欲學者之謹其獨也。烏乎！夫子與回言終日，則言多矣，而今存者無幾，可勝惜哉！』張敬夫曰：『夫子之言，顔子皆能體之於日用間，所以夫子退而省其私，知其足以發明斯道，乃其請事斯語之驗也。』」○問：「顔子省其私，不必指燕私，只是他自作用處？」曰：「便是這意思，但恐没著落，只得説燕私。謂如人相對坐，心意默有趨向，亦是私。如謹獨之獨，亦非特在幽隱人所不見處，只他人之所不知，雖在衆中，便是獨也。」○問：「亦足以發，莫是亦足以發明夫子所言之旨否？」曰：「然。且如夫子告以非禮勿視聽言動，顔子受用，不復更問如何是禮與非禮。但是退而省察顔子之所爲，則直是視聽言動無非禮也。此則足以發明夫子之言也。」○問：「李先生謂顔子聖人體段已具，莫只是言箇模樣否？」曰：「言觸其機，乃能通曉耳。」○問：「默識心融，如何？」曰：「融如消融相似，融如雪之在湯。若不融，一句只是一句在胷中，如何發得出來？如人飲食不消化，如何能滋益體膚？如孔子告曾子一貫之辭，他人聞之，只是箇一貫，曾子聞之，便能融化，發得忠恕之説出來。」

○**子曰：「視其所以，**以，爲也。爲善者爲君子，爲惡者爲小人。**觀其所由，**觀，比視爲詳矣。由，從也。事雖爲善，而意之所從來者有未善焉，則亦不得爲君子矣。或曰：「由，行也。謂所以行其所爲者也。」**察其所安。**察，則又加詳矣。安，所樂也。所由雖善，而心之所樂者不在於是，則亦僞耳，豈能久而不變哉？**人焉廋哉？人焉廋哉？」**焉，於虔反。廋，所由反。○焉，何也。廋，匿也。重言以深明之。○程子曰：「在己者能知言窮理，則能以此察人如聖人也。」

○**子曰：「温故而知新，可以爲師矣。」**温，尋繹也。故者，舊所聞。新者，今所得。言學能時習舊聞而每有新得，則所學在我，而其應不窮，故可以爲人師。若夫記問之學，則無得於心，而所知有限，故

《學記》譏其「不足以爲人師」，正與此意互相發也。○或問云云。曰：「故者，昔之所以得者也；新者，今之所始得者也。昔之所得，雖曰既爲吾有，然不時加反覆尋繹之功，則亦未免廢怠荒落之患，❶而無所據以知新矣。然徒能温故，而不能有以得夫前日之未得者，則見聞雖富，誦説雖勤，亦若無源之水而已。其積雖多，終有窮盡，亦將何以授業解惑，而待學者無已之求哉？《學記》曰『記問之學，不足以爲人師』者，正謂此耳。唯能尋繹其所已得者，而每有得於其所未得者焉，則譬諸觀人，昨日識其面，而今日識其心矣。於以爲師，其庶矣乎。夫子之言，所謂可云者，正所以明夫未至此者不足以爲師，非以爲能如是而爲師有餘也。昔程子晚而自言：『吾年二十時，解釋經義，與今無異，然其意味，則今之視昔爲不同矣。』此温故知新之大者，學者以是爲的而深求之，則足以見夫義理之無窮也矣。」○南軒曰：「程子有云：『如此處極要理會，若只認温故知新可以爲人師，則氣象窄狹矣。』學者推之一端，庶幾可以味聖賢之辭意。」

○子曰：「君子不器。」器者，各適其用而不能相通。成德之士，體無不具，故用無不周，非特爲一才一藝而已。○南軒曰：「器者，拘於一物。凡人事以器言者，皆以其才而論之也。器雖有小大，然其拘於才而有限則一也。若君子則進於德，進於德則器質變化而才有勿器者矣，不亦君子乎！」

○子貢問君子。子曰：「先行其言而後從之。」周氏曰：「先行其言者，行之於未言之前；而後從之者，言之於既行之後。」○范氏曰：「子貢之患，非言之艱而行之艱，故告之以此。」○南軒曰：「君子主於

❶「怠」，原誤作「志」，據四庫本改。

行，而非以言爲先。故其言之所發，乃其力行之所至，言隨之也。夫主於行而發言者爲君子，則夫易於言而行不踐者是小人之歸矣。子貢非不能踐言者，然未免於多言。夫子恐其有時而或以言爲主，而行有未精也，是以深警焉。夫未之能踐而言，與夫力行所至而言者，其意味有間矣。學者宜體察。」

○**子曰：「君子周而不比，小人比而不周。」**周，普徧也。比，偏黨也。皆與人親厚之意，但周公而比私耳。○君子小人所爲不同，如陰陽晝夜，每每相反。然究其所以分，則在公私之際，毫釐之差耳。故聖人於周比、和同、驕泰之屬，常對舉而互言之，欲學者察乎兩間，而審其取舍之幾也。○南軒曰：「君子小人之分，公私之間而已。周則不比，比則不周，天理人欲不並立也。君子内恕以及人，其於親疎、遠近、賢愚，處之無不得其分。蓋其心無不溥焉，所謂周也。故小人則有所偏係而失其正，其所親昵皆私情耳，所謂比也。」

○**子曰：「學而不思則罔，思而不學則殆。」**不求諸心，故昏而無得。不習其事，故危而不安。○程子曰：「博學、審問、謹思、明辨、篤行，五者廢其一，非學也。」○南軒曰：「自洒埽、應對、進退而往，無非學也。然徒學而不能思，則無所發明，罔然而已。思者，研窮其理之所以然，徒思而不務學，則無可據之地，危殆不安矣。二者不可不兩進也，學而思則德益崇，思而學則業益廣。蓋其所學乃其思之所形，而其所思即其學之所存也。用工若此，内外進矣。」○問云云。曰：「學是學其事，如讀書，便是學，須緩緩精思其中義理方得。且如做此事，亦是學，須思量此事道理是如何。只恁下頭做，不思這事道理，則昧而無得。若只空思索，又不倚所做事上體察，則心總是不安穩。須是事與思互相發明。」

○子曰：「攻乎異端，斯害也已！」范氏曰：「攻，專治也，故治木石金玉之工曰攻。異端，非聖人之道，而别爲一端，如楊墨是也。其率天下至於無父無君，專治而欲精之，爲害甚矣！」○程子曰：「佛氏之言，比之楊墨，尤爲近理，所以其害爲尤甚。學者當如淫聲美色以遠之，不爾，則駸駸然入於其中矣。」○或問：「有以攻爲攻擊之攻，言異端不必深排，但當反經而已者，如何？」朱子曰：「不務反經而徒與之角其無涯之辨，固所以自蔽，然熟視異端之害，而不言以正之，則亦何以祛習俗之蔽而反之於經哉。蓋正道、異端，如水火之相勝，彼盛則此衰，此强則彼弱。反經固所當務，而不可以徒反。異端固不必辨，然亦不可不辨。觀孟子答公都子好辨之問，則可知矣。」○或問：「諸説如何？」「張子謂孔子不闢異端，其攷之亦不詳矣。當時所謂異端，未有以見其爲誰氏。如以楊、墨論之，如墨氏之無父，則悖德悖禮之訓，固以深闢之；楊氏之無君，則潔身亂倫之戒，又以深闢之矣。」○愚案：孔子之言必非爲楊墨發，然此兩言實深中二氏之病。此義明，則楊墨之禍自息矣。

○子曰：「由！誨女知之乎？知之爲知之，不知爲不知，是知也。」由，孔子弟子，姓仲，字子路。子路好勇，蓋有强其所不知以爲知者，故夫子告之曰：吾教女以知之之道乎！但所知者則以爲知，所不知者則以爲不知。如此則雖或不能盡知，而無自欺之蔽，亦不害其爲知矣。況由此而求之，又有可知之理乎？○南軒曰：「子路勇於進，於知與不知之間，容有察之未精者，故夫子語之以知之之道。蓋於其所已知與其所未知者，皆能察其實而無自欺，非心平氣和守約務實者莫之能也。於此而博學、審問、謹思、明辨，則不知者亦將終之知矣。故曰『是知也』，言是乃知之道也。不然，强以不知爲知，是則終身不知而已。」○黄氏曰：「不知爲不知，是知也。其亦有説乎？」曰：「是非之心，智之端也。是是非非見得分明，便是智之發見而人之所以爲知也。若以是爲非，以非爲是，則是愚暗無識之人也。今有人焉，所知之事則以爲知，所不知之事則以爲不知，乃是非之心自然發見，如此智孰大焉。心之虚明，是非昭著，故夫子以爲是知也。」

○**子張學干禄。**子張，孔子弟子，姓顓孫，名師。干，求也。禄，仕者之奉也。**子曰：「多聞闕疑，慎言其餘，則寡尤；多見闕殆，慎行其餘，則寡悔。言寡尤，行寡悔，禄在其中矣。」**吕氏曰：「疑者所未信，殆者所未安。」程子曰：「尤，罪自外至者也。悔，理自内出者也。」愚謂多聞見者學之博，闕疑殆者擇之精，謹言行者守之約。凡言在其中者，皆不求而自至之辭。言此以救子張之失而進之也。○程子曰：「修天爵則人爵至，君子言行能謹，得禄之道也。子張學干禄，故告之以此，使定其心而不爲利禄動，若閔、顔則無此問矣。」○子張學干禄一章，是教人不以干禄爲意。蓋言行所當謹，非欲爲干禄而然也。若真能著實用功，則惟患言行之有悔尤，何暇有干禄之心邪？○南軒曰：「夫謹言行者，非期於得禄，亦非必得禄也。曰『禄在其中』，辭氣不迫，而義則完矣。若告之以士不可以求禄，則理有所未盡，亦非長善救失之方也。」

○**哀公問曰：「何爲則民服？」孔子對曰：「舉直錯諸枉，則民服。舉枉錯諸直，則民不服。」**哀公，魯君，名蔣。凡君問，皆稱孔子對曰者，尊君也。錯，捨置也。諸，衆也。程子曰：「舉錯得義，則人心服。」○謝氏曰：「好直而惡枉，天下之至情也。順之則服，逆之則去，必然之理也。然或無道以臨之，則以直爲枉、以枉爲直者多矣，是以君子大居敬而貴窮理也。」

○季康子問：「使民敬、忠以勸，如之何？」子曰：「臨之以莊則敬，孝慈則忠，舉善而教不能則勸。」季康子，魯大夫季孫氏，名肥。莊，謂容貌端嚴也。臨民以莊，則民敬於己。孝於親，慈於衆，則民忠於己。善者舉之而不能者教之，則民有所勸而樂於爲善。○南軒曰：「此皆在我所當爲，非爲欲使民敬忠以勸而爲之也。然能如是，則其應蓋有不期然而然者矣。」

○或謂孔子曰：「子奚不爲政？」定公初年，孔子不仕，故或人疑其不爲政也。**子曰：「《書》云：『孝乎惟孝，友于兄弟，施於有政。』是亦爲政，奚其爲爲政？」**《書》，《周書·君陳》篇。《書》云「孝乎」者，言《書》之言孝如此也。善兄弟曰友。《書》言君陳能孝於親，友於兄弟，又能推廣此心，以爲一家之政。孔子引之，言如此則是亦爲政矣，何必居位乃爲爲政乎？蓋孔子之不仕，有難以語或人者，故託此以告之。要之至理亦不外是。

○子曰：「人而無信，不知其可也。大車無輗，小車無軏，其何以行之哉？」輗，五兮反。軏，音月。○大車，謂平地任載之車。輗，轅端橫木，縛軛以駕牛者。小車，謂田車、兵車、乘車。軏，轅端上曲，鉤衡以駕馬者。車無此二者，則不可以行，人而無信，亦猶是也。

○子張問：「十世可知也？」王者易姓受命爲一世。子張問自此以後，十世之事，可前知乎？**子曰：「殷因於夏禮，所損益，可知也。周因於殷禮，所損益，可知也。其或繼周者，雖百世可知也。」**馬氏曰：「所因，謂三綱五常。所損益，謂文質三統。」愚案：三綱，謂君爲臣綱、父爲子綱、夫爲妻綱。五常，謂仁、義、禮、智、信。文質，謂夏尚忠、商尚質、周尚文。三統，謂夏正建寅爲人統，商正建丑爲地統，周正建子爲天統。三綱五常，禮之大體，三代相繼，皆因之而不能變。其所損益，不過文章制度小過不及之間，而其已然之迹，今皆可見。則自今以往，或有繼周而王者，雖百世之遠，所因所革，亦不過此，豈但十世而已乎！聖人所以知來者蓋如此，非若後世讖緯術數之學也。○胡氏曰：「子張之問，蓋欲知來，而聖人言其既往者以明之也。夫自修身以至於爲天下，不可一日而無禮。天叙天秩，人所共由，禮之本也。商不能改乎夏，周不能改乎商，所謂天地之常經也。若乃制度文爲，或太過則當損，或不足則當益。益之損之，與時宜之，而所因者不壞，是古今之通義也。因往推來，雖百世之遠，不過如此而已矣。」

○子曰：「非其鬼而祭之，諂也。非其鬼，謂非其所當祭之鬼。諂，求媚也。○南軒曰：「祀典自天子至庶人各有其分，而不可踰，蓋天理也。有是理則有鬼神，若於非當祭而祭，既無其理，何享之有？原其心之所萌，不過爲諂而已。」**見義不爲，無勇也。」**知而不爲，是無勇也。○問：「見義不爲無勇，這亦不爲無所見，但爲之不力，所以爲無勇？」曰：「固是見得是義而爲之不力，亦是見得未明，若已見得分明，則行之自有力。這般處著兩下並看。」○問：「云云。莫是連上句否？」曰：「不須連上句說。凡事見得是義便著做，不獨説祭祀也。」○有問非鬼而祭章。答曰：「鬼神之理雖非始學者所易窮，然亦須識其名義。若以神、示、鬼三字言之，則天之神曰神，地之神曰示，古祇字也，人之神曰鬼。若以鬼神二字言之，則神者氣之伸，鬼者氣之屈。氣之方伸者屬陽，故爲神；氣之屈者屬陰，故爲鬼。神者伸也，鬼者歸也。且以人之身論之，生則曰人，死則曰鬼，此生死之大分也。然自生而言之，則自幼而壯，氣之伸也，自壯而老、自老而死，此又伸而屈也。自其死言之，則魂遊魄降，寂無形兆，此氣之屈也。及子孫享祀以誠感之，則又能來格，此又屈而伸也。」文集

論語集編卷第二

八佾第三凡二十六章。通前篇末二章，皆論禮樂之事。

孔子謂季氏：「八佾舞於庭，是可忍也，孰不可忍也？」佾，音逸。○季氏，魯大夫季孫氏也。佾，舞列也，天子八、諸侯六、大夫四、士二。每佾人數，如其佾數。或曰：「每佾八人。」未詳孰是。季氏以大夫而僭用天子之樂，孔子言其此事尚忍爲之，則何事不可忍爲。或曰：「忍，容忍也。」蓋深疾之之辭。○范氏曰：「樂舞之數，自上而下，降殺以兩而已，故兩之間，不可以毫髮僭差也。孔子爲政，先正禮樂，則季氏之罪不容誅矣。」謝氏曰：「君子於其所不當爲不敢須臾處，不忍故也。而季氏忍此矣，則雖弑父與君，亦何所憚而不爲乎？」

○三家者以《雍》徹。子曰：「『相維辟公，天子穆穆』，奚取於三家之堂？」徹，直列反。相，去聲。○三家，魯大夫孟孫、叔孫、季孫之家也。《雍》，《周頌》篇名。徹，祭畢而收其俎也。天子宗廟之祭，則歌《雍》以徹，是時三家僭而用之。相，助也。辟公，諸侯也。穆穆，深遠之意，天子之容也。此《雍》詩之辭，孔子引之，言三家之堂非有此事，亦何取於此義而歌之乎？譏其無知妄作，以取僭竊之罪。○程子曰：「周公之功固大矣，皆臣子之分所當爲，魯安得獨用天子禮樂哉？成王之賜，伯禽之受，皆非也。其因襲之弊，遂使季氏僭八佾，三家僭《雍》徹，故仲尼譏之。」

○子曰：「人而不仁，如禮何？人而不仁，如樂何？」游氏曰：「人而不仁，則人心亡矣，其如禮樂何哉？言雖欲用之，而禮樂不爲之用也。」○程子曰：「仁者天下之正理。失正理，則無序而不和。」李氏曰：「禮樂待人而後行，苟非其人，則雖玉帛交錯，鍾鼓鏗鏘，亦將如之何哉？」然記者序此於八佾《雍》徹之後，疑其爲僭禮樂者發也。○問：「禮樂不爲用，是如何？」曰：「不仁之人，渾是一團私意，自不奈禮樂何。禮樂須是中和溫厚底人方行得，若不仁之人，與禮樂不相關，安得爲之用。中心斯須不和不樂，則鄙詐之心入之。外貌斯須不莊不敬，則慢易之心入之。既不和樂、不莊敬，如何行得禮樂？」○問：「游氏之說，則指在外禮樂言之，如玉帛鐘鼓之類。程子所謂無序不和，則主内者言之，如何？」曰：「兩說只是一意。在我者既無序而不和，在外之禮樂亦不爲我用。」○問：「仁者，心之德也。不仁之人心德既亡，方寸之中絕無天理，平日運量酬酢，盡是非僻邪淫之氣，無復本心之正。如此等人，雖周旋於玉帛鐘鼓之間，其如禮樂何！」先生曰：「然。」○南軒曰：「此聖人使人知禮樂之原也。不仁之人雖欲爲禮樂，其如禮樂何？蓋是心存而後敬與和生焉，禮樂之所由興也。」

○林放問禮之本。林放，魯人。見世之爲禮者，專事繁文，而疑其本之不在是也，故以爲問。**子曰：「大哉問！**孔子以時方逐末，而放獨有志於本，故大其問。蓋得其本，則禮之全體無不在其中矣。**禮，與其奢也，寧儉；喪，與其易也，寧戚。」**易，去聲。○易，治也。孟子曰：「易其田疇。」在喪禮，則節文習熟，而無哀痛慘怛之實者也。戚則一於哀，而文不足耳。禮貴得中，奢易則過於文，儉戚則不及而質，二者皆未合禮。然凡物之理，必先有質而後有文，則質乃禮之本也。○范氏曰：「夫祭，與其敬不足而禮有餘也，不若禮不足而敬有餘也；喪，與其哀不足而禮有餘也，不若禮不足而哀有餘也。禮失之奢，喪失之易，皆不能反本而隨其末故也。禮奢而備，不若儉而不備之愈也；喪易而文，不若戚而不文之愈也。儉者物之質，戚者心之誠，故爲禮之本。」楊氏曰：「禮始諸飲食，故汙尊而杯飲，爲之簠、簋、籩、豆、罍、爵之飾，所以文之也，則其本儉而已。喪不可以徑情而直行，爲之衰麻哭踊之數，所以節之也，則其本戚而已。周衰，世方以文滅質，而林放獨能問禮之本，故夫子大之，而告之以此。」○黄氏曰：「夫子於禮，但言從周，未見其從質也。今乃以儉與戚爲可尚，何也？」「聖人因俗之弊感放之意而爲是言也。然其辭必曰『與其奢也，寧儉；與其易也，寧戚』，則本非以儉戚爲可尚，特與其流於文弊，則寧如此耳。其言之抑揚，得其中正如此，所以爲無弊也。」

○子曰：「夷狄之有君，不如諸夏之亡也。」吴氏曰：「亡，古無字，通用。」程氏曰：「夷狄且有君長，不如諸夏之僭亂，反無上下之分也。」○尹氏曰：「孔子傷時之亂而歎之也。亡，非實亡也，雖有之，不能盡其道爾。」

○季氏旅於泰山。子謂冉有曰：「女弗能救與？」對曰：「不能。」子曰：「嗚呼！曾謂泰山不如林放乎？」女，音汝。與，平聲。○旅，祭名。泰山，山名，在魯地。禮，諸侯祭封内山川，季氏祭之，僭也。冉有，孔子弟子，名求，時爲季氏宰。救，謂救其陷於僭竊之罪。嗚呼，歎辭。言神不享非禮，欲季氏知其無益而自止，又進林放以厲冉有也。○范氏曰：「冉有從季氏，夫子豈不知其不可告也，然而聖人不輕絶人。盡己之心，安知冉有之不能救、季氏之不可諫也。既不能正，則美林放以明泰山之不可誣，是亦教誨之道也。」

○**子曰：「君子無所爭，必也射乎！揖讓而升，下而飲，其爭也君子。」**飲，去聲。○揖讓而升者，大射之禮，耦進三揖而後升堂也。下而飲，謂射畢揖降，以俟衆耦皆降，勝者乃揖不勝者升，取觶立飲也。言君子恭遜不與人爭，惟於射而後有爭。然其爭也，雍容揖遜乃如此，則其爭也君子，而非若小人之爭矣。○南軒曰：「爭生於有己，君子克己者也，是以無所爭。惟射疑於可爭，而君子之於射，於以正己而觀德耳。揖遜而升，揖遜而下，揖遜而飲，其雍容辭遜，自反而下人之意蓋如此。然則君子其爭乎？於射而不爭，則他可知矣。」

○**子夏問曰：「『巧笑倩兮，美目盼兮，素以爲絢兮。』何謂也？」**倩，七練反。盼，普莧反。絢，呼縣反。○此逸《詩》也。倩，好口輔也。盼，目黑白分也。素，粉地，畫之質也。絢，采色，畫之飾也。言人有此倩盼之美質，而又加以華采之飾，如有素地而加采色也。子夏疑其反謂以素爲飾，故問之。**子曰：「繪事後素。」**繪，胡對反。○繪事，繪畫之事也。後素，後於素也。《考工記》曰：「繪畫之事後素功。」謂先以粉地爲質，而後施五采，猶人有美質，然後可加文飾。**曰：「禮後乎？」子曰：「起予者商也！始可與言《詩》已矣。」**禮必以忠信爲質，猶繪事必以粉素爲先。起，猶發也。起予，言能起發我之志意。謝氏曰：「子貢因論學而知《詩》，子夏因論《詩》而知學，故皆可與言《詩》。」○楊氏曰：「『甘受和，白受采，忠信之人，可以學禮。苟無其質，禮不虛行。』此『繪事後素』之説也。孔子曰『繪事後素』，而子夏曰

『禮後乎』，可謂能繼其志矣。非得之言意之表者能之乎？商、賜可與言《詩》者以此。若夫玩心於章句之末，則其爲《詩》也固而已矣。所謂起予，則亦相長之義也。」○南軒曰：「凡禮之生，生於質也，無其質則禮安從施？夫素雖待於絢，然素所以有絢也，無其素則何絢之有？曰『繪事後素』者，謂質爲之先，而文爲後也。子夏於此知禮之爲後，可謂能默會於意言之外矣。」

○子曰：「夏禮吾能言之，杞不足徵也。殷禮吾能言之，宋不足徵也。文獻不足故也，足則吾能徵之矣。」杞，夏之後。宋，商之後。徵，證也。文，典籍也。獻，賢也。言二代之禮，我能言之，而二國不足取以爲證，以其文獻不足故也。文獻若足，則我能取之，以證吾言矣。

○子曰：「禘自既灌而往者，吾不欲觀之矣。」禘，大計反。○趙伯循曰：「禘，王者之大祭也。王者既立始祖之廟，又推始祖所自出之帝，祀之於始祖之廟，而以始祖配之也。成王以周公有大勳勞，賜魯重祭，故得禘於周公之廟，以文王爲所出之帝，而周公配之，然非禮矣。」灌者，方祭之始，用鬱鬯之酒灌地，以降神也。魯之君臣，當此之時，誠意未散，猶有可觀，自此以後，則浸以懈怠而無足觀矣。蓋魯祭非禮，孔子本不欲觀，至此而失禮之中又失禮焉，故發此歎也。○謝氏曰：「夫子嘗曰：『吾欲觀夏道，是故之杞，而不足徵也；我欲觀商道，是故之宋，而不足徵也。』又曰：『我觀周道，幽厲傷之，吾舍魯何適矣。魯之郊禘非禮也，周公其衰矣！』考之杞宋已如彼，考之當今又如此，孔子所以深歎也。」

○或問禘之説。子曰：「不知也。知其説者之於天下也，其如示諸斯乎！」指其掌。先王報本追遠之意，莫深於禘。非仁孝誠敬之至，不足以與此，非或人之所及也。而不王不禘之法，又魯之所當諱者，故以不知答之。示，與視同。指其掌，弟子記夫子言此而自指其掌，言其明且易也。蓋知禘之説，則理無不明，誠無不格，而治天下不難矣。聖人於此，豈真有所不知也哉？

○**祭如在，祭神如神在。**程子曰：「祭，祭先祖也。祭神，祭外神也。祭先主於孝，祭神主於敬。」朱子曰：「此門人記孔子祭祀之誠意。」**子曰：「吾不與祭，如不祭。」**與，去聲。○又記孔子之言以明之。言己當祭之時，或有故不得與，而使他人攝之，則不得致其如在之誠。故雖已祭，而此心缺然，如未嘗祭也。○范氏曰：「君子之祭，七日戒，三日齋，必見所祭者，誠之至也。是故郊則天神格，廟則人鬼享，皆由己以致之也。有其誠則有其神，無其誠則無其神，可不謹乎？『吾不與祭如不祭』，誠爲實，禮爲虛也。」

○**王孫賈問曰：「與其媚於奧，寧媚於竈，何謂也？」**王孫賈，衛大夫。媚，親順也。室西南隅爲奧。竈者，五祀之一，夏所祭也。凡祭五祀，皆先設主而祭於其所，然後迎尸而祭於奧，略如祭宗廟之儀。如祀竈，則設主於竈陘，祭畢，而更設饌於奧以迎尸也。故時俗之語，因以奧有常尊而非祭之主，竈雖卑賤而當時用事，喻自結於君，不如阿附權臣也。賈，衛之權臣，故以此諷孔子。**子曰：「不然，獲罪於天，無所禱也。」**天，即理也；其尊無對，非奧竈之可比也。逆理，則獲罪於天矣，豈媚於奧竈所能禱而免乎？言但當順理，非特不當媚竈，亦不可媚於奧也。○謝氏曰：「聖人之言，遜而不迫。使王孫賈而知此意，不爲無益；使其不知，亦非所以取禍。」○愚謂：聖人道大德洪如天地，故其發言，渾渾乎如元氣之運。然於門人弟子，則或峻其辭以規儆之，如曰「野哉由也」，如曰「小人哉樊須也」，如曰「予之不仁也」，蓋其視門人弟子如子弟，其有過，但當峻責。若一時權臣小人，平日未嘗相乎，❶一旦發非理之問，聖人之答之也，既不可順指以求合，又不可忤意而招禍，故其言從容巽順，若無所觸忤，然皆本乎正理，而未嘗有一豪之阿徇。如答王孫賈，曰「獲罪於天無所禱也」，答陽貨，曰「吾將仕矣」，皆是此意。王孫賈，衛之權臣，聖人「獲罪於天」之語，儆之深矣。然他日稱衛靈公之不亡，則以其國有人之故，而王孫賈治軍旅亦與焉。蓋其人雖不善，至於治兵則其所長，此又憎而知其善之意。聖人之心，至公如天地，此其一事也。

○子曰：「周監於二代，郁郁乎文哉！吾從周。」郁，於六反。○監，視也。二代，夏、商也。言其視二代之禮而損益之。郁郁，文盛貌。○尹氏曰：「三代之禮至周大備，夫子美其文而從之。」

○子入大廟，每事問。或曰：「孰謂鄹人之子知禮乎？入大廟，每事問。」子聞之曰：「是禮也。」太，音泰。鄹，則留反。○大廟，魯周公廟。此蓋孔子始仕之時，入而助祭也。鄹，魯邑名。孔子父叔梁紇，嘗爲其邑大夫。孔子自少以知禮聞，故或人因此而譏之。孔子言是禮者，敬謹之至，乃所以爲禮也。○尹氏曰：「禮者，敬而已矣。雖知亦問，謹之至也，其爲敬莫大於此。謂之不知禮者，豈足以知孔子哉？」

○子曰：「射不主皮，爲力不同科，古之道也。」爲，去聲。○射不主皮，《鄉射禮》文。爲力不同科，孔子解禮之意如此也。皮，革也，布侯而棲革於其中以爲的，所謂鵠也。科，等也。古者射以觀德，但主

---

❶「相」，原誤作「未」，據四庫本改。

於中，而不主於貫革，蓋以人之力有强弱，不同等也。《記》曰：「武王克商，散軍郊射，而貫革之射息。」正謂此也。周衰，禮廢，列國兵争，復尚貫革，故孔子歎之。○楊氏曰：「中可以學而能，力不可以强而至。聖人言古之道，所以正今之失。」

○子貢欲去告朔之餼羊。去，起吕反。告，古篤反。餼，許氣反。○告朔之禮：古者天子常以季冬頒來歲十二月之朔于諸侯，諸侯受而藏之祖廟。月朔，則以特羊告廟，請而行之。餼，生牲也。魯自文公始不視朔，而有司猶供此羊，故子貢欲去之。**子曰：「賜也，爾愛其羊，我愛其禮。」**愛，猶惜也。子貢蓋惜其無實而妄費。然禮雖廢，羊存，猶得以識之而可復焉。若并去其羊，則此禮遂亡矣，孔子所以惜之。○楊氏曰：「告朔，諸侯所以稟命於君親，禮之大者。魯不視朔矣，然羊存則告朔之名未泯，而其實因可舉。此夫子所以惜之也。」

○子曰：「事君盡禮，人以爲諂也。」黄氏曰：「孔子於事君之禮，非有所加也，如是而後盡耳。時人不能，反以爲諂。故孔子言之，以明禮之當然也。」○程子曰：「聖人事君盡禮，當時以爲諂。若他人言之，必曰我事君盡禮，小人以爲諂，而孔子之言止於如此。聖人道大德宏，此亦可見。」○案《鄉黨》：「君在，踧踖如也，與與如也。」「足躩如也，其言似不足者。」「攝齊升堂，鞠躬如也，屏氣似不息者。出，降一等，逞顔色，怡怡如也。没階趨，翼如也。復其位，踧踖如也。」「吉月，必朝服而朝。」「君賜食，必正席先嘗之。侍食於君，君祭，先飯。疾，君視之，東首，加朝服，拖紳。」「君命召，不俟駕行矣。」又曰：「拜下，禮也；今拜乎上，泰也。雖違衆，吾從下。」凡此皆所謂事君之禮。

○定公問：「君使臣，臣事君，如之何？」孔子對曰：「君使臣以禮，臣事君以忠。」定公，魯君，名宋。二者皆禮之當然，各欲自盡而已。○呂氏曰：「使臣不患其不忠，患禮之不至；事君不患其無禮，患忠之不足。」尹氏曰：「君臣以義合者也。故君使臣以禮，則臣事君以忠。」○南軒曰：「使臣以禮，如所謂『敬大臣，體羣臣』之類是也。事君以忠，如所謂『無以有己，有犯無隱』之類是也。」

○子曰：「《關雎》，樂而不淫，哀而不傷。」樂，音洛。○《關雎》，《周南·國風》，《詩》之首篇也。淫者，樂之過而失其正者也。傷者，哀之過而害於和者也。《關雎》之詩，言后妃之德，宜配君子。求之未得，則不能無寤寐反側之憂；求而得之，則宜其有琴瑟鍾鼓之樂。蓋其憂雖深而不害於和，其樂雖盛而不失其正，故夫子稱之如此。欲學者玩其辭，審其音，而有以識其性情之正也。○南軒曰：「哀樂，情之爲也，而其理具於性。樂而至於淫，哀而至於傷，則是情之流而性之汩矣。樂而不淫，哀而不傷，發不踰，則性情之正也。非養之有素者，其能然乎？《關雎》之詩，樂得淑女以配君子，至於琴瑟友之，鍾鼓樂之，所謂樂而不淫也。哀窈窕，思賢才，至於寤寐思服，展轉反側，所謂哀而不傷也。玩其辭，又可不深體於性情之際乎？」

○哀公問社於宰我。宰我對曰：「夏后氏以松，殷人以柏，周人以栗，曰使民戰栗。」宰我，孔子弟子，名予。三代之社不同者，古者立社，各樹其土之所宜木以爲主也。戰栗，恐懼貌。宰我又言周所以用栗之意如此，豈以古者戮人於社，故附會其說與？**子聞之曰：「成事不說，遂事不諫，既往不咎。」**遂事，謂事雖未成，而勢不能已者。孔子以宰我所對，非立社之本意，又啓時君殺伐之心，而其言已出，不可復救，故歷言此以深責之，欲使謹其後也。○尹氏曰：「古者各以所宜木名其社，非取義於木也。宰我不知而妄對，故夫子責之。」

○**子曰：「管仲之器小哉！」**管仲，齊大夫，名夷吾，相桓公霸諸侯。器小，言其不知聖賢大學之道，故局量褊淺，規模卑狹，不能正身修德以致主於王道。**或曰：「管仲儉乎？」曰：「管氏有三歸，官事不攝，焉得儉？」**焉，於虔反。○或人蓋疑器小之爲儉。三歸，臺名。事見《説苑》。攝，兼也。家臣不能具官，一人常兼數事。管仲不然，皆言其侈。**「然則管仲知禮乎？」曰：「邦君樹塞門，管氏亦樹塞門；邦君爲兩君之好，有反坫，管氏亦有反坫。管氏而知禮，孰不知禮？」**好，去聲。坫，丁念反。○或人又疑不儉爲知禮。屏謂之樹。塞，猶蔽也。設屏於門，以蔽内外也。好，謂好會。坫，在兩楹之間，獻酬飲畢，則反爵於其上。此皆諸侯之禮，而管仲僭之，不知禮也。○愚謂孔子譏管仲之器小，其旨深矣。或人不知而疑其儉，故斥其奢以明其非儉。或又疑其知禮，故又斥其僭，以明其不知禮。蓋雖不復明言小器之所以然，而其所以小者，於此亦可見矣。故程子曰：「奢而犯禮，其器之小可知。蓋器大，則自知禮而無此失矣。」此言當深味也。蘇氏曰：「自修身正家以及於國，則其本深，其及者遠，是謂大器。揚雄所謂『大器猶規矩準繩，先自治而後治人』者是也。管仲三歸反坫，桓公内嬖六人，而霸天下，其本固已淺矣。管仲死，桓公薨，天下不復宗齊。」楊氏曰：「夫子大管仲之功而小其器。蓋非王佐之才，雖能合諸侯、正天下，其器不足稱也。道學不明，而王霸之略混爲一途。故聞管仲之器小，則疑其爲儉，以不儉告之，則又疑其知禮。蓋世方以詭遇爲功，而不知爲之範，則不悟其小宜矣。」

○子語魯大師樂。曰：「樂其可知也：始作，翕如也；從之，純如也，皦如也，繹如也，以成。」語，去聲。大，音泰。從，音縱。○語，告也。大師，樂官名。時音樂廢缺，故孔子教之。翕，合也。從，放也。純，和也。皦，明也。繹，相續不絕也。成，樂之一終也。○謝氏曰：「五音六律不具，不足以爲樂。翕如，言其合也。五音合矣，清濁高下，如五味之相濟而後和，故曰純如。合而和矣，欲其無相奪倫，故曰皦如。然豈宮自宮而商自商乎？不相反而相連，如貫珠可也，故曰繹如也，以成。」

○儀封人請見。曰：「君子之至於斯也，吾未嘗不得見也。」從者見之。出曰：「二三子，何患於喪乎？天下之無道也久矣，天將以夫子爲木鐸。」請見、見之之見，賢遍反。從、喪，皆去聲。○儀，衛邑。封人，掌封疆之官，蓋賢而隱於下位者也。君子，謂當時賢者。至此皆得見之，自言其平日不見絕於賢者，而求以自通也。見之，謂通使得見。喪，謂失位去國，禮曰「喪欲速貧」是也。木鐸，金口木舌，施政教時所振，以警衆者也。言亂極當治，天必將使夫子得位設教，不久失位也。封人一見夫子而遽以是稱之，其所得於觀感之間者深矣。或曰：「木鐸所以徇于道路，言天使夫子失位，周流四方以行其教，如木鐸之徇于道路也。」

○子謂《韶》，「盡美矣，又盡善也」。謂《武》，「盡美矣，未盡善也」。《韶》，舜樂。《武》，武王樂。美者，聲容之盛。善者，美之實也。舜紹堯致治，武王伐紂救民，其功一也，故其樂皆盡美。然舜之德，性之也，又以揖遜而有天下；武王之德，反之也，又以征誅而得天下，故其實有不同者。○程子曰：「成湯放桀，惟有慙德，武王亦然，故未盡善。堯、舜、湯、武，其揆一也。征伐非其所欲，所遇之時然爾。」

〇子曰：「居上不寬，爲禮不敬，臨喪不哀，吾何以觀之哉？」居上主於愛人，故以寬爲本。爲禮以敬爲本，臨喪以哀爲本。既無其本，則以何者而觀其所行之得失哉？

里仁第四凡二十六章。

子曰：「里仁爲美。擇不處仁，焉得知？」處，上聲。焉，於虔反。知，去聲。〇里有仁厚之俗爲美。擇里而不居於是焉，則失其是非之本心，而不得爲知矣。〇謝氏曰：「孟子因擇術嘗引此矣，故繼之曰：『夫仁，天之尊爵也，人之安宅也。莫之禦而不仁，是不智也。』今當以此論爲證。」〇問：「謝氏之説如何？」朱子曰：「聖人本語，只是説居必擇鄉，游必擇士之意。」〇南軒曰：「里，居也。里仁爲美，言人以居仁爲美也。人以居仁爲美，苟不知擇而處焉，是不智也。擇而處之，乃利仁之事，然處之之久，則將安之矣。」

〇愚案：三先生之説不同，正當參繹。

〇子曰：「不仁者不可以久處約，不可以長處樂。仁者安仁，知者利仁。」樂，音洛。知，去聲。〇約，窮困也。利，猶貪也，蓋深知篤好而必欲得之也。不仁之人，失其本心，久約必濫，久樂必淫。惟仁者則安其仁而無適不然，知者則利於仁而不易所守，蓋雖深淺之不同，然皆非外物所能奪矣。〇謝氏曰：「仁者心無内外遠近精粗之間，非有所存而自不亡，非有所理而自不亂，如目視而耳聽，手持而足行也。知者謂之有所見則可，謂之有所得則未可。有所存斯不亡，有所理斯不亂，未能無意也。安仁則一，利仁則二。安仁者非顏、閔以上，去聖人爲不遠，不知此味也。諸子雖有卓越之才，謂之見道不惑則可，然未免於利之也。」○先生再三誦「安仁則一，利仁則二」之語，以爲解中未有及此者，因歎云：「此公見識直是高。」○問：「利仁莫是南軒所謂『有所爲而爲者』否？」曰：「有所爲而爲，不是好底，與知者利仁不同。」○仁者溫厚篤實，義理自然充足，不待思而爲之而所爲皆是義理。其心常怡怡地，所謂仁也。智者即有是非而取正於義理，以求其是而去其非，所謂智也。○安仁不知有仁，如腰之忘帶，足之忘屨。利仁者，是見得就之則利，違之則害。○非顔、閔以上不知此味，到顔、閔地位知得此味，猶未到安處也。○南軒曰：「自非上智生知之流，則利仁之事正所當用力耳。」

○子曰：「惟仁者能好人，能惡人。」好、惡，皆去聲。○惟之爲言獨也。蓋無私心，然後好惡當於理，程子所謂「得其公正」是也。○游氏曰：「好善而惡惡，天下之同情，然人每失其正者，心有所繫而不能自克也。惟仁者無私心，所以能好惡也。」○公正字相少不得，公是心裏公，正是好惡當理。

○子曰：「苟志於仁矣，無惡也。」惡，如字。○苟，誠也。志者，心之所之也。其心誠在於仁，則必無爲惡之事矣。○楊氏曰：「苟志於仁，未必無過舉也，然而爲惡則無矣。」○或問：「或以惡字爲去聲，爲志於仁無所嫉惡，如何？」曰：「上章適言惟仁者能好人、能惡人，則仁人曷嘗無所好惡哉？今曰無惡，然則謂其獨有所好可乎？故胡氏力排其説，以爲貪無惡之美名，失仁人之公道，非知仁者，蓋得之矣。然此又有説焉。蓋仁固公矣，而主於愛，故仁者於物之當好者，則忻然悦而好之，有所不得不惡者，則惻然不得已而惡之，是亦好惡各當其物，而愛之理未嘗不行乎好惡之間也。以此而觀，則胡氏之言其亦未免於偏歟。」○先生問學者：「『苟志於仁矣，無惡也』，與『士志於道，而耻惡衣惡食者，未足與議也』，前言志於仁則無惡，後言志於道而猶有此病，其志則一，而其病不同，如何？」諸生言不合。先生曰：「仁是最切身底道理，志於仁，大段是親切做工夫底，所以必無惡。志於道，則説得來闊，凡人有心向學，皆志於道也。若雖有志而泛泛不切，則未必不爲外物所動。」○南軒曰：「志於仁則無不善，蓋元者善之長，存乎此，則何惡之有？」

○子曰：「富與貴是人之所欲也，不以其道得之，不處也。貧與賤是人之所惡也，不以其道得之，不去也。惡，去聲。○不以其道得之，謂不當得而得之。然於富貴則不處，於貧賤則不去，君子之審富貴而安貧賤也如此。○南軒曰：「於人之所欲而不處，於人之所惡而不去，蓋其欲惡有大於富貴貧賤者，惟道所在而已。」**君子去仁，惡乎成名？**惡，平聲。○言君子所以爲君子，以其仁也。若貪富貴而厭貧賤，則是自離其仁，而無君子之實矣，何所成其名乎？**君子無終食之間違仁，造次必於是，顛沛必於是。」**造，七到反。沛，音貝。○終食者，一飯之頃。造次，急遽苟且之時。顛沛，傾覆流離之際。蓋君子之不去乎仁如此，不但富貴、貧賤、取舍之間而已也。○言君子爲仁，自富貴、貧賤、取舍之間，以至於終食、造次、顛沛之頃，無時無處而不用其力也。然取舍之分明，然後存養之功密；存養之功密，則其取舍之分益明矣。○去仁，如孟子去齊之去。我原有此仁，而自離去之也。上聲非。○富貴貧賤方是就粗處説，終食不違以後方説得細密。然不先立得粗底根脚，後面許多細密工夫更無安頓處。須是先能於富貴不處，於貧賤不去，方可説上至細處去。若見利則趨，見便則奪，更説甚麽！正如「貧而無諂，富而無驕」與「貧而樂，富而好禮」相似，若未能無諂無驕，如何説得樂好禮？○愚案：此章當作三節看。處富貴貧賤之間而不苟，此一節猶是粗底工夫。至終食不違又是一節，乃是存心養性細密底工夫。然猶是平居暇日之事，可以勉而至者。至於造次急遽之時，患難傾覆之際，若非平時存養得已熟，至此鮮有不失其本心者。到此而猶不違，乃是至細至密工夫，其去安仁地位已不遠矣。然此三節乃進德之始終，若無粗底工夫作根脚基址，豈有能進於細密之地者？故必以審富貴安貧賤爲本，然後能進於終食不違之地。能終食不違矣，然後能進於造次顛沛不違之地。用工之序蓋如此，正與無諂無驕、樂與好禮相似，當參考而熟玩也。○又曰：「心純是理，即是不違仁，雜以私慾，便是違仁。」

○子曰：「我未見好仁者，惡不仁者。好仁者，無以尚之；惡不仁者，其爲仁矣，不使不仁者加乎其身。好、惡，皆去聲。○夫子自言未見好仁者、惡不仁者。蓋好仁者真知仁之可好，故天下之物無以加之。惡不仁者真知不仁之可惡，故其所以爲仁者，必能絶去不仁之事，而不使少有及於其身。此皆成德之事，故難得而見之也。**有能一日用其力於仁矣乎？我未見力不足者。**言好仁惡不仁者，雖不可見，然或有人果能一日奮然用力於仁，則我又未見其力有不足者。蓋爲仁由己，欲之則是，而志之所至，氣必至焉。故仁雖難能，而至之亦易也。**蓋有之矣，我未之見也。」**蓋，疑辭。有之，謂有用力而力不足者。蓋人之氣質不同，故疑亦容或有此昏弱之甚，欲進而不能者，但我偶未之見耳。蓋不敢終以爲易，而又歎人之莫肯用力於仁也。○此章言仁之成德，雖難其人，然學者苟能實用其力，則亦無不可至之理。但用力而不至者，今亦未見其人焉，此夫子所以反覆而歎息之也。○或問：「『無以尚之』之義如何？」曰：「李氏曰：『好仁如好色，舉天下之物，未有以尚之者。有以尚之，則其好可移矣。』」曰：「爲仁亦用力乎？」

曰：「蘇氏言之矣。蘇氏曰：『仁之可好，甚於美色，不仁之可惡，甚於惡臭，而人終不知所趨避者，物有以蔽塞之也。解其蔽，達其塞，不用力可乎？故曰自勝者强，又曰克己復禮爲仁。』」○問：「好仁者不幾於安乎？」曰：「未也。好仁惡不仁者，利仁之事。」○問「有能一日用其力」。曰：「此心散謾放肆，一聳動時便在這裏，雖曰用力，却不大故用力。」○問《集注》云云。曰：「須是立志爲先，這氣便隨他志。如大將指揮一出，三軍皆隨，若能立志，氣皆由我便。人之所以萎茶柔弱，只是志不立。志立氣便生。若真個要求仁，豈患力不足？」有引范氏曰「惡不仁者，不若好仁之爲美」，又援吕氏説，以爲惡不仁者劣於好仁。曰：「好仁惡不仁，不必分優劣。聖人謂好仁者無以尚之，非以好仁者不可過也，謂人之好仁如好好色，更無以尚之者。此純於好仁者也。其曰惡不仁者，其爲仁矣，不使不仁者加乎其身者。惡不仁如惡惡臭，惟恐惡臭之及吾身，此誠於惡不仁者也。」○南軒曰：「既曰『有能一日用其力於仁矣乎？我未見力不足者』，又曰『蓋有之矣，我未之見也』，所以待天下與勉學者之意，反覆抑揚，可謂弘大而深切矣。」愚案：南軒之説謂蓋有用力於仁者，但我猶未之見耳，似得聖人忠厚之意，更詳之。

○子曰：「人之過也，各於其黨。觀過，斯知仁矣。」黨，類也。程子曰：「人之過也，各於其類。君子常失於厚，小人常失於薄。君子過於愛，小人過於忍。」尹氏曰：「於此觀之，則人之仁不仁可知矣。」○吴氏曰：「後漢吴祐謂『掾以親故，受汙辱之名』，所謂觀過知仁是也。」愚案：此亦但言人雖有過，猶可即此而知其厚薄，非謂必俟其有過，而後賢否可知也。○或問觀過之説。曰：「劉氏之説亦善。」曰：『周公使管叔監殷，而管叔以殷叛；魯昭公實不知禮，而孔子以爲知禮，實過也。然周公愛其兄，孔子厚其君，乃所以爲仁也。』」○所謂君子過於厚與愛者，雖然是過，然其血脉猶是從仁中來。小人之過於薄與忍，便是失其本心矣。又曰：「厚與愛畢竟從仁上發來，其苗脉可見。」○《禮記》謂：「仁者之過易辭。」仁者之過，只是事上差錯，故易説。不仁之過是有私意，故難説。此亦觀過知仁意。○聖人之言寬舒，無所偏失。如云觀過斯知仁矣，猶曰觀人之過，足知夫仁之所存也。若於此而欲求仁之體，則失聖人之本意矣。《禮記》「與人聞過」之言，説得大巧，失於迫切。○問：「南軒《韋齋記》以黨爲偏，其説以爲『偏者過之所由生也，觀者用力之妙也，覺吾之偏在是，從而觀之，則仁可識矣』。此説如何？」先生不以爲然。○愚案：《語説》今本與朱子《集注》略同。又答學者問曰：「後來玩伊川先生之説，乃見前説甚有病。來説云云，大似釋氏講學，不可潦草看過，須是仔細玩味，方見聖人當時立言意思。過於厚者，謂之仁則不可，然心之不遠者可知，比夫過於薄，甚至於爲忮爲忍者，其相去不亦遠乎？請用此意體認，乃見仁之所以爲仁之意，不至渺茫恍惚矣。」詳此則《韋齋記》之云，非其定論也。

○子曰：「朝聞道，夕死可矣。」道者，事物當然之理。苟得聞之，則生順死安，無復遺恨矣。朝夕，所以甚言其時之近。○程子曰：「言人不可以不知道，苟得聞道，雖死可也。」又曰：「皆實理也，人知而信者爲難。死生亦大矣！非誠有所得，豈以夕死爲可乎？」○或問：「朝聞夕死，得無近於釋氏之説乎？」曰：「吾之所謂道者，君臣、父子、夫婦、昆弟、朋友當然之實理也。彼之所謂道，則以此爲幻爲妄而絶滅之，以求其所謂清浄寂滅者也。人事當然之實理，乃人之所以爲人而不可以不聞者，故朝聞之而夕死，亦可以無所憾。若彼之所謂清浄寂滅者，則初無取效於人生之日用，其急於聞者，轉懼夫死之將至，而欲倚是以敵之耳。故程子於此，專以實見、實理、義重於生與人之所以爲人者爲説，其旨亦深切矣。」〇南軒曰：「所謂聞道者，蓋涵養、體察，積習精深而自得於實理，非若異端驚怪恍惚超詣直入之論也。」〇案《集義》程子曰：「聞道，知所以爲人也。夕死可矣，是不虚生也。」又曰：「苟有聞道夕死可矣之志，則不肯一日安於不安，何止一日，須臾不能。如曾子易簀，須要如此乃安。人不能若此者，只爲不見實理。實理者，實見得是，實見得非，見實理得之於心自別，若耳聞也。道者，心實不見，若見得，必不肯安於此。」又曰：「古人有捐軀隕命者，若不實見得，則烏能如此？須是實見得生不重於義，生不安於死也，故有殺身成仁者，只是成就一箇是而已。」程子之説如此，朱子所取其略也。

〇子曰：「士志於道，而恥惡衣惡食者，未足與議也。」心欲求道，而以口體之奉不若人爲恥，其識趣之卑陋甚矣，何足與議於道哉？〇程子曰：「志於道而心役乎外，何足與議也。」〇愚謂：志於道者，心存於義理也。恥衣食之惡者，心存於物欲也。理之與欲不能兩立，故聖人以此爲戒也。南軒嘗云：「天下無間界底道理。欲做好人，則不可望快活；要快活，則做不得好人。」此之謂也。南軒之言雖粗，然學者必須於此分别得明白，然後可以進道，不然則亦徒説而已。顔子一簞食，一瓢飲，不改其樂，此是不恥惡食。子路緼袍與衣狐貉者立而不恥，此是不恥惡衣。前輩有云：咬得菜根，何事不可爲？是亦此意。〇或問：「恥惡衣惡食，其未免於求飽求安之累者乎？」曰：「此固然也。然求飽與安，猶有適乎口體之實，此則非以其不可衣且飽也，特以其不美於觀聽而自惡焉。若謝氏所謂食前方丈則對客泰然，蔬食菜羹則不出諸户者，其識見卑凡，又在求飽與安者之下矣。志於道而猶不免乎是焉，則其志亦何足道哉！」

○子曰：「君子之於天下也，無適也，無莫也，義之與比。」適，丁歷反。比，必二反。○適，專主也。《春秋傳》曰「吾誰適從」是也。莫，不肯也。比，從也。○謝氏曰：「適，可也。莫，不可也。無可無不可，苟無道以主之，不幾於猖狂自恣乎？此佛老之學，所以自謂心無所往而能應變，而卒得罪於聖人也。聖人之學不然，於無可無不可之間，有義存焉。然則君子之心，果有所倚乎？」○南軒曰：「適、莫兩端也，適則有所必，莫則無所主，蓋不失之於此，則失之於彼，鮮不倚於一偏也。夫義者人之正路，倚於一偏，則莫能遵於正路矣。惟君子之心無適也，而亦無莫也，其於天下，惟義之親而已。蓋天下事事物物皆有義焉，存於中而形於外也。無適無莫而義之與比，非窮理之明、克己之至者，不能及此。若夫異端之學，則初欲為無適莫而不知有義存焉，故徇其私意以為可否，而其無適無莫者，乃所以為有適有莫，而卒墮於一偏也。」○黃氏曰：「於天下言天下之事，無不然，如出處去就以至立政用人之類，皆在其中，惟義之從而已。不可先懷適莫之念也。知此則漸進於絕四之地矣。」

○子曰：「君子懷德，小人懷土。君子懷刑，小人懷惠。」懷，思念也。懷德，謂存其固有之善。懷土，謂溺其所處之安。懷刑，謂畏法。懷惠，謂貪利。君子小人趣向不同，公私之間而已。○尹氏曰：「樂善惡不善，所以為君子；苟安務得，所以為小人。」○或問：「君子小人，安知不以位言邪？」曰：「以例求之，凡言君子小人而相反者，則善惡之謂，如周比和同之類是也。」又問：「懷刑之說以為惡不善何也？」曰：「樂善、惡不善，猶曰好仁惡不仁也。必以刑為言，則猶管仲所謂『畏威如疾』之謂耳。」○南軒曰：「懷德、懷刑，好善、惡惡之公心也。懷土、懷惠，苟安、務得之私意也。」

○子曰：「放於利而行，多怨。」放，上聲。○孔氏曰：「放，依也。」多怨，謂多取怨。○程子曰：「欲利於己，必害於人，故多怨。」

○子曰：「能以禮讓爲國乎？何有？不能以禮讓爲國，如禮何？」讓者，禮之實也。何有，言不難也。言有禮之實以爲國，則何難之有。不然，則其禮文雖具，亦且無如之何矣，而況於爲國乎？

○子曰：「不患無位，患所以立。不患莫己知，求爲可知也。」所以立，謂所以立乎其位者。可知，謂可以見知之實。○程子曰：「君子求其在己者而已矣。」

○子曰：「參乎！吾道一以貫之。」曾子曰：「唯。」參，所金反。唯，上聲。○參乎者，呼曾子之名而告之。貫，通也。唯者，應之速而無疑者也。聖人之心，渾然一理，而泛應曲當，用各不同。曾子於其用處，蓋已隨事精察而力行之，但未知其體之一爾。夫子知其真積力久，將有所得，是以呼而告之。曾子果能默契其指，即應之速而無疑也。**子出。門人問曰：「何謂也？」曾子曰：「夫子之道，忠恕而已矣。」**盡己之謂忠，推己之謂恕。而已矣者，竭盡而無餘之辭也。夫子之一理渾然而泛應曲當，譬則天地之至誠無息，而萬物各得其所也。自此之外，固無餘法，而亦無待於推矣。曾子有見於此而難言之，故借學者盡己、推己之目以著明之，欲人之易曉也。蓋至誠無息者，道之體也，萬殊之所以一本也。萬物各得其所者，道之用也，一本之所以萬殊也。以此觀之，一以貫之之實可見矣。或曰：「中心爲忠，如心爲恕。」於義亦通。○程子曰：「以己及物，仁也；推己及物，恕也，違道不遠是也。忠恕一以貫之：忠者天道，恕者人道；忠者無妄，恕者所以行乎忠也；忠者體，恕者用，大本達道也。此與違道不遠異者，動以天爾。」又曰：

「『維天之命，於穆不已』，忠也；『乾道變化，各正性命』，恕也。」又曰：「聖人教人各因其才，吾道一以貫之，唯曾子爲能達，此孔子所以告之也。曾子告門人曰『夫子之道，忠恕而已矣』，亦猶夫子之告曾子也。《中庸》所謂『忠恕違道不遠』，斯乃下學上達之義。」○忠是根本，恕是枝葉。○一者，忠也；以貫之者，恕也。體一而用殊。○忠是一箇忠，做得百千萬般箇恕出來。○一以貫之，只是萬事一理。伊川謂仁義亦得。蓋仁是體統，義是分別。○主於內爲忠，見於外爲恕。忠是無一毫自欺處，恕是稱物平施處。○忠因恕見，恕由忠出。○天地是無心底忠恕，聖人是無爲底忠恕，學者是求做底忠恕。○問：「或云忠恕只是無私心，不責人？」曰：「自有六經來，不曾說不責人是恕。若《中庸》，也只是說『施諸己而不願，亦勿施於人』而已，何嘗說不責人？不成只取我好，別人不好，更不管他？《論語》只說『躬自厚而薄責於人』，謂之薄者，如言不以己之所能，必人之如己，隨材責任耳。何至舉而棄之？」○「曾子忠恕本是學者事，曾子特借來形容夫子一貫道理。忠便是一，恕便是貫，有這忠了，便做出許多恕來。聖人極誠無妄，便是忠。」曰：「聖人之忠即是誠否？」曰：「是。」曰：「聖人之恕即是仁否？」曰：「是。」曰：「在學者言之，則忠近誠，恕近仁。」○曾子零碎處盡曉得了，夫子便告之曰「參乎！吾道一以貫之」，他便應之曰「唯」。貫如散錢，一是索子。○夫子固是一以貫之，學者能盡己而又推此以及物，亦是以一貫之。所以不同者，夫子以天，學者用力。○動以天之天，只是自然。○問：「忠是竭盡中心，無一毫不盡？恕是推中心之所欲以與人，所不欲不以與人？」曰：「是如此。」○夫子所以告曾子，無他，只緣他曉得千條萬目。他人連千條萬目尚自曉不得，如何識得一貫。○曾子件件曾做來，所以知。若不曾躬行踐履，如何識得。○忠是洞然明白，無有不盡。恕是知得爲君，推其仁以待下；爲臣，推其敬以事君。○忠者，誠實不欺之名。聖人將此放頓在萬物之上，故名之曰恕。○忠恕本末只是一貫，緣聖人告以一貫之説，故曾子借此二字以明之。忠恕是學者事，如欲子之孝於我，必當先孝於親；欲弟之弟於我，必當先敬其兄；如欲人之不慢於我，我須先不慢於人；欲人不欺於我，須先不欺於人。聖人一貫是無作爲底，忠恕是有作爲底，將箇有作爲底，用箇無作爲底。聖人則動以天，賢人則動以人。○聖人不待推，然學者但能盡己以推之於人，推之既熟，久之自能見聖人不待推之意。○譬如一泓水，聖人是自然流出，灌溉萬物，其他人須是推出來灌溉。○學者是這箇忠恕，聖人亦只是這箇忠恕，但聖人熟，學者生，聖人自胷中流出，學者須是勉强。○「維天之命，於穆不已」，「乾道變化，各正性命」，是天之忠恕；「純亦不已」，萬物各得其所，是聖人之忠恕；「施諸己而不願，亦勿施於人」，是學者之忠恕。○忠一本，恕萬殊。一本是統會處，萬殊是流行處。在天道言之：一本是元氣之於萬物，有昆蟲草木之不同，而只是一氣之所生；萬殊則是昆蟲草木之所得而生，一箇自是一箇模樣。在人事言之：則一理之於萬事萬物，有君臣、父子、兄弟、朋友、動息、洒埽、應對之不同，而只是此理之所貫；萬殊則是君臣、父子、兄弟、朋友所當於道者，一箇自是一箇道理，其實只是一本。○問「如心爲恕」。曰：「如，比也，比自家心，推將去。仁之與恕只争些子，自然底是仁，比而推之便是恕。」○問：「忠恕，程子以『推廣得去，則天地變化草木蕃；推廣不去，天地閉賢人隱』，如何？」曰：「亦只推己以及物。推得去則物我貫通，自有箇生生無窮底意思，便有天地草木氣象，天地只是這樣道理。若推不去，物我隔絶，欲利於己，不利於人，欲己之富，欲人之貧，欲己之壽，欲人之夭。似這氣象全然閉塞隔絶了，便似天地閉賢人隱。」○曾子平日功用得九分九釐，都見得了，只爭得些子，一聞夫子警省之，便透徹了也。又問：「未『唯』之前如何？」曰：「未『唯』之前，見一事各是一箇理。既『唯』之後，千萬箇理只是一箇理。」○夫子言一貫，曾子言忠恕，子思言小德川流、大德敦化，張子言理一分殊，只是一箇。○忠恕則一，而在聖人在學者則不能無異，正猶孟子言「由仁義行」與「行仁義」之别耳。曾子專爲發明聖人一貫之旨，所謂由忠恕行者也。子思專爲指示學者入德之方，所謂行忠恕者也。所指既殊，不得不以爲二，然其所以爲忠恕，則其本體蓋未嘗不同也。○問：「程子以忠爲天道，恕爲人道，莫是謂忠者聖人之在己，與天同運，而恕者所以待人之道否？」曰：「聖人待己待人，亦無二理，天人之别，但以體用之殊耳。」○問：「伊川曰『忠者天道，恕者人道』，初非以優劣言。自其渾然一本言之，則謂之天道；自其與物接者言之，則謂之人道耳？」曰：「然。此與『誠者天之道，誠之者人之道』語意自不同。」○南軒曰：「聖人之心，於天下之理無所不該，雖内外本末隱顯之致各有其分，然未嘗不一以貫之也。故程子曰：『如百尺木，自根本至毫末，皆一貫。』夫子之告曾子，當其可耳。曾子蓋默識之，故荅門人之問，獨舉忠恕爲言，可以見曾子自得之深也。夫忠爲體，恕爲用，實有是體，則實有是用。用之周乎物，是其體之流行發見而已。」○又孔子之告子貢，亦曰「予一以貫之」，正文見後篇，今以先儒注釋之語附此，庶互相發云。朱子曰：「一貫說見前篇，然彼以行言，而此以知言也。」○謝氏曰：「聖人之道大矣！人不能徧觀而盡識，宜其以爲多學而識之也。然聖人豈務博者哉？如天之於衆形，非物物刻而雕之也。故曰『予一以貫之』，『德輶如毛，毛猶有倫，上天之載，無聲無臭，至矣』。」○尹氏曰：「孔子之於曾子，不待其問而直告之以此，曾子復深諭之曰『唯』。若子貢，則先發其疑而後告之，而子貢終亦不能如曾子之『唯』也。二子所學之淺深於此可見。」愚案：夫子之於子貢，屢有以發之，而他人不與焉。顔、曾以下，諸子所學之淺深又可見矣。○或問云云。曰：「聖人生知，不待多學。子貢以己觀夫子，故以爲亦多學也。夫子以一貫告之，此雖聖人之事，然因己以告子貢，使知夫學者雖不可以不多學，然必有所謂一以貫之，然後爲至耳。蓋子貢之學固博矣，然意其特於一事一物之中，各有以知其理之當然，而未能知夫萬理之爲一理，而廓然無所不通也。若是者，雖有以知夫衆理之所在，而汎然莫爲之統，其處事接物之間，有以處其所嘗學者，而於其所未嘗學者，則不能有以通也。故其聞一則止能知二，非以臆度而言，則亦不能以屢中。聖人以此告之，使之知所謂衆理者，本一理也，以是而貫通之，則天下事物之多，皆不外乎是而無不通矣。」○問：「謝氏謂『如天於衆形，非物物而雕刻之』，如何？」曰：「天只是一氣流行，萬物自生、自長、自形、自色，豈是逐一粧點得如此？聖人只是大本大原裏發出，視自然明，聽自然聰，色自然温，貌自然恭。在父子則爲仁，在君臣則爲義。從大本中流出，便成許多道理，只是這箇一，便貫將去。所主是忠，發出去無非是恕。」○又曰：「曾子是事實上做出，子貢是就識見上得。看來曾子從實處見，一直透上去；子貢雖是知得，較似滯在知識上。」○曾子是就原頭上面流下來，子貢是就下面推上去。○南軒曰：「賜之學博矣！夫子欲約之也，故告以『予一以貫之』，使極夫體之所該，用之所宗，不至泛而無統也。夫子之告子貢與告曾子，理則一，而告之之意則異也。於參也所以達其至，於賜也所以迪其歸。二子所造蓋有淺深，故所以告之之意不同，然在教之當其可，則一也。」○問：「明道曰：『維天之命，於穆不已，不其忠乎？天地變化草木蕃，不其恕乎？』伊川曰：『乾道變化，各正性命，恕也。』侯子曰：『伊川説得尤有功。天授萬物之謂命，春生之，冬藏之，歲歲如是，天未嘗一歲誤萬物也，可謂忠矣。萬物洪纖、高下、長短，各得其欲，可謂恕矣。』某謂二先生之言不見有差殊，其在萬物得其所以蕃生，便是正性命。不知侯子何以分輕重，兼謂『維天之命』爲『天授萬物』者。恐此天命只是天理，伊川所謂在天爲命，不必須是授之萬物始謂之命，故又謂春生冬藏，歲歲如是，未嘗誤萬物爲忠，恐此亦只是恕，蓋已發者也。」南軒答曰：「明道之言意固完具，但伊川所舉各正性命之語爲更有功。忠，體也；恕，用也。體之而用未嘗不存其中，用之所形，體亦未嘗不具也。以此愚玩味，則見伊川言尤有功處。侯子所説忠字，恐未爲得二先生之意。天命且於理上推原，未可只去一元之氣上看。」○愚案：學者或有以一貫萬爲一貫者，如此則是以己之一，貫彼之萬。雖聖人亦未免於有意，且裂道與一爲二也，其可乎？學者當味聖人之言曰「吾道一以貫之」，而不曰以一貫之，斯得之矣。○又曰：「此亦孔門傳授心法，與告顔子『克己復禮』一也。」

○子曰：「君子喻於義，小人喻於利。」喻，猶曉也。義者，天理之所宜。利者，人情之所欲。○程子曰：「君子之於義，猶小人之於利也。唯其深喻，是以篤好。」楊氏曰：「君子有舍生而取義者，以利言之，則人之所欲無甚於生，所惡無甚於死，孰肯舍生而取義哉？其所喻者義而已，不知利之爲利故也。小人反是。」○或問喻字之義。曰：「蓋心解通達，則其幾微曲折無不盡矣。」曰：「然則君子小人之所喻者，各爲一事邪？將一事之中具此兩端，各隨人之所見邪？」曰：「是皆有之，但君子深通於此，而小人酷曉於彼耳。」曰：「對義言之，則利爲不善；對害言之，則利非不善。君子之所爲，固非欲其不利，何獨以喻利爲小人乎？」曰：「胡氏言之悉矣。胡氏曰：『義固所以爲利也，《易》所謂「利者義之和者」是也。然自利言之，❶則反致不奪不饜之害；自義言之，則蒙就義之利而遠於利之害矣。孟子之告梁王，意猶是也。』」○義利猶首尾。然義者，宜也。君子見得這事合當如此，那事合當如彼，但裁處其宜爲之，則何不利之有？君子只理會義一截，利處更不理會；小人只理會利一截，義處更不問。蓋君子之心虚明洞徹，見得義分明；小人只管計較，雖絲毫底利，也自理會得。○君子只知得當做與不當做，當做處，便是合當如此。小人則只計較利害，如此則利，如此則害。君子則更不顧利害，只看天理如何。○問云云。曰：「這只就眼前看，只如做官須是廉勤，自君子爲之，只是道合如此，自小人爲之，只道如此做得人説好，可以求知於人。」○君子喻於義，小人喻於利，只是這一事上，君子只見得是義，小人只見得是利。如伯夷見飴，曰可以養老，盜跖見之，曰可以沃户樞。蓋小人於利，他見這一物，便思量做一物用。他計較精密，更有非君子所能知者。緣他氣質中有許多汙穢惡濁底物，所以纔見那物事，便出來應他。君子之於義，亦是如此。或曰：「伊川云『唯其深喻，是以篤好』，若作『唯其篤好，是以深喻』亦得。」曰：「陸子静説正如此。」案陸氏《白鹿洞講義》曰：「此章以義利判君子小人，辭旨明白，然讀之者苟不切己觀省，亦恐未能有益也。竊謂學者於此，當辨其志，人之所喻由其所習，所習由其所志。志乎義則所習必在於義，所習在義，斯喻於義矣。志乎利則所習者必在於利，所習在利，斯喻於利矣。學者之志不可不辨也。」○愚案：朱子曰：「義也者，無所爲而然者也。」此言蓋可廣前聖之未發，而同於性善養氣之功者歟！又案：朱子曰：「義利之際，固當深明而力辨。

❶「言」，原誤作「爲」，今據四庫本改。

然伊洛發明未接物時主敬一段工夫，更須精進乃佳，不爾或無所據以審夫義利之分也。」此説尤學者所當知。

○子曰：「**見賢思齊焉，見不賢而内自省也。**」省，悉井反。○思齊者，冀己亦有是善；内自省者，恐己亦有是惡。○胡氏曰：「見人之善惡不同，而無不反諸身者，則不徒羨人而甘自棄，不徒責人而忘自責矣。」

○子曰：「**事父母幾諫。見志不從，又敬不違，勞而不怨。**」此章與《内則》之言相表裏。幾，微也。微諫，所謂「父母有過，下氣怡色，柔聲以諫」也。見志不從，又敬不違，所謂「諫若不入，起敬起孝，悦則復諫」也。勞而不怨，所謂「與其得罪於鄉黨州閭，寧熟諫。父母怒不悦，而撻之流血，不敢疾怨，起敬起孝」也。

○子曰：「**父母在，不遠遊。遊必有方。**」遠遊，則去親遠而爲日久，定省曠而音問疎；不惟己之思親不置，亦恐親之念我不忘也。遊必有方，如己告云之東，即不敢更適西，欲親必知己之所在而無憂，召己則必至而無失也。范氏曰：「子能以父母之心爲心，則孝矣。」○《内則》曰：「親在，出不易方，復不過時。」

○子曰：「**三年無改於父之道，可謂孝矣。**」胡氏曰：「已見首篇，此蓋復出而逸其半也。」

○子曰：「**父母之年，不可不知也。一則以喜，一則以懼。**」知，猶記憶也。常知父母之年，則既喜其壽，又懼其衰，而於愛日之誠，自有不能已者。

○子曰：「**古者言之不出，耻躬之不逮也。**」言古者，以見今之不然。逮，及也。行不及言，可耻之甚。古者所以不出其言，爲此故也。○范氏曰：「君子之於言也，不得已而後出之，非言之難，而行之難也。人唯其不行也，是以輕言之。言之如其所行，行之如其所言，則出諸其口必不易矣。」○南軒曰：「君子以行不逮言爲耻，故言不輕其出，言之不輕，則勉於躬行者爲可知也。夫子懼學者務於言而行有弗篤，則趨於薄也，故言古之學者如此。」

○**子曰：「以約失之者鮮矣。」**鮮，上聲。○謝氏曰：「不侈然以自放之謂約。」尹氏曰：「凡事約則鮮失，非止謂儉約也。」

○**子曰：「君子欲訥於言而敏於行。」**行，去聲。○謝氏曰：「放言易，故欲訥；力行難，故欲敏。」○胡氏曰：「自吾道一貫至此十章，疑皆曾子門人所記也。」○胡氏曰：「言而能訥，蓄德則固，喻人則信，謀事則密，不訥者反是。行而能敏，遷善則速，改過則勇，應務則給，不敏者反是。夫敏與訥，雖若出於天資，然可習也。言煩以訥矯之，行緩以敏勵之，由我而已。不自變其氣質，學豈有功哉！」

○**子曰：「德不孤，必有鄰。」**鄰，猶親也。德不孤立，必以類應。故有德者，必有其類從之，如居之有鄰也。○南軒曰：「德立於己則衆善從之，其爲不孤，蓋理之必然。如善言之集，良朋之來，皆所謂有鄰也。語其至，則天下歸仁亦是也。」○《易》「敬義立而德不孤」，又是一義。

○**子游曰：「事君數，斯辱矣；朋友數，斯疏矣。」**數，色角反。○程子曰：「數，煩數也。」胡氏曰：「事君諫不行，則當去；導友善不納，則當止。至於煩瀆，則言者輕，聽者厭矣，是以求榮而反辱，求親而反疏也。」范氏曰：「君臣朋友，皆以義合，故其事同也。」

論語集編卷第三

公冶長第五

此篇皆論古今人物賢否得失，蓋格物窮理之一端也。凡二十七章。胡氏以爲疑多子貢之徒所記云。

子謂公冶長，「可妻也，雖在縲絏之中，非其罪也」。以其子妻之。妻，去聲，下同。縲，力追反。絏，息列反。○公冶長，孔子弟子。妻，爲之妻也。縲，黑索也。絏，攣也。古者獄中以黑索拘攣罪人。長之爲人無所考，而夫子稱其可妻，其必有以取之矣。又言其人雖嘗陷於縲絏之中，而非其罪，則固無害於可妻也。夫有罪無罪，在我而已，豈以自外至者爲榮辱哉？○南軒曰：「公冶長雖在縲絏而非其罪，則其人能謹於行可知，其所遇特無妄之災耳。」**子謂南容，「邦有道，不廢；邦無道，免於刑戮」。以其兄之子妻之。**南容，孔子弟子，居南宮。名縚，又名括，字子容，謚敬叔，孟懿子之兄也。不廢，言必見用也。以其謹於言行，故能見用於治朝，免禍於亂世也。事又見第十一篇。○或曰：「公冶長之賢不及南容，故聖人以其子妻長，而以兄子妻容，蓋厚於兄而薄於己也。」程子曰：「此以己之私心窺聖人也。凡人避嫌者，皆內不足也，聖人自至公，何避嫌之有？況嫁女必量其才而求配，尤不當有所避也。若孔子之事，則其年之長幼、時之先後皆不可知，唯以爲避嫌則大不可。避嫌之事，賢者且不爲，況聖人乎？」

○子謂子賤，「君子哉若人！魯無君子者，斯焉取斯」？焉，於虔反。○子賤，孔子弟子，姓宓，名不齊。上斯斯此人，下斯斯此德。子賤蓋能尊賢取友以成其德者。故夫子既歎其賢，而又言若魯無君子，則此人何所取以成此德乎？因以見魯之多賢也。○蘇氏曰：「稱人之善，必本其父兄師友，厚之至也。」○或問云云。曰：「胡氏、吴氏亦有可取者。胡氏曰：『《家語》云：「子賤少孔子四十九歲，有才知仁愛，爲單父宰，民不忍欺。」以年計之，孔子卒，子賤方年二十餘歲，意其進師夫子，退從諸弟子遊，日切磋以成其德者，故夫子歎之如此。』吴氏曰：『《説苑》云：「子賤爲單父宰，所兄事者五人，所友者十一人。」皆教子賤以治人之術。』」○案《史記》：「子賤爲單父，反命孔子，曰：『此國有賢不齊者五人，教不齊所以治者。』孔子曰：『惜哉不齊所治者小，所治者大則庶幾矣。』」

○子貢問曰：「賜也何如？」子曰：「女器也。」曰：「何器也？」曰：「瑚璉也。」女，音汝。瑚，音胡。璉，力展反。○器者，有用之成材。夏曰瑚，商曰璉，周曰簠簋，皆宗廟盛黍稷之器而飾以玉，器之貴重而華美者也。子貢見孔子以君子許子賤，故以己爲問，而孔子告之以此。然則子貢雖未至於不器，其亦器之貴者歟？○南軒曰：「子貢之問，蓋欲因師言以省己之所未至也。而夫子告之，抑揚高下，所以長善而救其失者備矣。謂之器，則固適於用，然未若不器之用也。謂之瑚璉，則以其美質，可以薦之宗廟也。然瑚璉雖貴，未免於可器耳。賜也味聖人之言意，即其所至而勉其所未至，則亦何有窮極哉！」○案：前篇子曰「君子不器」，朱子曰：「器者各適其用而不能相通，成德之士，體無不具，用無不周，非特爲一才一藝而已。」黄氏曰：「萬物皆備於我，反身而誠，樂莫大焉。人具是性以生，則萬事萬物之理無一不具於此性之中，顧爲氣質所拘，物欲所蔽，故偏而不通耳。惟夫格物、致知、誠意、正心，使天下之理無不明，無不實，則心之全體無所不具，而措之於用，宜其無不周也。又豈可一器言哉！」

○**或曰：「雍也仁而不佞。」**雍，孔子弟子，姓冉，字仲弓。佞，口才也。仲弓爲人重厚簡默，而時人以佞爲賢，故美其優於德，而病其短於才也。**子曰：「焉用佞？禦人以口給，屢憎於人。不知其仁，焉用佞？」**焉，於虔反。○禦，當也，猶應答也。給，辨也。憎，惡也。言何用佞乎？佞人所以應答人者，但以口取辨而無情實，徒多爲人所憎惡爾。我雖未知仲弓之仁，然其不佞乃所以爲賢，不足以爲病也。再言「焉用佞」，所以深曉之。○或疑仲弓之賢而夫子不許其仁，何也？曰：「仁道至大，非全體而不息者，不足以當之。如顏子亞聖，猶不能無違於三月之後，況仲弓雖賢，未及顏子，聖人固不得而輕許之也。」○所謂全體不息者，此心具十全道理，若只見得九分，亦不是全體；所以息者，是私欲間之，無一毫私欲，方是不息。○黄氏曰：「《集注》於爲仁之本言仁，而斷之曰『仁者，愛之理，心之德』，深味六字之義，則仁之道無餘蘊矣。至此言盡仁之道，而又斷之曰『非全體而不息者，不足以當之』，深味『全體不息』四字，則學者而求至於仁，其至之標的又昭然而可見矣。前後十字之約，而仁之道有前輩諸儒累數十百言而莫能究者，非深造而實體者，何足以知之！其發前賢之未發，而有功於後學大矣！學者不可不深思也。」或曰：「《集注》於令尹子文、陳文子章引師説曰『當理而無私心』，與此章所謂『全體而不息』者，有以異乎？」曰：「以後章『當理無私心』之五字較之此章，則此章『全體』二字已足以該後章五字之義，加之以『不息』二字，則又後章未盡之旨。故後章雖引師説以爲據，而《或問》之中乃曰『仁者，心之德而天之理也』，自非至誠盡性，通貫全體，如天地一元之氣化育流行，無少間息，不足以名之。亦足以見前説之義詳且密也。」○愚案：《集義》程子曰：「佞，辨才也。人有之則多入於不善，故夫子云『焉用佞』。」范氏曰：「佞，口才也。時人以爲賢，故謂『雍也仁而不佞』，夫子亦惟好仁而惡佞。佞者，不必能行也，仁者，不必能言也，故佞則不仁，仁則不佞。多言而尚口，取憎之道也。」尹氏曰：「雍也仁矣，或疑其不佞，子謂既仁矣，惡所用佞，因言佞者禦人以口給，屢常爲人所憎，仁者安所用之乎？」諸説皆以「不知其仁」指佞者而言，與朱子説異，當詳之。

○子使漆雕開仕。對曰：「吾斯之未能信。」子説。説，音悦。○漆雕開，孔子弟子，字子若。斯，指此理而言。信，謂真知其如此，而無豪髮之疑也。開自言未能如此，未可以治人，故夫子悦其篤志。○程子曰：「漆雕開已見大意，故夫子説之。」又曰：「古人見道分明，故其言如此。」謝氏曰：「開之學無所考。然聖人使之仕，必其材可以仕矣。至於心術之微，則一豪不自得，不害其爲未信。此聖人所不能知，而開自知之。其材可以仕，而其器不安於小成，他日所就，其可量乎？夫子所以説之也。」○問：「漆雕開未能自信，而程子以爲已見大意，此理已明，何邪？」曰：「若不見其大也，故安於小，唯見之不明也，故若存若亡，一出一入，而不自知其所至之淺深也。今開之不安於小也如此，則固非有以見其大不能矣。卒然之問，一言之對，若目有所見而手有所指者，且其驗之於身，又如此其切而不容自欺也，則其所見之明，又何如哉！然曰見大意，則其細者容或有所未盡，蓋曰理已明，則固未必見其反身而誠也。」「程子又以開與曾點並稱，敢問二子孰爲賢？」曰：「論其資稟之誠慤，則開優於點；語其見處超詣，則點賢於開，然開之進則未易量也。」○南軒曰：「夫子知其可以施於有政也，而開自謂未能信，蓋其胷中一豪有未盡，不敢以自欺也。

其篤志近思之功爲何如哉！」○案《史記》，開之次曰公伯寮，其人無足紀者，今闕之。

○子曰：「道不行，乘桴浮於海。從我者其由與？」子路聞之喜。子曰：「由也好勇過我，無所取材。」桴，音孚。從、好，並去聲。與，平聲。材，與裁同，古字借用。○桴，筏也。程子曰：「浮海之歎，傷天下之無賢君也。子路勇於義，故謂其能從己，皆假設之言耳。子路以爲實然，而喜夫子之與己，故夫子美其勇，而譏其不能裁度事理以適於義也。」○南軒曰：「夫聖人之勇不可過也，而過焉，是未知所裁度也。」

○孟武伯問：「子路仁乎？」子曰：「不知也。」子路之於仁，蓋日月至焉者。或在或亡，不能必其有無，故以不知告之。**又問。子曰：「由也，千乘之國，可使治其賦也，不知其仁也。」**乘，去聲。○賦，兵也。古者以田賦出兵，故謂兵爲賦，《春秋傳》所謂「悉索敝賦」是也。言子路之才，可見者如此，仁則不能知也。**「求也何如？」子曰：「求也，千室之邑，百乘之家，可使爲之宰也，不知其仁也。」**千室，大邑。百乘，卿大夫之家。宰，邑長、家臣之通號。**「赤也何如？」子曰：「赤也，束帶立於朝，可使與賓客言也，不知其仁也。」**朝，音潮。○赤，孔子弟子，姓公西，字子華。○或問：「諸說有併與三子之才而不之取，以爲習衰世，仕於諸侯大夫之事而不能有以自樂者，何如？」曰：「治賦、爲宰、與賓客言，皆有國家者所不可廢之事，雖當隆盛之時，仕天子之朝，亦豈能無事於此，而直以從容風議爲高哉！元祐議論志趣多類此，此所以墮於一偏之見也。」○問：「雖全體未是仁，苟於一事上能當理而無私心，亦可謂一事之仁否？」曰：「才說仁，便用以全體言。若一事能盡仁，便是他全體是仁。若全體有虧，這一事必不能盡仁。才説箇仁，便包盡許多事，無不當理而無私者，所以三子當不得，聖人只許以才。」○渾然天理便是仁，一豪私意便不是仁。

○子謂子貢曰：「女與回也孰愈？」女，音汝，下同。○愈，勝也。**對曰：「賜也何敢望回。回也聞一以知十，賜也聞一以知二。」**一，數之始。十，數之終。二者，一之對也。顔子明睿所照，即始而見終；子貢推測而知，因此而識彼。「無所不説，告往知來」，是其驗矣。**子曰：「弗如也！吾與女弗如也。」**與，許也。○胡氏曰：「子貢方人，夫子既語以不暇，又問其與回孰愈，以觀其自知之如何。聞一知十，上知之資，生知之亞也。聞一知二，中人以上之資，學而知之之才也。子貢平日以己方回，見其不可企及，故喻之如此。夫子以其自知之明，而又不難於自屈，故既然之，又重許之。此其所以終聞性與天道，不特聞一知二而已也。」○或問云云。曰：「胡氏亦得其旨。胡氏曰：『聞一知十，舉始知終，無不盡也。聞志學，則知從心不踰矩之妙；聞可欲之善，則知聖而不可知之神。聞一知二者，序而進、類而達也，語以出告反面，而知昏定晨省；語以徐行後長，而知天顯克恭。』」

○宰予晝寢。子曰：「朽木不可雕也，糞土之牆不可杇也，於予與何誅。」朽，許久反。杇，音汙。與，平聲，下同。○晝寢，謂當晝而寐。朽，腐也。雕，刻畫也。杇，鏝也。言其志氣昏惰，教無所施也。與，語辭。誅，責也。言不足責，乃所以深責之。**子曰：「始吾於人也，聽其言而信其行；今吾於人也，聽其言而觀其行。於予與改是。」**行，去聲。○宰予能言而行不逮，故孔子自言於予之事而改此失，亦以重警之也。胡氏曰：「『子曰』疑衍文，不然，則非一日之言也。」○范氏曰：「君子之於學，惟日孜孜，斃而後已，惟恐其不及也。宰予晝寢，自棄孰甚焉，故夫子責之。」胡氏曰：「宰予不能以志帥氣，居然而倦。是宴安之氣勝，儆戒之志惰也。古之聖賢未嘗不以懈惰荒寧爲懼，勤勵不息自强，此孔子所以深責宰予也。聽言觀行，聖人不待是而後能，亦非緣此而盡疑學者。特因此立教，以警羣弟子，使謹於言而敏於行耳。」

○子曰：「吾未見剛者。」或對曰：「申棖。」子曰：「棖也慾，焉得剛？」焉，於虔反。○剛，堅强不屈之意，最人所難能者，故夫子歎其未見。申棖，弟子姓名。慾，多嗜慾也。多嗜慾，則不得爲剛矣。○程子曰：「人有慾則無剛，剛則不屈於慾。」謝氏曰：「剛與慾正相反。能勝物之謂剛，故常伸於萬物之上；爲物揜之謂慾，故常屈於萬物之下。自古有志者少，無志者多，宜夫子之未見也。棖之慾不可知，其爲人得非悻悻自好者乎？故或者疑以爲剛，然不知此其所以爲慾爾。」

○子貢曰：「我不欲人之加諸我也，吾亦欲無加諸人。」子曰：「賜也，非爾所及也。」子貢言我所不欲人加於我之事，我亦不欲以此加之於人。此仁者之事，不待勉强，故夫子以爲非子貢所及。○程子曰：「我不欲人之加諸我，吾亦欲無加諸人，仁也；施諸己而不願，亦勿施於人，恕也。恕則子貢或能勉之，仁則非所及矣。」愚謂無者自然而然，勿者禁止之辭，此所以爲仁、恕之别。○此伊川晚年仁熟，方看得如此分曉，説得如此明白。○此章正在「欲」字上，不欲時，便是全無了這些子心，是甚地位？○又曰：「生底是恕，熟底是仁；勉强底是恕，自然底是仁；有計校有睹當底是恕，無計校無睹當底是仁。」○南軒曰：「此與『己所不欲，勿施於人』、『施諸己而不願，亦勿施於人』同意。然而彼二言者，皆爲仁之方、恕之道也，故皆有勿辭。若子貢之言，不欲人之加諸己者，即欲不加諸人，是則不待禁止，油然公平，物我一視，乃仁者之事也。其曰『非爾所及』者，正所以勉其强恕而抑其躐等也。」

○子貢曰：「夫子之文章，可得而聞也；夫子之言性與天道，不可得而聞也。」文章，德之見乎外者，威儀文辭皆是也。性者，人所受之天理；天道者，天理自然之本體，其實一理也。言夫子之文章，日見乎外，固學者所共聞；至於性與天道，則夫子罕言之，而學者有不得聞者。蓋聖門教不躐等，子貢至是始得聞之，而歎其美也。○程子曰：「此子貢聞夫子之至論而歎美之言也。」

○子路有聞，未之能行，唯恐有聞。前所聞者既未及行，故恐復有所聞而行之不給也。○范氏曰：「子路聞善，勇於必行，門人自以爲弗及也，故著之。若子路，可謂能用其勇矣。」○《集義》尹氏曰：「子路，勇於行者，故有聞而未能行，唯恐有聞也。」○問云云。曰：「可見古人爲己之實處。子路急于爲善，唯恐行之不徹。子路不急於聞而急于行，今人唯恐不聞，既聞了便休，更不去行處著工夫。」○南軒曰：「門人記此，亦可謂善觀子路者矣。」

○子貢問曰：「孔文子何以謂之文也？」子曰：「敏而好學，不恥下問，是以謂之文也。」好，去聲。○孔文子，衛大夫，名圉。凡人性敏者多不好學，位高者多恥下問。故謚法有以「勤學好問」爲文者，蓋亦人所難也。孔圉得謚爲文，以此而已。○蘇氏曰：「孔文子使太叔疾出其妻而妻之。疾通於初妻之娣，文子怒，將攻之。訪於仲尼，仲尼不對，命駕而行。疾奔宋，文子使疾弟遺室孔姞。其爲人如此而謚曰文，此子貢之所以疑而問也。孔子不没其善，言能如此亦足以爲文矣，非經天緯地之文也。」

○子謂子産，「有君子之道四焉：其行己也恭，其事上也敬，其養民也惠，其使民也義」。子産，鄭大夫公孫僑。恭，謙遜也。敬，謹恪也。惠，愛利也。使民義，如都鄙有章、上下有服、田有封洫、廬井有伍之類。○吴氏曰：「數其事而責之者，其所善者多也，臧文仲不仁者三、不知者三是也。數其事而稱之者，猶有所未至也，子産有君子之道四焉是也。今或以一言蓋一人，一事蓋一時，皆非也。」○或問：「是四事者，亦有序邪？」曰：「行己恭，則其事上也敬，非有容悦之私；惠於民，而後使之以義焉，則民雖勞而不怨矣。」○問：「子産莫短於才否？」曰：「孔子稱之如此，安得短之？此其爲政不專於寬，有非理者須以法治之，孟子所言『惠而不知爲政』，蓋指其一耳。」○南軒曰：「子産此四者爲得君子之道。然君子之道其目亦多矣，子産有此四者而已，其他固未盡得，此聖人與人爲善，故特舉其所長者。」

○子曰：「晏平仲善與人交，久而敬之。」晏平仲，齊大夫，名嬰。程子曰：「人交久則敬衰，久而能敬，所以爲善。」

○子曰：「臧文仲居蔡，山節藻梲，何如其知也？」梲，章悦反。知，去聲。○臧文仲，魯大夫臧孫氏，名辰。居，猶藏也。蔡，大龜也。節，柱頭斗拱也。藻，水草名。梲，梁上短柱也。蓋爲藏龜之室，而刻山於節、畫藻於梲也。當時以文仲爲知，孔子言其不務民義，而諂瀆鬼神如此，安得爲知？《春秋傳》所謂作虚器，即此事也。○張子曰：「山節藻梲爲藏龜之室，祀爰居之義，同歸於不知宜矣。」

○子張問曰：「令尹子文三仕爲令尹，無喜色；三已之，無慍色。舊令尹之政，必以告新令尹。何如？」子曰：「忠矣。」曰：「仁矣乎？」曰：「未知，焉得仁？」知，如字。焉，於虔反。

○令尹，官名，楚上卿執政者也。子文，姓鬬，名穀於菟。其爲人也，喜怒不形，物我無間，知有其國而不知有其身，其忠盛矣，故子張疑其仁。然其所以三仕三已而告新令尹者，未知其皆出於天理而無人欲之私也，是以夫子但許其忠，而未許其仁也。

「崔子弒齊君，陳文子有馬十乘，棄而違之。至於他邦，則曰：『猶吾大夫崔子也。』違之。之一邦，則又曰：『猶吾大夫崔子也。』違之。何如？」子曰：「清矣。」曰：「仁矣乎？」曰：「未知，焉得仁？」乘，去聲。○崔子，齊大夫，名杼。齊君，莊公，名光。陳文子，亦齊大夫，名須無。十乘，四十匹也。違，去也。文子潔身去亂，可謂清矣，然未知其心果見義理之當然，而能脱然無所累乎？抑不得已於利害之私，而猶未免於怨悔也？故孔子特許其清，而不許其仁。○愚聞之師曰：「當理而無私心，則仁矣。今以是而觀二子之事，雖其制行之高若不可及，然皆未有以見其必當於理而真無私心也。子張未識仁體，而悦於苟難，遂以小者信其大者，夫子之不許也宜哉。」讀者於此，更以上章「不知其仁」、後篇「仁則吾不知」之語并與三仁、夷、齊之事觀之，則彼此交盡，而仁之爲義可識矣。○或問本章之説。曰：「仁者，心之德而天之理也。非至誠盡性，通貫全體，如天地一元之氣化育流行，無少間息，不足以名之。今子文仕於蠻荆，執其政柄，至於再三，既不能革其僭王之號，又不能正其猾夏之心，至於滅弦伐隨之事，乃身爲之而不知其爲罪。文子立於淫亂之朝，既不能正君以禦亂，又不能先事而潔身，至於篡弒之禍已作，又不能上告天子，下請方伯，以討其賊。去國三年，又無故而自還，復與亂臣共事。此二子平日之所爲，止於如此，其不得爲仁也明矣。」「夷、齊、三仁之見許於夫子，何也？」曰：「此五人者，考事察言，以求其心，則其中洞然無復一豪私慾之累，異乎二子之爲矣。故程子以爲『比干之忠，見得時便是仁』，亦此意也。」○問：「子文之忠，文子之清，如何以爲未仁？」曰：「此只就二子事上説。若比干、伯夷之忠、清，是就心上説。若論心時，比干、伯夷已是仁人，若無諫紂見殺與讓國諫伐之事，亦是仁人。蓋二子忠、清原自仁中出。若子文、文子，當時只見此兩件事是清與忠，不知其如何得仁也。」○五峯胡氏答南軒書曰：「私意害仁，賢者之言是也。如子文之忠，文子之清，似不可謂之私意，而孔子不以仁許之。仁之道大，須見大體，然後可以察己之偏而習於正。乍見孺子入井之心，孟子舉一隅耳，若内交、要譽、惡其聲，此淺陋之私，甚易見也。若二子之忠、清而不得謂仁，此難識也。幸深思之，則天地之純全，古今之大體，庶幾可見乎？又書反復來教，似未能進於此者，然則欲進於此，奈何？左右試以身處子文、文子之地，案其行事而繩以仲尼之道，則二子之未知，庶幾可見，而仁之義可默識矣。」又書曰：「示諭云云，猶是緣文生義，非有見於言意之表者也。子思曰：『思事親不可以不知人，思知人不可以不知天。』仁也者，人之所以爲天也，須明得天理盡，然後克己以終之。聖門實學，不與異端空言比也，空言易曉，實學難到，所以顔淵、仲弓，亞聖資質，必請事斯語，不敢以言下悟便爲了也。」南軒嘗言：「學者要識仁之體。得此一鞭，如拔之九地之下，升諸九天之上。五峯真是善提策人。」

○季文子三思而後行。子聞之，曰：「再，斯可矣。」三，去聲。○季文子，魯大夫，名行父。每事必三思而後行，若使晉而求遭喪之禮以行，亦其一事也。斯，語辭。程子曰：「爲惡之人，未嘗知有思，有思則爲善矣。然至於再則已審，三則私意起而反惑矣，故夫子譏之。」愚案：季文子慮事如此，可謂詳審，而宜無過舉矣。而宣公篡立，文子乃不能討，反爲之使齊而納賂焉，豈非程子所謂「私意起而反惑」之驗與？

是以君子務窮理而貴果斷，不徒多思之爲尚。○或問云云。「天下之事，以義理斷之，則是非可否，再思而已審；以私意揣之，則利害得喪，萬變而無窮。思止於再者，聖人之以義制事，而不汩於利害之私。」

○子曰：「甯武子邦有道則知，邦無道則愚。其知可及也，其愚不可及也。」知，去聲。○甯武子，衛大夫，名俞。案《春秋傳》，武子仕衛，當文公、成公之時。文公有道，而武子無事可見，此其知之可及也。成公無道，至於失國，而武子周旋其間，盡心竭力，不避艱險。凡其所處，皆智巧之士所深避而不肯爲者，而能卒保其身以濟其君，此其愚之不可及也。○程子曰：「邦無道能沈晦以免患，故曰不可及也。亦有不當愚者，比干是也。」○甯武子事見《春秋左氏傳》僖公二十八年：晉侯伐衛。夏，晉楚戰于城濮，楚師敗績。復衛侯。甯武子與衛人盟于宛濮，國人聞此盟也，而後不貳。衛侯先期入，甯子先。叔武將沐，聞君至，喜，捉髮走出，前驅，射而殺之。元咺出奔晉。冬，衛侯與元咺訟，甯武子爲輔，鍼莊子爲坐，士榮爲大士。衛侯不勝，殺士榮，刖鍼莊子，謂甯俞忠而免之。執衛侯歸之于京師，寘諸深室。甯子職納橐饘焉。三十年，晉侯使醫衍酖衛侯。甯俞貨醫，使薄其酖，不死。秋，乃釋衛侯。

○子在陳曰：「歸與！歸與！吾黨之小子狂簡，斐然成章，不知所以裁之。」與，平聲。斐，音匪。○此孔子周流四方，道不行而思歸之歎也。吾黨小子，指門人之在魯者。狂簡，志大而略於事也。斐，文貌。成章，言其文理成就，有可觀者。裁，割正也。夫子初心，欲行其道於天下，至是而知其終不用也。於是始欲成就後學，以傳道於來世。又不得中行之士而思其次，以爲狂士志意高遠，猶或可與進於道也。但恐其過中失正，而或陷於異端耳，故欲歸而裁之也。

○子曰：「伯夷、叔齊不念舊惡，怨是用希。」伯夷、叔齊，孤竹君之二子。孟子稱其「不立於惡人之朝，不與惡人言。與鄉人立，其冠不正，望望然去之，若將浼焉」。其介如此，宜若無所容矣，然其所惡之人，能改即止，故人亦不甚怨之也。○程子曰：「不念舊惡，此清者之量。」又曰：「二子之心，非夫子孰能知之？」○或問：「夷、齊之有舊惡，何也？」曰：「蘇氏蓋嘗言之，然無所考，未敢以爲必然也。蘇氏曰：『夷、齊之事遠矣，傳失其辭。意其出也，父子之間，有閒言焉，若申生之事與？不若是，又何惡之可念哉！』」○問云云。曰：「此與不遷怒相似。其所惡者，因其人之可惡惡之，而所惡不在我，及其能改，又只見他善處，聖賢之心皆是如此。」○南軒曰：「以夷、齊平日之節觀之，疑其狹隘而不容矣。今夫子乃稱之如此，何其宏裕也！蓋其所爲亦安夫天理之所當然，而其胷中休休然，初無一豪介於其間也。若有一豪介於其間，則是私意之所執，而豈夷、齊之心哉？味夫子此言，庶幾可以識之矣。『怨是用希』者，己無所怨於人，而人亦無所怨於己也。」

○子曰：「孰謂微生高直？或乞醯焉，乞諸其鄰而與之。」醯，呼西反。○微生姓，高名，魯人，素有直名者。醯，醋也。人來乞時，其家無有，故乞諸鄰家以與之。夫子言此，譏其曲意徇物，掠美市恩，不得爲直也。○程子曰：「微生高所枉雖小，害直爲大。」范氏曰：「是曰是，非曰非，有謂有，無謂無，曰直。聖人觀人於其一介之取予，而千駟萬鍾從可知焉，故以微事斷之，所以教人不可不謹也。」○或問：「微生高乞醯之説，或有謂直非中庸之行，微生之事，夫子蓋美之者，然乎？」曰：「爲是説者，新則新矣，然即其言以觀之，有以知其無正大之情也。夫醯非難得之物，或乞於我，而我無之，則直答以無而已，彼將去而求之他人，豈患其不得哉？設有急難之用，而不知可得之處，則告之可也，求之不得，則往助其求可也。今微生之乞諸鄰也，必不告以求之之意，其與之也，必不告以得之之所，其掠美行私，左右異態如此，夫子尚可美之云哉！善乎沂國王文正公之言曰：『恩欲己出，怨將誰當？』至哉斯言！其亦異乎微生之用心矣。且直之爲言，自古聖賢未有以爲非美德者，特惡其過而失於狡訐而已。今概以直爲非中庸之行，吾不知其何所取而爲斯言邪？然則斯人之所謂中庸者，乃胡廣之中庸，非子思之中庸必矣。」問：「張子韶説，乞醯不是不直。」曰：「此無他，只是要人回互委曲以爲直耳。此鄉愿之漸，不可不謹。」○南軒曰：「順理之謂直。計較作爲，有纖豪之枉，則害於直矣，故夫子舉此以明直之理。」

○子曰：「巧言、令色、足恭，左丘明耻之，丘亦耻之。匿怨而友其人，左丘明耻之，丘亦耻之。」足，將樹反。○足，過也。程子曰：「左丘明，古之聞人也。」謝氏曰：「二者之可耻，有甚於穿窬也。左丘明耻之，其所養可知矣。夫子自言『丘亦耻之』，蓋竊比老彭之意。又以深戒學者，使察乎此而立心以直也。」○或問：「左丘明非傳《春秋》者邪？」曰：「未可知也。啖、趙、陸氏辨之於《纂例》詳矣。先友鄧著作考之《氏姓書》曰：『此人蓋左丘姓而明名，傳《春秋》者乃左氏耳。』鄧名世，字元亞云。」○足是加添之意，能恭則禮已盡矣，若又去上面添些，便是私欲。○巧言、令色、足恭與匿怨，皆不誠實者也。人而不誠實，何所不至？所以可耻。與上文乞醯之義相似。○南軒曰：「正是教人習以爲常而未知爲耻。惟君子學以爲己，不忍須臾自欺，故以爲耻焉。觀此則丘明爲人誠實可知。言己亦耻之，以明丘明所耻之爲得。又可以味聖人與人爲善，其辭氣温厚如此。」

○顔淵、季路侍。子曰：「盍各言爾志？」盍，音合。○盍，何不也。**子路曰：「願車馬、衣輕裘，與朋友共。敝之而無憾。」**衣，去聲。○衣，服之也。裘，皮服。敝，壞也。憾，恨也。**顔淵曰：「願無伐善，無施勞。」**伐，誇也。善，謂有能。施，亦張大之意。勞，謂有功。《易》曰「勞而不伐」是也。或曰：「勞，勞事也。勞事非己所欲，故亦不欲施之於人。」亦通。**子路曰：「願聞子之志。」子曰：「老者安之，朋友信之，少者懷之。」**老者養之以安，朋友與之以信，少者懷之以恩。一説：安之，安我也；信之，信我也；懷之，懷我也。亦通。○程子曰：「夫子安仁，顔淵不違仁，子路求仁。」又曰：「子路、顔淵、孔子之志，皆與物共者也，但有小大之差爾。」又曰：「子路勇於義者，觀其志，豈可以勢利拘之哉？亞於浴沂者也。顔子不自私己，故無伐善；知同於人，故無施勞。其志可謂大矣，然未免出於有意也。至於夫子，則如天地之化工，付與萬物而己不勞焉，此聖人之所爲也。今夫羈靮以御馬而不以制牛，人皆知羈靮之作在乎人，而不知羈靮之生由於馬，聖人之化，亦猶是也。先觀二子之言，後觀聖人之言，分明天地氣象。凡看《論語》，非但欲理會文字，須要識得聖賢氣象。」○南軒曰：「人之不仁，病於有己，故雖衣服車馬之間，此意未嘗不存焉。子路蓋欲先去其私於車馬之間者，其志可謂篤，而用工亦實矣。至於顔子，則幾於廓然大公而無物我之間矣，然猶所謂『誠之者人之道也』。至於孔子，則純乎天矣，物各付物，止於其分而無不得焉，此『誠者天之道也』。然而學者有志於求仁，則子路之事亦不可忽，要當如此用力，然後顔子之事可以馴致。若慕高遠而忽卑近，則亦妄意躐等，終身無所成就而已耳。」

○子曰：「已矣乎！吾未見能見其過而内自訟者也。」已矣乎者，恐其終不得見而歎之也。

內自訟者，口不言而心自咎也。人有過而能自知者鮮矣，知過而能內自訟者爲尤鮮。能內自訟，則其悔悟深切而能改必矣。夫子自恐終不得見而歎之，其警學者深矣。○南軒曰：「人惟安於所偏而狃於所習，是以鮮能見其過。就或覺其爲過，不能自訟，又從而文之者多矣。內自訟則無一豪蓋覆之意，其於從義進德也孰禦？」

○**子曰：「十室之邑，必有忠信如丘者焉，不如丘之好學也。」**焉，如字，屬上句。好，去聲。○十室，小邑也。忠信如聖人，生質之美者也。夫子生知而未嘗不好學，故言此以勉人。言美質易得，至道難聞，學之至則可以爲聖人，不學則不免爲鄉人而已。可不勉哉？○胡氏曰：「十室之邑，尚有忠信如孔子者，況以天下之大，萬民之衆，千歲之遠，其可以學而入聖者宜亦多矣。然自孟子以至於今，讀書學問者不絕於世，而求如曾、閔者不能以一二數，則以不知孔子所好之學而好之耳。」

雍也第六

凡二十九章。篇內第十四章以前，大意與前篇同。

子曰：「雍也可使南面。」南面者，人君聽治之位。言仲弓寬洪簡重，有人君之度也。**仲弓問子桑伯子，子曰：「可也簡。」**子桑伯子，魯人，胡氏以爲疑即莊周所稱子桑户者是也。仲弓以夫子許己南面，故問伯子如何。可者，僅可而有所未盡之辭。簡者，不煩之謂。**仲弓曰：「居敬而行簡，以臨其民，不亦可乎？居簡而行簡，無乃太簡乎？」**大，音泰。○言自處以敬，則中有主而自治嚴，如是而行簡以臨民，則事不煩而民不擾，所以爲可。若先自處以簡，則中無主而自治疏矣，而所行又簡，豈不失之大簡而無法度之可守乎？《家語》記伯子不衣冠而處，夫子譏其欲同人道於牛馬。然則伯子蓋大簡者，而仲弓疑夫子之過許與？**子曰：「雍之言然。」**仲弓蓋未喻夫子「可」字之意，而其所言之理，有默契焉者，故夫子然之。○程子曰：「子桑伯子之簡，雖可取而未盡善，故夫子云可也。仲弓因言内主於敬而簡，則爲要直；内存乎簡而簡，則爲疎略，可謂得其旨矣。」又曰：「居敬則心中無物，故所行自簡；居簡則先有心於簡，而多一簡字矣，故曰大簡。」○或問：「居敬居簡之不同，何也？」曰：「持身以敬，則心不放逸而義理著明，故其所以見於事者，自然操得其要，而無煩擾之患。若處身者既務於簡，而所以行之者又一切以簡爲事，則是義理準則既不素明於内，而紀綱法度又無所持循於外。大簡之弊，將有不可勝言者矣。」○南軒曰：「主一之謂敬。敬則專而不雜，序而不亂，常而不迫，其行自然簡也。若夫居簡，則是以『簡』之一字横在胷中，反害於敬而失行簡之本矣。」○《敬簡堂記》曰：「心宰萬物，而敬者心之道所以生也。生則萬理森然而萬事之綱總攝於此。凡至乎吾前者，吾則因其然而酬酢之，故動雖微而吾固經緯乎事之先，事雖大而吾處之若起居飲食之常，雖雜然並陳，而釐分縷析，條理不紊。無他，其綱維既立，如鑑之形物，各正其分而不與之俱往也。此所謂敬而行簡者與！」

○哀公問：「弟子孰爲好學？」孔子對曰：「有顔回者好學，不遷怒，不貳過。不幸短命死矣！今也則亡，未聞好學者也。」好，去聲。亡，與無同。○遷，移也。貳，復也。怒於甲者，不移於乙；過於前者，不復於後。顔子克己之功至於如此，可謂真好學矣。短命者，顔子三十二而卒也。既云今也則亡，又言未聞好學者，蓋深惜之，又以見真好學者之難得也。○程子曰：「顔子之怒，在物不在己，故不遷。有不善未嘗不知，知之未嘗復行，不貳過也。」又曰：「喜怒在事，則理之當喜怒者也，不在血氣，則不遷。若舜之誅四凶也，可怒在彼，己何與焉？如鑑之照物，妍媸在彼，隨物應之而已，何遷之有？」又曰：「如顏子地位，豈有不善？所謂不善，只是微有差失。才差失便能知之，才知之便更不萌作。」張子曰：「慊於己者，不使萌於再。」或曰：「詩書六藝，七十子非不習而通也，而夫子獨稱顏淵爲好學。顏子之所好，果何學歟？」程子曰：「學以至乎聖人之道也。」「學之道奈何？」曰：「天地儲精，得五行之秀者爲人。其本也真而静。其未發也五性具焉，曰仁、義、禮、智、信。形既生矣，外物觸其形而動於中矣。其中動而七情出焉，曰喜、怒、哀、懼、愛、惡、欲。情既熾而益蕩，其性鑿矣。故覺者約其情使合於中，正其心，養其性而已。然必先明諸心，知所往，然後力行以求至焉。若顏子之非禮勿視、聽、言、動，不遷怒貳過者，則其好之篤而學之得其道也。然其未至於聖人者，守之也，非化之也。假之以年，則不日而化矣。今人乃謂聖本生知，非學可至，而所以爲學者，不過記誦文辭之間，其亦異乎顏子之學矣。」○或問：「韓子不貳過之説，如何？」曰：「愚嘗聞之師矣，曰：『顏子之不貳者，念慮小差，隨即冰釋，不復形於心術之間也。若如韓子之言，則心常有過，直遏閉之，使不形於事爾，亦何足以爲顏子乎？』蓋其所論『過』字則是，而所以爲『不貳』者則非，學者不可以不審而别之也。」○顏子到這裏直是渾然，更無些子渣滓。不遷怒，如鑑懸水止。不貳過，如冰解凍釋。如三月不違，又是已前事。到這裏已自渾淪，都是天理。○問云云。曰：「此是顏子好學之效驗如此，却不是只學此二事。顏子學處專在非禮勿視、聽、言、動上，至此純熟，乃能如此。」○問：「張子謂顏子不貳過，是慊於己者，不使萌於再。夫子只説『知之未嘗復行』，不是説其過不再萌於心。某疑張子之言尤更精密。至於程子說『更不萌作』，則兼說『行』字矣。」先生曰：「萌作只是萌動。蓋孔子直恁大綱說。至程子、張子，又要人理會得分曉，故復說到精極處。」○明諸心知所往，窮理之事也；力行求至，踐履之事也。○南軒曰：「怒之所以遷者，以起怒於己故也。起怒於己，故溢於氣，徵於色，發於辭，橫於胷中而不能化，移於他物而莫之止。就有能知怒之不當遷者，方其怒甲也，而視乙其辭氣終未能以遽化，是皆起怒於己故耳。君子非無怒也，怒其逆於理而已。理之所在，如鑑付形，各適其可，己何與乎？然則奚遷之有！過之所以貳者，以其所以爲過之根不除也。人每患不見其過，就能見其過而遏止之，其心一或有懈，則其端復乘間而萌矣。君子非無過也，隱微之間有所小慊，則謂之過。惟其涵養純熟，天理昭融，於過之所未形，未嘗不知，消而去之，如日之銷冰，無復餘跡，然則奚貳之有！是二者，蓋克己復禮之功也。如是而後謂之好學，則孔門之所謂學者，蓋可知矣。有志於道者，其可不以是爲標的乎？」○黃氏曰：「顏子不遷不貳，蓋其存養之心，省察之明，克治之力，持守之堅，故其未怒之初，鑑空衡平，既怒之後，冰消霧釋。方過之萌，瑕纇莫逃，既知之後，根株悉拔。此其所以爲好學而《集注》以爲克己之功也。」

○子華使於齊，冉子爲其母請粟。子曰：「與之釜。」請益。曰：「與之庾。」冉子與之粟五秉。使、爲，並去聲。○子華，公西赤也。使，爲孔子使也。釜，六斗四升。庾，十六斗。秉，十六斛。**子曰：「赤之適齊也，乘肥馬，衣輕裘。吾聞之也，君子周急不繼富。」**衣，去聲。○乘肥馬，衣輕裘，言其富也。急，窮迫也。周者，補不足。繼者，續有餘。**原思爲之宰，與之粟九百，辭。**原思，孔子弟子，名憲。孔子爲魯司寇時，以思爲宰。粟，宰之禄也。九百不言其量，不可考。**子曰：「毋！以與爾**

鄰里鄉黨乎！」毋，禁止辭。五家爲鄰，二十五家爲里，萬二千五百家爲鄉，五百家爲黨。言常禄不當辭，有餘自可推之以周貧乏，蓋鄰、里、鄉、黨有相周之義。○程子曰：「夫子之使子華，子華之爲夫子使，義也。而冉子乃爲之請，聖人寬容，不欲直拒人，故與之少，所以示不當與也。請益而與之亦少，所以示不當益也。求未達而自與之多，則已過矣，故夫子非之。蓋赤苟至乏，則夫子必自周之，不待請矣。原憲爲宰，則有常禄。思辭其多，故又教以分諸鄰里之貧者，蓋亦莫非義也。」張子曰：「於斯二者，可見聖人之用財矣。」○南軒曰：「聖人於子華謂『周急不繼富』，於原憲謂『毋，以與爾鄰里鄉黨』，蓋取與辭受莫不有其則焉，天之理也。聖人從容而不過，賢者審處而不違，若以私意加焉，則失其權度。或與其所不當與，雖賢於吝，然未免爲傷惠。或辭其所不當辭，雖賢於貪，亦未免爲有害於廉矣。」○黄氏曰：「冉子之與粟，不害其爲惠。原憲之辭粟，不害其爲廉。自常人觀之，皆善行也。聖人處事如化工生物，洪纖高下，各適其宜，又豈但可見其用財而已哉！」

○子謂仲弓曰：「犁牛之子騂且角，雖欲勿用，山川其舍諸？」犁，利之反。騂，息營反。舍，上聲。○犁，雜文。騂，赤色。周人尚赤，牲用騂。角，角周正，中犧牲也。用，用以祭也。山川，山川之神也。言人雖不用，神必不舍也。仲弓父賤而行惡，故夫子以此譬之。言父之惡，不能廢其子之善，如仲弓之賢，自當見用於世也。然此論仲弓云爾，非與仲弓言也。○范氏曰：「以瞽瞍爲父而有舜，以鯀爲父而有禹。古之聖賢，不係於世類，尚矣。子能改父之過，變惡以爲美，則可謂孝矣。」○或問云云。「程子欲去『曰』字，蓋嫌於與其子言而斥其父之惡，而欲用子産、子賤之例故爾。蘇氏謂此其論仲弓云爾，非與仲弓言也，此說得之。蓋以《論語》考之，其歎顏淵未見其止，乃淵死後之言，此其例也。」

○子曰：「回也，其心三月不違仁，其餘則日月至焉而已矣。」三月，言其久。仁者，心之德。心不違仁者，無私欲而有其德也。日月至焉者，或日一至焉，或月一至焉，能造其域而不能久也。○程子曰：「三月，天道小變之節，言其久也，過此則聖人矣。不違仁，只是無纖豪私欲。少有私欲，便是不仁。」尹氏曰：「此顏子於聖人，未達一間者也，若聖人則渾然無間斷矣。」張子曰：「始學之要，當知『三月不違』與『日月至焉』内外賓主之辨。使心意勉勉循循而不能已，過此幾非在我者。」○或問：「仁，人心也，則心與仁宜一矣。而又曰心不違仁，則此心之與仁，又若二焉者，何也？」曰：「孟子之言，非以仁訓心也，蓋以仁爲心之德也，人有是心，則有是德矣。然私欲亂之，則或有是心而不能有是德，此衆人之心所以每至於違仁也。克己復禮，私欲不萌，則即是心而是德存焉，此顏子之心所以不違於仁也。故所謂違仁者，非有兩物而相去也；所謂不違者，非有兩物而相依也。深體而默識於言意之表，則庶乎其得之矣。」曰：「其以三月期，何也？」曰：「顏子之於仁熟矣，然以其猶有待於不違而後一也，是以至於踰時之久，而或不能無念慮之差焉。然其復不遠，則其心之本然者，又未嘗有所失也。向使假之年，大而化之，則其心與仁，無待於不違而常一，豈復可以三月期哉。張子内外賓主之辨，蓋曰不違者，仁在内而我爲主也。日月至者，❶仁在外而我

---

❶「者」，原誤作「仁」，今據《四書或問》卷十一《論語・雍也第六》改。

爲客也。❶誠知此辨，則其不客於客而求爲主於内必矣，故曰『使心意勉勉循循而不能已』也。其曰『過此幾非在我』者，則豈以用功至此而極矣，過此以往，則必德盛仁熟而自至，而非吾力之所能與也與？」○又程子曰：「『日月至焉』與『久而不息』者，所見規模雖略相似，其氣味意象迥然別，惟潛心默識，玩索久之，庶幾自得。」朱子曰：「非其身親而實有之，亦豈能發明至此邪！仁與心本是一物，才被私欲一隔，便與仁相違，却成二物。若私欲既無，則心與仁不相離，便合成一物。」○心猶鏡，仁猶鏡之明，鏡本來明，被塵一蔽便不明，塵垢去則鏡明矣。顏子是三月之久無塵垢，餘日皆暗亦不可知。○三月只是言久耳，非謂三月後必違也。○如「不貳過」，過便是違仁。問「不知其仁」注云云。曰：「不是三月以後一向差去，但其於這道理久後，須略間斷。若無些子間斷，便全是天理，便是聖人。」○顏子一似主人，常在家裏，三月而後或有出去時節，便會回歸。其餘是賓，或一日一至，或一月一至。在内之日多，即是主；在内之日少，即是客。此即内外賓主之辨。○問張子云云。曰：「學者只要勉勉循循而不能已，才能如此，後面雖不大段著力，而自不能已。」○「『過此幾非在我』，如《易傳》中説『過此以往，未之或知』之意。」○問「回心三月不違仁」。先生曰：「如何是心？如何是仁？」對曰：「心是知覺底，仁是理。」先生曰：「耳無有不聰，目無有不明，心無有不仁。然耳有時不聰，目有時不明，心有時不仁。」問：「莫是即與理合而爲一否？」曰：「不是合，心自是仁。然私欲一動，便不仁。」

❶「爲」，原無，今據《四書或問》卷十一《論語·雍也第六》補。

○「三月不違」之「違」，如白中之黑。「日月至焉」之「至」，猶黑中之白。○南軒曰：「人具生道以生，其心未有不仁者也，一豪私欲萌於中，則違仁矣。惟不遠而復者私欲不萌，故其仁無時而不存焉。『三月』言其久而熟也，而『不違』焉，未若聖人之渾然無間也。『日月至焉』與『三月不違』者，固亦異矣，然非見道明而用力堅，亦未易日月至也。由是而不已焉，則亦可馴致矣。」○黄氏曰：「『心不違仁』，則心與仁二；『仁，人心也』，則心與仁一。二説不同，而《集注》乃合而言之，其義精矣。」或曰：「張子曰『合性與知覺，有心之名』，故心之爲義有專指知覺而言者，『心不違仁』是也；有合性與知覺而言者，『仁，人心』是也。」張子言内外賓主，《或問》以爲「日月至焉，仁在外，三月不違，仁在内」。或曰：「仁非有内外也。孟子曰『仁，人之安宅也』，言仁之理如至安之宅，譬之『三月不違』，則心爲主，在仁之内，如身爲主而在宅之内也。『日月至焉』，則心爲賓，在仁之外，如身爲賓而在宅之外也。」此兩義者與《集注》少異，姑存之以備參考。

○季康子問：「仲由可使從政也與？」子曰：「由也果，於從政乎何有？」曰：「賜也，可使從政也與？」曰：「賜也達，於從政乎何有？」曰：「求也，可使從政也與？」曰：「求也藝，於從政乎何有？」與，平聲。○從政，謂爲大夫。果，有決斷。達，通事理。藝，多才能。○程子曰：「季康子問三子之才可以從政乎？夫子荅以各有所長。非惟三子，人各有所長。能取其長，皆可用也。」

○季氏使閔子騫爲費宰。閔子騫曰：「善爲我辭焉。如有復我者，則吾必在汶上矣。」

費，音祕。爲，去聲。汶，音問。○閔子騫，孔子弟子，名損。費，季氏邑。汶，水名，在齊南魯北境上。閔子不欲臣季氏，令使者善爲己辭。言若再來召我，則當去之齊。○程子曰：「仲尼之門，能不仕大夫之家者，閔子、曾子數人而已。」謝氏曰：「學者能少知内外之分，皆可以樂道而忘人之勢。况閔子得聖人爲之依歸，彼其視季氏不義之富貴，不啻犬彘。又從而臣之，豈其心哉？在聖人則有不然者，蓋居亂邦、見惡人，在聖人則可。自聖人以下，剛則必取禍，柔則必取辱。閔子豈不能早見而豫待之乎？如由也不得其死，求也爲季氏附益，夫豈其本心哉？蓋既無先見之知，又無克亂之才故也。然則閔子其賢乎？」○《或問》：「謝氏之説，粗厲威奮，若不近聖賢氣象者，而吾獨有取焉，亦足以立懦夫之志而已。」

○伯牛有疾，子問之，自牖執其手，曰：「亡之，命矣夫！斯人也而有斯疾也！斯人也而有斯疾也！」夫，音扶。○伯牛，孔子弟子，姓冉，名耕。有疾，先儒以爲癩也。牖，南牖也。禮：病者居北牖下。君視之，則遷於南牖下，使君得以南面視己。時伯牛家以此禮尊孔子，孔子不敢當，故不入其室，而自牖執其手，蓋與之永訣也。命，謂天命。言此人不應有此疾，而今乃有之，是乃天之所命也。○或問：「命者，何如？」曰：「有生之初，氣質之稟，蓋有一定而不可易者，孟子所謂莫之致而至者也。」○南軒曰：「如顔子、伯牛之死，乃可謂之命。蓋其修身盡道以至於所爲謹疾者，亦無有憾也。而止於是焉，則曰命也。若有取死召疾之道，則是有所啟而至，而非天命之正矣。」○侯氏曰：「伯牛以德行稱，亞於顔、閔。故其將死也，夫子尤痛惜之。」

○子曰：「賢哉，回也！一簞食，一瓢飲，在陋巷。人不堪其憂，回也不改其樂。賢哉，回也！」食，音嗣。樂，音洛。○簞，竹器。食，飯也。瓢，瓠也。顔子之貧如此，而處之泰然，不以害其樂，故夫子再言「賢哉回也」以深歎美之。○程子曰：「顔子之樂，非樂簞瓢陋巷也，不以貧窶累其心而改其所樂也，故夫子稱其賢。」又曰：「簞瓢陋巷非可樂，蓋自有其樂爾。『其』字當玩味，自有深意。」又曰：「昔受學於周茂叔，每令尋仲尼顔子樂處，所樂何事。」愚案：程子之言，引而不發，蓋欲學者深思而自得之。今亦不敢妄爲之説。學者但當從事於博文約禮之誨，以至於欲罷不能而竭其才，則庶乎有以得之矣。○或問：「顔樂之説，程子答鮮于侁之問，其意何也？」曰：「程子蓋曰顔子之心，無少私欲，天理渾然，是以日用動静之間，從容自得，而無適不樂，不待以道爲可樂然後樂也。」○問學者看文字如何，對曰：「方思量顔子樂處。」先生曰：「不用思量，他只是『博我以文，約我以禮』，然後見得天理分明，日用間義理純熟，不被人欲來苦楚，自恁地快活。而今只去博文約禮，便自見得。若只索之於杳冥無朕之際，何益？只要著實用工。」○問顔子樂處。曰：「未到他地位，如何便能知得他樂處？且要得就他實下工夫處，便下梢亦須會到他樂時節。」○顔子胷中自有樂地，雖貧窶不以累其心，不是將那不以貧窶累心底做樂。明道曰：「百官萬務，金革百萬之衆，曲肱飲水，亦在其中矣。」○問：「伊川所謂『其』字當玩味，是如何？」曰：「是原有此樂。」○問：「濂溪教程子尋孔顔樂處，如何？」曰：「先賢到樂處，已自成就向上了，非初學所能求。況今師非濂溪，友非二程，不如且就聖賢著實用工處求之。如『克己復禮』，致謹於視、聽、言、動之間，久久自當純熟，充達向上去。」○孔顔雖同此樂，然顔子未免有意。○問云云。「不要去孔顔身上問，只去自家身上討。」○問：「程子使顔子以道爲樂，則非顔子。周子顔子章又却似言以道爲樂。」先生曰：「顔子之樂，非是自家有這道，至富至貴，只管把來玩弄後樂。見得這道理後自是樂，故曰見其大則心泰，心泰則無不足，無不足則富貴貧賤處之一也。」○問云云。曰：「程子之言，但謂聖賢之心與道爲一，故無適而不樂。若以道爲一物而樂之，則心與道二，非所以爲顔子耳。若某人之云，乃老佛緒餘，非程子本意。」○又問：「伊川云云曰如何？」又曰：「樂道之言不失，只是説得不精切，故如此告之。今便以爲無道可樂，却走作了。」問：❶「鄒侍郎引此，謂『今日始見伊川面，已入禪去』。」曰：「然。」○曾點之樂，是見得如此。顔子之樂，是工夫到那裏。○南軒曰：「此不可以想像求也，惟用力於克己，則庶幾其得之耳。」○黄氏曰：「《集注》《或問》二説不同，何也？」曰：「博文約禮，顔子所以用其力於前；天理渾然，顔子所以收其功於後。博文則知之明，約禮則守之固。凡事物當然之理既無不洞曉，而窮通得喪與凡可憂可喜之事舉不足以累其心，此其所以無少私欲，天理渾然，蓋有不期樂而樂者矣。」○案《莊子》：「孔子謂顔回曰：『回，來！家貧居卑，胡不仕乎？』顔回對曰：『不願仕。回有郭外之田五十畝，足以給饘粥；郭内之田十畝，足以爲絲麻；鼓琴足以自娱，所學夫子之道足以自樂也。回不願仕。』孔子愀然變容曰：『善哉回之意！丘聞之，知足者不以利自累，審自得者失之而不懼，行修於内者無位而不怍。丘誦之久矣，今於回而後見之，是丘之得也。』」又曰：「曾子居衛，緼袍無表，顔色腫噲，手足胼胝，三日不舉火，十年不製衣，正冠而纓絶，捉衿而肘見，納屨而踵決，曳縰而歌《商頌》，聲滿天地，若出金石。」○案：顔、曾二子樂道安貧，大抵相似。

○冉求曰：「非不説子之道，力不足也。」子曰：「力不足者，中道而廢。今女畫。」説，音悦。女，音汝。○力不足者，欲進而不能。畫者，能進而不欲。謂之畫者，如畫地以自限也。○胡氏曰：「夫

❶「問」上，原衍「如」字，今據《西山讀書記》卷六十一刪。

子稱顏回不改其樂，冉求聞之，故有是言。然使求悅夫子之道，誠如口之悅芻豢，則必將盡力以求之，何患力之不足哉？畫而不進，則日退而已矣，此冉求之所以局於藝也。」〇南軒曰：「爲仁未有力不足者，故仁以爲己任，死而後已焉。今冉求患力之不足，非力不足也，乃自畫耳。所謂中道而廢者也，士之學聖人，不幸而死則已矣，此則可言力不足也。不然，而或止焉，則皆爲自畫耳。畫者，非有以止之，而自不肯前也。」〇愚案：此章乃求也受病之源，惟不能自强以進學，故義利取舍之分不明，而苟以從人，無正救之益而有順從之失也。

〇子謂子夏曰：「女爲君子儒，無爲小人儒。」儒，學者之稱。程子曰：「君子儒爲己，小人儒爲人。」〇謝氏曰：「君子小人之分，義與利之間而已。然所謂利者，豈必殖貨財之謂？以私滅公，適己自便，凡可以害天理者皆利也。子夏文學雖有餘，然意其遠者大者或昧焉，故夫子語之以此。」

〇子游爲武城宰。子曰：「女得人焉爾乎？」曰：「有澹臺滅明者，行不由徑。非公事，未嘗至於偃之室也。」女，音汝。澹，徒甘反。〇武城，魯下邑。澹臺，姓；滅明，名；字子羽。徑，路之小而捷者。公事，如飲射讀法之類。不由徑，則動必以正，而無見小欲速之意可知。非公事不見邑宰，則其有以自守，而無枉己徇人之私可見矣。〇楊氏曰：「爲政以人才爲先，故孔子以得人爲問。如滅明者，觀其二事之小，而其正大之情可見矣。後世有不由徑者，人必以爲迂；不至其室，人必以爲簡。非孔氏之徒，其孰能知而取之？」愚謂持身以滅明爲法，則無苟賤之羞；取人以子游爲法，則無邪媚之惑。〇《衍義》曰：「子游以行不由徑，非公事不至其室而知澹臺之賢。蓋二者雖若細行，因而推之，行且不由徑，其行己也肯枉道而欲速乎？非公事且不至其室，其事上也肯阿意而求悦乎？子游以一邑宰，其取人猶若是，等而上之，宰相爲天子擇百僚，人主爲天下擇宰相，必以是觀焉可也。」

○**子曰：「孟之反不伐，奔而殿。將入門，策其馬，曰：『非敢後也，馬不進也。』」**殿，去聲。○孟之反，魯大夫，名側。胡氏曰：「反即莊周所稱孟子反者是也。」伐，誇功也。奔，敗走也。軍後曰殿。策，鞭也。戰敗而還，以後爲功。反奔而殿，故以此言自揜其功也。事在哀公十一年。○謝氏曰：「人能操無欲上人之心，則人欲日消、天理日明，而凡可以矜己誇人者，皆無足道矣。然不知學者欲上人之心無時而忘也，若孟之反，可以爲法矣。」○南軒曰：「爲學之害，矜伐居多。聖人取孟之反所以教門人也。」

○**子曰：「不有祝鮀之佞而有宋朝之美，難乎免於今之世矣！」**鮀，徒河反。○祝，宗廟之官。鮀，衛大夫，字子魚，有口才。朝，宋公子，有美色。言衰世好諛悦色，非此難免，蓋傷之也。

○**子曰：「誰能出不由户？何莫由斯道也？」**言人不能出不由户，何故乃不由此道邪？怪而歎之之辭。○洪氏曰：「人知出必由户，而不知行必由道。非道遠人，人自遠爾。」○或問云云。曰：「何莫由，猶何莫學夫詩耳。若直以出不能不由户，譬夫行之不能不由道，則世之悖理犯義而不由於道者爲不少矣，又何説以解之邪？」

○**子曰：「質勝文則野，文勝質則史。文質彬彬，然後君子。」**野，野人，言鄙略也。史，掌文書，多聞習事，而誠或不足也。彬彬，猶班班，物相雜而適均之貌。言學者當損有餘，補不足，至於成德，則不期然而然矣。○楊氏曰：「文質不可以相勝。然質之勝文，猶之甘可以受和，白可以受采也。文勝而至於滅質，則其本亡矣。雖有文，將安施乎？然則與其史也，寧野。」○南軒曰：「以二者論之，若未得中而有所偏勝，與其失而爲府史，無亦寧爲野人之野乎！」

○子曰：「人之生也直，罔之生也幸而免。」程子曰：「生理本直。罔，不直也，而亦生者，幸而免爾。」

○子曰：「知之者不如好之者，好之者不如樂之者。」好，去聲。樂，音洛。○尹氏曰：「知之者，知有此道也。好之者，好而未得也。樂之者，有所得而樂之也。」○張敬夫曰：「譬之五穀，知者知其可食者也，好者食而嗜之者也，樂者嗜之而飽者也。知而不能好，則是知之未至也；好之而未及於樂，則是好之未至也。此古之學者所以自强而不息者與！」

○子曰：「中人以上，可以語上也；中人以下，不可以語上也。」以上之上，上聲。語，去聲。○語，告也。言教人者，當隨其高下而告語之，則其言易入而無躐等之弊也。○南軒曰：「聖人之道，精粗雖無二致，但其施教則必因其材而篤焉。蓋中人以下之質，驟而語之太高，非惟不能以入，且將妄意躐等，而有不切於身之弊，亦終於下而已矣。故就其所及而語之，是乃所以使之切問近思，而漸進於高遠也。」

○樊遲問知。子曰：「務民之義，敬鬼神而遠之，可謂知矣。」問仁。曰：「仁者先難而後獲，可謂仁矣。」知、遠，皆去聲。○民，亦人也。獲，謂得也。專用力於人道之所宜，而不惑於鬼神之不可知，知者之事也。先其事之所難，而後其效之所得，仁者之心也。此必因樊遲之失而告之。○程子曰：「人多信鬼神，惑也。而不信者又不能敬，能敬能遠，可謂知矣。」又曰：「先難，克己也。以所難爲先，而不計所獲，仁也。」呂氏曰：「當務爲急，不求所難知；力行所知，不憚所難爲。」○或曰：「問仁而告之以先難後獲，何也？」曰：「爲是事者必有是效，亦天理之自然也。然或先計其效而後爲其事，則其事雖公，而意則私，雖有成功，亦利仁之事而已。若夫仁者，則先爲其事而不計其效，知循天理之自然，而無欲利之私心也。董子所謂『仁人者，正其誼不謀其利，明其道不計其功』，正謂此耳。然正誼未嘗不利，明道豈必無功，但不從夫功利者而爲之耳。」○民者，人也；義者，宜也。如《詩》之所謂「民之秉彝」，即人之義也。此則人之所宜爲者，不可不務也。此而不務，而反求之幽冥不可測識之間，而欲避禍以求福，此豈謂之知哉！○問：「有一毫計功之心便是私欲？」曰：「是。」○獲有期望之意，學者之於仁，工夫最難，但先爲人所難爲，不必有期望之心可也。○先難後獲，只是合做事便自做將去，更無下面一截。才有計獲之心，便不是了。大抵學者爲其所不得不爲者，至於人欲盡而天理全，則仁在是矣。若先有箇云「我欲以此去爲仁」，便是先獲也。○南軒曰：「難莫難於克己。勉爲其難，不計其獲，循循不已，久自有所至。若先有蘄獲之意，則固已自累其心，而有害於天理矣。《无妄》之六二『不耕獲，不菑畬』，而《象》曰『未富也』，蓋此意也。」○仁者安仁，知者利仁。○或問：「鬼神者非祀典之正邪，則聖人使人敬之，何也？以爲祀典之正邪，則又使人遠之，何也？」曰：「聖人所謂鬼神，無不正也。遠者，以其處幽，故嚴之而不瀆耳。若非其正，則聖人豈復謂之鬼神哉？在上則明禮以正之，在下則專義以絶之，固不使人敬而遠之，亦不使人褻而慢之也。」○問：「敬鬼神而遠之，如天地山川之神與夫祖先，此固當敬，至如世間一種泛然鬼神，亦當敬否？」曰：「所謂『敬鬼神』，是敬正當底鬼神。『敬而遠之』，是不可褻瀆，不可媚。如卜筮用龜，此亦不免。如臧文仲山節藻棁以藏之，便是媚，便是不知。」

〇子曰：「知者樂水，仁者樂山；知者動，仁者静；知者樂，仁者壽。」知，去聲。樂，上二字並五教反，下一字音洛。〇樂，喜好也。知者達於事理而周流無滯，有似於水，故樂水。仁者安於義理而厚重不遷，有似於山，故樂山。動静以體言，樂壽以效言也。動而不括故樂，静而有常故壽。〇程子曰：「非體仁知之深者，不能如此形容之。」〇「知者動」，然他見得許多道理分明，只是行其所無事，其理甚簡，雖動而未嘗不静。「仁者静」，然其見得天下萬事萬理皆在吾心，無不相關，雖静而未嘗不動。動不是勞攘紛擾，静不是塊然死守。這與樊遲問仁知章相連，自有互相發明處。〇問：「『仁者樂山』，是就成德上説，『先難後獲』，是就初學上説？」曰：「也只一般，只有箇生熟。聖賢是已熟底學者，學者是未熟底聖賢。」〇仁者一身渾然全是天理，故静而樂山，且壽，壽是悠久之意。知者周流事物之間，故動而樂水，且樂，樂是處置得當理而不擾之意。若以配陰陽，則仁配春，主發生，故配陽動；知配冬，主伏藏，故配陰静。又各互爲其根，不可一定求之也。此在學者默而識之。〇或問：「『知者動，仁者静。』如《太極圖説》，則知爲静、仁爲動，如何？」曰：「這道理直看一樣，横看一樣。子貢説學不厭爲智，教不倦爲仁。子思却言成己爲仁，成物爲智。仁固有安静意思，然施行却有運用之意。智是潛伏淵深底道理，至發出却有運用。然至於運用各當其理而不可易處，又不專於動。」〇南軒曰：「動静者，仁知之體。樂水樂山，言其體則然也。動則樂，静則壽，行所無事，不其樂乎？常永貞固，不其壽乎？雖然，知之體動而理各有安，静固在其中矣；仁之體静而周流不息，動亦在其中矣。動静交見，體用一源，非深體者莫能識也。」

○子曰：「齊一變，至於魯；魯一變，至於道。」孔子之時，齊俗急功利，喜夸詐，乃霸政之餘習。魯則重禮教，崇信義，猶有先王之遺風焉，但人亡政息，不能無廢墜爾。道，則先王之道也。言二國之政俗有美惡，故其變而之道有難易。○程子曰：「夫子之時，齊彊魯弱，孰不以爲齊勝魯也，然魯猶存周公之法制。齊由威公之霸，❶爲從簡尚功之治，太公之遺法變易盡矣，故一變乃能至魯。魯則修舉廢墜而已，一變則至於先王之道也。」愚謂二國之俗，唯夫子爲能變之而不得試。然因其言以考之，則其施爲緩急之序，亦略可見矣。

○子曰：「觚不觚，觚哉！觚哉！」觚，音孤。○觚，棱也，或曰酒器，或曰木簡，皆器之有棱者也。不觚者，蓋當時失其制而不爲棱也。觚哉觚哉，言不得爲觚也。○程子曰：「觚而失其形制，則非觚也。舉一器，而天下之物莫不皆然。故君而失其君之道，則爲不君；臣而失其臣之職，則爲虛位。」范氏曰：「人而不仁則非人，國而不治則非國矣。」

○宰我問曰：「仁者，雖告之曰『井有仁焉』，其從之也？」子曰：「何爲其然也？君子可逝也，不可陷也；可欺也，不可罔也。」劉聘君曰，「有仁」之「仁」當作「人」，今從之。從，謂隨之於井而救之也。宰我信道不篤，而憂爲仁之陷害，故有此問。逝，謂使之往救。陷，謂陷之於井。欺，謂誑之以理之所有。罔，謂昧之以理之所無。蓋身在井上，乃可以救井中之人；若從之於井，則不復能救之矣。此

❶「威」，當爲「桓」，避宋欽宗諱改字。下文不再出校。

理甚明，人所易曉，仁者雖切於救人而不私其身，然不應如此之愚也。○南軒曰：「宰我發此問，亦不可不謂之切問也。謂仁者惟知求仁，而患難有所不恤也。夫子之所以告之者，理則無不盡矣。蓋其可逝、可欺者，惻隱之心，❶不逆詐，不億、不信也；而其不可陷、不可罔者，理不可昧故也。於是可以究仁者之心也。」

○子曰：「君子博學於文，約之以禮，亦可以弗畔矣夫！」夫，音扶。○約，要也。畔，背也。君子學欲其博，故於文無不考；守欲其要，故其動必以禮。如此，則可以不背於道矣。○程子曰：「博學於文而不約之以禮，必至於汗漫。博學矣，又能守禮而由於規矩，則亦可以不畔道矣。」○博文約禮者之初，須作兩般理會，而各盡其力，則久之見得功效，却能交相爲助而打成一片。若合下便要兩相倚靠，互相推託，則彼此擔閣，都不成次第矣。然所謂博，非泛然考質雜記，掇拾異聞，以多取勝之謂，此又不可不戒。○博文而不約之以禮，便無歸宿處。○聖人教人有序，未有不先於博者。○博學是致知，約禮是踐履之實。聖人之教，學者之學，不越於二事。博文乃道問學之事，是欲盡知天下事物之理。約禮乃尊德性之事，是欲常存吾心固有之理。○兩事須是互相發明，約禮工夫深，則博文之工夫愈明；博文工夫至，則約禮之工夫愈密。○博文所以驗諸事，約禮所以體諸身。○博文如講明義理，禮、樂、射、御之類，一一著去理會。若是約，則只守一箇禮。日用間合禮者便是，非禮者便不是。○南軒曰：「博學於文，廣見聞也；約之以禮，守規矩也。聞見雖多而不能約以規矩，則操履不實，又豈得不違畔乎？故必博文而約禮，然後可以弗畔。若顔

❶「心」，原誤作「形」，今據文淵閣《四庫全書》本《癸巳論語解》卷三《公冶長篇》改。

子之博文約禮，則又深乎是言，蓋有輕重也。」〇黄氏曰：「博是泛然取之，以極其廣；約是反而求之，以極其要。且如仁字，洙泗所言皆不可不講，是博學於文也。及其反而求其要，則不過存此心而已。」

〇子見南子，子路不説。夫子矢之曰：「予所否者，天厭之！天厭之！」説，音悦。否，方九反。〇南子，衛靈公之夫人，有淫行。孔子至衛，南子請見，孔子辭謝，不得已而見之。蓋古者仕於其國，有見其小君之禮。而子路以夫子見此淫亂之人爲辱，故不悦。矢，誓也。所，誓辭也，如云「所不與崔、慶者」之類。否，謂不合於理，不由其道也。厭，棄絶也。聖人道大德全，無可不可。其見惡人，固謂在我有可見之禮，則彼之不善，我何與焉。然此豈子路所能測哉？故重言以誓之，欲其姑信此而深思以得之也。

〇子曰：「中庸之爲德也，其至矣乎！民鮮久矣。」鮮，上聲。〇中者，無過無不及之名也。庸，平常也。至，極也。鮮，少也。言民少此德，今已久矣。〇程子曰：「不偏之謂中，不易之謂庸。中者天下之正道，庸者天下之定理。自世教衰，民不興於行，少有此德久矣。」〇南軒曰：「德合於中庸，則至當無以復加矣。中者，言其理之無過不及者也。庸者，言其可常而不易也。世衰道微，民汩於私意，以淪胥其常性，鮮有此德久矣。夫子蓋深歎之也。」

〇子貢曰：「如有博施於民而能濟衆，何如？可謂仁乎？」子曰：「何事於仁，必也聖乎！堯舜其猶病諸！施，去聲。〇博，廣也。仁以理言，通乎上下。聖以地言，則造其極之名也。乎者，疑而未定之辭。病，心有所不足也。言此何止於仁，必也聖人能之乎！則雖堯舜之聖，其心猶有所不足於此也。以是求仁，愈難而愈遠矣。**夫仁者，己欲立而立人，己欲達而達人。**夫，音扶。○以己及人，仁者之心也。於此觀之，可以見天理之周流而無間矣。狀仁之體，莫切於此。**能近取譬，可謂仁之方也已。**」譬，喻也。方，術也。近取諸身，以己所欲譬之他人，知其所欲亦猶是也。然後推其所欲以及於人，則恕之事而仁之術也。於此勉焉，則有以勝其人欲之私，而全其天理之公也。程子曰：「醫書以手足痿痺爲不仁，此言最善名狀。仁者以天地萬物爲一體，莫非己也。認得爲己，何所不至；若不屬己，自與己不相干。如手足之不仁，氣已不貫，皆不屬己。故博施濟衆，乃聖人之功用。仁至難言，故止曰『己欲立而立人，己欲達而達人，能近取譬，可謂仁之方也已』，欲令如是觀仁，可以得仁之體。」又曰：「《論語》言『堯舜其猶病諸』者二。夫博施者，豈非聖人之所欲？然必五十乃衣帛，七十乃食肉。聖人之心，非不欲少者亦衣帛食肉也，顧其養有所不贍爾，此病其施之不博也。濟衆者，豈非聖人之所欲？然治不過九州。聖人非不欲四海之外亦兼濟也，顧其治有所不及爾，此病其濟之不衆也。推此以求，修己以安百姓，則爲病可知。苟以吾治已足，則便不是聖人。」呂氏曰：「子貢有志於仁，徒事高遠，未知其方。孔子教以於己取之，庶近而可入。是乃爲仁之方，雖博施濟衆，亦由此進。」○或問：「博施濟衆，必也聖乎，此言必聖人而後能之乎？」曰：「不然。此正謂雖聖人亦有所不能耳。必也聖乎，蓋以起下文堯舜病諸之意，猶曰必也射乎，而後言射之有争也。」曰：「仁、恕之别，何也？」曰：「凡己之欲，即以及人，不待推以譬彼而後施之者，仁也。以己之欲，譬之於人，知其必欲此而後施之者，恕也。此其從容勉强固有淺深之不同，然其實皆不出乎常人一念之間，學者亦反求諸己而足矣。豈必博施濟衆，務爲聖人之所不能者，然後得之乎？」○博施濟衆，是無盡底地頭，堯、舜儘無下手處。○仁通上下，但克去己私，復還天理，便是仁，何必博施而後爲仁？若必待如此，則有終身不得仁者矣。○子貢凡三問仁，聖人三告之以推己度物，想得子貢高明，於推己處有所未盡。○「己欲立便立人，己欲達便達人」，此仁者之事。「能近取譬」，此爲仁之方。今人便以欲立欲達能近取譬，則誤矣。○問「博施」「濟衆」。曰：「此是仁者事功。若把此爲仁，則只是『中天下而立』者方能如此，便都無人做得。」○問：「『己欲立而立人，己欲達而達人』，與『我不欲人加諸我，吾亦欲無加諸人』一般，都是以己及物？『能近取譬』，❶與『己所不欲，勿施於人』，都是一般推己及物？」曰：「然。」○以己之欲立者而立人，以己之欲達者而達人，以己及物，無些私意。如堯「克明峻德，以親九族；九族既睦，平章百姓；百姓昭明，協和萬邦，黎民於變時雍」，以至於「欽若昊天，歷象日月星辰，敬授人時」底道理都擁出來。又如《周禮》一書，周公所以立下許多條貫，皆是廣大心中流出。○或問：「此章程子作一統説，先生作二段説，如何謂分仁恕？」先生曰：「某之説即非異於程子。蓋程子之説如大屋一般，某之説如在大屋下分別廳堂房室，初無異也。」○欲立立人，欲達達人，正指人之本體。蓋己欲立，則思處置他人也立；己欲達，則思處置他人也達。放開眼目，推廣心胷，其氣象如此，安得不謂仁之本體？彼子貢所問，是就事上説，却不就心上説。呂氏云：「雖博施濟衆，也須自此始。」某甚喜其説。○南軒曰：「博施濟衆之義固大，特以見夫功用，而非所以明仁也。聖亦仁之成名，非謂仁未及乎此也。以仁之爲道，不當如此求也。故夫子既告之以博施濟衆之

❶「近」字，原脱，今據《朱子語類》卷三十三《論語》十五補。

大，而又語之以仁者公天下之理而無物我之私。故『己欲立而立人，己欲達而達人』，仁者之心也。欲進乎是，其惟近取譬乎？近取譬者，體之於吾身而推之，此恕之道也，所以爲仁之方也。於其方而用力，則可以進於仁焉。知『能近取譬』爲『仁之方』，則知以『博施』『濟衆』言仁者，其亦泛而無統矣。」

論語集編卷第四

述而第七此篇多記聖人謙己誨人之辭及其容貌行事之實，凡三十七章。

子曰：「述而不作，信而好古，竊比於我老彭。」述，傳舊而已。作，則創始也。故作非聖人不能，而述則賢者可及。竊比，尊之之辭。我，親之之辭。老彭，商賢大夫，見《大戴禮》，蓋信古而傳述者也。孔子删《詩》《書》，定禮樂，贊《周易》，修《春秋》，皆傳先王之舊，而未嘗有所作也，故其自言如此。蓋不惟不敢當作者之聖，而亦不敢顯然自附於古之賢人，蓋其德愈盛而心愈下，不自知其辭之謙也。然當是時，作者略備，夫子蓋集羣聖之大成而折衷之。其事雖述，而功則倍於作矣，此又不可不知也。

〇**子曰：「默而識之，學而不厭，誨人不倦，何有於我哉？」**識，音志，又如字。〇識，記也。默識，謂不言而存諸心也。一説：識，知也，不言而心解也。前説近是。何有於我，言何者能有於我也。三者已非聖人之極致，而猶不敢當，則謙而又謙之辭也。〇南軒曰：「默而識之，言不假言説，默識夫理之所當然也。在己則學不厭，施諸人則誨不倦，成己成物之無息也。」

〇**子曰：「德之不脩，學之不講，聞義不能徙，不善不能改，是吾憂也。」**尹氏曰：「德必脩而後成，學必講而後明，見善能徙，改過不吝，此四者日新之要也。苟未能之，聖人猶憂，況學者乎？」〇講學自是講學，脩德自是脩德。如致知、格物，是講學；誠意、正心、脩身，是脩德。博學、審問、謹思、明辨，是講學；篤行，是脩德。○問「德之不脩」。曰：「如有害人之心，便是仁之不脩；有穿窬之心，便是義之不脩。」

○子之燕居，申申如也，夭夭如也。燕居，閒暇無事之時。○楊氏曰：「申申，其容舒也。夭夭，其色愉也。」○程子曰：「此弟子善形容聖人處也，爲申申字説不盡，故更著夭夭字。今人燕居之時，不怠惰放肆，必太嚴厲。嚴厲時著此四字不得，怠惰放肆時亦著此四字不得，惟聖人便自有中和之氣。」○南軒曰：「聖人聲氣容色之所形，盛德之至，不勉而中也。」○黄氏曰：「記此語者，足以見聖人渾然天理，與時偕行，一弛一張，皆有當然之則，初豈有心爲之哉？」

○子曰：「甚矣吾衰也！久矣吾不復夢見周公。」復，扶又反。○孔子盛時，志欲行周公之道，而夢寐之間，如或見之。至其老而不能行也，則無復是心，而亦無復是夢矣，故因此而自歎其衰之甚也。○程子曰：「孔子盛時，寤寐常存行周公之道，及其老也，則志慮衰而不可以有爲矣。蓋存道者心，無老少之異，而行道者身，老則衰也。」○或問：「孔子不夢周公之説，程子以爲初實未嘗夢也，如何？」「孔子自言不夢之久，明其前固嘗夢之矣。程子之意，蓋嫌於因思而夢者，故爲此説，其義則精矣，然恐非夫子所言之本意也。」

○子曰：「志於道，志者，心之所之之謂。道，則人倫日用之間所當行者是也。知此而心必之焉，則所適者正，而無他岐之惑矣。**據於德，**據者，執守之意。德者，得也，得其道於心而不失之謂也。得之於心而守之不失，則終始惟一，而有日新之功矣。**依於仁，**依者，不違之謂。仁，則私欲盡而心德之全也。功夫至此而無終食之違，則存養之熟，而非天理之流行矣。**游於藝。**」游者，玩物適情之謂。藝，則禮樂之文，射、御、書、數之目，皆至理所寓，而日用之不可闕者也。朝夕游焉，以博其義理之趣，則應務有餘，而心亦無所放矣。○此章言人之爲學當如是也。蓋學莫先於立志，志道，則心存於正而不他；據德，則道得於心而不失；依仁，則德性常用而物欲不行；游藝，則小物不遺而動息有養。學者於此，有以不失其先後之序、輕重之倫焉，則本末兼該，内外交養，日用之間，無少間隙，而涵泳從容，忽不自知其入於聖賢之域矣。○「志於道」，方有志焉。「據於德」，一言一行之謹，亦是德。「依於仁」，仁是衆善總會處。○德者，得之於身也。既得之，守不定，亦會失，又須是執守方得。○志謂至誠懇惻，念念不忘。道者，日用自然之理。○德者，吾之所自有，非自外而得也。退之云：「德足乎己，無待於外。」説得也好。○這段先要就道上理會。這是个生死路頭，如得此路是了，只篤意講學，念念不忘。處己也在是，接人也在是，講論也在是，思索也在是。若是把捉不定，一出一入，或東或西，以夫子至聖猶且從志學上始，今要做工夫，須看聖人「志于學」處是如何。這處見得定，定後亦有下工夫處。「據於德」，德者，得也。便是我自得底，不是徒知得。若徒知得，不能得之於己，似説別人底，於我何干預。如事親能孝，便是我得這孝；事君能忠，便是我得這忠。説到德，便是成就這道，方有可據處。但「據於德」，固是有得於心，然亦恐怕有走作時節。其所存主處，須是「依於仁」。到游藝，雖若非所急，然亦少不得，所以助其存主也。○「志於道」，方是要去做，事親欲盡其孝，事兄欲盡其弟。至於「據於德」，則事親能盡其孝，事兄能盡其弟，已有可據底地位。「依於仁」，則自朝至暮，此心無不在這裏。連許多德，總攝貫串，都括了。然藝亦不可不去理會，如禮、樂、射、御、書、數，一件理會不得，此心便覺滯礙。惟是一一去理會，這道理脉絡方始一一流通。又却養得這箇道理，以此知大則道無不包，小則道無不入。小大精粗，都無滲漏，都是做工夫處。故曰：「語大，天下莫能載；語小，天下莫能破。」○仁者，人之本心也。依，如「依乎中庸」之依，相依而不捨之意，如「君子無終食之間違仁」是也。○藝是小學工夫。若論先後，則藝爲先，而三者爲後。若論本末，則三者其本，而藝其末。《文中子》説：「志道、據德、依仁，然後藝可游。」此説説得自好。○「志道至依仁，一節密似一節。『志於道』，則心心念念，惟在人倫日用之所當行者，決不向利欲邊去，其志定矣。『據於德』，如孝親弟長等事，皆吾之所自得而行之者，慮有照管不到時節，當據守之而勿失，則吾之所得者實矣。『依於仁』，則全其本心之德而不間於人欲之私，生生之體，自流行不息。工夫至此，亦云熟矣。此三節自立脚大綱以至工夫精密，如此『游於藝』，是『行有餘力則以學文』之意，未知是否？」先生曰：「然。」

○子曰：「自行束脩以上，吾未嘗無誨焉。」脩，脯也。十脡爲束。古者相見，必執贄以爲禮，束脩其至薄者。蓋人之有生，同具此理，故聖人之於人，無不欲其入於善。但不知來學，則無往教之理，故苟以禮來，則無不有以教之也。

○子曰：「不憤不啓，不悱不發，舉一隅不以三隅反，則不復也。」憤者，心求通而未得之意。悱者，口欲言而未能之貌。啓，謂開其意。發，謂達其辭。物之有四隅者，舉一可知其三。反者，還以相證之意。復，再告也。上章已言聖人誨人不倦之意，因并記此，欲學者勉於用力，以爲受教之地也。○程子曰：「憤悱，誠意之見於色辭者也。待其誠至而後告之，既告之，又必待其自得，乃復告爾。」又曰：「不待憤悱而發，則知之不能堅固；待其憤悱而後發，則沛然矣。」○或問：「反之爲還以相證，何也？」曰：「如《易》所謂『原始反終』者也。」南軒曰：「此聖人教人之法也。學貴於思，思而後有得。憤悱者，思慮積久，鬱而未暢，誠意懇切形於外也。憤則見於顔色，悱則發於辭氣，於是而啓其端，發其蔽，則庶幾聽之之專，而感之之深也。然告之以舉一隅耳，待其以三隅反而後復之，此古之教者所以爲從容而使人繼志之道也。若不以三隅反，則必未能悦吾言而推類者，苟遽以復之，則亦於彼無力矣。」

○子食於有喪者之側，未嘗飽也。臨喪哀，不能甘也。**子於是日哭，則不歌。**哭，謂弔哭。一日之内，餘哀未忘，自不能歌也。○謝氏曰：「學者於此二者，可見聖人情性之正也。能識聖人之情性，然後可以學道。」○南軒曰：「臨喪則哀，食何由飽？哭者哀之至，歌者樂之著，二者不容相襲。學者法聖人而勉之，亦足以養忠厚之心也。」

○子謂顔淵曰：「用之則行，舍之則藏，惟我與爾有是夫！」舍，上聲。夫，音扶。○尹氏曰：「用舍無與於己，行藏安於所遇，命不足道也。顔子幾於聖人，故亦能之。」○朱氏曰：「『用之則行，舍之則藏』，此八字，極要人玩味。若他人，用之則無可行，舍之則無可藏。唯孔顔先有此事業在己分内，若用之，則見成將出來；舍之，則藏了，他人豈有是哉！故下文云：『唯我與爾有是夫。』『有是』二字，當如此看。」○問「命不足道也」。曰：「如常人，『用之則行』，乃所願；『舍之則藏』，是自家命恁地，不得已，不奈何。聖人無不得已底意思。聖人用我便行，舍我便藏，無不奈何底意思，何須得更言命！」○聖人説命，只是爲中人以下説，如道之將行將廢，聖人欲曉子服景伯，故以命言。○只看義理如何，都不問那命。雖使前面做得去，若義去不得，也只不做。若中人之情，則見前面做不得了方休，方委之命；若使前面做得，定不肯已。所謂「無可奈何而安之者命也」，此固賢於世之貪冒無知者矣，然實未能無求之之心也。聖人更不問命，只看義如何。貧富貴賤，惟義所在，所謂安於所遇也。如顔子之安於陋巷，他那曾計較命如何？○南軒曰：「『用之則行，舍之則藏』，龍德正中，隨時隱見者也。蓋君子所性，大行不加，窮居不損，道固自若也，因時用舍而有行藏耳。惟顔子幾於化，故足以當此。」○南軒初本云：「其行也，豈有意於行之？其舍也，豈有意於藏之？」朱子曰：「聖人固無意必，然亦謂無私意期必之心耳。若其救時拯物之意，皇皇不舍，豈可謂無意於行哉？至於『舍之而藏』，則雖非其所欲，謂舍之而猶無意於藏，則亦過矣。若果如此，則是孔顔之心漠然無情於應物，推而後行，曳而後往，如老佛之爲也。聖人與異端不同處，正在於此，不可不察也。程子於此，但言『用舍無與於己，行藏安於所遇』，詳味其言，中正微密，不爲矯激過高之説，而語意卓然，皆不可及，其所由來者遠矣。」**子路曰：「子行三軍，則誰與？」**萬二千五百人爲軍，大國三軍。子路見孔子獨美顔淵，自負其勇，意夫子若行三軍，必與己同。**子曰：「暴虎馮河，死而無悔者，吾不與也。必也臨事而懼，好謀而成者也。」**暴虎，徒搏。馮河，徒涉。懼，謂敬其事。成，謂成其謀。言此皆以抑其勇而教之，然行師之要實不外此，子路蓋不知也。○謝氏曰：「聖人於行藏之間，無意無必，其行非貪位，其藏非獨善也。若有欲心，則不用而求行，舍之而不藏矣，是以惟顔子爲可以與於此。子路雖非有欲心者，然未能無固必也，至以行三軍爲問，則其論益卑矣。夫子之言，蓋因其失而救之。夫不謀無成，不懼必敗，小事尚然，而況於行三軍乎？」○南軒曰：「夫子路自負其勇，不避禍害，故夫子因其病而救之。以爲犯難而輕死，非君子所貴，蓋死或至於傷勇故也。臨事而懼，戒謹於事始，則所以爲備者周矣。好謀者或失於寡斷，好謀而成，則思慮審，而其發也必中矣。敬戒周密如此，此乃行三軍之道也。若徒以暴虎馮河爲勇，則將至於輕犯禍害，豈君子之所貴乎？」

○子曰：**「富而可求也，雖執鞭之士，吾亦爲之。如不可求，從吾所好。」**好，去聲。○執鞭，賤者之事。設言富若可求，則雖身爲賤役以求之，亦所不辭。然有命焉，非求之可得也，則安於義理而已矣，何必徒取辱哉？○蘇氏曰：「聖人未嘗有意於求富也，豈問其可不可哉？爲此語者，特以明其決不可求爾。」楊氏曰：「君子非惡富貴而不求，以其在天，無可求之道也。」○南軒曰：「夫子謂富不可求，非特謂命有定而不可强也，正以於義不可故耳。」又曰：「所安者義，而命有所不必言者矣。」

○**子之所慎：齊，戰，疾。**齊，側皆反。○齊之爲言齊也，將祭而齊其思慮之不齊者，以交於神明也。誠之至與不至，神之饗與不饗，皆决於此。戰則衆之死生、國之存亡繫焉，疾又吾身之所以死生存亡者。皆不可以不謹也。尹氏曰：「夫子無所不謹，弟子記其大者耳。」

○**子在齊聞《韶》，三月不知肉味。曰：「不圖爲樂之至於斯也！」**《史記》三月上有「學之」二字。不知肉味，蓋心一於是而不及乎他也。曰：不意舜之作樂至於如此之美，則有以極其情文之備，而不覺其歎息之深也，蓋非聖人不足以及此。范氏曰：「《韶》盡美又盡善，樂之無以加此也。故學之三月，不知肉味，而歎美之如此。誠之至，感之深也。」

○**冉有曰：「夫子爲衛君乎？」子貢曰：「諾。吾將問之。」**爲，去聲。○爲，猶助也。衛君，出公輒也。靈公逐其世子蒯聵。公薨，而國人立蒯聵之子輒。於是晉納蒯聵而輒拒之。時孔子居衛，衛人以蒯聵得罪於父，而輒嫡孫當立，故冉有疑而問之。諾，應辭也。**入，曰：「伯夷、叔齊何人也？」曰：「古之賢人也。」曰：「怨乎？」曰：「求仁而得仁，又何怨。」出，曰：「夫子不爲也。」**伯夷、叔齊，孤竹君之二子。其父將死，遺命立叔齊。父卒，叔齊遜伯夷。伯夷曰「父命也」，遂逃去。叔齊亦不立而逃之，國人立其中子。其後武王伐紂，夷、齊扣馬而諫。武王滅商，夷、齊耻食周粟，去隱於首陽山，遂餓而死。怨，猶悔也。君子居是邦，不非其大夫，況其君乎？故子貢不斥衛君，而以夷、齊爲問。夫子告之如此，則其不爲衛君可知矣。蓋伯夷以父命爲尊，叔齊以天倫爲重。其遜國也，皆求所以合乎天理之正，而即乎人心之安。既而各得其志焉，則視棄其國猶敝屣爾，何怨之有？若衛輒之據國拒父而唯恐失之，其不可同年而語明矣。○程子曰：「伯夷、叔齊遜國而逃，諫伐而餓，終無怨悔，夫子以爲賢，故知其不與輒也。」○論子貢問衛君事，曰：「若使子貢當時往問輒事，不唯夫子未必答，便答亦不能盡。若一問便止，亦未見分明，再問怨乎，便見得子貢善問。才説道『求仁得仁，又何怨』，便見得夷、齊兄弟所處，無非天倫；蒯、輒父子所向，無非人欲。二者相去天淵矣。」○問：「子貢欲知衛君，何故問夷、齊怨不怨？」曰：「一是兄弟遜國，一是父子争國，此是彼非可知。」○孔子論伯夷「求仁得仁，又何怨」，司馬子長作《伯夷傳》，但見得伯夷滿身是怨，蘇子由《伯夷論》却好。○案蘇氏曰：「伯夷、叔齊之出也，父子之間必有閑言焉，而能脱身以遠於亂，安於喪亡，不以舊惡爲怨。故凡言伯夷之不怨，以讓國言之也。」○問：「蘇氏遺言之説，果何據乎？」先生曰：「伯夷既長且賢，其父無故舍之，而立叔齊，此必有故，故蘇氏疑之。觀子貢問『怨乎』之義，似或有此意，然聖賢之心志於求仁，便有甚死讎也消融了，何怨之有？」○南軒曰：「叔齊之讓伯夷，以爲伯夷之長當立，無兄弟之義，何以爲國乎？伯夷之不受國，以爲叔齊之立，父命也，無父子之義，而何以爲國乎？二人者，寧去國而存此矣。衛輒之事，國人以爲蒯聵既得罪於先君而出奔，而輒受先君之命，宗國不可以無主，則立輒而拒蒯聵可也。曾不思蒯聵父也，輒子也，父子之義先亡矣，國其可一日立乎？在輒之分，寧委國而全其父子可也，故子貢以夷齊之事爲問。方是時，夫子在衛，輒立之事蓋難言也。賜也微其辭以測聖人之旨，可謂善爲辭者矣。中有所悔恨，皆謂之怨。其謂『怨乎』者，謂二子者委國而去，獨不顧其宗國而有所不足於中乎？夫子告子貢以『求仁而得仁』，謂二人者求夫天理之安而已，夫豈利害之計乎？明乎此而後知古人所以處身謀國之宜矣。」

○子曰：「飯疏食飲水，曲肱而枕之，樂亦在其中矣。不義而富且貴，於我如浮雲。」飯，符晚反。食，音嗣。樂，音洛。枕，去聲。○飯，食之也。疏食，麤飯也。聖人之心，渾然天理，雖處困極，而樂亦無不在焉。其視不義之富貴，如浮雲之無有，漠然無所動於其中也。○程子曰：「非樂疏食飲水也，雖疏食飲水，不能改其樂也。不義之富貴，視之輕如浮雲然。」又曰：「須知所樂者何事。」○或問云云。曰：「聖人之心無時不樂，如元氣流行於天地之間，無一處之不到，無一時之或息也，豈以貧富貴賤之異，有所輕重於其閒哉！夫子言此，蓋即當時所處，以明其樂之未嘗不在乎此而無所慕於彼耳。且曰亦在其中，則與顏子之不改者，又有閒矣。必曰不義而得富貴，視如浮雲，則是以義得之者視之，亦無以異於疏食飲水，而其樂無以加耳。記此者列以繼衛君之事，其亦不無意乎！」○南軒曰：「崇高莫大乎富貴，非可以浮雲視，惟其非義，則如浮雲耳。苟如所當得，聖賢固亦居之，特所樂不存也。」

○子曰：「加我數年，五十以學《易》，可以無大過矣。」劉聘君見元城劉忠定公，自言嘗讀他《論》，「加」作「假」，「五十」作「卒」。蓋加、假聲相近而誤讀，「卒」與「五十」字相似而誤分也。愚案：此章之言，《史記》作「假我數年，若是我於《易》則彬彬矣」。「加」正作「假」，而無「五十」字。蓋是時，孔子年已幾七十矣，「五十」字誤無疑也。學《易》，則明乎吉凶消長之理，進退存亡之道，故可以無大過。蓋聖人深見《易》道之無窮，而言此以教人，使知其不可不學，而又不可以易而學也。○所謂大過，如當潛不潛，當見不見，當飛不飛，皆過也。

○子所雅言，《詩》、《書》、執禮，皆雅言也。雅，常也。執，守也。《詩》以理情性，《書》以道政事，禮以謹節文，皆切於日用之實，故常言之。禮獨言執者，以人所執守而言，非徒誦説而已也。○程子曰：「孔子雅素之言，止於如此。若性與天道，則有不可得而聞者，要在默而識之也。」謝氏曰：「此因學《易》之語而類記之。」

○葉公問孔子於子路，子路不對。葉，舒涉反。○葉公，楚葉縣尹沈諸梁，字子高，僭稱公也。葉公不知孔子，必有非所問而問者，故子路不對。抑亦以聖人之德，實有未易名言與？**子曰：「女奚不曰，其爲人也，發憤忘食，樂以忘憂，不知老之將至云爾。」**未得，則發憤而忘食；已得，則樂之而忘憂。以是二者俛焉日有孳孳，而不知年數之不足，但自言其好學之篤耳。然深味之，則見其全體至極，純亦不已之妙，有非聖人不能及者。蓋凡夫子之自言類如此，學者宜致思焉。○爲學須要剛毅果决，悠悠不濟事。且如「發憤忘食，樂以忘憂」，是甚麽精神！是甚麽骨力！

○子曰：「**我非生而知之者，好古，敏以求之者也。**」好，去聲。○生而知之者，氣質清明，義理昭著，不待學而知也。敏，速也，謂汲汲也。○尹氏曰：「孔子以生知之聖，每云好學者，非惟勉人也，蓋生而可知者義理爾，夫禮樂名物，古今事變，亦必待學而後有以驗其實也。」○南軒曰：「好古而又敏求也。門人見夫子之聖，謂生而知之，不可跂及也，故夫子以是告之。使果能好古敏以求之，則聖人亦豈不可希哉？玩味辭氣，其循循善誘，可謂至矣。」

○**子不語：怪、力、亂、神。**怪異，勇力，悖亂之事，非理之正，固聖人所不語。鬼神，造化之迹，雖非不正，然非窮理之至，有未易明者，故亦不輕以語人也。○謝氏曰：「聖人語常而不語怪，語德而不語力，語治而不語亂，語人而不語神。」○南軒曰：「聖人一語一默之間，莫不有教存焉。語怪則亂常，語力則妨德，語亂則害治，語神則惑聽，故聖人之言未嘗及此。雖然，就四者之中，鬼神之情狀亦豈不言之乎？特明其理，使人求之於心，若其事則未嘗言之也。」

○子曰：「**三人行，必有我師焉。擇其善者而從之，其不善者而改之。**」三人同行，其一我也。彼二人者，一善一惡，則我從其善而改其惡焉，是二人者皆我師也。○尹氏曰：「見賢思齊，見不賢而内自省，則善惡皆我之師，進善其有窮乎？」

○子曰：「**天生德於予，桓魋其如予何？**」魋，徒雷反。○桓魋，宋司馬向魋也。出於桓公，故又稱桓氏。魋欲害孔子，孔子言天既賦我以如是之德，則桓魋其奈我何？言必不能違天害己。

○子曰：「二三子以我爲隱乎？吾無隱乎爾。吾無行而不與二三子者，是丘也。」諸弟子以夫子之道高深不可幾及，故疑其有隱，而不知聖人作、止、語、默，無非教也，故夫子以此言曉之。與，猶示也。○程子曰：「聖人之道猶天然，門弟子親炙而冀及之，然後知其高且遠也。使誠以爲不可及，則趨向之心不幾於怠乎？故聖人之教，常俯而就之如此，非獨使資質庸下者勉思企及，而才氣高邁者亦不敢躐易而進也。」吕氏曰：「聖人體道無隱，與天象昭然，莫非至教。常以示人，而人自不察耳。」讀此章因云：「須要看聖人如何是『無行不與二三子』處。」又曰：「此章衆人説得元妙似禪，❶不如程子説穩當。」○南軒曰：「道無乎不在，聖人其何隱乎？所謂『無行而不與二三子』者，蓋視聽言動之際，無非教也。二三子固亦皆具是理，若能體之，自進而實用力焉，則知聖人果無豪髮之可隱也，在二三子勉之何如耳。」

○子以四教：文、行、忠、信。行，去聲。○程子曰：「教人以學文脩行而存忠信也。忠信，本也。」○朱子曰：「其初須是講學。講學既明，而後修於行。所行雖善，然更須反之于心，無一豪不實處，乃是忠信。」○問：「『文行爲先，忠信次後』之説如何？」曰：「世上也自有初問難曉底人，便説忠信，與説未得。且教讀，漸漸壓伏身心教定，方可與説。」問：「『行有餘力，則以學文』，如何？」曰：「彼將教弟子，而使之知大概也，此則教學者深切用功也。」○南軒曰：「忠信本一事，然忠則實諸己，信則篤諸人，在學者當以爲兩事而交相勉也。」

---

❶「元」，當作「玄」，避宋聖祖玄朗諱改字。下文不再出校。

○子曰：「聖人，吾不得而見之矣；得見君子者，斯可矣。」聖人，神明不測之號。君子，才德出衆之名。**子曰：「善人，吾不得而見之矣；得見有恒者，斯可矣。**恒，胡登反。○「子曰」字疑衍文。恒，常久之意。張子曰：「有恒者，不貳其心。善人者，志於仁而無惡。」**亡而爲有，虚而爲盈，約而爲泰，難乎有恒矣。」**亡，讀爲無。○三者皆虚夸之事，凡若此者，必不能守其常也。愚謂：有恒者之與聖人，高下固懸絶矣，然未有不自有恒而能至於聖人者也。故章末申言有恒之義，其示人入德之門，可謂深切而著明矣。○或問云云。曰：「吴氏、曾氏説亦得之矣。吴氏曰：『君子蓋有賢德而又有作用者，特不及聖人耳。若善人，則但能嗣守成緒，不至於爲惡而已，非若君子之能有爲也。』曾氏曰：『當夫子時，聖人固不可得而見，豈無君子、善人、有常者乎？❶而夫子云然者，蓋其人少而思見之也。及其見，則又説而進之，曰「君子哉若人」。凡此類，當得意而忘言。善人，明乎善者也。有常者，雖未明乎善，亦必有一節終身不易者。若本無一長而爲有之狀，未能充實而爲盈之狀，貧約而爲泰之狀，此亦妄人而已矣。孟子所謂「雨集，溝澮皆盈，其涸可立而待也」，烏能久乎？』」曰：「有無、虚實、約泰之分，奈何？」曰：「無，絶無也，虚則未滿之名耳，二者兼内外、學之所至、事之所能而言。約之與泰，則貧富貴賤之稱耳。爲之云者，作爲如是之形、作爲如是之事者也。爲而無以繼，則雖欲爲有常，不可得矣。」○釋曰：「亡爲有，虚爲盈，約爲泰，三者夸大虚妄之意，不實之謂也。人惟實也，則始終如一，故能有常。今其人不實如此，又豈敢望其有常哉？

---

❶「常」，當爲「恒」，避宋真宗諱，下文不再出校。

夫子稱聖人君子有常不可得見，而卒及乎此，又以明夫有常者之亦不可見也。言舉世皆虚浮之徒，豈敢望其有常而得見之哉？嘆風俗之益薄也。」○南軒曰：「聖人、君子以學言，善人、有常以質言。聖人者，參天地者也；君子者，具其德而未能充盡者也。故聖人不得而見，得見君子斯可矣。善人，資稟淳篤無惡之稱；有常者，則能謹守常分而已。故善人不得而見，得見有常者斯可矣。雖然，以善人之質而進學不已，聖蓋可幾。有常者力勉加焉，亦足以有至也。若夫以無而爲有，以虚而爲盈，以約而爲泰，則是驕矜虚浮不務實者，其能以有常乎？未能有常，況可言學乎？」

○子釣而不綱，弋不射宿。射，食亦反。○綱，以大繩屬網，絶流而漁者也。弋，以生絲繫矢而射也。宿，宿鳥。○洪氏曰：「孔子少貧賤，爲養與祭，或不得已而釣弋，如獵較是也。然盡物取之，出其不意，亦不爲也。此可見仁人之本心矣。待物如此，待人可知；小者如此，大者可知。」

○子曰：「蓋有不知而作之者，我無是也。多聞擇其善者而從之，多見而識之，知之次也。」識，音志。○不知而作，不知其理而妄作也。孔子自言未嘗妄作，蓋亦謙辭，然亦可見其無所不知矣。識，記也。所從不可不擇，記則善惡皆當存之，以備參考。如此者雖未能實知其理，亦可以次于知之者也。○南軒曰：「天下之事莫不有所以然，不知其然而作焉，皆妄而已。聖人之言動，無非天理也，其有不知而作者乎？雖然，知未易至也，故又言知之次者，使學者有所持循，由其序而至焉。多聞，擇善而從，多見而識其善，由聞見而求其善，雖未及乎知之至，然知之次也。擇焉而益詳，識焉而不已，則其知豈不日新乎？」○愚案：多見而識之一句，二先生所釋不同，以文義求之，則南軒似優。

〇互鄉難與言，童子見，門人惑。見，賢遍反。〇互鄉，鄉名。其人習於不善，難與言善。惑者，疑夫子不當見之也。**子曰：「與其進也，不與其退也，唯何甚！人潔己以進，與其潔也，不保其往也。」**疑此章有錯簡。「人潔」至「往也」十四字，當在「與其進也」之前。潔，修治也。與，許也。往，前日也。言人潔己而來，但許其能自潔耳，固不能保其前日所爲之善惡也；但許其進而來見耳，非許其既退而爲不善也。蓋不追其既往，不逆其將來，以是心至，斯受之耳。「唯」字上下，疑又有闕文，大抵亦不爲已甚之意。〇程子曰：「聖人待物之洪如此。」

〇子曰：「仁遠乎哉？我欲仁，斯仁至矣。」仁者，心之德，非在外也。放而不求，故有以爲遠者；反而求之，則即此而在矣，夫豈遠哉？〇程子曰：「爲仁由己，欲之則至，何遠之有？」〇問「斯仁至矣」云云。曰：「昔者亡之，今忽在此，如自外而至耳。如《易》言『來復』，實非自外而來也。」〇南軒曰：「不曰『至於仁』而曰『斯仁至矣』，蓋仁非有方所，可以往至也，欲仁而仁至，我固有之矣。」

〇陳司敗問昭公知禮乎？孔子曰：「知禮。」陳，國名。司敗，官名，即司寇也。昭公，魯君，名稠，習於威儀之節，當時以爲知禮。故司敗以爲問，而孔子答之如此。**孔子退，揖巫馬期而進之，曰：「吾聞君子不黨，君子亦黨乎？君取於吴爲同姓，謂之吴孟子。君而知禮，孰不知禮？」**取，七住反。〇巫馬姓，期字，孔子弟子，名施。司敗揖而進之也。相助匿非曰黨。禮不娶同姓，而魯與吴皆姬姓。謂之吴孟子者，諱之使若宋女子姓者然。**巫馬期以告。子曰：「丘也幸，苟有過，人必知之。」**孔子不可自謂諱君之惡，又不可以娶同姓爲知禮，故受以爲過而不辭。〇吴氏曰：「魯蓋夫子父母之國，昭公，魯之先君也。司敗又未嘗顯言其事，而遽以知禮爲問，其對之宜如此也。及司敗以爲有黨，而夫子受以爲過，蓋夫子之盛德，無所不可也。然其受以爲過也，亦不正言其所以過，初若不知孟子之事者，可以爲萬世之法矣。」○南軒曰：「他國之大夫問吾國之君知禮與否，則但可告之以知禮而已，及巫馬期以司敗之言告，則又豈可謂娶同姓爲知禮哉？若言爲君隱之意，則淺露已甚而失前對之本意矣，故但引己之過而已。然而取同姓之爲非禮，其義固已在其中矣。聖人辭氣之間，其天地造化歟！」○愚案：聖人之言，如元氣之運，渾然無迹，而春生、秋殺默寓其中，如對王孫賈媚竈之問答，陽貨懷寶迷邦之語，皆此類也。雖非學者所可望而及，然優游諷詠，涵浸而不已，則其所以轉移變化於冥冥之中者，其益可勝計哉！」

○子與人歌而善，必使反之，而後和之。和，去聲。○反，復也。必使復歌者，欲得其詳而取其善也。而後和之者，喜得其詳而與其善也。此見聖人氣象從容，誠意懇至，而其謙遜審密，不掩人善又如此。蓋一事之微，而衆善之集，有不可勝既者焉，讀者宜詳味之。

○子曰：「文，莫吾猶人也。躬行君子，則吾未之有得。」莫，疑辭。猶人，言不能過人，而尚可以及人。未之有得，則全未有得。皆自謙之辭。而足以見言行之難易緩急，欲人之勉其實也。○謝氏曰：「文雖聖人無不與人同，故不遜；能躬行君子，斯可以入聖，故不居。猶言君子道者三，吾無能焉。」○南軒曰：「言文吾不與人同者，至於躬行之君子則未見。聖人之意，欲使學者不但曉其文而務勉其實也。夫所謂文，威儀藝文之事，可得而見者也。躬行之實，則在夫縝密篤至，存乎人之所不見者也。此顏、閔之徒所以獨出于衆人矣。」

○子曰：「若聖與仁，則吾豈敢？抑爲之不厭，誨人不倦，則可謂云爾已矣。」公西華曰：「正唯弟子不能學也。」此亦夫子之謙辭也。聖者，大而化之。仁，則心德之全而人道之備也。爲之，謂爲仁聖之道。誨人，亦謂以此教人也。然不厭不倦，非己有之則不能，所以弟子不能學也。○晁氏曰：「當時有稱夫子聖且仁者，以故夫子辭之。苟辭之而已焉，則無以進天下之材，率天下之善，將使聖與仁爲虚器，而人終莫能至矣。故孔子雖不居仁聖，而必以爲之不厭、誨人不倦自處也。」「可謂云爾已矣」者，無他之辭也。公西華仰而歎之，其亦深知夫子之意矣。

○子疾病，子路請禱。子曰：「有諸？」子路對曰：「有之。《誄》曰：『禱爾于上下神祇。』」子曰：「丘之禱久矣。」誄，力軌反。○禱，謂禱于鬼神。有諸，問有此理否。誄者，哀死而述其行之辭也。上下，謂天地。天曰神，地曰祇。禱者，悔過遷善以祈神之佑也。無其理則不必禱，既曰有之，則聖人未嘗有過，無善可遷。其素行固已合於神明，故曰「丘之禱久矣」。○或問：「行禱五祀，載於《禮經》，今子路請之而夫子不從，何也？」曰：「以理言之，則聖人之言盡之矣；以事言之，則禱者臣子至情迫切之所爲，而非病者之所預聞也。病而預聞乎禱，則是不安其死，而諂于鬼神，以苟須臾之生，君子豈爲是哉！」曰：「然則聖人之言，乃不及此，而直以爲無事於禱，何也？」曰：「是蓋有難言者，然以理言，則既兼舉之矣。蓋祈禱卜筮之屬，皆聖人之所作，至于夫子而後教人一决諸理，而不屑屑於冥漠不可知之間，其所以建立人極之功，於是爲備，觀諸《易》之《十翼》可以見矣。然此則胡氏之説得之。胡氏曰：『禱之爲禮，非正禮也，而忠臣孝子切至之情有不可廢者，故聖人之立制，猶盟詛之類耳。然君子不自爲也，惟君父則可，爲又必於其病焉。若非其鬼，則是淫祀而已，又安取福乎？子路所謂上下神祇者，殆非大夫之所得禱也。以此推之，後世祀典之失，又豈可勝言哉！』又曰：『上下神祇，與人一理，夫子道參天地，誠洞幽顯，仰無所愧，俯無所怍，豈疾病而後禱哉！』」

○子曰：「**奢則不孫，儉則固。與其不孫也，寧固。**」孫，去聲。○孫，順也。固，陋也。奢儉俱失中，而奢之害大。○晁氏曰：「不得已而救時之敝也。」

○子曰：「**君子坦蕩蕩，小人長戚戚。**」坦，平也。蕩蕩，寬廣貌。程子曰：「君子循理，故常舒泰；小人役於物，故多憂戚。」○程子曰：「君子坦蕩蕩，心廣體胖。」○南軒曰：「正己而不求於人，故坦蕩蕩；循物而不反於己，故長戚戚。坦蕩非謂放懷自適，無所憂慮之謂也，謂求之在己，而無必于外，故常舒泰云耳。」

○**子温而厲，威而不猛，恭而安。**厲，嚴肅也。人之德性本無不備，而氣質所賦，鮮有不偏，惟聖人全體渾然，陰陽合德，故其中和之氣見於容貌之間者如此。門人熟察而詳記之，亦可見其用心之密矣。抑非智足以知聖人而善言德行者不能記，故程子以爲曾子之言。學者所宜反復而玩味也。○此門人形容夫子之辭。○程子曰：「衆人安則不恭，恭則不安。」横渠嘗言：「吾十五年學箇恭，❶而安不成。」明道曰：

❶「箇」，原誤作「固」，今據文淵閣《四庫全書》本《張子全書》卷十五《附録》改。

「可知是學不成，❶有多少病在。」謝氏曰：「凡恭謹必勉强不安肆，安肆必放縱不恭，恭如勿忘，安如勿助長，正當勿忘勿助長之間子細體認取。」○或問：「持敬，覺不甚安。」朱子曰：「初學如何便得安？除是孔子方恭而安。初要持敬，也須勉强，但覺略有些子放去，便收斂提掇起，敬便在這裏。常常相接，久後自熟。」○朱子曰：「聖人相傳，只是一『敬』字。堯曰『欽明』，舜曰『温恭』，湯曰『日躋』。」又嘗歎「敬」字工夫之妙，聖學之所以成始成終者皆在此。《感興》詩云：「放勳始欽明，南面亦恭己。大哉精一傳，萬世立人紀。猗歟歎日躋，穆穆歌敬止。戒獒光武烈，待旦起周禮。恭惟千載心，秋月照寒水。魯叟何常師，删述存聖軌。」又案：夫子之告顔子以非禮勿視、聽、言、動，而回也請事斯語，此敬也。曾子戰戰兢兢，臨深履薄以終其身，亦敬也。後之學者欲遡聖學之淵源者，其必自顔、曾始。

泰伯第八凡二十一章。

子曰：「泰伯，其可謂至德也已矣！三以天下讓，民無得而稱焉。」泰伯，周大王之長子。至德，謂德之至極，無以復加者也。三讓，謂固遜也。無得而稱，其遜隱微，無迹可見也。蓋大王三子：長泰伯，次仲雍，次季歷。大王之時，商道寖衰，而周日强大。季歷又生子昌，有聖德。大王因有翦商之志，而泰伯不從，大王遂欲傳位季歷以及昌。泰伯知之，即與仲雍逃之荆蠻。於是大王乃立季歷，傳國至昌，而三

❶「學」，原誤作「安」，今據文淵閣《四庫全書》本《張子全書》卷十五《附録》、《上蔡語録》、《朱子語類》改。

分天下有其二，是爲文王。文王崩，子發立，遂克商而有天下，是爲武王。夫以泰伯之德，當商周之際，固足以朝諸侯有天下矣，乃棄不取而又泯其迹焉，則其德之至極爲何如哉！蓋其心即夷、齊扣馬之心，而事之難處有甚焉者，宜夫子之歎息而贊美之也。泰伯不從事，見《春秋傳》。

○子曰：「恭而無禮則勞，慎而無禮則葸，勇而無禮則亂，直而無禮則絞。葸，絲里反。絞，古卯反。○葸，畏懼貌。絞，急切也。無禮則無節文，故有四者之弊。○南軒曰：「恭、慎、勇、直，皆善道也，然無禮以主之，則過其節而有弊，反害之也。蓋禮者存乎人心，有節而不可過者也。夫恭而無禮，則自爲罷勞；慎而無禮，則徒爲畏懼；勇而無禮，則流爲陵犯；直而無禮，則傷於訐切。其弊如此，豈所貴於恭、慎、勇、直者哉？蓋有禮以節之，則莫非天理之本然；無以節之，則人爲之私而已，是故君子以約諸己爲要也。」**君子篤於親，則民興於仁；故舊不遺，則民不偷。」**君子，謂在上之人也。興，起也。偷，薄也。○張子曰：「人道知所先後，則恭不勞、謹不葸、勇不亂、直不絞，民化而德厚矣。」○吴氏曰：「君子以下，當自爲一章，乃曾子之言也。」愚案：此一節與上文不相蒙，而與首篇謹終追遠之意相類，吴説近是。

○曾子有疾，召門弟子曰：「啓予足！啓予手！《詩》云：『戰戰兢兢，如臨深淵，如履薄冰。』而今而後，吾知免夫！小子！」夫，音扶。○啓，開也。曾子平日以爲身體受於父母，不敢毁傷，故於此使弟子開其衾而視之。《詩》，《小旻》之篇。戰戰，恐懼。兢兢，戒謹。臨淵，恐墜；履冰，恐陷也。曾子以其所保之全示門人，而言其所以保之之難如此；至於將死，而後知其得免於毁傷也。○程子曰：「君子曰終，小人曰死。君子保其身以没，爲終其事也，故曾子以全歸爲免矣。」尹氏曰：「父母全而生之，子全而歸之。曾子臨終而啓手足，爲是故也。非有得於道，能如是乎？」范氏曰：「身體猶不可虧也，况虧其行以辱其親乎？」○曾子奉持遺體，無時不戒謹恐懼，直至啓手足之時，方得自免。這箇身己直是頃刻不可自安。如所謂孝，非止尋常奉事而已，念慮之微有豪髮差錯，便是悖理傷道，便是不孝。只看一日之間，内而思慮，外而應接事物，這箇心略不點檢，便差失了。至危者無如人心，所以曾子常恁地「戰戰兢兢，如臨深淵，如履薄冰」。○朱子語。○或問：「以易簀爲死生無變於己者，奈何？」曰：「昔晁詹事嘗問此義於程子，程子曰：『禮也。』晁曰：『今人蔽於佛、老之説，則不謂之禮，而謂之達矣。』程子然之。不知或人之説，禮爲重乎？達爲重乎？是未可知也。」○《集義》程子曰：「顔子没後，得聖人之道者，曾子也。觀其啓手足之言，可以見矣。所傳者子思、孟子，皆其學也。」

○曾子有疾，孟敬子問之。孟敬子，魯大夫仲孫氏，名捷。問之者，問其疾也。**曾子言曰：「鳥之將死，其鳴也哀；人之將死，其言也善。**言，自言也。鳥畏死，故鳴哀。人窮反本，故言善。此曾子之謙辭，欲敬子知其所言之善而識之也。**君子所貴乎道者三：動容貌，斯遠暴慢矣；正顔色，斯近信矣；出辭氣，斯遠鄙倍矣。籩豆之事，則有司存。」**遠、近，並去聲。○貴，猶重也。容貌，舉一身而言。暴，粗厲也。慢，放肆也。信，實也。正顔色而近信，則非色莊也。辭，言語。氣，聲氣也。鄙，凡陋也。倍，與背同，謂背理也。籩，竹豆。豆，木豆。言道雖無所不在，然君子所重者，在此三事而已。是皆脩身之要、爲政之本，學者所當操存省察，而不可有造次顛沛之違者也。若夫籩豆之事，器數之末，道之全體固無不該，然其分則有司之守，而非君子之所重矣。○程子曰：「動容貌，舉一身而言也。周旋中禮，暴慢斯遠矣。正顏色則不妄，斯近信矣。出辭氣，正由中出，斯遠鄙倍。三者正身而不外求，故曰籩豆之事則有司存。」尹氏曰：「養於中則見於外，曾子蓋以脩己爲爲政之本。若乃器用事物之細，則有司存焉。」○或問此章之説。曰：「胡氏所考曾子之事則善。胡氏曰：『曾子之疾，見於此者二，見於《檀弓》者一。愚嘗考其事之先後，竊意此章最先，前章次之，而易簀之事最在其後，乃垂絶時語也。當是時也，氣息奄奄僅在，而聲爲律，身爲度，心即理，理即心，其視死生猶晝夜然，夫豈異教坐亡幻語、不誠不敬者所可彷彿。學者誠能盡心於此，則可以不感於彼也。』」○案程子曰：「曾子易簀之意，心是理，理是心，聲爲律，身爲度。」胡氏蓋本諸此。○愚謂曾子之啓手足也，蓋以爲知免矣，而易簀一節猶在其後，使其終於大夫之簀，猶爲未正也。全歸之難如此，學者其可不戰兢以自省歟！○《集義》吕氏曰：「貌也、色也、言也，皆以道正之，則心正而身修矣。」○謝氏曰：「人之應事，不過容貌、辭氣、顏色三事，特係所養如何耳。動也、正也、出也，君子自牧處，故暴慢鄙倍不生於心。遠，自遠也。信，以實之謂也。與禮樂不斯須去身之意同。」○朱子曰：「明道之言，簡約明白，意趣深遠，深得乎曾子未發之意。尹氏之言，温厚易直，有得於平日涵養之深。謝氏之言，發强剛毅，有得於臨事持守之要。吕氏之言，深潛縝密，有得於涵養持守之則。學者合是三者而用力焉，無使偏廢，則日用之間，動静語嘿，無非妙用，而曾子之意、程子之言，亦不外是矣。」○不莊不敬，則其動容貌也非暴則慢，惟恭敬有素，則動容貌斯遠暴慢矣。内無誠實，則其正顏色者色莊而已，惟誠實有素，則正顏色斯近信矣。涵養不熟，則其出辭氣也必至鄙倍，惟涵養有素，則出辭氣斯遠鄙倍矣。曾子亦以爲君子於是持養既久而熟，睟面盎背不設施而自爾也，故皆以斯言之，此説當矣。○暴是粗戾，慢是放肆。蓋人之容貌少得和平，不暴則慢。暴是剛急之過，慢是寬柔之過，鄙是凡淺，倍是背理。今人議論有見得，雖不甚差，只是淺近，此是鄙。又有説得甚高而實倍於理，此是倍。○曾子曰云云，其要在正、動、出之時。曰："曾子工夫更在三字之前，此特語其效驗耳。"○問云云。❶曰："曾子之意，只是説人之用力有此三處，此大而彼小，此急而彼緩耳。籩豆之事固是末節，然亦非全然忽略不以爲意，但當付之有司，使供其事，而非吾之常切留意者爾。"

○曾子曰："以能問於不能，以多問於寡；有若無，實若虛，犯而不校，昔者吾友嘗從事於斯矣。"校，計校也。友，馬氏以爲顔淵是也。顔子之心，唯知義理之無窮，不見物我之有閒，故能如此。○程子曰："此顔子之所以爲大賢，後之學者，有一善而自足，哀哉！"○謝氏曰："不知有餘在我，不足在人；不必得爲在己，失爲在人，非幾於無我者不能也。"○或問："能矣而問於不能，多矣而問於寡，不幾於巧僞以近名乎？"曰："愚嘗聞之師矣，曰：『顔子深知義理之無窮，惟恐一善之不盡，故雖能而肯問於不能，雖多而肯問於寡，以求盡於義理之無窮者而已，非極其能而故問也。但自他人觀之，則見其如此耳。』謝氏説意蓋如此。"曰："孟子之自反，不如顔子之不校，信乎？"曰："孟子所言，學者反身修德之事；若顔子則心理渾然，不待自反，物我一致，不見可校者也。二者優劣，不待言而喻矣。然自學者觀之，則隨其所至之淺

❶ 下"云"字，原誤作"雖"，據文淵閣《四庫全書》本《晦庵集》卷六十一《答歐陽希遜》、《西山讀書記》卷十九改。

深而用力，各有所當，不可以此廢彼，而反陷於躐等之失也。」曰：「有謂『犯而不校，非特自反，且有包之之意焉，有彼之之意焉，有愧之之意焉，莫非理也』。其説然乎？」曰：「夫犯而不校，固不待於自反，今曰非特自反，則既失之矣；且其所謂包之者驕也，彼之者狹也，愧之者薄也，是豈顔子之心哉？」○曰：「吴氏曰：『子貢多聞，故於顔子見其聞一知十；曾子力行，故又見其如此，信乎其優入聖域也。』此説如何？」曰：「即其言足以見三子之氣象，亦善言也。」

○曾子曰：「可以託六尺之孤，可以寄百里之命，臨大節而不可奪也。君子人與？君子人也。」與，平聲。○其才可以輔幼君、攝國政，其節至於死生之際而不可奪，可謂君子矣。與，疑辭。也，决辭。設爲問答，所以深著其必然也。○程子曰：「節操如是，可謂君子矣。」○問：「云云。本兼才節説，然緊要却在節操。」曰：「不然。三句都是一般説。須是才節兼全，方謂之君子。若無其才而徒有其節，雖死何益？如受人託孤之責，我雖無欺孤之心，却爲他人所欺，即是我不能受人之託。受人百里之寄，我雖無竊命之心，却爲他人所竊，亦是我不能受人之寄矣。徒能守節，不能了事，只是枉死，濟得甚事！如晉荀息是也。所謂君子者，豈是拱手端坐無所能爲之人邪？故伊川説：『君子者，才德出衆之名。』孔子曰：『君子不器。』既曰君子，雖是事事理會得方可。若但有節無才，亦唤作好人，只是不濟得事耳。」問云：「此三句，如霍光當得否？」曰：「霍光亦當得上二句，如許后事，大節已奪矣。譬如『有猷有爲有守』，託孤寄命是有猷有爲，臨大節而不可奪是有守。霍光雖有猷有爲，只是無所守。」○聖人言語渾然温厚。曾子便恁地剛勁，有孟子氣象。即此語可見。

○曾子曰：「士不可以不弘毅，任重而道遠。弘，寬廣也。毅，强忍也。非弘不能勝其重，非毅無以致其遠。仁以爲己任，不亦重乎？死而後已，不亦遠乎？」仁者，人心之全德，而必欲以身體而力行之，可謂重矣。一息尚存，此志不容少懈，可謂遠矣。○程子曰：「弘而不毅，則無規矩而難立；毅而不弘，則隘陋而無以居之。」又曰：「弘大剛毅，然後能勝重任而遠到。」又曰：「顔子弘且毅，孟子毅勝弘。」○《西銘》言弘之道。○重擔子須是硬脊漢方擔得。○朱子曰：「弘須只是寬廣，若只把做度量寬裕看，便不得。此『弘』字便是『執德不弘』之『弘』，謂如人有許多道理，及至學來，下梢却做得狹窄了，便是不弘。蓋緣只以己爲是，他人之言雖善，亦不信。如此微小，何緣得弘？須是凡人之善，皆有以受之，集衆善之謂弘。」問：「是『寬以居之』否？」曰：「然。如『人能弘道』，是以弘能開濶，却是作用。」○弘是事事著得。道理也著得，事物也著得；順來也著得，逆來也著得；富貴也著得，貧賤也著得。○所謂「弘」者，不但是容受得人，須容受得許多衆理。○若執著一見，便自以爲善，他人説更入不得，便是滯於一隅，如何得弘？如何勝得重也？○問：「弘是心之體，毅是心之力。」曰：「心體是多少大？大而天地之理，試思量，便在這裏。若是世上淺心底人，有一兩件事，便著不得。」○毅是立脚處堅忍强厲、擔負得去底意思。○弘是無所不容。心裏無足時，不説我德已如此便住。如無底之谷，擲物於中，無有窮盡時。若有滿足之心，便不是弘。毅是忍耐持守，著力去做。○道理自是箇大底物事，無所不包，若小著這心，如何承載得起？弘了却要毅。弘則都包得在裏。又須分别是非，有規矩始得。○弘是事事著得，如進學也要弘，接物也要弘，事事要弘。若不弘，只見得這一邊，不見那一邊，只得些小，便自足。毅是發處勇猛，行得來强忍，毅是弘之發用處。○曾子之學如孟子之勇，不勇，如何主張得住？

○子曰：「興於《詩》，興，起也。《詩》本性情，有邪有正，其爲言既易知，而吟咏之間，抑揚反復，其感人又易入。故學者之初，所以興起其好善惡惡之心，而不能自已者，必於此而得之。立於禮。禮以恭敬辭遜爲本，而有節文度數之詳，可以固人肌膚之會，筋骸之束。故學者之中，所以能卓然自立，而不爲事物之所摇奪者，必於此而得之。成於樂。」樂有五聲十二律，更唱迭和，以爲歌舞八音之節，可以養人之性情，而蕩滌其邪穢，消融其查滓。故學者之終，所以至於義精仁熟，而自和順於道德者，必於此而得之，是學之成也。○案《内則》，十歲學幼儀，十三學樂誦《詩》，二十而後學禮。則此三者，非小學傳授之次，乃大學終身所得之難易、先後、淺深也。程子曰：「天下之英才不爲少矣，特以學道不明，故不得有所成就。夫古人之詩，如今之歌曲，雖閭里童稚，皆習聞之而知其説，故能興起。今雖老師宿儒，尚不能曉其義，况學者乎？是不得興於詩也。古人自洒掃應對，以至冠、婚、喪、祭，莫不有禮。今皆廢壞，是以人倫不明，治家無法，是不得立於禮也。古人之樂：聲音所以養其耳，采色所以養其目，歌詠所以養其性情，舞蹈所以養其血脉。今皆無之，是不得成於樂也。是以古之成材也易，今之成材也難。」○或問：「古者之教，十年學幼儀，十三學樂，誦《詩》，舞《勺》，成童舞《象》，二十始學舞《大夏》。今夫子之言，其序如此，乃與教之先後不同，何也？」曰：「詩者，樂之章也，故必學樂而後誦詩。所謂樂者，蓋琴瑟塤篪，樂之一物，以漸習之，而節夫詩之音律者也。然詩本於人之情性，有美刺諷諭之旨，其言近而易曉，而從容詠歎之間，所爲漸漬感動於人者，又爲易入，故學之所得，必先於此，而有以發起其仁義之良心也。至於禮，則有節文度數之詳，其經至於三百，其儀至於三千，其初若甚難强者，故其未學詩也，先已學幼儀矣。蓋禮之小者，自爲童子始，而不可闕焉者也。至於成人，然後及其大者，又必服習之久而有得焉，然後内有以固其肌膚之會，筋骸之束，而德性之守得以堅定而不移；外有以行於鄉黨州閭之間，達於宗廟朝廷之上，而其酬酢之際，得以正固而不亂也。至於樂，則聲音之高下，舞蹈之疾徐，尤不可以旦暮而能，其所以養其耳目，和其心志，使人淪肌浹髓而安于仁義禮知之實，又有非思勉之所及者，必其甚安且久，然後有以成其德焉，所以學之最早，而其效反在詩禮之後也。」○「興於《詩》」，吟咏情性，涵暢道德之中而鼓動之，有「吾與點也」氣象。○又云：「『興於《詩》』，是興起人善意，汪洋浩大，皆是此意。」○南軒曰：「此學之序也。學《詩》則有以興起其情性之正，學之所先也；禮者可踐之規矩，學禮而後有所立，致知力行，學者所當兼用其力者也；至於樂，則和順積中而不可以已焉，學之所由成也，此非力之所及，惟久且熟而自至焉耳。」

○子曰：「民可使由之，不可使知之。」民可使之由於是理之當然，而不能使之知其所以然也。○程子曰：「聖人設教，非不欲人家喻而户曉也，然不能使之知，但能使之由之爾。若曰聖人不使民知，則是後世朝四暮三之術也，豈聖人之心乎？」

○子曰：「好勇疾貧，亂也。人而不仁，疾之已甚，亂也。」好，去聲。○好勇而不安分，則必作亂。惡不仁之人而使之無所容，則必致亂。二者之心，善惡雖殊，然其生亂則一也。

○子曰：「如有周公之才之美，使驕且吝，其餘不足觀也已。」才美，謂智能技藝之美。驕，矜夸。吝，鄙嗇也。○程子曰：「此甚言驕吝之不可也。蓋有周公之德，則自無驕吝；若但有周公之才而驕吝焉，亦不足觀矣。」又曰：「驕，氣盈。吝，氣歉。」○朱子曰：「才美，謂智能技藝之美。驕，矜夸。吝，鄙嗇也。驕吝雖有盈歉之殊，然其勢常相因。蓋驕者吝之枝葉，吝者驕之本根。故嘗驗之天下之人，未有驕而不吝、吝而不驕者也。」○南軒曰：「此言才美之不足恃，當以德爲貴也。古之聖人如周公者才藝之多，故借以明之。驕則無以來天下之善，吝則不能與人共由於善，雖才美如周公，亦何爲哉？」

○子曰：「三年學，不至於穀，不易得也。」易，去聲。○穀，禄也。至，疑當作「志」。爲學之久，而不求禄，如此之人，不易得也。○楊氏曰：「雖子張之賢，猶以干禄爲問，况其下者乎？然則三年學而不志於穀，宜不易得也。」○南軒曰：「穀者取其成實之意，故以訓善之成實焉。三年學矣，而不至于善，則亦難得之矣。蓋學者能用其力，則必有月異而歲不同者。苟惟鹵莽滅裂，歲月悠悠，望其有成，則亦難矣。聖人斯言，所以勉學者，使之自强，循循不已，自有所至。預期歲月而逆計所成，則又爲求獲之私心矣。」○案：二先生釋穀之義不同，正宜參玩。

○子曰：「篤信好學，守死善道。好，去聲。○篤，厚而力也。不篤信，則不能好學；然篤信而不好學，則所信或非其正。不守死，則不能以善其道；然守死而不足以善其道，則亦徒死而已。蓋守死者篤信之效，善道者好學之功，四者更相爲用，而不可一闕也。**危邦不入，亂邦不居，天下有道則見，無道則隱。**見，賢遍反。○君子見危授命，則仕危邦者無可去之義，在外則不入可也。亂邦未危，而刑政紀綱紊矣，故潔其身而去之。天下，舉一世而言。無道則隱其身而不見也，此惟篤信好學、守死善道者能之。**邦有道，貧且賤焉，恥也；邦無道，富且貴焉，恥也。」**世治而無可行之道，世亂而無能守之節，碌碌庸人，不足以爲士矣，可恥之甚也。○晁氏曰：「有學有守，而去就之義潔，出處之分明，然後爲君子之全德也。」○南軒曰：「此言士之自處當如是也。然篤信好學其本歟！惟信之篤，而後能好之；好之，然後能守之不移也。」

○子曰：「不在其位，不謀其政。」程子曰：「不在其位，則不任其事也，若君大夫問而告者則有矣。」

○子曰：「師摯之始，《關雎》之亂，洋洋乎！盈耳哉。」摯，音至。雎，七余反。○師摯，魯樂師名摯也。亂，樂之卒章也。《史記》曰：「《關雎》之亂以爲《風》始。」洋洋，美盛意。孔子自衛反魯而正樂，適師摯在官之初，故樂之美盛如此。

○子曰：「狂而不直，侗而不愿，悾悾而不信，吾不知之矣。」侗，音通。悾，音空。○侗，無知貌。愿，謹厚也。悾悾，無能貌。吾不知之者，甚絶之之辭，亦不屑之教誨也。○蘇氏曰：「天之生物，氣質不齊。其中材以下，有是德則有是病，有是病必有是德，故馬之蹄齧者必善走，其不善者必馴。有是病而無是德，則天下之棄才也。」

○子曰：「學如不及，猶恐失之。」言人之爲學，既如有所不及矣，而其心猶竦然，惟恐其或失之，警學者當如是也。○程子曰：「學如不及，猶恐失之，不得放過。才説姑待明日，便不可也。」○南軒曰：「學者常懷不及之心，猶恐夫心之或放，況於自足自恕者乎？以一善自居，以一知自喜，是自足也。今日不爲而曰姑待明日，小事放過而曰爲其大者，是自恕也。此皆人欲之所由長，本心之所由失者也。」

○子曰：「巍巍乎！舜、禹之有天下也，而不與焉。」與，去聲。○巍巍，高大之貌。不與，猶言不相關，言其不以位爲樂也。

○子曰：「大哉堯之爲君也！巍巍乎！唯天爲大，唯堯則之。蕩蕩乎！民無能名焉。唯，猶獨也。則，猶準也。蕩蕩，廣遠之稱也。言物之高大，莫有過於天者，而獨堯之德能與之準。故其德之廣遠，亦如天之不可以言語形容也。**巍巍乎！其有成功也；焕乎，其有文章！」**成功，事業也。焕，光明之貌。文章，禮樂法度也。堯之德不可名，其可見者此爾。○尹氏曰：「天道之大，無爲而成。唯堯則之以治天下，故民無得而名焉。所可名者，其功業文章巍然焕然而已。」

○舜有臣五人而天下治。治，去聲。○禹、稷、契、皋陶、伯益。**武王曰：「予有亂臣十人。」**《書·泰誓》之辭。馬氏曰：「亂，治也。」十人，謂周公旦、召公奭、太公望、畢公、榮公、太顛、閎夭、散宜生、南宫适，其一人謂文母。劉侍讀以爲子無臣母之義，蓋邑姜也。九人治外，邑姜治内。或曰：「亂本作乿，古治字也。」**孔子曰：「才難，不其然乎？唐、虞之際，於斯爲盛。有婦人焉，九人而已。**稱孔子者，上係武王君臣之際，記者謹之。才難，蓋古語，而孔子然之也。才者，德之用也。唐、虞，堯、舜有天下之號。際，交會之間。言周室人才之多，惟唐、虞之際，乃盛於此。降自夏、商，皆不能及，然猶但有此數人爾，是才之難得也。○南軒曰：「此所謂才者，能全盡夫天生此民之才也。如《左氏傳》稱才子，必齊聖、廣淵、明允、篤誠之類。」**三分天下有其二，以服事殷。周之德，其可謂至德也已矣。」**《春秋傳》曰「文王率商之畔國以事紂」，蓋天下歸文王者六州，荆、梁、雍、豫、徐、揚也。惟青、兖、冀，尚屬紂耳。范氏曰：「文王之德，足以代商。天與之，人歸之，乃不取而服事焉，所以爲至德也。孔子因武王之言而及文王之德，且與泰伯，皆以至德稱之，其指微矣。」或曰：「宜斷三分以下，別以孔子曰起之，而自爲一章。」

○子曰：「禹，吾無間然矣。菲飲食，而致孝乎鬼神；惡衣服，而致美乎黻冕；卑宮室，而盡力乎溝洫。禹，吾無間然矣。」間，去聲。菲，音匪。黻，音弗。洫，呼域反。○間，罅隙也，謂指其罅隙而非議之也。菲，薄也。致孝鬼神，謂享祀豐潔。衣服，常服。黻，蔽膝也，以韋爲之。冕，冠也，皆祭服也。溝洫，田間水道，以正疆界、備旱潦者也。或豐或儉，各適其宜，所以無罅隙之可議也，故再言以深美之。○楊氏曰：「薄於自奉，而所勤者民之事，所致飾者宗廟朝廷之禮，所謂有天下而不與也，夫何間然之有！」

論語集編卷第五

子罕第九凡三十章。

子罕言利與命與仁。罕，少也。程子曰：「計利則害義，命之理微，仁之道大，皆夫子所罕言也。」○黄氏曰：「夫子與門人言仁多矣，而曰罕言，何也？」曰：「夫子與門人答問，其言不勝其多，而言仁猶其切要者，故門人備記之。而所記止於此，則亦可謂之罕言矣。況所言之仁，亦不過汎及爲仁之事，至於仁之本體，則未嘗直指以告人也。」○仁者，心之德也，然必忠信篤敬，克己復禮，然後能至。若多言仁，則學者憑虚躐等，而反害於仁矣。○罕言仁者，恐人輕易看了，不知切己上做工夫。○南軒曰：「所謂命與仁者，凡夫子之所言，何莫非此理，而何隱乎爾也？在學者潛心如何耳。然夫子未嘗指言也，謂之罕亦可矣。」

○達巷黨人曰：「大哉孔子！博學而無所成名。」達巷，黨名。其人姓名不傳。博學無所成名，蓋美其學之博而惜其不成一藝之名也。**子聞之，謂門弟子曰：「吾何執？執御乎？執射乎？吾執御矣。」**執，專執也。射、御皆一藝，而御爲人僕，所執尤卑。言欲使我何所執以成名乎？然則吾將執御矣。聞人譽己，承之以謙也。○尹氏曰：「聖人道全而德備，不可以偏長目之也。達巷黨人見孔子之大，意其所學者博，而惜其不以一善得名於世，蓋慕聖人而不知者也。故孔子曰，欲使我何執而得爲名乎？然則吾將執御矣。」〇南軒曰：「達巷黨人大孔子之博學，而疑其不能以偏成也。夫豈知本末精粗一以貫之之道哉！故夫子但舉一藝自居，而又於藝中復居其次者，以見夫道之無所不在。善觀聖人，則於此亦可以得之，不然則愈失之也。其言則謙而不居，其意則完備矣。」

〇**子曰：「麻冕，禮也；今也純，儉。吾從衆。**麻冕，緇布冠也。純，絲也。儉，謂省約。緇布冠，以三十升布爲之，升八十縷，則其經二千四百縷矣。細密難成，不如用絲之省約。**拜下，禮也；今拜乎上，泰也。雖違衆，吾從下。」**臣與君行禮，當拜於堂下。君辭之，乃升，成拜。泰，驕慢也。〇程子曰：「君子處世，事之無害於義者，從俗可也；害於義，則不可從也。」

〇**子絶四：毋意，毋必，毋固，毋我。**絶，無之盡者。毋，《史記》作「無」，是也。意，私意也。必，期必也。固，執滯也。我，私己也。四者相爲終始，起於意，遂於必，留於固，而成於我也。蓋意必常在事前，固我常在事後，至於我又生意，則物欲牽引，循環不窮矣。〇程子曰：「此毋字，非禁止之辭。聖人絶此四者，何用禁止。」張子曰：「四者有一焉，則與天地不相似。」楊氏曰：「非智足以知聖人，詳視而默識之，不足以記此。」〇或問：「聖人從容中道，而有所絶，有所無，何也？」曰：「絶非屏絶之絶，蓋曰無之盡云爾。毋、無古通用，故《論語》作『毋』，而《史記》作『無』。然經、《詩》多以『無』爲有無之稱，『毋』爲禁止之辭，則當以《史記》爲正。」曰：「四者之説，其詳奈何？」曰：「無意者，渾然天理，不任私意。無必者，隨事順理，不必期必也。無固者，過而不留，無所凝滯也。無我者，大用於物，不私一身也。」〇問云云。先生曰：「須知四者之相因。凡人作事，必先起意，不問理之是非，必欲其成而後已。事既成，又復執滯不化，是之謂固。三者只成就得一箇我。及至我之根源愈大，少間三者又從這裏生出。我生意，意又生必，必又生固，又歸宿於我。正如『元、亨、利、貞』，元了亨，亨了又利，利了又貞，循環不已。但有善不善之分耳。」○問：「意、必、固、我，何以發？『發而當者，理也；發而不當者，私意也。』此語是否？」曰：「不是如此。所謂『毋意』者，是不任己意，只看道理如何。見道理當如此，便順理做將去，自家無些子私心，所以謂之無意。若才有些安排布置底心，便是任私意。縱使發而偶然當理，也只是私意，未説到當理。在伊川之語，想是被門人錯記了，不可知。」○南軒曰：「夫子之於四者，非待有所禁止，蓋自無有耳。絶云者，所以見其無之甚也，至於在學者而言，於是四者必用工以克去之，四者亡而後天理得。」

○子畏於匡。畏者，有戒心之謂。匡，地名。《史記》云：「陽虎曾暴於匡，夫子貌似陽虎，故匡人圍之。」**曰：「文王既没，文不在兹乎？**道之顯者謂之文，若禮樂制度之謂。不曰道而曰文，亦謙辭也。兹，此也，孔子自謂。**天之將喪斯文也，後死者不得與於斯文也；天之未喪斯文也，匡人其如予何？」**喪、與，皆去聲。○馬氏曰：「文王既没，故孔子自謂後死者。言天若欲喪此文，則必不使我得與於此文；今我既得與於此文，則是天未欲喪此文也。天既未欲喪此文，則匡人其奈我何？言必不能違天害己也。」○南軒曰：「『文王既没，文不在兹』，聖人以斯文爲己任也，己之在與亡，斯文之喪與未喪係焉，是豈人之所能爲哉？天也。不曰喪己而曰喪斯文，蓋己之身即斯文之所在也。」

○大宰問於子貢曰：「夫子聖者與？何其多能也？」大，音泰。與，平聲。○孔氏曰：「大宰，官名。或吴或宋，未可知也。」與，疑辭。大宰蓋以多能爲聖也。**子貢曰：「固天縱之將聖，又多能**

也。」縱，猶肆也，言不爲限量也。將，殆也，謙若不敢知之辭。聖無不通，多能乃其餘事，故言又以兼之。**子聞之，曰：「大宰知我乎！吾少也賤，故多能鄙事。君子多乎哉？不多也。」**言由少賤故多能，而所能者鄙事爾，非以聖而無不通也。且多能非所以率人，故又言君子不必多能以曉之。**牢曰：「子云，『吾不試，故藝』。」**牢，孔子弟子，姓琴，字子開，一字子張。試，用也。言由不爲世用，故得以習於藝而通之。○吳氏曰：「弟子記夫子此言之時，子牢因言昔之所聞有如此者，其意相近，故并記之。」

○子曰：「吾有知乎哉？無知也。有鄙夫問於我，空空如也，我叩其兩端而竭焉。」叩，音口。○孔子謙言己無知識，但其告人，雖於至愚，不敢不盡耳。叩，發動也。兩端，猶言兩頭。言終始、本末、上下、精粗，無所不盡。○程子曰：「聖人之教人，俯就之若此，猶恐衆人以爲高遠而不親也。聖人之道，必降而自卑，不如此則人不親；賢人之言，則引而自高，不如此則道不尊。觀於孔子、孟子，則可見矣。」尹氏曰：「聖人之言，上下兼盡。極其近，衆人皆可與知；極其至，則雖聖人亦無以加焉，是之謂兩端。如答樊遲之問仁智，兩端竭盡，無餘蘊矣。若夫語上而移下，語理而遺物，則豈聖人之言哉？」○南軒曰：「兩端者，語近而遠者未嘗不具語，卑而高者未嘗不存。形而上曰道，形而下曰器，道與器非異體也，聖人有隱乎爾哉？在學者體之如何耳。」

○子曰：「鳳鳥不至，河不出圖，吾已矣乎！」夫，音扶。○鳳，靈鳥，舜時來儀，文王時鳴于岐山。河圖，河中龍馬負圖，伏羲時出，皆聖人之瑞也。已，止也。○張子曰：「鳳至圖出，文明之祥。伏羲、舜、文之瑞不至，則夫子之文章，知其已矣。」

○子見齊衰者、冕衣裳者與瞽者，見之，雖少必作；過之，必趨。齊，音咨。衰，七雷反。少，去聲。○齊衰，喪服。冕，冠也。衣，上服。裳，下服。冕而衣裳，貴者之盛服也。瞽，無目者。作，起也。趨，疾行也。或曰：「少，當作坐。」○范氏曰：「聖人之心，哀有喪，尊有爵，矜不成人。其作與趨，蓋有不期然而然者。」尹氏曰：「此聖人之誠心，内外一者也。」○南軒曰：「愛敬生於中而形於外，惟聖人爲能有常而無失。齊衰，哀有喪也；於冕衣裳，貴達尊也；於瞽者，矜困窮也。推之，則帝王所以治天下之綱要亦在是也。」

○顔淵喟然嘆曰：「仰之彌高，鑽之彌堅；瞻之在前，忽焉在後。喟，苦位反。鑽，祖官反。○喟，嘆聲。仰彌高，不可及。鑽彌堅，不可入。在前在後，恍惚不可爲象。此顔淵深知夫子之道，無窮盡、無方體，而嘆之也。**夫子循循然善誘人，博我以文，約我以禮。**循循，有次序貌。誘，引進也。博文約禮，教之序也。言夫子道雖高妙，而教人有序也。侯氏曰：「博我以文，致知格物也。約我以禮，克己復禮也。」程子曰：「此顔子稱聖人最切當處，聖人教人，唯此二事而已。」**欲罷不能，既竭吾才，如有所立卓爾。雖欲從之，末由也已。」**卓，立貌。末，無也。此顔子自言其學之所至也。蓋悦之深而力之盡，所見益親，而又無所用其力也。吴氏曰：「所謂卓爾，亦在乎日用行事之間，非所謂窈冥昏默者。」程子曰：「到此地位，功夫尤難，直是峻絶，又大段著力不得。」楊氏曰：「自可欲之謂善，充而至於大，力行之積也。大而化之，則非力行所及矣，此顔子所以未達一間也。」○程子曰：「此顔子所以爲深知孔子而善學之者也。」胡氏曰：「無上事而喟然嘆，此顔子學既有得，故述其先難之故、後得之由，而歸功於聖人也。高堅前後，語道體也。仰鑽瞻忽，未領其要也。惟夫子循循善誘，先博我以文，使我知古今，達事變。然後約我以禮，使我尊所聞，行所知。如行者之赴家，食者之求飽，是以欲罷而不能，盡心盡力，不少休廢。然後見夫子所立之卓然，雖欲從之，末由也已。是蓋不怠所從，必欲至乎卓立之地也。抑斯嘆也，其在『請事斯語』之後，『三月不違』之時乎？」○夫子教顏子，只是博文、約禮兩事。自堯舜以來，便如此說。「惟精」便是博文，「惟一」便是約禮。○「博我以文」，是要四方八面都見得周匝無遺；至於「約之以禮」，又要逼向身己上來，無一豪之不盡。○瞻、仰、鑽、忽，見得猶未親切，在「如有所立卓爾」，方始親切。「雖欲從之，末由也已」，只是脚步未到，蓋不能得似聖人從容中道也。○或問云云。曰：「此是顏子當初尋討不著時節。仰之煞高，一層之上又有一層。鑽之又堅，透一重又有一重。❶瞻之又似在前，及到著力趕上，又却在後。然夫子教人又却循循善誘，既博之以文，❷又約之以禮，只如此教我去下工夫，久而後見道體卓爾立在這裏，此見得親切處。然雖欲從之，却又末由也已。此是顏子未達一間時，説己當初捉摸不著時事。」○顏子初見聖人之道廣大如此，欲向前求之，轉覺無下手處。退而求之，則見聖人所以循循善誘人者，不過博文約禮，於是就此處竭力求之，而所見始親切的當，❸如有所立卓爾在前，而嘆其峻絶著力不得也。○顏子仰、鑽、瞻、忽，初是捉摸不著。夫子不就此啓發顏子，只博之以文，約之以禮，令有用功處。顏子做這工夫，漸見得分曉，至於「欲罷

❶ 二「重」字，原缺，今據四庫本補。
❷ 「既」，原缺，今據四庫本補。
❸ 「而」，原重，今據《朱子語類》卷三十六《論語·子罕篇》上删。

不能」，已是住不得了。及夫「既竭吾才」，如此精專，方見夫子動容周旋無不中處，皆是天理之流行，卓然如此分曉，到這裏只有一箇生熟。顏子生些，少未能渾化如夫子，故曰「雖欲從之，末由也已」。○問云云。曰：「未到這裏須著力，到這處自是用力不得。如孔子六十而耳順，七十而從心，這處如何用力得？只熟了，自然恁地去。」横渠曰：「大可爲也，化不可爲也，在熟之而已。」○「所謂『瞻之在前，忽然在後』，只是箇『中庸不可能』。蓋聖人之道是箇恰好底道理，所以不可及，自家才著意去做，不知不覺又蹉過了。且如『恭而安』，固是聖人不可及處，到得自家才著意去學時，便恭而不安了。此其所以不可能，只是難得到那恰好處。不著意，又失之；才著意，又過了，所以難。横渠曰：『高明不可窮，博厚不可極，則中道不可識，蓋顏子之歎也。』雖説得拘，然亦自説得好。」或曰：「伊川過不及之説，亦是此意否？」曰：「然。」○南軒曰：「誦味此章，則顏子學聖人終始之功，孔子教人先後之序，與夫聖人之道之至，皆可得而研求矣。」○黄氏曰：「此章高、堅、前、後之嘆，所立卓爾之言，固非後學所可窺測。然以其不可窺測也，故言之者往往流於恍惚無所據依之地，敢於爲言者反借佛老之説以議聖人，其不敢者以委之於虚無不可測識之域，故此章最爲難曉。惟吴氏以爲亦在日用常行之間者最爲切實。今竊以其意推之，夫聖人之道固高明廣大不可幾及，然亦不過性情之間，動容之際，飲食起居交際應酬之務，君臣、父子、兄弟、夫婦之常，出處去就、辭受取舍、以至於政事施設之間，無非道之所寓。其所謂高、堅、前、後者，他人於此或未能無纖豪之私，或未能達義理之正，或未能通權變之宜，或未能極從容之妙，故仰之但見其高，鑽之但見其堅，或前或後而無定所也。顏子用力亦不過於博文約禮之間，而竭其力，見益精，行益熟，而於聖人情性動容以至政事施設之類，皆有以也。」○以上三章，乃孔顏傳心要指。愚案：胡氏之説以問仁爲首，不違仁次之，此章又次之。

○子疾病，子路使門人爲臣。夫子時已去位，無家臣。子路欲以家臣治其喪，其意實尊聖人，而未知所以尊也。**病閒，曰：「久矣哉！由之行詐也，無臣而爲有臣。吾誰欺？欺天乎？**閒，如字。○病閒，少差也。病時不知，既差乃知其事，故言我之不當有家臣，人皆知之，不可欺也。而爲有臣，則是欺天而已。人而欺天，莫大之罪。引以自歸，其責子路深矣。**且予與其死於臣之手也，無寧死於二三子之手乎？且予縱不得大葬，予死於道路乎？」**無寧，寧也。大葬，謂君臣禮葬。死於道路，謂棄而不葬。又曉之以不必然之故。○范氏曰：「曾子將死，起而易簀，曰：『吾得正而斃焉，斯已矣。』子路欲尊夫子，而不知無臣之不可爲有臣，是以陷於行詐，罪至欺天。君子之於言動，雖微不可不謹。夫子深懲子路，所以警學者也。」楊氏曰：「非知至而意誠，則用智自私，不知行其所無事，往往自陷於行詐欺天而莫之知也。其子路之謂乎？」○或問云云。曰：「胡氏云：『此必夫子失司寇之後、未致其事之前也。若夢奠則子路死於衛久矣。』孔子初未嘗知爲臣之事，而曰『吾誰欺』者，引咎歸己以深責乎子路也。」或曰：「如使夫子疾病不問，非禮之臣遂以奉終，豈不仰累聖德乎？」曰：「夫子儻至大故，耳目所接有異，必將正之矣。聖人病則不能無，若其方寸，決不以病而懵也。」○南軒曰：「所謂天者，理而已。理不應有而強使之有，故曰『欺天』。子路孔門之高弟，而所見若是之偏，蓋有豪釐之差，則流於欺詐而不自覺，此君子之所以戰兢自持而每懼其或偏也。」

○子貢曰：「有美玉於斯，韞匵而藏諸？求善賈而沽諸？」子曰：「沽之哉！沽之

哉！我待賈者也。」韞，紆粉反。匵，徒木反。賈，音嫁。○韞，藏也。匵，匱也。沽，賣也。子貢以孔子有道不仕，故設此二端以問也。孔子言固當賣之，但當待賈，而不當求之。○范氏曰：「君子未嘗不欲仕也，又惡不由其道。士之待禮，猶玉之待賈也。若伊尹之耕於野，伯夷、太公之居於海濱，世無成湯、文王，則終焉而已，必不枉道以從人，衒玉而求售也。」

○子欲居九夷。東方之夷有九種。欲居之者，亦乘桴浮海之意。**或曰：「陋，如之何！」子曰：「君子居之，何陋之有？」**君子所居則化，何陋之有？

○子曰：「吾自衛反魯，然後樂正，雅、頌各得其所。」魯哀公十一年冬，孔子自衛反魯。是時周禮在魯，然《詩》樂亦頗殘闕失次。孔子周流四方，參互考訂，以知其説。晚知道終不行，故歸而正之。

○子曰：「出則事公卿，入則事父兄，喪事不敢不勉，不爲酒困，何有於我哉？」説見第七篇，然此則其事愈卑而意愈切矣。

○子在川上，曰：「逝者如斯夫！不舍晝夜。」夫，音扶。舍，上聲。○言天地之化，往者過，來者續，無一息之停，乃道體之本然也。然其可指而易見者，莫如川流。故於此發以示人，欲學者時時省察，而無豪髪之間斷也。○程子曰：「此道體也。天運而不已，日往則月來，寒往則暑來，水流而不息，物生而不窮，皆與道爲體，運乎晝夜，未嘗已也。是以君子法之，自强不息。及其至也，純亦不已焉。」又曰：「自漢以來，儒者皆不識此義。此見聖人之心，純亦不已也。純亦不已，乃天德也。有天德，便可語王道，其要只在謹獨。」○問：「《集注》云：『此道體之本然也。』後又曰：『皆與道爲體。』向見先生説：『道無形體，却是這物事盛，載那道出來，故可見。「與道爲體」，言與之爲體也。這「體」字較粗。』如此，則與本然之體微不同。」曰：「也便在這裏面。只是前面『體』字説得來較闊，連本末精粗都包在裏面。後面『與道爲體』之『體』，又説出那道之親切底骨子。恐人説物自物，道自道，所以指物以見道。其實這許多物事湊合來，便都是道之體。道體便在這許多物事上，❶只是水上較親切易見。」○問：「張思叔説：『此是無窮。』程子曰：『一箇無窮，如何便了得。』何也？」曰：「固是無窮，須看因甚恁地無窮。須見得所以無窮處，始得。」○問：「有天德便可語王道。」曰：「有天德，則便是天理，便做得王道。無天德，則私意計較，所以做王道不成。」○因云：「舊曾作《觀瀾閣詞》，有曰：『因常流之不息，悟有本之無窮。』」又曰：「天理流行之妙，若有私欲以間之，便如水被塞，不得滔滔地去。」○問：「程子曰『其要只在謹獨』，如何？」曰：「能謹獨則無間斷，而其理不窮。若不謹獨，便有人欲來參入裏面，便間斷了，如何會如川流底意？」○問：「程子云『自漢諸儒皆不識此義』，如何？」曰：「此事除了孔、孟，却猶是佛老見得些模樣，後來儒者於此全無相著，如何教他不做大？只爲佛老從心上起工夫，其學雖不然，却有本。儒者只從言語文字上做，有知此事是合理會者，亦只做一場説話過了，所以輸與他。」先生曰：「彼所謂心上工夫本不是，然却勝似今儒者多矣，此説却是。」○范氏説：「『與道爲體』四字甚精，蓋物生水流非道之體，乃與道爲體。」○南軒曰：「此不息之體也。自天地日月以至于草木之微，其生道莫不然，體無乎而不具也。君子之自强不息，所以體之也。聖人之心，純亦不已，則與之非

❶「許」，原無，今據《朱子語類》卷三十六《論語》十八《子罕篇》上補。

二體矣。川流，蓋其著見易察者，故因以明之。」

〇**子曰：「吾未見好德如好色者也。」**好，去聲。〇謝氏曰：「好好色，惡惡臭，誠也。好德如好色，斯誠好德矣，然民鮮能之。」〇《史記》：「孔子居衛，靈公與夫人同車，使孔子爲次乘，招摇市過之。」孔子醜之，故有是言。

〇**子曰：「譬如爲山，未成一簣，止，吾止也；譬如平地，雖覆一簣，進，吾往也。」**簣，求位反。覆，芳服反。〇簣，土籠也。《書》曰：「爲山九仞，功虧一簣。」夫子之言，蓋出於此。言山成而但少一簣，其止者，吾自止耳；平地而方覆一簣，其進者，吾自往耳。蓋學者自彊不息，則積少成多；中道而止，則前功盡棄。其止其往，皆在我而不在人也。

〇**子曰：「語之而不惰者，其回也與！」**語，去聲。與，平聲。〇惰，懈怠也。范氏曰：「顏子聞夫子之言，而心解力行，造次顛沛未嘗違之。如萬物得時雨之潤，發榮滋長，何有於惰！此羣弟子所不及也。」

〇**子謂顏淵，曰：「惜乎！吾見其進也，未見其止也。」**顏子既死而孔子惜之，言其方進而未已也。〇或問云云。曰：「惟胡氏爲盡善。胡氏曰：『顏淵曰：「舜何人也，予何人也，有爲者亦若是。」此吾往者也。冉求曰：「非不説子之道，力不足也。」此吾止者也。其進其止，皆非他人，此君子所以自强不息也。』」〇南軒曰：「此顏子既没之後，夫子稱之之辭。蓋其日進無疆，於聖爲幾矣，然未進於聖，則猶有所進焉，至於聖則止矣。所謂止者，大而化之，止於中而成乎天也。此顏子所以有『雖欲從之，末由也已』之歎歟！」

○子曰：「苗而不秀者有矣夫！秀而不實者有矣夫！」夫，音扶。○穀之始生曰苗，吐華曰秀，成穀曰實。蓋學而不至於成，有如此者，是以君子貴自勉也。○南軒曰：「養苗者不失其耘耔，無逆其生理，雨露之滋，日夜之養，有始有卒而後可以臻厥成。或舍而弗耘，或揠而助長，以至於一暴十寒，則苗而不秀，秀而不實矣。學何以異於是，有其質而不學，苗而不秀者也；學而不能有諸己，秀而不實者也。夫仁亦在乎熟之矣。」

○子曰：「後生可畏，焉知來者之不如今也？四十、五十而無聞焉，斯亦不足畏也已。」

「焉知」之「焉」，於虔反。○孔子言後生年富力强，足以積學而有待，其勢可畏，安知其將來不如我之今日乎？然或不能自勉，至於老而無聞，則不足畏矣。言此以警人，使及時勉學也。曾子曰「五十而不以善聞，則不聞矣」，蓋述此意。○尹氏曰：「少而不勉，老而無聞，則亦已矣。自少而進者，安知其不至於極乎？是可畏也。」○南軒曰：「後生可畏，以其進之不可量也。然苟至於四十、五十，於道無所聞，則其不能激昂自進可知，因循至是，則無足畏者矣。辭氣抑揚之間，學者所宜深味也。雖然，有至於四十、五十而知好學，如《中庸》所謂困知勉行者，聖人猶有望焉。若後生雖有美質而悠悠歲月，則夫所謂四十、五十者將轉盼而至，可不懼哉！」

○子曰：「法語之言，能無從乎？改之爲貴。巽與之言，能無説乎？繹之爲貴。説而不繹，從而不改，吾末如之何也已矣。」法語者，正言之也。巽言者，婉而導之也。繹，尋其緒也。法言人所敬憚，故必從；然不改，則面從而已。巽言無所乖忤，故必悅；然不繹，則又不足以知其微意之所在也。○楊氏曰：「法言，若孟子論行王政之類是也。巽言，若其論好貨好色之類是也。語之而未達，拒之而不受，猶之可也。其或喻焉，則尚庶幾其能改繹矣。從且悅矣，而不改繹焉，則是終不改繹也已，雖聖人其如之何哉？」

○子曰：「主忠信，毋友不如己者，過則勿憚改。」重出而逸其半。

○子曰：「三軍可奪帥也，匹夫不可奪志也。」侯氏曰：「三軍之勇在人，匹夫之志在己。故帥可奪而志不可奪，如可奪，則亦不足謂之志矣。」

○子曰：「衣敝緼袍，與衣狐貉者立，而不耻者，其由也與？衣，去聲。緼，紆粉反。貉，胡各反。與，平聲。○敝，壞也。緼，枲著也。袍，衣有著者也，蓋衣之賤者。狐貉，以狐貉之皮爲裘，衣之貴者。子路之志如此，則能不以貧富動其心，而可以進於道矣，故夫子稱之。**『不忮不求，何用不臧？』」**忮，之豉反。○忮，害也。求，貪也。臧，善也。言能不忮不求，則何爲不善乎？此《衛風·雄雉》之篇，夫子引之以美子路也。吕氏曰：「貧與富交，强者必忮，弱者必求。」**子路終身誦之。子曰：「是道也，何足以臧？」**終身誦之，則自喜其能，而不復求進於道矣，故夫子復言此以警之。○謝氏曰：「耻惡衣惡食，學者之大病。善心不存，蓋由於此。子路之志如此，其過人遠矣。然以衆人而能此，則可以爲善矣；子路之賢，宜不止此，而終身誦之，則非所以進於日新也，故激而進之。」○南軒曰：「『衣敝緼袍與衣狐貉者立而不耻』，此不可作細事看。惟不忽於卑近而實用力於斯者，乃知其末易耳。此非『不忮不求』者，不能然也。

蓋人惟有己而有物，有物故有忮，有己故有求。『不忮不求』，則私欲不行而善道可進，將何用而不善？子路聞夫子之言，以爲道如是足矣，遂有終身誦之之意。夫『不忮不求』，非不善也，而終身誦之則不足以爲善矣。學之無窮，自『不忮不求』而勉焉，以至於聖不可知，其等級固自有次第也。苟終身誦之，『不忮不求』而已，則亦不過於利仁者之事，而有所止也。聖人先後抑揚，所以成德達材之道，可謂至矣。」

○子曰：「歲寒，然後知松柏之後彫也。」范氏曰：「小人之在治世，或與君子無異。惟臨利害、遇事變，然後君子之所守可見也。」○謝氏曰：「士窮見節義，世亂識忠臣。欲學者必周于德。」

○子曰：「知者不惑，仁者不憂，勇者不懼。」明足以燭理，故不惑；理足以勝私，故不憂；氣足以配道義，故不懼。此學之序也。○問：「知是格物致知，仁是存養，勇是克治否？」先生曰：「是。勇謂持守堅固。」○問：「《中庸》『力行近乎仁』，又似『勇者不懼』意思。」曰：「交互説都是。」○知者直是見得分曉，故不惑。○問：「知不惑一段，能明理便能無私否？」曰：「亦有人明理不能去私欲，然去私欲，必先明理。惟聖人自誠而明，可以先言仁，後言知。至於教人，當以知爲先。」○問：「《子罕》知、仁、勇章，與《憲問》仁、智、勇章，何以次序不同？」曰：「成德以仁爲先，進學以知爲先，此誠而明，明而誠也。」「《中庸》言三德之序如何？」曰：「此亦爲學者言。」又問：「何以勇皆序在後？」曰：「末後做工夫不退轉，此方是勇。」○問「仁者不憂」。曰：「仁者心與理一，心純是道理。看甚麽事，不問大小，改頭換面來，自家此心各有一箇道理應付去，不待事來方始安排，所以自不煩惱。今人有這事，却無這道理，便處置不去，所以憂。」○又曰：「仁者，理即是心，心即是理，有一事來，便有一理以應之，所以無憂。」○問：「無憂似未是仁。」先生曰：「今人學問百種，只是要『克己復禮』。若能克去私意，純是天理，自無所憂，如何不是仁！」○仁者，天下之公。私欲不萌，而天下之公在我，何憂之有？○孟子説：「配義與道，無是餒也。」今有見得道分明而反懾怯者，氣不足也。○南軒曰：「不惑者，見理明也；不憂者，其樂深也；不懼者，其守固也。」

○子曰：「可與共學，未可與適道；可與適道，未可與立；可與立，未可與權。」可與者，言其可與共爲此事也。程子曰：「可與共學，知所以求之也。可與適道，知所往也。可與立者，篤志固執而不變也。權，稱錘也。所以稱物而知輕重者也。可與權，謂能權輕重，使合義也。」○楊氏曰：「知爲己，則可與共學矣。學足以明善，然後可與適道。信道篤，然後可與立。知時措之宜，然後可與權。」洪氏曰：「《易》九卦，終於巽以行權。權者，聖人之大用。未能立而言權，猶人未能立而欲行，鮮不仆矣。」程子曰：「漢儒以反經合道爲權，故有權變、權術之論，皆非也。權只是經也，自漢以下，無人識權字。」愚案：先儒誤以此章連下文「偏其反而」爲一章，故有反經合道之説。程子非之是矣。然以孟子「嫂溺援之以手」之義推之，則權與經亦當有辨。

○「唐棣之華，偏其反而。豈不爾思，室是遠而。」棣，大計反。○唐棣，郁李也。偏，《晉書》作「翩」。然則「反」亦當與「翻」同，言華之搖動也。而，語助也。此逸《詩》也，於六義屬興。上兩句無意義，但以起下兩句之辭耳。其所謂爾，亦不知其何所指也。**子曰：「未之思也，夫何遠之有？」**夫，音扶。○夫子借其言而反之，蓋前篇「仁遠乎哉」之意。○程子曰：「聖人未嘗言易以驕人之志，亦未嘗言難以阻人之進。但曰『未之思也，夫何遠之有』。此言極有涵蓄，意思深遠。」○南軒曰：「此夫子所刪去之詩，以詩語之未安也，故删而不取。詳味夫子斯言，辭則抑揚，意蓋無窮也。夫道以爲易知乎？則精微之際，未易擇也。以爲難知乎？則其天然之理，本自不隱也。曰易，則學者將忽而不之究；曰難，則學者將怠而不之進。曰『未之思也，夫何遠之有』，而顯微之義，循求之序，亦涵蓄而備盡矣。」

鄉黨第十

程子曰：「《鄉黨》形容聖人動容注措甚好，使學者宛然如見聖人。」○楊氏曰：「聖人之所謂道者，不離乎日用之間也。故夫子之平日，一動一静，門人皆審視而詳記之。」尹氏曰：「甚矣，孔門諸子之嗜學也！於聖人之容色言動，無不謹書而備録之，以貽後世。今讀其書，即其事，宛然如聖人之在目也。雖然，聖人豈拘拘而爲之者哉？蓋盛德之至，動容周旋，自中乎禮耳。學者欲潛心於聖人，宜於此求焉。」凡一章，分爲十七節。

孔子於鄉黨，恂恂如也，似不能言者。恂，相倫反。○恂恂，信實之貌。似不能言者，謙卑遜順，不以賢知先人也。鄉黨，父兄宗族之所在，故孔子居之，其容貌辭氣如此。○南軒曰：「此篇所記夫子言語、容貌、衣服、飲食之際，可謂察之精矣。門人亦善學聖人哉！蓋聖人之道如是其高深也，茫然測度，懼夫泛而無入德之地也，故即其顯見之實而盡心焉。存而味之，則而象之，於此有得，則内外並進，體用不離，而其高深者可以馴致矣。」**其在宗廟朝廷，便便言，唯謹爾。**朝，直遥反，下同。便，旁連反。○便便，辯也。宗廟，禮法之所在；朝廷，政事之所出：言不可以不明辨，故必詳問而極言之，但謹而不放爾。○此一節，記孔子在鄉黨、宗廟、朝廷言貌之不同。

○朝，與下大夫言，侃侃如也；與上大夫言，誾誾如也。侃，苦但反。誾，魚巾反。○此君未視朝時也。《王制》，諸侯上大夫卿，下大夫五人。許氏《説文》：「侃侃，剛直也。誾誾，和悦而諍也。」**君在，踧踖如也，與與如也。**踧，子六反。踖，子亦反。與，平聲，或如字。○君在，視朝也。踧踖，恭敬不寧之貌。與與，威儀中適之貌。張子曰：「與與，不忘向君也。」亦通。○此一節，記孔子在朝廷事上接下之不同也。

○君召使擯，色勃如也，足躩如也。擯，必刃反。躩，驅苦反。○擯，主國之君所使出接賓者。勃，變色貌。躩，盤辟貌。皆敬君命故也。**揖所與立，左右手。衣前後，襜如也。**襜，赤占反。○所與立，謂同爲擯者也。擯用命數之半，如上公九命，則用五人，以次傳命。揖左人，則左其手；揖右人，則右其手。襜，整貌。**趨進，翼如也。**疾趨而進，張拱端好，如鳥舒翼。**賓退，必復命曰：「賓不顧矣。」**紓君敬也。○此一節，記孔子爲君擯相之容。○黄氏曰：「色勃足躩，被命之初也；揖也趨進也，行禮之際也；賓退，禮畢之後也，皆天理之節文，所當然也。至於揖之左右，衣之前後，手之翼如，皆禮文之至末者，聖人於此動容周旋，無不中禮，盛德之至，從心所欲不踰矩也。門人弟子亦必審觀而詳記之，可謂善學者矣。」

○入公門，鞠躬如也，如不容。鞠躬，曲身也。公門高大而若不容，敬之至也。**立不中門，行不履閾。**閾，于逼反。○中門，中於門也。謂當棖闑之間，君出入處也。閾，門限也。禮：士大夫出入君門，由闑右，不踐閾。謝氏曰：「立中門則當尊，行履閾則不恪。」**過位，色勃如也，足躩如也，其言似不**

足者。位，君之虛位。謂門屏之間，人君宁立之處，所謂宁也。君雖不在，過之必敬，不敢以虛位而慢之也。言似不足，不敢肆也。○南軒曰：「君不在焉而莊敬也如此，則其事君之誠可知矣。」**攝齊升堂，鞠躬如也，屏氣似不息者。**齊，音咨。○攝，摳也。齊，衣下縫也。禮：將升堂，兩手摳衣，使去地尺，恐躡之而傾跌失容也。屏，藏也。息，鼻息出入者也。近至尊，氣容肅也。**出，降一等，逞顏色，怡怡如也。没階趨進，翼如也。復其位，踧踖如也。**等，階之級也。逞，放也。漸遠所尊，舒氣解顏。怡怡，和悦也。没階，下盡階也。趨，走就位也。復位踧踖，敬之餘也。○此一節，記孔子在朝之容。

○執圭，鞠躬如也，如不勝。上如揖，下如授。勃如戰色，足蹜蹜，如有循。勝，平聲。蹜，色六反。○圭，諸侯命圭。聘問鄰國，則使大夫執以通信。如不勝，執主器，執輕如不克，敬謹之至也。上如揖，下如授，謂執圭平衡，手與心齊，高不過揖，卑不過授也。戰色，戰而色懼也。蹜蹜，舉足促狹也。如有循，《記》所謂舉前曳踵，言行不離地，如緣物也。**享禮，有容色。**享，獻也。既聘而享，用圭璧，有庭實。有容色，和也。《儀禮》曰：「發氣滿容。」**私覿，愉愉如也。**私覿，以私禮見也。愉愉，則又和矣。○此一節，記孔子爲君聘於鄰國之禮也。

○君子不以紺緅飾。紺，古暗反。緅，側由反。○君子，謂孔子。紺，深青揚赤色，齊服也。緅，絳色。三年之喪，以飾練服也。飾，領緣也。**紅紫不以爲褻服。**紅紫，間色不正，且近於婦人女子之服也。褻服，私居服也。言此，則不以爲朝祭之服可知。**當暑，袗絺綌，必表而出之。**袗，單也。葛之精者曰絺，粗者曰綌。表而出之，謂先著裏衣，表絺綌而出之於外，欲其不見體也。《詩》所謂「蒙彼縐絺」是也。**緇衣羔裘，素衣麑裘，黄衣狐裘。**麑，研奚反。○緇，黑色。羔裘，用黑羊皮。麑，鹿子，色白。狐，色黄。衣以裼裘，欲其相稱。**褻裘長。短右袂。**長，欲其温。短右袂，所以便作事。**必有寢衣，長一身有半。**長，去聲。○齊主于敬，不可解衣而寢，又不可著明衣而寢，故别有寢衣，其半蓋以覆足。**狐貉之厚以居。**狐貉，毛深温厚，私居取其適體。**去喪，無所不佩。**去，上聲。○君子無故，玉不去身。觿礪之屬，亦皆佩也。**非帷裳，必殺之。**殺，去聲。○朝祭之服，裳用正幅如帷，要有襞積，而旁無殺縫。其餘若深衣，要半下，齊倍要，則無襞積而有殺縫矣。**羔裘玄冠不以弔。**喪主素，吉主玄。弔必變服，所以哀死。**吉月，必朝服而朝。**吉月，月朔也。孔子在魯致仕時如此。○此一節，記孔子衣服之制。蘇氏曰：「此孔氏遺書，雜記曲禮，非特孔子事也。」

○齊，必有明衣，布。齊，側皆反。○齊，必沐浴，浴竟，即著明衣，所以明潔其體也，以布爲之。此下脱前章寢衣一簡。程子曰：「此錯簡，當在『齊必有明衣布』之下。」愚謂：如此則此條與明衣變食既得以類相從，而褻裘狐貉亦得以類相從矣。**齊，必變食，居必遷坐。**變食，謂不飲酒、不茹葷。遷坐，易常處也。○此一節，記孔子謹齊之事。楊氏曰：「齊所以交神，故致潔變常以盡敬。」

○食不厭精，膾不厭細。食，音嗣。○食，飯也。精，鑿也。牛羊與魚之腥，聶而切之爲膾。食精則能養人，膾麤則能害人。不厭，言以是爲善，非謂必欲如是也。**食饐而餲，魚餒而肉敗，不食。色**

惡，不食。臭惡，不食。失飪，不食。不時，不食。食饐之食，音嗣。饐，於冀反。餲，烏邁反。飪，而甚反。○饐，飯傷熱濕也。餲，味變也。魚爛曰餒。肉腐曰敗。色惡臭惡，味敗而色臭變也。飪，烹調生熟之節也。不時，五穀不成，果實未熟之類。此數者皆足以傷人，故不食。**割不正，不食。不得其醬，不食。**割肉不方正者不食，造次不離於正也。漢陸續之母，切肉未嘗不方，斷葱以寸爲度，蓋其質美，與此暗合也。食肉用醬，各有所宜，不得則不食，惡其不備也。此二者無害於人，但不以嗜味而苟食耳。**肉雖多，不使勝食氣。惟酒無量，不及亂。**食，音嗣。量，去聲。○食以穀爲主，故不使肉勝食氣。酒以爲人合歡，故不爲量，但以醉爲節而不及亂耳。程子曰：「不及亂者，非惟不使亂志，雖血氣亦不可使亂，但浹洽而已可也。」**沽酒市脯不食。**沽、市，皆買也。恐不精潔，或傷人也。與不嘗康子之藥同意。**不撤薑食。**薑，通神明，去穢惡，故不撤。**不多食。**適可而止，無貪心也。**祭於公，不宿肉。祭肉不出三日。出三日，不食之矣。**助祭於公，所得胙肉，歸即頒賜。不俟經宿者，不留神惠也。家之祭肉，則不過三日，皆以分賜。蓋過三日，則肉必敗，而人不食之，是褻鬼神之餘也。但比君所賜胙，可少緩耳。**食不語，寢不言。**答述曰語。自言曰言。范氏曰：「聖人存心不他，當食而食，當寢而寢，言語非其時也。」楊氏曰：「肺爲氣主而聲出焉，寢食則氣窒而不通，語言恐傷之也。」亦通。**雖疏食菜羹，瓜祭，必齊如也。**食，音嗣。陸氏曰：「《魯論》『瓜』作『必』。」○古人飲食，每種各出少許，置之豆間之地，以祭先代始爲飲食之人，不忘本也。齊，嚴敬貌。孔子雖薄物必祭，其祭必敬，聖人之誠也。○此一節，記孔子飲食之節。謝氏曰：「聖人飲食如此，非極口腹之欲，蓋養氣體，不以傷生，當如此。然聖人之所不食，窮口腹者或反食之，欲心勝而不暇擇也。」○胡氏曰：「亂者，内昏其心志，外喪其威儀，甚則所謂『淫亂之原皆在於酒』是也。聖人飲無定量，亦無亂態，蓋從心所欲而不踰矩，是以如此。學者未能然，則如晉元帝可也。帝初鎮江東，以酒廢事，王導以爲言，帝命酌，飲觴覆之，❶於此遂絶。」○黄氏曰：「飲食以養生，故欲其精。然亦能傷生，故惡其敗。至於失節逆禮縱欲敗德，無不致其謹焉。聖人一念之微，莫非天理，學者不可不戒也。」

○席不正，不坐。 謝氏曰：「聖人心安於正，故於位之不正者，雖小不處。」

○鄉人飲酒，杖者出，斯出矣。 杖者，老人也。六十杖於鄉，未出不敢先，既出不敢後。**鄉人儺，朝服而立於阼階。** 儺，乃多反。○儺，所以逐疫，《周禮》方相氏掌之。阼階，東階也。儺雖古禮而近於戲，亦必朝服而臨之者，無所不用其誠敬也。或曰：「恐其驚先祖五祀之神，欲其依己而安也。」○此一節，記孔子居鄉之事。

○問人於他邦，再拜而送之。 拜送使者，如親見之，敬也。**康子饋藥，拜而受之。曰：「丘未達，不敢嘗。」** 楊氏曰：「大夫有賜，拜而受之，禮也。未達不敢嘗，謹疾也。必告之，直也。」○此一節，記孔子與人交之誠意。

○廄焚。子退朝，曰：「傷人乎？」不問馬。 非不愛馬，然恐傷人之意多，故未暇問。蓋貴人賤

---

❶「飲」，據《晉書》當作「引」。

畜，理當如此。

○**君賜食，必正席先嘗之；君賜腥，必熟而薦之；君賜生，必畜之。**食恐或餕餘，故不以薦。正席先嘗，如對君也。言先嘗，則餘當以頒賜矣。腥，生肉。熟而薦之祖考，榮君賜也。畜之者，仁君之惠，無故不敢殺也。**侍食於君，君祭，先飯。**飯，扶晚反。○《周禮》：「王日一舉，膳夫授祭，品嘗食，王乃食。」故侍食者，君祭，則己不祭而先飯。若爲君嘗食然，不敢當客禮也。**疾，君視之，東首，加朝服，拖紳。**首，去聲。拖，徒我反。○東首，以受生氣也。病卧不能著衣束帶，又不可以褻服見君，故加朝服於身，又引大帶於上也。**君命召，不俟駕行矣。**急趨君命，行出而駕車隨之。○此一節，記孔子事君之禮。

○**入大廟，每事問。**重出。

○**朋友死，無所歸。曰：「於我殯。」**朋友以義合，死無所歸，不得不殯。**朋友之饋，雖車馬，非祭肉，不拜。**朋友有通財之義，故雖車馬之重不拜。祭肉則拜者，敬其祖考，同於己親也。○此一節，記孔子交朋友之義。

○**寢不尸，居不容。**尸，謂偃卧似死人也。居，居家。容，容儀。范氏曰：「寢不尸，非惡其類於死也。惰慢之氣不設於身體，雖舒布其四體，而亦未嘗肆耳。居不容，非惰也。但不若奉祭祀、見賓客而已，申申、夭夭是也。」**見齊衰者，雖狎，必變。見冕者與瞽者，雖褻，必以貌。**狎，謂素親狎。褻，謂燕見。貌，謂禮貌。餘見前篇。**凶服者式之，式負版者。**式，車前横木。有所敬，則俯而憑之。負版，持邦國圖籍者。式此二者，哀有喪，重民數也。人惟萬物之靈，而王者之所敬也，故《周禮》「獻民數於王，王拜受之」。况其下者，敢不敬乎？**有盛饌，必變色而作。**敬主人之禮，非以其饌也。**迅雷風烈，必變。**迅，疾也。烈，猛也。必變者，所以敬天之怒。《記》曰：「若有疾風、迅雷、甚雨則必變，雖夜必興，衣服冠而坐。」○此一節，記孔子容貌之變。

○升車，必正立執綏。綏，挽以上車之索也。范氏曰：「正立執綏，則心體無不正，而誠意肅恭矣。蓋君子莊敬無所不在，升車則見於此也。」**車中，不内顧，不疾言，不親指。**内顧，回視也。《禮》曰：「顧不過轂。」三者皆失容，且惑人。○此一節，記孔子升車之容。

○色斯舉矣，翔而後集。言鳥見人之顔色不善，則飛去，回翔審視而後下止。人之見幾而作，審擇所處，亦當如此。然此上下，必有闕文矣。○愚案：賈誼賦云：「鳳皇翔於千仞兮，覽德輝而下之。顧細德之險微兮，遂矰繳而去之。」其語蓋本諸此。**曰：「山梁雌雉，時哉！時哉！」子路共之，三嗅而作。**共，九用反，又居勇反。嗅，許又反。○邢氏曰：「梁，橋也。時哉，言雉之飲啄得其時。子路不達，以爲時物而共具之。孔子不食，三嗅其氣而起。」晁氏曰：「石經『嗅』作『戞』，謂雉鳴也。」劉聘君云：「嗅，當作『狊』，古闃反。張兩翅也。見《爾雅》。」愚案：如後兩説，則「共」字當爲拱執之義。然此必有闕文，不可强爲之説。姑記所聞，以俟知者。

論語集編卷第六

先進第十一

此篇多評弟子賢否。凡二十五章。胡氏曰：「此篇記閔子騫言行者四，而其一直稱閔子，疑閔氏門人所記也。」

子曰：「先進於禮樂，野人也；後進於禮樂，君子也。先進後進，猶言前輩後輩。野人，謂郊外之民。君子，謂賢士大夫也。程子曰：「先進於禮樂，文質得宜，今反謂之質樸，而以爲野人。後進之於禮樂，文過其質，今反謂之彬彬，而以爲君子。蓋周末文勝，故時人之言如此，不自知其過於文也。」**如用之，則吾從先進。」**用之，謂用禮樂。孔子既述時人之言，又自言其如此，蓋欲損過以就中也。○聖人窮而在下，禮樂固是從周。若達而在上，須更損益。○南軒曰：「文勝而過質，則於禮樂之實反有害，故聖人思反本，而有從先進之言。」程子曰：「若用於時，救文之弊，則吾從先進。小過之義也。」或曰：「然則從周之説奈何？蓋文莫備於周，大體固當從周，而其末流文勝之弊，則不可以不正也。從先進與從周，故各有義耳。」

○子曰：「從我於陳、蔡者，皆不及門也。」從，去聲。○孔子嘗厄於陳、蔡之間，弟子多從之者，此時皆不在門。故孔子思之，蓋不忘其相從於患難之中也。**德行：顏淵、閔子騫、冉伯牛、仲弓。言語：宰我、子貢。政事：冉有、季路。文學：子游、子夏。**行，去聲。○弟子因孔子之言，記此十人，而并目其所長，分爲四科。孔子教人各因其材，於此可見。○程子曰：「四科乃從夫子於陳、蔡者爾，門人之賢者固不止此。曾子傳道而不與焉，故知十哲，世俗論也。」○又曰：「孔子教人各因其材，有以言論入者，有以德行入者。」○或問：「四科之目，何也？」曰：「德行者，潛心體道，默契於爲國治民之事者也。文學者，學於《詩》、《書》、《禮》、《樂》之文，而能言其意者也。蓋夫子教人，使各因其所長以入於道，然其序則必以德行爲先。誠以躬行云云，其卒莫之能反者，則以其自暴自棄而已。」

○子曰：「回也非助我者也，於吾言無所不說。」説，音悦。○助我，若子夏之起予，因疑問而有以相長也。顏子於聖人之言，默識心通，無所疑問。故夫子云然，其辭若有憾焉，其實乃深喜之。○胡氏曰：「夫子之於回，豈真以助我望之。蓋聖人之謙德，又以深贊顏氏云爾。」

○子曰：「孝哉閔子騫！人不間於其父母昆弟之言。」間，去聲。○胡氏曰：「父母兄弟稱其孝友，人皆信之無異辭者，蓋孝友之實，有以積於中而著於外，故夫子歎而美之。」○《韓詩外傳》：「子騫蚤喪母，父娶後妻，生三子，疾惡子騫，以蘆花衣之。父察知之，欲逐後母，子騫啓曰：『母在一子寒，母去三子單。』父善之而止。母悔改之，後至均平，遂成慈母。」○以上言事難事之親。曾、閔以孝並稱於聖門，曾子之父晳亦幾難事者也，鋤瓜誤傷而撻以大杖，蓋可見矣。而曾子援琴而鼓，惟恐傷親之心也。斯其所以爲孝歟？然孔子「小杖則受，大杖則走」之言，尤人子所當知也。伯奇亦類此，韓文公《履霜操》曰：「兒罪當笞，逐兒何爲？」蓋得伯奇之心者。張子《西銘》曰：「勇於從而順令者，伯奇也。」其指尤深。爲人子者不幸而事難事之親，則於大舜、曾、閔、伯奇之事，可不勉而師之乎？

○**南容三復白圭，孔子以其兄之子妻之。**三、妻，並去聲。○《詩·大雅·抑》之篇曰：「白圭之玷，尚可磨也；斯言之玷，不可爲也。」南容一日三復此言，事見《家語》，蓋深有意於謹言也。此邦有道所以不廢，邦無道可以免禍，故孔子以兄子妻之。○范氏曰：「言者行之表，行者言之實，未有易其言而能謹於行者。南容欲謹其言如此，則必能謹其行矣。」

○**季康子問：「弟子孰爲好學？」孔子對曰：「有顏回者好學，不幸短命死矣！今也則亡。」**好，去聲。○范氏曰：「哀公、康子問同而對有詳略者，臣之告君，不可不盡；若康子者，必待其能問乃告之，此教誨之道也。」

○**顏淵死，顏路請子之車以爲之椁。**顏路，淵之父，名無繇。少孔子六歲，孔子始教而受學焉。椁，外棺也。請爲椁，欲賣車以買椁也。**子曰：「才不才，亦各言其子也。鯉也死，有棺而無椁。吾不徒行以爲之椁。以吾從大夫之後，不可徒行也。」**鯉，孔子之子伯魚也，先孔子卒。言鯉之才雖不及顏淵，然已與顏路以父視之，則皆子也。孔子時已致仕，尚從大夫之列，言後，謙辭。○胡氏曰：「孔子遇舊館人之喪，嘗脱驂以賻之矣。今乃不許顏路之請，何邪？葬可以無椁，驂可以脱而復求，大夫不可以徒行，命車不可以與人而鬻諸市也。且爲所識窮乏者得我，而勉强以副其意，豈誠心與直道哉？或者以爲君子行禮，視吾之有無而已。夫君子之用財，視義之可否，豈獨視有無而已哉？」

也。

〇**顔淵死。子曰："噫！天喪予！天喪予！"**喪，去聲。〇噫，傷痛聲。悼道無傳，若天喪己也。

〇**顔淵死，子哭之慟。從者曰："子慟矣。"**從，去聲。〇慟，哀過也。**曰："有慟乎？**哀傷之至，不自知也。**非夫人之爲慟而誰爲！"**夫，音扶。爲，去聲。〇夫人，謂顔淵。言其死可惜，哭之宜慟，非他人之比也。〇胡氏曰："痛惜之至，施當其可，皆情性之正也。"〇《史記》："回年二十九，髮盡白，蚤死。孔子哭之曰：『自我有回，門人益親。』"

〇**顔淵死，門人欲厚葬之，子曰："不可。"**喪具稱家之有無，貧而厚葬，不循禮也。故夫子止之。**門人厚葬之。**蓋顔路聽之。**子曰："回也視予猶父也，予不得視猶子也。非我也，夫二三子也。"**歎不得如葬鯉之得宜，以責門人也。

〇**季路問事鬼神。子曰："未能事人，焉能事鬼？"敢問死。曰："未知生，焉知死？"**焉，於虔反。〇問事鬼神，蓋求所以奉祭祀之意。而死者人之所必有，不可不知，皆切問也。然非誠敬足以事人，則必不能事神；非原始而知所以生，則必不能反終而知所以死。蓋幽明始終，初無二理，但學之有序，不可躐等，故夫子告之如此。〇程子曰："晝夜者，死生之道也。知生之道，則知死之道；盡事人之道，則盡事鬼之道。死生人鬼，一而二，二而一者也。或言夫子不告子路，不知此乃所以深告之也。"〇朱子又曰："事君親盡誠敬之心，即移此心以事鬼神，則『祭如在，祭神如神在』。人受天所賦，自然完具，無欠闕，須是得這道理無欠闕，到那死時，乃是生理已盡，亦安於分而無愧。"又曰："事人事鬼，以心言；知生知死，以理言。」又曰：「事人須是誠敬，事鬼亦要如此。事人，如『出則事公卿，入則事父兄』，事其所當事者。事鬼亦然，苟非其鬼而事之，則諂矣。」○問云云。曰：「若曰氣聚則生，氣散則死，纔説破，人便都理會得。然須知道人生有多少道理，自稟五常之性以來，所以『父子有親，君臣有義』，須至一一盡得這生底道理，則死底道理皆可知矣。張子所謂『存，吾順事；没，吾寧也』。」又曰：「鬼神自是難理會底，且就日用緊切處做工夫，將來自有見處。」

○閔子侍側，誾誾如也；子路，行行如也；冉有、子貢，侃侃如也。子樂。誾、侃，音義見前篇。行，胡浪反。樂，音洛。○行行，剛强之貌。子樂者，樂得英材而教育之。**「若由也，不得其死然。」**尹氏曰：「子路剛强，有不得其死之理，故因以戒之。其後子路卒死於衛孔悝之難。」洪氏曰：「《漢書》引此句，上有『曰』字。」或云：「上文『樂』字，即『曰』字之誤。」○或問：「誾誾、侃侃，於前篇之訓，其已通乎？」曰：「誾誾者，外和内剛，德氣深厚，所謂和悦而諍者也。侃侃，則和順不足，而剛直稍外見矣。前篇之訓，樂故侃侃；直而果，故行行。有諸中形於外，莫掩也。」○案：《鄉黨》注引許氏《説文》：「侃侃，剛直也；誾誾，和悦而諍。」或問：「二字之訓不同，《説文》爲得，何也？」曰：「太史公稱魯道之衰，洙泗之間，齗齗如也，亦作誾誾。説者以爲諍讓之意，而昔人亦有侃侃正色之語。蓋以音義求之，亦宜如此。《説文》之訓，所以爲得也。誾誾之爲中正，亦有未盡。衎衎而樂，自作衎，不作侃也。《後漢書》云：『誾誾衎衎，得禮之容。寢默抑心，非朝廷福。』其意亦以争辨剛直爲是而有此言也。侃字誤作『衎』爾。」○朱、張二先生誾、侃之訓不同，更當詳玩。○南軒曰：「孔悝被劫，子路死之，誠不可以不死，謂之不得其死，不可也。然其從孔悝，則有爲之死之理，始擇之不善也，則不幾不得其死乎？若比干則可謂得其死者矣。然則求生以害仁者，謂之不得其生可也。子路雖不得其死，而與是類固不可以同日而語矣。」○案《史記·仲由傳》：「初，衛靈公有寵姬曰南子。靈公太子蒯聵得過南子，懼誅出奔。及靈公卒，而欲立公子郢，郢不肯，曰：『亡人太子之子輒在。』於是衛立輒爲君，是爲出公。出公立十二年，其父蒯聵不得入。子路爲衛大夫孔悝之邑宰。蒯聵乃與孔悝作亂，謀入孔悝家，遂與其徒襲攻出公，奔魯，❶而蒯聵入立，是爲莊公。方孔悝作亂，子路在外，聞之而馳往。遇子羔出衛城門，謂子路曰：『出公去矣，而門已閉，子可還矣，毋輕受其禍。』子路曰：『食其食者不避其難。』子羔卒去。有使者入城，城門開，子路隨而入。造蒯聵，蒯聵與孔悝登臺。子路曰：『君焉用孔悝？請得而殺之。』蒯聵弗聽。於是子路欲燔臺，蒯聵懼，乃下石乞、壺黶攻子路，擊斷子路之纓。子路曰：『君子死而冠不免。』遂結纓而死。孔子聞衛亂，曰：『嗟乎，由死矣！』已而果死。」○問：「由之死，疑其甚不明於大義。豈有子之拒父如是之逆而可以仕之乎？」朱子曰：「然。仲由之死，誠未爲至當。然其誤不在致死之時，乃在於委質之始。」○又曰：「子路只見下一截，不見上一截。孔悝之事，他知是食焉不避其難，而不知食出公之食爲不當也。東坡嘗論及此矣。」問：「是初仕衛時便不是否？」曰：「然。」○問：「子路之死是否？」曰：「非是。輒如何主？豈可仕也！孔悝亦自是箇不好底人，子路但見得可仕於大夫，而不知輒之國非可仕之國。」問：「孔門弟子多仕於列國大夫，是何如？」曰：「當時仕進只有此一門，舍

---

❶「奔」上，《史記》重「出公」二字。

此無從可仕，所以顔、閔寧不仕耳。」○孔悝之難，未爲不是，只是當時仕孔悝時錯了，至此不得其死。衛君不正，冉有、子貢便能疑而問，知有思量，便不去仕他。若子路粗率，全不信聖人説話。「必也正名」，亦是教子路不要仕衛。他便説夫子之迂云云。

○魯人爲長府。長府，藏名。藏貨財曰府。爲，蓋改作之。**閔子騫曰：「仍舊貫，如之何？何必改作？」**仍，因也。貫，事也。王氏曰：「改作，勞民傷財。在於得已，則不如仍舊貫之善。」**子曰：「夫人不言，言必有中。」**夫，音扶。中，去聲。○言不妄發，發必當理，唯有德者能之。○南軒曰：「貨財之府無故改爲，得無示人以崇利聚斂之意乎？」○案：閔子言行見於《論語》惟四章，合而觀之，凡其躬至孝之行，辭不義之禄，氣和而正言，謹而確。此其所以亞於顔淵，與曾子並稱也歟？

○子曰：「由之瑟奚爲於丘之門？」程子曰：「言其聲之不和，與己不同也。」《家語》云：「子路鼓瑟，有北鄙殺伐之聲。」蓋其氣質剛勇，而不足於中和，故其發於聲者如此。**門人不敬子路。子曰：「由也升堂矣，未入於室也。」**門人以夫子之言，遂不敬子路，故夫子以升堂入室喻入道之次第，言子路之學已造乎正大高明之域，特未深入精微之奥耳，未可以一事之失而遽忽之也。○南軒曰：「以瑟爲言，蓋瑟之聲音，象其中之所存也。子路之氣稟偏於剛，雖其學之所至，氣質不爲不變，然於其所偏，終有化之未能盡者，在聖人之門爲有未和也。斯言所以警子路而進之。門人聞此，遂有不敬子路之意，蓋未知子路之所至，與夫聖人發言之意也，故復從而開曉之。夫自得其門而入，以至於升堂，其爲次序淺深亦已多矣，其於用力亦可謂至矣，獨未極夫閫奥之地耳。由室而言，在堂者則爲未至，所當勉以進也。由宮牆之外而望其升堂者，則不亦有間乎？聖人斯言，非特以發明子路，亦所以使門人知學之有序也。」

○子貢問：「師與商也孰賢？」子曰：「師也過，商也不及。」子張才高意廣，而好爲苟難，故常過中。子夏篤信謹守，而規模狹隘，故常不及。**曰：「然則師愈與？」**與，平聲。愈，猶勝也。**子曰：「過猶不及。」**道以中庸爲至。賢智之過，雖若勝於愚不肖之不及，然其失中則一也。○尹氏曰：「中庸之爲德也，其至矣乎！夫過與不及，均也。差之豪釐，繆以千里。故聖人之教，抑其過，引其不及，歸於中道而已。」○或問：「楊、墨之學，出於師、商，信乎？」曰：「胡氏論之當矣。其言曰：『楊朱，即莊周所謂楊子居者，與老聃同時。墨翟又在楊朱之前，宗師大禹，而晏嬰學之者也。以爲出於二子者，則其考之不詳甚矣。』」○愚案：賢者之過，愚不肖之不及，夫子蓋泛言之，非指子夏而言也。○南軒曰：「子張高明，故常開擴；子夏敦篤，故常收斂。開擴則未免有過，收斂則未免有不及。然二子之過不及甚微，特未得其中而已。夫子謂猶不及，過與不及未得其中則均也。今以《論語》所載二子言行觀之，其所爲過與不及，亦可得而見矣。」○案：下章「求退故進之，由兼人故退之」，朱子以爲一進一退，所以約之於義理之中，而使無過不及之患，亦是。

○季氏富於周公，而求也爲之聚斂而附益之。爲，去聲。○周公以王室至親，有大功，位冢宰，其富宜矣。季氏以諸侯之卿，而富過之，非攘奪其君，刻剥其民，何以得此？冉有爲季氏宰，又爲之急賦税以益其富。**子曰：「非吾徒也。小子鳴鼓而攻之，可也。」**非吾徒，絶之也。小子鳴鼓而攻之，使門人聲其罪以責之也。聖人之惡黨惡而害民也如此。然師嚴而友親，故已絶之，而猶使門人正之，又見其愛人之無已也。○范氏曰：「冉有以政事之才，施於季氏，故爲不善至於如此。由其心術不明，不能反求諸身，而以仕爲急故也。」○或問：「冉求學於夫子，於門弟中亦可謂明達者，今乃爲季氏聚斂，何邪？」曰：「冉求之失，不待於聚斂而後見，自其仕於季氏則已失之矣。蓋當是之時，達官重任皆爲公族之世官，其下則尺地一民，皆非國君之有，士惟不仕則已，仕則未有不仕於大夫者也。冉求豈亦習於衰世之風，而不自知其爲非與？然使之仕於季氏，而能勸之黜其强僭而忠於公室，則庶乎小貞之吉矣。今乃反爲之聚斂，使權臣愈强而公室愈不振，故孔子云云。蓋不自知其學之未至，而從仕爲士之常職，是以漸靡而至於此耳。」曰：「然則夫子曷爲不於其仕季氏焉責之也？」曰：「聖人以不仕爲無義，而猶望之爲小貞之吉也。」○南軒曰：「此哀公十年用田賦之事也，冉有時爲季氏宰。考左氏之《國語》，蓋嘗以此事訪於夫子，而卒莫之救。私門益以封殖，則公室益以削弱，此求之所以得罪於聖門爲深也。原求所以至此，蓋不能如閔子見幾而作，因循陵遲而不自知也。有志於學者亦鑒諸。」

○**柴也愚**，柴，孔子弟子，姓高，字子羔。愚者，知不足而厚有餘。《家語》記其「足不履影，啓蟄不殺，方長不折。執親之喪，泣血三年，未嘗見齒。避難而行，不徑不竇」，可以見其爲人矣。○《檀弓》記其二事。一曰：季子皐葬其妻，犯人之禾，申詳以告。曰：「請庚之。」子羔曰：「孟氏不以是罪予，朋友不以是棄予，以我爲邑長於斯也。買道而葬，後難繼也。」鄭氏曰：「恃寵虐民，非也。」其二曰：成人有其兄死而不爲衰者，聞子皐將爲成宰，遂爲衰。由前則未可謂知爲政之理，由後則有言之化焉。豈其學力之進有月異而歲不同者邪？**參也魯**，魯，鈍也。程子曰：「參也竟以魯得之。」又曰：「曾子之學，誠篤而已。聖門學者，聰明才辨，不爲不多，而卒傳其道，乃質魯之人爾。故學以誠實爲貴也。」尹氏曰：「曾子之才魯，故其學也確，所以能深造乎道也。」**師也辟**，辟，婢亦反。○辟，便辟也。謂習於容止，少誠實也。**由也喭**。喭，五旦反。○喭，粗俗也。傳稱喭者，謂俗論也。○楊氏曰：「四者性之偏，語之使知自勵也。」吳氏曰：「此章之首，脱『子曰』二字。」或疑下章「子曰」當在此章之首，而通爲一章。○胡氏曰：「曾子在孔門，當時以爲魯，學道宜難於他人。然子思之《中庸》，聖學所賴以傳者也，考其淵源，乃自曾子。由此觀之，聰明才智未必不害道，而剛毅木訥信乎於仁爲近矣。」○南軒曰：「曾子之魯，其爲學篤實，故卒能深造於道。」○此章乃聖人目曾子之辭，然必在「曰唯」之前，無疑也。

○子曰：「回也其庶乎，屢空。庶，近也，言近道也。屢空，數至空匱也。不以貧窶動心而求富，故屢至於空匱也。言其近道，又能安貧也。**賜不受命，而貨殖焉，億則屢中。」**中，去聲。○命，謂天命。貨殖，貨財生殖也。億，意度也。言子貢不如顏子之安貧樂道，然其才識之明，亦能料事而多中也。程子曰：「子貢之貨殖，非若後人之豐財，但此心未忘耳。然此亦子貢少時事，至聞性與天道，則不爲此矣。」○范氏曰：「屢空者，簞食瓢飲屢絶而不改其樂也。天下之物，豈有可動其中者哉？貧富在天，而子貢以貨殖爲心，則不能安受天命矣。其言而多中者，億而已，非窮理樂天者也。夫子嘗曰：『賜不幸言而中，是使賜多言也。』聖人之不貴言也如是。」○或問屢空之説。曰：「空爲匱乏，❶其説舊矣。何晏始以爲虚中受

---

❶「乏」，原誤作「今」，今據《四書或問》卷十六《論語・先進第十一》改。

道，蓋出老、莊之説，非聖人本意也。胡氏亦論之曰：『以屢空爲虚中受道，聖人之言未嘗如是之僻而晦也，屢而有間，是頻復矣。方其不空之時，與庸人亦奚遠哉？』此得之矣。且下文以子貢貨殖方之，尤見舊説之不易也。」

○**子張問善人之道。子曰：「不踐迹，亦不入於室。」**善人，質美而未學者也。程子曰：「踐迹，如言循途守轍。善人雖不必踐舊迹而自不爲惡，然亦不能入聖人之室也。」○張子曰：「善人欲仁而未志於學者也。欲仁，故雖不踐成法，亦不蹈於惡，有諸己也。由不學，故無自而入聖人之室也。」○或謂善人者，未能有諸己乎？南軒曰：「不能有之，則安得善？然所謂有諸己者，蓋亦有淺深，善人謂其不能有諸己則不可，然謂其盡夫有諸己之道，則亦未也。」

○**子曰：「論篤是與，君子者乎？色莊者乎？」**與，如字。○言但以其言論篤實而與之，則未知其爲君子者乎？爲色莊者乎？言不可以言貌取人也。

○**子路問：「聞斯行諸？」子曰：「有父兄在，如之何其聞斯行之？」冉有問：「聞斯行諸？」子曰：「聞斯行之。」公西華曰：「由也問聞斯行諸，子曰『有父兄在』；求也問聞斯行諸，子曰『聞斯行之』。赤也惑，敢問。」子曰：「求也退，故進之；由也兼人，故退之。」**兼人，謂勝人也。張敬夫曰：「聞義固當勇爲，然有父兄在，則有不可得而專者。若不稟命而行，則反傷於義矣。子路有聞，未之能行，唯恐有聞。則於所當爲，不患其不能爲矣，特恐爲之之意或過，而於所當稟命者有闕耳。若冉求之資稟失之弱，不患其不稟命也，患其於所當爲者逡巡畏縮，而爲之不勇耳。聖人一進之，一退之，所以約之於義理之中，而使之無過不及之患也。」

○子畏於匡，顔淵後。子曰：「吾以女爲死矣。」曰：「子在，回何敢死？」女，音汝。○後，謂相失在後。何敢死，謂不赴鬭而必死也。胡氏曰：「先王之制，民生於三，事之如一。惟其所在，則致死焉。況顔淵之於孔子，恩義兼盡，又非他人之爲師弟子者而已。即孔子不幸而遇難，回必捐生以赴之矣。捐生以赴之，幸而不死，則必上告天子，下告方伯，請討以復讎，不但已也。夫子而在，則回何爲而不愛其死，以犯匡人之鋒乎？」○或問：「顔回親在，不得爲夫子死者，如何？」曰：「胡氏曰：『程子嘗言之矣。閭巷之人，辭親遠適，則同患難有相死之理，況弟子之於師乎？當預行而先斷，不可臨事而始謀也。』」

○季子然問：「仲由、冉求可謂大臣與？」與，平聲。○子然，季氏子弟。自多其家得臣二子，故問之。子曰：「吾以子爲異之問，曾由與求之問。異，非常也。曾，猶乃也。輕二子以抑季然也。所謂大臣者：以道事君，不可則止。以道事君者，不從君之欲。不可則止者，必行己之志。○南軒曰：「大臣：不枉道以徇人，其不合則有去而已。由、求爲季氏之臣，坐觀其失而不能去，豈尸祿備數而已，故曰具臣。然則從之者與？季子意其不能止，則當無不從也。方是時，季氏無君之心已著矣，謂『弑父與君，亦不從』者，非惟言由、求所長，抑可使之聞而懼也。」或曰：「此何必由、求而後能之？曾不知順從之臣，其始也惟利害之是徇而已，履霜堅冰之不戒，馴習蹉跌，以至於從人而弑君父者多矣。如荀彧、劉穆之之徒，其始從曹操、劉裕之時，亦豈遽欲弑父與君哉？惟其漸浸順長，而勢卒至此耳。」○《衍義》曰：「道者，正理也。大臣以正理事君，君之所行有不合正理者，必規之拂之，不苟從也。道有不合則去之，不苟留也。」或謂：「不合則去，毋乃非事君之意乎？」曰：「此所以爲愛君也。君臣之交以道合，非利之也。道不合不去，則有苟焉。徇利之志，是使君輕視其臣，謂可以利籠絡之也。君而輕視其臣，何所不至？惟大臣者能以道爲去就，則足以起其君畏敬之心，敬畏之心存而後能適道。愚故謂不合而去，乃所以爲愛君也。」**今由與求也，可謂具臣矣。」**具臣，謂備臣數而已。**曰：「然則從之者與？」**與，平聲。○意二子既非大臣，則從季氏之所爲而已。**子曰：「弑父與君，亦不從也。」**言二子雖不足於大臣之道，然君臣之義則聞之熟矣，弑逆大故必不從之。蓋深許二子以死難不可奪之節，而又以陰折季氏不臣之心也。○尹氏曰：「季氏專權僭竊，二子仕其家而不能正也，知其不可而不能止也，可謂具臣矣。是時季氏已有無君之心，故自多其得人。意其可使從己也，故曰弑父與君亦不從也，其庶乎二子可免矣。」

○子路使子羔爲費宰。子路爲季氏宰而舉之也。**子曰：「賊夫人之子。」**夫，音扶，下同。○賊，害也。言子羔質美而未學，遽使治民，適以害之。**子路曰：「有民人焉，有社稷焉，何必讀書，然後爲學？」**言治民事神，皆所以爲學。**子曰：「是故惡夫佞者。」**惡，去聲。○治民事神，固學者事，然必學之已成，然後可仕以行其學。若初未嘗學，而使之即仕以爲學，其不至於慢神而虐民者幾希矣。子路之言，非其本意，但理屈辭窮，而取辨於口以禦人耳。故夫子不斥其非，而特惡其佞也。○范氏曰：「古者學而後入政，未聞以政學者也。蓋道之本在於修身，而後及於治人，其說具於方册。讀而知之，然後能行。何可以不讀書也？子路乃欲使子羔以政爲學，失先後本末之序矣。不知其過而以口給禦人，故夫子惡其佞也。」○南軒曰：「子羔學未充而遽使爲宰，其本不立，而置於事物酬酢之地，將反戕賊其心矣。夫民人社稷固無非學，而學固不獨在書籍之間。然學必貴於讀書者，以夫多識前言往行，古之人所以蓄德者實有賴乎是。德立於己，而後可以言無適而非學也。至於上聖生知之流，宜莫待乎讀書矣，而夫子每以好古爲言，蓋聖雖生知，而亦必由是以成之也。如子路之言，將使學者以聰明爲可恃，而無復敦篤潛泳之功，其甚至於廢古而任意，爲弊有不可勝言者，故夫子責之之深也。」○案：范氏引學而後入政云云，出《左氏傳》。鄭子皮欲使尹何爲邑，子產曰：「少，未知可否。」子皮曰：「使夫往而學焉。」子產曰：「不可，子有美錦，不使人學製焉。大官大邑，身之所庇也，而使學者製焉，其爲美錦不亦多乎？僑聞學而後入政，未聞以政學也。若果行此，必有所害。譬如田獵，射御貫則能獲禽，若未能登車射御，則敗績壓覆是懼，何暇思獲？」子皮曰：「善哉。」子產之言與此章頗類，故附焉。

○子路、曾皙、冉有、公西華侍坐。坐，財卧反。○皙，曾參父，名點。**子曰：「以吾一日長乎爾，毋吾以也。**長，上聲。○言我雖年少長於女，然女勿以我長而難言。蓋誘之盡言以觀其志，而聖人和氣謙德，於此亦可見矣。**居則曰：『不吾知也！』如或知爾，則何以哉？」**言女平居，則言人不知我。如或有人知女，則女將何以爲用也？**子路率爾而對曰：「千乘之國，攝乎大國之間，加之以師旅，因之以饑饉；由也爲之，比及三年，可使有勇，且知方也。」夫子哂之。**乘，去聲。饑，音機。饉，音僅。比，必二反，下同。哂，詩忍反。○率爾，輕遽之貌。方，向也，謂向義也。民向義，則能親其上，死其長矣。哂，微笑也。**「求！爾何如？」對曰：「方六七十，如五六十，求也爲之，比及三年，可使足民。如其禮樂，以俟君子。」「赤！爾何如？」對曰：「非曰能之，願學焉。宗廟之事，**

如會同，端章甫，願爲小相焉。」相，去聲。○宗廟之事，謂祭祀。諸侯時見曰會，衆覜曰同。端，玄端服。章甫，禮冠。相，贊君之禮者。「點！爾何如？」鼓瑟希，鏗爾，舍瑟而作。對曰：「異乎三子者之撰。」子曰：「何傷乎？亦各言其志也。」曰：「莫春者，春服既成。冠者五六人，童子六七人，浴乎沂，風乎舞雩，詠而歸。」夫子喟然歎曰：「吾與點也！」鏗，苦耕反。舍，上聲。撰，士免反。莫、冠，並去聲。沂，魚依反。雩，音于。○曾點之學，蓋有以見夫人欲盡處，天理流行，隨處充滿，無少欠闕。故其動静之際，從容如此。而其言志，則又不過即其所居之位，樂其日用之常，初無舍己爲人之意。而其胷悠然，直與天地萬物上下同流，各得其所之妙，隱然自見於言外。視三子之規規於事爲之末者，其氣象不侔矣，故夫子歎息而深許之。三子者出，曾皙後。曾皙曰：「夫三子者之言何如？」子曰：「亦各言其志也已矣。」夫，音扶。曰：「夫子何哂由也？」曰：「爲國以禮，其言不讓，是故哂之。」「唯求則非邦也與？」「安見方六七十如五六十而非邦也者？」「唯赤則非邦也與？」「宗廟會同，非諸侯而何？赤也爲之小，孰能爲之大？」程子曰：「古之學者，優柔厭飫，有先後之序。如子路、冉有、公西赤言志如此，夫子許之。亦以此自是實事。後之學者好高，如人游心千里之外，然自身却只在此。」又曰：「孔子與點，蓋與聖人之志同，便是堯舜氣象也。誠異三子者之撰，特行有不掩焉爾，此所謂狂也。子路等所見者小，子路只爲不達爲國以禮道理，是以哂之。若達，却便是這氣象也。」又曰：「三子皆欲得國而治之，故孔子不取。曾點，狂者也，未必能爲聖人之事，而能知夫子之志。故曰『浴乎沂，風乎舞雩，詠而歸』，言樂而得其所也。孔子之志，在於『老者安之，朋友信之，少者懷之』，使萬物莫不遂其性。曾點知之，故夫子喟然歎曰『吾與點也』。」又曰：「曾點、漆雕開，已見大意。」〇《集義》謝氏論佛學之失，曰：「爲他不窮天理，只將拈匙把筯日用底便承當做大事，任意縱横將來作用，便是差處，便是私處。」問：「作用何故是私？」曰：「把來作用做弄，便是做兩般看，當了是將此事横在肚裏，一如子路、冉有相似，便被他曾點將冷眼看，他只管獨對春風吟詠，肚裏渾没些能解，豈不快活。」又問：「堯、舜、湯、武做底事業，豈不是作用？」曰：「他做底事業只是與天理合一，幾曾做作横在肚裏？他見做出許多掀天動地蓋世底功業，如太空中一點露相似，他做把甚麽？」又引吕氏詩云：「函丈從容問且酬，展才無不志諸侯。可憐曾點惟鳴瑟，獨對春風詠不休。」謝氏之説，《集注》不取，今附此。〇或問：「夫子何以與點也？」曰：「方三子之競言所志也，點獨鼓瑟於其間，漠然若無所聞者，及夫子問之，然後瑟音少間，乃徐舍瑟而起對焉，而悠然遜避，若終不肯見所爲者。及夫子慰而安之，然後不得已而發其言焉。而其志之所存，又未嘗少出其位，蓋澹然若將終身焉者，此夫子所以與之也。」曰：「何以言其與天地萬物各得其所也？」曰：「夫莫春之日，生物暢茂之時也。春服既成，人體和適之候也。冠者五六人，童子六七人，長少有序而和也。沂上舞雩，魯國之勝處也。既浴而風，又詠而歸，樂而得其所也。夫以所居之位而言，其樂止於一身，然以其心論之，則固藹然天地生萬物之心，聖人對時育物之事也，夫又安有物我内外之間哉？程子以爲與聖人之志同，便是堯舜氣象，正謂此耳。」或曰：「曾晳胷中無一豪能事，列子御風之事近之，其説然乎？」曰：「聖賢之心所以異於佛老者，正以無意、必、固、我之累，而所謂天地生物之心、對時育物之事者，未始一息而停也。若但曰曠然無所倚著，而不察乎此，則亦何以異於虚無寂滅之學，而豈聖人之事哉？」〇曾點之志，如鳳皇翔於千仞之上，故曰異乎三子者之撰。○只看他「鼓瑟希，鏗爾，舍瑟而作」，從容優裕，悠然自得處，無不是這箇道理。○人之一身便是天地，只緣人欲隔了，自看此理意思不見，曾點却超然看破這意思。○曾點於道見其遠者大者，而視其近與小者皆不足爲，故其言超然無一豪作爲之意，惟欲樂其所樂以終身焉耳。○先生令門人説曾點之志，門人以爲只是樂其性分而已。日用間見得天理流行，纔著一豪私意去安排，便不得。曰：「不是不要著私意去安排，這道理自是天生自然，私意自著不得，更待誰去安排？與聖人安老懷少信友朋底意思相似。惟曾點見得到這裏，聖人便做得到這裏。」○「人只見説曾點狂，看夫子特與云云之意，須是大段高。緣他資質明敏，洞然自得見斯道之體，看天下甚麽事能動得他！他大綱如莊子。明道先生亦稱莊子云：『有大底意思。』又云：『莊生形容道體，儘有好處。』曾點見得大意，然裏面工夫却踈略。明道亦云：『莊子無禮無本。』」○問：「曾點浴沂氣象，與顏子樂底意思相近否？」曰：「顏子恬静，無許多事。曾點是自恁地説，顏子是孔子稱他樂，他不曾自説樂。」○問：「吾與點處，程子謂『便是堯舜氣象』，如何？」曰：「曾點却只是見得，未必能做堯舜事。看其見到處，直有堯舜氣象。如莊子亦見得堯舜分曉。」或問天王之用心何如，便説到：❶「『天德而出寧，日月照而四時行，若晝夜之有經，雲行而雨施。』以是知他見得堯舜氣象出。曾皙見識儘高，見得此理洞然，只是未曾下得工夫。點、參父子正相反。以點如此高明，參却魯鈍，一向低頭推將去，直到一貫，方始透徹。是時見識方到曾點地位，然而規模氣象又别。」○此一段唯上蔡見分曉。三子只

❶「到」，原誤作「得」，據《朱子語類》卷四十《論語》二十二《先進篇》下改。

就事上見得此道理，曾點只去自己心性上見得箇本原道理。使曾點做三子事，未必做得，然曾點見處，雖堯舜事業亦不過如此爲之而已。○諸子皆有安排期必之意，曾點只以平日所樂處言之。○曾點見得道理大，所以堯舜事業優爲之，視三子規規於事爲之末，固有間矣。是他見得聖人氣象如此，雖超然事物之外，而實不離乎事物之中，是箇無事無爲底道理，却做有事有爲底事業，此所謂「大本所謂忠、所謂一」者是也。點操得柄欛，據著原頭，諸子則從支流上做工夫。諸子底小，他底大。○曾點言志云云，蓋其見道分明，無所係累，從容和樂，欲與萬物各得其所之意，莫不藹然見於辭氣之間。明道謂「與聖人之志同，便是堯舜氣象」者，直指此而言之也。○嚴時亨問：「曾點一章，夫子既語以『居則曰不吾知也，如或知爾，則何以哉』，正是使之盡言一旦進用，何以自見。及三子自述其才之所能堪，志之所欲爲，夫子皆不許之，而獨與曾點。看來三子所言皆是實事，曾點雖答言志之問，實未嘗言其志之所欲爲，有似逍遥物外，不屑當世之務者，而聖人與此不與彼，何也？嘗因是而思之，學與爲治，本來只是一統事，他日之所用，不外乎今日之所存，三子却分作兩截看。如治軍旅、治財賦、治禮樂，與凡天下之事，皆學者所當理會，無一件是少得底。然須先理會自家身心，使自得無欲，常常神清氣定，涵養直到清明在躬、志氣如神，則天下無不可爲之事，程子所謂『不得以天下事物撓己，己立然後自能了當得天下事物』者是矣。夫子嘗因孟武伯之問而言由可使治賦，求可使爲宰，赤可與賓客言，固已深知其才之所能辦，而獨不許其仁。夫仁者，體無不具，用無不該，豈但止於一才一藝而已？使三子不自安於所已能，孜孜惟求仁是務，而好之、樂之，則何暇規規於事爲之末？緣他有這能，縱横在胷中，常恐無以自見，故必欲得國而治之，一旦夫子之問有以觸其機，即各述所能。凡聖門平日所與講切自身受用處，全不之及，將爲學、爲治作兩截看了，所以氣象不宏，事業不能到得至處。如曾點浴沂風雩，自得其樂，却與夫子『飯疏食，飲水，樂在其中』、顏子『陋巷簞瓢，不改其樂』襟懷相似。大抵士之未用，須知舉天下之物不足以易吾天理自然之安，方是本分學者。曾點言志，乃是素其位而行不願乎其外，無入而不自得者，故程子以爲樂而得其所也。孟子謂：『廣土衆民，君子欲之，所樂不存焉。中天下而立，定四海之民，君子樂之，所性不存焉。君子所性，雖大行不加焉，雖窮居不損焉，分定故也。』孟子所謂『所性』，即孔子、顏子、曾點之『所樂』，顏子惟所樂如此，故夫子以四代禮樂許之。浴沂風雩，識者所以知堯舜事業，曾點優爲之也。如子路食於孔悝，求也爲季氏聚斂，後來成就止於如此，只爲他不知平日所養，便是建功立業之本，未到無入不自得處。夫子之不與，其有以知之矣。所見如此，不背馳否？」朱子答曰：「此段説得極有本末，學者立志，要當如此。然其用力却有次第，已爲希遜言之矣。」○案先生答歐陽希遜云：「學者當循下學上達之序，若一向求曾晳見解，未有不流於釋老者也。」○南軒曰：「三子之對，非偶然而言，蓋體察其力之所至而言其實也。言三年而可使如此者，其先後條貫素定於胷中，而知其然也。向使用力不素，驟聞聖人之問，非茫乎無所措，則泛然肆其説矣。至於曾晳則又異乎是。其鼓瑟舍瑟之間，已可見其從容不迫之意矣。言莫春之時，與數子浴沂風雩吟詠而歸，蓋其中心和樂，無所係累，油然欲與萬物各得其所。玩味辭氣，温乎如春陽之無不被也，故程子以爲此即是堯舜氣象，而亦夫子老安少懷之意也。晳之志若此，非其見道之明，涵泳有素，其能然乎？然而未免於行有不掩焉，則以其於顏氏工夫有所未盡耳。」○黄氏曰：「觀夫子逝如斯之言，欲無言之意，是亦歎曾點之意也。」又曰：「夫子以是與點矣，獨不以是教人，何也？」曰：「夫子未嘗不以是教門人也。誨之以務内，語之以求仁，無非使之存此心之天理也。」又曰：「晳之不免爲狂，何也？」曰：「天下之理固根於人心，亦未嘗不形見於事物。爲學之方固當存養其德性，而亦不可不省察乎實行。夫是以精粗不遺而表裏相應，内外交養而動静如一，然後可以爲聖學之極功。點之質甚高，志甚大，然深厚沈潛醇實中正之意有未足，則見高而遺卑，見大而略小，此所以不及乎顔、曾也。」

顔淵第十二凡二十四章。

顔淵問仁。子曰：「克己復禮爲仁。一日克己復禮，天下歸仁焉。爲仁由己，而由人乎哉？」仁者，本心之全德。克，勝也。己，謂身之私欲也。復，反也。禮者，天理之節文也。爲仁者，所以全其心之德也。蓋心之全德，莫非天理，而亦不能不壞於人欲。故爲仁者必有以勝私欲而復於禮，則事皆天理，而本心之德復全於我矣。歸，猶與也。又言一日克己復禮，則天下之人皆與其仁，極言其效之甚速而至大也。又言爲仁由己而非他人所能預，又見其機之在我而無難也。日日克之，不以爲難，則私欲净盡，天理流行，而仁不可勝用矣。程子曰：「非禮處便是私意，既是私意，如何得仁？須是克盡己私，皆歸於禮，方始是仁。」又曰：「克己復禮，則事事皆仁，故曰天下歸仁。」謝氏曰：「克己須從性偏難克處克將去。」**顔淵曰：「請問其目。」子曰：「非禮勿視，非禮勿聽，非禮勿言，非禮勿動。」顔淵曰：「回雖不敏，請事斯語矣。」**目，條件也。顔淵聞夫子之言，則於天理人欲之際，已判然矣，故不復有所疑問，而直請其條目也。非禮者，己之私也。勿者，禁止之辭。是人心之所以爲主，而勝私復禮之機也。私勝，則動容周旋無不中禮，而日用之間，莫非天理之流行矣。事，如事事之事。請事斯語，顏子默識其理，又自知其力有以勝之，故直以爲己任而不疑也。○程子曰：「顏淵問克己復禮之目，子曰『非禮勿視，非禮勿聽，非禮勿言，非禮勿動』，四者身之用也。由乎中而應乎外，制於外所以養其中也。顏淵事斯語，所以進於聖人。後之學聖人者，宜服膺而勿失也。因箴以自警。」其《視箴》曰：「心兮本虛，應物無迹。操之有要，視爲之則。蔽交於前，其中則遷。制之於外，以安其内。克己復禮，久而誠矣。」其《聽箴》曰：「人有秉彝，本乎天性。知誘物化，遂亡其正。卓彼先覺，知止有定。閑邪存誠，非禮勿聽。」其《言箴》曰：「人心之動，因言以宣。發禁躁妄，内斯静專。矧是樞機，興戎出好。吉凶榮辱，惟其所召。傷易則誕，傷煩則支，己肆物忤，出悖來違。非法不道，欽哉訓辭。」其《動箴》曰：「哲人知幾，誠之於思；志士勵行，守之於爲。順理則裕，從欲惟危；造次克念，戰兢自持。習與性成，聖賢同歸。」愚案：此章問答，乃傳授心法切要之言。非至明不能察其幾，非至健不能致其決。故惟顏子得聞之，而凡學者亦不可不勉也。程子之箴，發明親切，學者尤宜深玩。○或問：「顏淵問仁，而夫子告之以此，何也？」曰：「人受天地之中以生，而仁、義、禮、智之性具於其心。仁雖專主於愛，而實爲心體之全德；禮則專主於敬，而實天理之節文也。然人有是身，則耳目口體之間，不能無私欲之累，以違於禮而害夫仁，則自其一身莫適爲主，而事物之間顛倒錯繆，蓋無所不至矣。此聖門之學所以汲汲於求仁，而顏子之問，夫子特以克己復禮告之，蓋欲其克去有己之私欲，而復於天理之本然，則夫本心之全德，將不離乎此而無不盡也。然人特患於不爲耳，誠能一旦用力於此，則本心之全德在我，而天理之至善無不由是而出，天下雖大，亦孰有不求其仁者乎？然己者，人欲之私也。禮者，天理之公也。一心之中，二者不容並立，而其相去之間，不能以豪髮，出乎此則入乎彼，出乎彼則入乎此矣。是其克與不克，復與不復，如手反復，如臂屈伸，誠欲爲之，其機固亦在我而已，夫豈他人之所得與哉！顔子之質，幾於聖人，故其問仁，夫子告之，獨爲要切而詳盡耳。」曰：「然則顔子請問其目，而夫子告以四勿之云，何也？」曰：「顔子聞夫子克己復禮之言，蓋已洞然默識仁之爲體矣。然夫子所謂克己復禮者，必有條目而後可以從事於其間也，故復問以審之，而夫子以此告之也。蓋禮爲天理之節文，而其用無所不在，以身而言，則視聽言動四者，足以該之矣。四者之間，由粗而精，由小而大，所當爲者皆禮也，所不當爲者皆非禮也。禮即天之理也，非禮則己之私也，於是四者謹而察之，知其非禮，而勿以止焉，則是克己之私，而復於禮矣。且非禮而勿視聽者，防其自外入而動於内者也；非禮而勿言動者，謹其自内出而接於外者也。内外交進，爲仁之功不遺餘力矣。顔子於是請事斯語而力行之，所以三月不違，而卒進於聖人之域也。然熟味聖言，以求顔子之所用力，其機特在勿與不勿之間而已。自是而反，則爲天理，自是而流，則爲人欲，自是而克念則爲聖，自是而罔念則爲狂。特豪忽之間耳，學者可不謹其所擇哉？顔子平生只是受用『克己復禮』四箇字。」○顔子克己，如紅爐上一點雪。○克己，如誓不與賊俱生。克、伐、怨、欲不行，如薄伐玁狁至于太原，逐出境而已。○或曰：「克己，是勝己之私之謂克否？」曰：「然。」○或問：「克己之私有三：氣稟、物欲、人我是也。不知那箇是夫子所指者？」曰：「三者皆在裏。然非禮而視、聽、言、動，則耳、目、口、體之欲較多。」○又問：「克者，勝也。不如以克訓治較穩。」先生曰：「治字緩。只減得一二分也是治。」○聖人所以下箇「克」字，譬如相殺相似，定要克勝了方住。○禮是自家本有底，所以説箇「復」，不是待克了己，方去復禮。克得那一分人欲去，便復得這一分天理來；克那二分己私去，便復得二分禮來。○問：「『克己復禮』，疑要克己後便已是仁，不知其禮還又是一事工夫否？」曰：「己與禮對立。克去己後，必復於禮，然後爲仁。若克去己私便無一事，則克之後，須落空去也。如坐當如尸，立如齋，此禮也。坐如箕踞，立如跛倚，此己私也。克去己私，則不容箕踞而跛倚，然必如尸如齋，方合禮。」○問：「《克齋記》云：『克己者，所以復禮，非克己之外，別有所謂復禮之功。』如何？」先生曰：「便是當初說得太快了。明道先生謂『克己則私心去，自能復禮』，便是實了。」問：「一日克己復禮，如何天下便歸仁？」曰：「若真能一日克己復禮，則天下有歸仁之理。這處亦如『在家無怨，在邦無怨』意思。『在家無怨』，一家歸其仁；『在邦無怨』，一邦歸其仁。告仲弓者，止於邦家。顏子則以其極者告之。」○問：「所以謂之禮而不謂之理者，莫是禮便有準則，有著實處否？」先生曰：「只說理恐虛了。這箇禮是那天理節文，教人有準則處。」又曰：「惟其使此『禮』字，便有檢束之意，若只說天理，便泛了。」又曰：「所以頓著這『禮』字時，便有規矩準繩可見，故非禮勿視。《說文》謂『勿』字似旗脚。❶此旗一麾，三軍盡退，工夫只在『勿』上。才見非禮來，則以『勿』字禁止之；才禁止，便克去；才克去，便能復禮。」○問：「非禮勿視、聽、言、動，看來都在視上。」先生曰：「所以不可行者，却無復禮一段事。既克己，若不復禮，如何得？」○問：「聖人言仁處，如『克己復禮』一句，最是得仁之全體？」「何嘗見有半體仁，但『克己復禮』一句，猶親切。」○問：「《集注》謂天下皆與其仁，後却載伊川語謂『事事皆仁』，恰似兩般，如何？」曰：「惟其

---

❶「謂勿字」三字，原缺，今據《朱子語類》卷四十一《論語》二十三《顏淵篇》上補。

『事事皆仁』，所以『天下歸仁』。」○問事事皆仁。曰：「人能克己，則日間所行事皆無私意而合天理耳。」○問：「謝氏說：『克己，須從性偏難克處克將去。』此性是氣質之性否？」曰：「然。然亦無難易。凡氣質之偏處，皆須從頭克去。」○問：「程子謂『制之於外以安其內』，却似與『克、伐、怨、欲不行』底相似。」先生曰：「克己工夫，其初如何便會自然也，須禁制始得。到養得熟後，便私意漸漸消磨去。今人須要簡易處做，却不知若不自難處入，如何到得易處！」○問：「視聽之間，或明知其不當視而自接乎目，明知其不當聽而自接乎耳，奈何？」曰：「視與見不同，聽與聞不同，如非禮之色自過目，自家不可有要視之之心；非禮之聲自過耳，自家不可有要聽之之心。然這處是難，古人於此亦有以禦之，如云『姦聲亂色，不留聰明；淫樂慝禮，不接心術』。」○《動箴》云云。曰：「思是動於內，爲是動於外。蓋思於內不可不誠，爲於外不可不守。然專誠於思而不守於爲，不可；專守於爲而不誠於思，亦不可。」○思是動之微，爲是動之著。○克己復禮爲仁，是做得這工夫到這地位，便是仁。上蔡却說知仁、識仁終有病。○問：「《或問》中論《克己銘》之非，如何？」曰：「『克己』之『克』，未是對人物言。呂與叔遂謂『己既不立，物相並觀』，則雖天下之大，莫不在吾仁之中，說得來恁地大，故人皆喜其快。殊不知未是如此。」曰：「克己復禮與下文克己之目全不干涉，此只似自修之事，未道視外面在。」先生曰：「須是恁地思之，且道視、聽、言、動，干人甚事！」○問天下歸仁。先生曰：「克己復禮則事事皆是，天下之人聞之、見之，莫不皆與其爲仁也。」又曰：「有幾處被前輩說得來大，今收拾不得。謂如『君子所過者化』，本只言君子所居而人自化；『所存者神』，本只言所存主處便神妙。橫渠却云『性性爲能存神，物物爲能過化』，上蔡便道『惟其所存者神，是以所過者化』，此等言語，人皆爛熟，以爲必須如此説，才不如此説，便不快意矣。」○游定夫以「克己復禮」與佛理一般，只存想此道理而已。若只想像言克復，則與下截非禮勿視四句有何干涉？○《克齋記》曰：「性情之德無所不備，而一言足以盡其妙，曰『仁』而已。所以求仁者蓋亦多術，而一言足以舉其要，曰『克己復禮』而已。蓋仁也者，天地生物之心，而人之所得以爲心者也。惟其得夫天地生物之心以爲心，是以未發之前，四德具焉，曰仁、義、禮、智，而仁無不統；已發之際，四端著焉，曰惻隱、羞惡、辭讓、是非，而惻隱之心無所不通。此仁之體用所以涵育渾全，周流貫徹，專一心之妙而爲衆善之長也。然人有是身，則耳目鼻口四肢之欲或不能無害夫仁，而不仁者則其所以滅天理、窮人欲者，將無所不至。此君子之學所以汲汲於求仁，而求仁之要，亦曰務其去所以害仁者而已。蓋非禮而視，人欲之害仁也；非禮而聽，人欲之害仁也；非禮而言且動焉，人欲之害仁也。知人欲之所以害仁者在是，於是乎有以拔其本、塞其原，克之克之而又克之，以至於一旦豁然欲盡而理純，則其胷中之所存者，豈不粹然天地生物之心，而藹乎其若春陽之温哉！默而成之，固無一理之不具，而無一物之不該也。感而通焉，則無事不得於理，而無物之不被其愛矣。」又曰：「克復之云，雖若各爲一事，其實天理人欲相爲消長，故克己者，乃所以復禮，而非克己之外別有復禮之功也。」○南軒曰：「克盡己私，一由於禮，斯爲仁矣。禮者，天則之不可踰也，其本在於篤敬，而發於三千三百之目，皆禮也。『克己復禮』者，此言克己之至也。『天下歸仁』者，無一物之不體，無一事之不該也。」○愚案：《集注》以「天下歸仁」爲「天下之人皆與其仁」，學者蓋多疑之，若《克齋記》所云「默而成之，固無一理之不具，而無一物之不該。感而通焉，則無事之不得於理，而無物之不被其愛」爲得體用之全，「克之又克之」一句，亦不若「一旦豁然」之云爲得聖言之本指，更詳之。

○**仲弓問仁。子曰：「出門如見大賓，使民如承大祭，己所不欲，勿施於人。在邦無怨，在家無怨。」仲弓曰：「雍雖不敏，請事斯語矣。」**敬以持己，恕以及物，則私意無所容而心德全矣。内外無怨，亦以其效言之，使以自考也。○程子曰：「孔子言仁只説出門如見大賓，使民如承大祭。看其氣象，便須心廣體胖，動容周旋中禮。唯謹獨，便是守之之法。」或問：「出門使民之時，如此可也；未出門使民之時，如之何？」曰：「此『儼若思』時也，有諸中而後見於外。觀其出門使民之時，其敬如此，則前乎此者，敬可知矣。非因出門使民，然後有此敬也。」愚案：克己復禮，乾道也；主敬行恕，坤道也。顔、冉之學，其高下淺深，於此可見。然學者誠能從事於敬恕之間而有得焉，亦將無己之可克矣。○《集義》曰：「大賓大祭，只是敬也，才不敬，便私慾萬端，害於仁。」○游氏曰：「出門如見大賓，則無時而不敬；使民如承大祭，則無事而不敬。」○朱子《敬恕齋銘》曰：「出門如賓，承事如祭。以是存心，其敢失墜？己所不欲，勿施於人。以是行之，與物爲春。胡世之人，恣己窮物。惟己所便，謂彼奚卹。孰能反是？斂焉厥躬。于羹于牆，仲尼子弓。内順于家，外同于邦。無小無大，罔時怨恫。爲仁之功，曰此其極。敬哉恕哉，永永無斁。」○南軒曰：「出門云云，蓋平日之涵養一於敬，故其出門使民之際，皆是心也。己所云云，恕者爲仁之方也。凡人有欲，不得則怨，若夫平易公正，欲不存焉，則己無所怨於人。和平之效，人亦何所怨於己哉？故曰云云。」○案：無怨之義，二先生所指不同。朱説前見。南軒謂人己俱無所怨，其味猶長。此章兼言敬恕。○孔門論敬具前數條外，其他所論，如「道千乘之國，必曰敬事而信」，「爲禮不敬」則與「臨喪不哀」並言之，稱子産曰「其行己也恭，其事上也敬」，至若不言敬而實於敬者，又不與焉。故朱子曰：「敬乃聖門之綱領。」詎不信夫？

○司馬牛問仁。司馬牛，孔子弟子，名犂，向魋之弟。子曰：「仁者其言也訒。」訒，音刃。○訒，忍也，難也。仁者心存而不放，故其言若有所忍而不易發，蓋其德之一端也。夫子以牛多言而躁，故告之以此。使其於此而謹之，則所以爲仁之方，不外是矣。曰：「其言也訒，斯謂之仁矣乎？」子曰：「爲之難，言之得無訒乎？」牛意仁道至大，不但如夫子之所言，故夫子又告之以此。蓋心常存，故事不苟，事不苟，故其言自有不得而易者，非强閉之而不出也。楊氏曰：「觀此及下章再問之語，牛之易其言可知。」○程子曰：「雖爲司馬牛多言故及此，然聖人之言，亦止此爲是。」愚謂牛之爲人如此，若不告之以其病之所切，而泛以爲仁之大概語之，則以彼之躁，必不能深思以去其病，而終無自以入德矣。故其告之如此。蓋聖人之言，雖有高下大小之不同，然其切於學者之身，而皆爲入德之要，則又初不異也。讀者其致思焉。○只看説話容易底人，便是心放了。不仁者不識痛痒，得説便説，如人夢寐中語。○謹言語，不妄發，即求仁之端。○仁者之言自然訒。學仁者當謹言語，以操持此心。○南軒曰：「人之易其言也，以其未知用力也，知用力則言敢易乎哉？故仁者之言必訒。」

○司馬牛問君子。子曰：「君子不憂不懼。」向魋作亂，牛常憂懼。故夫子告之以此。曰：「不憂不懼，斯謂之君子矣乎？」子曰：「内省不疚，夫何憂何懼？」夫，音扶。○牛之再問，猶前章之意，故復告之以此。疚，病也。言由其平日所爲無愧於心，故能内省不疚，而自無憂懼，未可遽以爲易而忽之也。○晁氏曰：「不憂不懼，由乎德全而無疵。故無入而不自得，非實有憂懼而强排遣之也。」○南軒曰：「聖人之所謂不憂不懼者，以其内自省察，無所愧病，故得其樂而物莫之攖也。能進於是，非君子乎？曾子之守約，蓋此也。使司馬牛而知所從事，則勉之於己，不然，徒膠擾於憂懼之域，何益哉？」

○**司馬牛憂曰：「人皆有兄弟，我獨亡。」**牛有兄弟而云然者，憂其爲亂而將死也。**子夏曰：「商聞之矣：**蓋聞之夫子。**死生有命，富貴在天。**命稟於有生之初，非今所能移；天莫之爲而爲，非我所能必，但當順受而已。○富貴在天，非我所與，如有爲之主宰然。○南軒曰：「知死生之有命，則當受其正而已；知富貴之在天，則當行吾義而已。」○《集義》張子曰：「論死生則曰有命，以言其氣也；語富貴則曰在天，以言其理也。」**君子敬而無失，與人恭而有禮。四海之内，皆兄弟也。君子何患乎無兄弟也？」**既安於命，又當修其在己者。故又言苟能持己以敬而不間斷，接人以恭而有節文，則天下之人皆愛敬之，如兄弟矣。蓋子夏欲以寬牛之憂，故爲是不得已之辭，讀者不以辭害意可也。○胡氏曰：「子夏四海皆兄弟之言，特以廣司馬牛之意，意圓而語滯者也，惟聖人則無此病矣。且子夏知此而以哭子喪明，則以蔽於愛而昧於理，是以不能踐其言爾。」○程子曰：「敬是持己，恭是接人。與人恭而有禮，言接人當如此也。近世淺薄，以相驩狎爲相與，以無圭角爲相親愛，如此者安能久？須是恭敬，君臣朋友，皆當以敬爲主也。」○案：朱子曰：「敬者，恭之主乎中者也。恭者，敬之發於外者也。自學者言，則恭不如敬之力。自成德言，則敬不若恭之安。」○敬字硬，恭字軟。愚謂敬字有堅强意，恭字有柔巽意。○因言恭敬二字如忠信，或云敬主於中，恭發於外。先生曰：「凡言發於外比似主於中者較大，蓋必充積盛滿而後發於外。然主於中者，却是本。不可不知也。」

○子張問明。子曰：「浸潤之譖，膚受之愬，不行焉，可謂明也已矣。浸潤之譖，膚受之愬，不行焉，可謂遠也已矣。」譖，莊蔭反。愬，蘇路反。○浸潤，如水之浸灌滋潤，漸漬而不驟也。譖，毁人之行也。膚受，謂肌膚所受，利害切身。如《易》所謂「剥牀以膚，切近災」者也。愬，愬己之冤也。毁人者漸漬而不驟，則聽者不覺其入，而信之深矣。愬冤者急迫而切身，則聽者不及致詳，而發之暴矣。二者難察而能察之，則可見其心之明，而不蔽於近矣。此亦必因子張之失而告之，故其辭繁而不殺，以致丁寧之意云。○楊氏曰：「驟而語之，與利害不切於身者，不行焉，有不待明者能之也。故浸潤之譖，膚受之愬不行，然後謂之明，而又謂之遠。遠則明之至也。《書》曰：『視遠惟明。』」

○子貢問政。子曰：「足食，足兵，民信之矣。」言倉廩實而武備修，然後教化行，而民信於我，不離叛也。子貢曰：「必不得已而去，於斯三者何先？」曰：「去兵。」去，上聲，下同。○言食足而信孚，則無兵而守固矣。子貢曰：「必不得已而去，於斯二者何先？」曰：「去食。自古皆有死，民無信不立。」民無食必死，然死者人之所必不免。無信則雖生而無以自立，不若死之爲安。故寧死而不失信於民，使民亦寧死而不失信於我也。○程子曰：「孔門弟子善問，直窮到底，如此章者，非子貢不能問，非聖人不能答也。」愚謂以人情而言，則兵食足而後吾之信可以孚於民。以民德而言，則信本人之所固有，非兵食所得而先也。是以爲政者，當身率其民而以死守之，不以危急而可棄也。

○棘子成曰：「君子質而已矣，何以文爲？」棘子成，衛大夫。疾時人文勝，故爲此言。子貢

曰：「惜乎！夫子之説，君子也。駟不及舌。言子成之言，乃君子之意。然言出於舌，則駟馬不能追之，又惜其失言也。**文猶質也，質猶文也。虎豹之鞟猶犬羊之鞟。」**鞟，其郭反。○鞟，皮去毛者也。言文質等耳，不可相無。若必盡去其文而獨存其質，則君子小人無以辨矣。夫棘子成矯當時之弊，固失之過；而子貢矯子成之弊，又無本末輕重之差，胥失之矣。○或問：「棘子成之言，與夫子荅林放之問何異？而子貢非之若是邪？」曰：「夫子之言，權衡審密，而辭氣和平，蓋未始以文爲盡非也。若子成則辭氣矯激，而取舍過中矣，其流之弊，將至於棄禮蔑德，如西晉君子之爲者，故子貢惜其言而力正之也。」曰：「何以言子貢之言有病也？」曰：「子成之説偏矣，而子貢於文質之間，又一視之而無本末輕重緩急之差焉，則子貢矯子成之失而過中者也。立言之難如此，非聖人孰能無所偏倚而常適其平也哉？」

○哀公問於有若曰：「年饑，用不足，如之何？」稱有若者，君臣之辭。用，謂國用。公意蓋欲加賦以足用也。**有若對曰：「盍徹乎？」**徹，通也，均也。周制：一夫受田百畝，而與同溝共井之人通力合作，計畝均收。大率民得其九，公取其一，故謂之徹。魯自宣公稅畝，又逐畝什取其一，則爲什而取二矣。故有若請但專行徹法，欲公節用以厚民也。**曰：「二，吾猶不足，如之何其徹也？」**二，即所謂什二也。公以有若不諭其旨，故言此以示加賦之意。**對曰：「百姓足，君孰與不足？百姓不足，君孰與足？」**民富，則君不至獨貧；民貧，則君不能獨富。有若深言君民一體之意，以止公之厚斂，爲人上者所宜深念也。○楊氏曰：「仁政必自經界始。經界正，而後井地均、穀祿平，而軍國之須皆量是以爲出焉。故一徹而百度舉矣，上下寧憂不足乎？以二猶不足而教之徹，疑若迂矣。然什一，天下之中正。多則桀，寡則務，不可改也。後世不究其本而惟末之圖，故征斂無藝，費出無經，而上下困矣。又惡知盍徹之當務而不爲迂乎？」

○子張問崇德、辨惑。子曰：「主忠信，徙義，崇德也。主忠信，則本立。徙義，則日新。**愛之欲其生，惡之欲其死。既欲其生，又欲其死，是惑也。**惡，去聲。○愛惡，人之常情也。然人之生死有命，非可得而欲也。以愛惡而欲其生死，則惑矣。既欲其生，又欲其死，則惑之甚也。**『誠不以富，亦祇以異。』」**此《詩·小雅·我行其野》之辭也。舊説夫子引之，以明欲其生死者不能使之生死。如此詩所言，不足以致富而適足以取異也。程子曰：「此錯簡，當在第十六篇齊景公有馬千駟之上。因此下文亦有齊景公字而誤也。」○楊氏曰：「堂堂乎張也，難與並爲仁矣。則非誠善補過不蔽於私者，故告之如此。」○或問：「崇德辨惑，何以有是目，而子張、樊遲皆以爲問？」曰：「胡氏以爲或古有是言，或當世有是名，聖人標而出之，使諸弟子隨其所欲知，思其所未達，以爲入道之門户也。其説得之矣。」曰：「主忠信、徙義之所以爲崇德，何也？」曰：「主忠信，則其徙義也有本而可據。能徙義，則其主忠信也有用而日新。内外本末，交相培養，此德之所以日積而益高也。」曰：「愛之欲其生，惡之欲其死，既欲其生，又欲其死，所以爲惑者，何也？」曰：「溺於愛惡之私，而以彼之生死定分，爲可以隨己之所欲；又不能自定，而一生一死交戰於胷中，虚用其力於所不能爲之地，而實無所損益於彼也，可不謂之惑乎？」○南軒曰：「崇德辨惑，修身之切務也。以忠信爲主，而見義則徙焉，則本立而日新，德之所以崇也。不主忠信，則無徙義之實，不能徙義，則所主亦有時而失其理矣。二者蓋相須也。」○愚案：欲生欲死，必有所爲而言，所以箴子張之失也。

○齊景公問政於孔子。齊景公，名杵臼。魯昭公末年，孔子適齊。**孔子對曰：「君君，臣臣，父父，子子。」**此人道之大經，政事之根本也。是時景公失政，而大夫陳氏厚施於國。景公又多内嬖，而不立太子。其君臣、父子之間，皆失其道，故夫子告之以此。**公曰：「善哉！信如君不君，臣不臣，父不父，子不子，雖有粟，吾得而食諸？」**景公善孔子之言而不能用，其後果以繼嗣不定，啓陳氏弑君篡國之禍。○楊氏曰：「君之所以君，臣之所以臣，父之所以父，子之所以子，是必有道矣。景公知善夫子之言，而不知反求其所以然，蓋悦而不繹者，齊之所以卒於亂也。」

○子曰：「片言可以折獄者，其由也與？」折，之舌反。與，平聲。○片言，半言。折，斷也。子路忠信明決，故言出而人信服之，不待其辭之畢也。**子路無宿諾。**宿，留也，猶宿怨之宿。急於踐言，不留其諾也。記者因夫子之言而記此，以見子路之所以取信於人者，由其養之有素也。○尹氏曰：「小邾射以句繹奔魯，曰：『使季路要我，吾無盟矣。』千乘之國，不信其盟，而信子路之一言，其見信於人可知矣。一言而折獄者，信在言前，人自信之故也。不留諾，所以全其信也。」

○子曰：「聽訟，吾猶人也，必也使無訟乎！」范氏曰：「聽訟者，治其末，塞其流也。正其本，清其源，則無訟矣。」○楊氏曰：「子路片言可以折獄，而不知以禮遜爲國，則未能使民無訟者也。故又記孔子之言，以見聖人不以聽訟爲難，而以使民無訟爲貴。」

○子張問政。子曰：「居之無倦，行之以忠。」居，謂存諸心。無倦，則始終如一。行，謂發於事。以忠，則表裏如一。○程子曰：「子張少仁。無誠心愛民，則必倦而不盡心，故告之以此。」

○**子曰：「博學於文，約之以禮，亦可以弗畔矣夫！」**重出。

○**子曰：「君子成人之美，不成人之惡。小人反是。」**成者，誘掖獎勸以成其事也。君子小人，所存既有厚薄之殊，而其所好又有善惡之異。故其用心不同如此。○南軒曰：「君子充其忠愛之心，於人之美，其樂之如在己也，從而扶持之，又從而勸相之，惟欲其美之成也；於人之惡，則從而正救之，正救之不可，則哀矜之，惟恐其惡之成也。若小人則以刻薄爲心，幸人之有過，而疾人之勝己。非徒坐視其入於惡，又從而擠之；非徒欲其美之不成，又從而毁之。君子小人之操存，未嘗不相反也。」

○**季康子問政於孔子。孔子對曰：「政者，正也。子帥以正，孰敢不正？」**范氏曰：「未有己不正而能正人者。」○胡氏曰：「魯自中葉，政由大夫，家臣效尤，據邑背畔，不正甚矣。故孔子以是告之，欲康子以正自克，而改三家之政。惜乎康子之溺於利欲而不能也。」

○**季康子患盜，問於孔子。孔子對曰：「苟子之不欲，雖賞之不竊。」**言子不貪欲，則雖賞民使之爲盜，民亦知恥而不竊。○胡氏曰：「季氏竊柄，康子奪嫡，民之爲盜，固其所也。盍亦反其本邪？孔子以不欲啓之，其旨深矣。」奪嫡事見《春秋傳》。

○**季康子問政於孔子曰：「如殺無道，以就有道，何如？」孔子對曰：「子爲政，焉用殺？子欲善，而民善矣。君子之德風，小人之德草。草上之風，必偃。」**焉，於虔反。○爲政者，民所視傚，何以殺爲？欲善則民善矣。上，一作「尚」，加也。偃，仆也。○尹氏曰：「殺之爲言，豈爲人上之語哉？以身教者從，以言教者訟，而況於殺乎？」

○子張問：「士何如斯可謂之達矣？」達者，德孚於人而行無不得之謂。**子曰：「何哉，爾所謂達者？」**子張務外，夫子蓋已知其發問之意，故反詰之，將以發其病而藥之也。**子張對曰：「在邦必聞，在家必聞。」**言名譽著聞也。**子曰：「是聞也，非達也。**聞與達相似而不同，乃誠僞之所以分，學者不可不審也。故夫子既明辨之，下文又詳言之。**夫達也者，質直而好義，察言而觀色，慮以下人。在邦必達，在家必達。**夫，音扶，下同。好、下，皆去聲。○內主忠信而所行合宜，審於接物而卑以自牧，皆自修於內，不求人知之事。然德修於己而人信之，則所行自無窒礙矣。**夫聞也者，色取仁而行違，居之不疑。在邦必聞，在家必聞。」**行，去聲。○善其顏色以取於仁，而行實背之，又自以爲是而無所忌憚。此不務實而專務求名者，故虛譽雖隆而實德則病矣。○程子曰：「學者須是務實，不要近名。有意近名，大本已失，更學何事？爲名而學，則是僞也。今之學者，大抵爲名。爲名與爲利，雖清濁不同，然其利心則一也。」尹氏曰：「子張之學，病在乎不務實。故孔子告之，皆篤實之事，充乎內而發乎外者也。」○聞只是求聞於人，達却有實，有實方能達。○色取仁而行違，正是指子張病痛處。○問「察言而觀色」。曰：「此是實要做工夫。察人之言，觀人之色，乃是要驗吾之言是與不是。今有人自任己意説將去，更不看人之意是信受他，是不信受他？如此，則只是自高，更不能謙下於人，實去做工夫。大抵人之爲學，須自低下做將去，才自高了，便不濟事。這一項都是詳細收斂工夫。如色取仁，居之不疑，只是粗謾將去。」○此章大意，一箇是名，一箇是實。○呂氏謂：「德孚於人者，必達；矯行求名者，必聞。此説却好。」○質與直是兩件，質是樸實，直是無偏曲。○南軒曰：「聖人論達，蓋爲己篤實工夫。若有求聞之意，則其心外馳矣。色取仁者，其色則有取於仁，其行則違，如内交、要譽、惡其聲之類，一豪萌於中，皆所謂行違也。雖然，使其有所不安於心，則庶乎可使之反者。惟其居之不疑，則終爲不仁而已矣。」○又曰：「聞與達異，聞謂人知之，達謂道行於家邦也。」

○**樊遲從遊於舞雩之下，曰：「敢問崇德、脩慝、辨惑。」**慝，吐得反。○胡氏曰：「慝之字從心從匿，蓋惡之匿於心者。脩者，治而去之。」**子曰：「善哉問！**善其切於爲己。**先事後得，非崇德與？攻其惡，無攻人之惡，非脩慝與？一朝之忿，忘其身，以及其親，非惑與？」**與，平聲。○先事後得，猶言先難後獲也。爲所當爲而不計其功，則德日積而不自知矣。專於治己而不責人，則己之惡無所匿矣。知一朝之忿爲甚微，而禍及其親爲甚大，則有以辨惑而懲其忿矣。樊遲麤鄙近利，故告之以此，三者皆所以救其失也。○范氏曰：「先事後得，上義而下利也。人惟有利欲之心，故德不崇。惟不自省己過而知人之過，故慝不脩。感物而易動者莫如忿，忘其身以及其親，惑之甚者也。惑之甚者必起於細微，能辨之於早，則不至於大惑矣。故懲忿所以辨惑也。」○南軒曰：「先其所事而不計其得，此德所以崇也。若先有求得之心，反傷於德矣。」○愚案：范氏以利欲爲得，與先難後獲異，而《集注》兼取之，蓋並存兩説也。

○**樊遲問仁。子曰：「愛人。」問知。子曰：「知人。」**上「知」字，去聲，下同。○愛人，仁之施。知人，知之務。**樊遲未達。**曾氏曰：「遲之意，蓋以愛欲其周，而知有所擇，故疑二者之相悖爾。」**子曰：「舉直錯諸枉，能使枉者直。」**舉直錯枉者，知也。使枉者直，則仁矣。如此，則二者不惟不相悖，而反相爲用矣。**樊遲退，見子夏。曰：「鄉也吾見於夫子而問知，子曰『舉直錯諸枉，能使枉者直』，何謂也？」**鄉，去聲。見，賢遍反。○遲以夫子之言，專爲知者之事。又未達所以能使枉者直之理。**子夏曰：「富哉言乎！**歎其所包者廣，不止言知。**舜有天下，選於衆，舉皋陶，不仁者遠矣。湯有天下，選於衆，舉伊尹，不仁者遠矣。」**選，息戀反。陶，音遥。遠，如字。○伊尹，湯之相也。不仁者遠，言人皆化而爲仁，不見有不仁者，若其遠去爾，所謂使枉者直也。子夏蓋有以知夫子之兼仁知而言矣。○程子曰：「聖人之語，因人而變化。雖若有淺近者，而其包含無所不盡，觀於此章可見矣。非若他人之言，語近則遺遠，語遠則不知近也。」尹氏曰：「學者之問也，不獨欲聞其説，又必欲知其方；不獨欲知其方，又必欲爲其事。如樊遲之問仁知也，夫子告之盡矣。樊遲未達，故又問焉，而猶未知其何以爲之也。及退而問諸子夏，然後有以知之。使其未喻，則必將復問矣。既問於師，又辨諸友，當時學者之務實也如是。」○愛人、知人，自相爲用。若不論枉與直，一例去愛他，便不得。大抵爲先知了，方能愛其所當愛。只此兩句，自包上下，此所以爲聖人之言。○愛人、知人，是仁智之用，聖人何故但以仁、知之用告樊遲，却不告之以仁、知之體？蓋尋這用，便可以知其體，蓋用即是體中流出也。○問云云。曰：「尋常説仁、智，一箇是慈愛，一箇是辨别，各自向一路。惟是『舉直錯諸枉，能使枉者直』，方見得仁、智合一處，仁裏面有智，智裏面有仁。」○南軒曰：「原人之性，其愛之理乃仁也，知之理乃智也。仁者視萬物猶一體，而况人與我同類乎？故仁者必愛人。然則愛人果可以盡仁乎？以愛人而可以盡仁則不可，而其所以愛人者，乃仁之所存也。至於問知而諭以『知人』者，亦猶是爾。」

○**子貢問友。子曰：「忠告而善道之，不可則止，無自辱焉。」**告，工毒反。道，去聲。○友所以輔仁，故盡其心以告之，善其説以道之。然以義合者也，故不可則止。若以數而見疏，則自辱矣。○或問云云。曰：「善道云者，心平氣和，理明意盡，或從容深厚，或親切簡當，使聞者不期而樂於聽從之謂也。」

○**曾子曰：「君子以文會友，以友輔仁。」**講學以會友，則道益明；取善以輔仁，則德日進。○南軒曰：「朋友講習與夫儠以威儀，莫非文也。爲仁固由己，而亦資朋友輔成之。輔之者，左右翼助之意。蓋非惟切磋之益，其從容浹洽，相觀而善，所輔多矣。」

論語集編卷第七

子路第十三凡十三章。

子路問政。子曰：「先之，勞之。」蘇氏曰：「凡民之行，以身先之，則不令而行。凡民之事，以身勞之，則雖勤不怨。」**請益。曰：「無倦。」**無，古本作「毋」。○吳氏曰：「勇者喜於有爲而不能持久，故以此告之。」○程子曰：「子路問政，孔子既告之矣。及請益，則曰『無倦』而已。未嘗復有所告，姑使之深思也。」

○仲弓爲季氏宰，問政。子曰：「先有司，赦小過，舉賢才。」有司，衆職也。宰兼衆職，然事必先之於彼，而後考其成功，則己不勞而事畢舉矣。過，失誤也。大者於事或有所害，不得不懲；小者赦之，則刑不濫而人心悦矣。賢，有德者。才，有能者。舉而用之，則有司皆得其人而政益修矣。**曰：「焉知賢才而舉之？」曰：「舉爾所知。爾所不知，人其舍諸？」**仲弓慮無以盡知一時之賢才，故孔子告之以此。程子曰：「人各親其親，然後不獨親其親。仲弓曰『焉知賢才而舉之』，子曰『舉爾所知，爾所不知，人其舍諸』，便見仲弓與聖人用心之大小。推此義，則一心可以興邦，一心可以喪邦，只在公私之間爾。」○

范氏曰：「不先有司，則君行臣職矣；不赦小過，則下無全人矣；不舉賢才，則百職廢矣。失此三者，不可以爲季氏宰，况天下乎？」

○**子路曰：「衛君待子而爲政，子將奚先？」**衛君，謂出公輒也。是時魯哀公之十年，孔子自楚反乎衛。**子曰：「必也正名乎！」**是時出公不父其父而禰其祖，名實紊矣，故夫子以正名爲先。謝氏曰：「正名雖爲衛君而言，然爲政之道，皆當以此爲先。」**子路曰：「有是哉，子之迂也！奚其正？」**迂，謂遠於事情，言非今日之急務也。**子曰：「野哉由也！君子於其所不知，蓋闕如也。**野，謂鄙俗。責其不能闕疑，而率爾妄對也。**名不正，則言不順；言不順，則事不成；**楊氏曰：「名不當其實，則言不順。言不順，則無以考實而事不成。」**事不成，則禮樂不興；禮樂不興，則刑罰不中。刑罰不中，則民無所措手足。**中，去聲。○范氏曰：「事得其序之謂禮，物得其和之謂樂。事不成則無序而不和，故禮樂不興。禮樂不興，則施之政事皆失其道，故刑罰不中。」**故君子名之必可言也，言之必可行也。君子於其言，無所苟而已矣。」**程子曰：「名實相須。一事苟，則其餘皆苟矣。」○胡氏曰：「衛世子蒯聵恥其母南子之淫亂，欲殺之不果而出奔。靈公欲立公子郢，郢辭。公卒，夫人立之，又辭。乃立蒯聵之子輒，以拒蒯聵。夫蒯聵欲殺母，得罪於父，而輒據國以拒父，皆無父之人也，其不可有國也明矣。夫子爲政，而以正名爲先。必將具其事之本末，告諸天王，請於方伯，命公子郢而立之。則人倫正，天理得，名正言順而事成矣。夫子告之之詳如此，而子路終不喻也。故事輒不去，卒死其難。徒知食焉不避其難之爲義，而不知食輒之食爲非義也。」

○樊遲請學稼，子曰：「吾不如老農。」請學爲圃。子曰：「吾不如老圃。」種五穀曰稼，種蔬菜曰圃。**樊遲出。子曰：「小人哉，樊須也！**小人，謂細民，孟子所謂小人之事者也。**上好禮，則民莫敢不敬；上好義，則民莫敢不服；上好信，則民莫敢不用情。夫如是，則四方之民襁負其子而至矣，焉用稼？」**好，去聲。夫，音扶。○禮、義、信，大人之事也。好義，則事合宜。情，誠實也。敬服用情，蓋各以其類而應也。襁，織縷爲之，以約小兒於背者。○楊氏曰：「樊須遊聖人之門，而問稼圃，志則陋矣，辭而闢之可也。待其出而後言其非，何也？蓋於其問也，自謂農圃之不如，則拒之者至矣。須之學疑不及此，而不能問。不能以三隅反矣，故不復。及其既出，則懼其終不喻也，求老農老圃而學焉，則其失愈遠矣。故復言之，使知前所言者意有在也。」○南軒曰：「小人云者，爲其所見者小人之事耳。夫上之所好，下之所從也。上好禮則篤於恭讓，故民視之而莫不尊敬焉；上好義則動而得其宜，故民心爲之厭服焉；上好信則誠意交孚，故民亦用其情而無敢欺焉。感應之機，固不遠也。蓋好德者，人之公心，視遲之欲下從農圃之事以得民者，其亦遠矣。」

○子曰：「誦《詩》三百，授之以政，不達；使於四方，不能專對；雖多，亦奚以爲？」使，去聲。○專，獨也。《詩》本人情，該物理，可以驗風俗之盛衰，見政治之得失。其言温厚和平，長於風諭。故誦之者，必達於政而能言也。○程子曰：「窮經將以致用也。世之誦《詩》者，果能從政而專對乎？然則其所學者，章句之末耳，此學者之大患也。」○《集義》程子曰：「今人不會讀書。如誦《詩》三百云云，須是未讀《詩》時，授之以政，不達，使於四方不能專對；既讀《詩》時，便達於政，能專對四方，始是讀《詩》。未讀《周南》、《召南》時，一似面牆，到讀後便不面牆，方是有驗。大抵讀書，只此便是法。」

〇子曰：「其身正，不令而行；其身不正，雖令不從。」

〇子曰：「魯衛之政，兄弟也。」魯，周公之後。衛，康叔之後。本兄弟之國，而是時衰亂，政亦相似，故孔子歎之。

〇子謂衛公子荆，「善居室。始有，曰：『苟合矣。』少有，曰：『苟完矣。』富有，曰：『苟美矣。』」公子荆，衛大夫。苟，聊且粗略之意。合，聚也。完，備也。言其循序而有節，不以欲速盡美累其心。〇楊氏曰：「務爲全美，則累物而驕吝之心生。公子荆皆曰苟而已，則不以外物爲心，其欲易足故也。」〇或問八章之説。曰：「胡氏之説爲備。胡氏曰：『自合進而完，自完進而美，非善乎其事，不猶彌光於前，而公子荆知此非所存心者，直謂之苟且而已。既見其不以殖産自能，又見其不以多財自累，富而無驕，滿而弗溢，非賢而能之乎？此可爲居室之法。』」

〇子適衛，冉有僕。僕，御車也。子曰：「庶矣哉！」庶，衆也。冉有曰：「既庶矣，又何加焉？」曰：「富之。」庶而不富，則民生不遂，故制田里、薄賦斂以富之。曰：「既富矣，又何加焉？」曰：「教之。」富而不教，則近於禽獸。故必立學校，明禮義以教之。〇胡氏曰：「天生斯民，立之司牧，而寄以三事。然自三代之後，能舉此職者，百無一二。漢之文、明，唐之太宗，亦云庶且富矣，西京之教無聞焉。明帝尊師重傅，臨雍拜老，宗戚子弟莫不受學；唐太宗大召名儒，增廣生員，教亦至矣，然而未知所以教也。三代之教，天子公卿躬行於上，言行政事皆可師法，彼二君者其能然乎？」

〇子曰：「苟有用我者，朞月而已可也，三年有成。」朞月，謂周一歲之月也。可者，僅辭，言綱紀布也。有成，治功成也。〇尹氏曰：「孔子歎當時莫能用己也，故云然。」愚案《史記》，此蓋爲衛靈公不能用而發。

〇子曰：「善人爲邦百年，亦可以勝殘去殺矣。誠哉是言也！」勝，平聲。去，上聲。〇爲邦百年，言相繼而久也。勝殘，化殘暴之人，使不爲惡也。去殺，謂民化於善，可以不用刑殺也。蓋古有是言，而夫子稱之。程子曰：「漢自高、惠，至於文、景，黎民醇厚，幾致刑措，庶乎其近之矣。」〇尹氏曰：「勝殘去殺，不爲惡而已，善人之功如是。若夫聖人，則不待百年，其化亦不止此。」

〇子曰：「如有王者，必世而後仁。」三十年爲一世。仁，謂教化浹洽也。〇程子曰：「所謂仁者，風移俗易，民歸於仁，天下變化之時，此非積久，何以能致？其曰必世，理則然也。欲民皆仁，非必世不可。」〇又曰：「所謂仁者，以天理流行，融液洞徹，而無一物之不體也。舉一世而言，固無一人之不然；即一人而言，又無一事之不然。求之《詩》《書》，惟成康之世庶足以當之。」〇南軒曰：「使民皆由於仁，非仁心涵養之深，仁政薰陶之久，莫能然也。」

〇子曰：「苟正其身矣，於從政乎何有？不能正其身，如正人何？」

〇冉有退朝。子曰：「何晏也？」對曰：「有政。」子曰：「其事也。如有政，雖不吾以，吾其與聞之。」朝，音潮。與，去聲。〇冉有時爲季氏宰。朝，季氏之私朝也。晏，晚也。政，國政。事，家事。以，用也。禮：大夫雖不治事，猶得與聞國政。是時季氏專魯，其於國政，蓋有不與同列議於公朝，而獨與家臣謀於私室者。故夫子爲不知者而言，此必季氏之家事耳。若是國政，我嘗爲大夫，雖不見用，猶當與聞。今既不聞，則是非國政也。語意與魏徵獻陵之對略相似。其所以正名分，抑季氏，而教冉有之意深矣。

○**定公問："一言而可以興邦，有諸？"孔子對曰："言不可以若是其幾也。**幾，期也。《詩》曰："如幾如式。"言一言之閒，未可以如此而必期其效。**人之言曰：『爲君難，爲臣不易。』**易，去聲。○當時有此言也。**如知爲君之難也，不幾乎一言而興邦乎？"**因此言而知爲君之難，則必戰戰兢兢，臨深履薄，而無一事之敢忽。然則此言也，豈不可以必期於興邦乎？爲定公言，故不及臣也。**曰："一言而喪邦，有諸？"孔子對曰："言不可以若是其幾也。人之言曰：『予無樂乎爲君，唯其言而莫予違也。』**喪，去聲，下同。樂，音洛。○言他無所樂，唯樂此耳。**如其善而莫之違也，不亦善乎？如不善而莫之違也，不幾乎一言而喪邦乎？"**范氏曰："言不善而莫之違，則忠言不至於耳。君日驕而臣日諂，未有不喪邦者也。"○謝氏曰："知爲君之難，則必敬謹以持之。唯其言而莫予違，則讒諂面諛之人至矣。邦未必遽興喪也，而興喪之源分於此。然苟非識微之君子，何足以知之？"

○**葉公問政。**音義並見第七篇。**子曰："近者説，遠者來。"**説，音悦。○被其澤則悦，聞其風則來。然必近者悦，而後遠者來也。

○**子夏爲莒父宰，問政。子曰："無欲速，無見小利。欲速，則不達；見小利，則大事不**

成。」父，音甫。○莒父，魯邑名。欲事之速成，則急遽無序，而反不達。見小者之爲利，則所就者小，而所失者大矣。○程子曰：「子張問政，子曰：『居之無倦，行之以忠。』子夏問政，子曰：『無欲速，無見小利。』子張常過高而未仁，子夏之病常在近小，故各以切己之事告之。」

○葉公語孔子曰：「吾黨有直躬者，其父攘羊，而子證之。」語，去聲。○直躬，直身而行者。有因而盜曰攘。**孔子曰：「吾黨之直者異於是。父爲子隱，子爲父隱，直在其中矣。」**爲，去聲。○父子相隱，天理人情之至也。故不求爲直，而直在其中。○謝氏曰：「順理則直。父不爲子隱，子不爲父隱，於理順邪？瞽瞍殺人，舜竊負而逃，遵海濱而處。當是時，愛親之心勝，其於直不直，何暇計哉？」

○樊遲問仁。子曰：「居處恭，執事敬，與人忠。雖之夷狄，不可棄也。」聖門教人，多以數語能使人自存其心，如「居處恭」之類是也。纔恭，則心自不放。恭主容，敬主事。恭見乎外，敬主乎中。之夷狄不可棄，勉其固守而勿失也。○黄氏曰：「此章言極平易，學者欲體仁，以此思之可也。居處，指幽獨而言，未有事者也。執事，指應事而言，未涉乎人者也。與人，指接物而言，則涉乎人矣。能恭敬而忠，則天理常存，而人慾不萌，又能無適而不然，則流行而無所間斷。仁之爲道，孰外於此。」○胡氏曰：「樊遲問仁者三，此最先，『先難』次之，『愛人』其最後乎！」

○子貢問曰：「何如斯可謂之士矣？」子曰：「行己有耻，使於四方，不辱君命，可謂士矣。」使，去聲。○此其志有所不爲，而其材足以有爲者也。子貢能言，故以使事告之。蓋爲使之難，不獨貴於能言而已。**曰：「敢問其次。」曰：「宗族稱孝焉，鄉黨稱弟焉。」**弟，去聲。○此本立而材不足者，故爲其次。**曰：「敢問其次。」曰：「言必信，行必果，硜硜然小人哉！抑亦可以爲次矣。」**行，去聲。硜，苦耕反。○果，必行也。硜，小石之堅確者。小人，言其識量之淺狹也。此其本末皆無足觀，然亦不害其爲自守也，故聖人猶有取焉，下此則市井之人，不復可爲士矣。**曰：「今之從政者何如？」子曰：「噫！斗筲之人，何足算也。」**筲，所交反。算，亦作筭，悉亂反。○今之從政者，蓋如魯三家之屬。噫，心不平聲。斗，量名，容十升。筲，竹器，容斗二升。斗筲之人，言鄙細也。算，數也。子貢之問每下，故夫子以是警之。○程子曰：「子貢之意，蓋欲爲皎皎之行，聞於人者。夫子告之，皆篤實自得之事。」○晁氏曰：「尊義於己，不窮於外，士之上也；僅能有義於己，而未能不窮於外，士之次也。孝弟稱於宗族鄉黨，特行己有耻之事。」○或問：「行己有耻，爲使不辱，亦何足爲高，而夫子以爲士之上，何邪？」曰：「是二者泛而觀之，雖若僅免於羞辱，然嘗反諸身而度之，則能充其實者，正不易得。程子所謂篤實自得者，正謂此也。」曰：「硜硜小人，而亦可以爲士，何也？」曰：「彼其識量雖淺，而非惡也，至其所守，雖規規於信果之小節，然與夫誕謾苟賤之人，則不可同年而語矣。此與不得中行而取狂狷同意，故下章言之。」

○子曰：「不得中行而與之，必也狂狷乎！狂者進取，狷者有所不爲也。」狷，音絹。○行，道也。狂者，志極高而行不掩。狷者，知未及而守有餘。蓋聖人本欲得中道之人而教之，然既不可得，而徒得謹厚之人，則未必能自振拔而有爲也。故不若得此狂狷之人，猶可因其志節，而激厲裁抑之以進於道，非與其終於此而已也。○孟子曰：「孔子豈不欲中道哉？不可必得，故思其次也。如琴張、曾皙、牧皮者，孔子之所謂狂也。其志嘐嘐然，曰：『古之人！古之人！』夷考其行而不掩焉者也。狂者又不可得，欲得不屑不潔之士而與之，是狷也，是又其次也。」○南軒曰：「中行謂中道上行。狂者所見高明，而行有未及乎其見；狷者所守堅確，而見有未得乎其理。不得中行，則斯二者亦可以與之進而裁之於中也。蓋狂者力行以踐之，則其見不差；狷者致知以明之，則其守不失，其中可得矣。」

○子曰：「南人有言曰：『人而無恒，不可以作巫醫。』善夫！」恒，胡登反。夫，音扶。○南人，南國之人。恒，常久也。巫，所以交鬼神。醫，所以寄死生。故雖賤役，而尤不可以無常，孔子稱其言而善之。**「不恒其德，或承之羞。」**此《易·恒卦》九三爻辭。承，進也。**子曰：「不占而已矣。」**復加「子曰」，以別《易》文也。其義未詳。楊氏曰：「君子於《易》苟玩其占，則知無常之取羞矣。其爲無常也，蓋亦不占而已矣。」意亦略通。

○子曰：「君子和而不同，小人同而不和。」和者，無乖戾之心。同者，有阿比之意。○尹氏曰：「君子尚義，故有不同。小人尚利，安得而和？」○或問云云。曰：「諸説皆祖晏子之意。然晏子之言，乃就事而言，而此章之意，則直指君子小人之情狀而言，似不可引以爲證也。若此所論君子之和者，乃以其同寅協恭，而無乖争忌克之意；其不同者，乃以其守正循理，而無阿黨朋比之風。若小人則反是焉。此二者外雖相似，而内實相反，乃君子小人情狀之隱微，自古及今如出一轍，非聖人不能究極而發明之也。且以本朝諸公論之，韓、富、范公上前議論不同，或至失色，而本未嘗失和氣；王、吕、章、曾、蔡氏父子，同惡相濟，而其隙也無所不至焉。亦足以驗聖言之不可易也。如此說，則君子之心，無可否同異之私，❶而惟欲必歸於是。若晏子之説，則是必於立異，然後可以爲和而不同也，是非矯枉過直之論哉！然其爲齊景公、梁丘據而發，則切中其病耳。」

○子貢問曰：「鄉人皆好之，何如？」子曰：「未可也。」「鄉人皆惡之，何如？」子曰：「未可也。不如鄉人之善者好之，其不善者惡之。」好、惡，並去聲。○一鄉之人，宜有公論矣，然其間亦各以類自爲好惡也。故善者好之而惡者不惡，則必其有苟合之行。惡者惡之而善者不好，則必其無可好之實。

○子曰：「君子易事而難說也：說之不以道，不說也；及其使人也，器之。小人難事而易說也：說之雖不以道，說也；及其使人也，求備焉。」易，去聲。說，音悦。○器之，謂隨其材器而使之也。君子之心公而恕，小人之心私而刻。天理人欲之間，每相反而已矣。○南軒曰：「易事者，平恕之心；難說者，正大之情。」

○子曰：「君子泰而不驕，小人驕而不泰。」君子循理，故安舒而不矜肆。小人逞欲，故反是。○南軒曰：「泰者，心廣而體胖。驕者，意盈而氣盛。曰驕則何由泰，泰則奚驕之有？然而能不驕矣，而未之泰者，則亦有之，蓋雖能制其私，而涵養未至，未免拘迫也。」

---

❶「私」，原誤作「和」，今據《西山讀書記》卷三十二改。

○**子曰：「剛、毅、木、訥，近仁。」**程子曰：「木者，質樸。訥者，遲鈍。四者，質之近乎仁者也。」楊氏曰：「剛毅則不屈於物欲，木訥則不至於外馳，故近仁。」○朱氏《跋蘇氏剛説》曰：「剛之所以近仁，爲其不詘於欲而能有以全其本心之德，不待見於治人，然後可知也。」

○**子路問曰：「何如斯可謂之士矣？」子曰：「切切、偲偲、怡怡如也，可謂士矣。朋友切切，偲偲，兄弟怡怡。」**胡氏曰：「切切，懇到也。偲偲，詳勉也。怡怡，和悦也。皆子路所不足，故告之。又恐其混於所施，則兄弟有賊恩之禍，朋友有善柔之損，故又别而言之。」

○**子曰：「善人教民七年，亦可以即戎矣。」**教民者，教之孝悌忠信之行，務農講武之法。即，就也。戎，兵也。民知親其上，死其長，故可以即戎。○程子曰：「七年云者，聖人度其時可矣。如云朞月、三年、百年、一世、大國五年、小國七年之類，皆當思其作爲如何乃有益。」

○**子曰：「以不教民戰，是謂棄之。」**以，用也。言用不教之民以戰，必有敗亡之禍，是棄其民也。

憲問第十四

胡氏曰：「此篇疑原憲所記。」凡四十七章。

憲問耻。子曰：「邦有道，穀；邦無道，穀，耻也。」憲，原思名。穀，禄也。邦有道不能有爲，邦無道不能獨善，而但知食禄，皆可耻也。憲之狷介，其於邦無道穀之可耻，固知之矣；至於邦有道，穀之可耻則未必知也。故夫子因其問而并言之，以廣其志，使知所以自勉，而進於有爲也。

○**「克、伐、怨、欲不行焉，可以爲仁矣？」子曰：「可以爲難矣，仁則吾不知也。」**此原憲以其所能而問也。克，好勝。伐，自矜。怨，忿恨。欲，貪欲。有是四者而能制之，使不得行，可謂難矣。仁則天理渾然，自無四者之累，不行不足以言之也。○程子曰：「人而無克、伐、怨、欲，惟仁者能之。有之而能制其情，使不行，斯亦難能也，謂之仁則未也。此聖人開示之深，惜乎憲之不能再問也。」或曰：「四者不行，固不得爲仁矣。然亦豈非所謂克己之事、求仁之方乎？」曰：「克去己私以復乎禮，則私欲不留，而天理之本然者得矣。若但制而不行，則是未有拔去病根之意，而容其潛藏隱伏於胷中也。豈克己求仁之謂哉？學者察於二者之間，則其所以求仁之功，益親切而無滲漏矣。」○或問：「程子以爲聖人開示之深，而原憲不能再問。使憲也再問，夫子告之宜奈何？」曰：「聖人未發之旨，夫孰能測之？然以程子之意而言，則四者之不行，亦制其末而不行於外爾，若其本則固著之於心而不能去也。譬之木焉，不去其根，則萌蘖之生，自不能已，制而不行，日力亦不給矣。且雖或能制之，終身不見於外，而其鬱屈不平之意反鬭進於胷中，則夫所謂仁者，亦且殫殘蔽害而不能以自存矣。必也絶其萌芽，蹷其根本，不使少有豪髪留於心念之間，則於仁也，其庶幾乎！嗚呼，非程子之學之至，何足以及此！然以爲學者苟不能深省而力行之，則亦徒爲無當之大言而已，故雖發之，而有所不敢盡其言者，其旨深矣。」○問：「『克伐』與『克復』不同。」先生曰：「只是箇出入意。『克己』是入來勝己，『克伐』是出去勝人。」問：「『克、伐、怨、欲不行』，如何？」曰：「此譬如停賊在家，豈不爲害？若便趕將出去，則禍根絶矣。今人非特不能克去此害，却有與他打做一片者。」○問：「學者用工，且能於此不行亦可。」先生曰：「須是克己，涵養以敬，於其方萌即絶之。若止於『克、伐、怨、欲不行』，只是遏得住，一旦決裂，較大可憂。」○克己者是從根源上一刀兩斷，便斬絶了，更不復萌；「不行」底只是禁制他不要出來，他那欲爲之心未嘗忘。○問：「原憲是合下見得如此已足，還是氣昏力弱，没奈何？」曰：「是他從來把這箇做好，只要得不行便了，所以學者須要窮理。緣他見得道理未盡，便把這箇做仁。較之世人沈迷私欲，他一切不行，已是多少好。惟是聖道廣大，只恁地不濟事，須著進向上去，將克、伐、怨、欲都無，始得。若藏蓄在這裏，只是故病。」○南軒曰：「『克、伐、怨、欲不行』，可謂能制其私欲矣，然克、伐、怨、欲之根猶在也。若夫仁者之心，則四者之病無自而萌焉。故制之於流，未若澄之於源，欲進於是，其惟克己乎？」○原憲問：「克、伐、怨、欲不行，可以爲仁矣？」子曰：「可以爲難矣，仁則吾不知也。」克、伐、怨、欲四者，皆私意也。原憲但欲制之而不行，便以爲仁，夫子所以不許之。若「克己」，則奮然决去之辭，而非抑遏不行之謂。如去惡木，不但翦其枝條，必發掘其本根。非顔子大勇，聖人肯輕許之哉？《衍義》

○子曰：「士而懷居，不足以爲士矣。」居，謂意所便安處也。○南軒曰：「懷居者，志不立，其何以爲士乎？」○愚案：懷居與小人懷土之義同。

○子曰：「邦有道，危言危行；邦無道，危行言孫。」行、孫，並去聲。○危，高峻也。孫，卑順也。尹氏曰：「君子之持身不可變也，至於言則有時而不敢盡，以避禍也。然則爲國者使士言孫，豈不殆哉？」○洪氏曰：「危非矯激也，直道而已；孫非阿諛也，遠害而已。」○吴氏曰：「言孫者，亦非失其正也，特少致其委曲，如夫子之對陽貨耳。」

○子曰：「有德者必有言，有言者不必有德；仁者必有勇，勇者不必有仁。」有德者，和順積中，英華發外。能言者，或便佞口給而已。仁者，心無私累，見義必爲。勇者，或血氣之强而已。○尹氏曰：「有德者必有言，徒能言者未必有德也。仁者志必勇，徒能勇者未必有仁也。」

○南宮适問於孔子曰：「羿善射，奡盪舟，俱不得其死然；禹稷躬稼，而有天下。」夫子不答，南宮适出。子曰：「君子哉若人！尚德哉若人！」适，古活反。羿，音詣。奡，五報反。盪，土浪反。○南宮适，即南容也。羿，有窮之君，善射，滅夏后相而篡其位。其臣寒浞又殺羿而代之。奡，《春秋傳》作澆，浞之子也。力能陸地行舟，後爲夏后少康所誅。禹平水土暨稷播種，身親稼穡之事。禹受舜禪而有天下，稷之後至周武王亦有天下。适之意蓋以羿、奡比當世之有權力者，而以禹、稷比孔子也。故孔子不答。然适之言如此，可謂君子之人，而有尚德之心矣，不可以不與。故俟其出而贊美之。

○子曰：「君子而不仁者有矣夫，未有小人而仁者也。」夫，音扶。○謝氏曰：「君子志於仁矣，然毫忽之間，心不在焉，則未免爲不仁也。」○南軒曰：「斯須之間，心不在焉，則爲不仁，是故君子戰兢固持而惟恐失之也。若小人則戕賊陷溺，雖秉彝之端不容盡泯，而亦不能以自達也。」

○子曰：「愛之，能勿勞乎？忠焉，能勿誨乎？」蘇氏曰：「愛而勿勞，禽犢之愛也；忠而勿誨，婦寺之忠也。愛而知勞之，則其爲愛也深矣；忠而知誨之，則其爲忠也大矣。」

○子曰：「爲命：裨諶草創之，世叔討論之，行人子羽脩飾之，東里子產潤色之。」裨，婢之反。諶，時林反。○裨諶以下四人，皆鄭大夫。草，略也。創，造也，謂造爲草藁也。世叔，游吉也，《春秋傳》作子太叔。討，尋究也。論，講議也。行人，掌使之官。子羽，公孫揮也。脩飾，謂增損之。東里，地名，子產所居也。潤色，謂加以文采也。鄭國之爲辭命，必更此四賢之手而成，詳審精密，各盡所長。是以應對諸侯，鮮有敗事。孔子言此，蓋善之也。

○或問子産。子曰：「惠人也。」子産之政，不專於寬，然其心則一以愛人爲主。故孔子以爲惠人，蓋舉其重而言也。**問子西。曰：「彼哉！彼哉！」**子西，楚公子申，能遜楚國，立昭王，而改紀其政，亦賢大夫也。然不能革其僭王之號。昭王欲用孔子，又沮止之。其後卒召白公以致禍亂，則其爲人可知矣。彼哉者，外之之辭。**問管仲。曰：「人也。奪伯氏駢邑三百，飯疏食，没齒無怨言。」**人也，猶言此人也。伯氏，齊大夫。駢邑，地名。齒，年也。蓋桓公奪伯氏之邑以與管仲，伯氏自知己罪，而心服管仲之功，故窮約以終身而無怨言。荀卿所謂「與之書社三百，而富人莫之敢拒」者，即此事也。○或問：「管仲、子産孰優？」曰：「管仲之德，不勝其才。子産之才，不勝其德。然於聖人之學，則概乎其未有聞也。」○或問十章之説。曰：「胡氏之説爲詳。胡氏曰：『鄭，小國也，介乎晉、楚。子産爲政，黜汰侈，崇恭儉，作封洫，鑄刑書，惜幣爭承，皆以豐財足用，禁姦保民。其用法雖深，爲政雖嚴，而卒歸於愛，是故夫子以惠人蔽之。及其卒也，聞之出涕，而曰：「古之遺愛也。」然孟子以爲惠而不知爲政，《禮記》以爲能食民而不知教者，蓋先王之政之教，子産誠有所未及也。』諸家皆不論子西爲何人，獨吴氏爲能考之。吴氏曰：『當時有三子西：鄭駟夏、楚宜申、公子申也。駟夏未嘗當國，無大可稱；宜申謀亂被誅，相去又遠，宜皆所不論者。獨公子申與孔子同時，又讓國。昭王欲用孔子，而子西止之，其後又召白公，以致楚亂，則其爲人可知矣。』」○問：「管仲人也，范、楊皆以爲盡人道，如何？」曰：「恐未然。古注謂，猶《詩》言所謂『伊人』，《莊子》所謂『之人』也。若作盡人道説，除管仲是真箇人，他人便不是人！管仲也未盡得人道在。」○愚案：古注、范、楊之説皆似未安，意「人」字之上猶有一字，若子産「惠人」之類，而逸之歟？

〇**子曰：「貧而無怨難，富而無驕易。」**易，去聲。〇處貧難，處富易，人之常情。然人當勉其難，而不可忽其易也。

〇**子曰：「孟公綽爲趙、魏老則優，不可以爲滕、薛大夫。」**公綽，魯大夫。趙、魏，晉卿之家。老，家臣之長。大家勢重，而無諸侯之事；家老望尊，而無官守之責。優，有餘也。滕、薛，二國名。大夫，任國政者。滕、薛國小政繁，大夫位高責重。然則公綽蓋廉静寡欲，而短於才者也。〇楊氏曰：「知之弗豫，枉其才而用之，則爲棄人矣，此君子所以患不知人也。言此，則孔子之用人可知矣。」〇南軒曰：「老者，行義爲人所尊之稱。趙、魏老號爲家事治者，公綽之不欲，其德可取也，故以爲趙、魏老則優。若夫滕、薛，則小國也，大夫之職煩勞，意者以綽之才有所不足，故不可爲耳。大抵用人之方，貴在處之得其當而已。」〇黄氏曰：「君子不器，則無施而不可也。未至於不器，則各有所長而不能相通。世之議論人物者，但見其長厚，則曰此賢也，然賢而不能任事，則亦未足爲全德。夫子之於公綽云云，其言可謂公且平矣。」

〇**子路問成人。子曰：「若臧武仲之知，公綽之不欲，卞莊子之勇，冉求之藝，文之以禮樂，亦可以爲成人矣。」**知，去聲。〇成人，猶言全人。武仲，魯大夫，名紇。莊子，魯卞邑大夫。言兼此四子之長，則知足以窮理，廉足以養心，勇足以力行，藝足以泛應，而又節之以禮，和之以樂，使德成於内，而文見乎外。則材全德備，渾然不見一善成名之迹，中正和樂，粹然無復偏倚駁雜之蔽，而其爲人也亦成矣。然亦之爲言，非其至者，蓋就子路之所可及而語之也。若論其至，則非聖人之盡人道，不足以語此。**曰：**

「今之成人者何必然？見利思義，見危授命，久要不忘平生之言，亦可以爲成人矣。」復加「曰」字者，既答而復言也。授命，言不愛其生，持以與人也。久要，舊約也。平生，平日也。有是忠信之實，則雖其才知禮樂有所未備，亦可以爲成人之次也。○程子曰：「知之明，信之篤，行之果，天下之達德也。若孔子所謂成人，亦不出此三者。武仲，知也；公綽，仁也；卞莊子，勇也；冉求，藝也。須是合此四人之能，文之以禮樂，亦可以爲成人矣。然而論其大成，則不止於此。若今之成人，有忠信而不及於禮樂，則又其次者也。」又曰：「臧武仲之知，非正也。若文之以禮樂，則無不正矣。」又曰：「語成人之名，非聖人孰能之？孟子曰：『惟聖人然後可以踐形。』如此方可以稱成人之名。」胡氏曰：「今之成人以下，乃子路之言。蓋不復聞斯行之之勇，而有終身誦之之固矣。未詳是否。」○或問四子之事。曰：「武仲則《春秋傳》詳矣。孟公綽他無所見，而前章所稱，亦可以得其爲人。卞莊子事見《新序》，曰：『莊子養母，戰而三北。及母死，齊伐魯，莊子赴鬬，三獲甲首以獻，曰此塞三北。遂赴齊師，殺十人而死。』❶冉求之藝，則夫子固嘗稱之矣。」曰：「必兼四子之長而又必文之以禮樂，然後可以爲成人，何也？」曰：「四子各有所長，而不能相兼，又無禮樂以文之，故知者至於要君，勇者至於輕死，藝者至於聚斂，而不欲者又或不能於小國之大夫也，亦難以爲成人矣。故孔子言必兼此四人之能而又文之以禮樂，則集其所長，去其所短，而後可以爲成人矣。洪氏以爲特以四人爲言者，四人皆魯人，而莊子與子路皆卞人，冉求又朋友也，舉其近而易知者。胡氏以爲言

❶「十」，原誤作「千」，今據宋刻本《新序》卷八《義勇第八》及《四書或問》卷十九《論語·憲問第十四》改。

卞莊子，蓋以況子路耳，言有是一能而不能兼衆之長與成於禮樂焉，則亦不足爲成人矣，恐亦有此意也。」曰：「今之成人以下，或以爲子路之言，何如？」曰：「未可知也，然姑存之，以備參考可也。胡氏曰：『此子路之所已能也。夫子方進子路於成人之域，豈又取其已能者而重奬之哉？蓋子路晚節末路，不復聞斯行之之勇，而有終身誦之之固，是以自名其善而爲此辭，與未見其止者異矣。』」〇「文之以禮樂」，此一句最重。上面四人所長，且把做箇樣素子，❶唯「文之以禮樂」始得。〇南軒曰：「『文之以禮樂』，道問學之事也。又言其次者，聖人所以引而進也。『見利思義』，無苟得也；『見危授命』，無苟避也；『久要不忘』，不食其言也。是雖未有過人之才，而亦篤實忠信之士也。故在今日亦可爲成人，此亦思狂狷之意。」

〇子問公叔文子於公明賈曰：「信乎夫子不言、不笑、不取乎？」公叔文子，衛大夫公孫枝也。公明姓，賈名，亦衛人。文子爲人，其詳不可知，然必廉静之士，故當時以三者稱之。**公明賈對曰：「以告者過也。夫子時然後言，人不厭其言；樂然後笑，人不厭其笑；義然後取，人不厭其取。」子曰：「其然，豈其然乎？」**厭者，苦其多而惡之之辭。事適其可，則人不厭，而不覺其有是矣。是以稱之或過，而以爲不言、不笑、不取也。然此言也，非禮義充溢於中，得時措之宜者不能。文子雖賢，疑未及此，但君子與人爲善，不欲正言其非也。故曰「其然，豈其然乎」，蓋疑之也。〇或問：「公叔文子得不言、不笑、不取之名，而公明賈以爲時然後言、笑、取，何也？」曰：「蘇氏曰：『凡事之因物而中理者，人不知其有

❶ 「樣」，《朱子語類》卷四十四《論語》二十六作「樸」。

是也。飲食未嘗無五味也，而人不知者，以其適宜而中度也。飲食而知其有五味，必其過者也。此文子得不言、不笑、不取之名也。』而公明賈以是稱之也。」「夫子疑之，何也？」曰：「吴氏曰：『文子請享靈公也，史鰌曰：「子富君貧，禍必及矣。」觀此，則文子之言豈能皆當，而其取豈能皆善乎？』」○南軒曰：「公叔文子，意者簡默厚重之士，故人稱之如此。聖人質之於其門人，將以察其然也。公明賈之言善矣，然非文子之所及也，蓋如所言，非和順積中、發而中節者莫能。不直謂不然，而爲之疑辭曰『其然，豈其然乎』，聖人之辭氣，含洪忠厚如此。」

○子曰：「臧武仲以防求爲後於魯，雖曰不要君，吾不信也。」要，平聲。○防，地名，武仲所封邑也。要，有挾而求也。武仲得罪奔邾，自邾如防，使請立後而避邑。以示若不得請，則將據邑以叛，是要君也。○范氏曰：「要君者無上，罪之大者也。武仲之邑，受之於君。得罪出奔，則立後在君，非己所得專也。而據邑以請，由其好智而不好學也。」楊氏曰：「武仲卑辭請後，其跡非要君者，而意實要之。夫子之言，亦《春秋》誅意之法也。」○南軒曰：「尹氏云：『據邑以請，非要君而何？』不知義者，將以武仲之存先祀爲賢也，故夫子正之。」

○子曰：「晉文公譎而不正，齊桓公正而不譎。」譎，古穴反。○晉文公，名重耳。齊桓公，名小白。譎，詭也。二公皆諸侯盟主，攘夷狄以尊周室者也。雖其以力假仁，心皆不正，然桓公伐楚，仗義執言，不由詭道，猶爲彼善於此。文公則伐衛以致楚，而陰謀以取勝，其譎甚矣。二公他事亦多類此，故夫子言此以發其隱。○晉文用兵，便是戰國孫、吴氣習。○南軒曰：「詳觀召陵討罪之舉，城濮怒楚之戰，則可見矣。

二君皆以功利爲心，爲三王之罪人則同，然就其中行事之迹，又有譎正之異。」

○子路曰：「桓公殺公子糾，召忽死之，管仲不死。」曰：「未仁乎？」糾，居黝反。召，音邵。○案《春秋傳》，齊襄公無道，鮑叔牙奉公子小白奔莒。及無知弑襄公，管夷吾、召忽奉公子糾奔魯，魯人納之。未克，而小白入，是爲桓公。使魯殺子糾而請管、召，召忽死之，管仲請囚。鮑叔牙言於桓公以爲相。子路疑管仲忘君事讎，忍心害理，不得爲仁也。**子曰：「桓公九合諸侯，不以兵車，管仲之力也。如其仁！如其仁！」**九，《春秋傳》作「糾」，督也，古字通用。不以兵車，言不假威力也。如其仁，言誰如其仁者，又再言以深許之。蓋管仲雖未得爲仁人，而其利澤及人，則有仁之功矣。○或問管仲不死之説。曰：「程子至矣，但以薄昭之言，證桓公之爲兄，則荀卿嘗謂桓公殺兄以争國，而其言固出於薄昭之前矣，蓋未可以證其必然。但以公、穀《春秋》所書之文爲據，而參以此章之言，斷之可也。蓋聖人之於人，有功則稱其功，有罪則數其罪，不以功掩罪，亦不以罪掩功。今於管仲，但稱其功，不言其罪，則可見不死之無害於義，而桓公、子糾之長少，亦從以明矣。又况匹夫匹婦之爲諒者，正指召忽之於子糾，猶石乞於白公耳。至於程子又謂『若使管仲所事者正而不死其難，則後雖有大功，聖人豈復稱之』，愚恐記之失也。蓋曰不與其事桓公則可，曰不稱其功則不可，記者豈因彼言以爲此而遂失之也與？」曰：「管仲生死之事，非決於一時之義耳。程子又謂：『若使管仲不死而無功，則是貪生惜死，而不若匹夫匹婦之爲諒。』未免於先功而後義。且管仲又何以自必其後之有功邪？」曰：「召忽之失，在於輔子糾以争國，而不在於死；管仲之得，在於九合之功，而不在於不死。後功固不可期，而其在我者固可必。但其得就此功，而免於匹夫匹婦之諒，則亦幸而已矣。後之君子，有不幸而處此者，苟自度其無管仲之才，是殆不若爲召忽之不失其正也。此又程子言外之意，讀者不可以不察也。范氏以九合爲仁之大，以死節爲義之小，是謀利計功之言，其害理甚矣。若聖人之心，果出於此，則行一不義、殺一不辜而得天下，亦何憚而不爲之乎？謝氏以管仲於子糾，君臣之義未正，故可以不死，亦非也。夫仲之可以不死者，正以小白兄而子糾弟耳。若使糾兄而當立，則齊國之士，君臣之義，無所逃矣，如管仲策名委質，親北面而君之，安得幸其未得入國而死，乃託於君臣之義未正，而不死其難哉？以忽死爲傷勇，仲之不死爲徙義，而夫子予仲之不死，恐亦非聖人之意也。夫子特以忽之功無足稱，而其死不爲過，管仲之不死亦未害義，而其功有足褒耳，固非予仲之生而貶忽之死也。」○問：「管仲之心既已不仁，何以有仁者之功？」曰：「如漢高祖、唐太宗未可謂之仁人，然秦隋殘虐之極，二君一旦出而平定天下，拯救生民，豈非仁者之功邪？管仲之功，亦猶是也。」○南軒曰：「夫子所以稱管仲者，仁之功也。問其仁而獨稱仁之功，則其淺深亦可知矣。其告子貢亦然。若二子問管仲仁乎，則所以告之者異矣。聖人答問抑揚之意，學者當味之。」○愚案：「如其仁！如其仁！」朱子以爲誰如其仁，或者以爲，夫子之意蓋謂如其九合不以兵車之事，是亦仁也，蓋指此一事而許其仁。此說近矣。

○子貢曰：「管仲非仁者與？桓公殺公子糾，不能死，又相之。」與，平聲。相，去聲。○子貢意不死猶可，相之則已甚矣。**子曰：「管仲相桓公，霸諸侯，一匡天下，民到于今受其賜。微管仲，吾其被髮左衽矣。**被，皮寄反。衽，而審反。○霸，與伯同，長也。匡，正也。尊周室，攘夷狄，皆所以正天下也。微，無也。衽，衣衿也。被髮、左衽，夷狄之俗也。**豈若匹夫匹婦之爲諒也，自經於溝**

瀆而莫之知也。」諒，小信也。經，縊也。莫之知，人不知也。《後漢書》引此文，「莫」字上有「人」字。○程子曰：「桓公，兄也。子糾，弟也。仲私於所事，輔之以爭國，非義也。桓公殺之雖過，而糾之死實當。仲始與之同謀，遂與之同死，可也；知輔之爭爲不義，將自免以圖後功，亦可也。故聖人不責其死而稱其功。若使桓弟而糾兄，管仲所輔者正，桓奪其國而殺之，則管仲之與桓，不可同世之讎矣。若計其後功而與其事桓，聖人之言，無乃害義之甚，啓萬世反覆不忠之亂乎？如唐之王珪、魏徵，不死建成之難，而從太宗，可謂害於義矣。後雖有功，何足贖哉？」愚謂管仲有功而無罪，故聖人獨稱其功；王、魏先有罪而後有功，則不以相掩可也。

○公叔文子之臣大夫僎，與文子同升諸公。僎，士免反。○臣，家臣。公，公朝。謂薦之與己同進爲公朝之臣也。**子聞之曰：「可以爲文矣。」**文者，順理而成章之謂。謚法亦有所謂錫民爵位曰文者。○洪氏曰：「家臣之賤而引之使與己並，有三善焉：知人，一也；忘己，二也；事君，三也。」○南軒曰：「志在上賢而無娼嫉之心，以斯一善其謚以文可也。」

○子言衛靈公之無道也，康子曰：「夫如是，奚而不喪？」夫，音扶。喪，去聲。喪，失位也。**孔子曰：「仲叔圉治賓客，祝鮀治宗廟，王孫賈治軍旅，夫如是，奚其喪？」**仲叔圉，即孔文子也。三人皆衛臣，雖未必賢，而其才可用。靈公用之，又各當其才。○尹氏曰：「衛靈公之無道宜喪也，而能用此三人，猶足以保其國，而況有道之君，能用天下之賢才者乎？《詩》曰：『無競維人，四方其訓之。』」○南軒曰：「以衛靈公無道，然所用得其才，猶足以無喪。雖然，但能維持使之勿喪而已。若身正於上而用得其人，則孰禦焉？」

○子曰：「其言之不怍，則爲之也難。」大言不慙，則無必爲之志，而不自度其能否矣。欲踐其言，豈不難哉？○南軒曰：「易其言者，實必不至。若聽其言而不怍，則知其爲之也難矣。故古者言之不出，耻躬之不逮，而仁者之言必訒也。」

○陳成子弑簡公。成子，齊大夫，名恒。簡公，齊君，名壬。事在《春秋》哀公十四年。**孔子沐浴而朝，告於哀公曰：「陳恒弑其君，請討之。」**朝，音潮。○是時孔子致仕居魯，沐浴齊戒以告君，重其事而不敢忽也。臣弑其君，人倫之大變，天理所不容，人人得而誅之，况鄰國乎？故夫子雖已告老，而猶請哀公討之。**公曰：「告夫三子！」**夫，音扶，下「告夫」同。○三子，三家也。時政在三家，哀公不得自專，故使孔子告之。**孔子曰：「以吾從大夫之後，不敢不告也。君曰『告夫三子』者。」**孔子出而自言如此。意謂弑君之賊，法所必討。大夫謀國，義所當告。君乃不能自命三子而使我告之也。**之三子告，不可。孔子曰：「以吾從大夫之後，不敢不告也。」**以君命往告，而三子魯之强臣，素有無君之心，實與陳氏聲勢相倚，故沮其謀。而夫子復以此應之，其所以警之者深矣。○程子曰：「左氏記孔子之言曰：『陳恒弑其君，民之不予者半。以魯之衆，加齊之半，可克也。』此非孔子之言。誠若此言，是以力不以義也。若孔子之志，必將正名其罪，上告天子，下告方伯，而率與國以討之。至於所以勝齊者，孔子之餘事也，豈計魯人之衆寡哉？當是時，天下之亂極矣，因是足以正之，周室其復興乎？魯之君臣，終不從之，可勝惜哉！」胡氏曰：「《春秋》之法，弑君之賊，人人得而討之。仲尼此舉，先發後聞可也。」

○子路問事君。子曰：「勿欺也，而犯之。」犯，謂犯顔諫争。○范氏曰：「犯非子路之所難也，而以不欺爲難。故夫子教以先勿欺而後犯也。」○南軒曰：「盡誠而不欺，犯顔而納忠，事君之義，大要盡是矣。然勿欺其本也。勿欺矣，則誠信充積，一不得已，有時而犯之，則有以感動也。以子路之剛强，懼其果於犯也，故告之以勿欺爲主。」○黄氏曰：「僞言不直，謂之欺。直言無隱，謂之犯。欺與犯正相反。夫子之告子路乃是一戒一勸，兩面平説之辭，若反覆以觀，則能勿欺而不能犯，則未免有回護之失；能犯矣而不能勿欺，則未免有矯飾之病。此又不可以不戒也。」

○子曰：「君子上達，小人下達。」君子反天理，故日進乎高明；小人狥人欲，故日究乎汙下。○案：張子曰：「上達反天理，下達狥人欲。」朱子之説本此。○南軒曰：「上達反本，下達趨末，皆云達者，如喻義喻利同言喻。」

○子曰：「古之學者爲己，今之學者爲人。」爲，去聲。○謝氏曰：「君子無不反求諸己，小人反是，此君子小人所以分也。」○楊氏曰：「君子雖不病人之不己知，然亦反諸己而已。小人求諸人，故違道干譽，無所不至。二者文不相蒙而意實相足，亦記言者之意。」○此章在病人不己知與疾没世名不稱之次，故楊氏云云。朱子有曰：「程子曰：『爲己，欲得之於己也。爲人，欲見知於人也。』」○程子曰：「古之學者爲己，其終至於成物。今之學者爲人，其終至於喪己。」朱子曰：「聖賢論學者用心得失之際，其説多矣，然未有如此言之切而要者。於此明辨而日省之，則庶乎其不昧於所從矣。」○若不爲己，看做甚事都只是爲别人，雖做得好，亦不關己。○問。曰：「這須要自看，如一日之間小事大事，只是道我合當做，便如此做，這便是無所爲。且如讀書，只是自家合如此讀，合如此理會身己，才說要人知，便是有所爲。」○《大學或問》云：「大抵以學者而視天下之事，以爲己事之當然而爲之，雖甲兵、金穀、籩豆、有司之事，皆爲己也；以其可以求知於世而爲之，則雖割股、廬墓、弊車、羸馬，亦爲人耳。善乎張子敬夫之言曰：『爲己，無所爲而然也。』此其語意之深切，蓋有前賢所未發者云云。」○《學古齋箴》：「相古先民，學以爲己。今也不然，爲人而已。爲己之學，先成其身。君臣之義，父子之仁。聚辨居行，無怠無忽。至足之餘，澤及萬物。爲人之學，燁然春華。誦數是力，纂組是夸。結駟懷金，煌煌煒煒。世俗之榮，君子之鄙。惟是二者，其端則微。眇緜弗察，胡趣其歸？」

○蘧伯玉使人於孔子。使，去聲，下同。○蘧伯玉，衛大夫，名瑗。孔子居衛，嘗主於其家。既而反魯，故伯玉使人來也。**孔子與之坐而問焉，曰：「夫子何爲？」對曰：「夫子欲寡其過而未能也。」使者出。子曰：「使乎！使乎！」**與之坐，敬其主以及其使也。夫子，指伯玉也。言其但欲寡過而猶未能，則其省身克己常若不及之意可見矣。使者之言愈自卑約，而其主之賢益彰，亦可謂深知君子之心而善於辭令者矣。故夫子再言「使乎」以重美之。案莊周稱「伯玉行年五十而知四十九年之非」。又曰：「伯玉行年六十而六十化。」蓋其進德之功，老而不倦。是以踐履篤實，光輝宣著。不唯使者知之，而夫子亦信之也。○或問二十六章之說。曰：「蘧伯玉使者之言極有味，學者所宜熟玩而深省焉。胡氏說亦可觀也。胡氏曰：『未能寡過，乃伯玉心事，而使者知之。雖伯玉克己日新之業著見於外，而使者亦可謂知德而能言矣。』」○南軒曰：「夫欲寡過而未能，非篤於進德修業者莫知此味也，則伯玉之賢可知。」

○子曰：「不在其位，不謀其政。」重出。

○曾子曰：「君子思不出其位。」此艮卦之象辭也。曾子蓋嘗稱之，記者因上章之語而類記之也。○范氏曰：「物各止其所，而天下之理得矣。故君子所思不出其位，而君臣、上下、大小，皆得其職也。」

○子曰：「君子恥其言而過其行。」行，去聲。○恥者，不敢盡之意。過者，欲有餘之辭。

○子曰：「君子道者三，我無能焉：仁者不憂，知者不惑，勇者不懼。」知，去聲。○自責以勉人也。**子貢曰：「夫子自道也。」**道，言也。自道，猶云謙辭。○尹氏曰：「成德以仁爲先，進學以知爲先。故夫子之言，其序有不同者以此。」○王彦霖問：「心，一也。有曰云云，何也？」程子曰：「此只是名其德耳，其理一也。得此道而不憂者，仁之事也，因其不憂，故曰此仁也。智、勇亦然。凡名其德，千百皆然，但此三者，達道之大者也。」○仁者不憂，知者不惑，勇者不懼，德之序也；知者不惑，仁者不憂，勇者不懼，學之序也。知以知之，仁以守之，勇以行之。

○子貢方人。子曰：「賜也賢乎哉？夫我則不暇。」夫，音扶。○方，比也。乎哉，疑辭。比方人物而較其短長，雖窮理之事，然專務爲此，則心馳於外，而所以自治者疏矣。故褒之而疑其辭，復自貶以深抑之。○謝氏曰：「聖人責人，辭不迫切而意已獨至如此。」○南軒曰：「擬議人之優劣，非知者其能之乎？故亦可謂之賢。而曰『夫我則不暇』，求之他人，不若篤其在己也。聖人抑揚之間，所以長善救失者，宜深味也。」以上皆聖人稱許之辭，然所以勉其不及者，亦甚至矣。

○子曰：「不患人之不己知，患其不能也。」凡章指同而文不異者，一言而重出也。文小異者，屢言而各出也。此章凡四見，而文皆有異。則聖人於此一事，蓋屢言之，其丁寧之意亦可見矣。

○子曰：「不逆詐，不億不信。抑亦先覺者，是賢乎！」逆，未至而迎之也。億，未見而意之也。詐，謂人欺己。不信，謂人疑己。抑，反語辭。言雖不逆不億，而於人之情僞，自然先覺，乃爲賢也。○楊氏曰：「君子一於誠而已，然未有誠而不明者。故雖不逆詐、不億不信，而常先覺也。若夫不逆不億而卒爲小人所罔焉，斯亦不足觀也已。」

○微生畝謂孔子曰：「丘何爲是栖栖者與？無乃爲佞乎？」與，平聲。○微生，姓；畝，名也。畝名呼夫子而辭甚倨，蓋有齒德而隱者。栖栖，依依也。爲佞，言其務爲口給以悦人也。**孔子曰：「非敢爲佞也，疾固也。」**疾，惡也。固，執一而不通也。聖人之於達尊，禮恭而言直如此，其警之亦深矣。

○子曰：「驥不稱其力，稱其德也。」驥，善馬之名。德，謂調良也。○尹氏曰：「驥雖有力，其稱在德。人有才而無德，則亦奚足尚哉？」○或問：「才受乎天，德係乎習，乃重才而輕德者，何也？」曰：「人受天地之中以生，是德也固已根於其性之所有，特人不能皆生知而安行，故賴學以成之耳，非因學而後有也，豈可以其係乎習而不受乎天哉？若以氣稟而言，則才之與德，皆有自然勉强之差，又不得專以才爲天賦，德爲人爲也。司馬公論智伯，以金與竹爲才，以鎔範矯揉爲德，其失正與此同。至於蘇氏之言，又以才難强而德易勉，其失之端不過如此，而其末流遂至於貴才而賤德，則其失益甚，而其爲天下後世之禍也益深矣。」○南軒曰：「驥之得稱，爲其德，不爲其力也，而况於君子乎？豈不以尚德爲貴乎？苟無其德，雖曰有才，其得謂之君子乎？」○又南宫适曰：「禹、稷躬稼，而有天下。羿善射，奡盪舟，皆不得其死然。」夫子不答，南宮适出。子曰：「君子哉若人！尚德哉若人！」亦與此章同指云。

〇**或曰：「以德報怨，何如？」**或人所稱，今見《老子》書。德，謂恩惠也。**子曰：「何以報德？**言於其所怨，既以德報之矣；則人之有德於我者，又將何以報之乎？**以直報怨，以德報德。」**於其所怨者，愛憎取舍，一以至公而無私，所謂直也。於其所德者，則必以德報之，不可忘也。〇或人之言，可謂厚矣。然以聖人之言觀之，則見其出於有意之私，而怨德之報皆不得其平也。必如夫子之言，然後二者之報各得其所。然怨有不讎，而德無不報，則又未嘗不厚也。此章之言，明白簡約，而其指意曲折反復，如造化之簡易易知，而微妙無窮，學者所宜詳玩也。

〇**子曰：「莫我知也夫！」**夫，音扶。〇夫子自歎，以發子貢之問也。**子貢曰：「何爲其莫知子也？」子曰：「不怨天，不尤人。下學而上達。知我者其天乎！」**不得於天而不怨天，不合於人而不尤人。但知下學而自然上達。此但自言其反己自修，循序漸進耳，無以甚異於人而致其知也。然深味其語意，則見其中自有人不及知而天獨知之之妙。蓋在孔門，唯子貢之智幾足以及此，故特語以發之。惜乎其猶有所未達也！〇程子曰：「不怨天，不尤人，在理當如此。」又曰：「下學上達，意在言表。」又曰：「學者須守下學上達之語，乃學之要。蓋凡下學人事，便是上達天理。然習而不察，則亦不能以上達矣。」〇《朱子語録》：「下學者，事也；上達者，理也。理只在事中。若真能盡得下學之事，則上達之理便在此。」〇釋氏只説上達，更不理會下學。然既無下學，如何上達！〇問：「聖人亦有下學否？」曰：「聖人雖是生知，何嘗不學。如『入大廟，每事問』、『吾十有五而志于學』，便是學也。」〇一物之中，皆具一理。就那物中見得箇理，便是上達，如「大而化之之謂聖，聖而不可知之謂神」。然亦不離乎人倫日用之中，但人不能盡所謂學者。果能學，安有不達者！○下學是立脚只在這裏，上達是見識自然超詣。到得上達，便只是這下學，原不相離。○或問云云。曰：「學者學夫人之事，形而下者也。而其事之理，則固天之理也，形而上者也。」○釋曰：「窮通榮辱，天也；用舍予奪，人也。常人之情，不得其所欲則怨天尤人，蓋揚己之善而歸過於天人也。下學者，所學日用常行之事也。上達者，道德性命之理也。常人之情，置事於淺近，索理於渺茫，是以惑人之耳目而以爲能，此所以人知之也。聖人渾然天理，窮通榮辱，用舍予奪，皆理之不能無者，順而受之，又何怨尤之有？人事之中，便是天理，又何必舍人事而求之於渺茫哉？如是則慊然若不見其所長者，然天理流行，而聖人與之無間如此，所以人不知而天知之也。」

○公伯寮愬子路於季孫。子服景伯以告，曰：「夫子固有惑志於公伯寮，吾力猶能肆諸市朝。」朝，音潮。○公伯寮，魯人。子服氏，景謚，伯字，魯大夫子服何也。夫子，指季孫。言其有疑於寮之言也。肆，陳尸也。言欲誅寮。**子曰：「道之將行也與？命也。道之將廢也與？命也。公伯寮其如命何！」**與，平聲。○謝氏曰：「雖寮之愬行，亦命也。其實寮無如之何。」愚謂言此以曉景伯，安子路，而警伯寮耳。聖人於利害之際，則不待決於命而後泰然也。○或問：「公伯寮學於孔子，而所爲若是，何也？」曰：「胡氏以爲寮非孔子之弟子，特季氏之黨耳。若遊於孔門，則豈至於陷其朋友哉？」曰：「子路非王佐之才，家臣非師相之任，其爲用舍無足言矣。而孔子以道之興廢係焉，何也？」曰：「此墮三都、出藏甲之時也，道之興廢，固於是乎在耳。」曰：「或以命爲天理，何也？」曰：「命者，天理流行、付與萬物之謂也。然其形而上者謂之理，形而下者謂之氣。自其理之體而言之，則元亨利貞之德，具於一時而萬古不易。自其氣之運而言，則消息盈虛之變，如循環之無端而不可窮也。萬物受命於天以生，而得其理之體，故仁義禮智之體，根於心而爲性。其既生也，則隨其氣之運，故廢興厚薄之變，唯所命而莫逃。此章之所謂命，蓋指氣之所運爲言，以天理釋之，則於二者之分，亦不察矣。」○南軒曰：「莫之致而至者，命也。道之興廢，一斷以命，公伯寮何所預於其間哉？不曰己而直曰道之將行與廢，較之孟子予不遇魯侯之命，亦可以見聖賢氣象之分。」

○子曰：「賢者辟世，辟，去聲，下同。○天下無道而隱，若伯夷、太公是也。**其次辟地，**去亂國，適治邦。**其次辟色，**禮貌衰而去。**其次辟言。」**有違言而後去也。○程子曰：四者雖以大小次弟言之，然非有優劣也，所遇不同爾。○黄氏曰：「四者固非有優劣，然賢者之處世，豈不能超然高舉，見幾而作，乃至發見於言色而後辟之邪？」曰：「出處之義自非一端，隨其所居之位而量其所處之宜可也。衛靈公顧蜚鴈則辟色矣，問陳則辟言矣，豈夫子於此爲劣乎？此所以不可以優劣言也。」

○子曰：「作者七人矣。」李氏曰：「作，起也。言起而隱去者，今七人矣。不可知其誰何。必求其人以實之，則鑿矣。」

○子路宿於石門。晨門曰：「奚自？」子路曰：「自孔氏。」曰：「是知其不可而爲之者與？」與，平聲。○石門，地名。晨門，掌晨啓門，蓋賢人隱於抱關者也。自，從也，問其何所從來也。胡氏曰：「晨門知世之不可而不爲，故以是譏孔子。然不知聖人之視天下，無不可爲之時也。」○黄氏曰：「晨門見已而不見聖人，故以是爲言。然無孔子之聖，則寧爲晨門而自處於抱關擊柝也。其言聖人則非，而自處其身則是，亦可謂賢也已。」○南軒曰：「聖人非不知道之不可行，而皇皇於斯世者，天地生物之心也。彼雖知世之不可以爲，而未知道之不可以已。」

○子擊磬於衛。有荷蕢而過孔氏之門者，曰：「有心哉！擊磬乎！」荷，去聲。○磬，樂器。荷，擔也。蕢，草器也。此荷蕢者，亦隱士也。聖人之心未嘗忘天下，此人聞其磬聲而知之，則亦非常人矣。**既而曰：「鄙哉！硜硜乎！莫己知也，斯已而已矣。深則厲，淺則揭。」**硜，苦耕反。「莫己」之「己」，音記，餘音以。揭，起例反。○硜硜，石聲，亦專確之意。以衣涉水曰厲，攝衣涉水曰揭。此兩句，《衛風·匏有苦葉》之詩也。譏孔子人不知己而不止，不能適淺深之宜。**子曰：「果哉！末之難矣。」**果哉，歎其果於忘世也。末，無也。聖人心同天地，視天下猶一家，中國猶一人，不能一日忘也。故聞荷蕢之言，而歎其果於忘世。且言人之出處，若但如此，則亦無所難矣。○南軒：「難作去聲，謂其言之果無得與辨論矣。」

○子張曰：「《書》云：『高宗諒陰，三年不言。』何謂也？」高宗，商王武丁也。諒陰，天子居喪之名，未詳其義。**子曰：「何必高宗，古之人皆然。君薨，百官總己以聽於冢宰三年。」**言君薨，則諸侯亦然。總己，謂總攝己職。冢宰，太宰也。百官聽於冢宰，故君得以三年不言也。○胡氏曰：「位有貴賤，而生於父母無以異者。故三年之喪，自天子達於庶人。子張非疑此也，殆以爲人君三年不言，則臣下無所稟令，禍亂或由以起也。孔子告以聽於冢宰，則禍亂非所憂矣。」

○**子曰：「上好禮，則民易使也。」**好、易，皆去聲。○謝氏曰：「禮達而分定，故民易使。」

○**子路問君子。子曰：「脩己以敬。」曰：「如斯而已乎？」曰：「脩己以安人。」曰：「如斯而已乎？」曰：「脩己以安百姓。脩己以安百姓，堯舜其猶病諸！」**脩己以敬，夫子之言至矣盡矣。而子路少之，故再以其充積之盛，自然及物者告之，無他道也。○程子曰：「君子脩己以安百姓，篤恭而天下平。唯上下一於恭敬，則天地自位，萬物自育，氣無不和，而四靈畢至矣。此體信達順之道，聰明睿知皆由是出，以此事天饗帝。」○致堂胡氏曰：「可願莫如善，敬立則百善從。宜遠莫如邪，敬立則百邪息。故敬也者，存心之要法，檢身之切務也。欲持敬者奈何？」曰：「君子有言，主一之謂敬，無適之謂一。如執大圭，如奉槃水，如震霆之在上也，淵谷之在下也，師保之在前也，鬼神之在左右也，是則持敬之道。」○問：「聰明睿知，皆由此出，莫是自敬出否？」朱子曰：「心常恭敬，則常光明。」○問程子云云。曰：「敬則自是聰明。人之所以不聰不明者，止緣身心惰嫚，便昏塞了。敬則虛靜，自然通達。」因問：「周子云『靜虛則明，明則通』，是此意否？」曰：「意亦相似。」○又問云云。曰：「聰明睿智如何不由敬出？且以一國之君觀之：此心才不虛靜，則姦聲佞辭雜進而不察，何以爲聰？冶容亂色交蔽而不辨，何以爲明？睿智皆出於心，心既無主，則應事接物，何由思慮得宜？所以此心常要肅然虛明，然後物不能惑。」○南軒曰：「修己之道不越乎敬，敬之道盡，則所爲修己者亦無不盡，而所以安人安百姓者，皆在其中矣。蓋一於篤敬，則推之家以及於天下者，皆其理也。極其至也，天地位焉，萬物育焉，兆民雖衆，其有不得其所安者乎？是則『修己以敬』一語，理無不盡者。」

○原壤夷俟。子曰：「幼而不孫弟，長而無述焉，老而不死，是爲賊！」以杖叩其脛。孫、弟，並去聲。長，上聲。叩，音口。脛，其定反。○原壤，孔子之故人。母死而歌，蓋老氏之流，自放於禮法之外者。夷，蹲踞也。俟，待也。言見孔子來而蹲踞以待之也。述，猶稱也。賊者，害人之名。以其自幼至長，無一善狀，而久生於世，徒足以敗常亂俗，則是賊而已矣。脛，足骨也。孔子既責之，而因以所曳之杖，微擊其脛，若使勿蹲踞然。

○闕黨童子將命。或問之曰：「益者與？」與，平聲。○闕黨，黨名。童子，未冠者之稱。將命，謂傳賓主之言。或人疑此童子學有進益，故孔子使之傳命以寵異之也。**子曰：「吾見其居於位也，見其與先生並行也。非求益者也，欲速成者也。」**禮，童子當隅坐隨行。孔子言吾見此童子不循此禮，非能求益，但欲速成爾。故使之給使令之役，觀少長之序，習揖遜之容。蓋所以抑而教之，非寵而異之也。○南軒曰：「夫子之意，以爲童子當爲童子之事而已。童子坐則隅，不敢居於位也；行則左右，不敢與先生並行也。今居位而並行，是不安乎童子之所爲而自進於成人之列，有躐等之意，無自卑之心，焉能以求益乎？故以爲欲速成者而已。如物之生，循其序而生理達焉，若欲速成，則反害其生矣。故聖門之學，先之以洒埽應對進退之事，所以長愛敬之端而防傲惰之萌，使之循循而有進也，其可忽諸？」

論語集編卷第八

衛靈公第十五凡四十一章。

衛靈公問陳於孔子。孔子對曰：「俎豆之事，則嘗聞之矣；軍旅之事，未之學也。」明日遂行。陳，去聲。○陳，謂軍師行伍之列。俎豆，禮器。尹氏曰：「衛靈公，無道之君也，復有志於戰伐之事，故答以未學而去之。」**在陳絶糧，從者病，莫能興。**從，去聲。○孔子去衛適陳。興，起也。**子路愠見曰：「君子亦有窮乎？」子曰：「君子固窮，小人窮斯濫矣。」**見，賢遍反。○何氏曰：「濫，溢也。言君子固有窮時，不若小人窮則放溢爲非。」程子曰：「固窮者，固守其窮。」亦通。○愚謂聖人當行而行，無所顧慮。處困而亨，無所怨悔，於此可見，學者宜深味之。○案《史記》：「楚使人聘孔子。陳蔡大夫謀曰：『孔子用於楚，則陳蔡大夫危矣。』於是乃相與發徒役圍孔子於野。不得行，絶糧。從者病，莫能興。孔子講誦絃歌不衰。子路愠見曰：『君子亦有窮乎？』孔子曰：『君子固窮，小人窮斯濫矣。』孔子知弟子有愠心，乃召子路而問曰：『《詩》云：「匪兕匪虎，率彼曠野。」吾道非邪？吾何爲於此？』子路曰：『意者吾未仁邪？人之不我信也。意者吾未智邪？人之不吾行也。』孔子曰：『有是乎！由，使仁者而必信，安有伯夷、叔齊？使智者而必行，安有王子比干？』子路出，子貢入見。曰：『夫子之道至大也，故天下莫能容夫子，盍少貶焉？」』孔子曰：『賜，良農能稼而不能爲穡，良工能巧而不能爲順。君子能修其道，綱而紀之，條而理之，而不能爲容。今爾不修爾道而求爲容，賜，而志不遠矣。』子貢出，顏淵入見。曰：『夫子之道大，故天下莫能容。雖然，夫子推而行之，不容何病，不容然後見君子。夫道之不修，是吾醜也。夫道既已大修而不用，有國者之醜也。不容何病，不容然後見君子。』孔子欣然而笑曰：『有是哉！顏氏之子。使爾多財，吾爲爾宰。』於是使子貢至楚。楚昭王興師迎孔子，然後得免。」○或問：「衛靈公問陳，而夫子遽行，何也？」曰：「爲國以禮，戰陳之事，非人君所宜問也。况靈公無道，夫子固知之矣，特以其禮際之善，庶幾可與言者，是以往來於衛，爲日最久，而所以啓告之者，亦已詳矣。乃於孔子之言，一無所入，至是而猶問陳焉，則其志可知矣，故對以未學而去之。然不但曰未學而已，猶且以俎豆之事告之，則夫子之去，蓋亦未有必然之意。使靈公於此有以發悟於心而改事焉，則夫子之行，孰謂其不可留哉？故《史記》又云：『明日與孔子，見蜚鴈，仰視之，色不在孔子，孔子遂行。』則是孔子之行，又以禮際之不善而决，不專於問陳一事也。夫子既行，而靈公卒，衛國大亂，俎豆之對，其旨遠哉！」○南軒曰：「夫自春秋之時言之，諸國以强弱爲勝負，軍旅之事宜所先，而俎豆之事疑若不急者矣。曾不知國之所以爲國者，以夫天叙天秩實維持之也。爲國者志存乎典禮，則孝順和睦之風興，協力一心，事君親上，其强孰禦焉！不然，三綱淪廢，人有離心，國誰與立？軍旅雖精，果何所用哉？」

○子曰：「賜也，女以予爲多學而識之者與？」女，音汝。識，音志。與，平聲，下同。○子貢之學，多而能識矣。夫子欲其知所本也，故問以發之。**對曰：「然，非與？」**方信而忽疑，蓋其積學功至，而亦將有得也。**曰：「非也，予一以貫之。」**説見第四篇。然彼以行言，此以知言也。○謝氏曰：「聖人之道大矣，人不能徧觀而盡識，宜其以爲多學而識之也。然聖人豈務博者哉？如天之於衆形，非物物刻而雕之也。故曰：『予一以貫之。』『德輶如毛，毛猶有倫。上天之載，無聲無臭。』至矣！」尹氏曰：「孔子之於曾子，不待其問而直告之以此，曾子復深諭之曰『唯』。若子貢先發其疑而後告之，而子貢終亦不能如曾子之唯也。二子所學之淺深，於此可見。」愚案：夫子之於子貢，屢有以發之，而他人不與焉。則顔、曾以下，諸子所學之淺深，又可見矣。○説見前曾子忠恕章。

○子曰：「由！知德者鮮矣。」鮮，上聲。○由，呼子路之名而告之也。德，謂義理之得於心者。非己有之，不能知其意味之實也。○自第一章至此，疑皆是一時之言。此章蓋爲愠見發也。○南軒曰：「知德者鮮，以其踐履之未至，故不能真知其味。夫子以此告子路，使之勉進於德而不以聰明强力爲可恃也。」

○子曰：「無爲而治者，其舜也與？夫何爲哉，恭己正南面而已矣。」與，平聲。夫，音扶。○無爲而治者，聖人德盛而民化，不待其有所作爲也。獨稱舜者，紹堯之後，而又得人以任衆職，故尤不見其有爲之迹也。恭己者，聖人敬德之容。既無所爲，則人之所見如此而已。

○子張問行。猶問達之意也。**子曰：「言忠信，行篤敬，雖蠻貊之邦行矣；言不忠信，行不篤敬，雖州里行乎哉？**「行篤」、「行不」之「行」，去聲。貊，亡百反。○子張意在得行於外，故夫子反於身而言之，猶答干禄問達之意也。篤，厚也。蠻，南蠻。貊，北狄。二千五百家爲州。**立，則見其參於前也；在輿，則見其倚於衡也。夫然後行。」**參，七南反。夫，音扶。○其者，指忠信篤敬而言。參，讀如「毋往參焉」之「參」，言與我相參也。衡，軛也。言其於忠信篤敬念念不忘，隨其所在，常若有見，雖欲頃刻離之而不可得。然後一言一行，自然不離於忠信篤敬，而蠻貊可行也。**子張書諸紳。**紳，大帶之垂者。書之，欲其不忘也。○程子曰：「學要鞭辟近裏，著己而已。博學而篤志，切問而近思；言忠信，行篤敬；立則見其參於前，在輿則見其倚於衡。只此是學。質美者明得盡，查滓便渾化，却與天地同體。其次惟莊敬以持養之，及其至則一也。」○參前倚衡，今人多錯說了，故每流於釋氏。先聖言此，只是說言必忠信，行必篤敬，念念不忘，到處常若見如此兩事，不離心目之間耳。如言見堯於羹、牆，豈是以我之心還見一心，則爲一物而在身外邪？○篤者有重厚深沈之意。○南軒曰：「篤敬者，敦篤於敬也。言忠信，則言有物。行篤敬，則行有常。以是而行，何往不可！故雖蠻貊亦可行也。若夫言不忠信，行不篤敬，則妄而已，故雖州里亦不可行。參前倚衡，使之常存乎忠信篤敬也。存之不素而欲遽保之於將發之時，難矣。此子張所以書紳而不敢忘也。」○《衍義》曰：「子張問行者，欲行其道於天下也。孔子則曰，言苟忠信，行苟篤敬，雖蠻貊可以行。如言不忠信，行不篤敬，雖鄉里亦不可行。忠信合而言之，即誠也。篤敬者，誠於敬也。蓋地無遠近，同此一理；人無華夏，同此一心。未有誠信而人不心服者也，未有不誠不敬而能使人心服者也。故言之與行，必誠必敬，無一念之舍，無一息之違，立則見其參於前，在輿則見其倚於衡，涵養操存之熟，心與理一，故其形見如此。若是，將何往而不行乎？」

○**子曰：「直哉史魚！邦有道，如矢；邦無道，如矢。**史，官名。魚，衛大夫，名鰌。如矢，言直也。史魚自以不能進賢退不肖，既死猶以尸諫，故夫子稱其直。事見《家語》。**君子哉蘧伯玉！邦有**

道，則仕；邦無道，則可卷而懷之。」伯玉出處，合於聖人之道，故曰君子。卷，收也。懷，藏也。如於孫林父、甯殖放弑之謀，不對而出，亦其事也。○楊氏曰：「史魚之直，未盡君子之道。若蘧伯玉，然後可免亂世。若史魚之如矢，則雖欲卷而懷之，有不可得也。」○或問尸諫之説。曰：「據《家語》：衛靈公不用蘧伯玉而任彌子瑕，史魚諫不從，將卒，命其子曰：『吾生不能正君，死無以成禮，宜置尸牖下。』其子從之。靈公弔而問焉，子以父言告，公曰：『是寡人之過也。』遂命殯於客位，而進伯玉退子瑕。此其説也。有以伯玉得其明哲保身之道而史魚所不及者，非也。伯玉所以如此，蓋其德性深厚，循理而行，自然中節，初非規規然務爲緘默，而預爲可以卷懷之計，初非專爲明哲保身之計也。君子出處，一於義而已，非有計較利害之心也。然一不適節，而失於矯訐之道，則在己固爲未合於義，且雖曰愛君，而或反陷其君以殺臣之罪，其所以不敢過於爲直，亦非專爲保身計也。」○南軒曰：「史魚可以謂之直而已，然能伸而不能屈，未盡君子之道。若蘧伯之可卷而懷，則能因時而屈伸矣，故謂之君子。然此於用則行、舍則藏者，則猶有卷懷之意，未及乎潛龍之隱也。」

○子曰：「可與言而不與之言，失人；不可與言而與之言，失言。知者不失人，亦不失言。」知，去聲。

○子曰：「志士仁人，無求生以害仁，有殺身以成仁。」志士，有志之士。仁人，則成德之人也。理當死而求生，則於其心有不安矣，是害其心之德也。當死而死，則心安而德全矣。○程子曰：「實理得之於心自別。實理者，實見得是，實見得非也。古人有捐軀隕命者，若不實見得，惡能如此？須是實見得生不重於義，生不安於死也。故有殺身以成仁者，只是成就一箇是而已。」○或問殺身成仁之說。曰：「仁者心之德，而有理具焉。一有不合於理，則心不能安，而害其仁矣。順此理而不違，則身雖可殺，而此心之全，此理之正，浩然充塞天地之間，夫孰得而亡之哉？」曰：「其謂殺身成仁而不曰義，何也？」曰：「仁義體一而用殊，故君子之於事，有以仁決者，有以義決者。以仁決者，此章之言是也。以義決者，孟子論『欲有甚於生，惡有甚於死』是也。蓋仁人不以所惡傷所好之禮，義士不以所賤易於所貴之宜。」○仁者，吾心之正理。志士仁人，無求生以害仁，有殺身以成仁。須知道求生害仁時，雖以無道得生，却是抉破了我心中之全理。殺身成仁時，吾身雖死，却得此理全。○學問只要仁裏見得分明，便從上面做去，如殺身成仁，不是自家計較要仁成方死，只是見得生爲不安，死爲安，便自殺身。旁人見得便説能成仁。此旁人之有言，非我之心要如此。所謂經德不回，非以干禄；哭死而哀，非爲生也。若有一豪爲人之心，便不是了。○南軒曰：「仁人於理之當然，如飢食渴飲也。志士謂志於仁者，亦能擇而處之矣。」○朱子曰：「志士仁人，所以不求生以害仁者，乃其心中自有打不過處，不忍就彼以害此，且非爲恐虧其所以生者而後殺身以成仁也。所謂成仁者，亦但以遂其良心之所安而已，非欲全其所以生而後爲之也。此弊中常有一種意思，不以仁義忠孝爲吾心之不能已者，而以爲畏天命、謹天職，欲全其所以生者而後爲之，則是本心之外别有一念，計及此等利害重輕而後爲之也。誠使真能舍生取義，亦出於計較之私而無慤實自盡之意矣。大率全所以生等説，❶自他人旁

❶「所以生」，原誤作「有似箇」，今據《晦庵集》卷三十一《與張敬夫論癸巳論語説》改。

觀者言之，以爲我能如此則可，若挾是己爲善，❶則已不妥帖，况自言之，豈不益可笑乎？」○案：朱子此段，係答南軒殺身成仁之義。

○子貢問爲仁。子曰：「工欲善其事，必先利其器。居是邦也，事其大夫之賢者，友其士之仁者。」賢以事言，仁以德言。夫子嘗謂子貢悦不若己者，故以是告之。欲其有所嚴憚切磋以成其德也。○程子曰：「子貢問爲仁，非問仁也，故孔子告之以爲仁之資而已。」○事賢友仁，便是要琢磨勉厲以至於仁，如欲克己而未能克己，欲復禮而未能復禮，須要相勸勉乃爲有益。○南軒曰：「器利則事善，若所事與所友泛而不知擇，則其亡焉者不自知矣。」

○顔淵問爲邦。顔子王佐之才，故問治天下之道。曰爲邦者，謙辭。**子曰：「行夏之時，**夏時，謂斗柄初昏建寅之月爲歲首也。天開於子，地闢於丑，人生於寅，故斗柄建此三辰之月，皆可以爲歲首。而三代迭用之，夏以寅爲人正，商以丑爲地正，周以子爲天正也。然時以作事，則歲月自當以人爲紀。故孔子嘗曰「吾得夏時焉」，而説者以爲謂《夏小正》之屬。蓋取其時之正與其令之善，而於此又以告顔子也。**乘殷之輅，**輅，音路，亦作路。○商輅，木輅也。輅者，大車之名。古者以木爲車而已，至商而有輅之名，蓋始異其制也。周人飾以金玉，則過侈而易敗，不若商輅之樸素渾堅而等威已辨，爲質而得其中也。**服周之冕，**周冕有五，祭服之冠也。冠上有覆，前後有旒。黄帝以來，蓋已有之，而制度儀等，至周始備。然其爲物

❶ 「己」，《晦庵集》卷三十一《與張敬夫論癸巳論語説》作「心以」。

小，而加於衆體之上，故雖華而不爲靡，雖費而不及奢。夫子取之，蓋亦以爲文而得其中也。**樂則《韶》舞。**取其盡善盡美。**放鄭聲，遠佞人。鄭聲淫，佞人殆。」**遠，去聲。○放，謂禁絶之。鄭聲，鄭國之音。佞人，卑諂辨給之人。殆，危也。○程子曰：「問政多矣，惟顔淵告之以此。蓋三代之制，皆因時損益，及其久也，不能無弊。周衰，聖人不作，故孔子斟酌先王之禮，立萬世常行之道，發此以爲之兆爾。由是求之，則餘皆可考也。」張子曰：「禮樂，治之法也。放鄭聲，遠佞人，法外意也。一日不謹，則法壞矣。虞、夏君臣更相飭戒，意蓋如此。」又曰：「法立而能守，則德可久，業可大。鄭聲佞人，能使人喪其所守，故放遠之。」尹氏曰：「此所謂百王不易之大法。孔子之作《春秋》，蓋此意也。孔、顔雖不得行之於時，然其爲治之法，可得而見矣。」○或問：「商、周之改正朔，何以不如夏之得其正也？」曰：「陽氣雖始於黄鍾，而其月爲建子，然猶潛於地中，而未有以見其生物之功也。歷丑轉寅，三陽始備，於是叶風乃至，盛德在木，而春氣應焉。古之聖人，以是爲生物之始，改歲之端，蓋以人之所共見者言之，未有知其所由始也。至於商、周，始以征伐有天下，於是更其正朔，定爲一代之制，以新天下之耳目，而有三統之説。然以言乎統，則改歲之義不明，而凡四時五行之序，皆不得其中正，此孔子所以論考三王之制，而行夏之時也。」曰：「周輅爲過侈，何也？」曰：「夫輅者，身之所乘，足之所履，其爲用也賤矣。運行振動，任重致遠，其爲物也勞矣。且一器而工聚焉，則其爲費也廣矣。賤用而貴飾之，則不稱物；勞而華飾之，則易壞；費廣而又增費之，則傷財。周輅之所以爲過侈歟！」曰：「周冕之不爲侈，奈何？」曰：「加之首，則體嚴而用約；詳其制，則等下而分明，此周冕所以雖文而不爲過也。夏、商之制，雖不可考，然意其必有未備者矣。」○問程子云云。曰：「非但言準則也，謂以此四者爲準則，餘可推也。」○屏山劉氏曰：「顏氏終日如愚，《論語》所載惟發二問，一爲仁，一爲邦。夫子答之，皆極天理人事之大者。天理謂克己復禮、全一性之天也；人事謂行夏時、乘商輅、服周冕、樂《韶》舞也。原《易》之用，内焉惟窮理盡性，外焉惟開物成務。顏子盡之，雖無諸子之著撰，謂之通《易》可也。」○此章蓋聖人許顏子以王佐之事業。○又《家語》魯定公問於顏回曰：「子亦聞東野畢之善爲御乎？」對曰：「善則善矣，然其馬將必佚。」三日，馬佚。公召回曰：「吾子奚以知之？」回曰：「以政知之。昔者帝舜巧於使民，造父巧於使馬，舜不窮其民力，造父不窮其馬力，是以舜無佚民，造父無佚馬。今東野畢之御也，升馬執轡，容體正矣；步驟馳騁，朝禮畢矣；歷險致遠，馬力盡矣。然猶求馬不已，以此知之。」公曰：「善！吾子之言，其義大矣。願進乎？」曰：「臣聞之，鳥窮則啄，獸窮則攫，人窮則詐，馬窮則佚。自古及今，未有窮其下而無危者也。」公説，以告孔子。孔子曰：「夫其所以爲顏回者，此之類也，豈足多哉。」○案：顏子在陋巷，而於帝王經世之事無所不講，此學者所當法也。

○子曰：「人無遠慮，必有近憂。」蘇氏曰：「人之所履者，容足之外，皆爲無用之地，而不可廢也。故慮不在千里之外，則患在几席之下矣。」

○子曰：「已矣乎！吾未見好德如好色者也。」好，去聲。○已矣乎，歎其終不得而見也。

○子曰：「臧文仲其竊位者與？知柳下惠之賢，而不與立也。」「者與」之「與」，平聲。○竊位，言不稱其位而有愧於心，如盜得而陰據之也。柳下惠，魯大夫展獲，字禽，食邑柳下，謚曰惠。與立，謂與之並立於朝。范氏曰：「臧文仲爲政於魯，若不知賢，是不明也，知而不舉，是蔽賢也。不明之罪小，蔽賢之罪大。故孔子以爲不仁，又以爲竊位。」○案：《論語》所論人物，如管仲、晏平仲、臧文仲、令尹子文、陳文子、季文子、甯武子、子桑伯子、史魚、柳下惠，各已見篇，今不重出。而《春秋》褒貶又當考焉，非此所能盡也。學者觀聖人論人之得失，皆當反而觀己之得失，然後爲有補云。

○子曰：「躬自厚而薄責於人，則遠怨矣。」遠，去聲。○責己厚，故身益修；責人薄，故人易從。所以人不得而怨之。○南軒曰：「厚者，敦篤也。躬則自厚，而責望於人則薄，其所處豈不有餘裕乎？然則何怨之有！孟子所謂發而不中，不怨勝己者，反求諸己而已。小人不篤之己而責於人者深，未嘗須臾得其平也。」○韓子曰「古之君子責己重以周，待人輕以約」，蓋本於此。全篇皆可取，今不録。○程子曰：「聖人責己感處多，責人應處少。」又曰：「責上責下而中自恕己，豈可任職分？」○張子曰：「責己者，當知無天下國家皆非之理，故學至於不尤人，學之至也。」○又吴諸葛恪《與陸遜書》曰：「自漢末以來，中國士大夫如許子將輩，所以更相謗訕，或至爲禍，原其本起，非爲大讎，惟坐克己不能盡如禮，而責人專以正義。夫己不如禮，則人不服；責人以正義，則人不堪。內不服其行，外不堪其責，則不得不相怨。相怨一生，則小人得容其間。小人得容其間，則三至之言、浸潤之譖紛錯交至，雖至明至親者處之，猶難以自定，况已爲隙且未能明者乎！是故張、陳至於血刃，蕭、朱不終其好，本由於此而已。」恪之爲人無足云者，而其言不可廢。又恪雖能言，終以多怨致禍。可見知之非艱，而行之惟艱。皆足爲世戒，故附於此。○已上皆言責己。又聖賢所論，有所謂檢身者，成湯「檢身若不及」是也。有所謂反身者，《易》曰：「威如之吉，反身之謂也。」又曰：「君子以反身修德。」《中庸》曰：「射有似乎君子，失諸正鵠，反求諸其身。」孟子曰：「行有不得，則反求諸己。」又曰：「有人於此，待我以横逆，則君子必自反也。」又曰「反身而誠，樂莫大焉」是也。有所謂正身者，孔子曰：「苟正其身矣，如正人何？」有所謂正己者，《中庸》曰：「正己而不求於人，則無怨。」孟子曰「大人正己而物正」是也。有所謂克己者，孔子之告顔子，又楚靈王不能自克，以及乾谿之難，孔子曰：「克己復禮，仁也。」楊氏曰「勝己之私之謂克」是也。有所謂敬身者，曾子曰「身也父母之遺體，可不敬乎」是也。又所謂誠身者，《中庸》「不明乎善，不誠乎身」是也。此數者其言雖異，要其爲修身則一。

○子曰：「不曰『如之何如之何』者，吾末如之何也已矣。」如之何如之何者，熟思而審處之辭也。不如是而妄行，雖聖人亦無如之何矣。

○子曰：「羣居終日，言不及義，好行小慧，難矣哉！」好，去聲。○小慧，私智也。言不及義，則放辟邪侈之心滋。好行小慧，則行險僥倖之機熟。難矣哉者，言其無以入德，而將有患害也。

○子曰：「君子義以爲質，禮以行之，孫以出之，信以成之。君子哉！」孫，去聲。○義者制事之本，故以爲質幹。而行之必有節文，出之必以退孫，成之必在誠實，乃君子之道也。○程子曰：「義以爲質，如質幹然。禮行此，孫出此，信成此。此四句只是一事，以義爲本。」又曰：「『敬以直内，則義以方外。』『義以爲質，則禮以行之，孫以出之，信以成之。』」○「義以爲質」，是制義先決其當否了。其間節文次第須要皆具，是「禮以行之」。然徒知其節文，而不能「孫以出之」、「信以成之」，則亦不可。且如人知尊卑之分，須當讓他。然讓之之時，辭氣或不婉順，便是不能「孫以出之」。「信以成之」者，是終始誠實以成此一事，即非是「孫以出之」之後，方「信以成之」也。○義只是合宜。義有剛决意思，然不可直撞去，禮有節文度數，故用「禮以行之」。「孫以出之」，是用「和爲貴」。義本不和，用「禮以行之」，已自和。然禮又嚴，故「孫以出之」，便從容不迫。信是樸實頭做，無信則義、禮、孫皆是偏。○問：「孔子之對陽貨，孟子之不與王驩言，是全得此理否？」曰：「然。」○南軒曰：「義以方外，是義爲用也，而此章則以義爲體。蓋物則森然具於秉彝之内，此義之所以爲體也。必有是體，而後品節生焉，彼禮所以行此者也。其行之也以遜順，則和而不失，故孫所以出此者也。義爲體，禮與孫爲用，而信者又所以成終者也。至於『信以成之』，則義行乎事事物物之中，而其體無不具矣。」

○子曰：「君子病無能焉，不病人之不己知也。」南軒曰：「病無能者，病夫履行之無其實。」

○子曰：「君子疾没世而名不稱焉。」范氏曰：「君子學以爲己，不求人知。然没世而名不稱焉，則無爲善之實可知矣。」○有其實則有是名，名者，所以命其實。終其身而無實之可名，君子疾者，非謂求名於人也。

○子曰：「君子求諸己，小人求諸人。」謝氏曰：「君子無不反求諸己，小人反是。此君子小人所以分也。」○楊氏曰：「君子雖不病人之不己知，然亦疾没世而名不稱也。雖疾没世而名不稱，然所以求者，亦反諸己而已。小人求諸人，故違道干譽，無所不至。三者文不相蒙，而義實相足，亦記言者之意。」○《衍義》曰：「君子自責而不責人，故求諸己；小人責人而不責己，故求諸人。」

○子曰：「君子矜而不争，羣而不黨。」莊以持己曰矜，然無乖戾之心，故不争。和以處衆曰羣，然無阿比之意，故不黨。○南軒曰：「矜莊以自持，則易以不和而失於争；羣居而相與，則易以有比而失於黨。君子非與人異也，處己嚴而不失其和，故矜而不争；君子非與人同也，待物平而不失其公，故羣而不黨。惟敬者爲能處此而弗失也。」

○子曰：「君子不以言舉人，不以人廢言。」南軒曰：「以言舉人，則行不踐者進矣，此固不可也。然而雖使小人言之而善，亦不害其爲善言也，以人廢之則善言棄矣。故君子云云，公心無蔽也。」

○子貢問曰：「有一言而可以終身行之者乎？」子曰：「其恕乎！己所不欲，勿施於人。」推己及物，其施不窮，故可以終身行之。○尹氏曰：「學貴於知要。子貢之問，可謂知要矣。孔子告以求仁之方也。推而極之，雖聖人之無我，不出乎此。終身行之，不亦宜乎？」○問言恕不及忠。曰：「分言忠、恕，有忠而後恕；獨言恕，則忠在其中。若不能恕，則其無忠可知。恕是忠之發處，若無忠，做恕不出。」

○子曰：「吾之於人也，誰毁誰譽？如有所譽者，其有所試矣。譽，平聲。○毁者，稱人之惡而損其真。譽者，揚人之善而過其實。夫子無是也。然或有所譽者，則必嘗有以試之，而知其將然矣。聖人善善之速而無所苟如此。若其惡惡，則已緩矣。是以雖有以前知其惡，而終無所毁也。斯民也，三代之所以直道而行也。」斯民者，今此之人也。三代，夏、商、周也。直道，無私曲也。言吾之所以無所毁譽者，蓋以此民，即三代之時所以善其善、惡其惡而無所私曲之民。故我今亦不得而枉其是非之實也。○尹氏曰：「孔子之於人也，豈有意於毁譽之哉？其所以譽之者，蓋試而知其善故也。斯民也，三代之所以直道而行，豈得容私於其間哉？」

○子曰：「吾猶及史之闕文也，有馬者借人乘之。今亡已夫！」夫，音扶。○楊氏曰：「史闕文、馬借人，此二事孔子猶及見之。今亡已夫，悼時之益偷也。」愚謂此必有爲而言。蓋雖細故，而時變之大者可知矣。○胡氏曰：「此章義疑，不可强解。」

○子曰：「**巧言亂德，小不忍則亂大謀。**」巧言，變亂是非，聽之使人喪其所守。小不忍，如婦人之仁、匹夫之勇皆是。○蓋婦人之仁，不能忍其愛；匹夫之勇，不能忍其暴：其爲不忍一也。

○子曰：「**衆惡之，必察焉；衆好之，必察焉。**」好、惡，皆去聲。○楊氏曰：「惟仁者能好惡人。衆好惡之而不察，則或蔽於私矣。」○《衍義》：「好善惡惡雖人性之本然，❶而違道之譽、求全之毁，亦世之所有，故不可以不察也。匡章之不孝，人所共稱也，而孟子則曰：『此父子責善之過，實非不孝也。』仲子之廉，亦人所共稱也，而孟子則加以避兄離母之罪，曰：『此烏能廉哉？』是是非非之大致若黑白之子，然而其似是而非、似非而是者，則常人之所易惑也。不有聖賢原情於疑似之中，考實於曖昧之際，烏能適其當乎？」

○子曰：「**人能弘道，非道弘人。**」弘，廓而大之也。人外無道，道外無人。然人心有覺，而道體無爲，故人能大其道，道不能大其人也。○張子曰：「心能盡性，人能弘道也。性不知檢其心，非道弘人也。」

○子曰：「**過而不改，是謂過矣。**」過而能改，則復於無過。惟不改則其過遂成，而將不及改矣。

○子曰：「**吾嘗終日不食，終夜不寢，以思，**句。**無益，**句。**不如學也。**」此爲思而不學者言之。蓋勞心以必求，不如遜志而自得也。李氏曰：「夫子非思而不學者，特垂語以教人爾。」○南軒曰：「學

---

❶「好善惡惡」，原作「好惡善惡」，今據文淵閣《四庫全書》本《大學衍義》卷十五改。

原於思，思固所以爲學也。然思至於忘寢與食，而不以學濟之，則亦爲無益也。以思而不學則無益耳，聖人固不爲無益之思也，即己而言，所以教也。」○案：《論語》一書，凡教者皆修身治人之道，無非學也。

○子曰：「君子謀道不謀食。耕也，餒在其中矣；學也，禄在其中矣。君子憂道不憂貧。」餒，奴罪反。○耕所以謀食，而未必得食。學所以謀道，而禄在其中。然其學也，憂不得乎道而已；非爲憂貧之故，而欲爲是以得禄也。○尹氏曰：「君子治其本而不卹其末，豈以在外者爲憂樂哉？」

○子曰：「知及之，仁不能守之，雖得之，必失之。知，去聲。○知足以知此理，而私欲間之，則無以有之於身矣。**知及之，仁能守之，不莊以涖之，則民不敬。**涖，臨也。謂臨民也。知此理而無私欲以間之，則所知者在我而不失矣。然猶有不莊者，蓋氣習之偏，或有厚於內而不嚴於外者，是以民不見其可畏而慢易之。下句放此。**知及之，仁能守之，莊以涖之，動之不以禮，未善也。」**動之，謂動民也。猶曰鼓舞而作興之云爾。禮，謂義理之節文。學至於仁，則善有諸己而大本立矣。涖之不莊，動之不以禮，乃其氣稟學問之小疵，然亦非盡善之道也。故夫子歷言之，使知德愈全則責愈備，不可以爲小節而忽之也。○問：「『克己復禮爲仁』，便是極了。今卻又有『莊以涖之』與『動之以禮』底工夫，如何？」曰：「人自有此心純粹，更不去失，而於接物應事時，少些莊嚴底意思，自不足以使人敬，此便是未善處。」問：「此是要本末工夫兼備否？」曰：「固是。但先有『知及之，仁能守之』做箇根本了，卻方好去檢點其餘，便無處無事不善。若根本不立，又有何可檢點處？」○問知及仁守。曰：「此是説講學。『莊以涖之』以後是説爲政。」○南軒曰：「知及乎此，而仁不能守此，則未能保之於己也。仁能守之，則在己者實矣，又須莊以涖之，而後内外相成而無弊。而又欲動之以禮，然後爲盡善。動之以禮者，以禮教民風動之也。此雖言爲政之道至此而後善，然所以成己，亦一而已。」

○子曰：「君子不可小知，而可大受也；小人不可大受，而可小知也。」此言觀人之法。知，我知之也。受，彼所受也。蓋君子於細事未必可觀，而材德足以任重；小人雖器量淺狹，而未必無一長可取。○吴氏曰：「方舜之耕稼時，視之猶人也，一旦受堯之天下，若素有之。小人有立談之間其才可知者，至委以國，則未不敗。」○南軒曰：「君子所存者大，故不可以小者測知，而可以當其大者；小人局於狹小，其長易見，故不可以任大而可以小知之。大受，如學者之學聖人，有爲者之當大任也。」○《衍義》曰：「君子所有者大，故不可以小事測知，而可以與大事；小人局於狹小，而其長易見，故不可以任大，而可以小知。」

○子曰：「民之於仁也，甚於水火。水火，吾見蹈而死者矣，未見蹈仁而死者也。」民之於水火，所賴以生，不可一日無。其於仁也亦然。但水火外物，而仁在己。無水火不過害人之身，而不仁則失其心。是仁有甚於水火，而尤不可以一日無也。况水火或有時而殺人，仁則未嘗殺人，亦何憚而不爲哉？李氏曰：「此夫子勉人爲仁之語。」下章放此。

○子曰：「當仁不讓於師。」當仁，以仁爲己任也。雖師亦無所遜，言當勇往而必爲也。蓋仁者，人所自有而自爲之，非有争也，何遜之有？○程子曰：「爲仁在己，無所與遜。若善名在外，則不可不遜。」○所謂不遜者，猶程子所謂「不可將第一等事讓與他人做」者，其事則謂顔子曰「舜何人也？有爲者亦若是」而已。大抵此與上章皆勉人爲仁之語，然上章爲凡民都不知仁，而憚於爲仁者發；此章爲學者粗知仁之爲美，而不知勇於有爲者發，各有所當云。

○**子曰：「君子貞而不諒。」**貞，正而固也。諒，則不擇是非而必於信。○或問貞、諒之別。曰：「處義既精，不期固而自固者，貞也。不擇邪正，惟知必信而不易者，諒也。」○南軒曰：「貞者，貞於義也。諒者，執於小信也。貞於義則信在其中，若但執其小信而於義有蔽，則失其正而反害於信矣。蓋貞於義者，公理所存，而執小信者，私意之守而已。」

○**子曰：「事君，敬其事而後其食。」**後，與「後獲」之「後」同。食，禄也。君子之仕也，有官守者修其職，有言責者盡其忠。皆以敬吾之事而已，不可先有求禄之心也。

○**子曰：「有教無類。」**人性皆善，而其類有善惡之殊者，氣習之染也。故君子有教，則人皆可以復於善，而不當復論其類之惡矣。

○**子曰：「道不同，不相爲謀。」**爲，去聲。○不同，如善惡邪正之異。

○**子曰：「辭達而已矣。」**辭，取達意而止，不以富麗爲工。

○**師冕見，及階，子曰：「階也。」及席，子曰：「席也。」皆坐，子告之曰：「某在斯，某在斯。」**見，賢遍反。○師，樂師，瞽者。冕，名。再言「某在斯」，歷舉在坐之人以詔之。**師冕出。子張問曰：「與師言之道與？」**與，平聲。○聖門學者，於夫子之一言一動，無不存心省察如此。**子曰：「然。固相師之道也。」**相，去聲。○相，助也。古者瞽必有相，其道如此。蓋聖人於此，非作意而爲之，但盡其道而已。○尹氏曰：「聖人處己爲人，其心一致，無不盡其誠故也。有志於學者，求聖人之心，於斯亦可見矣。」范氏曰：「聖人不侮鰥寡，不虐無告，可見於此。推之天下，無一物不得其所矣。」○或問卒章之説。曰：「張敬夫推之尤詳。曰：『道無往而不存，聖人之動静語默，無往而非道，蓋各止於其所而已。師冕之見，及階則告之階，及席則告之席，既坐則歷告之以在坐者，❶蓋待瞽者之道當然耳。子張竊窺而有問焉，夫子以爲固相師之道，辭則近而意無不盡矣。事事物物，莫不有其道，蓋所當然者，天之所爲也。夫以一日之間，起居則有起居之道，飲食則有飲食之道，見是人則有待是人之道，遇是事則有處是事之道，不可須臾離也。一失所宜，則廢是道矣。是故君子戰兢自持，顛沛必於是，惟懼其失之也。夫惟天下之至誠，一以貫之，道之所在，如影隨形，蓋無往而非是也。』」○謝先生爲朱震子發説《論語》，首舉「子見齊衰者、冕衣裳者與瞽者，見之，雖少必作，過之必趨」。又舉：「師冕見，及階，子曰：『階也。』及席，子曰：『席也。』皆坐，子曰：『某在斯，某在斯。』子張問曰：『與師言之道與？』曰：『固相師之道也。』」夫聖人之道，無微顯、無内外，由灑埽、應對、進退而上達天德、天道，本末一以貫之。一部《論語》，只恁地看。

季氏第十六

洪氏曰：「此篇或以爲《齊論》。」凡十四章。

季氏將伐顓臾。顓，音專。臾，音俞。○顓臾，國名。魯附庸也。**冉有、季路見於孔子曰：「季氏將有事於顓臾。」**見，賢遍反。○案《左傳》、《史記》，二子仕季氏不同時。此云爾者，疑子路嘗從孔子

❶「歷告之」，原誤作「告之歷」，今據《癸巳論語解》卷八《衛靈公篇》改。

自衛反魯，再仕季氏，不久而復之衛也。**孔子曰：「求！無乃爾是過與？**與，平聲。○冉求爲季氏聚斂，尤用事。故夫子獨責之。**夫顓臾，昔者先王以爲東蒙主，且在邦域之中矣，是社稷之臣也。何以伐爲？」**夫，音扶。○東蒙，山名。先王封顓臾於此山之下，使主其祭，在魯地七百里之中。社稷，猶云公家。是時四分魯國，季氏取其二，孟孫、叔孫各有其一。獨附庸之國尚爲公臣，季氏又欲取以自益。故孔子言顓臾乃先王封國，則不可伐；在邦域之中，則不必伐；是社稷之臣，則非季氏所當伐也。此事理之至當，不易之定體，而一言盡其曲折如此，非聖人不能也。**冉有曰：「夫子欲之，吾二臣者皆不欲也。」**夫子，指季孫。冉有實與謀，以孔子非之，故歸咎於季氏。**孔子曰：「求！周任有言曰：『陳力就列，不能者止。』危而不持，顛而不扶，則將焉用彼相矣？**任，平聲。焉，於虔反。相，去聲，下同。○周任，古之良史。陳，布也。列，位也。相，瞽者之相也。言二子不欲則當諫，諫而不聽，則當去也。**且爾言過矣。虎兕出於柙，龜玉毀於櫝中，是誰之過與？」**兕，徐履反。柙，户甲反。櫝，音獨。與，平聲。○兕，野牛也。柙，檻也。櫝，匱也。言在柙而逸，在櫝而毀，典守者不得辭其過。明二子居其位而不去，則季氏之惡，己不得不任其責也。**冉有曰：「今夫顓臾，固而近於費。今不取，後世必爲子孫憂。」**夫，音扶。○固，謂城郭完固。費，季氏之私邑。此則冉求之飾辭，然亦可見其實與季氏之謀矣。**孔子曰：「求！君子疾夫舍曰欲之，而必爲之辭。**夫，音扶。舍，上聲。○欲之，謂貪其利。**丘也聞有國有家者，不患寡而患不均，不患貧而患不安。蓋均無貧，和無寡，安無傾。**寡，謂民少。

貧，謂財乏。均，謂各得其分。安，謂上下相安。季氏之欲取顓臾，患寡與貧耳。然是時季氏據國，而魯公無民，則不均矣。君弱臣强，互生嫌隙，則不安矣。均則不患於貧而和，和則不患於寡而安，安則不相疑忌，而無傾覆之患。**夫如是，故遠人不服，則脩文德以來之。既來之，則安之。**夫，音扶。○内治脩，然後遠人服。有不服，則脩德以來之，亦不當勤兵於遠。**今由與求也，相夫子，遠人不服而不能來也；邦分崩離析而不能守也。**子路雖不與謀，而素不能輔之以義，亦不得爲無罪，故并責之。遠人，謂顓臾。分崩離析，謂四分公室，家臣屢叛。**而謀動干戈於邦内。吾恐季孫之憂，不在顓臾，而在蕭牆之内也。」**干，盾也。戈，戟也。蕭牆，屏也。言不均不和，内變將作。其後哀公果欲以越伐魯而去季氏。○謝氏曰：「當是時，三家强，公室弱，冉求又欲伐顓臾以附益之。夫子所以深罪之，爲其瘠魯以肥三家也。」洪氏曰：「二子仕於季氏，凡季氏所欲爲，必以告於夫子。則因夫子之言而救止者，宜亦多矣。伐顓臾之事，不見於經傳，其以夫子之言而止也與？」○或問首章之説。曰：「蘇氏所推兩條，考之尤密。蘇氏曰：『舊説以蕭牆之憂爲陽虎之難，以吾考之，定公五年，陽虎始專季氏，囚桓子，至九年，欲殺桓子，不克而出奔齊。前此者，季氏之所爲，惟虎之聽，非二子之罪也。定公五年，孔子年四十有七，冉有少孔子二十有九歲，蓋十八而已，未能相季氏也。定公十二年，子路爲季氏宰，哀公十一年，冉求爲季氏宰，皆見於《春秋》，則伐顓臾非陽虎出奔之前，其在季康子之世歟？哀公七年，季康子伐邾，以召吴寇，故曰「遠人不服，而不能來也」。十五年，公孫宿以成叛，故曰「邦分崩離析而不能守也」。公患三桓之侈也，而欲以越去之，故曰「吾恐季孫之憂，不在顓臾，而在蕭牆之内也」。』但蕭牆之禍亦本泛言，非預知哀公以越伐魯之事也。」

曰：「然則所謂均無貧、和無寡、安無傾者，奈何？」曰：「是時季氏據魯之半，而公室無尺地一民之勢，不均甚矣。是時四分魯國，季氏取其二，而二家各有其一。不均，則臣疑其君，而以貧爲憂矣。憂貧而求富不已，則君疑其臣，而至於不和矣。不和，則臣益自疑，而常懼於衆少矣。憂寡而求衆愈甚，則君益疑之，而至於不安矣。以臣亢君而不安，至此，則雖欲長保其祭祀而無傾危之患，其可得哉？必也痛自貶損，以復於諸侯千乘、大夫百乘之制，則均而不患於貧矣。君臣輯睦則和，而不患於寡矣。子孫長久，世守職業，則安而不至於傾矣。此在當時，蓋有難顯言者，故夫子微辭以告之，語雖略而意則詳也。」○《通釋》曰：「三家之罪在於四分公室而私有之，此其好名犯分之大惡也。若以此而加之罪，則不可仕明矣。馴習既久，以爲當然，故孔門亦有仕於其家者。仕於其家則不復知有魯矣，冉有之言曰『固而近於費，今不取，後世必爲子孫憂』，則但知爲季氏之邑，而子孫者，爲季氏子孫謀也，豈復知有魯哉？其於夫子『社稷之臣』之語，蓋懵然莫覺也。夫子『不均』『不安』之語，又專魯以發之，其旨切矣。以求、由之賢，蔽於習俗，安於豢養，尚不復知義理之正，況下此者乎？此君子所以貴窮理也。」○南軒曰：「季氏，卿也，而上僭其君，其下觀之，亦將不奪不厭，是徒以顓臾爲子孫憂，而不知禍之起於蕭牆，蓋有理之必然者矣。冉有但知爲宰者當任其家事，而昧於幾微，暗於遠大如此，則爲具臣而已矣。」○愚案：孔子與門弟子言，未有若此之反覆詳悉者，亦以其不可故邪？○案《左傳》：齊師伐魯，求以武城人三百爲己徒，卒逆齊師于郊。求用矛以帥衆，遂入齊師，獲甲首八十。齊人宵遁。杜氏曰：「仲尼之徒皆忠於魯國。」

○孔子曰：「天下有道，則禮樂征伐自天子出；天下無道，則禮樂征伐自諸侯出。自諸

侯出，蓋十世希不失矣；自大夫出，五世希不失矣；陪臣執國命，三世希不失矣。先王之制，諸侯不得變禮樂，專征伐。陪臣，家臣也。逆理愈甚，則其失之愈速。大約世數，不過如此。**天下有道，則政不在大夫。**言不得專政。**天下有道，則庶人不議。」**上無失政，則下無私議。非箝其口使不敢言也。○此章通論天下之勢。

○孔子曰：「禄之去公室，五世矣；政逮於大夫，四世矣；故夫三桓之子孫，微矣。」夫，音扶。○魯自文公薨，公子遂殺子赤，立宣公，而君失其政。歷成、襄、昭、定，凡五公。逮，及也。自季武子始專國政，歷悼、平、桓子，凡四世，而爲家臣陽虎所執。三桓，三家，皆桓公之後。此以前章之説推之，而知其當然也。○此章專論魯事，疑與前章皆定公時語。蘇氏曰：「禮樂征伐自諸侯出，宜諸侯之强也，而魯以失政。政逮於大夫，宜大夫之强也，而三桓以微。何也？强生於安，安生於上下之分定。今諸侯大夫皆陵其上，則無以令其下矣。故皆不久而失之也。」○《衍義》曰：「是時季氏以大夫而專魯國之政，陽虎以家臣而專季氏之政，孔子之言，蓋傷之也。天無二日，國無二王，尊無二上，天下之事，惟天子得專之。故天下有道，則禮樂征伐自天子出，而諸侯不能干焉；天下無道，則天子不能有其柄而諸侯得以竊之矣。諸侯猶不可專，況大夫乎？大夫猶不可專，況家臣乎？春秋之世，齊、晉、秦、楚，迭主夏盟，禮樂征伐不出於天子，世變至是，蓋可傷矣。未幾而諸侯大夫專權自用，禮樂征伐又不出於諸侯。既而家臣竊弄，而政令復不出於大夫。名分陵夷，舛逆日甚，其可傷益甚焉。然非道而得，亦以非道而失，逆理愈甚，則失之愈速。故諸侯竊天子之柄，少有十世而不失者，其餘則或五世或三世，少不失者。以理言之，大概如此。曷若三代盛時，天子而下以至家臣，各安其分，歷數百年而無禍哉！既又言『天下有道，則政不在大夫。天下有道，則庶人不議』，蓋是時諸侯之政多在大夫，如魯之三家，晉之六卿，齊之田氏，皆以人臣專國，而國人公議皆所不與，故重言之，以見政在大夫決非可久之道也。」

○孔子曰：「益者三友，損者三友。友直，友諒，友多聞，益矣。友便辟，友善柔，友便佞，損矣。」便，平聲。辟，婢亦反。○友直，則聞其過。友諒，則進於誠。友多聞，則進於明。便，習熟也。便辟，謂習於威儀而不直。善柔，謂工於媚悦而不諒。便佞，謂習於口語，而無聞見之實。三者損益，正相反也。○尹氏曰：「自天子至於庶人，未有不須友以成者。而其損益有如是者，可不謹哉？」○南軒曰：「友者，所以輔成己德也。直者，有告必告。諒者，忠信相與。多聞者，知識可貴。是三者，友之則使人常懷進修而不敢自足，焉得不日益乎？便辟、便佞，謂便於辟與佞者。善柔，謂善爲柔者。辟則容止足恭，柔則每事卑屈，佞則巧言爲悦。是三者，友之則使人日趨於驕惰，焉得不日損乎？自天子以至於庶人，皆當謹乎此也。」○愚案：《集注》謂便辟直之反，善柔諒之反，便佞多聞之反。南軒則不然，正宜參玩。

○孔子曰：「益者三樂，損者三樂。樂節禮樂，樂道人之善，樂多賢友，益矣。樂驕樂，樂佚遊，樂宴樂，損矣。」樂，五教反。「禮樂」之「樂」，音岳。「驕樂」、「宴樂」之「樂」，音洛。○節，謂辨其制度聲容之節。驕樂，則侈肆而不知節。佚遊，則惰慢而惡聞善。宴樂，則淫溺而狎小人。三者損益，亦相反也。○尹氏曰：「君子之於好樂，可不謹哉？」

○孔子曰：「侍於君子有三愆：言未及之而言謂之躁，言及之而不言謂之隱，未見顏色而言謂之瞽。」君子，有德位之通稱。愆，過也。瞽，無目，不能察言觀色。○尹氏曰：「時然後言，則無三者之過矣。」

○孔子曰：「君子有三戒：少之時，血氣未定，戒之在色；及其壯也，血氣方剛，戒之在鬭；及其老也，血氣既衰，戒之在得。」血氣，形之所恃以生者，血陰而氣陽也。隨時知戒，以理勝之，則不爲血氣所使也。○范氏曰：「聖人同於人者血氣也，異於人者志氣也。血氣有時而衰，志氣則無時而衰也。少未定、壯而剛、老而衰者，血氣也。戒於色、戒於鬭、戒於得者，志氣也。君子養其志氣，故不爲血氣所動，是以年彌高而德彌卲也。」

○孔子曰：「君子有三畏：畏天命，畏大人，畏聖人之言。畏者，嚴憚之意也。天命者，天所賦之正理也。知其可畏，則其戒謹恐懼，自有不能已者。而付畀之重，可以不失矣。大人、聖言，皆天命所當畏。知畏天命，則不得不畏之矣。**小人不知天命而不畏也，狎大人，侮聖人之言。」**侮，戲玩也。不知天命，故不識義理，而無所忌憚如此。○尹氏曰：「三畏者，修己之誠當然也。小人不務修身誠己，則何畏之有？」○南軒曰：「畏天命者，奉順而不敢逆也。畏大人者，尊嚴而弗敢易也。畏聖言，佩服而唯恐違也。然而是三者皆主於畏天命。」○又《小旻》詩有云：「不敢暴虎，不敢馮河。人知其一，莫知其他。戰戰兢兢，如臨深淵，如履薄冰。」毛氏曰：「不敬，小人之危殆也。」《左氏》昭元年晉樂王鮒曰：「《小旻》之卒章，吾取之。」杜氏注曰：「義取非唯『暴虎馮河』之可畏，不敬，小人亦危殆。王鮒取此義，故不敢譏議公子圍。」荀子亦云：「人不肖而不敬，則是狎虎也。狎虎則危，災及其身。」以此義參之，不獨大人之當敬，雖小人亦不可不敬也。荀卿乃有愛而敬、畏而敬之别，其意謂於君子則心敬，小人則貌敬。豈其然邪？《書》曰：「盛德不狎侮。」蓋德盛者，自不爲狎侮，非以危殆爲可畏也。孔子曰：「君子無小大，無衆寡，無敢慢。」深味斯言，則荀氏之醇疵可見矣。〇此章專言畏，董銖子重問：「敬宜何訓？」朱子曰：「是不得而訓也，惟畏庶幾近之。」勉齋黄氏則云：「嘗聞之師曰：『敬之爲義，惟畏足以盡之。』蓋嘗深思其故，則不易之論也。敬者，人心畏悚之名也。故字之從人從敬，則曰儆；從言從敬，則曰警；從手從敬，則曰擎。無非畏悚戒懼之意。先儒有以『主一無適』言者，有以『常惺惺』言者，皆足以發明主敬之意。而訓義親切，使人體而易知，則未有易『畏』之一字也。」案：黄氏説與子重所記不同，而朱子所跋薛畏翁畫贊，❶亦曰「惟畏可以近之」，實先生親筆，則曰「近」者爲當。況畏於敬，雖最切，然其字有二義。若所謂祗畏、抑畏、寅畏，皆敬之意也。至所謂畏怯、畏懦之屬，又安得爲敬乎？是又不容不辨。〇又管仲曰：「畏威，如疾民之上也；從懷，如流民之下也；見懷思威，民之中也。」朱子曰：「畏威，如畏疾病，此民之上行；從心之欲，如水流行，此民之下行；見可懷而思可畏，此民之中行。此章列於小學，故取焉。」

〇孔子曰：「生而知之者，上也；學而知之者，次也；困而學之，又其次也；困而不學，民斯爲下矣。」困，謂有所不通。言人之氣質不同，大約有此四等。〇楊氏曰：「生知、學知以至困學，雖

❶ 「贊」，原誤作「質」，今據四庫本真德秀《西山讀書記》卷十八改。

其質不同，然及其知之一也。故君子惟學之爲貴。困而不學，然後爲下。」○南軒曰：「困而學，如已放而求己，失而復者也。」

○**孔子曰：「君子有九思：視思明，聽思聰，色思温，貌思恭，言思忠，事思敬，疑思問，忿思難，見得思義。」**難，去聲。○視無所蔽，則明無不見。聽無所壅，則聰無不聞。色，見於面者。貌，舉身而言。思問，則疑不蓄。思難，則忿必懲。思義，則得不苟。○程子曰：「九思各專其一。」謝氏曰：「未至於從容中道，無時而不自省察也，雖有不存焉者寡矣，此之謂思誠。」○或問九思。曰：「公且曰色與貌可以要得他温恭，若是視聽，如何要得聰明？」曰：「這只是誠了自會如此。」曰：「若如公言，又却都没些事。聖人教人意思不如此。有物必有則，一箇物有一箇道理。況耳目聰明得之於天，本來自合如此，只爲私意蔽惑而失其理。聖人教人，不是理會一件，其餘自會好。須是逐一做工夫，内外夾持起來，恁地積累成熟，便會無些子滲漏。且道如何視明聽聰，只是就視聽上理會。『視遠惟明，聽德惟聰。』如有一件可喜物在眼前，便要看他，便被他蔽了。須是知得此物不當視，便是見得遠，不蔽於眼前近底，故曰『視遠惟明』。仁、義、忠、信之言，將耳常常聽著，不好説話，莫教入耳，故曰『聽德惟聰』。」○南軒曰：「九思，當乎此則思乎此，天理之所由擴，人欲之所由遏也。然而是九者，要當養之於未發之前，而持之於既發之後，若但欲深察之於流而收之於暫，則多見其紛擾而無力矣。」

○**孔子曰：「見善如不及，見不善如探湯。吾見其人矣，吾聞其語矣。**探，吐南反。○真知善惡而誠好惡之，顔、曾、閔、冉之徒，蓋能之矣。語，蓋古語也。**隱居以求其志，行義以達其道。吾**

聞其語矣，未見其人也。」求其志，守其所達之道也。達其道，行其所求之志也。蓋惟伊尹、太公之流，可以當之。當時若顔子，亦庶乎此。然隱而未見，又不幸而蚤死，故夫子言然。○隱居以求其志，行義以達其道，則其退也，所以安其義之所安；而其進也，所以推其道於天下矣。蓋其所達之道，即其所求之志也。此大人之事，故曰未見其人。

○齊景公有馬千駟，死之日，民無德而稱焉。伯夷、叔齊餓於首陽之下，民到于今稱之。駟，四馬也。首陽，山名。其斯之謂與？與，平聲。○胡氏曰：「程子以爲第十二篇錯簡『誠不以富，亦祇以異』，當在此章之首。今詳文勢，似當在此句之上。言人之所稱，不在於富，而在於異也。」愚謂此説近是，而章首當有孔子曰字，蓋闕文耳。大抵此書後十篇多闕誤。

○陳亢問於伯魚曰：「子亦有異聞乎？」亢，音剛。○亢以私意窺聖人，疑必陰厚其子。對曰：「未也。嘗獨立，鯉趨而過庭。曰：『學《詩》乎？』對曰：『未也。』『不學《詩》，無以言。』鯉退而學《詩》。事理通達，而心氣和平，故能言。他日又獨立，鯉趨而過庭。曰：『學禮乎？』對曰：『未也。』『不學禮，無以立。』鯉退而學禮。品節詳明，而德性堅定，故能立。聞斯二者。」嘗獨立之時，所聞不過如此，其無異聞可知。陳亢退而喜曰：「問一得三，聞《詩》，聞禮，又聞君子之遠其子也。」遠，去聲。○尹氏曰：「孔子之教其子，無異於門人，故陳亢以爲遠其子。」

○邦君之妻，君稱之曰夫人，夫人自稱曰小童；邦人稱之曰君夫人，稱諸異邦曰寡小

君；異邦人稱之亦曰君夫人。寡，寡德，謙辭。○吴氏曰：「凡語中所載如此類者，不知何謂。或古有之，或夫子嘗言之，不可考也。」

論語集編卷第九

陽貨第十七凡二十六章。

陽貨欲見孔子，孔子不見，歸孔子豚。孔子時其亡也，而往拜之，遇諸塗。歸，如字，一作「饋」。○陽貨，季氏家臣，名虎。嘗囚季桓子而專國政。欲令孔子來見己，而孔子不往。貨以禮，大夫有賜於士，不得受於其家，則往拜其門。故瞰孔子之亡而歸之豚，欲令孔子來拜而見之也。**謂孔子曰：「來！予與爾言。」曰：「懷其寶而迷其邦，可謂仁乎？」曰：「不可。」「好從事而亟失時，可謂知乎？」曰：「不可。」「日月逝矣，歲不我與。」孔子曰：「諾。吾將仕矣。」**好、亟、知，並去聲。○懷寶迷邦，謂懷藏道德，不救國之危亂。亟，數也。失時，謂不及事幾之會。將者，且然而未必之辭。貨語皆譏孔子而諷使速仕。孔子固未嘗如此，而亦非不欲仕也，但不仕於貨耳。故直據理答之，不復與辯，若不諭其意者。○陽貨之欲見孔子，雖其善意，不過欲使助己爲亂耳。故孔子不見者，義也。其往拜者，禮也。必時其亡而往拜者，欲其稱也。遇諸塗而不避者，不終絶也。隨問而對者，理之直也。對而不辯者，言之孫而亦無所詘也。楊氏曰：「揚雄謂孔子於陽貨也，敬所不敬，爲詘身以信道。非知孔子者。蓋道外無身，身外無道。身詘矣而可以信道，吾未之信也。」○或問首章之説。曰：「觀夫子所以告微生畝與夫告長沮、桀溺之語，則聖人之自言，未嘗不正其理而明辨之也。至於告陽貨，則隨其所問，應答如響，而略無自明之意，則亦見陽貨之暴，有不足告而姑孫辭以答之。然味其言，則亦無非義理之正，與其中心之實然者，則是初亦未嘗詘也。胡、張之説善矣。胡氏曰：『楊氏謂孔子於陽貨，爲詘身以信道，雄之意，蓋以身與道爲二物也。是以其自爲也，黽勉賢、莽之間，而擬《論語》、《周易》以自附於夫子，豈不謬哉！』南軒曰：『聖人之待惡人，言雖遜而理未嘗枉，他人孫言則或至於害理，直理則或至於犯害，惟聖人則從容酬酢，而自然中節也。』」○黄氏曰：「日月逝矣，歲不我與，此陽貨之言。《集注》所謂諷使速仕，亦謂是也。其語意蓋謂夫子既老，可以有爲日月已過矣。歲運而往，其去甚速，豈復與我而爲我少緩乎？是亦諷使速仕也。學者於此章，固當因是以得聖人待惡人之道，又當知聖人之言動從容中節如此者，蓋道全德備、義精仁熟，如化工生物，皆自然而然。有志於學者，不可以不勉也。」○案：夫子之見陽貨，蓋待小人之道也。今以《易》、《論語》、《孟子》數條附此。遯《象》曰：「天下有山。遯。君子以遠小人，不惡而嚴。」《傳》曰：「天下有山，山下趨而乃止，天上進而相違，是遯避之象也。君子觀其象以避遠乎小人，遠小人之道。若以惡聲厲色，適足以致其怨忿，唯在乎矜莊威嚴，使知敬畏，則自然遠矣。」○朱子曰：「天體無窮，山高有限，遯之象也。嚴者，君子自守之常，而小人自不能近。」○《睽》初九「見惡人无咎」，《傳》曰：「當睽之時，雖同德者相與，然小人乖異者衆，若棄絶之，不幾盡天下以讎君子乎？如此則失含洪之意，❶致凶咎之道也。又豈不能化不善而使之合乎？

❶「洪」，當作「弘」，避宋宣祖弘殷諱改字。下文不再出校。

故必見惡人則无咎也。古之聖王所以化姦凶爲善良，革讎敵爲臣民者，由弗絶也。」○朱子曰：「必見惡人然後可以避咎，若孔子之於陽貨也。」○又王孫賈問曰：「與其媚於奥，寧媚於竈，何謂也？」子曰：「獲罪如天，無所禱也。」朱子曰：「王孫賈，衛大夫。媚，親順也。室西南隅爲奥。竈者，五祀之一，夏所祭也。凡祭五祀，皆設主而祭於其所，然後迎尸而祭於奥，略祭如宗廟之儀。如祀竈，則設主於竈陘，祭畢，而更設饌於奥以迎尸也。故時俗之語，因以奥有常尊，而非祭之主；竈雖卑賤，而當時用事。喻自結於君，不如阿附權臣也，故以諷孔子。孔子云云，蓋天即理也，其尊無對，非奥竈之可比也。逆理，則獲罪於天矣，豈媚於奥竈所能免乎？」謝氏曰：「聖人之言，遜而不迫。使王孫賈而知此意，不爲無益；使其不知，亦非所以取禍。」○子見南子，子路不悦。夫子矢之曰：「予所否者，天厭之！天厭之！」朱子曰：「南子，衛靈公之夫人，有淫行。孔子至衛，南子請見，孔子辭謝，不得已而見之。蓋古者仕於其國，有見其小君之禮。而子路以夫子見此淫亂之人爲辱，故不悦。矢，誓也。所，誓辭也，如云『所不與崔、慶者』之類。否，謂不合於禮，不由其道也。厭，棄絶也。聖人道大德全，無可不可。其見惡人，固謂在我有可見之禮，則彼之不善，❶我何與焉。然此豈子路所能測哉？故重言以誓之，欲其姑信此而深思以得之也。」○或問：「夫子之見南子，何也？」曰：「案《史記》：孔子至衛，南子使人謂孔子曰：『四方之君子，不辱欲與寡君爲兄弟者，必見寡小君，寡小君願見。』孔子辭謝，不得已而見之也。」曰：「仕於其國而見其小君，禮與？」曰：「是於禮無所見，穀梁子蓋

❶「善」，原作「見」，參「子見南子」章改。

以爲大夫不見夫人，而何休獨有郊迎執贄之説，不知其何所考也。然禮家又謂陽侯殺繆侯而竊其夫人，故大饗廢夫人之禮，而使人攝焉。則是大夫雖或有見小君之禮，疑亦久已不行於世，而靈公、南子特舉之耳。」曰：「南子既非正適，且以淫亂聞於諸侯，而是禮也，又非當世之所常行者，則夫子曷爲而不辭也？」曰：「南子之行則醜矣，然其願見，蓋亦有善意焉。且衛君既以爲夫人，而已將仕於其國，則所謂禮從宜、事從俗者，❶其亦有所不得已焉者矣。又況聖人道隆德盛，雖磨而不磷，雖涅而不緇，亦何爲拘拘翦翦於此，而避一見之嫌乎？」曰：「子路之不悦也，不告以可見之理而誓之，何也？」曰：「曾氏言之得矣。曾氏曰：『見南子過物之行，子路不悦，非常談所能曉，故誓之如此。』」○孟子爲卿於齊，出弔於滕，王使蓋大夫王驩爲輔行。王驩朝暮見，反齊滕之路，未嘗與之言行事也。公孫丑曰：「齊卿之位，不爲小矣；齊滕之路，不爲近矣，反之而未嘗與言行事，何也？」曰：「夫既或治之，予何言哉？」○朱子曰：「王驩，齊嬖臣也。輔行，副使也。驩蓋攝卿以行，故曰齊卿。夫既或治之，言有司已治之矣。孟子之待小人，不惡而嚴如此。」○樂正子從於子敖之齊。子敖，驩字。孟子謂樂正子曰：「子之從於子敖來，徒餔啜也。我不意子學古之道而以餔啜也。」此乃正其罪而切責之，言其不擇所從，但求食耳。公行子有子之喪，右師往弔。入門，有進而與右師言者，有就右師之位而與右師言者。公行子，齊大夫。右師，王驩也。孟子不與右師言，右師不悦曰：「諸君子皆與驩言，孟子獨不與驩言，是簡驩也。」孟子聞之曰：「禮，朝廷不歷位而相與言，不踰階而相揖也。我欲行禮，子敖以

---

❶「事」，原作「使」，今據四庫本改。

我爲簡，不亦異乎？」朱子曰：「是時齊卿大夫以君命弔，各有位次。若周禮，凡有爵者之喪，禮則職喪，涖其禁令，序其事，故云朝廷也云云。」○南軒曰：「王驩，齊之嬖卿也。有進而與言者，有就位而與言者，蓋以其嬖於君而諂之也。孟子獨不與言者，道固然也。右師不悦，而以爲簡己者，蓋孟子爲時之所尊，驩雖小人，亦幸其少假色，是以望之於此，而以不我顧爲簡也。孟子獨舉朝廷之禮以爲言，何其正大而不迫與！蓋君子之動，無非禮也，朝廷不歷位而相與言，不踰階而相揖，此禮也。君子行禮，故常履安地而有餘裕；他人不由禮，則自陷於險艱而已。所謂小人不惡而嚴者，豈有他哉，亦曰禮而已矣。禮之所在，何有於我哉！或者勸伊川先生以加禮貴近，先生曰：『獨不勸以盡禮而勸以加禮乎？禮盡處豈容有加。』此孟子之意也。唐王毛仲置酒，聞宋璟之名而欲致之，明皇勑使璟往。至則北望再拜，謝恩而稱疾以退。璟亦可謂正矣。然毛仲，君之厮役也，往赴其集，義何居乎？若璟聞命而引義以陳，則爲盡善矣。」○愚案：遯、睽之義既殊，孔、孟之行亦異，然德未至於聖，學未可與權，則遯之遠小人，孟子之待王驩，其正法也。昔有問和靖先生曰：「子見南子，子路不悦，何也？」先生曰：「聖人所爲，賢人自不能測。」又問：「不知先生見南子否？」曰：「不敢見。」曰：「何故不見？」曰：「待某磨不磷，涅不緇，雖佛肸召，亦往，况南子乎？」由是觀之，孟子可謂善學孔子者矣。○後世惟宋廣平之於楊思勉，伊川先生之於張茂，則皆庶幾有孟子之風焉。士大夫居官立朝，不免與近習接者，當以此爲法，不然，則未有不陷焉者也。○又《易·夬》九三：❶「壯于頄，有

❶「三」，原誤作「二」，今據四庫薈要本改。

凶。君子夬夬，獨行遇雨，若濡有慍，无咎。」夫子以温嶠之於王敦譬之，❶此又别爲一義，雖非平時待小人之正法，然處變而不失其正，亦學者所當知。其詳見於《本義》。

〇子曰：「**性相近也，習相遠也。**」此所謂性，兼氣質而言者也。氣質之性，固有美惡之不同矣。然以其初而言，則皆不甚相遠也。但習於善則善，習於惡則惡，於是始相遠耳。〇程子曰：「此言氣質之性。非言性之本也。若言其本，則性即是理，理無不善，孟子之言性善是也。何相近之有哉？」〇或問：「氣質之性何也？」曰：「天地之所以生物者，理也；其生物者，氣與質也。人物得是氣質以成形，而其理之在是者，則謂之性。然所謂氣質者，有偏正、純駁、昏明、厚薄之不齊，故性之在是者，其爲品亦不一，所謂氣質之性者。告子所謂生之謂性，程子所謂生質之性，所謂才者，皆謂是也。然其本然定理，則純粹至善而已，所謂天地之性者也。孟子所謂性善，程子所謂性之本，所謂探本窮原之性，皆謂此也。若夫子此章論性，而以相近而言，則固指夫氣質而言之矣。」

〇子曰：「**惟上知與下愚不移。**」知，去聲。〇人之氣質相近之中，又有美惡一定而非習之所能移者。〇程子曰：「人性本善，有不可移者，何也？語其性則皆善也，語其才則有下愚之不移。所謂下愚有二焉：自暴、自棄也。人苟以善自治，則無不可移，雖昏愚之至，皆可漸磨而進也。惟自暴者拒之以不信，自棄者絶之以不爲，雖聖人與居，不能化而入也，仲尼之所謂下愚也。然其質非必昏且愚也，往往彊戾而才

---

❶「温嶠」，原誤作「愠矯」，今據《朱子語類》卷七十二《易》八、《晉書·温嶠傳》改。

力有過人者，商辛是也。聖人以其自絶於善，謂之下愚，然考其歸則誠愚也。」○或問：「云云。然則終不可移也邪？」曰：「以聖人之言觀之，則曰不移而已，不曰不可移也。以程子之言考之，則曰以其不肯移，而後不可移耳。」○蘇氏説但泛言人材之短長瑕瑜，未曾言狂惘之可移也，如柴、參亦不當以下愚例論。蓋「不移」二字是承上知下愚兩端而言，不當專以下愚論之。蓋上知者，知之上，非尋常之知。下愚者，愚之下，亦非尋常之愚也。知之上者，固不可移而之惡矣。愚之下者，雖有可移之理，而無肯移之心，則亦終於不可移而已，故曰考其歸則誠愚也。

○子之武城，聞弦歌之聲。弦，琴瑟也。時子游爲武城宰，以禮樂爲教，故邑人皆弦歌也。**夫子莞爾而笑，曰：「割雞焉用牛刀？」**莞，華版反。焉，於虔反。○莞爾，小笑貌，蓋喜之也。因言其治小邑，何必用此大道也。**子游對曰：「昔者偃也聞諸夫子曰：『君子學道則愛人，小人學道則易使也。』」**易，去聲。○君子小人，以位言之。子游所稱，蓋夫子之常言。言君子小人，皆不可以不學。故武城雖小，亦必教以禮樂。**子曰：「二三子！偃之言是也。前言戲之耳。」**嘉子游之篤信，又以解門人之惑也。○治有大小，而其治之必用禮樂，則其爲道一也。但衆人多不能用，而子游獨行之。故夫子驟聞而深喜之，因反其言以戲之。而子游以正對，故復是其言，而自實其戲也。

○公山弗擾以費畔，召，子欲往。弗擾，季氏宰。與陽虎共執桓子，據邑以叛。**子路不説，曰：「末之也已，何必公山氏之之也。」**説，音悦。○末，無也。言道既不行，無所往矣，何必公山氏之往乎？**子曰：「夫召我者而豈徒哉？如有用我者，吾其爲東周乎？」**夫，音扶。○豈徒哉，言必用我也。爲東周，言興道於東方。○程子曰：「聖人以天下無不可有爲之人，亦無不可改過之人，故欲往。然而終不往者，知其必有不能改故也。」○或問云云。曰：「蘇氏得之。蘇氏曰：『孔子不助畔人，天下所知。畔而召孔子，其志必不在於惡矣。故孔子因其有善心而收之，不自絶而已。弗擾之不能爲東周亦明矣，然而用孔子，則有可以爲東周之道。故子欲往者，以其有是道也。卒不往者，知其必不能也。』」南軒曰：「弗擾不稟命於君，而叛其大夫，逆也。欲以是克亂，是以亂易亂，而又加甚耳。後世亂臣賊子所以借虚名爲篡奪之計者，多出於此。夫子豈以是而欲往邪？」

○子張問仁於孔子。孔子曰：「能行五者於天下，爲仁矣。」請問之。曰：「恭、寛、信、敏、惠。恭則不侮，寛則得衆，信則人任焉，敏則有功，惠則足以使人。」行是五者，則心存而理得矣。於天下，言無適而不然，猶所謂雖之夷狄不可棄者。五者之目，蓋因子張所不足而言耳。任，倚杖也，又言其效如此。○張敬夫曰：「能行此五者於天下，則其心公平而周徧可知矣，然恭其本與？」

○佛肸召，子欲往。佛，音弼。肸，許密反。○佛肸，晉大夫趙氏之中牟宰也。**子路曰：「昔者由也聞諸夫子曰：『親於其身爲不善者，君子不入也。』佛肸以中牟畔，子之往也，如之何？」**子路恐佛肸之浼夫子，故問此以止夫子之行。親，猶自也。不入，不入其黨也。**子曰：「然。有是言也。不曰堅乎，磨而不磷；不曰白乎，涅而不緇。**磷，力刃反。涅，乃結反。○磷，薄也。涅，染皂物。言人之不善，不能浼己。楊氏曰：「磨不磷，涅不緇，而後無可無不可。堅白不足，而欲自試於磨涅，其不磷緇也者幾希。」**吾豈匏瓜也哉，焉能繫而不食？」**焉，於虔反。○匏，瓠也。匏瓜繫於一處而不能飲食，人則不如是也。○南軒曰：「子路昔者之所聞，君子守身之常法。夫子今日之所言，聖人體道之大權也。然夫子於公山、佛肸之召皆欲往者，以天下無不可變之人，無不可爲之事也。其卒不往者，知其人之終不可變而事之終不可爲耳。一則生物之仁，一則知人之智也。」○或問云云。曰：「張敬夫明楊氏之説，其意亦善。曰：『子路蓋不悦公山之召矣，及此而後有言者，則以中心所疑，雖聞聖人之言，而自反終不能安，故問以辨之而不敢釋，亦可謂善學矣。然其不悦者，蓋以己觀聖人，❶而未知以聖人觀聖人耳。』」○黄氏曰：「匏瓜繫而不食，蓋言匏瓜蠢然一物，繫則不能動，不食則無所知。吾乃人類，在天地間能動作，有思慮，自當見之於用而有益於人，豈微物之比哉？世之奔走以餬其口於四方者，往往借是言以自況，失聖人之旨矣。」

○子曰：「由也，女聞六言六蔽矣乎？」對曰：「未也。」女，音汝，下同。○蔽，遮掩也。**「居！吾語女。**語，去聲。○禮：君子問更端，則起而對。故孔子諭子路，使還坐而告之。**好仁不好學，其蔽也愚；好知不好學，其蔽也蕩；好信不好學，其蔽也賊；好直不好學，其蔽也絞；好勇不好學，其蔽也亂；好剛不好學，其蔽也狂。」**好、知，並去聲。○六言皆美德，然徒好之而不學以明其理，則各有所蔽。愚，若可陷可罔之類。蕩，謂窮高極廣而無所止。賊，謂傷害於物。勇者，剛之發。剛者，勇之體。狂，躁率也。○范氏曰：「子路勇於爲善，其失之者，未能好學以明之也，故告之以此。曰勇、曰剛、曰信、曰直，又皆所以救其偏也。」○南軒曰：「學所以明善也，不知學，則徒慕其名，而莫知善之所

---

❶「以」字，原缺，今據四庫本補。

以爲善矣。好仁不好學，則徒欲博愛而不知所施之先後，故其蔽愚。好知不好學，則用其聰明而不知約言所在，故其蔽蕩。好信不好學，則守其小諒而不知義之所存，故其蔽賊。好直不好學，則務徑情而不知含蓄，故其蔽絞。絞者，訐而已。好勇不好學，則犯難而不知止，故其蔽亂。好剛不好學，則務勝而不知反，故其蔽狂。是六者，本爲達德善行，然而不好學，則非所以爲德行而反以自蔽。學如行大道，四闢而通。不學如守暗室，終窒而蔽矣。」

○子曰：「小子！何莫學夫《詩》？夫，音扶。○小子，弟子也。**《詩》，可以興，**感發志意。**可以觀，**考見得失。**可以羣，**和而不流。**可以怨。**怨而不怒。**邇之事父，遠之事君。**人倫之道，《詩》無不備，二者舉重而言。**多識於鳥獸草木之名。」**其緒餘又足以資多識。○學《詩》之法，此章盡之。讀是經者，所宜盡心也。○謝氏曰：「《詩》吟詠情性，善感發人，使人易直子諒之心易以生，故可以興；得性情之正，無所固滯，則閱理自明，故可以觀；心平氣和，於物無競，故可以羣；優游不迫，雖怨而不怒也，無鄙倍心，故可以怨。」○黃氏曰：「可以觀，謂可以考見己之得失也。」

○子謂伯魚曰：「女爲《周南》、《召南》矣乎？人而不爲《周南》、《召南》，其猶正牆面而立也與？」女，音汝。與，平聲。○爲，猶學也。《周南》、《召南》，《詩》首篇名。所言皆修身齊家之事。正牆面而立，言即其至近之地，而一物無所見，一步不可行。○或問：「二《南》何以爲《詩》之首篇也？」曰：「《周南》之詩，言文王后妃閨門之化。《召南》之詩，言諸侯之國夫人、大夫妻，被文王后妃之化而成德之事。蓋文王治政而化行於江、漢之域，自北而南，故其樂章以南名之，用之鄉人，用之邦國，以教天下後世誠意、正心、修身、齊家之道，蓋《詩》之正風也。」

○子曰：「**禮云禮云，玉帛云乎哉？樂云樂云，鐘鼓云乎哉？**」敬而將之以玉帛，則爲禮；和而發之以鐘鼓，則爲樂。遺其本而專事其末，則豈禮樂之謂哉？○程子曰：「禮只是一箇序，樂只是一箇和。只此兩字，含蓄多少義理。天下無一物無禮樂，且如置此兩椅，一不正，便是無序。無序便乖，乖便不和。又如盜賊至爲不道，然亦有禮樂。蓋必有總屬，必相聽順，乃能爲盜。不然，則叛亂無統，不能一日相聚而爲盜也。禮樂無處無之，學者須要識得。」○黄氏曰：「程子、朱子言樂則同主於和，至於言禮，則朱子主於敬，程子主於序，二説不同，何也？」曰：「不但敬與序之不同，雖言和則同，而所以爲和亦不同也。《集注》之敬與和，主人心而言也。程子之序與和，主事理而言也。然有人心之敬與和，則見於事理者，始有序而和矣。」

○子曰：「**色厲而内荏，譬諸小人，其猶穿窬之盜也與？**」荏，而審反。與，平聲。○厲，威嚴也。荏，柔弱也。小人，細民也。穿，穿壁。窬，踰牆。言其無實盜名，而常畏人知也。

○子曰：「**鄉原，德之賊也。**」鄉者，鄙俗之意。原，與愿同。《荀子》「原愨」，注讀作愿是也。鄉原，鄉人之愿者也。蓋其同流合汙以媚於世，故在鄉人之中，獨以愿稱。夫子以其似德非德，而反亂乎德，故以爲德之賊而深惡之。詳見《孟子》末篇。

○子曰：「**道聽而塗説，德之棄也。**」雖聞善言，不爲己有，是自棄其德也。○王氏曰：「君子多識前言往行以畜其德，道聽而塗説，則棄之矣。」○南軒曰：「聞善者行而體之，則其德蓄聚，若徒以資助語説而已，則於德何有？是棄之也。」

○子曰：「**鄙夫可與事君也與哉？**與，平聲。○鄙夫，庸惡陋劣之稱。**其未得之也，患得之；既得之，患失之。**何氏曰：「患得之，謂患不能得之。」**苟患失之，無所不至矣。**」小則吮癰舐痔，大則弒父與君，皆生於患失而已。○胡氏曰：「許昌靳裁之有言曰：『士之品大概有三：志於道德者，功名不足以累其心；志於功名者，富貴不足以累其心；志於富貴而已者，則亦無所不至矣。』志於富貴，即孔子所謂鄙夫也。」○南軒曰：「患得患失者，以得失爲事也。患得者，患無以得之也，惟其有是心，故既得則患失矣。其患失之心，乃患得之心也。若是，則凡可以勿失者，皆在所必爲而亦何所不至哉！自古亂臣賊子，其初亦豈敢遽有篡弒之萌？惟其患失之心蹉跌至此，故夫未得則患得，既得則患失，患失則無所不至。履霜堅冰，馴致其道也。然則患得失之萌，是乃弒父與君之原也。聖人謂爲鄙夫者，蓋區區惟己私之徇，不亦鄙乎！」○案眉山蘇氏曰：「李斯憂蒙恬之奪其權，則亡二世以亡秦。盧杞懼李懷光之數其惡，則誤德宗以再亂其心。本生於患失，其禍乃至於喪邦，乃知聖人之言，良不爲過，亦名辭也。」

○子曰：「**古者民有三疾，今也或是之亡也。**氣失其平則爲疾，故氣稟之偏者亦謂之疾。昔所謂疾，今亦無之，傷俗之益衰也。**古之狂也肆，今之狂也蕩；古之矜也廉，今之矜也忿戾；古之愚也直，今之愚也詐而已矣。**」狂者，志願太高。肆，謂不拘小節。蕩則踰大閑矣。矜者，持守太嚴。廉，謂稜角陗厲。忿戾則至於爭矣。愚者，暗昧不明。直，謂徑行自遂。詐則挾私妄作矣。○范氏曰：「末世滋僞，豈惟賢者不如古哉？民性之蔽，亦與古人異矣。」

○子曰：「巧言令色，鮮矣仁。」重出。

○子曰：「惡紫之奪朱也，惡鄭聲之亂雅樂也，惡利口之覆邦家者。」惡，去聲。覆，芳服反。○朱，正色。紫，間色。雅者，正也。利口，捷給。覆，傾敗也。○范氏曰：「天下之理，正而勝者常少，不正而勝者常多，聖人所以惡之也。利口之人，以是爲非，以非爲是，以賢爲不肖，以不肖爲賢。人君苟悦而信之，則國家之覆也不難矣。」

○子曰：「予欲無言。」學者多以語言觀聖人，而不察其天理流行之實，有不待言而著者。是以徒得其言，而不得其所以言，故夫子發此以警之。子貢曰：「子如不言，則小子何述焉？」子貢正以言語觀聖人者，故疑而問之。子曰：「天何言哉？四時行焉，百物生焉，天何言哉？」四時行，百物生，莫非天理發見流行之實，不待言而可見。聖人一動一静，莫非妙道精義之發，亦天而已，豈待言而顯哉？此亦開示子貢之切，惜乎其終不喻也。○程子曰：「孔子之道，譬如日星之明，猶患門人未能盡曉，故曰『予欲無言』。若顔子則便默識，其他則未免疑問，故曰『小子何述』。」又曰：「『天何言哉，四時行焉，百物生焉』，則可謂至明白矣。」愚案：此與前篇無隱之意相發，學者詳之。

○孺悲欲見孔子，孔子辭以疾。將命者出户，取瑟而歌。使之聞之。孺悲，魯人，嘗學士喪禮於孔子。當是時必有以得罪者，故辭以疾，而又使知其非疾，以警教之也。程子曰：「此孟子所謂不屑之教誨，所以深教之也。」○南軒曰：「孺悲之不見，宜在棄絶之域，取瑟而歌，使將命者聞之，是亦敢誨之而終不棄也。聖人之仁，天地生物之心歟！」

○宰我問：「三年之喪，期已久矣。期，音基，下同。○期，周年也。**君子三年不爲禮，禮必壞；三年不爲樂，樂必崩。**恐居喪不習而崩壞也。**舊穀既没，新穀既升，鑽燧改火，期可已矣。」**鑽，祖官反。○没，盡也。升，登也。燧，取火之木也。改火，春取榆柳之火，夏取棗杏之火，夏季取桑柘之火，秋取柞楢之火，冬取槐檀之火，亦一年而周也。已，止也。言朞年則天運一周，時物皆變，喪至此可止也。尹氏曰：「短喪之説，下愚且耻言之。宰我親學聖人之門，而以是爲問者，有所疑於心而不敢强焉耳。」

子曰：「食夫稻，衣夫錦，於女安乎？」曰：「安。」夫，音扶，下同。衣，去聲。女，音汝，下同。○禮，父母之喪：既殯，食粥，麤衰。既葬，蔬食、水飲，受以成布。朞而小祥，始食菜果，練冠縓緣，要絰不除，無食稻衣錦之理。夫子欲宰我反求諸心，自得其所以不忍者，故問之以此，而宰我不察也。**「女安則爲之！夫君子之居喪，食旨不甘，聞樂不樂，居處不安，故不爲也。今女安，則爲之！」**樂，上如字，下音洛。○此夫子之言也。旨，亦甘也。初言女安則爲之，絶之之辭。又發其不忍之端，以警其不察。而再言女安則爲之，以深責之。**宰我出。子曰：「予之不仁也！子生三年，然後免於父母之懷。夫三年之喪，天下之通喪也。予也有三年之愛於其父母乎？」**宰我既出，夫子懼其真以爲可安而遂行之，故深探其本而斥之。言由其不仁，故愛親之薄如此也。懷，抱也。又言君子所以不忍於親，而喪必三年之故，使之聞之，或能反求而終得其本心也。○范氏曰：「喪雖止於三年，然賢者之情則無窮也。特以聖人爲之中制而不敢過，故必俯而就之。非以三年之喪爲足以報其親也。所謂三年而後免於父母之懷，特以責宰我之無恩，欲其有以跂而及之爾。」

〇子曰：「飽食終日，無所用心，難矣哉！不有博弈者乎，爲之猶賢乎已。」博，局戲也。弈，圍碁也。已，止也。李氏曰：「聖人非教人博弈也，所以甚言無所用心之不可爾。」

〇子路曰：「君子尚勇乎？」子曰：「君子義以爲上。君子有勇而無義爲亂，小人有勇而無義爲盜。」尚，上之也。君子爲亂，小人爲盜，皆以位而言者也。尹氏曰：「義以爲尚，則其爲勇也大矣。子路好勇，故夫子以此救其失也。」胡氏曰：「疑此子路初見孔子時問答也。」〇案《史記》：「子路性鄙，好勇力，志伉直，冠雄雞，佩豭豚，陵暴孔子。孔子設禮稍誘子路，子路後儒服委質，因門人請爲弟子。」

〇子貢曰：「君子亦有惡乎？」子曰：「有惡：惡稱人之惡者，惡居下流而訕上者，惡勇而無禮者，惡果敢而窒者。」惡，去聲，下同。唯「惡者」之「惡」如字。訕，所諫反。訕，謗毁也。窒，不通也。稱人惡，則無仁厚之意。下訕上，則無忠敬之心。勇無禮，則爲亂。果而窒，則妄作。故夫子惡之。曰：「賜也亦有惡乎？」「惡徼以爲知者，惡不孫以爲勇者，惡訐以爲直者。」徼，古堯反。知、孫，並去聲。訐，居謁反。〇「惡徼」以下，子貢之言也。徼，伺察也。訐，謂攻發人之陰私。〇楊氏曰：「仁者無不愛，則君子宜若無惡矣。子貢之有是心也，故問焉以質其是非。」侯氏曰：「聖賢之所惡如此，所謂唯仁者能惡人也。」

〇子曰：「唯女子與小人爲難養也，近之則不孫，遠之則怨。」近、孫、遠，皆去聲。〇此小人，亦謂僕隸下人也。君子之於臣妾，莊以涖之，慈以畜之，則無二者之患矣。

〇子曰：「年四十而見惡焉，其終也矣。」惡，去聲。〇四十，成德之時。見惡於人，則止於此而已，勉人及時遷善改過也。蘇氏曰：「此亦有爲而言，不知其爲誰也。」○南軒曰：「見惡者，有不善而見惡於人也，此又甚於無聞者。方其壯時，不能用力以矯厲，則終於淪棄可知矣。此警懼學者，使之激昂自進於蚤也。」

微子第十八此篇多記聖賢之出處，凡十一章。

微子去之，箕子爲之奴，比干諫而死。微、箕，二國名。子，爵也。微子，紂庶兄。箕子、比干，紂諸父。微子見紂無道，去之以存宗祀。箕子、比干皆諫，紂殺比干，囚箕子以爲奴，箕子因佯狂而受辱。**孔子曰：「殷有三仁焉。」**三人之行不同，而同出於至誠惻怛之意，故不咈乎愛之理，而有以全其心之德也。楊氏曰：「此三人者，各得其本心，故同謂之仁。」○或問：「三子之心，同出於至誠惻怛，斯可見矣，抑何以知其所處之各適其可邪？」曰：「案《史記》，此事先後皆不同，惟《殷紀》以爲微子先去，比干乃諫而死，然後箕子佯狂爲奴，爲紂所囚者近是。蓋微子，帝乙元子，當以先王宗祀爲重，義當蚤去，又決知紂之不可諫也，故遂去之而不以爲嫌也。比干，少師，義當力諫，雖知其不可諫，而不可已也，故遂以諫死而不以爲悔。箕子見比干之死，則知己之不可諫，且不忍復死以累其上也。見微子之去，則知己之不必去，且不忍復去以背其君也，故佯狂爲奴而不以爲辱。此可以見三仁之所當爲，易地皆然矣。或以爲箕子以天畀九疇未傳而不敢死，則其爲説迂矣。同謂之仁者，以其皆無私而各當理也。無私，故得心之體而無違。當理，故得心之用而不失。此其所以各全心之德而謂之仁與。」曰：「然則史記三子之事與夫子言，先後不同，何也？」曰：「史所載者事之實，此所記者以事之難易爲先後耳。」○「《或問》言仁與《集注》不同。《集注》者，改本也。然則《或問》之説爲未當乎？」黄氏曰：「非也。先師言仁之義，則固以心之德、愛之理爲主矣。言人之所以至於仁，則以爲無私心而皆當理也。仁之爲義，固該體用，而與惻隱對言，則仁主於體而未及於用也，故曰心之德、愛之理，則於仁之義爲最切也。然仁固愛之理，愛亦仁之用。仁固心之德，而一動一静，亦無非此德之流行也。《或問》之言，指三子之所以至於仁而言也。《集注》之言，正指仁之義而言也。然其曰『不咈乎愛之理，而有以全其心之德』，曰全，曰不咈，則《或問》之意亦在其中矣。讀者識之可也。」○南軒曰：「三人者，皆當其時，當其位，處之盡其道者也。其立紂之朝，所以維持宗社之心至矣，而有不得已焉，則各自靖以獻于先王。詳味《微子》一篇，則可見三子之所謂深切至到者矣。孔子皆稱其爲仁，以其忠誠惻怛，克盡其道故也。」

○柳下惠爲士師，三黜。人曰：「子未可以去乎？」曰：「直道而事人，焉往而不三黜？枉道而事人，何必去父母之邦。」三，去聲。焉，於虔反。○士師，獄官。黜，退也。柳下惠三黜不去，而其辭氣雍容如此，可謂和矣。然其不能枉道之意，則有確乎其不可拔者。是則所謂必以其道，而不自失焉者也。○胡氏曰：「此必有孔子斷之之言而亡之矣。」○或問：「柳下惠仕而屢黜，黜而復仕，至於三黜，而又不去焉，何也？」曰：「進不隱賢，必以其道，不以三公易其介，所以屢黜而至於三也。降志辱身，援而止之而止，雖袒裼裸裎於我側，不以爲浼，所以黜而復仕，既三黜而不去也。」或曰：「惠知直道之必黜而不去，然則其將枉道以事人乎？」曰：「不然也。惠之意，若曰我但能直道事人，則固不必去魯而適他國矣；若能枉道而事人，亦不必去魯而適他國也。其言泛然，若無所指，蓋和者之氣象如此，而其道則固自信其不能枉道以事人矣。是以三黜之後，雖不屑去，然亦意其遂不復仕，故孔子得以列之於逸民之目。」

○齊景公待孔子，曰：「若季氏則吾不能，以季、孟之間待之。」曰：「吾老矣，不能用也。」孔子行。魯三卿，季氏最貴，孟氏爲下卿。孔子去之，事見《世家》。然此言必非面語孔子，蓋自以告其臣，而孔子聞之爾。○程子曰：「季氏强臣，君待之之禮極隆，然非所以待孔子也。以季、孟之間待之，則禮亦至矣。然復曰『吾老矣，不能用也』，故孔子去之，蓋不繫待之輕重，特以不用而去爾。」

○齊人歸女樂，季桓子受之。三日不朝，孔子行。歸，如字，或作「饋」。朝，音潮。○季桓子，魯大夫，名斯。案《史記》：「定公十四年，孔子爲魯司寇，攝行相事。齊人懼，歸女樂以沮之。」尹氏曰：「受女樂而怠於政事如此，其簡賢棄禮，不足與有爲可知矣。夫子所以行也，所謂見幾而作，不俟終日者與？」○范氏曰：「此篇記仁賢之出處，而折中以聖人之行，所以明中庸之道也。」○或問：「《史記》載孔子之去魯也，有『彼婦之舌，可以出走』之歌。今尹氏直以爲知魯之君相無敬賢之心而去，何邪？」曰：「齊人之謀，固欲以是沮孔子矣，蓋欲以女子爲閒於魯之君相，使之先有以熒惑其耳目，感移其心志，遂乘閒而進説，以沮敗其所爲，甚則或遂中以不測之禍，而不慮孔子之覺之蚤、去之速也。然孔子之覺之也，直以其無敬賢之心，知其不足與有爲耳，而其禍之將至者，則固亦不外乎此也。尹氏之言，不及其他，其有得於孔子之初心與？」○南軒曰：「去讒遠色，賤貨而貴德，所以勸尊賢也。今好色而忘敬賢之心，則道之不行可見矣，是以去之。」

○楚狂接輿歌而過孔子曰：「鳳兮！鳳兮！何德之衰？往者不可諫，來者猶可追。

已而，已而！今之從政者殆而！」接輿，楚人，佯狂避世。夫子時將適楚，故接輿歌而過其車前也。鳳有道則見，無道則隱，接輿以比孔子，而譏其不能隱爲德衰也。來者可追，言及今尚可隱去。已，止也。而，語助辭。殆，危也。接輿蓋知尊孔子而趨不同者也。**孔子下，欲與之言。趨而辟之，不得與之言。**辟，去聲。○孔子下車，蓋欲告之以出處之意。接輿自以爲是，故不欲聞而辟之也。

○**長沮、桀溺耦而耕，孔子過之，使子路問津焉。**沮，七余反。溺，乃歷反。○二人，隱者。耦，並耕也。時孔子自楚反乎蔡。津，濟渡處。**長沮曰：「夫執輿者爲誰？」子路曰：「爲孔丘。」曰：「是魯孔丘與？」曰：「是也。」曰：「是知津矣。」**夫，音扶。與，平聲。○執輿，執轡在車也。蓋本子路御而執轡，今下問津，故夫子代之也。知津，言數周流，自知津處。**問於桀溺，桀溺曰：「子爲誰？」曰：「爲仲由。」曰：「是魯孔丘之徒與？」對曰：「然。」曰：「滔滔者天下皆是也，而誰以易之？且而與其從辟人之士也，豈若從辟世之士哉？」耰而不輟。**「徒與」之「與」，平聲。滔，土刀反。辟，去聲。耰，音憂。○滔滔，流而不反之意。以，猶與也。言天下皆亂，將誰與變易之？而，汝也。辟人，謂孔子。辟世，桀溺自謂。耰，覆種也。亦不告以津處。**子路行以告。夫子憮然曰：「鳥獸不可與同羣，吾非斯人之徒與而誰與？天下有道，丘不與易也。」**憮，音武。與，如字。○憮然，猶悵然，惜其不喻己意也。言所當與同羣者，斯人而已，豈可絕人逃世以爲潔哉？天下若已平治，則我無用變易之。正爲天下無道，故欲以道易之耳。○程子曰：「聖人不敢有忘天下之心，故其言如此也。」張子曰：「聖人之心，不以無道必天下而棄之也。」

○子路從而後，遇丈人，以杖荷蓧。子路問曰：「子見夫子乎？」丈人曰：「四體不勤，五穀不分。孰爲夫子？」植其杖而芸。蓧，徒弔反。植，音值。○丈人，亦隱者。蓧，竹器。分，辨也。五穀不分，猶言不辨菽麥爾，責其不事農業而從師遠遊也。植，立之也。芸，去草也。**子路拱而立。**知其隱者，敬之也。**止子路宿，殺雞爲黍而食之，見其二子焉。**食，音嗣。見，賢遍反。**明日，子路行以告。子曰：「隱者也。」使子路反見之。至則行矣。**孔子使子路反見之，蓋欲告之以君臣之義。而丈人意子路必將復來，故先去之以滅其跡，亦接輿之意也。**子路曰：「不仕無義。長幼之節，不可廢也；君臣之義，如之何其廢之？欲潔其身，而亂大倫。君子之仕也，行其義也。道之不行，已知之矣。」**長，上聲。○子路述夫子之意如此。蓋丈人之接子路甚倨，而子路益恭，丈人因見其二子焉。則於長幼之節，固知其不可廢矣，故因其所明以曉之。倫，序也。人之大倫有五：父子有親，君臣有義，夫婦有別，長幼有序，朋友有信是也。仕所以行君臣之義，故雖知道之不行而不可廢。然謂之義，則事之可否，身之去就，亦自有不可苟者。是以雖不潔身以亂倫，亦非忘義以徇祿也。福州有國初時寫本，「路」下有「反子」二字，以此爲子路反而夫子言之也，未知是否。○范氏曰：「隱者爲高，故往而不反。仕者爲通，故溺而不止。不與鳥獸同羣，則決性命之情以饕富貴。此二者皆惑也，是以依乎中庸者爲難。惟聖人不廢君臣之義，而必以其正，所以或出或處而終不離於道也。」○或問：「知道之不行而徒仕，可乎？」曰：「仕所以行義也，義則有可有不可矣，義合而從，則道固不患於不行，不合而去，則道雖不行，而義亦未嘗廢也。是以君子雖知道之不行，而未嘗不仕，然亦未嘗懷私徇禄，而苟一日之安也。由此觀之，道義之未嘗相離也，亦可見矣。」○黄氏曰：「列接輿以下三章於孔子行之後，以明夫子雖不合而去，然亦未嘗恝然忘斯世也，此所以爲聖人之出處也與！然即三章而讀之，見夫接輿、沮、溺、荷蓧丈人，此四子者，若律以聖人之中道，則誠不爲無病，然味其言，觀其容止，以思見其爲人，其清風高節，猶使人起敬起慕，恨不得識其面而端拜之。彼於聖人，猶有所不滿於心，如此則其視世之貪利慕禄而不知止者，真不啻若犬彘，求欲爲之奴隸而不可得也，是亦豈非當世之賢而特立者與？以子路之行，行而拱立於丈人之側，若子弟然，豈非其真可敬也與！故嘗謂：若四人者，惟夫子然後可以議其不合於聖人之道，未至於夫子者，皆未可以妄議也。貪利慕禄之徒，求以自便其私，亦借四子而譏之，欲以見其不可以不仕，多見其不知量也。」

○逸民：伯夷、叔齊、虞仲、夷逸、朱張、柳下惠、少連。少，去聲，下同。○逸，遺逸。民者，無位之稱。虞仲，即仲雍，與太伯同竄荆蠻者。夷逸、朱張，不見經傳。少連，東夷人。**子曰：「不降其志，不辱其身，伯夷、叔齊與！」**與，平聲。**謂：「柳下惠、少連，降志辱身矣。言中倫，行中慮，其斯而已矣。」**中，去聲，下同。○柳下惠，事見上。倫，義理之次第也。慮，思慮也。中慮，言有意義合人心。少連事不可考。然《記》稱其「善居喪，三日不怠，三月不解。朞悲哀，三年憂」，則行之中慮，亦可見矣。**謂：「虞仲、夷逸，隱居放言。身中清，廢中權。**仲雍居吴，斷髮文身，裸以爲飾。隱居獨善，合乎道之清。放言自廢，合乎道之權。**我則異於是，無可無不可。」**孟子曰：「孔子可以仕則仕，可以止則止，可以久則久，可以速則速。」所謂無可無不可也。○謝氏曰：「七人隱遯不汙則同，其立心造行則異。伯夷、叔齊，天子不得臣，諸侯不得友，蓋已遯世離羣矣，下聖人一等，此其最高與？ 柳下惠、少連，雖降志而不枉己，雖辱身而不求合，其心有不屑也，故言能中倫，行能中慮。 虞仲、夷逸隱居放言，則言不合先王之法者多矣，然清而不汙也，權而適宜也，與方外之士害義傷教而亂大倫者殊科。 是以均謂之逸民。」尹氏曰：「七人各守其一節，孔子則無可無不可，此所以常適其可，而異於逸民之徒也。 揚雄曰『觀乎聖人則見賢人』，是以孟子語夷、惠，亦必以孔子斷之。」○南軒曰：「無可者，不以可爲主也；無不可者，不以不可爲主也。 其曰無者，言其不有於中也。 然則夫子之心，果如何哉？ 當可則可，當不可則不可，故仕、止、久、速，無不得其可，其惟天乎！ 其惟聖人乎！ 若夷、齊之心，則未免有不可，若柳下惠、少連，則未免有可，故孟子所欲學孔子而已。」

○大師摯適齊，大，音泰。○大師，魯樂官之長。摯，其名也。**亞飯干適楚，三飯繚適蔡，四飯缺適秦。**飯，扶晚反。繚，音了。○亞飯以下，以樂侑食之官。干、繚、缺，皆名也。**鼓方叔入於河，**鼓，擊鼓者。方叔，名。河，河内。**播鼗武入於漢，**鼗，徒刀反。○播，摇也。鼗，小鼓。兩旁有耳，持其柄而摇之，則旁耳還自擊。武，名也。漢，漢中。**少師陽、擊磬襄入於海。**少，去聲。○少師，樂官之佐。陽、襄，二人名。襄即孔子所從學琴者。海，海島也。○此記賢人之隱遁以附前章，然未必夫子之言也。末章放此。張子曰：「周衰樂廢，夫子自衛反魯，一嘗治之。其後伶人賤工識樂之正。及魯益衰，三桓僭妄，自大師以下，皆散之四方，逾河蹈海以去亂。聖人俄頃之助，功化如此。如有用我，朞月而可。豈虚語哉？」○或問：「何以知亞飯爲侑食之官也？」曰：「《白虎通》曰：『王者平旦食、晝食、晡食、莫食，凡四飯。

諸侯三飯。大夫再飯。』故魯之樂官，自亞飯以下，蓋三飯也。」○黃氏曰：「列此於逸民之後，以歎魯之末世，決不可以復仕也。」

○周公謂魯公曰：「君子不施其親，不使大臣怨乎不以。故舊無大過，則不棄也。無求備於一人。」施，陸氏本作「弛」，詩紙反。福本同。○魯公，周公子伯禽也。弛，遺棄也。以，用也。大臣非其人則去之，在其位則不可不用。大故，謂惡逆。李氏曰：「四者皆君子之事，忠厚之至也。」○胡氏曰：「此伯禽受封之國，周公訓戒之辭。魯人傳誦，久而不忘也。其或夫子嘗與門弟子言之歟？」

○周有八士：伯達、伯适、仲突、仲忽、叔夜、叔夏、季隨、季騧。騧，烏瓜反。○或曰成王時人，或曰宣王時人。蓋一母四乳而生八子也，然不可考矣。○張子曰：「記善人之多也。」○愚案：此篇孔子於三仁、逸民、師摯、八士，既皆稱贊而品列之，於接輿、沮、溺、丈人，又每有惓惓接引之意。皆衰世之志也，其所感者深矣。在陳之歎，蓋亦如此。三仁則無間然矣，其餘數君子者，亦皆一世之高士。若使得聞聖人之道，以裁其所過而勉其所不及，則其所立，豈止於此而已哉？○楊氏曰：「八人盡爲士之道也。」

論語集編卷第十

子張第十九

此篇皆記弟子之言，而子夏爲多，子貢次之。蓋孔門自顏子以下，穎悟莫若子貢；自曾子以下，篤實無若子夏。故特記之詳焉。凡二十五章。

子張曰：「士見危致命，見得思義，祭思敬，喪思哀，其可已矣。」致命，謂委致其命，猶言授命也。四者立身之大節，一有不至，則餘無足觀。故言士能如此，則庶乎其可矣。○南軒曰：「見危則致命，見得則思義，能決擇於義利之際也。祭則思敬，喪則思哀，篤於本也。」○愚案：見危致命，獨不言思，蓋臨難而死，士節之常，有所不必思也。

○子張曰：「執德不弘，信道不篤，焉能爲有？焉能爲亡？」焉，於虔反。亡，讀作無，下同。○有所得而守之太狹，則德孤。有所聞而信之不篤，則道廢。焉能爲有亡，猶言不足爲輕重。○或問：「弘之爲寬廣，奈何？」曰：「此以人之量而言也。蓋人之所以體道者存乎德，而其所以執德者存乎量，量有大小之不同，故人之所以執德，有弘而有不弘也。夫總羣言、該衆理，而不自以爲博；兼至善、具衆美，而不自以爲得；知足以周萬物，而於天下之事，有不深察；才足以濟衆務，而於天下之事，有所不屑爲；恢恢乎胷中常若有餘地焉，此非其量之大，則其所以執德者，孰能如是之寬廣而不迫哉？《易》所謂『寬以居之』，而曾子所謂『可以任天下之重』者，正謂此耳。其量之小者，一善之得，則先爲主，而若不可以有所容；一事之當，則必自負，而若不可以有所加；小有知，則必欲用其知；小有才，則必欲試其才：所謂執德不弘者，蓋如此。雖其所守之固，若不可奪，然亦安能爲有亡哉？」○黄氏曰：「《或問》以寬廣爲弘，乃《集註》未改之前之説，與今《集註》之意實相通而有所發明，故不得不兩存也。篤，堅確也。《易》所謂『確乎其不可拔』，而曾子所謂『死而後已』者，正謂此耳。觀子張之一言，則爲學之道，信非褊心狹量質薄氣弱者之所可及也。」○執道須弘，不可道已得此道理，不信更有道理。須是既下工夫，又下工夫，已理會，又理會。若只理會得二三分，便謂只消恁地也得，如此者，非是無，只是不弘。故子張云：「焉能爲有，焉能爲亡。」弘便知道理儘有，自家心下儘有，地步寬濶，著得他在。○問「執德不弘」。先生曰：「言其不廣也。纔狹隘，則容受不得。不特是不能容人，自家亦自不能容。故纔有許善，必自矜，見人之善，必不好，人告之以過，亦不受，從狹隘上生萬端病痛。」○南軒曰：「執德弘則進德有地，信道篤則志道不回，苟爲不然，雖有爲善之心，亦若存若亡，不能爲有亡也。」程子曰：「信道不篤，則執德無由弘。」

○子夏之門人問交於子張。子張曰：「子夏云何？」對曰：「子夏曰：『可者與之，其不可者拒之。』」子張曰：「異乎吾所聞，君子尊賢而容衆，嘉善而矜不能。我之大賢與，於人何所不容？我之不賢與，人將拒我，如之何其拒人也？」「賢與」之「與」，平聲。○子夏之言迫狹，子張譏之是也。但其所言亦有過高之病。蓋大賢雖無所不容，然大故亦所當絶；不賢固不可以拒人，然損友亦所當遠。學者不可不察。○或問三章之説。曰：「二子之言，各有所偏，斷以聖人之中道，則初學大略，當如子夏之言，然於不可者，亦疎之而已，拒之則害乎交際之道。成德大略，當如子張之說，然於其大故者，亦不得而不絶也。以是處之，其庶幾乎！」○南軒曰：「包注『友交當如子夏，泛交當如子張』之說是。蓋其交有淺深，二子論交，各爲一義，不可廢也。若但與之泛然交際而已，則固當尊賢而容衆，嘉善而矜不能。若與之爲朋友之交，則當與其可者，拒其不可者。但拒之之説微過耳。然而在學者之分，則子張之言未若子夏之嚴也。而遽非子夏之説，且曰『我之大賢與，於人何所不容』，其言若以成德自居者，此亦其堂堂氣象也與？」

○子夏曰：「雖小道，必有可觀者焉；致遠恐泥，是以君子不爲也。」泥，去聲。○小道，如農圃醫卜之屬。泥，不通也。○楊氏曰：「百家衆技，猶耳目鼻口，皆有所用而不能相通，非無可觀也，致遠則泥矣，故君子不爲也。」○或問：「何以言小道之爲農圃之屬？」曰：「小者對大之名。正心修身以治人，道之大者也。專一家之業以治於人，道之小者也。然皆用於世而不可無者，其始固皆聖人之作，而各有一物之理焉，是必有可觀也。然能於此者，或不能於彼，而皆不可以達於君子之大道，是以致遠恐泥，而君子不爲。」○黄氏曰：「小道之不可以致遠者，聖人之道，自修身而齊家治國而平天下，與夫參天地，贊化育，無適而不通也。農圃醫卜之屬，施之目前，淺近不爲無益，然求其如聖人之道無所不通，則不可也。許行欲以並耕而治天下，此孟子所以議其相率而爲僞也。」或曰：「安知所謂小道者不指楊、墨、佛、老之類而言邪？」曰：「小道，合聖人之道而小者也。異端，違聖人之道而異者也。小者猶可以施之近，異者則不可頃刻而施也。楊、墨、佛、老之無父無君，又何致遠而後不通哉！所謂正牆面而立，跬步不可行者也。」

○子夏曰：「日知其所亡，月無忘其所能，可謂好學也已矣。」亡，讀作無。好，去聲。○亡，無也。謂己之所未有。○尹氏曰：「好學者日新而不失。」○南軒曰：「致其知而不舍，故其知日新；保其有而不違，故其有常存。日知其所亡，謂日知其所未有也。」

○子夏曰：「博學而篤志，切問而近思，仁在其中矣。」四者皆學問思辨之事耳，未及乎力行而爲仁也。然從事於此，則心不外馳，而所存自熟，故曰仁在其中矣。○程子曰：「博學而篤志，切問而近思，何以言仁在其中矣？學者要思得之。了此，便是徹上徹下之道。」又曰：「學不博則不能守約，志不篤則不能力行。切問近思在己者，則仁在其中矣。」又曰：「近思者以類而推。」蘇氏曰：「博學而志不篤，則大而無成；泛問遠思，則勞而無功。」○問云云。曰：「此全未是説仁處，方是尋討箇求仁門路。當從此去，漸見效在其中，謂有此理耳。」○問：「云云，如何謂之仁？」曰：「非是便爲仁。如言行寡尤悔，非所以干祿，而祿在其中；博學篤志，切問近思，未便是仁，然學者用力於此，仁亦在其中矣。」問：「博學與近思，亦不相妨否？」先生曰：「博學是都要理會過，近思是注心著力處。博學是箇大規模，近思是漸進工夫。如《大學》『明明德於天下』，是大規模，其中格物、致知、誠意、正心、修身、齊家等，便是次第處。如博學，亦豈一日都便要都學得了？亦是漸漸學去。」曰：「篤志，未説到行處否？」曰：「篤志，只是至誠懇切以求之，若只管泛濫外面博學，更不懇切其志，便成放而不知求底心，便是頑麻不仁底人。惟篤志，又切問近思，便有歸宿處。此心不泛濫走作，只在這窠坎裏，仁便在其中。」○問：「程子云云，便是先生所謂『從事於此，則心不外馳而所存自熟』之意乎？」曰：「然。於是四者中見得箇仁底道理，便是徹上徹下之道。」○問「以類而推」。曰：「節節推將去。」○今人不曾以類而推，蓋不曾先理會一件，却理會一件。若理會得一件，逐件推將去，相次亦不難。○問：「何謂類推？」曰：「此語道得好。不要驀越，不要陡頓，只是就近傍那饒得處挨將去。如這一件理會得透了，又因這件推去做那一件，如讀書，讀第一段了，便推第一段之類去讀第二段，自此以往，只管恁地去，次第都理會得。若開卷便要獵一過，如何得？」直卿曰：「是理會得來，便推去理會得否？」曰：「只是傍易曉底挨將去，如理會得親親，即推類去仁民，仁民是親親之類。理會得仁民，便推類去愛物，愛物是仁民之類。如『刑于寡妻』，便推類去『至于兄弟』，便推類去『御家邦』。如修身，便推類去齊家；齊家，便推類去治國。只是一步了，又一步。」○南軒曰：「博學篤志，切問近思，不可便以此爲仁，而仁不外是也。學者從事於此而不計其獲，則循序而有至，蓋不可以欲速而臆度也。聖門論仁大抵如此。」○黄氏曰云云，或曰：「何以知四者之專主於心之所存而言？」曰：「人惟無所用其心，則其心泛濫而不一。志之篤，則此心常有所定向而不泛濫矣。問不切、思不近，則其所用心皆在吾身之外。切問而近思，則皆求其在己者，而無復外馳之患矣。人能盡此四者，則雖學問思辨之事，而自有以得夫操存涵養之效，所謂仁在其中矣。」

○子夏曰：「百工居肆以成其事，君子學以致其道。」肆，謂官府造作之處。致，極也。工不居肆，則遷於異物而業不精。君子不學，則奪於外誘而志不篤。尹氏曰：「學所以致其道也。百工居肆，必務成其事。君子之於學，可不知所務哉？」愚案：二説相須，其義始備。

○子夏曰：「小人之過也必文。」文，去聲。○文，飾之也。小人憚於改過，而不憚於自欺，故必文以重其過。

○子夏曰：「君子有三變：望之儼然，即之也温，聽其言也厲。」儼然者，貌之莊。温者，色之和。厲者，辭之確。○程子曰：「它人儼然則不温，温則不厲，惟孔子全之。」謝氏曰：「此非有意於變，蓋並行而不相悖也，如良玉温潤而栗然。」○南軒曰：「其爲三變，豈君子之强爲哉？禮樂無斯須而去身，故其成就發見如此。」

○子夏曰：「君子信而後勞其民，未信則以爲厲己也；信而後諫，未信則以爲謗己也。」信，謂誠意惻怛而人信之也。厲，猶病也。事上使下，皆必誠意交孚，而後可以有爲。

○子夏曰：「大德不踰閑，小德出入可也。」大德、小德，猶言大節、小節。閑，闌也，所以止物之出入。言人能先立乎其大者，則小節雖或未盡合理，亦無害也。○吴氏曰：「此章不能無弊，學者正不可以此自恕，一以小差爲無害，則於大節必將有枉尺直尋者矣。」○問：「伊川謂小德如援溺之事，如何？」曰：「援溺事却是大處。嫂溺不援，是豺狼，這處是當做，更有甚麽出入？」○子夏之説自有病，只是他力量有行不及處。然既是有力不及處，則不免有些子小小事放過者，已是不足，豈可謂之「可也」？蓋子夏爲人不及，其質亦弱，夫子亦每提他，如「女爲君子儒，毋爲小人儒」、「無欲速，無見小利」之類。○南軒曰：「大德，大體也；小德，節目也。君子所存大體固有定，至其酬酢之際，用權以取中，初無一定之執，然未嘗不同歸焉。如可以取，可以無取，可以與，可以無與之類是也。然而斯言以『大德不踰閑』爲本，必大德不踰閑，而後小德可以出入，蓋未嘗不在其閑之中，故曰可也。不然，本之不立而謂出入爲可，是小人之無忌憚而已。」○南軒説甚善，然非子夏本意，姑存之。

○子游曰：「子夏之門人小子，當灑埽、應對、進退，則可矣。抑末也，本之則無。如之何？」灑，色賣反。埽，素報反。○子游譏子夏弟子，於威儀容節之間則可矣。然此小學之末耳，推其本，如大學正心誠意之事，則無有。**子夏聞之曰：「噫！言游過矣！君子之道，孰先傳焉？孰後倦焉？譬諸草木，區以別矣。君子之道，焉可誣也？有始有卒者，其惟聖人乎！」**別，彼列反。焉，於虔反。○倦，如「誨人不倦」之倦。區，猶類也。言君子之道，非以其末爲先而傳之，非以其本爲後而倦教。但學者所至，自有淺深，如草木之有大小，其類固有別矣。若不量其淺深，不問其生熟，而概以高且遠者强而語之，則是誣之而已。君子之道，豈可如此？若夫始終本末一以貫之，則惟聖人爲然，豈可責之門人小子乎？○程子曰：「君子教人有序，先傳以小者近者，而後教以大者遠者。非先傳以近小，而後不教以遠大也。」又曰：「灑埽應對，便是形而上者，理無大小故也。故君子只在慎獨。」又曰：「聖人之道，更無精粗。從灑埽應對，與精義入神，貫通只一理。雖灑埽應對，只看所以然如何。」又曰：「凡物有本末，不可分本末爲兩段事。灑埽應對是其然，必有所以然。」又曰：「自灑埽應對上，便可到聖人事。」愚案：程子第一條，説此章文意，最爲詳盡。其後四條，皆以明精粗本末。其分雖殊，而理則一。學者當循序而漸進，不可厭末而求本。蓋與第一條之意，實相表裏。非謂末即是本，但學其末而本便在此也。○或問：「既曰理無大小，又以爲教人有序，何也？」曰：「無大小者，理也；有序者，事也。正以理無大小而無不在，以教人者，不可不由其序而有所遺也。蓋由其序，則事之本末巨細，無不各得其理，而理之無大小者，莫不隨其所在而無所遺。不由其序，而舍近求遠，處下窺高，則不惟其所妄意者不可得，而理之全體，固已虧於切近細微之中矣。此所以理無大小，而教人者尤欲由其序也。」○《集義》程子曰：「性命孝弟只是一統事，就孝弟中便可盡性至命。灑埽、應對、進退，與盡性命亦是一事，無有本末，無有精粗。」○謝氏曰：「古人須要就灑埽、應對、進退上養取誠意出來。」○楊氏曰：「聖人所謂性與天道者，豈嘗離夫灑埽、應對、進退之間哉？❶故其始也即此以爲學，其卒也非離此而爲道。」○吕氏曰：「古之童子未冠，爲長者役而其心安焉。蓋古之教養之道必本諸孝弟，孝弟之心雖主於惻隱恭敬之端，孝弟之行，常在於灑埽、應對、執事、走趨之際。蓋有血氣者，未有安於事人者也，今使之知長之可敬，甘於僕役而不辭，是所以存其良心，折其敖慢之氣，然後可與進於德矣。」○南軒曰：「小子習於灑埽、應對、進退之事，是之謂小學。由是而致夫知，則存乎其人，是之謂大學。至於充之而盡，亦初不離乎灑埽、應對、進退之間。若以此爲末，而别求所謂本，則是析本末爲二體，形而上者與形而下者不相管屬，其爲弊蓋有不可勝言者矣。」○黄氏曰：「程子之言精矣，然初學讀之，莫有知其説者。以《易》考之，其曰形而上者，蓋對形而下者言，形非有象之可見，特因下文形而下者而爲文，❷言器乃形而下，而道則形而上也。形而上則超乎事物之表，專指事物之理而言也。灑埽、應對，事雖至粗，然其所以然者，便是至精之理。其曰『理無大小』者，非以灑埽、應對爲小，形而上者爲大也。蓋不但至大之事方有形而上之理，雖至小之事亦有之，故曰理無大小也。其曰『精義入神』者，蓋言精究事理，極其微妙，以至入神。神者，理之妙而不可測者，今其所精之義至於入神，則義之至精者也，如夫子之言性與天

---

❶「離」，原誤作「進」，今據《論語精義》卷十上改。

❷「特」，原誤作「將」，今據四庫本改。

道之類是也。程子引此與灑埽、應對之言，蓋以至粗之事，對至精之義也。至精之義與至粗之義固不同，然至粗之事其所以然者，即至精之事也。其曰是其然，必有所以然者。然之爲言，猶曰如此。其如此者，謂灑埽、應對之節文也，所以如此者，謂有此理而後其節文之著見者如此者。其曰便可到聖人事者，蓋灑埽、應對雖至小，亦不過由天理之全體而著見於事物之節文。聖人之所以爲聖人者，初不外乎此理，特其事事物物皆由此理，而不勉不思，從容自中耳。然嘗以《集注》所引程子四段細推之，則首言理無小大，以見事有小大，而理則一也。次言道無精粗，以見學有精粗，而道則一也。又次言是其然，必有所以然，所以發明十二段所以無小大無精粗之意。又次言便可至聖人事，則亦以其所以然而無小大精粗者爲之也。亦足以見編次之意至精而不苟矣。」或曰：「《集注》又以程子第一條説本章文義爲詳盡者，然乎？」曰：「此亦取其所擇傳與倦之義爲詳盡耳。然以先後二字考之，則程子先後以教者所施之次第而言，《集注》先後以義理之精粗而言，則程子之説又不若《集注》之説爲當也。」

○**子夏曰：「仕而優則學，學而優則仕。」**優，有餘力也。仕與學，理同而事異，故當其事者，必先有以盡其事，而後可及其餘。然仕而學，則所以資其仕者益深；學而仕，則所以驗其學者益廣。○或問云云。曰：「仕優而學，爲已仕而言也。蓋時必有仕而不學，如原伯魯者，故有是言。學優而仕，爲未仕者言也。蓋未有以明乎修己治人之道，則未可以仕耳。子産於子皮有製錦之譏，而夫子亦説漆雕之對，惡子路之佞。程子以少年登科席勢爲美官爲不幸，其意亦猶是耳。子夏此章，以先後之次推之，其本意蓋如此。而推其餘意，則又以明夫仕優而學，則不免有背公徇私之失，學已優而不仕，則亦未免有愛身忘物之累，當時恐或兼有此意也。」○南軒曰：「大學之道，在明明德，在新民，成己成物，無二致也。古之人學以終其身，故仕優則學，學優則仕，終始於學而無窮也。」○愚案：《或問》引原伯魯事，出《左氏傳》昭十八年：「葬曹平公。往者，見周原伯魯焉，與語，不説學。以語閔子馬，閔子馬曰：『周其亂乎？夫必多有是説，而後及其大人。大人患失而惑，又曰可以無學。無學則苟而可，於是乎下陵上替，能無亂乎？夫學，殖也。不學將落，原氏其亡乎？』」

○子游曰：「喪致乎哀而止。」致極其哀，不尚文飾也。楊氏曰：「『喪，與其易，寧戚』，不若『禮不足而哀有餘』之意。」愚案：「而止」二字，亦微有過於高遠而簡略細微之弊，學者詳之。

○子游曰：「吾友張也，爲難能也。然而未仁。」子張行過高，而少誠實惻怛之意。

○曾子曰：「堂堂乎張也，難與並爲仁矣。」堂堂，容貌之盛。言其務外自高，不可輔而爲仁，亦不能有以輔人之仁也。○范氏曰：「子張外有餘而内不足，故門人皆不與其爲仁。子曰：『剛毅木訥近仁。』寧外不足而内有餘，庶可以爲仁矣。」○南軒曰：「雖有高明之見，卓絶之行，謂之難能則可，不害其爲未仁也。堂堂氣象，所以爲難與並仁也歟？蓋是道也，須深潛縝密親切篤志而後可以進，故如愚之顔子，聖人許其不違仁，而堂堂之張，曾子以爲難與並爲仁也。」

○曾子曰：「吾聞諸夫子：人未有自致者也，必也親喪乎！」致，盡其極也。蓋人之真情所不能自已者。○尹氏曰：「親喪固所自盡也，於此不用其誠，惡乎用其誠？」

○曾子曰：「吾聞諸夫子：孟莊子之孝也，其他可能也；其不改父之臣，與父之政，是

難能也。」孟莊子，魯大夫，名速。其父獻子，名蔑。獻子有賢德，而莊子能用其臣，守其政。故其他孝行雖有可稱，而皆不若此事之爲難。○或問：「鄧氏之説如何？」曰：「鄧氏之言曰：『獻子歷相三君五十年，魯人謂之社稷之臣，則其臣必賢，其政必善矣。莊子年少嗣立，又與季孫宿同朝，宿父文子忠於公室，宿皆不能守而改之，莊子乃獨能不改其父之臣與父之政，而終身焉，是孔子之所謂難也。』若父之臣與父之政有不善，則是成其父之惡耳，焉得爲孝哉？」

○孟氏使陽膚爲士師，問於曾子。曾子曰：「上失其道，民散久矣。如得其情，則哀矜而勿喜。」陽膚，曾子弟子。民散，謂情義乖離，不相維繫。謝氏曰：「民之散也，以使之無道，教之無素。故其犯法也，非迫於不得已，則陷於不知也。故得其情，則哀矜而勿喜。」

○子貢曰：「紂之不善，不如是之甚也。是以君子惡居下流，天下之惡皆歸焉。」「惡居」之「惡」，去聲。○下流，地形卑下之處，衆流之所歸。喻人身有汙賤之實，亦惡名之所聚也。子貢言此，欲人常自警省，不可一置其身於不善之地。非謂紂本無罪，而虚被惡名也。

○子貢曰：「君子之過也，如日月之食焉：過也，人皆見之；更也，人皆仰之。」更，平聲。

○衛公孫朝問於子貢曰：「仲尼焉學？」朝，音潮。焉，於虔反。○公孫朝，衛大夫。**子貢曰：「文、武之道，未墜於地，在人。賢者識其大者，不賢者識其小者，莫不有文、武之道焉。夫子焉不學？而亦何常師之有？」**識，音志。下「焉」字，於虔反。○文、武之道，謂文王、武王之謨訓功烈，與凡周之禮樂文章，皆是也。在人，言人有能記之者。識，記也。○又曰：「此言未墜落於地，而猶在人耳。賢者則能記其道之大者，不賢者則能記其道之小者，皆有文、武之道，夫子皆師之也。」○或問：「何以言文、武之道爲周之禮樂也？」曰：「此固好高者之所不樂聞，然其文意不過如此，以未墜在人之云者考之，則可見矣。若曰道無適而非，唯所取而得，則又何時墜地，且何必賢者識其大者，不賢者識其小者，而後得師邪？此所謂人，正謂老聃、萇弘、郯子、師襄之儔耳，若入大廟而每事問焉，則廟之祀史，亦一師也。大率近世學者，習於老、佛，佛言皆有厭薄事實，貪騖高遠之意，故其説常如此，不可以不戒也。然彼所謂無適而非者，亦豈離於文章禮樂之間哉？但子貢本意，則正指其事實而言，不如是之空虛恍惚而無所據也。」○南軒曰：「文、武之道，謂國家之制度典章在當時猶有存者，未至盡泯也。在人所識何如，賢者則識其大者，不賢者則識其小者，至如鄉黨之間，其冠昏喪祭、日用飲食，亦習乎其教而不自知也。然則夫子焉往而非學？惟善之主，而初無常師也。此其所以能集文、武之道而極其大全與？」

○叔孫武叔語大夫於朝，曰：「子貢賢於仲尼。」語，去聲。朝，音潮。○武叔，魯大夫，名州仇。**子服景伯以告子貢。子貢曰：「譬之宮牆，賜之牆也及肩，窺見室家之好。**牆卑室淺。**夫子之牆數仞，不得其門而入，不見宗廟之美，百官之富。**八尺曰仞，不入其門，則不見其中之所有，言牆高而宮廣也。**得其門者或寡矣。夫子之云，不亦宜乎！」**此夫子，指武叔。○黄氏曰：「叔孫武叔以子貢賢於仲尼，子禽亦以仲尼豈賢於子貢，自今觀之，則三人之識見固謬矣。然其敢於爲此論者，亦豈無説？且其所謂子貢之賢者，何也？物之廣博者，其藏蓄也必高厚，其中狹小，則其外必卑薄，此理之自然，非其故爲是高厚、卑薄之殊也。人之常情，有如是之力量，然後有如是之見識，故處下者不足以窺高，而淺近易見，則人情之所共喜也，豈惟宮牆爲然哉！雨露之澤物，人皆知其爲功，而元氣之密運，則人莫得而窺其際也。子貢三稱夫子：一稱宮牆，一稱日月，一以天喻。其論愈精，此子貢之所以爲達也。」

○叔孫武叔毁仲尼。子貢曰：「無以爲也，仲尼不可毁也。他人之賢者，丘陵也，猶可踰也；仲尼，日月也，無得而踰焉。人雖欲自絶，其何傷於日月乎？多見其不知量也！」量，去聲。○無以爲，猶言無用爲此。土高曰丘，大阜曰陵。日月，喻其至高。自絶，謂以謗毁自絶於孔子。多，與祇同，適也。不知量，謂不自知其分量。○南軒曰：「子貢善喻，如宮牆、日月之類，皆可謂切矣。丘陵固可踰，泰山雖高，然猶有可踰之理，至於日月之行天，則孰得而踰之哉！人之議日月者，初無損於日月之明，徒自絶於日月而已矣。」

○陳子禽謂子貢曰：「子爲恭也，仲尼豈賢於子乎？」爲恭，謂爲恭敬推遜其師也。**子貢曰：「君子一言以爲知，一言以爲不知，言不可不慎也。**知，去聲。○責子禽不謹言。**夫子之不可及也，猶天之不可階而升也。**階，梯也。大可爲也，化不可爲也，故曰不可階而升。**夫子之得邦家者，所謂立之斯立，道之斯行，綏之斯來，動之斯和。其生也榮，其死也哀，如之何其可及也。」**道，去聲。○立之，謂植其生也。道，引也，謂教之也。行，從也。綏，安也。來，歸附也。動，謂鼓舞之也。和，所謂於變時雍，言其感應之妙，神速如此。榮，謂莫不尊親。哀，則如喪考妣。程子曰：「此聖人之神化，上下與天地同流者也。」○謝氏曰：「觀子貢稱聖人語，乃知晚年進德，蓋極於高遠也。夫子之得邦家者，其鼓舞羣動，捷於桴鼓影響。人雖見其變化，而莫窺其所以變化也。蓋不離於聖，而有不可知者存焉，此殆難以思勉及也。」○南軒曰：「子貢以日月喻聖人之不可踰矣，復以天之不可階升，喻聖人之不可及，尤爲切至也。蓋大而化之，非復思勉所及，學者至此，無所用其力，是豈不猶天之不可階而升乎？所謂『立之斯立，道之斯行，綏之斯來，動之斯和』，不疾而速，不行而至，惟天下至誠，感無不通也。『其生也榮，其死也哀』，民心戴之如天，親之如父母也。子貢知足知此，其所造抑深矣。」○黄氏曰：「子禽之問，見於《論語》者凡三：於夫子聞政，則疑其有所求；於伯魚，則疑夫子之私其子；於此章，則又疑子貢之賢於仲尼。其爲人粗率而淺陋可知。一言之善，則可以爲知。一言之不善，則遂爲不知。知與不知，係於一言之間，此言之不可不謹也。由志學而立，由立而不惑，由可欲而有諸己，由有諸己而充實，皆可以階而升。至於知天命，有光輝，已非有階級可漸次而進。若夫耳順，不踰矩，化而不可知，則德盛仁熟，莫知其所以然而然，但見仰之高，鑽之堅，瞻之在前，忽焉在後，是豈得而階升也哉？立之、道之、綏之、動之，皆聖人政化之施；斯立、斯行、斯來、斯和，皆天下感動之速。榮謂賴之以生，故以爲榮；哀謂失其所依，故爲之哀戚。子貢之稱夫子者如此！」或曰：「子貢知足以知聖人，今乃不言其德，而稱其得邦家之效，何也？」曰：「天之德，不可形容，即其感人而見其神化之速。天下之理，實大則聲宏，本深而木茂，感動之淺深遲速，未有不視其德之所至者也。聖人道全德備，高明博厚，則其感於物者如此，因其感於物以反觀聖人之道，豈不曉然而易見也哉？此子貢之所以爲善言聖人也。」

堯曰第二十凡三章。

堯曰：「咨！爾舜！天之歷數在爾躬。允執其中，四海困窮，天禄永終。」此堯命舜，而禪以帝位之辭。咨，嗟歎聲。歷數，帝王相繼之次第，猶歲時氣節之先後也。允，信也。中者，無過不及之名。四海之人困窮，則君禄亦永絶矣，戒之也。**舜亦以命禹。**舜後遜位於禹，亦以此辭命之。今見於《虞書·大禹謨》，比此加詳。**曰：「予小子履，敢用玄牡，敢昭告於皇皇后帝：有罪不敢赦。帝臣不蔽，簡在帝心。朕躬有罪，無以萬方；萬方有罪，罪在朕躬。」**此引《商書·湯誥》之辭。蓋湯既放桀而告諸侯也。與《書》文大同小異。「曰」上當有「湯」字。履，蓋湯名。用玄牡，夏尚黑，未變其禮也。簡，閱也。言桀有罪，己不敢赦。而天下賢人，皆上帝之臣，己不敢蔽。簡在帝心，惟帝所命。此述其初請命而伐桀之辭也。又言君有罪非民所致，民有罪實君所爲，見其厚於責己薄於責人之意。此其告諸侯之辭也。**周有大賚，善人是富。**賚，來代反。○此以下述武王事。賚，予也。武王克商，大賚于四海。見《周書·武成》篇。此言其所富者，皆善人也。《詩序》云：「賚所以錫予善人」，蓋本於此。**「雖有周親，不如仁人。百姓有過，在予一人。」**此《周書·泰誓》之辭。孔氏曰：「周，至也。言紂至親雖多，不如周家之多仁人。」**謹權量，審法度，修廢官，四方之政行焉。**權，稱錘也。量，斗斛也。法度，禮樂制度皆是也。**興滅國，繼絶世，舉逸民，天下之民歸心焉。**興滅繼絶，謂封黄帝、堯、舜、夏、商之後。舉逸民，謂釋箕子之囚，復商容之位。三者皆人心之所欲也。**所重：民、食、喪、祭。**《武成》曰：「重民五教，惟食、喪、祭。」**寬則得衆，信則民任焉，敏則有功，公則説。**説，音悦。○此於武王之事無所見，恐或泛言帝王之道也。○楊氏曰：「《論語》之書，皆聖人微言，而其徒傳守之，以明斯道者也。故於終篇，具載堯舜咨命之言，湯武誓師之意，與夫施諸政事者。以明聖學之所傳者，一於是而已。所以著明二十篇之大旨也。《孟子》於終篇，亦歷序堯、舜、湯、文、孔子相承之次，皆此意也。」○南軒曰：「此篇所載帝王之事，孔子之所常言，門人列於末章，所以示後世之大法也。」○黄氏曰：「《論語》末篇，歷序堯、舜、禹、湯、武王相傳之道，而先之以執中，可謂得其要矣。至其下，乃泛及於賞善罰惡責己恕人，大綱小紀，末數末度，無不具舉者，蓋帝王之道，初無精粗，惟其合於天理，當於人心者，是其所以爲道也。所謂執中者，正以其事事物物無適而非中也，是豈空虚無據而可謂之中乎？知此然後知聖賢相傳之道，無非實理，非若老、釋空無之謂也。」

○**子張問於孔子曰：「何如斯可以從政矣？」子曰：「尊五美，屏四惡，斯可以從政矣。」子張曰：「何謂五美？」子曰：「君子惠而不費，勞而不怨，欲而不貪，泰而不驕，威而不猛。」**費，芳味反。**子張曰：「何謂惠而不費？」子曰：「因民之所利而利之，斯不亦惠而不費乎？擇可勞而勞之，又誰怨？欲仁而得仁，又焉貪？君子無衆寡，無小大，無敢慢，斯不亦泰而不驕乎？君子正其衣冠，尊其瞻視，儼然人望而畏之，斯不亦威而不猛乎？」**焉，於虔反。**子張曰：「何謂四惡？」子曰：「不教而殺謂之虐；不戒視成謂之暴；慢令致期謂之賊；猶之與人也，出納之吝，謂之有司。」**出，去聲。○虐，謂殘酷不仁。暴，謂卒遽無序。致期，刻期也。賊者，切害之意。緩於前而急於後，以誤其民，而必刑之，是賊害之也。猶之，猶言均之也。均之以物與人，而於其出納之際，乃或吝而不果，則是有司之事，而非爲政之體。所與雖多，人亦不懷其惠矣。項羽使人，有功當封，刻印刓，忍弗能予，卒以取敗，亦其驗也。○尹氏曰：「告問政者多矣，未有如此之備者也。故記之以繼帝王之治，則夫子之爲政可知也。」

○子曰：「**不知命，無以爲君子也。**程子曰：「知命者，知有命而信之也。人不知命，則見害必避，見利必趨，何以爲君子？」○胡氏曰：「一定而不易者，命也。人不知命，常求其所不可得，避其所不可免，所以徒喪所守，而爲小人也。」○南軒曰：「此所謂命，謂窮達得喪之有定也。不知命，則將徼倖而苟且，何以爲君子乎？知命則志定，然後其所當爲者，可得而爲矣。」**不知禮，無以立也。**不知禮，則耳目無所加，手足無所措。**不知言，無以知人也。**」言之得失，可以知人之邪正。○尹氏曰：「知斯三者，則君子之事備矣。弟子記此以終篇，得無意乎？學者少而讀之，老而不知一言爲可用，不幾於侮聖言者乎？夫子之罪人也，可不念哉？」

北京大學《儒藏》編纂與研究中心 編

《儒藏》精華編選刊

四書集編（下）

〔南宋〕真德秀 撰

陳静 校點

北京大學出版社
PEKING UNIVERSITY PRESS

朱子集注孟子序説

《史記·列傳》曰：「孟軻，趙氏曰：「孟子，魯公族孟孫之後。」《漢書》注云：「字子車。」一説字子輿。騶人也，騶，亦作「鄒」，本邾國也。受業子思之門人。子思，孔子之孫，名伋。《索隱》云：「王劭以人爲衍字。」而趙氏注及《孔叢子》等書亦皆云：「孟子親受業於子思。」未知是否。道既通，趙氏曰：「孟子通五經，尤長於《詩》、《書》。」程子曰：「孟子曰：『可以仕則仕，可以止則止，可以久則久，可以速則速。』『孔子聖之時者也。』故知《易》者莫如孟子。孟子又曰：『王者之迹熄而《詩》亡，《詩》亡然後《春秋》作。』又曰：『《春秋》無義戰。』又曰：『《春秋》天子之事。』故知《春秋》莫如孟子。」尹氏曰：「以此而言，則趙氏謂孟子長於《詩》、《書》而已，豈知孟子哉？」游事齊宣王，宣王不能用。適梁，梁惠王不果所言，則見以爲迂遠而闊於事情。按《史記》：梁惠王之三十五年乙酉，孟子始至梁。其後二十三年，當齊湣王之十年丁未，齊人伐燕，而孟子在齊。故《古史》謂「孟子先事齊宣王，後乃見梁惠王、襄王、齊湣王」。獨《孟子》以伐燕爲宣王時事，與《史記》、《荀子》等書皆不合。而《通鑑》以伐燕之歲，爲宣王十九年，則是孟子先游梁而後至齊見宣王矣。然《考異》亦無他據，又未知孰是也。當是之時，秦用商鞅，楚魏用吴起，齊用孫子、田忌，天下方務於合從連衡，以攻伐爲賢。而孟軻乃述唐、虞、三代之德，是以所如者不合。退而與萬章之徒序《詩》、《書》，述仲尼之意，作《孟子》七篇。」趙氏曰：「凡二百六十一章，三萬四千六百八十五字。」韓子曰：「孟軻之書，非軻自著。軻既没，其徒萬章、公孫丑相與記軻所言焉耳。」愚按：二説不同，《史記》近是。

韓子曰：「堯以是傳之舜，舜以是傳之禹，禹以是傳之湯，湯以是傳之文、武、周公，文、武、周公傳之孔子，孔子傳之孟軻，軻之死，不得其傳焉。荀與揚也，擇焉而不精，語焉而不詳。」程子曰：「韓子此語，非是蹈襲前人，又非鑿空撰出，必有所見。若無所見，不知言所傳者何事。」

〇又曰：「孟氏醇乎醇者也。荀與揚，大醇而小疵。」程子曰：「韓子論孟子甚善。非見得孟子意，亦道不到。其論荀、揚則非也。荀子極偏駁，只一句性惡，大本已失。揚子雖少過，然亦不識性，更説甚道。」

〇又曰：「孔子之道大而能博，門弟子不能徧觀而盡識也，故學焉而皆得其性之所近。其後離散，分處諸侯之國，又各以其所能授弟子，源遠而末益分。惟孟軻師子思，而子思之學出於曾子。自孔子没，獨孟軻氏之傳得其宗。故求觀聖人之道者，必自孟子始。」程子曰：「孔子言參也魯。然顔子没後，終得聖人之道者，曾子也。觀其啓手足時之言，可以見矣。所傳者子思、孟子，皆其學也。」

〇又曰：「揚子雲曰：『古者楊、墨塞路，孟子辭而闢之，廓如也。』夫楊、墨行，正道廢。孟子雖賢聖，不得位。空言無施，雖切何補。然賴其言，而今之學者尚知宗孔氏，崇仁義，貴王賤霸而已。其大經大法，皆亡滅而不救，壞爛而不收。所謂存十一於千百，安在其能廓如也？然向無孟氏，則皆服左衽而言侏離矣。故愈嘗推尊孟氏，以爲功不在禹下者，爲此也。」

或問於程子曰：「孟子還可謂聖人否？」程子曰：「未敢便道他是聖人，然學已到至處。」愚案：「至」字，恐當作「聖」字。

○程子又曰：「孟子有功於聖門，不可勝言。仲尼只說一箇仁，孟子開口便說仁義。仲尼只説一箇志，孟子便說許多養氣出來。只此二字，其功甚多。」

○又曰：「孟子有大功於世，以其言性善也。」

○又曰：「孟子性善、養氣之論，皆前聖所未發。」

○又曰：「學者全要識時。若不識時，不足以言學。顔子陋巷自樂，以有孔子在焉。若孟子之時，世既無人，安可不以道自任。」

○又曰：「孟子有些英氣。才有英氣，便有圭角，英氣甚害事。如顔子便渾厚不同，顔子去聖人只豪髮間。孟子大賢，亞聖之次也。」或曰：「英氣見於甚處？」曰：「但以孔子之言比之，便可見。且如冰與水晶非不光，比之玉，自是有温潤含蓄氣象，無許多光耀也。」

楊氏曰：「《孟子》一書，只是要正人心，教人存心養性，收其放心。至論仁、義、禮、智，則以惻隱、羞惡、辭讓、是非之心爲之端。論邪説之害，則曰：『生於其心，害於其政。』論事君，則曰『格君心之非』，『一正君而國定』。千變萬化，只説從心上來。人能正心，則事無足爲者矣。《大學》之修身、齊家、治國、平天下，其本只是正心、誠意而已。心得其正，然後知性之善。故孟子遇人便道性善。歐陽永叔却言『聖人之教人，性非所先』，可謂誤矣。人性上不可添一物，堯、舜所以爲萬世法，亦是率性而已。所謂率性，循天理是也。外邊用計用數，假饒立得功業，只是人欲之私。與聖賢作處，天地懸隔。」

孟子集編卷第一

梁惠王章句上凡七章。

孟子見梁惠王。梁惠王，魏侯罃也。都大梁，僭稱王，謚曰惠。《史記》：「惠王三十五年，卑禮厚幣以招賢者，而孟軻至梁。」王曰：「叟不遠千里而來，亦將有以利吾國乎？」孟子對曰：「王何必曰利？亦有仁義而已矣。仁者，心之德、愛之理。義者，心之制、事之宜也。王曰『何以利吾國』？大夫曰『何以利吾家』？士庶人曰『何以利吾身』？上下交征利而國危矣。萬乘之國弑其君者，必千乘之家；千乘之國弑其君者，必百乘之家。萬取千焉，千取百焉，不爲不多矣。苟爲後義而先利，不奪不饜。乘，去聲。饜，於豔反。○此言求利之害，以明上文何必曰利之意也。征，取也。上取乎下，下取乎上，故曰交征。國危，謂將有弑奪之禍。乘，車數也。萬乘之國者，天子畿内地方千里，出車萬乘。千乘之家者，天子之公卿，采地方百里，出車千乘也。千乘之國，諸侯之國。百乘之家，諸侯之大夫也。弑，下殺上也。饜，足也。言臣之於君，每十分而取其一分，亦已多矣。若又以義爲後而以利爲先，則不弑其君而盡奪之，其心未肯以爲足也。未有仁而遺其親者也，未有義而後其君者也。

此言仁義未嘗不利，以明上文亦有仁義而已之意也。遺，猶棄也。後，不急也。言仁者必愛其親，義者必急其君。故人君躬行仁義而無求利之心，則其下化之，自親戴於己也。**王亦曰仁義而已矣，何必曰利？」**重言之，以結上文兩節之意。○此章言仁義根於人心之固有，天理之公也。利心生於物我之相形，人欲之私也。循天理，則不求利而自無不利；循人欲，則求利未得而害已隨之。所謂豪釐之差，千里之繆。此《孟子》之書所以造端託始之深意，學者所宜精察而明辨也。○或問：「人之所以爲性者五，而獨舉仁義，何也？」曰：「天地之所以生物者，不過乎陰陽五行，實一陰陽也。故人之所以爲性者，雖有仁義禮智信之殊，然曰仁義，則其大端已舉矣。」曰：「然則其或主於愛，或主於宜，而所施亦有君親之不同，何也？」曰：「仁者人也，其發則專主於愛，而愛莫切於愛親，故人仁則必不遺其親矣。義者宜也，其發則事皆得其宜，而所宜者莫大於尊君，故人義則必不後其君矣。」曰：「子謂仁義未嘗不利，則是所謂仁義者，乃所以爲求利之資乎？」曰：「不然也。仁義，天理之自然也，居仁由義，循天理而不得不然也。然仁義得於此，則君臣父子之間，以至於天下之事，自然無一物之不得其所者，而初非有求利之心也。《易》所謂『利者義之和』者，正謂此爾。」曰：「然則孟子何不以是爲言也？」曰：「仁義固無不利矣，然以是爲言，則人之爲仁義也，不免有求利之心焉，一有求利之心，則利不可得而害至矣，此孟子所以拔本塞源而救其弊也。」○「心之制」，亦是就義之全體處說，「事之宜」，是千條萬緒各有所宜處說。事之宜非是就在外之事說，看甚麽事來，這裏面便有箇宜處，這便是義。○問：「『心之德，愛之理』，俱以體言，『心之制，事之宜』，俱以用言否？」曰：「『心之德』是渾淪說，『愛之理』方說到親切處。『心之制』却是說義之體，程子所謂『處物爲義』是也。揚雄言『義以宜之』，韓愈言『行而宜之之謂義』，若以義爲宜，則義有在外意思。須知程子言『處物爲義』者，在心而非外也。」〇「事之宜」雖若在外，然所以制其宜，則在心也。〇所謂「事之宜」，方是指那事物當然之理，未説到處置合宜處。〇聖賢之言，所以要辨别教分明，但只要向義邊一直去，更不通商量第二著。讒説義乃所以爲利，固是義有大利存焉，若行義時便説道有利，則是心便傾邪向那邊去，故孟子云云。董仲舒亦分明説不謀其利，不計其功。〇《孟子》七篇，以仁義爲首，此造端託始之深意也。伊川有曰：「孔子言仁，未嘗兼義，獨於《易》曰『立人之道曰仁與義』。而孟子言仁必以義配，可謂有功於聖門矣。」〇又曰：「孟子初見梁惠王，惠王首以利國爲問，蓋自春秋至於戰國，先王之道不明，人心陷溺，惟知有利而已。孟子將以攻其邪心，故直告之曰：『王何必曰利，亦有仁義而已矣。』仁者，本心之全德；義者，當然之正理。爲國者當躬行仁義於上，不可以利爲心，若王欲自利其國，則大夫亦欲利其家，士庶人亦欲利其身，上下争相求利，國安得不危？蓋以仁義爲本，是導民於理也；以利爲尚，是導民於欲也。理明則尊卑上下之分定，不然，凡有血氣者，皆思自足其欲，非盡攘上之所有不已也。於是簒弑之事興，其害有不勝計者。吁！可畏哉！故重言之曰：『王何必曰利，亦有仁義而已矣。』《大學》末章論天下之平曰：『國以義爲利，而不以利爲利。』推言求利之弊，至菑害並至，雖有善者，亦末如之何也矣。」《衍義》

〇孟子見梁惠王，王立於沼上，顧鴻鴈麋鹿，曰：「賢者亦樂此乎？」樂，音洛，篇内同。〇沼，池也。鴻，鴈之大者。麋，鹿之大者。**孟子對曰：「賢者而後樂此，不賢者雖有此，不樂也。**此一章之大指。**《詩》云：『經始靈臺，經之營之。庶民攻之，不日成之。經始勿亟，庶民子來。**

王在靈囿，麀鹿攸伏。麀鹿濯濯，白鳥鶴鶴。王在靈沼，於牣魚躍。』文王以民力爲臺爲沼，而民歡樂之，謂其臺曰靈臺，謂其沼曰靈沼，樂其有麋鹿魚鼈。古之人與民偕樂，故能樂也。亟，音棘。麀，音憂。鶴，《詩》作「翯」，户角反。於，音烏。○此引《詩》而釋之，以明賢者而後樂此之意。《詩》，《大雅・靈臺》之篇。經，量度也。靈臺，文王臺名也。營，謀爲也。攻，治也。不日，不終日也。亟，速也，言文王戒以勿亟也。子來，如子來趨父事也。靈囿、靈沼，臺下有囿，囿中有沼也。麀，牝鹿也。伏，安其所，不驚動也。濯濯，肥澤貌。鶴鶴，潔白貌。於，歎美辭。牣，滿也。孟子言文王雖用民力，而民反歡樂之，既加以美名，而又樂其所有。蓋由文王能愛其民，故民樂其樂，而文王亦得以享其樂也。**《湯誓》曰：『時日害喪？予及女偕亡。』民欲與之偕亡，雖有臺池鳥獸，豈能獨樂哉？」**害，音曷。喪，去聲。女，音汝。○此引《書》而釋之，以明「不賢者雖有此，不樂」之意也。《湯誓》，《商書》篇名。時，是也。日，指夏桀。害，何也。桀嘗自言，吾有天下，如天之有日，日亡吾乃亡耳。民怨其虐，故因其自言而目之曰：此日何時亡乎？若亡則我寧與之俱亡。蓋欲其亡之甚也。孟子引此，以明君獨樂而不恤其民，則民怨之而不能保其樂也。

○梁惠王曰：「寡人之於國也，盡心焉耳矣。河内凶，則移其民於河東，移其粟於河内。河東凶亦然。察鄰國之政，無如寡人之用心者。鄰國之民不加少，寡人之民不加多，何也？」寡人，諸侯自稱，言寡德之人也。河内、河東皆魏地。凶，歲不熟也。移民以就食，移粟以給其老稚之不能移者。**孟子對曰：「王好戰，請以戰喻。填然鼓之，兵刃既接，棄甲曳兵而走。或百步**

而後止，或五十步而後止。以五十步笑百步，則何如？」曰：「不可，直不百步耳，是亦走也。」曰：「王如知此，則無望民之多於鄰國也。好，去聲。填，音田。○填，鼓音也。兵以鼓進，以金退。直，猶但也。言此以譬鄰國不恤其民，惠王能行小惠，然皆不能行王道以養其民，不可以此而笑彼也。楊氏曰：「移民移粟，荒政之所不廢也。然不能行先王之道，而徒以是爲盡心焉，則末矣。」**不違農時，穀不可勝食也；數罟不入洿池，魚鼈不可勝食也；斧斤以時入山林，材木不可勝用也。穀與魚鼈不可勝食，材木不可勝用，是使民養生喪死無憾也。養生喪死無憾，王道之始也。**勝，音升。數，音促。罟，音古。洿，音烏。○農時，謂春耕夏耘秋收之時。凡有興作，不違此時，至冬乃役之也。不可勝食，言多也。數，密也。罟，網也。洿，窊下之地，水所聚也。古者網罟必用四寸之目，魚不滿尺，市不得鬻，人不得食。山林川澤，與民共之，而有厲禁。草木零落，然後斧斤入焉。此皆爲治之初，法制未備，且因天地自然之利，而撙節愛養之事也。然飲食宮室所以養生，祭祀棺槨所以送死，皆民所急而不可無者。今皆有以資之，則人無所恨矣。王道以得民心爲本，故以此爲王道之始。**五畝之宅，樹之以桑，五十者可以衣帛矣；雞豚狗彘之畜，無失其時，七十者可以食肉矣；百畝之田，勿奪其時，數口之家可以無飢矣；謹庠序之教，申之以孝悌之義，頒白者不負戴於道路矣。七十者衣帛食肉，黎民不飢不寒，然而不王者，未之有也。**衣，去聲。畜，敕六反。數，去聲。王，去聲。凡有天下者人稱之曰王，則平聲；據其身臨天下而言曰王，則去聲。後皆放此。○五畝之宅，一夫所受，二畝半在田，二畝半在邑。田中不得有木，恐妨五穀，故於牆下植桑以供蠶事。五十始衰，非帛不暖，未五十者不得衣也。畜，養也。時，謂孕字之時，如孟春犧牲毋用牝之類也。七十非肉不飽，未七十者不得食也。百畝之田，亦一夫所受。至此則經界正，井地均，無不受田之家矣。庠、序，皆學名也。申，重也，丁寧反覆之意。善事父母爲孝，善事兄長爲悌。頒，與斑同，老人頭半白黑者也。負，任在背。戴，任在首。夫民衣食不足，則不暇治禮義；而飽暖無教，則又近於禽獸。故既富而教以孝悌，則人知愛親敬長而代其勞，不使之負戴於道路矣。衣帛食肉但言七十，舉重以見輕也。黎，黑也。黎民，黑髮之人，猶秦言黔首也。少壯之人，雖不得衣帛食肉，然亦不至於飢寒也。此言盡法制品節之詳，極財成輔相之道，以左右民，是王道之成也。**狗彘食人食而不知檢，塗有餓莩而不知發；人死，則曰：『非我也，歲也。』是何異於刺人而殺之，曰：『非我也，兵也。』王無罪歲，斯天下之民至焉。」**莩，平表反。刺，七亦反。○檢，制也。莩，餓死人也。發，發倉廩以賑貸也。歲，謂歲之豐凶也。惠王不能制民之産，又使狗彘得以食人之食，則與先王制度品節之意異矣。至於民飢而死，猶不知發，則其所移特民間之粟而已。乃以民不加多，歸罪於歲凶，是知刃之殺人，而不知操刃者之殺人也。不罪歲，則必能自反而益修其政。天下之民至焉，則不但多於鄰國而已。○程子曰：「孟子之論王道，不過如此，可謂實矣。」又曰：「孔子之時，周室雖微，天下猶知尊周之爲義，故《春秋》以尊周爲本。至孟子時，七國争雄，天下不復知有周，而生民之塗炭已極。當是時，諸侯能行王道，則可以王矣。此孟子所以勸齊梁之君也。蓋王者，天下之義主也。聖賢亦何心哉？觀天命之改與未改耳。」

○梁惠王曰：「寡人願安承教。」承上章言願安意以受教。**孟子對曰：「殺人以梃與刃，有**

以異乎？」曰：「無以異也。」梃，徒頂反。○梃，杖也。「以刃與政，有以異乎？」曰：「無以異也。」孟子又問而王答也。曰：「庖有肥肉，廄有肥馬，民有飢色，野有餓莩，此率獸而食人也。厚斂於民以養禽獸，而使民飢以死，則無異於驅獸以食人矣。獸相食，且人惡之。爲民父母，行政不免於率獸而食人，惡在其爲民父母也？「惡之」之「惡」，去聲。「惡在」之「惡」，平聲。○君者，民之父母也。惡在，猶言何在也。仲尼曰：『始作俑者，其無後乎！』爲其象人而用之也。如之何其使斯民飢而死也？」俑，音勇。爲，去聲。○俑，從葬木偶人也。古之葬者，束草爲人以爲從衛，謂之芻靈，略似人形而已。中古易之以俑，則有面目機發，而太似人矣。故孔子惡其不仁，而言其必無後也。孟子言此作俑者，但用象人以葬，孔子猶惡之，况實使民飢而死乎？○李氏曰：「爲人君者，固未嘗有率獸食人之心。然徇一己之欲，而不恤其民，則其流必至於此。故以爲民父母告之。夫父母之於子，爲之就利避害，未嘗頃刻而忘於懷，何至視之不如犬馬乎？」

○梁惠王曰：「晉國，天下莫强焉，叟之所知也。及寡人之身，東敗於齊，長子死焉；西喪地於秦七百里；南辱於楚。寡人耻之，願比死者一洒之，如之何則可？」長，上聲。喪，去聲。比，必二反。洒與洗同。○魏本晉大夫魏斯，與韓氏、趙氏共分晉地，號曰三晉。故惠王猶自謂晉國。惠王三十年，齊擊魏，破其軍，擄太子申。十七年，秦取魏少梁，後魏又數獻地於秦。又與楚將昭陽戰敗，亡其七邑。比，猶爲也。言欲爲死者雪其耻也。孟子對曰：「地方百里而可以王。百里，小國也。然能行仁政，則天下之民歸之矣。王如施仁政於民，省刑罰，薄税斂，深耕易耨。壯者以暇日脩其孝悌忠信，入以事其父兄，出以事其長上，可使制梃以撻秦楚之堅甲利兵矣。省，所梗反。斂、易皆去聲。耨，奴豆反。長，上聲。○省刑罰，薄税斂，此二者仁政之大目也。易，治也。耨，耘也。盡己之謂忠，以實之謂信。君行仁政，則民得盡力於農畝，而又有暇日以修禮義，是以尊君親上而樂於效死也。彼奪其民時，使不得耕耨以養其父母，父母凍餓，兄弟妻子離散。養，去聲。○彼，謂敵國也。彼陷溺其民，王往而征之，夫誰與王敵？夫，音扶。○陷，陷於阱。溺，溺於水。暴虐之意。征，正也。以彼暴虐其民，而率吾尊君親上之民往正其罪。彼民方怨其上而樂歸於我，則誰與我爲敵哉？故曰：『仁者無敵。』王請勿疑！」「仁者無敵」，蓋古語也。百里可王，以此而已。恐王疑其迂濶，故勉使勿疑也。○孔氏曰：「惠王之志在於報怨，孟子之論在於救民。所謂唯天吏則可以伐之，蓋孟子之本意。」

○孟子見梁襄王。襄王，惠王子，名赫。出，語人曰：「望之不似人君，就之而不見所畏焉。卒然問曰：『天下惡乎定？』吾對曰：『定于一。』語，去聲。卒，七没反。惡，平聲。○語，告也。不似人君，不見可畏，言其無威儀也。卒然，急遽之貌。蓋容貌辭氣，乃德之符。其外如此，則其中之所存者可知。王問列國分争，天下當何所定。孟子對以必合于一，然後定也。『孰能一之？』王問也。對曰：『不嗜殺人者能一之。』嗜，甘也。『孰能與之？』王復問也。與，猶歸也。對曰：『天下莫不與也。王知夫苗乎？七八月之間旱，則苗槁矣。天油然作雲，沛然下雨，則苗浡然興之矣。其如是，孰能禦之？今夫天下之人牧，未有不嗜殺人者也，如有不嗜殺人者，則天下之民皆引領而望之矣。誠如是也，民歸之，由水之就下，沛然誰能禦之？』」夫，音扶。浡，音勃。由，當作「猶」，古字借用。後多放此。○周七八月，夏五六月也。油然，雲盛貌。沛然，雨盛貌。浡然，興起貌。禦，禁止也。人牧，謂牧民之君也。領，頸也。蓋好生惡死，人心所同。故人君不嗜殺人，則天下悦而歸之。○蘇氏曰：「孟子之言，非苟爲大而已。然不深原其意而詳究其實，未有不以爲迂者矣。予觀孟子以來，自漢高祖及光武及唐太宗及我宋太祖皇帝，能一天下者四君，皆以不嗜殺人致之。其餘殺人愈多而天下愈亂。秦晉及隋，力能合之，而好殺不已，故或合而復分，或遂以亡國。孟子之言，豈偶然而已哉？」

○齊宣王問曰：「齊桓、晉文之事可得聞乎？」齊宣王，姓田氏，名辟彊，諸侯僭稱王也。齊桓公、晉文公，皆霸諸侯者。孟子對曰：「仲尼之徒無道桓、文之事者，是以後世無傳焉。臣未之聞也。無以，則王乎？」道，言也。董子曰：「仲尼之門，五尺童子羞稱五伯。」爲其先詐力而後仁義也，亦此意也。」以、已通用。無已，必欲言之而不止也。王，謂王天下之道。曰：「德何如，則可以王矣？」曰：「保民而王，莫之能禦也。」保，愛護也。曰：「若寡人者，可以保民乎哉？」曰：「可。」曰：「何由知吾可也？」曰：「臣聞之胡齕曰，王坐於堂上，有牽牛而過堂下者，王見之，曰：『牛何之？』對曰：『將以釁鐘。』王曰：『舍之！吾不忍其觳觫，若無罪而就死地。』對曰：『然則廢釁鐘與？』曰：『何可廢也？以羊易之！』不識有諸？」觳，音核。舍，上聲。觳，音斛。觫，音速。與，平聲。○胡齕，齊臣也。釁鐘，新鑄鐘成，而殺牲取血以塗其釁郄也。觳觫，恐懼貌。孟子述所聞胡齕之語而問王，不知果有此事否？曰：「有之。」曰：「是心足以王矣。百姓皆以王爲愛也，臣固知王之不忍也。」王見牛之觳觫而不忍殺，即所謂惻隱之心，仁之端也。擴而充之，則可以保四海矣。故孟子指而言之，欲王察識於此而擴充之也。愛，猶吝也。王曰：「然。誠有百姓者。齊國雖褊小，吾何愛一牛？即不忍其觳觫，若無罪而就死地，故以羊易之也。」言以羊易牛，其迹似吝，實有如百姓所譏者。然我之心不如是也。曰：「王無異於百姓之以王爲愛也。以小易大，彼惡知之？王若隱其無罪而就死地，則牛羊何擇焉？」王笑曰：「是誠何心哉？我非愛其財，而易之以羊也，宜乎百姓之謂我愛也。」惡，平聲。○異，怪也。隱，痛也。擇，猶分也。言牛羊皆無罪而死，何所分别而以羊易牛乎？孟子故設此難，欲王反求而得其本心。王不能然，故卒無以自解於百姓之言也。曰：「無傷也，是乃仁術也，見牛未見羊也。君子之於禽獸也，見其生，不忍見其死；聞其聲，不忍食其肉。是以君子遠庖廚也。」遠，去聲。○術，謂法之巧者。蓋殺牛既所不忍，釁鐘又不可廢，於此無以處之，則此心雖發而終不得施矣。然見牛則此心已發而不可遏，未見羊則其理未形而無所妨。故以羊易牛，則二者得以兩全而無害，此所以爲仁之術也。聲，謂將死而哀鳴也。蓋人之于禽獸，同生而異類。故用之以禮，而不忍之心施於見聞之所及。其所以必遠庖廚者，亦以預養是心，而廣爲仁之術也。

王説曰：「《詩》云：『他人有心，予忖度之。』夫子之謂也。夫我乃行之，反而求之，不得吾心。夫子言之，於我心有戚戚焉。此心之所以合於王者，何也？」説，音悦。忖，七本反。度，待洛反。○戚戚，心動貌。王因孟子之言，而前日之心復萌，乃知此心不從外得，然猶未知所以反其本而推之也。曰：「有復於王者曰：『吾力足以舉百鈞，而不足以舉一羽；明足以察秋毫之末，而不見輿薪。』則王許之乎？」曰：「否。」「今恩足以及禽獸，而功不至於百姓者，獨何與？然則一羽之不舉，爲不用力焉；輿薪之不見，爲不用明焉；百姓之不見保，爲不用恩焉。故王之不王，不爲也，非不能也。」與，平聲。「爲不」之「爲」，去聲。○復，白也。鈞，三十斤。百鈞，至重難舉也。羽，鳥羽。一羽，至輕易舉也。秋毫之末，毛至秋而末鋭，小而難見也。輿薪，以車載薪，大而易見也。許，猶可也。「今恩」以下，又孟子之言也。蓋天地之性，人爲貴。故人之與人，又爲同類而相親。是以惻隱之發，則於民切而於物緩；推廣仁術，則仁民易而愛物難。今王此心能及物矣，則其保民而王，非不能也，但自不肯爲耳。曰：「不爲者與不能者之形何以異？」曰：「挾泰山以超北海，語人曰『我不能』，是誠不能也。爲長者折枝，語人曰『我不能』，是不爲也，非不能也。故王之不王，非挾泰山以超北海之類也；王之不王，是折枝之類也。語，去聲。「爲長」之「爲」，去聲。長，上聲。折，之舌反。○形，狀也。挾，以腋持物也。超，躍而過也。爲長者折枝，以長者之命，折草木之枝，言不難也。是心固有，不待外求，擴而充之，在我而已，何難之有？　**老吾老，以及人之老；幼吾幼，以及人之幼。天下可運於掌。《詩》云：『刑于寡妻，至于兄弟，以御于家邦。』言舉斯心加諸彼而已。故推恩足以保四海，不推恩無以保妻子。古之人所以大過人者無他焉，善推其所爲而已矣。今恩足以及禽獸，而功不至於百姓者，獨何與？**　與，平聲。○老，以老事之也。吾老，謂我之父兄。人之老，謂人之父兄。幼，以幼畜之也。吾幼，謂我之子弟。人之幼，謂人之子弟。運於掌，言易也。《詩》，《大雅·思齊》之篇。刑，法也。寡妻，寡德之妻，謙辭也。御，治也。不能推恩，則衆叛親離，故無以保妻子。蓋骨肉之親，本同一氣，又非但若人之同類而已。故古人必由親親推之，然後及於仁民。又推其餘，然後及於愛物。皆由近以及遠，自易以及難。今王反之，則必有故矣。故復推本而再問之。　**權，然後知輕重；度，然後知長短。物皆然，心爲甚，王請度之！**　「度之」之「度」，待洛反。○權，稱錘也。度，丈尺也。度之，謂稱量之也。言物之輕重長短，人所難齊，必以權度度之而後可見。若心之應物，則其輕重長短之難齊，而不可不度以本然之權度，又有甚於物者。今王恩及禽獸，而功不至於百姓。是其愛物之心重且長，而仁民之心輕且短，失其當然之序而不自知也。故上文既發其端，而於此請王度之也。　**抑王興甲兵，危士臣，構怨於諸侯，然後快於心與？」**與，平聲。○抑，發語辭。士，戰士也。構，結也。孟子以王愛民之心所以輕且短者，必其以是三者爲快也。然三事實非人心之所快，有甚於殺觳觫之牛者。故指以問王，欲其以此而度之也。　**王曰：「否。吾何快於是？將以求吾所大欲也。」**不快於此者，心之正也；而必爲此者，欲誘之也。欲之所誘者獨在於是，是以其心尚明於他而獨暗於此。此其愛民之心所以輕短，而功不至於百姓也。曰：「王之所大欲可得聞與？」王笑而不言。曰：「爲肥甘不足於口與？輕煖不足於體與？抑爲采色不足視於目與？聲音不足聽於耳與？便嬖不足使令於前與？王之諸臣皆足以供之，而王豈爲是哉？」曰：「否。吾不爲是也。」曰：「然則王之所大欲可知已。欲辟土地，朝秦、楚，涖中國而撫四夷也。以若所爲求若所欲，猶緣木而求魚也。」與，平聲。「爲肥」、「抑爲」、「豈爲」、「不爲」之「爲」，皆去聲。便、令皆平聲。辟，與闢同。朝，音潮。○便嬖，近習嬖幸之人也。已，語助辭。辟，開廣也。朝，致其來朝也。秦、楚，皆大國。涖，臨也。若，如此也。所爲，指興兵結怨之事。緣木求魚，言必不可得。王曰：「若是其甚與？」曰：「殆有甚焉。緣木求魚，雖不得魚，無後災。以若所爲，求若所欲，盡心力而爲之，後必有災。」曰：「可得聞與？」曰：「鄒人與楚人戰，則王以爲孰勝？」曰：「楚人勝。」曰：「然則小固不可以敵大，寡固不可以敵衆，弱固不可以敵彊。海内之地方千里者九，齊集有其一。以一服八，何以異於鄒敵楚哉？蓋亦反其本矣。「甚與」、「聞與」之「與」，平聲。○殆、蓋，皆發語辭。鄒，小國。楚，大國。齊集有其一，言合集齊地，其方千里，是有天下九分之一也。以一服八，必不能勝，所謂後災也。反本，説見下文。今王發政施仁，使天下仕者皆欲立於王之朝，耕者皆欲耕於王之野，商賈皆欲藏於王之市，行旅皆欲出於王之塗，天下之欲疾其君者皆欲赴愬於王。其如是，孰能禦之？」朝，音潮。賈，音古。愬，與訴同。○行貨曰商，居貨曰賈。發政施仁，所以王天下之本也。近者悦，遠者來，則大小强弱非所論矣。蓋力求所欲，則所欲者反不可得；能反其本，則所欲者不求而至。與首章同意。王曰：「吾惛，不能進於是矣。願夫子輔吾志，明以教我。我雖不敏，請嘗試之。」惛，與昏同。曰：「無恒産而有恒心者，惟士爲能。若民，則無恒産，因無恒心。苟無恒心，放辟邪侈，無不爲已。及陷於罪，然後從而刑之，是罔民也。焉有仁人在位，罔民而可爲也？恒，胡登反。辟，與僻同。焉，於虔反。○恒，常也。産，生業也。恒産，可常生之業也。恒心，人所常有之善心也。士嘗學問，知義理，❶故雖無常産而有常心。民則不能然矣。罔，猶羅網，欺其不見而取之也。是故明君制民之産，必使仰足以事父母，俯足以畜妻子，樂歲終身飽，凶年免於死亡。然後驅而之善，故民之從之也輕。畜，許六反，下同。○輕，猶易也。此言民有常産而有常心也。今也制民之産，仰不足以事父母，俯不足以畜妻子，樂歲終身苦，凶年不免於死亡。此惟救死而恐不贍，奚暇治禮義哉？治，平聲。凡治字爲理物之義者，平聲；爲已理之義者，去聲。後皆放此。○贍，足也。此所謂無常産而無常心者也。王欲行之，則盍反其本矣。盍，何不也。使民有常産者，又發政施仁之本也。説見下文。五畝之宅，樹之以桑，五十者可以衣帛矣；雞豚狗彘之畜，無失其時，七十者可以食肉矣；百畝之田，勿奪其時，八口之家可以無飢矣；謹庠序之教，申之以孝悌之義，頒白

❶「義理」，四庫本作「禮義」。

者不負戴於道路矣。老者衣帛食肉，黎民不飢不寒，然而不王者，未之有也。」音見前篇。○此言制民之産之法也。趙氏曰：「八口之家，次上農夫也。此王政之本，養生之道，故孟子爲齊、梁之君各陳之也。」楊氏曰：「爲天下者，舉斯心加諸彼而已。然雖有仁心仁聞，而民不被其澤者，不行先王之道故也。故以制民之産告之。」○此章言人君當黜霸功，行王道。而王道之要，不過推其不忍之心，以行不忍之政而已。齊王非無此心，而奪於功利之私，不能擴充以行仁政。雖以孟子反覆曉告，精切如此，而蔽固已深，終不能悟，是可歎也。○或問：「『仁術』字當何訓？」曰：「術猶方便也。」又曰：「術字本非不好底，只緣後人把做變詐看了，便道是不好。却不知天下事有難處處，須著有箇巧底道理，始得。」○以羊易之，是用術處。有此術，則自家仁心方得流行。○南軒曰：「保民云者，若保赤子之保也。宣王自視歉然，懼力之不足，而不知保民之道雖甚大，其端則不遠，患不能體察擴充之耳。故孟子引見牛之事以告，使知不忍之心已實有之，反而推之也。宣王坐堂上，牽牛過堂下，而不忍之心形於此，蓋不出於計較作爲，而其端因物發見也。曰『是心足以王矣』，言不忍之心，王所固有，是足以王也。」○方見牛而不忍者，無以蔽之，而其愛物之端發見也。而不能加恩於民者，有以蔽之，而仁民之理不著也。然即夫愛物之端，可以知夫仁民之理素具，反而循其不忍之實，其所謂仁民者固可得也。○「老吾老，以及人之老；幼吾幼，以及人之幼」，所謂由一本而推之也。文王之「刑于寡妻，至于兄弟，以御于家邦」，言舉斯心以加諸彼而已。蓋無非此心之所存也。聖人雖無事乎推，然其自身以及家，自家以及國，亦固有序矣。「推恩足以保四海者」，愛無所不被也。「不推恩無以保妻子」，忘其所以爲愛之理也。○夫行王政者，其心非欲傾他國以自利也，惟其以生民困苦爲己任，行吾之所當爲而天下歸心焉耳。夫欲辟土地，朝秦、楚，自世俗之務功名者言之，則以爲有志；而自聖賢觀之，則特出於忮求矜伐之私耳。宣王惟汲汲於濟其私，故顛沛錯亂，非惟不能無濟，而禍患從之。蹈乎欲者，固危殆之道也。若由孟子所言，以發政施仁爲事，則是爲天理之所存，可大之業，自爾馴致，此天理、人欲之分也。

孟子集編卷第二

梁惠王章句下凡十六章。

莊暴見孟子，曰：「暴見於王，王語暴以好樂，暴未有以對也。」曰：「好樂何如？」孟子曰：「王之好樂甚，則齊國其庶幾乎！」「見於」之「見」，音現，下「見於」同。語，去聲，下同。好，去聲，篇内並同。○莊暴，齊臣也。庶幾，近辭也。言近於治。他日，見於王曰：「王嘗語莊子以好樂，有諸？」王變乎色，曰：「寡人非能好先王之樂也，直好世俗之樂耳。」變色者，慚其好之不正也。曰：「王之好樂甚，則齊其庶幾乎！今之樂猶古之樂也。」今樂，世俗之樂。古樂，先王之樂。曰：「可得聞與？」曰：「獨樂樂，與人樂樂，孰樂？」曰：「不若與人。」曰：「與少樂樂，與衆樂樂，孰樂？」曰：「不若與衆。」「聞與」之「與」，平聲。樂樂，下字音洛。孰樂，亦音洛。獨樂不若與人，與少不若與衆，亦人之常情也。「臣請爲王言樂：爲，去聲。○此以下，皆孟子之言也。今王鼓樂於此，百姓聞王鐘鼓之聲，管籥之音，舉疾首蹙頞而相告曰：『吾王之好鼓樂，夫何使我至於此極也？父子不相見，兄弟妻子離散。』今王田獵於此，百姓聞王車馬之音，見羽旄之美，

舉疾首蹙頞而相告曰：『吾王之好田獵，夫何使我至於此極也？父子不相見，兄弟妻子離散。』此無他，不與民同樂也。蹙，子六反。頞，音遏。夫，音扶。「同樂」之「樂」，音洛。○鐘鼓管籥，皆樂器也。舉，皆也。疾首，頭痛也。蹙，聚也。頞，額也。人憂戚則蹙其額。極，窮也。羽旄，旌屬。不與民同樂，謂獨樂其身而不恤其民，使之窮困也。**今王鼓樂於此，百姓聞王鐘鼓之聲，管籥之音，舉欣欣然有喜色而相告曰：『吾王庶幾無疾病與？何以能鼓樂也！』今王田獵於此，百姓聞王車馬之音，見羽旄之美，舉欣欣然有喜色而相告曰：『吾王庶幾無疾病與？何以能田獵也！』此無他，與民同樂也。**「病與」之「與」，平聲。「同樂」之「樂」，音洛。○與民同樂者，推好樂之心以行仁政，使民各得其所也。**今王與百姓同樂，則王矣。」**好樂而能與百姓同之，則天下之民歸之矣，所謂齊其庶幾者如此。○范氏曰：「戰國之時，民窮財盡，人君獨以南面之樂自奉其身。孟子切於救民，故因齊王之好樂，開導其善心，深勸其與民同樂，而謂今樂猶古樂。其實今樂、古樂，何可同也？但與民同樂之意，則無古今之異耳。若必欲以禮樂治天下，當如孔子之言，必用《韶》舞，必放鄭聲。蓋孔子之言，爲邦之正道；孟子之言，救時之急務，所以不同。」楊氏曰：「樂以和爲主，使人聞鐘鼓管弦之音而疾首蹙頞，則雖奏以《咸》、《英》、《韶》、《濩》，無補於治也。故孟子告齊王以此，姑正其本而已。」

○齊宣王問曰：「文王之囿方七十里，有諸？」孟子對曰：「於傳有之。」囿，音又。傳，直戀反。○囿者，蕃育鳥獸之所。古者四時之田，皆於農隙以講武事，然不欲馳騖於稼穡場圃之中，故度閒曠之地以爲囿。然文王七十里之囿，其亦三分天下有其二之後也與？傳，謂古書。**曰：「若是其大乎？」**

曰：「民猶以爲小也。」曰：「寡人之囿方四十里，民猶以爲大，何也？」曰：「文王之囿方七十里，芻蕘者往焉，雉兔者往焉，與民同之。民以爲小，不亦宜乎？芻，音初。蕘，音饒。芻，草也。蕘，薪也。臣始至於境，問國之大禁，然後敢入。臣聞郊關之内有囿方四十里，殺其麋鹿者如殺人之罪。則是方四十里爲阱於國中。民以爲大，不亦宜乎？」阱，才性反。○禮：入國而問禁。國外百里爲郊，郊外有關。阱，坎地以陷獸者，言陷民於死也。

○齊宣王問曰：「交鄰國有道乎？」孟子對曰：「有。惟仁者爲能以大事小，是故湯事葛，文王事昆夷；惟智者爲能以小事大，是故大王事獯鬻，句踐事吳。獯，音熏。鬻，音育。句，音鈎。○仁人之心，寬洪惻怛，而無計較大小强弱之私。故小國雖或不恭，而吾所以字之之心自不能已。智者明義理，識時勢。故大國雖見侵陵，而吾所以事之之禮尤不敢廢。湯事見後篇。文王事見《詩·大雅》。大王事見後章。所謂狄人，即獯鬻也。句踐，越王名。事見《國語》、《史記》。以大事小者，樂天者也；以小事大者，畏天者也。樂天者保天下，畏天者保其國。樂，音洛。○天者，理而已矣。大之字小，小之事大，皆理之當然也。自然合理，故曰樂天。不敢違理，故曰畏天。包含遍覆，無不周徧，保天下之氣象也。制節謹度，不敢縱逸，保一國之規模也。《詩》云：『畏天之威，于時保之。』」《詩》，《周頌·我將》之篇。時，是也。王曰：「大哉言矣！寡人有疾，寡人好勇。」言以好勇，故不能事大而恤小也。對曰：「王請無好小勇。夫撫劍疾視曰，『彼惡敢當我哉』！此匹夫之勇，敵一人者

也。王請大之！「夫撫」之「夫」，音扶。惡，平聲。○疾視，怒目而視也。小勇，血氣所爲。大勇，義理所發。**《詩》云：『王赫斯怒，爰整其旅，以遏徂莒，以篤周祜，以對于天下。』此文王之勇也。文王一怒而安天下之民。**《詩》，《大雅・皇矣》篇。赫，赫然怒貌。爰，於也。旅，衆也。遏，《詩》作「按」，止也。徂，往也。莒，《詩》作「旅」。徂旅，謂密人侵阮徂共之衆也。篤，厚也。祜，福也。對，答也，以答天下仰望之心也。此文王之大勇也。**《書》曰：『天降下民，作之君，作之師。惟曰其助上帝，寵之四方。有罪無罪，惟我在，天下曷敢有越厥志？』一人衡行於天下，武王耻之。此武王之勇也。而武王亦一怒而安天下之民。**衡，與横同。○《書》，《周書・泰誓》之篇也。然所引與今《書》文小異，今且依此解之。寵之四方，寵異之於四方也。有罪者我得而誅之，無罪者我得而安之。我既在此，則天下何敢有過越其心志而作亂者乎？衡行，謂作亂也。孟子釋《書》意如此，而言武王亦大勇也。**今王亦一怒而安天下之民，民惟恐王之不好勇也。」**王若能如文、武之爲，則天下之民望其一怒以除暴亂，而拯己於水火之中，惟恐王之不好勇耳。○此章言人君能懲小忿，則能恤小事大，以交鄰國；能養大勇，則能除暴救民，以安天下。張敬夫曰：「小勇者，血氣之怒也。大勇者，理義之怒也。血氣之怒不可有，理義之怒不可無。知此，則可以見性情之正，而識天理、人欲之分矣。」○南軒曰：「勇有大小：血氣之勇，勇之小者也；理義之勇，勇之大者也。以血氣爲勇，則其勇不出於血氣之内，勢力可勝也，利害可詘也。理義之勇不以血氣，勢力無所加，利害無所詘也。故曰『王請無好小勇』，欲其擴於義理也。夫聖人非無怒也，其動不以血氣而以理。可怒在彼，而理在此，聖人何加毫末乎？以文、武之事觀之，則可見矣。」

○齊宣王見孟子於雪宮。王曰：「賢者亦有此樂乎？」孟子對曰：「有。人不得，則非其上矣。樂，音洛，下同。○雪宮，離宮名。言人君能與民同樂，則人皆有此樂；不然，則下之不得此樂者，必有非其君上之心。明人君當與民同樂，不可使人有不得者，非但當與賢者共之而已也。不得而非其上者，非也；爲民上而不與民同樂者，亦非也。下不安分，上不恤民，皆非理也。樂民之樂者，民亦樂其樂；憂民之憂者，民亦憂其憂。樂以天下，憂以天下，然而不王者，未之有也。樂民之樂而民樂其樂，則樂以天下矣；憂民之憂而民憂其憂，則憂以天下矣。昔者齊景公問於晏子曰：『吾欲觀於轉附、朝儛，遵海而南，放于琅邪。吾何脩而可以比於先王觀也？』朝，音潮。放，上聲。○晏子，齊臣，名嬰。轉附、朝儛，皆山名也。遵，循也。放，至也。琅邪，齊東南境上邑名。觀，遊也。晏子對曰：『善哉問也！天子適諸侯曰巡狩，巡狩者巡所守也；諸侯朝於天子曰述職，述職者述所職也。無非事者。春省耕而補不足，秋省斂而助不給。夏諺曰：「吾王不遊，吾何以休？吾王不豫，吾何以助？一遊一豫，爲諸侯度。」狩，舒救反。省，悉井反。○述，陳也。省，視也。斂，收穫也。給，亦足也。夏諺，夏時之俗語也。豫，樂也。巡所守，巡行諸侯所守之土也。述所職，陳其所受之職也。皆無有無事而空行者，而又春秋循行郊野，察民之所不足而補助之。故夏諺以爲王者一遊一豫，皆有恩惠以及民，而諸侯皆取法焉，不敢無事慢遊以病其民也。今也不然：師行而糧食，飢者弗食，勞者弗息，睊睊胥讒，民乃作慝。方命虐民，飲食若流。流連荒亡，爲諸侯憂。睊，古縣反。〇今，謂晏子時也。師，衆也。二千五百人爲師。《春秋傳》曰：「君行師從。」糧，謂糗糒之屬。睊睊，側目貌。胥，相也。讒，謗也。慝，怨惡也，言民不勝其勞而起謗怨也。方，逆也。命，王命也。若流，如水之流，無窮極也。流連荒亡，解見下文。諸侯，謂附庸之國，縣邑之長。**從流下而忘反謂之流，從流上而忘反謂之連，從獸無厭謂之荒，樂酒無厭謂之亡。**厭，平聲。〇此釋上文之義也。從流下，謂放舟隨水而下。從流上，謂挽舟逆水而上。從獸，田獵也。荒，廢也。樂酒，以飲酒爲樂也。亡，猶失也。言廢時失事也。**先王無流連之樂，荒亡之行。**行，去聲。**惟君所行也。』**言先王之法，今時之弊，二者惟在君所行耳。**景公說，大戒於國，出舍於郊。於是始興發補不足。召太師曰：『爲我作君臣相說之樂！』蓋《徵招》、《角招》是也。其詩曰：『畜君何尤？』畜君者，好君也。」**説，音悦。爲，去聲。樂，如字。徵，陟里反。招，與韶同。畜，敕六反。〇戒，告命也。出舍，自責以省民也。興發，發倉廩也。太師，樂官也。君臣，己與晏子也。樂有五聲，三曰角爲民，四曰徵爲事。《招》，舜樂也。其詩，《徵招》、《角招》之詩也。尤，過也。言晏子能畜止其君之欲，宜爲君之所尤，然其心則何過哉？孟子釋之，以爲臣能畜止其君之欲，乃是愛其君者也。〇尹氏曰：「君之與民，貴賤雖不同，然其心未始有異也。孟子之言，可謂深切矣。齊王不能推而用之，惜哉！」〇景公之本志，不過爲遊觀計耳。而晏子乃迪之以古誼，勸之以省民，且深陳流連荒亡之戒，可謂格其邪心而引之當道也。《易》之大、小畜，皆以止爲義。凡止君之欲者，乃所以爲愛君也。然則縱君之欲者，其得爲愛君乎？夫忠臣之心，惟恐其君之有欲，晏子之於景公是也。姦臣之心，惟恐其君之無欲，趙高之於二世、李林甫之於明皇是也。《衍義》

○齊宣王問曰：「人皆謂我毀明堂。毀諸？已乎？」趙氏曰：「明堂，泰山明堂。周天子東巡守朝諸侯之處，漢時遺址尚在。人欲毀之者，蓋以天子不復巡守，諸侯又不當居之也。王問當毀之乎？且止乎？」孟子對曰：「夫明堂者，王者之堂也。王欲行王政，則勿毀之矣。」夫，音扶。○明堂，王者所居，以出政令之所也。能行王政，則亦可以王矣。何必毀哉？王曰：「王政可得聞與？」對曰：「昔者文王之治岐也，耕者九一，仕者世禄，關市譏而不征，澤梁無禁，罪人不孥。老而無妻曰鰥，老而無夫曰寡，老而無子曰獨，幼而無父曰孤。此四者，天下之窮民而無告者。文王發政施仁，必先斯四者。《詩》云：『哿矣富人，哀此煢獨。』」與，平聲。孥，音奴。鰥，姑頑反。哿，工可反。煢，音瓊。○岐，周之舊國也。九一者，井田之制也。方一里爲一井，其田九百畝。中畫井字，界爲九區。一區之中，爲田百畝。中百畝爲公田，外八百畝爲私田。八家各受私田百畝，而同養公田，是九分而税其一也。世禄者，先王之世，仕者之子孫皆教之，教之而成材則官之。如不足用，亦使之不失其禄。蓋其先世嘗有功德於民，故報之如此，忠厚之至也。關，謂道路之關。市，謂都邑之市。譏，察也。征，税也。關市之吏，察異服異言之人，而不征商賈之税也。澤，謂瀦水。梁，謂魚梁。與民同利，不設禁也。孥，妻子也。惡惡止其身，不及妻子也。先王養民之政：導其妻子，使之養其老而恤其幼。不幸而有鰥寡孤獨之人，無父母妻子之養，則尤宜憐恤，故必以爲先也。《詩》，《小雅·正月》之篇。哿，可也。煢，困悴貌。王曰：「善哉言乎！」曰：「王如善之，則何爲不行？」王曰：「寡人有疾，寡人好貨。」對曰：「昔者公劉好貨。《詩》云：『乃積乃倉。乃裹餱糧，于槖于囊。思戢用光，弓矢斯張。

干戈戚揚，爰方啓行。』故居者有積倉，行者有裹糧也，然後可以爰方啓行。王如好貨，與百姓同之，於王何有？」餱，音侯。槖，音托。戢，《詩》作「輯」，音集。○王自以爲好貨，故取民無制，而不能行此王政。公劉，后稷之曾孫也。《詩》，《大雅・公劉》之篇。積，露積也。餱，乾糧也。無底曰槖，有底曰囊。皆所以盛餱糧也。戢，安集也。言思安集其民人，以光大其國家也。戚，斧也。揚，鉞也。爰，於也。啓行，言往遷於豳也。何有，言不難也。孟子言公劉之民富足如此，是公劉好貨，而能推己之心以及民也。今王好貨，亦能如此，則其於王天下也，何難之有？　**王曰：「寡人有疾，寡人好色。」對曰：「昔者大王好色，愛厥妃。《詩》云：『古公亶父，來朝走馬，率西水滸，至于岐下。爰及姜女，聿來胥宇。』當是時也，內無怨女，外無曠夫。王如好色，與百姓同之，於王何有？」**大，音泰。○王又言此者，好色則心志蠱惑，用度奢侈，而不能行王政也。大王，公劉九世孫。《詩》，《大雅・緜》之篇也。古公，大王之本號，後乃追尊爲大王也。亶父，大王名也。來朝走馬，避狄之難也。率，循也。滸，水涯也。岐下，岐山之下也。姜女，大王之妃也。胥，相也。宇，居也。曠，空也。無怨曠者，是大王好色，而能推己之心以及民也。○楊氏曰：「孟子與人君言，皆所以擴充其善心而格其非心，不止就事論事。若使爲人臣者，論事每如此，豈不能堯舜其君乎？」愚謂此篇自首章至此，大意皆同。蓋鐘鼓、苑囿、遊觀之樂，與夫好勇、好貨、好色之心，皆天理之所有，而人情之所不能無者。然天理、人欲，同行異情。循理而公於天下者，聖賢之所以盡其性也；縱欲而私於一己者，衆人之所以滅其天也。二者之間，不能以髮，而其是非得失之歸，相去遠矣。故孟子因時君之問，而剖析於幾微之際，皆所以遏人欲而存天理。其法似疏而實密，其事似易而實難。學者以身體之，則有以識其非曲學阿世之言，而知所以克己復禮之端矣。

○孟子謂齊宣王曰：「王之臣有託其妻子於其友，而之楚遊者。比其反也，則凍餒其妻子，則如之何？」王曰：「棄之。」比，必二反。○託，寄也。比，及也。棄，絶也。曰：「士師不能治士，則如之何？」王曰：「已之。」士師，獄官也。其屬有鄉士、遂士之官，士師皆當治之。已，罷去也。曰：「四境之内不治，則如之何？」王顧左右而言他。治，去聲。○孟子將問此而先設上二事以發之，及此而王不能答也。其憚於自責，恥於下問如此，其不足與有爲可知矣。○趙氏曰：「言君臣上下各勤其任，無墮其職，乃安其身。」

○孟子見齊宣王曰：「所謂故國者，非謂有喬木之謂也，有世臣之謂也。王無親臣矣，昔者所進，今日不知其亡也。」世臣，累世勳舊之臣，與國同休戚者也。親臣，君所親信之臣，與君同休戚者也。此言喬木世臣，皆故國所宜有。然所以爲故國者，則在此而不在彼也。昨日所進用之臣，今日有亡去而不知者，則無親臣矣。況世臣乎？王曰：「吾何以識其不才而舍之？」舍，上聲。○王意以爲此亡去者，皆不才之人。我初不知而誤用之，故今不以其去爲意耳。因問何以先識其不才而舍之邪？曰：「國君進賢，如不得已，將使卑踰尊，疏踰戚，可不慎與？」與，平聲。○如不得已，言謹之至也。蓋尊尊親親，禮之常也。然或尊者親者未必賢，則必進疏遠之賢而用之。是使卑者踰尊，疏者踰戚，非禮之常，故不可不謹也。左右皆曰賢，未可也；諸大夫皆曰賢，未可也；國人皆曰賢，然後察之；見賢焉，然後用之。左右皆曰不可，勿聽；諸大夫皆曰不可，勿聽；國人皆曰不可，然後察之；見不可焉，然後去之。去，上聲。○左右近臣，其言固未可信。諸大夫之言，宜可信矣，然猶恐其蔽於私也。至於國人，則其論公矣。然猶必察之者，蓋人有同俗而爲衆所悦者，亦有特立而爲衆所憎者。故必自察之，而親見其賢否之實，然後從而用舍之。則於賢者知之深，任之重，而不才者不得以幸進矣。所謂進賢如不得已者如此。左右皆曰可殺，勿聽；諸大夫皆曰可殺，勿聽；國人皆曰可殺，然後察之；見可殺焉，然後殺之。故曰，國人殺之也。此言非獨以此進退人才，至於用刑，亦以此道。蓋所謂天命天討，皆非人君之所得私也。如此，然後可以爲民父母。」傳曰：「民之所好好之，民之所惡惡之，此謂民之父母。」

○齊宣王問曰：「湯放桀，武王伐紂，有諸？」孟子對曰：「於傳有之。」傳，直戀反。○放，置也。《書》云：「成湯放桀於南巢。」曰：「臣弒其君可乎？」桀、紂，天子；湯、武，諸侯。曰：「賊仁者謂之賊，賊義者謂之殘，殘賊之人，謂之一夫。聞誅一夫紂矣，未聞弒君也。」害仁者，凶暴淫虐，滅絶天理，故謂之賊。害義者，顛倒錯亂，傷敗彝倫，故謂之殘。一夫，言衆叛親離，不復以爲君也。○王勉曰：「斯言也，惟在下者有湯、武之仁，而在上者有桀、紂之暴則可。不然，是未免於篡弒之罪也。」○南軒曰：「夫仁義之在天下，彼豈能殘賊之哉！實自殘賊於厥躬耳。爲君如此，則上焉斷棄天命，下焉不有民物，謂之一夫，不亦宜乎。」

○孟子見齊宣王曰：「爲巨室，則必使工師求大木。工師得大木，則王喜，以爲能勝其任也。匠人斲而小之，則王怒，以爲不勝其任矣。夫人幼而學之，壯而欲行之。王曰『姑舍女所學而從我』，則何如？舍，上聲。女，音汝。○巨室，大宮也。工師，匠人之長。匠人，衆工人也。姑，且也。言賢人所學者大，而王欲小之也。今有璞玉於此，雖萬鎰，必使玉人彫琢之。至於治國家，則曰『姑舍女所學而從我』，則何以異於教玉人彫琢玉哉？」鎰，音溢。○璞，玉之在石中者。鎰，二十兩也。玉人，玉工也。不敢自治而付之能者，愛之甚也。治國家則徇私欲而不任賢，是愛國家不如愛玉也。○范氏曰：「古之賢者，常患人君不能行其所學。而世之庸君，亦常患賢者不能從其所好。是以君臣相遇，自古以爲難。孔、孟終身而不遇，蓋以此耳。」

○齊人伐燕，勝之。案《史記》，燕王噲讓國於其相子之，而國大亂。齊因伐之。燕士卒不戰，城門不閉，遂大勝燕。宣王問曰：「或謂寡人勿取，或謂寡人取之。以萬乘之國伐萬乘之國，五旬而舉之，人力不至於此。不取，必有天殃。取之，何如？」乘，去聲，下同。○以伐燕爲宣王事，與《史記》諸書不同，已見序説。孟子對曰：「取之而燕民悦，則取之。古之人有行之者，武王是也。取之而燕民不悦，則勿取。古之人有行之者，文王是也。商紂之世，文王三分天下有其二，以服事殷。至武王十三年，乃伐紂而有天下。張子曰：「此事間不容髮。一日之間，天命未絶，則是君臣。當日命絶，則爲獨夫。然命之絶否，何以知之？人情而已。諸侯不期而會者八百，武王安得而止之哉？」以萬乘之國伐萬乘之國，簞食壺漿，以迎王師。豈有他哉？避水火也。如水益深，如火益

熱，亦運而已矣。」簞，竹器。食，飯也。運，轉也。言齊若更爲暴虐，則民將轉而望救於他人矣。○趙氏曰：「征伐之道，當順民心。民心悦，則天意得矣。」

○齊人伐燕，取之。諸侯將謀救燕。宣王曰：「諸侯多謀伐寡人者，何以待之？」孟子對曰：「臣聞七十里爲政於天下者，湯是也。未聞以千里畏人者也。千里畏人，指齊王也。**《書》曰：『湯一征，自葛始。』天下信之。『東面而征，西夷怨；南面而征，北狄怨。曰：奚爲後我？』民望之，若大旱之望雲霓也。歸市者不止，耕者不變。誅其君而弔其民，若時雨降，民大悦。《書》曰：『徯我后，后來其蘇。』**兩引《書》，皆《商書·仲虺》之誥文也。與今《書》文亦小異。一征，初征也。天下信之，信其志在救民，不爲暴也。奚爲後我，言湯何爲不先來征我之國也。霓，虹也。雲合則雨，虹見則止。變，動也。徯，待也。后，君也。蘇，復生也。他國之民，皆以湯爲我君，而待其來，使己得蘇息也。此言湯之所以七十里而爲政於天下也。**今燕虐其民，王往而征之。民以爲將拯己於水火之中也，簞食壺漿，以迎王師。若殺其父兄，係累其子弟，毁其宗廟，遷其重器，如之何其可也？天下固畏齊之强也。今又倍地而不行仁政，是動天下之兵也。**累，力追反。○拯，救也。係累，縶縛也。重器，寶器也。畏，忌也。倍地，并燕而增一倍之地也。齊之取燕，若能如湯之征葛，則燕人悦之，而齊可以爲政於天下矣。今乃不行仁政而肆爲殘虐，則無以慰燕民之望，而服諸侯之心，是以不免乎以千里而畏人也。**王速出令，反其旄倪，止其重器，謀於燕衆，置君而後去之，則**

猶可及止也。」旄與耄同。倪，五稽反。○反，還也。旄，老人也。倪，小兒也。謂所擄畧之老小也。猶，尚也。及止，及其未發而止之也。○范氏曰：「孟子事齊梁之君，論道德則必稱堯、舜，論征伐則必稱湯、武。蓋治民不法堯、舜，則是爲暴；行師不法湯、武，則是爲亂。豈可謂吾君不能，而舍所學以徇之哉？」

○鄒與魯鬨。穆公問曰：「吾有司死者三十三人，而民莫之死也。誅之，則不可勝誅；不誅，則疾視其長上之死而不救，如之何則可也？」鬨，鬭聲也。穆公，鄒君也。不可勝誅，言人衆不可盡誅也。長上，謂有司也。民怨其上，故疾視其死而不救也。孟子對曰：「凶年饑歲，君之民老弱轉乎溝壑，壯者散而之四方者，幾千人矣；而君之倉廩實，府庫充，有司莫以告，是上慢而殘下也。曾子曰：『戒之戒之！出乎爾者，反乎爾者也。』夫民今而後得反之也。君無尤焉。幾，上聲。夫，音扶。○轉，飢餓輾轉而死也。充，滿也。上，謂君及有司也。尤，過也。君行仁政，斯民親其上，死其長矣。」君不仁而求富，是以有司知重斂而不知恤民。故君行仁政，則有司皆愛其民，而民亦愛之矣。○范氏曰：「《書》曰：『民惟邦本，本固邦寧。』有倉廩府庫，所以爲民也。豐年則斂之，凶年則散之，恤其飢寒，救其疾苦。是以民親愛其上，有危難則赴救之，如子弟之衛父兄，手足之捍頭目也。穆公不能反己，猶欲歸罪於民，豈不誤哉？」

○滕文公問曰：「滕，小國也，間於齊楚。事齊乎？事楚乎？」間，去聲。滕，國名。孟子對曰：「是謀非吾所能及也。無已，則有一焉：鑿斯池也，築斯城也，與民守之，效死而民弗去，則是可爲也。」無已，見前篇。一，謂一說也。效，猶致也。國君死社稷，故致死以守國。至於民亦爲之死守而不去，則非有以深得其心者不能也。○此章言有國者當守義而愛民，不可僥幸而苟免。

○滕文公問曰：「齊人將築薛，吾甚恐。如之何則可？」薛，國名，近滕。齊取其地而城之，故文公以其偪己而恐也。孟子對曰：「昔者大王居邠，狄人侵之，去之岐山之下居焉。非擇而取之，不得已也。邠，與豳同。○邠，地名。言太王非以岐下爲善，擇取而居之也。詳見下章。苟爲善，後世子孫必有王者矣。君子創業垂統，爲可繼也。若夫成功，則天也。君如彼何哉？彊爲善而已矣。」夫，音扶。彊，上聲。○創，造。統，緒也。言能爲善，則如太王，雖失其地，而其後世遂有天下，乃天理也。然君子造基業於前，而垂統緒於後，但能不失其正，令後世可繼續而行耳。若夫成功，則豈可必乎？彼，齊也。君之力既無如之何，則但强於爲善，使其可繼而俟命於天耳。○此章言人君但當竭力於其所當爲，不可徼幸於其所難必。

○滕文公問曰：「滕，小國也。竭力以事大國，則不得免焉。如之何則可？」孟子對曰：「昔者大王居邠，狄人侵之。事之以皮幣，不得免焉；事之以犬馬，不得免焉；事之以珠玉，不得免焉。乃屬其耆老而告之曰：『狄人之所欲者，吾土地也。吾聞之也：君子不以其所以養人者害人。二三子何患乎無君？我將去之。』去邠，踰梁山，邑于岐山之下居焉。邠人曰：『仁人也，不可失也。』從之者如歸市。屬，音燭。○皮，謂虎、豹、麋、鹿之皮也。幣，帛也。

屬，會集也。土地本生物以養人，今爭地而殺人，是以其所以養人者害人也。邑，作邑也。歸市，人衆而爭先也。**或曰：『世守也，非身之所能爲也。效死勿去。』**又言或謂土地乃先人所受而世守之者，非己所能專。但當致死守之，不可舍去。此國君死社稷之常法。傳所謂國滅君死之，正也。正謂此也。**君請擇於斯二者。」**能如太王則避之，不能則謹守常法。蓋遷國以圖存者，權也；守正而俟死者，義也。審己量力，擇而處之可也。○楊氏曰：「孟子之於文公，始告之以效死而已，禮之正也。至其甚恐，則以太王之事告之，非得已也。然無太王之德而去，則民或不從而遂至於亡，則又不若效死之爲愈。故又請擇於斯二者。」又曰：「孟子所論，自世俗觀之，則可謂無謀矣。然理之可爲者，不過如此。舍此則必爲儀、秦之爲矣。凡事求可，功求成，取必於智謀之末而不循天理之正者，非聖賢之道也。」

○魯平公將出。嬖人臧倉者請曰：「他日君出，則必命有司所之。今乘輿已駕矣，有司未知所之，敢請。」公曰：「將見孟子。」曰：「何哉？君所爲輕身以先於匹夫者，以爲賢乎？禮義由賢者出。而孟子之後喪踰前喪。君無見焉！」公曰：「諾。」乘輿，君車也。駕，駕馬也。孟子前喪父，後喪母。踰，過也。言其厚母薄父也。諾，應辭也。**樂正子入見，曰：「君奚爲不見孟軻也？」曰：「或告寡人曰，『孟子之後喪踰前喪』，是以不往見也。」曰：「何哉君所謂踰者？前以士，後以大夫；前以三鼎，而後以五鼎與？」曰：「否。謂棺槨衣衾之美也。」曰：「非所謂踰也，貧富不同也。」**「入見」之「見」，音現。○樂正子，孟子弟子也。仕於魯。三鼎，士祭禮。五鼎，大夫祭禮。**樂正子見孟子，曰：「克告於君，君爲來見也。嬖人有臧倉者沮君，君是以不果來也。」曰：「行或使之，止或尼之。行止，非人所能也。吾之不遇魯侯，天也。臧氏之子焉能使予不遇哉？」**爲，去聲。沮，慈呂反。尼，女乙反。焉，於虔反。○克，樂正子名。沮、尼，皆止之之意也。言人之行，必有人使之者。其止，必有人尼之者。然其所以行所以止，則固有天命，而非此人所能使，亦非此人所能尼也。然則我之不遇，豈臧倉之所能爲哉？○此章言聖賢之出處，關時運之盛衰。乃天命之所爲，非人力之可及。

孟子集編卷第三

公孫丑章句上凡九章。

公孫丑問曰：「夫子當路於齊，管仲、晏子之功，可復許乎？」復，扶又反。○公孫丑，孟子弟子，齊人也。當路，居要地也。管仲，齊大夫，名夷吾，相威公，霸諸侯。許，猶期也。孟子未嘗得政，丑蓋設辭以問也。**孟子曰：「子誠齊人也，知管仲、晏子而已矣。**齊人但知其國有二子而已，不復知有聖賢之事。**或問乎曾西曰：『吾子與子路孰賢？』曾西蹵然曰：『吾先子之所畏也。』曰：『然則吾子與管仲孰賢？』曾西艴然不悦，曰：『爾何曾比予於管仲？管仲得君，如彼其專也；行乎國政，如彼其久也；功烈，如彼其卑也。爾何曾比予於是？』」**蹵，子六反。艴，音拂，又音勃。曾，音增。○孟子引曾西與或人問答如此。曾西，曾子之孫。蹵，不安貌。先子，曾子也。艴，怒色也。曾之言則也。烈，猶光也。威公獨任管仲四十餘年，是專且久也。管仲不知王道而行霸術，故言功烈之卑也。楊氏曰：「孔子言子路之才，曰：『千乘之國，可使治其賦也。』使其見於施爲，如是而已。其於九合諸侯，一正天下，固有所不逮也。然則曾西推尊子路如此，而羞比管仲者何哉？譬之御者，子路則範我馳驅而不獲者也；管仲之功，詭遇而獲禽耳。曾西，仲尼之徒也，故不道管仲之事。」曰：「管仲，曾西之所不爲也，而子爲我願之乎？」「子爲」之「爲」，去聲。○曰，孟子言也。願，望也。曰：「管仲以其君霸，晏子以其君顯。管仲、晏子猶不足爲與？」顯，顯名也。曰：「以齊王，由反手也。」王，去聲。由、猶通。○反手，言易也。○齊宣王既慕威、文，而公孫丑復慕管、晏。蓋霸者功利之説，深入人心，爲日已久，故不惟時君慕之，而學者亦慕之。孟子引曾西之言以折之。蓋子路雖不及有爲，而其所學，固聖賢之大學也。若管仲之已試，則威公專任之四十餘年，其所成就，不過國富兵强而已。此孔門所羞稱者。故雖曾西，不屑爲之，况孟子以承三聖自任，其肯爲之匹乎？楊龜山有曰：「孔子言子路之才，曰『千乘之國，可使治其賦也』，使其見於施爲，如是而已。其於九合諸侯，一正天下，固有所不逮也。然則曾西推尊子路，而羞比管仲者何哉？譬之御者，子路則範我馳驅而不獲者也；管仲之功，詭遇以獲禽爾。」斯言盡之。使孟子當路於齊，則必行王者之道，其以齊王，信猶反手之易也。或謂：「晏子於齊，固無功烈之足言。若管仲者，孔子嘗以『如其仁』稱之，孟子學於孔子者也，何其言之異邪？」曰：「孔子之稱，稱其攘夷狄而尊中夏也。孟子所譏，譏其舍王道而用霸術也。所指固不同矣。然孔子雖稱其功，而器小之譏，不知禮之譏，未嘗略也。」《衍義》

曰：「若是，則弟子之惑滋甚。且以文王之德，百年而後崩，猶未洽於天下；武王、周公繼之，然後大行。今言王若易然，則文王不足法與？」易，去聲。○滋，益也。文王九十七而崩，言百年，舉成數也。文王三分天下，纔有其二；武王克商，乃有天下。周公相成王，制禮作樂，然後教化大行。

曰：「文王何可當也？由湯至於武丁，賢聖之君六七作。天下歸殷久矣，久則難變也。武丁朝諸侯有天下，猶運之掌也。紂之去武丁未久也，其故家遺俗，流風善政，猶有存者；又有微子、微仲、王子比干、箕子、膠鬲，皆賢人也，相與輔相之，故久而後失之也。尺地莫非其有也，一民莫非其臣也，然而文王猶方百里起，是以難也。當，猶敵也。商自成湯至於武丁，中間太甲、太戊、祖乙、盤庚皆賢聖之君。作，起也。自武丁至紂凡七世。故家，舊臣之家也。齊人有言曰：『雖有智慧，不如乘勢；雖有鎡基，不如待時。』今時則易然也。鎡基，田器也。時，謂耕種之時。夏后、殷、周之盛，地未有過千里者也，而齊有其地矣；雞鳴狗吠相聞，而達乎四境，而齊有其民矣。地不改辟矣，民不改聚矣，行仁政而王，莫之能禦也。辟，與闢同。○此言其勢之易也。三代盛時，王畿不過千里。今齊已有之，異於文王之百里。又雞犬之聲相聞，自國都以至於四境，言民居稠密也。且王者之不作，未有疏於此時者也；民之憔悴於虐政，未有甚於此時者也。飢者易爲食，渴者易爲飲。此言其時之易也。自文、武至此七百餘年，異於商之賢聖繼作；民苦虐政之甚，異於紂之猶有善政。易爲飲食，言飢渴之甚，不待甘美也。孔子曰：『德之流行，速於置郵而傳命。』置，驛也。郵，馹也。所以傳命也。孟子引孔子之言如此。當今之時，萬乘之國行仁政，民之悦之，猶解倒懸也。故事半古之人，功必倍之，惟此時爲然。」倒懸，喻困苦也。所施之事，半於古人，而功倍於古人，由時勢易而德行速也。

○公孫丑問曰：「夫子加齊之卿相，得行道焉，雖由此霸王不異矣。如此，則動心否乎？」孟子曰：「否。我四十不動心。」丑蓋設問孟子，若得位而行道，則雖由此而成霸王之業，亦不足怪。任大責重如此，亦有所恐懼疑惑而動其心乎？四十强仕，君子道明德立之時。孔子四十而不惑，亦不動心之謂也。曰：「若是，則夫子過孟賁遠矣。」曰：「是不難，告子先我不動心。」孟賁，勇士。告子，名不害。孟賁血氣之勇，丑蓋借之以贊孟子不動心之難。孟子言告子未爲知道，乃能先我不動心，則此亦未足爲難也。曰：「不動心有道乎？」曰：「有。北宮黝之養勇也，不膚撓，不目逃，思以一豪挫於人，若撻之於朝市。不受於褐寬博，亦不受於萬乘之君。視刺萬乘之君，若刺褐夫。無嚴諸侯。惡聲至，必反之。黝蓋刺客之流，以必勝爲主，而能不動也。孟施舍之所養勇也，曰：『視不勝猶勝也。量敵而後進，慮勝而後會，是畏三軍者也。舍豈能爲必勝哉？能無懼而已矣。』舍蓋力戰之士，以無懼爲主，而能不動也。孟施舍似曾子，北宮黝似子夏。夫二子之勇，未知其孰賢，然而孟施舍守約也。黝務敵人，舍專守己。子夏篤信聖人，曾子反求諸己。故二子之與曾子、子夏，雖非等倫，然論其氣象，則各有所似。賢，猶勝也。約，要也。言論二子之勇，則未知誰勝；論其所守，則舍比於黝，爲得其要也。昔者曾子謂子襄曰：『子好勇乎？吾嘗聞大勇於夫子矣：自反而不縮，雖褐寬博，吾不惴焉；自反而縮，雖千萬人，吾往矣。』此言曾子之勇也。子襄，曾子弟子也。夫子，孔子也。縮，直也。《檀弓》曰：「古者冠縮縫，今也衡縫。」又曰：「棺束縮二衡三。」惴，恐懼之也。往，往而敵之也。孟施舍之守氣，又不如曾子之守約也。」言孟施舍雖似曾子，然其所守乃一身之氣，又不如曾子之反身循理，所守尤得其要也。孟子之不動心，其原蓋出於此。〇守約云者，言其所守之得其要耳，非以約爲一物而可守也。蓋黝、舍皆守氣以養之者，然以黝比舍，則舍之守爲得其要，至以舍而比曾子，則曾子所守尤得其要也。

曰：「敢問夫子之不動心，與告子之不動心，可得聞與？」「告子曰：『不得於言，勿求於心；不得於心，勿求於氣。』不得於心，勿求於氣，可；不得於言，勿求於心，不可。夫志，氣之帥也；氣，體之充也。夫志至焉，氣次焉。故曰：『持其志，無暴其氣。』」此一節，公孫丑之問，孟子誦告子之言，又斷以己意而告之也。告子謂於言有所不達，則當舍置其言，而不必反求其理於心；於心有所不安，則當力制其心，而不必更求其助於氣。此所以固守其心而不動之速也。孟子既誦其言而斷之曰，彼所謂「不得於心而勿求諸氣」者，急於本而緩其末，猶之可也；謂「不得於言而不求諸心」，則既失於外，而遂遺其內，其不可也必矣。然凡曰可者，亦僅可而有所未盡之辭耳。若論其極，則志固心之所之，而爲氣之將帥；然氣亦人之所以充滿於身，而爲志之卒徒者也。故志固爲至極，而氣即次之。人固當敬守其志，然亦不可不致養其氣。蓋其內外本末，交相培養。此則孟子之心所以未嘗必其不動，而自然不動之大畧也。〇言雖發於口，實出於心。內有蔽、陷、離、窮之病，則外有詖、淫、邪、遁之失。不得於言，而每求於心，則其察日益精矣。孟子以知言養氣爲不動心之本者，用此道也。而告子反之，是徒見言之發於外，而不知其出於中，亦義外之意也。其害理深矣。故孟子斷然以爲不可。

「既曰『志至焉，氣次焉』，又曰『持其志，無暴其氣』者，何也？」曰：「志壹則動氣，氣壹則動志也。今夫蹶者趨者，是氣也，而反動其心。」公孫丑見孟子言志至而氣次，故問如此則專持其志可矣，又言無暴其氣，何也？壹，專一也。蹶，顛躓也。趨，走也。孟子言志之所向專一，則氣固從之。然氣之所在專一，則志亦反爲之動。如人顛躓趨走，則氣專在是而反動其心焉。所以既持其志，而又必無暴其氣也。程子曰：「志動氣者什九，氣動志者什一。」○《集義》程子曰：「持其志，無暴其氣，内外交相養也。」又曰：「氣壹則動志。非獨蹶趨，藥也、酒也亦是。然志動氣多，氣動志少。雖氣亦能動志，然亦在持其志而已。」

「敢問夫子惡乎長？」曰：「我知言，我善養吾浩然之氣。」知言者，盡心知性，於凡天下之言，無不有以究極其理，而識其是非得失之所以然也。浩然，盛大流行之貌。氣，即所謂體之充者。本自浩然，失養故餒，惟孟子爲善養之以復其初也。蓋惟知言，則有以明夫道義，而於天下之事無所疑。養氣，則有以配夫道義，而於天下之事無所懼，此其所以當大任而不動心也。**「敢問何謂浩然之氣？」曰：「難言也。**程子曰：「觀此一言，則孟子之實有是氣可知矣。」**其爲氣也，至大至剛，以直養而無害，則塞于天地之間。**至大初無限量，至剛不可屈撓。蓋天地之正氣，而人得以生者，其體段本如是也。惟其自反而縮，則得其所養，而又無所作爲以害之，則其本體不虧而充塞無間矣。程子曰：「天人一也，更不分别。浩然之氣，乃吾氣也。養而無害，則塞乎天地。一爲私意所蔽，則欿然而餒，知其小也。」謝氏曰：「浩然之氣，須於心得其正時識取。」又曰：「浩然是無虧欠時。」○《集義》程子曰：「内直則其氣浩然，養之至，則爲大人。」○又曰：「石曼卿詩云：『樂意相關禽對語，生香不斷樹交花。』此語形容得浩然之氣。」○又曰：「主一無適，敬以直内，便有浩然之氣。」**其爲氣也，配義與道；無是，餒也。**配者，合而有助之意。義者，人心之裁制。道者，天理之自然。餒，飢乏而氣不充體也。言人能養成此氣，則其氣合乎道義而爲之助，使其行之勇決，無所疑憚。若無此氣，則其一時所爲雖未必不出於道義，然其體有所不充，則亦不免於疑懼，而不足以有爲矣。**是集義所生者，非義襲而取之也。行有不慊於心，則餒矣。我故曰，告子未嘗知義，以其外之也。**集義，猶言積善，蓋欲事事皆合於義也。襲，掩取也，如齊侯襲莒之襲。言氣雖可以配乎道義，而其養之之始，乃由事皆合義，自反常直，是以無所愧怍，而此氣自然發生於中。非由只行一事偶合於義，便可掩襲於外而得之也。慊，快也，足也。言所行一有不合於義，而自反不直，則不足於心而其體有所不充矣。然則義豈在外哉？告子不知此理，乃曰仁内義外，而不復以義爲事，則必不能集義以生浩然之氣矣。上文「不得於言，勿求於心」，即外義之意。**必有事焉而勿正，心勿忘，勿助長也。無若宋人然：宋人有閔其苗之不長而揠之者，芒芒然歸。謂其人曰：『今日病矣，予助苗長矣。』其子趨而往視之，苗則槁矣。天下之不助苗長者寡矣。以爲無益而舍之者，不耘苗者也；助之長者，揠苗者也。非徒無益，而又害之。」**「必有事焉而勿正」，趙氏、程子以七字爲句。近世或并下文「心」字讀之者亦通。必有事焉，有所事也，如「有事於顓臾」之「有事」。正，預期也。《春秋傳》曰「戰不正勝」是也。如作正心義亦同。此與《大學》之所謂正心者，語意自不同也。此言養氣者，必以集義爲事，而勿預期其效。其或未充，則但當勿忘其所有事，而不可作爲以助其長，乃集義養氣之節度也。閔，憂也。揠，拔也。芒芒，無知之貌。其人，家人也。病，疲倦也。舍之而不耘者，忘其所有事。揠而助之長者，正之不得，而妄有作爲者也。然不耘則失養而已，揠則反以害之。無是二者，則氣得其養而無所害矣。如告子不能集義，而欲强制其心，則必不能免於正助之病。其於所謂浩然者，蓋不惟不善養，而又反害之矣。○孟子是義精理明，天下之物不足以動其心，不是把持得定。○北宫黝、孟施舍所以不動者，皆强制於外，不是存養之致。故又舉曾子之言云自反縮與不縮，所以不動與動，只在方寸之間。若仰不愧，俛不怍，看如何大利害皆不足以易之。若有一豪不直，則此心便索。○告子不動心是硬把定。○問：「氣體之充與下面浩然之氣，兩箇氣字大意似同，而精微密察處略似有異。前面氣字若專主形諸外者而言，後面氣字若專主發於内者而言。」先生曰：「氣無二義。但浩然之氣乃指其本來體段而言，謂體之充者，泛言之耳。然亦非外此而别有浩然之氣也。」○「持其志，無暴其氣」，是兩邊做工夫。○「古人在車則聞鸞和，行則珮玉。凡此皆所以無暴其氣。今人既無此，不知如何而爲無暴？」曰：「凡人多動作，多語笑，做力所不及底事，皆是暴其氣。學者要須事事節約，莫教過當，此便是養氣之道。」○問：「《遺書》曰：『志一動則動氣，氣一動則動志。』《外書》曰：『志專一則動氣，氣專一則動志。』二説孰是？」曰：「此必一日之語，學者同聽之而所記有淺深。『志一動則動氣，氣一動則動志』，此言志動氣動，又添入一動字了，故不若從後説得其本旨。蓋曰志專一，則固可以動氣；而氣專一，亦可以動其志也。」○知言養氣，雖是兩事，其實相關，正如致知、格物、正心、誠意之類。○知言便是窮理。不先窮理，見得是非，如何養得氣？○浩然之氣，清明不足以言之。纔説浩然，便有箇廣大剛果意思，如長江大河，浩浩然而來也。富貴、貧賤、威武不能移屈之類皆低，不可以語此。○問：「浩然之氣，即是人所受於天地之正氣否？」先生曰：「然。」又問：「與血氣如何？」曰：「只是一氣。義理附於其中，則爲浩然之氣。若不由義而發，則只是血氣。養成浩然之氣，則與天地爲一，更無限量。」○天下莫强於道義。當然是義，總名是道。以道義爲主，有此浩然之氣去助他，方始勇敢果决以進。如君有過，臣諫之，是義也。然有冒死而不顧者，便是有浩然之氣去助此義。如合説此話，却恧縮不敢言，便是氣餒，便是欿然之氣。○問：「合而有助，助字之訓如何？」先生曰：「道義是虚底物，本自孤單，得這氣貼起來，便自張主，無所不達。李先生曰：『配是襯貼起來。』」○李復《潏水集》有一段説浩然之氣：「只是要仰不愧，俛不怍，便自然無怯懼。」其言雖粗，却盡此章之意。○又曰：「浩然之氣，孔子有兩句説盡了，曰：『内省不疚，夫何憂何懼。』」○所謂「以直養而無害」，乃「自反而縮」之意。○集義只是事事皆直，俯仰不愧，便是浩然之氣。只將自家心體看到那無私曲處，自然有此氣象。所以上蔡説「於心得其正時識取」。伊川將「至大至剛以直」與《坤》卦「直方大」同説。不必如此，且只將孟子自看，便見孟子説得粗，《易》却説得細。○「至大至剛」者，乃氣之本體如此，但人不能養之，而反害之，故其大者小，剛者弱耳。○志動氣，是源頭濁，下流亦濁。氣動志，却是下流壅而不泄，反濁了上面。「至大至剛以直」，趙臺卿亦如此解。「直養」之説，伊川嫌其以一物養一物，故欲從趙注舊章用之。後來反復推究，却是「至大至剛」作一句，「以直養而無害」作一句者，爲得孟子之意。蓋聖賢立言，首尾必相應。如云「自反而縮」，便有「直養」意思。李端伯所記明道語，未必不親切，但伊川又自主張得別，故有此議論。今欲從明道之説。○集義是歲月之功，襲取是一朝一夕之事。從而掩取，終非己有。○「至大至剛」，氣之本體；「以直養而無害」，是用功處；「塞乎天地」，乃其效也。○天地之氣，無處不到，無處不透，雖金石不能遏。人便是稟得這箇氣無欠闕，所以程子曰「天人一也，更不分別。浩然之氣，乃吾氣也」云云。○古人臨之以死生禍福而不變，敢去駡賊，敢去殉國，是他養得這氣大了，故無所懼。○人之氣，當於平時存養有素。故遇事之際，以氣助其道義而行之。若於氣上存養有所不足，遇事之際，便有十分道理，亦畏怯而不敢爲。如朝廷欲去一小人，我道理既直，有甚怕他不敢動著。知其爲小人而不敢去，只是這氣衰。其氣如此，便是合下無工夫。○氣只是一箇氣，但從理義中出來者，即浩然之氣；從血肉身中出來者，即爲血氣之氣耳。○道則是物我公其自然之理，義則吾心之能斷制者，所謂以處此理者也。○世有理直而不能自明者，正爲無氣耳。譬如利物可以斬割，須有力者，乃能用之，若自無力，利物何爲！○孟子許多論氣處，只在「集義所生」一句上。或問集義，曰：「只是無事不求箇是而已。」○集義只是件件事要合宜，自然積得多。○「有人不因集義，合下來便恁地剛勇，如何？」曰：「此是粗氣，便是北宮黝、孟施舍之勇底，亦終有餒時。」○問：「一之看浩然之氣處，如何？」曰：「見集義意思，是要得安穩。如講究書中道理，便也要見得安穩。」曰：「此又是窮理，不是集義。集義是行底工夫，窮理是做知言工夫，能窮理然後能知言。」○「配義與道」者，大抵以坤配乾，必以乾爲主；以妻配夫，必以夫爲主；以氣配道義，必竟以道義爲主而氣隨之，是氣常隨著道義。○「『必有事焉而勿正』，却以鳶飛魚躍言之。此莫是順天理自然之意否？」曰：「孟子之説，只是養氣上説。程子説得又高。須是看孟子了，又看程説，便見得孟子只説勿忘勿助長。程先生之言，於其中自有一箇自然底氣象。」○或問「必有事焉而勿正」。曰：「『正』是等待之意。如一邊集義，一邊在此等待那氣生。今日等不見，明日又等，明日又等不見，等來等去，便却去助長。」○「侯師聖説『而勿正心』，伊川舉禪語爲説曰：『事則不無，擬心則差。』是如何？」「言須擬之而後言，行須擬之而後動，方可中節。不成不擬不議，只恁地去。此語似禪，某不敢取。」○有事，有事於集義也。勿正，謂勿預期等待他，聽其自充也。○集義如藥頭。必有事勿正，心勿忘，勿助長，如製度。○「必有事焉勿正，心勿忘，勿助長」，是集義中小節。不要等待，不要催促。**「何謂知言？」曰：「詖辭知其所蔽，淫辭知其所陷，邪辭知其所離，遁辭知其所窮。生於其心，害於其政；發於其政，害於其事。聖人復起，必從吾言矣。」**詖，彼寄反。復，扶又反。○此公孫丑復問而孟子答之也。詖，偏陂也。淫，放蕩也。邪，邪辟也。遁，逃避也。四者相因，言之病也。蔽，遮隔也。陷，沈溺也。離，叛去也。窮，困屈也。四者亦相因，則心之失也。人之有言，皆本於心。其心明乎正理而無蔽，然後其言平正通達而無病，苟爲不然，則必有是四者之病矣。即其言之病，而知其心之失，又知其害於政事之決然而不可易者如此。非心通於道，而無疑於天下之理，其孰能之？彼告子者，不得於言而不肯求之於心，至爲義外之説，則自不免於四者之病，其何以知天下之言而無所疑哉？程子曰：「心通乎道，然後能辨是非，如持權衡以較輕重，孟子所謂知言是也。」又曰：「孟子知言，正如人在堂上，方能辨堂下人曲直。若猶未免親於堂下衆人之中，則不能辨決矣。」○《集注》：「四十强仕，君子道明德立之時。孔子四十而不惑，亦不動心之謂。」李貫之曰：「愚謂明則不疑，立則不懼。然未有不明而能立者。故知言養氣，雖二者並進，而其序必以知言爲先。孔子不惑，亦不疑之謂，不惑則自不動矣。」○又程子曰：「天人一也，浩然之氣即吾氣也。」《集注》曰：「至大云云，蓋天地之正氣而人得以生者，體段本如是。」李貫之謂程子又嘗云：「氣有不善，性則無不善。今諸先生之説，止言人之稟氣，莫非天地之正氣，而不復言夫昏明强弱之不齊。豈其説猶有未備邪？」黄勉齋答，以爲「有天地之性，有氣質之性。形而後有氣質之性，然天地之性亦未嘗不存。孟子言養性，於氣質之中養天地之性。孟子言養氣，於氣質之中養天地之氣。孟子言養吾浩然之氣，則是本來完足。其曰『集義所生』，亦猶火始然，泉始達，擴而充之耳。非昔也惡而今也善，昔也無而今也有」云云。公晦答，則謂「孟子言性，止謂天地之性，而不及氣質之性。孟子言氣，止謂天地之氣，而不及氣質之氣，蓋極本窮源之論也。自本原而論之，性無有不善，氣無有不正。能明乎是，能養乎是，而又力行以求至乎？是則吾性即天地之性，而氣質之性有不善者，亦化而爲善矣。吾氣即天地之氣，而氣質之氣雖未正者，亦轉而爲正矣。此孟子之本指也」。○又貫之問石曼卿詩云云。公晦答謂：「此與濂溪『窻前草不除』，云與自家意思一般者，非程子體道之深，不能及此，極可玩也。」又程子曰：「敬以直内，便有浩然之氣。」張子曰：「惟直内，則浩然之氣當處生。」李貫之疑其太快，以爲欠却集義工夫。公晦答曰：「程、張二説，皆未及集義。然苟能一日用力於此，則心廣體胖，氣象自別。試自驗之可見。但孟子之意，却主集義而言耳。前一事合義，亦當處便生，如此積累，以至於成。集字可細味也。」貫之又疑謝氏曰：「浩然之氣，須於心得其正時識取。人於朝夕之間，豈無心得其正之時？然使其未有集義之功，則充塞天地之氣象，豈可想像而識？」公晦答曰：「謝氏云云，非謂衆人昏荒放肆之中，爲能識而得之也。學者自存其心，一旦静定，義理昭著。從此體認見得分明，遂持養而充廣之，則盛大流行之體，可馴致矣。」以上數條，頗有發明，今附此。○程子曰：「詖辭偏蔽，淫辭陷溺，邪辭信其説，至於眈惑，遁辭生於不正，窮著便遁。此四者，楊、墨皆有。」○愚案：此亦闢異端之辭。**「宰我、子貢善爲説辭，冉牛、閔子、顔淵善言德行。孔子兼之，曰：『我於辭命則不能也。』然則夫子既聖矣乎？」**此一節，林氏以爲皆公孫丑之問是也。説辭，言語也。德行，得於心而見於行事者也。三子善言德行者，身有之，故言之親切而有味也。公孫丑言數子各有所長，而孔子兼之，然猶自謂不能於辭命。

今孟子乃自謂我能知言，又善養氣，則是兼言語德行而有之，然則豈不既聖矣乎？此夫子指孟子也。○程子曰：「孔子自謂不能於辭命者，欲使學者務本而已。」曰：「惡！是何言也？昔者子貢問於孔子曰：『夫子聖矣乎？』孔子曰：『聖則吾不能，我學不厭而教不倦也。』子貢曰：『學不厭，知也；教不倦，仁也。仁且智，夫子既聖矣！』夫聖，孔子不居。是何言也？」惡，驚歎辭也。「昔者」以下，孟子不敢當丑之言，而引孔子、子貢問答之辭以告之也。夫子，指孔子也。學不厭者，智之所以自明；教不倦者，仁之所以及物。再言「是何言也」，以深拒之。「昔者竊聞之：子夏、子游、子張皆有聖人之一體，冉牛、閔子、顏淵則具體而微。敢問所安。」此一節，林氏亦以爲皆公孫丑之問是也。一體，猶一肢也。具體而微，謂有其全體，但未廣大耳。安，處也。公孫丑復問孟子，既不敢比孔子，則於此數子欲何所處也。曰：「姑舍是。」孟子言且置是者，不欲以數子所至者自處也。曰：「伯夷、伊尹何如？」曰：「不同道。非其君不事，非其民不使；治則進，亂則退，伯夷也。何事非君，何使非民，治亦進，亂亦進，伊尹也。可以仕則仕，可以止則止，可以久則久，可以速則速，孔子也。皆古聖人也，吾未能有行焉；乃所願，則學孔子也。」治，去聲。○伯夷，孤竹君之長子。兄弟遜國，避紂隱居，聞文王之德而歸之。及武王伐紂，去而餓死。伊尹，有莘之處士。湯聘而用之，使之就桀。桀不能用，復歸於湯。如是者五，乃相湯而伐桀也。三聖人事，詳見此篇之末及《萬章》下篇。「伯夷、伊尹於孔子，若是班乎？」曰：「否。自有生民以來，未有孔子也。」南軒曰：「公孫丑舉伯夷、伊尹以問，孟子謂其道不同云云。二子所爲若是，蓋其氣稟所明者在是，終身從事乎此，而有以極其至也。至於孔子，則天也。可仕可止，可久可速，非謂度其可而爲之也。蓋無不當其可也。伯夷、伊尹就其所至而成聖者，故皆以古聖人稱之。然吾於伯夷、伊尹雖未能及，而所願，則學孔子耳。蓋二子雖聖於清，聖於任，然其所循而入者，終未免乎有毫髮之偏。從而學焉，則其偏將愈甚。譬如射者，必志於正鵠，舍正鵠而他求，則其差將不可勝言者矣。」**曰：「然則有同與？」曰：「有。得百里之地而君之，皆能以朝諸侯有天下。行一不義、殺一不辜而得天下，皆不爲也。是則同。」**有，言有同也。以百里而王天下，德之盛也。行一不義，殺一不辜而得天下有所不爲，心之正也。聖人之所以爲聖人，其本根節目之大者，惟在於此。於此不同，則亦不足以爲聖人矣。**曰：「敢問其所以異？」曰：「宰我、子貢、有若智足以知聖人。汙，不至阿其所好。**汙，音蛙。好，去聲。○汙，下也。三子智足以知夫子之道。假使汙下，必不阿私所好而空譽之，明其言之可信也。**宰我曰：『以予觀於夫子，賢於堯舜遠矣。』**程子曰：「語聖則不異，事功則有異。夫子賢於堯舜，語事功也。蓋堯舜治天下，夫子又推其道以垂教萬世。堯舜之道，非得夫子，則後世亦何所據哉？」○又問：「三代以前，只是說中說極，至孔門答問，說者便是仁。何也？」朱子曰：「說中說極，今人多錯會了文義。今未暇詳說。但至孔門，仁字則是列聖相傳，到此方漸次說到親切處耳。夫子之所以賢於堯舜，亦其一端也。」○《史記》曰：「宰我問五帝之德。子曰：『予非其人也。』」又宰我爲臨淄大夫，與田常作亂，夷其族，孔子恥之。○蘇氏《古史》曰：「太史公云云，余以爲宰我之賢，列於四科，其師友淵源，所從來遠矣。雖爲不善，不至於從叛逆、弑君父也。不幸平居有晝寢短喪之過，儒者因遂信之。蓋田常之亂，本與闞止爭，闞止亦子我也。田常殺闞止，而宰我蒙其惡名，豈不哀哉！且使宰我信與田常之亂，常既殺闞止，殺簡公，則尚誰族宰我者？事必不然矣。又李斯曰：『田常陰取齊國，殺宰予於庭，❶因殺簡公。』信如此說，則宰我乃田常之讎，爲齊攻田常者，非與常作亂矣。要知，闞止亦曰子我，故戰國諸子誤以爲宰我。皆不足信也。」**子貢曰：『見其禮而知其政，聞其樂而知其德。由百世之後，等百世之王，莫之能違也。自生民以來，未有夫子也。』**言大凡見人之禮，則可以知其政；聞人之樂，則可以知其德。是以我從百世之後，差等百世之王，無有能遁其情者，而見其皆莫若夫子之盛也。**有若曰：『豈惟民哉？麒麟之於走獸，鳳凰之於飛鳥，太山之於丘垤，河海之於行潦，類也。聖人之於民，亦類也。出於其類，拔乎其萃，自生民以來，未有盛於孔子也。』」**麒麟，毛蟲之長。鳳凰，羽蟲之長。垤，蟻封也。行潦，道上無源之水也。出，高出也。拔，特起也。萃，聚也。言自古聖人，固皆異於衆人，然未有如孔子之尤盛者也。○程子曰：「孟子此章，擴前聖所未發，學者所宜潛心而玩索也。」

○孟子曰：「以力假仁者霸，霸必有大國；以德行仁者王，王不待大。湯以七十里，文王以百里。假仁者，本無是心，而借其事以爲功者也。以德行仁，則自吾之得於心者推之，無適而非仁也。○以力假仁，力與仁二。以德行仁，德便是仁。○南軒曰：「以德行仁，至誠惻怛，本於其心，而形於事

---

❶「予」，四庫本作「我」。

爲。如木之有本，水之有源也。」**以力服人者，非心服也，力不贍也；以德服人者，中心悅而誠服也，如七十子之服孔子也。《詩》云：『自西自東，自南自北，無思不服。』此之謂也。」**王霸之心，誠僞不同。故人所以應之者，其不同亦如此。○鄒氏曰：「以力服人者，有意於服人，而人不敢不服。以德服人者，無意於服人，而人不能不服。從古以來，論王霸者多矣，未有若此章之深切而著明也。」○先儒謂自古之論王霸者多矣，未有若此章之深切而著明也。蓋王霸之辨，曰德與力而已。力者，國富兵强之謂。初無心於爲仁，而借其名以集事也。德者，躬行心得之謂。其仁素具於中，而推之以及物也。霸者以力，故必大國乃能爲之。王者以德不以力，何待於大乎？以力服人者，有意於服人，而人不敢不服。以德服人者，無意於服人，而人不能不服。此天理、人欲之分，而王霸之所以異也。夫孔子以匹夫，不得位，而七十子終身從之，是孰使之然哉？所謂心悅而誠服也。王者之服人，亦猶是也。《衍義》

○孟子曰：「仁則榮，不仁則辱。今惡辱而居不仁，是猶惡濕而居下也。此只是爲下等人言。若是上等人，豈以榮辱之故而後行仁哉？○南軒曰：「仁者非有意於榮，仁者固榮也。在身則心和而氣平，德性尊而暴慢遠。在家則父子親而兄弟睦，夫婦義，長幼序。推之於國而國治，施之於天下而天下平。無往而不榮也。若夫不仁之人，咈理而徇欲，一身將不能以自保，而况於其他乎？夫人之情，孰不惟辱之惡？而自處於不仁，則以不仁蔽之，而昧夫榮辱之幾。」**如惡之，莫如貴德而尊士，賢者在位，能者在職，國家閒暇，及是時明其政刑。雖大國，必畏之矣。**閒，音閑。○此因其惡辱之情，而進之以强仁之事也。貴德，猶尚德也。士，則指其人而言之。賢，有德者，使之在位，則足以正君而善俗。能，有才者，使之在職，則足以修政而立事。國家閒暇，可以有爲之時也。詳味「及」字，則惟日不足之意可見矣。**《詩》云：『迨天之未陰雨，徹彼桑土，綢繆牖户。今此下民，或敢侮予？』孔子曰：『爲此詩者，其知道乎！能治其國家，誰敢侮之？』**徹，直列反。土，音杜。綢，音稠。繆，武彪反。○《詩》，《豳風・鴟鴞》之篇。周公之所作也。迨，及也。徹，取也。桑土，桑根之皮也。綢繆，纏綿補葺也。牖户，巢之通氣出入處也。予，鳥自謂也。言我之備患詳密如此，今此在下之人，或敢有侮予者乎？周公以鳥之爲巢如此，比君之爲國，亦當思患而預防之。孔子讀而贊之，以爲知道也。**今國家閒暇，及是時般樂怠敖，是自求禍也。**般，音盤。樂，音洛。敖，音傲。○言其縱欲偷安，亦惟日不足也。**禍福無不自己求之者。**結上文之意。**《詩》云：『永言配命，自求多福。』《太甲》曰：『天作孽，猶可違；自作孽，不可活。』此之謂也。」**《詩》，《大雅・文王》之篇。永，長也。言，猶念也。配，合也。命，天命也。此言福之自己求者。《太甲》，《商書》篇名。孽，禍也。違，避也。活，生也，《書》作逭。逭，猶緩也。此言禍之自己求者。

○**孟子曰：「尊賢使能，俊傑在位，則天下之士皆悦而願立於其朝矣。**俊傑，才德之異於衆者。**市廛而不征，法而不廛，則天下之商皆悦而願藏於其市矣。**廛，市宅也。張子曰：「或賦其市地之廛，而不征其貨；或治之以市官之法，而不賦其廛。蓋逐末者多則廛以抑之，少則不必廛也。」**關譏而不征，則天下之旅皆悦而願出於其路矣。**解見前篇。**耕者助而不税，則天下之農皆悦而**

願耕於其野矣。但使出力以助耕公田，而不稅其私田也。**廛無夫里之布，則天下之民皆悅而願爲之氓矣。**《周禮》：「宅不毛者，有里布。民無職事者，出夫家之征。」鄭氏謂：「宅不種桑麻者罰之，使出一里二十五家之布；民無常業者罰之，使出一夫百畝之稅，一家力役之征也。」今戰國時，一切取之。市宅之民，已賦其廛，又令出此夫里之布，非先王之法也。氓，民也。**信能行此五者，則鄰國之民仰之若父母矣。率其子弟，攻其父母，自生民以來，未有能濟者也。如此，則無敵於天下。無敵於天下者，天吏也。然而不王者，未之有也。」**呂氏曰：「奉行天命，謂之天吏。廢興存亡，惟天所命，不敢不從，若湯、武是也。」○此章言能行王政，則寇戎爲父子，不行王政，則赤子爲仇讎。

○孟子曰：「人皆有不忍人之心。天地以生物爲心，而所生之物因各得夫天地生物之心以爲心，所以人皆有不忍人之心也。**先王有不忍人之心，斯有不忍人之政矣。以不忍人之心，行不忍人之政，治天下可運之掌上。**言衆人雖有不忍人之心，然物欲害之，存焉者寡，故不能察識而推之政事之間。惟聖人全體此心，隨感而應，故其所行無非不忍人之政也。**所以謂人皆有不忍人之心者，今人乍見孺子將入於井，皆有怵惕惻隱之心。非所以内交於孺子之父母也，非所以要譽於鄉黨朋友也，非惡其聲而然也。**怵，音黜。内，讀爲納。要，平聲。惡，去聲，下同。○乍，猶忽也。怵惕，驚動貌。惻，傷之切也。隱，痛之深也。此即所謂不忍人之心也。内，結。要，求。聲，名也。言乍見之時，便有此心，隨見而發，非由此三者而然也。程子曰：「滿腔子是惻隱之心。」謝氏曰：「人須是識其真心。方乍見孺子入井之時，其心怵惕，乃真心也。非思而得，非勉而中，天理之自然也。内交、要譽、惡其聲而然，即人欲之私矣。」**由是觀之，無惻隱之心，非人也；無羞惡之心，非人也；無辭讓之心，非人也；無是非之心，非人也。**羞，耻己之不善也。惡，憎人之不善也。辭，解使去己也。讓，推以與人也。是，知其善而以爲是也。非，知其惡而以爲非也。人之所以爲心，不外乎是四者，故因論惻隱而悉數之。言人若無此，則不得謂之人，所以明其必有也。**惻隱之心，仁之端也；羞惡之心，義之端也；辭讓之心，禮之端也；是非之心，智之端也。**惻隱、羞惡、辭讓、是非，情也。仁、義、禮、智，性也。心，統性情者也。端，緒也。因其情之發，而性之本然可得而見，猶有物在中而緒見於外也。**人之有是四端也，猶其有四體也。有是四端而自謂不能者，自賊者也；謂其君不能者，賊其君者也。**四體，四支，人之所必有者也。自謂不能者，物欲蔽之耳。**凡有四端於我者，知皆擴而充之矣，若火之始然，泉之始達。苟能充之，足以保四海；苟不充之，不足以事父母。」**擴，推廣之意。充，滿也。四端在我，隨處發見。知皆即此推廣，而充滿其本然之量，則其日新又新，將有不能自已者矣。能由此而遂充之，則四海雖遠，亦吾度内，無難保者；不能充之，則雖事之至近而不能矣。○此章所論人之性情，心之體用，本然全具，而各有條理如此。學者於此，反求默識而擴充之，則天之所以與我者，可以無不盡矣。程子曰：「人皆有是心，惟君子爲能擴而充之。不能然者，皆自棄也。然其充與不充，亦在我而已矣。」又曰：「四端不言信者，既有誠心爲四端，則信在其中矣。」愚案：四端之信，猶五行之土。無定位，無成名，無專氣，而水、火、金、木，無不待是以生者。故土於五行無不在，於四時則寄王焉，其理亦猶是也。○天地生人物，須是和氣方生。人自和氣中出，所以有不忍人之心。○問「滿腔子是惻隱之心」。曰：「只是滿這軀殼都是惻隱之心。纔觸著，便是這箇出來，大感則大應，小感則小應。」○仁是根，惻隱是萌芽，親親、仁民、愛物，便是推廣到枝葉處。○《玉山講義》：「天之生物，各賦一性，性非有物，只是一箇道理之在我者耳。故性之所以爲體，只是仁、義、禮、智、信五字，天下道理無不出於此。韓文公云：『人之所以爲性者五。』其說最得之。却爲後世之言性者多雜佛老而言，所以將性字作知覺心意看了，非聖賢說性字本指也。五者之中，所謂信者，是箇真實無妄底道理。如仁、義、禮、智，皆真實而無妄者也。故信自更不須說，只仁、義、禮、智四字，於中各有分別，不可不辨。蓋仁則是溫和慈愛底道理，義則是箇斷制裁割底道理，禮則是箇恭敬撙節底道理，智則是箇分別是非底道理。凡此四者，具於人心，乃是性之本體。方其未發，漠然無形象之可見；及其發而爲用，則仁者爲惻隱，義者爲羞惡，禮者爲辭讓，智者爲是非，隨事發見，各有苗脉，不相淆亂，所謂情也。故孟子曰：『惻隱之心，仁之端也；羞惡之心，義之端也；恭敬之心，禮之端也；是非之心，智之端也。』謂之端者，猶有物在中而不可見，必因其端緒發見於外，然後可得而尋也。蓋一心之中，仁、義、禮、智各有界限，而其性情體用，又自各有分別。然後就此四者之中，又見得仁義兩字是箇大界限。如天地造化，四序流行，而其實不過一陰一陽而已。於此見得分明，然後就此又見得仁字是箇生底意思，通貫周流於四者之中。仁固仁之本體也，義則仁之斷制也，禮則仁之節文也，智則仁之分別也。正如春之生氣，貫徹四時，春則生之生也，夏則生之長也，秋則生之收也，冬則生之藏也。故程子謂：『四德之元，猶五常之仁。偏言則一事，專言則包四者。』正謂此也。孔子只言仁，以其專言者言之也。故但言仁，而義、禮、智皆在其中。孟子兼言義，以其偏言者言之也。然亦不是於孔子所言之外，添入一箇義字，但於一理之中分別出來耳。其又兼言禮、智，亦是如此。蓋禮是仁之著，智是義之藏，而仁之一字，未嘗不流行乎四者之中也。若論體用，亦有兩説。蓋以仁存於中而義形於外言之，則曰仁，人心也，義，正路也，而以仁義相爲體用。若以仁對惻隱、義對羞惡而言，則就一理之中，又以未發、已發相爲體用。若認得熟，看得透，則玲瓏穿穴，縱横顛倒，無處不通，而日用之間，行著習察，無不是著工夫處矣。」〇《四端説》曰：「性是太極渾然之體，本不可以名字言。但其中含具萬理，而綱領之大者有四，故命之曰仁、義、禮、智。孔門未嘗備言，至孟子而始終備言之者，蓋孔子之時，性善之理素明，雖不詳其條，而説自具。至孟子之時，異説蠭起，往往以性爲不善。孟子懼是理之不明，而思有以明之。苟但曰渾然全體，則恐其爲無星之稱，無寸之尺，而終不足以曉天下。於是别而言之，界爲四破，而四端之説於是乎立。蓋四端之未發也，性雖寂然不動，而其中自有條理，自有間架，不是儱侗都無一物。所以外邊纔感，中間便應，如赤子入井之事，感則仁之理便應，而惻隱之心於是乎形；如過廟過朝之事，感則禮之理便應，而恭敬之心於是乎形。蓋由其發，各有面貌之不同。是以孟子析而爲四，以示學者，使知渾然全體之中，而燦然有條如此，則性之善可知矣。然四端之未發也，所謂渾然全體之理，無聲臭之可言，無形象之可見，何以知其燦然有條若此？蓋是理可驗，乃就他發處驗得。凡物必有本根，而後有枝葉，見其枝葉，而知其必有本根。性之理雖無形，而端緒之發則可驗。故由其惻隱，所以必知其有仁；由其羞惡，所以必知其有義；由其恭敬，所以必知其有禮；由其是非，所以必知其有智。使其本無是理於内，則何以有是端於外？所以有是端於外，必知有是理在内，而不可誣也。故孟子言『乃若其情，則可以爲善矣』，乃所謂善也。是則孟子之言性善，蓋亦遡其情而逆知之耳。仁、義、禮、智，既見得他界限分明，又須知四者之中，仁義是一箇對立底關鍵。蓋仁，仁也，而禮者則仁之著。義，義也，而智者則義之藏。猶春夏秋冬各有四時，而春夏皆陽之屬也，秋冬皆陰之屬也。故曰：『立天之道，曰陰與陽；立地之道，曰柔與剛；立人之道，曰仁與義。』是知天地之道，不兩則不能以立。故端之有四，而立者有兩耳。仁義雖對立而成兩，然仁實貫通乎四者之中。蓋偏言則一事，專言則包四者。故仁者，仁之本體；禮者，仁之節文；義者，仁之斷制；智者，仁之分別。猶春夏秋冬雖不同，而同出於春。春則春之生也，夏則春之長也，秋則春之收也，冬則春之藏也。自四而兩，自兩而一，則統之有宗，會之有元矣。故曰，五行一陰陽，陰陽一大極，是天地之理固然也。仁包四端，而智居四端之末者，蓋冬者藏也，所以始萬物而終萬物者也。智有藏之義焉，有始終之義焉。且惻隱、羞惡、恭敬，是三者皆有可爲，智但分別其爲是非耳，是以謂之藏也。又惻隱、羞惡、恭敬，皆是一面底道理，而是非則有兩面，既別其所是，又別其所非，是終始萬物之象也。故仁義爲四端之首，而智則能成終成始。猶元雖四德之長，然元不生於元，而生於貞。蓋天地之化，不翕聚則不能發散，理固然也。仁智交際之間，乃萬化之機軸，此理循環不窮，脗合無間。程子所謂『動静無端，陰陽無始』者，此也。」○問「仁兼四端」意思。曰：「上蔡見明道，舉史書成誦，明道謂其玩物喪志。上蔡汗流浹背，面發赤色，明道云：『此便是惻隱之心。』且道上蔡聞道慚惶，自是羞惡之心，如何却説惻隱？惟是有惻隱，方會動，動了始有羞惡，有恭敬，有是非，動處便是惻隱。若不會動，却不成人。天地生生之理，這些意思，未嘗止息。」○惻隱之心，首末皆惻隱。三者則首是惻隱，末是羞惡、辭讓、是非。○性不可言。所以言性善者，只看他四端之善，則可以見性之善。如見水之清，則知其源頭必清矣。四端，情也，性即理也。發者，情也，其本則性也。如見影知形之意。○仁、義、禮、智，本體自無形影，要捉摸不着，只得將發動處看。程子曰「因其惻隱知其有仁」，説得最分明親切也。不道惻隱便是仁也，不道舍了惻隱，别有一箇仁。譬如草木，因萌芽知得下面有根也，不道萌芽便是根，又不道舍了萌芽别取一箇根。○説仁義，便如陰陽；説四端，便如四時；説四端八字，便如八節。○問：「心中湛然清明，與天地相流通，此是仁否？」先生云：「湛然清明時，是仁、義、禮、智統會處。今人説仁，都把做空洞底看，却不知當此時，仁、義、禮、智之苗脉已在裏許，只是未發動。又有箇親愛底事來，便發出惻隱之心；有箇可厭惡事來，便發羞惡之心。禮、智亦然。」○四端固是良心，苟不加存養，發不中節，便是私心。○或問：「未發之際，不知如何？」曰：「未發之際，便是中，便是敬，以直内，便是心之本體。」又問：「未發之際，欲加識别，使四者各有著落，如何？」曰：「如何識别？只存得這道理在這裏，便恁地涵養將去，既熟則其發見自不差。」○又曰：「未發之時，此心之體寂然不動，無可分别，只得混沌養將去。若必欲求其所謂四者之端，則既思便是已發矣。」○問：「仁何以能包四者？」曰：「人只是這一箇心，就這裏面分爲四者。且以惻隱論之，本只是這惻隱底心，遇當辭遜，則爲辭遜，不安處便爲羞惡，分别處便爲是非。若無一箇動底醒底在裏面，便也不知羞惡，不知是非。譬如天地只是一箇春氣，是發生之心。春氣長得過，便是夏，收斂便是秋，消縮盡便爲冬。明年又從春處起，渾然只是一箇發生之氣。」○問：「四端之端，《集注》以爲端緒；《或問》端乃尾。如何？」曰：「以體用言之，有體而後有用，故端亦可謂之尾。若以終始言之，則四端是始發處，故亦可以端緒言之。二説各有所指，自不相礙。」○四端乃孔子所未發。人只道孟子有闢楊、墨之功，不知他就人心上發明大功如此。闢楊、墨是扞邊境之功，發明四端乃安社稷之功。○四者皆我所固有。其初發也，豪毛如也，及推廣將去，充滿其量，則廣大無窮。○問：「人心陷溺之久，四端蔽於利欲之私，初用工亦未免間斷。」曰：「固是。然義理之心纔勝，則利欲之念便消。如惻隱之心勝，則殘虐之意自消；羞惡之心勝，則貪冒無耻之意自消；恭敬之心勝，則驕惰之意自消；是非之心勝，則含糊、苟且、頑冥、昏謬之意自消。」○孟子言四端處極好，思量玩味，只反身而自驗其明昧深淺如何。○朱子四端之説，蓋先儒所未發。至論不忍人之心，則曰：「天地以生物爲心，而所生之物，因各得天地生物之心以爲心，所以謂人皆有不忍人之心也。」至哉言矣！蓋天地造物，無他作爲，惟以生物爲事。觀夫春夏秋冬，往古來今，生意周流，何嘗一息間斷！天地之心，於此可見。萬物之生，既從天地生意中出，故物物皆具此理，何況人爲至靈，宜乎皆有不忍人之心也。然人有是心，而私欲間斷，故不能達之於用。惟聖人全體本心，私欲不雜，故有此仁心，便有此仁政，自然流出，更無壅遏。天下雖大，運以此心而有餘矣。孟子恐人未能自信也，故指發見之真切者以覺悟之。夫孺子未有所知而將入於井，乍見之者，無問賢愚，皆有惻怛傷痛之心。方其此心驟發之時，非欲以此納交，非欲以此干譽，又非以避不仁之名也。倉卒之間，無安排，無矯飾，而天機自動，此所謂真心也。賦形爲人，孰無此心？苟無此心，則非人矣。然所謂無有，豈其固然哉？私欲蔽塞而失其本真耳。孟子始言惻隱之心，至此則兼羞惡、辭遜、是非而言者，蓋仁爲衆善之長，有惻隱則三者從之矣。惻隱不存，則三者亦何有哉！夫四肢，人所必有，四端亦然。而昧者不察，自謂不能，是賊其身。又謂吾君不能，是賊其君。賊猶賊仁、賊義之賊，言爲禍害之深也。然仁、義、禮、智，其分量甚大，而端緒甚微，苟不推廣其端，則何以充滿其量？必也因其發見之微，隨加展拓，使人欲無所障礙，而天理得以流行。猶始然之火，引之而煌煌；始達之泉，疏之而浩浩。仁、義、禮、智，庶幾充滿其本然之量，而不可勝用矣。苟惟不然，天理方萌，人欲隨窒，是乍然者遽息，而方達者隨堙。欲愈蔽而端愈微，雖有不忍人之心，必無不忍人之政矣。夫四端在人一也，充之則足以保四海，不充則不足以事父母。是以帝王之治，光宅天下，丕冒海隅，而後之人主，或以天下之大而不能悦其親之心，或以邇聲色，信讒邪，而至於黜其配，殺其子。同此四端也，充與不充而已耳。出《衍義》。

○孟子曰：「矢人豈不仁於函人哉？矢人惟恐不傷人，函人惟恐傷人。巫匠亦然，故術不可不慎也。函，甲也。惻隱之心人皆有之，是矢人之心，本非不如函人之仁也。巫者爲人祈祝，利人之生。匠者作爲棺槨，利人之死。**孔子曰：『里仁爲美。擇不處仁，焉得智？』夫仁，天之尊爵也，人之安宅也。莫之禦而不仁，是不智也。**里有仁厚之俗者，猶以爲美。人擇所以自處而不於仁，安得爲智乎？此孔子之言也。仁、義、禮、智，皆天所與之良貴。而仁者天地生物之心，得之最先，而兼統四者，所謂元者善之長也，故曰尊爵。在人則爲本心全體之德，有天理自然之安，無人欲陷溺之危。人當常在其中，而不可須臾離者也，故曰安宅。此又孟子釋孔子之意，以爲仁道之大如此，而自不爲之，豈非不智之甚乎？○仁者吾所自有，苟欲爲之，誰能止之者！乃甘心於不仁，豈非不智乎？故仁智二字，常相須焉，不仁斯不智矣，不智斯不仁矣。《衍義》。**不仁、不智、無禮、無義，人役也。人役而恥爲役，由弓人而恥爲弓，矢人而恥爲矢也。**以不仁故不智，不智故不知禮義之所在。**如恥之，莫如爲仁。**

此亦因人愧耻之心，而引之使志於仁也。不言智、禮、義者，仁該全體，能爲仁，則三者在其中矣。**仁者如射，射者正己而後發。發而不中，不怨勝己者，反求諸己而已矣。」**中，去聲。○爲仁由己，而由人乎哉？○南軒曰：「矢人與函人，巫與匠，俱人也，而其所欲之異者，以其操術然也。故夫人自處於不仁，爲忌忮，爲殘忍，至於嗜殺人而不顧者，夫豈獨異於人哉？惟其所處，向在乎人欲之中，安習滋長，以至於此。其性本同，而其習霄壤之異，可不畏與？」

○孟子曰：「子路，人告之以有過則喜。喜其得聞而改之，其勇於自修如此。周子曰：「仲由喜聞過，令名無窮焉。今人有過，不喜人規，如諱疾而忌醫，寧滅其身而無悟也。噫！」程子曰：「子路，人告之以有過則喜，亦可謂百世之師矣。」**禹聞善言則拜。**《書》曰：「禹拜昌言。」蓋不待有過，而能屈己以受天下之善也。**大舜有大焉，善與人同。舍己從人，樂取於人以爲善。**言舜之所爲，又有大於禹與子路者。善與人同，公天下之善而不爲私也。己未善，則無所繫吝而舍己從人；人有善，則不待勉强而取之於己，此善與人同之目也。**自耕、稼、陶、漁以至爲帝，無非取於人者。**舜之側微，耕于歷山，陶于河濱，漁于雷澤。**取諸人以爲善，是與人爲善者也。故君子莫大乎與人爲善。」**與，猶許也，助也。取彼之善而爲之於我，則彼益勸於爲善矣，是我助其爲善也。能使天下之人皆勸於爲善，君子之善，孰大於此。○此章言聖賢樂善之誠，初無彼此之間。故其在人者有以裕於己，在己者有以及於人。

○孟子曰：「伯夷，非其君不事，非其友不友。不立於惡人之朝，不與惡人言。立於惡人之朝，與惡人言，如以朝衣朝冠坐於塗炭。推惡惡之心，思與鄉人立，其冠不正，望望然

去之，若將浼焉。是故諸侯雖有善其辭命而至者，不受也。不受也者，是亦不屑就已。柳下惠，不羞汙君，不卑小官。進不隱賢，必以其道。遺佚而不怨，阨窮而不憫。故曰：『爾爲爾，我爲我，雖袒裼裸裎於我側，爾焉能浼我哉？』故由由然與之偕而不自失焉，援而止之而止。援而止之而止者，是亦不屑去已。」孟子曰：「伯夷隘，柳下惠不恭。隘與不恭，君子不由也。」隘，狹窄也。不恭，簡慢也。夷、惠之行，固皆造乎至極之地。然既有所偏，則不能無弊，故不可由也。○南軒曰：「不屑就，謂不輕就也。然而伯夷非不就也，特不輕就耳。下惠非不去也，特不輕去耳。伯夷聞文王作，則興曰『盍歸乎來』，下惠爲士師，蓋嘗三黜。是則伯夷果長往而不來者乎？下惠果苟容而尸位者乎？此其就清和中處之而盡其道。然而於是二端終有所未化，故其意味有所偏重，而未免於流弊也。故夫『思與鄉人處，其衣冠不正，望望然去，若將浼焉』，此其流弊得無有入於隘者乎？曰『爾爲爾，我爲我，雖袒裼裸裎而不以爲浼』，此其流弊得無有入於不恭者乎？其端豪釐之間，從而由之，則其弊有甚者矣。故其所爲隘與不恭者，君子所不由。而所願，則學孔子也。」

孟子集編卷第四

公孫丑章句下凡十四章。自第二章以下，記孟子出處行實爲詳。

孟子曰：「天時不如地利，地利不如人和。天時，謂時日支干、孤虛、王相之屬也。地利，險阻、城池之固也。人和，得民心之安也。三里之城，七里之郭，環而攻之而不勝。夫環而攻之，必有得天時者矣；然而不勝者，是天時不如地利也。三里、七里，城郭之小者。郭，外城。環，圍也。言四面攻圍，曠日持久，必有值天時之善者。城非不高也，池非不深也，兵革非不堅利也，米粟非不多也，委而去之，是地利不如人和也。革，甲也。粟，穀也。委，棄也。言不得民心，民不爲守也。故曰：域民不以封疆之界，固國不以山谿之險，威天下不以兵革之利。得道者多助，失道者寡助。寡助之至，親戚畔之；多助之至，天下順之。域，界限也。以天下之所順，攻親戚之所畔，故君子有不戰，戰必勝矣。」言不戰則已，戰則必勝。○尹氏曰：「言得天下者，凡以得民心而已。」

○孟子將朝王，王使人來曰：「寡人如就見者也，有寒疾，不可以風。朝將視朝，不識可使寡人得見乎？」對曰：「不幸而有疾，不能造朝。」章内「朝」並音潮，唯「朝將」之「朝」，如字。造，七到反，下同。○王，齊王也。孟子本將朝王，王不知而託病以召孟子，故孟子亦以疾辭也。明日出弔於東郭氏。公孫丑曰：「昔者辭以病，今日弔，或者不可乎？」曰：「昔者疾，今日愈，如之何不弔？」東郭氏，齊大夫家也。昔者，昨日也。或者，疑辭。辭疾而出弔，與孔子不見孺悲取瑟而歌同意。王使人問疾，醫來。孟仲子對曰：「昔者有王命，有采薪之憂，不能造朝。今病小愈，趨造於朝，我不識能至否乎？」使數人要於路，曰：「請必無歸，而造於朝！」要，平聲。○孟仲子，趙氏以爲孟子之從昆弟，學於孟子者也。采薪之憂，言病不能采薪，謙辭也。仲子權辭以對，又使人要孟子令勿歸而造朝，以實己言。不得已而之景丑氏宿焉。景子曰：「內則父子，外則君臣，人之大倫也。父子主恩，君臣主敬。丑見王之敬子也，未見所以敬王也。」曰：「惡！是何言也！齊人無以仁義與王言者，豈以仁義爲不美也？其心曰『是何足與言仁義也』云爾，則不敬莫大乎是。我非堯舜之道，不敢以陳於王前，故齊人莫如我敬王也。」惡，平聲，下同。○景丑氏，齊大夫家也。景子，景丑也。惡，歎辭也。景丑所言，敬之小者也；孟子所言，敬之大者也。○孟子是時在賓師之位，故其君有就見之禮。宣王託疾而要其朝，敬賢之心不篤，故孟子亦託疾而不往也。景子但知聞命奔走爲敬其君，不知以堯舜之道告其君者，乃敬之大者也。僕隸之臣，唯唯承命，外若敬其君，然心實薄之，曰「是何足與言仁義」，此不敬之大者也。齊人之敬君以貌，孟子之敬君以心，故曰齊人莫如我敬王也。《衍義》

景子曰：「否，非此之謂也。《禮》曰：『父召，無諾；君命召，不俟駕。』固將朝也，聞王命而遂不果，宜與夫禮若不相似然。」《禮》曰：「父命呼，唯而不諾。」又曰：「君命召，在官不俟屨，在外不俟車。」言孟子本欲朝王，而聞命中止，似與此禮之意不同也。曰：「豈謂是與？曾子曰：『晉楚之富，不可及也。彼以其富，我以吾仁；彼以其爵，我以吾義，吾何慊乎哉？』夫豈不義而曾子言之？是或一道也。天下有達尊三：爵一，齒一，德一。朝廷莫如爵，鄉黨莫如齒，輔世長民莫如德。惡得有其一，以慢其二哉？與，平聲。慊，口簟反。長，上聲。○慊，恨也，少也。或作「嗛」，字書以爲口銜物也。然則慊亦但爲心有所銜之義，其爲快、爲足、爲恨、爲少，則因其事而所銜有不同耳。孟子言我之意，非如景子之所言者。因引曾子之言，而云夫此豈是不義，而曾子肯以爲言，是或別有一種道理也。達，通也。蓋通天下之所尊，有此三者。曾子之説，蓋以德言之也。今齊王但有爵耳，安得以此慢於齒德乎？故將大有爲之君，必有所不召之臣。欲有謀焉，則就之。其尊德樂道，不如是不足與有爲也。樂，音洛。○大有爲之君，大有作爲，非常之君也。程子曰：「古之人所以必待人君致敬盡禮而後往者，非欲自爲尊大也，爲是故耳。」故湯之於伊尹，學焉而後臣之，故不勞而王；桓公之於管仲，學焉而後臣之，故不勞而霸。先從受學，師之也。後以爲臣，任之也。今天下地醜德齊，莫能相尚。無他，好臣其所教，而不好臣其所受教。醜，類也。尚，過也。所教，謂聽從於己，可役使者也。所受教，謂己之所從學者也。湯之於伊尹，桓公之於管仲，則不敢召。管仲且猶不可召，而況不爲管仲者乎？」不爲管仲，孟子自謂也。范氏曰：「孟子之於齊，處賓師之位，非當仕有官職者，故其言如此。」○此章見賓師不以趨走承順爲恭，而以責難陳善爲敬，人君不以崇高富貴爲重，而以貴德尊士爲賢，則上下交而德業成矣。

○陳臻問曰：「前日於齊，王餽兼金一百而不受；於宋，餽七十鎰而受；於薛，餽五十鎰而受。前日之不受是，則今日之受非也；今日之受是，則前日之不受非也。夫子必居一於此矣。」陳臻，孟子弟子。兼金，好金也，其價兼倍於常者。一百，百鎰也。孟子曰：「皆是也。當在宋也，予將有遠行。行者必以贐，辭曰：『餽贐。』予何爲不受？贐，送行者之禮也。當在薛也，予有戒心。辭曰：『聞戒。』故爲兵餽之，予何爲不受？「爲兵」之「爲」，去聲。○時人有欲害孟子者，孟子設兵以戒備之。薛君以金餽孟子，爲兵備。辭曰「聞子之有戒心也」。若於齊，則未有處也。無處而餽之，是貨之也。焉有君子而可以貨取乎？」焉，於虔反。○無遠行、戒心之事，是未有所處也。取，猶致也。○尹氏曰：「言君子之辭受取予，唯當於理而已。」○南軒曰：「凡人所以遲回於辭受之際者，以爲外物所動故也。蓋於其所不當受而受，其動於物固也；若於所當受而不受，是亦爲物所動而已矣。何則？以其蔽於理而見物之大也。若夫聖賢，從容不迫，惟義之安，而外物何有乎？故以舜受堯之天下而不爲泰，亦曰『義當然耳』。若於義也無居，則簞食豆羹不可取也。簞食豆羹之與天下，其大小固有間矣，物則有大小，而義之所在，則一也。」

○孟子之平陸。謂其大夫曰：「子之持戟之士，一日而三失伍，則去之否乎？」曰：「不待三。」平陸，齊下邑也。大夫，邑宰也。戟，有枝兵也。士，戰士也。伍，行列也。去之，殺之也。「然則子之失伍也亦多矣。凶年饑歲，子之民，老羸轉於溝壑，壯者散而之四方者，幾千人矣。」曰：「此非距心之所得爲也。」子之失伍，言其失職，猶士之失伍也。距心，大夫名。對言此乃王之失政使然，非我所得專爲也。曰：「今有受人之牛羊而爲之牧之者，則必爲之求牧與芻矣。求牧與芻而不得，則反諸其人乎？抑亦立而視其死與？」曰：「此則距心之罪也。」爲，去聲。「死與」之「與」，平聲。○牧之，養之也。牧，牧地也。芻，草也。孟子言若不得自專，何不致其事而去。他日，見於王曰：「王之爲都者，臣知五人焉。知其罪者，惟孔距心。爲王誦之。」王曰：「此則寡人之罪也。」爲都，治邑也。邑有先君之廟曰都。孔，大夫姓也。爲王誦其語，欲以諷曉王也。○陳氏曰：「孟子一言而齊之君臣舉知其罪，固足以興邦矣。然而齊卒不得爲善國者，豈非説而不繹，從而不改故耶？」

○孟子謂蚳鼃曰：「子之辭靈丘而請士師，似也，爲其可以言也。今既數月矣，未可以言與？」蚳，音遲。鼃，烏花反。爲，去聲。○蚳鼃，齊大夫也。靈丘，齊下邑。似也，言所爲近似有理。可以言，謂士師近王，得以諫刑罰之不中者。蚳鼃諫於王而不用，致爲臣而去。致，猶還也。齊人曰：「所以爲蚳鼃，則善矣；所以自爲，則吾不知也。」譏孟子道不行而不能去也。公都子以告。公都子，孟子弟子也。曰：「吾聞之也：有官守者，不得其職則去；有言責者，不得其言則去。我無官守，我無言責也，則吾進退，豈不綽綽然有餘裕哉？」官守，以官爲守者。言責，以言爲責者。綽綽，寬貌。裕，寬意也。孟子居賓師之位，未嘗受祿。故其進退之際，寬裕如此。尹氏曰：「進退久速，當於理而已。」○南軒曰：「所居之時雖同，而所處之地有異，則其進退語默，各有攸當，不可得而齊也。蚳鼃之在靈丘，其職未可以言也，而請士師，庶幾乎欲有補於君也。士師掌國之刑罰，而立於朝，王有失德，朝有闕政，士師所當言也。故孟子以數月爲淹久，而欲其言。蚳鼃於是諫於王，言不用而去之，庶幾得爲臣之義矣。齊人以爲孟子所以爲蚳鼃者固善，而孟子久於齊，曷不諫乎？若諫而不聽，曷不遂去之乎？蓋齊人未知義之所在也。夫有官守者，其守在官，不得其職則當去。有言責者，其責在言，不得其言可不去乎？若孟子，則異乎此矣，居賓師之位，無官守言責之拘，故得以從容不迫，陳善閉邪，以俟其改。故曰『則吾進退，豈不綽綽然有餘裕哉』，言可以徐處乎進退之宜也。然卒致爲臣而歸，何也？蓋其誠意備至，啓告曲盡，而王終莫之悟也。則有不得已焉者，而三宿出晝，猶望之改之，亦可謂從容矣。蓋進退久速，無非義之所存也。」

○孟子爲卿於齊，出弔於滕，王使蓋大夫王驩爲輔行。王驩朝暮見，反齊滕之路，未嘗與之言行事也。蓋，古盍反。見，音現。○蓋，齊下邑也。王驩，王嬖臣也。輔行，副使也。反，往而還也。行事，使事也。**公孫丑曰：「齊卿之位，不爲小矣；齊滕之路，不爲近矣。反之而未嘗與言行事，何也？」曰：「夫既或治之，予何言哉？」**夫，音扶。○王驩蓋攝卿以行，故曰齊卿。夫既或治之，言有司已治之矣。孟子之待小人，不惡而嚴如此。

○孟子自齊葬於魯，反於齊，止於嬴。充虞請曰：「前日不知虞之不肖，使虞敦匠事。

嚴，虞不敢請。今願竊有請也，木若以美然。」孟子仕於齊，喪母，歸葬於魯。嬴，齊南邑。充虞，孟子弟子。**曰：「古者棺椁無度，中古棺七寸，椁稱之。自天子達於庶人。非直爲觀美也，然後盡於人心。**度，厚薄尺寸也。中古，周公制禮時也。椁稱之，與棺相稱也。欲其堅厚久遠，非特爲人觀視之美而已。**不得，不可以爲悦；無財，不可以爲悦。得之爲有財，古之人皆用之，吾何爲獨不然？且比化者，無使土侵膚，於人心獨無恔乎？**比，必二反。恔，音效。○比，猶爲也。化者，死者也。恔，快也。言爲死者不使土近其肌膚，於人子之心，豈不快然無所恨乎？**吾聞之也，君子不以天下儉其親。」**送終之禮，所當得爲而不自盡，是爲天下愛惜此物，而薄於吾親也。○又魯平公將見孟子，嬖人臧倉曰：「禮義由賢者出。孟子之後喪踰前喪，君無見焉！」公曰：「諾。」樂正子入見，曰：「君奚爲不見孟軻也？」曰：「或告寡人曰，『孟子之後喪踰前喪』，是以不往見也。」曰：「何哉君所謂踰者，前以士，後以大夫；前以三鼎，而後以五鼎與？」曰：「否。謂其棺椁衣衾之美也。」曰：「非所謂踰也，貧富不同也。」○今案：子思「必誠必信」以下數章，及《孟子》此章之所指，則聖賢之於其親，心無不盡，而其禮則以貧富有無爲則。學者觀此，知所取法矣。○案：司馬氏論葬曰：「《孝經》云：『卜其宅兆而安厝之。』謂卜地決其吉凶耳，非若今陰陽家相其山岡風水也。」國子高曰：「葬者，藏也，死則擇不食之地而葬我焉。」明無地不可葬也。古者天子七月，諸侯五月，大夫三月，士踰月而葬，蓋舉其中制而言之。案《春秋》，己丑葬敬嬴，雨，不克葬，庚寅日中而克葬。丁巳葬定公，雨，不克葬，壬午日下昃乃葬。何嘗擇年月日時也。葬於北方，北首，何嘗擇地也。今世俗信葬師之説，以爲子孫貧富、貴賤、賢愚、壽夭，盡係於此，議論紛紜不決，至有終身不葬，累世不葬者。使殯葬實能致人禍福，爲子孫者，豈忍暴露其親而自求利耶？悖禮傷義，無過於此。然孝子之心，慮患深遠，恐淺則爲人所掘，深則濕潤速朽，故必擇土厚水深之地而葬之。所擇必數處者，以備卜之不吉故也。或曰：「世人久未葬者，非盡以陰陽拘忌之故，亦以貧故也。」予曰：「孔子有云：『斂手足形，還葬而無椁，稱其財之謂禮。』及子游問喪具，孔子云云。昔廉范千里負喪，郭平原自賣營墓，豈獨豐富，然後葬哉？在禮，未葬不變服，食粥，居倚廬，寢苫，枕塊，蓋閔親之未有所歸，故寢食不安。奈何舍之出仕，食稻，衣錦，不知其何以爲心哉！而程子則曰：『卜其宅兆，卜其地之美惡也。地美則神靈安，其子孫盛。然則曷謂地之美者？其土色之光潤，草木之茂盛，乃其驗也。』而拘忌者或以擇地之方位，决日之吉凶，甚者不以奉先爲計，而專以利後爲慮，尤非孝子安厝之用心也。惟五患者，不可不謹。須使異日不爲道路，不爲城郭，不爲溝池，不爲貴勢所奪，不爲耕犂所及。」一本謂：五患者，溝渠、道路、僻村、路遠、井窑。合二先生之言觀之，以安親爲心，則地不可以不擇，其擇也不可以太拘，擇焉而不至於太拘，則葬不患其不時矣。然世人多遷延不葬者，以昆若弟各懷自利之心，而野師俗巫又從而誑惑之甚，至徧納其賂而紿之以私己，愚而無知者安受其欺而弗悟也。夫某山强，則某支富，某山弱，則某支貧，非惟義理所不當問，雖近世陰陽家書，亦有深排其説者。惟野師俗巫，則張皇煽惑，以爲取利之資。擇地者必破此謬説，而後無太拘之患。爲人子者，所當深察也。○《南史》何子平以兵飢未葬其母者八年，晝夜號泣，常如袒括之日。書在《小學》書，當考。

○沈同以其私問曰：「燕可伐與？」孟子曰：「可。子噲不得與人燕，子之不得受燕於

子噲。有仕於此，而子悦之，不告於王而私與之吾子之禄爵；夫士也，亦無王命而私受之於子，則可乎？何以異於是？」「伐與」之「與」，平聲；下「伐與」、「殺與」同。夫，音扶。○沈同，齊臣。以私問，非王命也。子噲、子之，事見前篇。諸侯土地人民，受之天子，傳之先君。私以與人，則與者、受者皆有罪也。仕，爲官也。士，即從仕之人也。齊人伐燕。或問曰：「勸齊伐燕，有諸？」曰：「未也。沈同問『燕可伐與』？吾應之曰『可』，彼然而伐之也。彼如曰『孰可以伐之』？則將應之曰：『爲天吏，則可以伐之。』今有殺人者，或問之曰『人可殺與』？則將應之曰『可』。彼如曰『孰可以殺之』？則將應之曰：『爲士師，則可以殺之。』今以燕伐燕，何爲勸之哉？」天吏，解見上篇。言齊無道，與燕無異，如以燕伐燕也。《史記》亦謂孟子勸齊伐燕，蓋傳聞此説之誤。○楊氏曰：「燕固可伐矣，故孟子曰可。使齊王能誅其君，弔其民，何不可之有？乃殺其父兄，擄其子弟，而後燕人畔之。乃以是歸咎孟子之言，則誤矣。」

○燕人畔。王曰：「吾甚慙於孟子。」齊破燕後二年，燕人共立太子平爲王。陳賈曰：「王無患焉。王自以爲與周公，孰仁且智？」王曰：「惡！是何言也？」曰：「周公使管叔監殷，管叔以殷畔。知而使之，是不仁也；不知而使之，是不智也。仁智，周公未之盡也，而况於王乎？賈請見而解之。」陳賈，齊大夫也。管叔，名鮮，武王弟，周公兄也。武王勝商殺紂，立紂子武庚，而使管叔與弟蔡叔、霍叔監其國。武王崩，成王立，周公攝政。管叔與武庚畔，周公討而誅之。見孟子問

曰：「周公何人也？」曰：「古聖人也。」曰：「使管叔監殷，管叔以殷畔也，有諸？」曰：「然。」曰：「周公知其將畔而使之與？」曰：「不知也。」「然則聖人且有過與？」曰：「周公，弟也；管叔，兄也。周公之過，不亦宜乎？言周公乃管叔之弟，管叔乃周公之兄，然則周公不知管叔之將畔而使之，其過有所不免矣。或曰：「周公之處管叔，不如舜之處象，何也？」游氏曰：「象之惡已著，而其志不過富貴而已，故舜得以是而全之。若管叔之惡則未著，而其志其才皆非象比也，周公詎忍逆探其兄之惡而棄之耶？周公愛兄，宜無不盡者。管叔之事，聖人之不幸也。舜誠信而喜象，周公誠信而任管叔，此天理人倫之至，其用心一也。」**且古之君子，過則改之；今之君子，過則順之。古之君子，其過也，如日月之食，民皆見之；及其更也，民皆仰之。今之君子，豈徒順之，又從爲之辭。」**順，猶遂也。更，改也。辭，辯也。更之則無損於明，故民仰之。順而爲之辭，則其過愈深矣。責賈不能勉其君以遷善改過，而教之以遂非文過也。○林氏曰：「齊王慙於孟子，蓋羞惡之心，有不能自已者。使其臣有能因是心而將順之，則義不可勝用矣。而陳賈鄙人，方且爲之曲爲辯說，而沮其遷善改過之美，長其飾非拒諫之惡，故孟子深責之。然此書記事，散出而無先後之次，故其說必參考而後通。若以第二篇十章十一章，置於前章之後，此章之前，則孟子之意，不待論說而自明矣。」

○孟子致爲臣而歸。王就見孟子，曰：「前日願見而不可得，得侍，同朝甚喜。今又棄寡人而歸，不識可以繼此而得見乎？」對曰：「不敢請耳，固所願也。」朝，音潮。**他日，王謂時子曰：「我欲中國而授孟子室，養弟子以萬鍾，使諸大夫國人皆有所矜式。子盍爲我言**

之？」爲，去聲。○時子，齊臣也。中國，當國之中也。萬鍾，穀祿之數也。鍾，量名，受六斛四斗。矜，敬也。式，法也。盍，何不也。**時子因陳子而以告孟子，陳子以時子之言告孟子。**陳子，即陳臻也。**孟子曰：「然。夫時子惡知其不可也？如使予欲富，辭十萬而受萬，是爲欲富乎？**夫，音扶。惡，平聲。○孟子既以道不行而去，則其義不可以復留，而時子不知，則又有難顯言者。故但言設使我欲富，則我前日爲卿，嘗辭十萬之祿，今乃受此萬鍾之饋。是我雖欲富，亦不爲此也。**季孫曰：『異哉子叔疑！使己爲政，不用，則亦已矣，又使其子弟爲卿。人亦孰不欲富貴？而獨於富貴之中，有私龍斷焉。』**龍，音壟。○此孟子引季孫之語也。季孫、子叔疑，不知何時人。龍斷，岡壟之斷而高也，義見下文。蓋子叔疑者嘗不用，而使其子弟爲卿。季孫譏其既得於此，而又欲求得於彼，如下文賤丈夫登龍斷者之所爲也。孟子引此以明道既不行，復受其祿，則無以異此矣。**古之爲市者，以其所有易其所無者，有司者治之耳。有賤丈夫焉，必求龍斷而登之，以左右望而罔市利。人皆以爲賤，故從而征之。征商，自此賤丈夫始矣。」**孟子釋龍斷之説如此。治之，謂治其爭訟。左右望者，欲得此而又取彼也。罔，謂罔羅取之也。從而征之，謂人惡其專利，故就征其稅，後世緣此遂征商人也。○程子曰：「齊王所以處孟子者，未爲不可，孟子亦非不肯爲國人矜式者。但齊王實非欲尊孟子，乃欲以利誘之，故孟子拒而不受。」○南軒曰：「孟子以爲不用已則已矣，而又欲養子弟以卿之祿，則言王之處己也以利，而非爲道之故。吾之受之，亦利之而已。苟以利，則何異於龍斷之夫乎？人孰不欲富貴，此言人情之常也。謂賢者獨不欲，則豈人情哉？聖賢固欲道之行也，而動必以義，義所不安，則處貧賤而終身可也，其可以利誘乎？嗟夫！義利之幾，君子之所深謹，而去就之所由分也。後世爲人臣者，不明斯義，故爲之君者，謂利禄果可以得士，而士之所以求於我者，亦不過乎此。於是而有輕士自驕之心，正猶征商之徒，❶因龍斷之夫而立耳。夫惟君子守義而不苟利，所以明爲人臣之義也。」

○孟子去齊，宿於晝。晝，如字，或曰當作「畫」，音獲。下同。○晝，齊西南近邑也。**有欲爲王留行者，坐而言。不應，隱几而卧。**爲，去聲，下同。隱，於靳反。○隱，憑也。客坐而言，孟子不應而卧也。**客不悦曰：「弟子齊宿而後敢言，夫子卧而不聽，請勿復敢見矣。」曰：「坐！我明語子。昔者魯繆公無人乎子思之側，則不能安子思；泄柳、申詳，無人乎繆公之側，則不能安其身。**齊，側皆反。復，扶又反。語，去聲。○齊宿，齊戒越宿也。繆公尊禮子思，常使人候伺道達誠意於其側，乃能安而留之也。泄柳，魯人。申詳，子張之子也。繆公尊之不如子思，然二子義不苟容，非有賢者在其君之左右維持調護之，則亦不能安其身矣。**子爲長者慮，而不及子思，子絶長者乎？長者絶子乎？」**長者，孟子自稱也。言齊王不使子來，而子自欲爲王留我，是所以爲我謀者，不及繆公留子思之事，而先絶我也。我之卧而不應，豈爲先絶子乎？○南軒曰：「孟子與子思之所以自處者，其道一也。」

○孟子去齊。尹士語人曰：「不識王之不可以爲湯武，則是不明也；識其不可，然且至，則是干澤也。千里而見王，不遇故去。三宿而後出晝，是何濡滯也？士則茲不悦。」語，

❶「徒」，文淵閣《四庫全書》本《癸巳孟子説》卷二《公孫丑上》作「法」。

去聲。○尹士，齊人也。干，求也。澤，恩澤也。濡滯，遲留也。**高子以告。**高子，亦齊人，孟子弟子也。**曰：「夫尹士惡知予哉？千里而見王，是予所欲也；不遇故去，豈予所欲哉？予不得已也。**夫，音扶，下同。惡，平聲。○見王，欲以行道也。今道不行，故不得已而去，非本欲如此也。**予三宿而出晝，於予心猶以爲速。王庶幾改之。王如改諸，則必反予。**所改必指一事而言，然今不可考矣。**夫出晝而王不予追也，予然後浩然有歸志。予雖然，豈舍王哉？王由足用爲善。王如用予，則豈徒齊民安，天下之民舉安。王庶幾改之，予日望之。**浩然，如水之流不可止也。楊氏曰：「齊王天資樸實，如好勇、好貨、好色、好世俗之樂，皆以直告而不隱於孟子，故足以爲善。若乃其心不然，而謬爲大言以欺人，是人終不可與入堯舜之道矣，何善之能爲？」**予豈若是小丈夫然哉？諫於其君而不受，則怒，悻悻然見於其面。去則窮日之力而後宿哉？」**悻，形頂反。見，音現。○悻悻，怒意也。窮，盡也。**尹士聞之曰：「士誠小人也。」**此章見聖賢行道濟時，汲汲之本心；愛君澤民，惓惓之餘意。李氏曰：「於此見君子憂則違之之情，而荷蕢者所以爲果也。」○南軒曰：「詳味孟子答高子之辭，何其溫厚而不迫也。云云。歷考宣王之爲人，猶爲不敢自恃者，故其不能領孟子之意也，則曰『吾惛，不能進於是』。問以好樂，則變乎色曰：『寡人非能好先王之樂。』好貨、好勇、好色，自以爲疾，言之而不諱。故孟子有望，以爲王如用予，則豈徒齊民安，將天下之民舉安。蓋其安天下之道，已素定乎胸中，施設次第，固有條理，而其本則在格君心，故惓惓有望於王之改之也。王一改悟，而孟子之道可行，齊民可安，齊民安，則天下之民將舉安矣。其序固爾也。又曰『予日望之』，孟子非不知道之行否有命，而惓惓不已者，吉凶與民同患之心也。學者所宜反覆詳味之。若夫諫而不用則怒，悻悻然見於面，去則窮日之力，則是私意之所發。其諫也固無法言之憾，而其去也豈復有忠厚之氣哉？」

○孟子去齊。充虞路問曰：「夫子若有不豫色然。前日虞聞諸夫子曰：『君子不怨天，不尤人。』」路問，於路中問也。豫，悦也。尤，過也。此二句實孔子之言，蓋孟子嘗稱之以教人耳。**曰：「彼一時，此一時也。**彼，前日。此，今日。**五百年必有王者興，其間必有名世者。**自堯、舜至湯，自湯至文、武，皆五百餘年而聖人出。名世，謂其人德業聞望，可名於一世者，爲之輔佐。若皋陶、稷、契、伊尹、萊朱、太公望、散宜生之屬。**由周而來，七百有餘歲矣。以其數則過矣，以其時考之則可矣。**周，謂文、武之間。數，謂五百年之期。時，謂亂極思治可以有爲之日。於是而不得一有所爲，此孟子所以不能無不豫也。**夫天，未欲平治天下也；如欲平治天下，當今之世，舍我其誰也？吾何爲不豫哉？」**言當此之時，而使我不遇於齊，是天未欲平治天下也。然天意未可知，而其具又在我，我何爲不豫哉？然則孟子雖若有不豫然者，而實未嘗不豫也。蓋聖賢憂世之志，樂天之誠，有並行而不悖者，於此見矣。○南軒曰：「充虞蓋亦察孟子顔色之間若有不豫之意，而淺心所量，遂有不怨天、不尤人之問也。而不知孟子之心，蓋疑王道之久曠，憂生民之不被其澤，是以若有不豫色然也。曰『彼一時，此一時也』，蓋疑辭也。謂彼亦一時，此亦一時，何彼時王者之數興？其尤闕者，不過五百年，而名世間出者，亦有之矣，而乃今七百有餘歲，王政不行焉，言不應若是之久曠也。此孟子所以疑，所以憂，而未能釋也。若夫在孟子之進退去就，則何疑何憂之有哉？天未欲平治天下，故我之道未可行，使天而欲平治天下，則舍我孰爲之者！

則何不豫之有？由前所言，在君子不得不疑，不得不憂。由後所言，在君子夫何憂？夫何疑？故王通謂『樂天知命，吾何憂？窮理盡性，吾何疑』？又曰『天下皆憂，吾不得不憂；天下皆疑，吾不得不疑』，蓋近此意，而心迹之論則非也。雖然，孔子所謂『天之未喪斯文也，匡人其如予何』，與孟子『如天未欲平治天下』之語，反覆玩味之，則亦可見聖賢之分矣。」

○孟子去齊，居休。公孫丑問曰：「仕而不受祿，古之道乎？」休，地名。**曰：「非也。於崇，吾得見王。退而有去志，不欲變，故不受也。**崇，亦地名。孟子始見齊王，必有所不合，故有去志。變，謂變其去志。**繼而有師命，不可以請。久於齊，非我志也。」**師命，師旅之命也。國既被兵，難請去也。○孔氏曰：「仕而受祿，禮也；不受齊祿，義也。義之所在，禮有時而變，公孫丑欲以一端裁之，不亦誤乎？」○南軒曰：「孟子雖庶幾宣王之可與有爲，吾道之可以行，而其可去之幾，未嘗不先覺，玆聖賢之所以爲志也。」又曰：「一見而有去志，則察王之神，必有不能受者。然其庶幾足用爲善，則又以其質朴有可取也。」

孟子集編卷第五

滕文公章句上凡五章。

滕文公爲世子，將之楚，過宋而見孟子。世子，太子也。**孟子道性善，言必稱堯舜。**道，言也。性者，人所稟於天以生之理也，渾然至善，未嘗有惡。人與堯舜初無少異，但衆人汩於私欲而失之，堯舜則無私欲之蔽，而能充其性爾。故孟子與世子言，每道性善，而必稱堯舜以實之。欲其知仁義不假外求，聖人可學而至，而不懈於用力也。門人不能悉記其辭，而撮其大旨如此。程子曰：「性即理也。天下之理，原其所自，未有不善。喜、怒、哀、樂未發，何嘗不善。發而中節，即無往而不善；發不中節，然後爲不善。故凡言善惡，皆先善而後惡；言吉凶，皆先吉而後凶；言是非，皆先是而後非。」**世子自楚反，復見孟子。孟子曰：「世子疑吾言乎？夫道一而已矣。**復，扶又反。夫，音扶。○時人不知性之本善，而以聖賢爲不可企及；故世子於孟子之言不能無疑，而復來求見，蓋恐别有卑近易行之説也。孟子知之，故但告之如此，以明古今聖愚本同一性，前言已盡，無復有他説也。**成覸謂齊景公曰：『彼丈夫也，我丈夫也，吾何畏彼哉？』顔淵曰：『舜何人也？予何人也？有爲者亦若是。』公明儀曰：『文王**

我師也，周公豈欺我哉？』覸，古莧反。○成覸，人姓名。彼，謂聖賢也。有爲者亦若是，言人能有爲，則皆如舜也。公明，姓；儀，名。魯賢人也。文王我師也，蓋周公之言。公明儀亦以文王爲必可師，故誦周公之言，而歎其不我欺也。孟子既告世子以道無二致，而復引此三言以明之，欲世子篤信力行，以師聖賢，不當復求他説也。**今滕，絶長補短，將五十里也，猶可以爲善國。《書》曰：『若藥不瞑眩，厥疾不瘳。』」**瞑，莫甸反。眩，音縣。○絶，猶截也。《書》，《商書·説命》篇。瞑眩，憒亂。言滕國雖小，猶足爲治，但恐安於卑近，不能自克，則不足以去惡而爲善也。○愚案：孟子之言性善，始見於此，而詳具於《告子》之篇。然默識而旁通之，則七篇之中，無非此理。其所以擴前聖之未發，而有功於聖人之門，程子之言信矣。○性善之説，程朱盡之。其曰「性即理也」，乃自昔聖賢之所未言，萬世言性之標準也。朱謂「七篇之中，無非此意」者，如言仁義，言四端，蓋其大者也。至於因齊王之愛牛而勸之以行王政，亦因其性善而引之當道也。見《衍義》。

○滕定公薨。世子謂然友曰：「昔者孟子嘗與我言於宋，於心終不忘。今也不幸至於大故，吾欲使子問於孟子，然後行事。」定公，文公父也。然友，世子之傳也。大故，大喪也。事，謂喪禮。**然友之鄒問於孟子。孟子曰：「不亦善乎！親喪固所自盡也。曾子曰：『生，事之以禮；死，葬之以禮，祭之以禮，可謂孝矣。』諸侯之禮，吾未之學也；雖然，吾嘗聞之矣。三年之喪，齊疏之服，飦粥之食，自天子達於庶人，三代共之。」**齊，音資。疏，所居反。飦，諸延反。○當時諸侯莫能行古喪禮，而文公獨能以此爲問，故孟子善之。又言父母之喪，固人子之心所自盡者。蓋悲哀之情，痛疾之意，非自外至，宜乎文公於此有所不能自已也。但所引曾子之言，本孔子告樊遲者，豈曾子嘗誦之以告其門人與？　三年之喪者，子生三年，然後免於父母之懷，故父母之喪，必以三年也。　齊，衣下縫也。不緝曰斬衰，緝之曰齊衰。　疏，粗也，粗布也。　飦，糜也。　喪禮：三日始食粥。　既葬，乃疏食。　此古今貴賤通行之禮也。　**然友反命，定爲三年之喪。　父兄百官皆不欲，曰：「吾宗國魯先君莫之行，吾先君亦莫之行也，至於子之身而反之，不可。　且《志》曰：『喪祭從先祖。』」曰：「吾有所受之也。」**父兄，同姓老臣也。　滕與魯皆文王之後，而魯祖周公爲長。　兄弟宗之，故滕謂魯爲宗國也。　然謂二國不行三年之喪者，乃其後世之失，非周公之法本然也。　志，記也，引志之言而釋其意。　以爲所以如此者，蓋爲上世以來，有所傳受，雖或不同，不可考也。　然志所言，本謂先王之世舊俗所傳，禮文小異而可以通行者耳，不謂後世失禮之甚者也。　**謂然友曰：「吾他日未嘗學問，好馳馬試劍。　今也父兄百官不我足也，恐其不能盡於大事，子爲我問孟子。」然友復之鄒問孟子。　孟子曰：「然。　不可以他求者也。　孔子曰：『君薨，聽於冢宰。　歠粥，面深墨。　即位而哭，百官有司，莫敢不哀，先之也。』上有好者，下必有甚焉者矣。　『君子之德，風也；小人之德，草也。　草尚之風必偃。』是在世子。」**好、爲，皆去聲。　復，扶又反。　歠，川悦反。　◯不我足，謂不以我滿足其意也。　然者，然其不我足之言。　不可他求者，言當責之於己。　冢宰，六卿之長也。　歠，飲也。　深墨，甚黑色也。　即，就也。　尚，加也。《論語》作「上」，古字通也。　偃，仆也。　孟子言但在世子自盡其哀而已。　**然友反命。　世子曰：「然。　是**

誠在我。」五月居廬，未有命戒。百官族人可謂曰知。及至葬，四方來觀之，顏色之戚，哭泣之哀，弔者大悅。諸侯五月而葬，未葬，居倚廬於中門之外。居喪不言，故未有命令教戒也。可謂曰知，疑有闕誤。或曰：「皆謂世子之知禮也。」○林氏曰：「孟子之時，喪禮既壞，然三年之喪，惻隱之心，痛疾之意，出於人心之所固有者，初未嘗亡也。惟其溺於流俗之弊，是以喪其良心而不自知耳。文公見孟子而聞性善堯舜之説，則固有以啓發其良心矣，是以至此而哀痛之誠心發焉。及其父兄百官皆不欲行，則亦反躬自責，悼其前行之不足以取信，而不敢有非其父兄百官之心。雖其資質有過人者，而學問之力，亦不可誣也。及其斷然行之，而遠近見聞無不悦服，則以人心之所同然者，自我發之，而彼之心悦誠服，亦有所不期然而然者。人性之善，豈不信哉？」○三年之喪，自唐虞三代未有改者，春秋以來，此禮廢矣。滕文公用孟子之言，欲行其禮，則父兄百官譁然爭之，及違衆而行，又以爲知禮，何耶？蓋以爲不可行者，蹈常襲故之陋見；而以爲知禮者，秉彝好德之良心也。夫欲報之德，昊天罔極，正雖終身之喪，未足以紓無窮之悲。其所以三年而止者，特聖人立爲中制，使不可過焉耳。而世降教失，雖以東魯文獻之邦，猶不能行，何怪於滕之父兄乎！然文公一以身先之，則幡然而悟，天理之在人心者，固不可泯也。自漢文帝率意變古，始爲易月之制，然詳其遺詔，蓋爲吏民設。景帝，嗣君也，乃冒用其文，自短三年之制，豈非萬世之罪人乎！《衍義》

○滕文公問爲國。文公以禮聘孟子，故孟子至滕，而文公問之。**孟子曰：「民事不可緩也。《詩》云：『晝爾于茅，宵爾索綯；亟其乘屋，其始播百穀。』**民事，謂農事。《詩》，《豳風·七月》之篇。于，往取也。綯，絞也。亟，急也。乘，升也。播，布也。言農事至重，人君不可以爲緩而忽之。故引

《詩》言治屋之急如此者，蓋以來春將復始播百穀，而不暇爲此也。**民之爲道也，有恒産者有恒心，無恒産者無恒心。苟無恒心，放辟邪侈，無不爲已。及陷乎罪，然後從而刑之，是罔民也。焉有仁人在位，罔民而可爲也？是故賢君必恭儉禮下，取於民有制。**恭則能以禮接下，儉則能取民以制。**陽虎曰：『爲富不仁矣，爲仁不富矣。』**陽虎，陽貨，魯季氏家臣也。天理、人欲，不容並立。虎之言此，恐爲仁之害於富也；孟子引之，恐爲富之害於仁也。君子小人，每相反而已矣。**夏后氏五十而貢，殷人七十而助，周人百畝而徹，其實皆什一也。徹者，徹也；助者，藉也。**此以下，乃言制民常産，與其取之之制也。夏時一夫授田五十畝，而每夫計其五畝之入以爲貢。商人始爲井田之制，以六百三十畝之地，畫爲九區，區七十畝。中爲公田，其外八家各授一區，但借其力以助耕公田，而不復稅其私田。周時一夫授田百畝。鄉遂用貢法，十夫有溝；都鄙用助法，八家同井。耕則通力合作，收則計畝而分，故謂之徹。其實皆什一者，貢法固以十分之一爲常數，惟助法乃是九一，而商制不可考。周制則公田百畝，中以二十畝爲廬舍，一夫所耕公田實計十畝，通私田百畝，爲十一分而取其一，蓋又輕於十一矣。竊料商制亦當似此，而以十四畝爲廬舍，一夫實耕公田七畝，是亦不過什一也。徹，通也，均也。藉，借也。**龍子曰：『治地莫善於助，莫不善於貢。貢者校數歲之中以爲常。樂歲，粒米狼戾，多取之而不爲虐，則寡取之；凶年，糞其田而不足，則必取盈焉。爲民父母，使民盻盻然，將終歲勤動，不得以養其父母，又稱貸而益之。使老稚轉乎溝壑，惡在其爲民父母也？』**樂，音洛。盻，五禮反，從目從兮。或音普莧反者，非。養，去聲。惡，平聲。○龍子，古賢人。狼戾，猶狼藉，言多也。糞，擁也。盈，滿也。盻，恨視也。勤動，勞苦也。稱，舉也。貸，借也。取物於人，而出息以償之也。益之，以足取盈之數也。稚，幼子也。**夫世禄，滕固行之矣。**孟子嘗言文王治岐，耕者九一，仕者世禄，二者王政之本也。今世禄滕已行之，惟助法未行，故取於民者無制耳。蓋世禄者，授之土田，使之食其公田之入，實與助法相爲表裏，所以使君子小人各有定業，而上下相安者也，故下文遂言助法。**《詩》云：『雨我公田，遂及我私。』惟助爲有公田。由此觀之，雖周亦助也。**《詩》，《小雅·大田》之篇。雨，降雨也。言願天雨於公田，而遂及私田，先公而後私也。當時助法盡廢，典籍不存，惟有此詩，可見周亦用助，故引之也。**設爲庠序學校以教之：庠者，養也；校者，教也；序者，射也。夏曰校，殷曰序，周曰庠，學則三代共之，皆所以明人倫也。人倫明於上，小民親於下。**庠以養老爲義，校以教民爲義，序以習射爲義，皆鄉學也。學，國學也。共之，無異名也。倫，序也。父子有親，君臣有義，夫婦有別，長幼有序，朋友有信，此人之大倫也。庠序學校，皆以明此而已。**有王者起，必來取法，是爲王者師也。**滕國褊小，雖行仁政，未必能興王業；然爲王者師，則雖不有天下，而其澤亦足以及天下矣。聖賢至公無我之心，於此可見。**《詩》云『周雖舊邦，其命維新』，文王之謂也。子力行之，亦以新子之國。」**《詩》，《大雅·文王》之篇。言周雖后稷以來，舊爲諸侯，其受天命而有天下，則自文王始也。子，指文公，諸侯未踰年之稱也。

使畢戰問井地。孟子曰：「子之君將行仁政，選擇而使子，子必勉之！夫仁政，必自經界始。經界不正，井地不均，穀禄不平。是故暴君汙吏必慢其經界。經界既正，

分田制禄可坐而定也。畢戰，滕臣。文公因孟子之言，而使畢戰主爲井地之事，故又使之來問其詳也。井地，即井田也。經界，謂治地分田，經畫其溝塗封植之界也。此法不修，則田無定分，而豪强得以兼并，故井地有不均；賦無定法，而貪暴得以多取，故穀禄有不平。此欲行政者之所以必從此始，而暴君汙吏則必欲慢而廢之也。有以正之，則分田制禄，可不勞而定矣。**夫滕壤地褊小，將爲君子焉，將爲野人焉。無君子莫治野人，無野人莫養君子。**言滕地雖小，然其間亦必有爲君子而仕者，亦必有爲野人而耕者，是以分田制禄之法，不可偏廢也。**請野九一而助，國中什一使自賦。**此分田制禄之常法，所以治野人使養君子也。野，郊外都鄙之地也。九一而助，爲公田而行助法也。國中，郊門之内，鄉遂之地也。田不井授，但爲溝洫，使什而自賦其一，蓋用貢法也。周所謂徹法者蓋如此，以此推之，當時非惟助法不行，其貢亦不止什一矣。**卿以下必有圭田，圭田五十畝。**此世禄常制之外，又有圭田，所以厚君子也。圭，潔也，所以奉祭祀也。不言世禄者，滕已行之，但此未備耳。**餘夫二十五畝。**程子曰：「一夫上父母，下妻子，以五口八口爲率，受田百畝。如有弟，是餘夫也。年十六，别受田二十五畝，俟其壯而有室，然後更受百畝之田。」愚案：此百畝常制之外，又有餘夫之田，所以厚野人也。**死徙無出鄉，鄉田同井。出入相友，守望相助，疾病相扶持，則百姓親睦。**死，謂葬也。徙，謂徙其居也。同井者，八家也。友，猶伴也。守望，防寇盜也。**方里而井，井九百畝，其中爲公田。八家皆私百畝，同養公田。公事畢，然後敢治私事，所以别野人也。**此詳言井田形體之制，乃周之助法也。公田以爲君子之禄，而私田野人之所受。先公後私，所以別君子野人之分也。不言君子，據野人而言，省文耳。上言野及國中二法，此獨詳於治野者，國中貢法，當世已行，但取之過於什一耳。**此其大略也。若夫潤澤之，則在君與子矣。」**井地之法，諸侯皆去其籍，此特其大略而已。潤澤，謂因時制宜，使合於人情，宜於土俗，而不失乎先王之意也。○呂氏曰：「子張子慨然有意三代之治。論治人先務，未始不以經界爲急。講求法制，粲然具備。要之可以行於今，如有用我者，舉而措之耳。嘗曰：『仁政必自經界始。貧富不均，教養無法，雖欲言治，皆苟而已。世之病難行者，未始不以亟奪富人之田爲辭。然茲法之行，悅之者衆。苟處之有術，期以數年，不刑一人而可復。所病者，特上之未行耳。』乃言曰：『縱不能行之天下，猶可驗之一鄉。』方與學者議古之法，買田一方，畫爲數井。上不失公家之賦役。退以其私，正經界，分宅里，立斂法，廣儲蓄，興學校，成禮俗，救災恤患，厚本抑末。足以推先王之遺法，明當今之可行。有志未就而卒。」○愚案：《喪禮》經界兩章，見孟子之學，識其大者。是以雖當禮法廢壞之後，制度節文不可復考，而能因畧以致詳，推舊而爲新，不屑屑於既往之迹，而能合乎先王之意，真所謂命世亞聖之才矣。

○有爲神農之言者許行，自楚之滕，踵門而告文公曰：「遠方之人聞君行仁政，願受一廛而爲氓。」文公與之處，其徒數十人，皆衣褐，捆屨、織席以爲食。衣，去聲。捆，音閫。○神農，炎帝神農氏。始爲耒耜，教民稼穡者也。爲其言者，史遷所謂農家者流也。許，姓；行，名也。踵門，足至門也。仁政，上章所言井地之法也。廛，民所居也。氓，野人之稱。褐，毛布，賤者之服也。捆，扣椓之欲其堅也。以爲食，賣以供食也。程子曰：「許行所謂神農之言，乃後世稱述上古之事，失其義理者耳，猶陰陽、醫方稱黄帝之説也。」陳良之徒陳相與其弟辛，負耒耜而自宋之滕，曰：「聞君行聖人之政，是亦聖人也，願爲聖人氓。」陳良，楚之儒者。耜，所以起土。耒，其柄也。陳相見許行而大悦，盡棄其學而學焉。陳相見孟子，道許行之言曰：「滕君，則誠賢君也；雖然，未聞道也。賢者與民並耕而食，饔飧而治。今也滕有倉廩府庫，則是厲民而以自養也，惡得賢？」饔，音雍。飧，音孫。惡，平聲。○饔飧，熟食也。朝曰饔，夕曰飧。言當自炊爨以爲食，而兼治民事也。厲，病也。許行此言，蓋欲陰壞孟子分别君子野人之法。孟子曰：「許子必種粟而後食乎？」曰：「然。」「許子必織布而後衣乎？」曰：「否。許子衣褐。」「許子冠乎？」曰：「冠。」曰：「奚冠？」曰：「冠素。」曰：「自織之與？」曰：「否。以粟易之。」曰：「許子奚爲不自織？」曰：「害於耕。」曰：「許子以釜甑爨，以鐵耕乎？」曰：「然。」「自爲之與？」曰：「否。以粟易之。」衣，去聲。與，平聲。○釜，所以煮。甑，所以炊。爨，然火也。鐵，耜屬也。此語八反，皆孟子問而陳相對也。「以粟易械器者，不爲厲陶冶；陶冶亦以其械器易粟者，豈爲厲農夫哉？且許子何不爲陶冶，舍皆取諸其宫中而用之？何爲紛紛然與百工交易？何許子之不憚煩？」曰：「百工之事，固不可耕且爲也。」舍，去聲。○此孟子言而陳相對也。械器，釜甑之屬也。陶，爲甑者。冶，爲釜鐵者。舍，止也，或讀屬上句。舍，作陶冶之處也。「然則治天下獨可耕且爲與？有大人之事，有小人之事。且一人之身，而百工之所爲備。如必自爲而後用之，是率天下而路也。故曰：或勞心，或勞力；勞心者治人，勞力者治於人；治於人者食人，治人者食於人：天下之通義也。與，平聲。食，音嗣。○此以下皆孟子言也。路，謂奔走道路，無時休息也。治於人者，見治於人也。食人者，出賦稅以給公上也。食於人者，見食於人也。此四句皆古語，而孟子引之也。君子無小人則飢，小人無君子則亂。正猶農夫、陶冶以粟與械器相易，乃所以相濟而非所以相病也。治天下者，豈必耕且爲哉？當堯之時，天下猶未平，洪水横流，氾濫於天下。草木暢茂，禽獸繁殖，五穀不登，禽獸偪人。獸蹄鳥跡之道，交於中國。堯獨憂之，舉舜而敷治焉。舜使益掌火，益烈山澤而焚之，禽獸逃匿。禹疏九河，瀹濟、漯，而注諸海；决汝、漢，排淮、泗，而注之江，然後中國可得而食也。當是時也，禹八年於外，三過其門而不入，雖欲耕，得乎？瀹，音藥。濟，子禮反。漯，佗合反。○天下猶未平者，洪荒之世，生民之害多矣；聖人迭興，漸次除治，至此尚未盡平也。洪，大也。横流，不由其道而散溢妄行也。氾濫，横流之貌。暢茂，長盛也。繁殖，衆多也。五穀，稻、黍、稷、麥、菽也。登，成熟也。道，路也。獸蹄鳥跡交於中國，言禽獸多也。敷，布也。益，舜臣名。烈，熾也。禽獸逃匿，然後禹得施治水之功。疏，通也，分也。九河：曰徒駭，曰太史，曰馬頰，曰覆釜，曰胡蘇，曰簡，曰潔，曰鉤盤，曰鬲津。瀹，亦疏通之意。濟、漯，二水名。决、排，皆去其壅塞也。汝、漢、淮、泗，亦皆水名也。據《禹貢》及今水路，惟漢水入江耳。汝、泗則入淮，而淮自入海。此謂四水皆入於江，記者之誤也。后稷教民稼穡，樹藝五穀，五穀熟而民人育。人之有道也，飽食、煖衣、逸居而無教，則近於禽獸。聖人有憂之，使契爲司徒，教以人倫：父子有親，君臣有義，夫婦有别，長幼有序，朋友有信。《舜典》：「帝之咨契曰：『百姓不親，五品不遜，女作司徒，敬敷五教在寬。』」《春秋傳》亦曰：「舜舉八元，使布五教於四方：父義、母慈、兄友、弟恭、子孝。」孟子所稱，即其事也。當舜之時，既命后稷教民稼穡，五穀既熟，有以養民之生矣。養而不教，則民不知義，又何以別於禽獸哉？人之有道，謂其各有秉彝之性也。父子之親，君臣之義，夫婦之別，長幼之序，朋友之信，皆人性所自有。舜之命官敷教，亦因其有而導之耳，非强之以所無也。《衍義》**放勳曰：『勞之來之，匡之直之，輔之翼之，使自得之，又從而振德之。』聖人之憂民如此，而暇耕乎？**契，音薛。別，彼列反。長、放，皆上聲。勞、來，皆去聲。○言水土平，然後得以教稼穡；衣食足，然後得以施教化。后稷，官名。棄爲之。然言教民，則亦非並耕矣。樹，亦種也。藝，殖也。契，亦舜臣名也。司徒，官名也。人之有道，言其皆有秉彝之性也。然無教則亦放逸怠惰而失之，故聖人設官而教以人倫，亦因其固有者而道之耳。《書》曰：「天叙五典，勑我五典五敦哉。」此之謂也。放勳，本史臣贊堯之辭，孟子因以爲堯號也。德，猶惠也。堯言：勞者勞之，來者來之，邪者正之，枉者直之，輔以立之，翼以行之，使自得其性矣；又從而提撕警覺，以加惠焉，不使其放逸怠惰而或失之。蓋命契之辭也。**堯以不得舜爲己憂，舜以不得禹、皋陶爲己憂。夫以百畝之不易爲己憂者，農夫也。**易，治也。堯舜之憂民，非事事而憂之也，急先務而已。所以憂民者其大如此，則不惟不暇耕，而亦不必耕矣。**分人以財謂之惠，教人以善謂之忠，爲天下得人者謂之仁。是故以天下與人易，爲天下得人難。**爲、易，並去聲。○分人以財，小惠而已。教人以善，雖有愛民之實，然其所及亦有限而難久。惟若堯之得舜，舜之得禹、皋陶，乃所謂爲天下得人者，而其恩惠廣大，教化無窮矣，此其所以爲仁也。**孔子曰：『大哉堯之**

爲君！惟天爲大，惟堯則之，蕩蕩乎民無能名焉！君哉舜也！巍巍乎有天下而不與焉！』堯舜之治天下，豈無所用其心哉？亦不用於耕耳。與，去聲。○則，法也。蕩蕩，廣大之貌。君哉，言盡君道也。巍巍，高大之貌。不與，猶言不相關，言其不以位爲樂也。吾聞用夏變夷者，未聞變於夷者也。陳良，楚産也，悦周公、仲尼之道，北學於中國。北方之學者，未能或之先也。彼所謂豪傑之士也。子之兄弟事之數十年，師死而遂倍之。此以下責陳相倍師而學許行也。夏，諸夏禮義之教也。變夷，變化蠻夷之人也。變於夷，反變化於蠻夷之人也。産，生也。陳良生於楚，在中國之南，故北遊而學於中國也。先，過也。豪傑，才德出衆之稱，言其能自拔於流俗也。倍，與背同。言陳良用夏變夷，陳相變於夷也。昔者孔子没，三年之外，門人治任將歸，入揖於子貢，相嚮而哭，皆失聲，然後歸。子貢反，築室於場，獨居三年，然後歸。他日，子夏、子張、子游以有若似聖人，欲以所事孔子事之，彊曾子。曾子曰：『不可。江漢以濯之，秋陽以暴之，皜皜乎不可尚已。』任，平聲。彊，上聲。暴，蒲木反。皜，音杲。○三年，古者爲師心喪三年，若喪父而無服也。任，擔也。場，冢上之壇場也。有若似聖人，蓋言其言行氣象有似之者，如《檀弓》所記子游謂有若之言似夫子之類是也。所事孔子，所以事夫子之禮。江漢水多，言濯之潔也。秋日燥烈，言暴之乾也。皜皜，潔白貌。尚，加也。言夫子道德明著，光輝潔白，非有若所能彷佛也。或曰：「此三語者，孟子贊美曾子之辭也。」○自性與天道而下數章，見子貢學力之進如此。朱子曰：「顔子而下，穎悟莫如子貢。」○《左氏傳》：邾隱公來朝。子貢觀焉，見二公執玉之高卑，而知其將死亡。曰：「高，仰驕也；卑，俯替也。驕近亂，替近疾，君爲主其先乎？」既而皆如其言。孔子曰：「賜不幸而言中，是使賜多言也。」與《論語》「億則屢中」合，故附此。又《史記》曰：「子貢利口巧辭，孔子嘗黜其辨。」又載其説齊田常事曰：「子貢一出，存魯，亂齊，破吴，强晉，而伯越。」蘇氏曰：「此戰國説客設爲子貢之辭，以自託於孔氏，而太史公信之耳。」孔子有言：「誦《詩》三百，授之以政，不達，使於四方，不能專對，雖多，亦奚以爲？」孔門所謂言語者，僅止於此。至於子貢加之以巧辨，可以解紛結、救患難而已。若如公孫衍、張儀，騁其詭辨，傾覆諸侯，以快意一時，此則孔門所諱也。

今也南蠻鴂舌之人，非先王之道，子倍子之師而學之，亦異於曾子矣。鴂，亦作「鵙」，古役反。○鴂，博勞也，惡聲之鳥。南蠻之聲似之，指許行也。**吾聞出於幽谷遷於喬木者，未聞下喬木而入於幽谷者。**《小雅·伐木》之詩云：「伐木丁丁，鳥鳴嚶嚶。出自幽谷，遷于喬木。」**《魯頌》曰：『戎狄是膺，荆舒是懲。』周公方且膺之，子是之學，亦爲不善變矣。」**《魯頌·閟宫》之篇也。膺，擊也。荆，楚本號也。舒，國名，近楚者也。懲，艾也。案今此詩爲僖公之頌，而孟子以周公言之，亦斷章取義也。

「從許子之道，則市賈不二，國中無僞。雖使五尺之童適市，莫之或欺。布帛長短同，則賈相若；麻縷絲絮輕重同，則賈相若；五穀多寡同，則賈相若；屨大小同，則賈相若。」賈音價，下同。○陳相又言許子之道如此。蓋神農始爲市井，故許行又託於神農，而有是説也。五尺之童，言幼小無知也。許行欲使市中所粥之物，皆不論精粗美惡，但以長短、輕重、多寡、大小爲價也。

曰：「夫物之不齊，物之情也；或相倍蓰，或相什伯，或相千萬。子比而同之，是亂天下也。巨屨小屨同賈，人豈爲之哉？從許子之道，相率而爲僞者也，惡能治國家？」夫，音扶。蓰，音師，又山綺反。

比，必二反。惡，平聲。○倍，一倍也。蓰，五倍也。什伯千萬，皆倍數也。比，次也。孟子言物之不齊，乃其自然之理，其有精粗，猶其有大小也。若大屨小屨同價，則人豈肯爲其大者哉？今不論精粗，使之同價，是使天下之人皆不肯爲其精者，而競爲濫惡之物以相欺耳。○南軒曰：「許行之説，初若淺近，而乃盛行於時。其所以能動人者，蓋其人亦清苦高介之士，遠慕古初，而燭理不明，見世有神農之説，不知其爲後世傳習之謬，則從所祖述之。以爲農者天下之本，善爲治者，必使斯民盡力於農，而人君必力耕以先之，不當使民勞而己逸。以爲是乃以道治天下，而非後世所及。此其説若高而有以惑人者也。樊遲請學稼，微夫子救之，蓋亦幾陷於此矣。夫帝王之道，如長江大逵，無往而不達者，以其達天之理故耳。異端之説，如斷港荒蹊，卒歸於不可行者，以其私意之所爲故耳。」又曰：「陳相言許行之説，以謂使其説行，其效可使天下反於淳樸，凡天下之物皆可齊也。嗟乎！豈有此理哉？有天地則有萬物，其巨細、多寡、高下、美惡之不齊，乃物之情，而實天之理也。物各付物，止於其所，吾何加損於其間哉！故莊周之齊物，强欲以理齊之，猶爲賊夫道，况乎許子遂欲一天下之物而泯其一定之分，其蔽豈不甚矣哉！孟子曰：『夫物之不齊，物之情也。』斯兩言也，足以發明天下之大，不但可以闢許行，而莊周之説併可坐見其偏矣。故曰『從許子之道，相率而爲僞者也』。强使巨者細，多者寡，高者下，美者惡，豈非相率而爲僞乎？」

○墨者夷之，因徐辟而求見孟子。孟子曰：「吾固願見，今吾尚病，病愈，我且往見，夷子不來！」辟，音璧，又音闢。○墨者，治墨翟之道者。夷，姓；之，名。徐辟，孟子弟子。孟子稱疾，疑亦託辭以觀其意之誠否。**他日又求見孟子。孟子曰：「吾今則可以見矣。不直，則道不見，我且**

直之。吾聞夷子墨者。墨之治喪也，以薄爲其道也。夷子思以易天下，豈以爲非是而不貴也？然而夷子葬其親厚，則是以所賤事親也。」「不見」之「見」，音現。○又求見，則其意已誠矣，故因徐辟以質之如此。直，盡言以相正也。《莊子》曰：「墨子生不歌，死無服，桐棺三寸而無椁。」是墨之治喪，以薄爲道也。易天下，謂移易天下之風俗也。夷子學於墨氏而不從其教，其心必有所不安者，故孟子因以詰之。徐子以告夷子。夷子曰：「儒者之道，古之人『若保赤子』，此言何謂也？之則以爲愛無差等，施由親始。」徐子以告孟子。孟子曰：「夫夷子，信以爲人之親其兄之子爲若親其鄰之赤子乎？彼有取爾也。赤子匍匐將入井，非赤子之罪也。且天之生物也，使之一本，而夷子二本故也。夫，音扶，下同。匍，音蒲。匐，蒲北反。○「若保赤子」，《周書·康誥》篇文，此儒者之言也。夷子引之，蓋欲援儒而入於墨，以拒孟子之非己。又曰「愛無差等，施由親始」，則推墨而附於儒，以釋己所以厚葬其親之意，皆所謂遁辭也。孟子言人之愛其兄子與鄰之子，本有差等。《書》之取譬，本謂小民無知而犯法，如赤子無知而入井耳。且人物之生，必各本於父母而無二，乃自然之理，若天使之然也。故其愛由此立，而推以及人，自有差等。今如夷子之言，則是視其父母本無異於路人，但其施之之序，姑自此始耳。非二本而何哉？然其於先後之間，猶知所擇，則又其本心之明有終不得而息者，此其所以卒能受命而自覺其非也。蓋上世嘗有不葬其親者。其親死，則舉而委之於壑。他日過之，狐狸食之，蠅蚋姑嘬之。其顙有泚，睨而不視。夫泚也，非爲人泚，中心達於面目。蓋歸反虆梩而掩之。掩之誠是也，則孝子仁人之掩其親，亦必有道矣。」蚋，音汭。嘬，楚怪反。泚，七禮反。睨，音詣。爲，去聲。虆，力追反。梩，力知反。○因夷子厚葬其親而言此，以深明一本之意。上世，謂太古也。委，棄也。壑，山水所趨也。蚋，蚊屬。姑，語助聲，或曰螻蛄也。嘬，攢共食之也。顙，額也。泚，泚然汗出之貌。睨，邪視也。視，正視也。不能不視，而又不忍正視，哀痛迫切，不能爲心之甚也。非爲人泚，言非爲他人見之而然也。所謂一本者，於此見之，尤爲親切。蓋惟至親故如此，在他人，則雖有不忍之心，而其哀痛迫切，不至若此之甚矣。反，覆也。虆，土籠也。梩，土轝也。於是歸而掩覆其親之尸，此葬埋之禮所由起也。此掩其親者，若所當然，則孝子仁人所以掩其親者，必有其道，而不以薄爲貴矣。**徐子以告夷子。夷子憮然爲閒曰：「命之矣。」**憮，音武。閒，如字。○憮然，茫然自失之貌。爲閒者，有頃之閒也。命，猶教也。言孟子已教我矣。蓋因其本心之明，以攻其所學之蔽，是以吾之言易入，而彼之惑易解也。○南軒曰：「仁莫大於愛親，其達之天下，皆是心之所推也。故其等差輕重，莫不有別焉，此仁義之道，所以相爲體用也。若夫愛無差等，則是無義也，無義則亦害夫仁之體矣，以失其所以爲本之一故也。故孟子於墨氏之說，所以深闢之而發二本之論也。」

孟子集編卷第六

滕文公章句下凡十章。

陳代曰：「不見諸侯，宜若小然；今一見之，大則以王，小則以霸。且《志》曰『枉尺而直尋』，宜若可爲也。」王，去聲。○陳代，孟子弟子也。小謂小節也。枉，屈也。直，伸也。八尺曰尋。枉尺直尋，猶屈己一見諸侯，而可以致王霸，所屈者小，所伸者大也。孟子曰：「昔齊景公田，招虞人以旌，不至，將殺之。『志士不忘在溝壑，勇士不忘喪其元。』孔子奚取焉？取非其招不往也。如不待其招而往，何哉？喪，去聲。○田，獵也。虞人，守苑囿之吏也。招大夫以旌，招虞人以皮冠。元，首也。志士固窮，常念死無棺椁，棄溝壑而不恨；勇士輕生，常念戰鬭而死，喪其首而不顧也。此二句，乃孔子歎美虞人之言。夫虞人招之不以其物，尚守死而不往，况君子豈可不待其招而自往見之邪？此以上告之以不可往見之義。且夫枉尺而直尋者，以利言也。如以利，則枉尋直尺而利，亦可爲與？此以下，正其所稱枉尺直尋之非。夫所謂枉小而所伸者大則爲之者，計其利耳。一有計利之心，則雖枉多伸少而有利，亦將爲之邪？甚言其不可也。昔者趙簡子使王良與嬖奚乘，終日而不獲一

禽。嬖奚反命曰：『天下之賤工也。』或以告王良。良曰：『請復之。』彊而後可，一朝而獲十禽。嬖奚反命曰：『天下之良工也。』簡子曰：『我使掌與汝乘。』謂王良。良不可，曰：『吾爲之範我馳驅，終日不獲一；爲之詭遇，一朝而獲十。《詩》云：「不失其馳，舍矢如破。」我不貫與小人乘，請辭。』趙簡子，晉大夫趙鞅也。王良，善御者也。嬖奚，簡子幸臣。與之乘，爲之御也。復之，再乘也。彊而後可，嬖奚不肯，彊之而後肯也。一朝，自晨至食時也。掌，專主也。範，法度也。詭遇，不正而與禽遇也。言奚不善射，以法馳驅則不獲，廢法詭遇而後中也。《詩》，《小雅·車攻》之篇。言御者不失其馳驅之法，而射者發矢皆中其的，今嬖奚不能也。貫，習也。**御者且羞與射者比。比而得禽獸，雖若丘陵，弗爲也。如枉道而從彼，何也？且子過矣，枉己者，未有能直人者也。」**比，阿黨也。若丘陵，言多也。或曰：「居今之世，出處去就不必一一中節，欲其一一中節，則道不得行矣。」楊氏曰：「何其不自重也，枉己其能直人乎？古之人寧道之不行，而不輕其去就，是以孔孟雖在春秋戰國之時，而進必以正，以至終不得行而死也。使不恤其去就而可以行道，孔孟當先爲之矣。孔孟豈不欲道之行哉？」○南軒曰：「孟子非不欲道之行，而不見諸侯者，正以不如是則爲枉其道而無以行故也。陳代不知此，比之枉尺而直尋，意謂枉己之事小，而王霸之業則大故也。此蓋自春秋以來一時風習。習於霸者，計較功利之説而有是言也。」又曰：「招虞人當以皮冠，而景公招之以旌，虞人守其官而不敢往，義有重於死故也。義之所在，事無巨細，苟愛一身之死，而隳天命之正，則凡可避死者無不爲，而弑父與君之所由生也。充虞人之心，行一不義、殺一不辜而得天下不爲之心也，人紀之所由立也，是以夫子取之。」又曰：「比而獲禽獸，雖若丘陵，弗爲。學者要當立此志，而後可以守身也。」

○景春曰：「公孫衍、張儀豈不誠大丈夫哉？一怒而諸侯懼，安居而天下熄。」景春，人姓名。公孫衍、張儀，皆魏人。怒則説諸侯使相攻伐，故諸侯懼也。孟子曰：「是焉得爲大丈夫乎？子未學禮乎？丈夫之冠也，父命之；女子之嫁也，母命之，往送之門，戒之曰：『往之女家，必敬必戒，無違夫子！』以順爲正者，妾婦之道也。加冠於首曰冠。女家，夫家也。婦人內夫家，以嫁爲歸也。夫子，夫也。女子從人，以順爲正道也。蓋言二子阿諛苟容，竊取權勢，乃妾婦順從之道耳，非丈夫之事也。居天下之廣居，立天下之正位，行天下之大道。得志與民由之，不得志獨行其道。富貴不能淫，貧賤不能移，威武不能屈。此之謂大丈夫。」廣居，仁也。正位，禮也。大道，義也。與民由之，推其所得於人也；獨行其道，守其所得於己也。淫，蕩其心也。移，變其節也。屈，挫其志也。○何叔京曰：「戰國之時，聖賢道否，天下不復見其德業之盛，但見姦巧之徒，得志橫行，氣焰可畏，遂以爲大丈夫。不知由君子觀之，是乃妾婦之道耳，何足道哉？」○南軒曰：「廓然大同，物我無蔽，所謂居廣居也。視聽言動，各以其理，所謂立正位也。簡易中直，行所無事，所謂行大道也。得志與民由之，與其共由乎此；不得志獨行其道，雖不得志，其道未嘗不行於己也。」

○周霄問曰：「古之君子仕乎？」孟子曰：「仕。傳曰：『孔子三月無君，則皇皇如也，出疆必載質。』公明儀曰：『古之人三月無君則弔。』」傳，直戀反。質與贄同，下同。○周霄，魏人。無君，謂不得仕而事君也。皇皇，如有求而弗得之意。出疆，謂失位而去國也。質，所執以見人者，如士則執雉也。出疆載之者，將以見所適國之君而事之也。「三月無君則弔，不以急乎？」周霄問也。以、已通，太也。後章倣此。曰：「士之失位也，猶諸侯之失國家也。《禮》曰：『諸侯耕助，以供粢盛；夫人蠶繅，以爲衣服。犧牲不成，粢盛不潔，衣服不備，不敢以祭。惟士無田，則亦不祭。』牲殺、器皿、衣服不備，不敢以祭，則不敢以宴，亦不足弔乎？」《禮》曰：「諸侯爲藉百畝，冕而青紘，躬秉耒以耕，而庶人助以終畝。收而藏之御廩，以供宗廟之粢盛。使世婦蠶於公桑蠶室，奉繭以示於君，遂獻於夫人。夫人副褘受之，繅三盆手，遂布於三宮世婦，使繅以爲黼黻文章，而服以祀先王先公。」又曰：「士有田則祭，無田則薦。」黍稷曰粢，在器曰盛。牲殺，牲必特殺也。皿，所以覆器者。「出疆必載質，何也？」周霄問也。曰：「士之仕也，猶農夫之耕也，農夫豈爲出疆舍其耒耜哉？」爲，去聲。舍，上聲。曰：「晉國亦仕國也，未嘗聞仕如此其急。仕如此其急也，君子之難仕，何也？」曰：「丈夫生而願爲之有室，女子生而願爲之有家。父母之心，人皆有之。不待父母之命、媒妁之言，鑽穴隙相窺，踰牆相從，則父母國人皆賤之。古之人未嘗不欲仕也，又惡不由其道。不由其道而往者，與鑽穴隙之類也。」晉國，解見首篇。仕國，謂君子游宦之國。霄意以孟子不見諸侯爲難仕，故先問古之君子仕否，然後言此以風切之也。男以女爲室，女以男爲家。妁，亦媒也。言爲父母者，非不願其男女之有室家，而亦惡其不由道。蓋君子雖不潔身以亂倫，而亦不狥利而忘義也。○南軒曰：「士之欲仕，亦其常理也，然而必也守道以待時，可進而後進耳。若謂仕爲急，而不由其道以求之，則與兒女子之鑽穴隙者何異？」

○彭更問曰：「後車數十乘，從者數百人，以傳食於諸侯，不以泰乎？」孟子曰：「非其道，則一簞食不可受於人；如其道，則舜受堯之天下，不以爲泰，子以爲泰乎？」更，平聲。乘、從，皆去聲。傳，直戀反。簞，音丹。食，音嗣。○彭更，孟子弟子也。泰，侈也。曰：「否。士無事而食，不可也。」言不以舜爲泰，但謂今之士無功而食人之食，則不可也。曰：「子不通功易事，以羨補不足，則農有餘粟，女有餘布；子如通之，則梓匠輪輿皆得食於子。於此有人焉，入則孝，出則悌，守先王之道，以待後之學者，而不得食於子。子何尊梓匠輪輿而輕爲仁義者哉？」羨，延面反。○通功易事，謂通人之功而交易其事。羨，餘也。有餘，言無所貿易，而積於無用也。梓人、匠人，木工也。輪人、輿人，車工也。曰：「梓匠輪輿，其志將以求食也；君子之爲道也，其志亦將以求食與？」曰：「子何以其志爲哉？其有功於子，可食而食之矣。且子食志乎？食功乎？」曰：「食志。」與，平聲。「可食而食」、「食志」、「食功」之「食」，皆音嗣，下同。○孟子言自我而言，固不求食；自彼而言，凡有功者則當食之。曰：「有人於此，毁瓦畫墁，其志將以求食也，則子食之乎？」曰：「否。」曰：「然則子非食志也，食功也。」墁，武安反。「子食」之「食」，亦音嗣。○南軒曰：「孟子當戰國之時，以身任道，其歷聘諸國，後車數十乘，從者數百人，夫豈尊己而自大乎哉？亦時義所當然，有不得而避。而彭更之徒，疑傳食以爲泰，是以世俗利害貴賤之見觀聖賢也。孟子所以告之者，蓋常道耳。

夫非其道，則一簞食不可受於人；如其道，則舜受堯之天下而不以爲泰。所謂其道者，天理之所安也。故伯夷、叔齊不食周粟之心，即舜、禹受天下之心也。而孟子後車數十乘，從者數百人，以傳食於諸侯之心，亦顏子一簞食、一瓢飲、在陋巷之心也，皆以其道故也。以爲士無事而食不可，觀更之意，亦許行之類與？孟子又從而曉之，以爲使子而不通功易事，則農之餘粟，女之餘布，無所用之，而人之飢寒者亦多矣，此固不可也。子而通功易事，則梓、匠、輪、輿得以其技而食於子矣。今有賢者，而反不得食於子，是以梓、匠、輪、輿爲有用而尊之，以仁義者爲無用而輕之也。墁，牆壁之飾也。毀瓦畫墁，言無功而有害也。既曰食功，則以士爲無事而食者，真尊梓、匠、輪、輿，而輕爲仁義者矣。」

○萬章問曰：「宋，小國也。今將行王政，齊楚惡而伐之，則如之何？」惡，去聲。○萬章，孟子弟子。宋王偃嘗滅滕伐薛，敗齊、楚、魏之兵，欲霸天下，疑即此時也。**孟子曰：「湯居亳，與葛爲鄰，葛伯放而不祀。湯使人問之曰：『何爲不祀？』曰：『無以供犧牲也。』湯使遺之牛羊。葛伯食之，又不以祀。湯又使人問之曰：『何爲不祀？』曰：『無以供粢盛也。』湯使亳衆往爲之耕，老弱饋食。葛伯率其民，要其有酒食黍稻者奪之，不授者殺之。有童子以黍肉餉，殺而奪之。《書》曰：『葛伯仇餉。』此之謂也。**遺，唯季反。盛，音成。「往爲」之「爲」，去聲。「饋食」、「酒食」之「食」，音嗣。要，平聲。餉，式亮反。○葛，國名。伯，爵也。放而不祀，放縱無道，不祀先祖也。亳衆，湯之民。其民，葛民也。授，與也。餉，亦饋也。《書》，《商書·仲虺之誥》也。仇餉，言與餉者爲仇也。**爲其殺是童子而征之，四海之内皆曰：『非富天下也，爲匹夫匹婦復讎也。』**非富天下，言湯之心，非以天下爲富而欲得之也。**『湯始征，自葛載』，十一征而無敵於天下。東面而征，西夷怨；南面而征，北狄怨，曰：『奚爲後我？』民之望之，若大旱之望雨也。歸市者弗止，芸者不變，誅其君，弔其民，如時雨降。民大悦。《書》曰：『徯我后，后來其無罰。』**載，亦始也。十一征，所征十一國也。餘已見前篇。**『有攸不爲臣，東征，綏厥士女，匪厥玄黄，紹我周王見休，惟臣附于大邑周。』其君子實玄黄于匪以迎其君子，其小人簞食壺漿以迎其小人，救民於水火之中，取其殘而已矣。**案《周書·武成》篇載武王之言，孟子約其文如此。然其辭特與今《書》文不類，今姑依此文解之。有所不爲臣，謂助紂爲惡而不爲周臣者。匪，與篚同。玄黄，幣也。紹，繼也，猶言事也。言其士女以篚盛玄黄之幣，迎武王而事之也。商人而曰我周王，猶《商書》所謂我后也。休，美也。言武王能順天休命，而事之者皆見休也。臣附，歸服也。孟子又釋其意，言商人聞周師之來，各以其類相迎者，以武王能救民於水火之中，取其殘民者誅之，而不爲暴虐耳。君子，謂在位之人。小人，謂細民也。**《太誓》曰：『我武惟揚，侵于之疆，則取于殘，殺伐用張，子湯有光。』**《太誓》，《周書》也。今《書》文亦小異。言武王威武奮揚，侵彼紂之疆界，取其殘賊，而殺伐之功因以張大，比於湯之伐桀又有光焉。引此以證上文取其殘之義。**不行王政云爾，苟行王政，四海之内皆舉首而望之，欲以爲君。齊、楚雖大，何畏焉？』**宋實不能行王政，後果爲齊所滅，王偃走死。○尹氏曰：「爲國者能自治而得民心，則天下皆將歸往之，恨其征伐之不早也，尚何彊國之足畏哉？苟不自治，而以彊弱之勢言之，是可畏而已矣。」

○孟子謂戴不勝曰：「子欲子之王之善與？我明告子。有楚大夫於此，欲其子之齊語也，則使齊人傅諸？使楚人傅諸？」曰：「使齊人傅之。」曰：「一齊人傅之，衆楚人咻之，雖日撻而求其齊也，不可得矣；引而置之莊嶽之間數年，雖日撻而求其楚，亦不可得矣。戴不勝，宋臣也。齊語，齊人語也。傅，教也。咻，讙也。齊，齊語也。莊嶽，齊街里名也。楚，楚語也。此先設譬以曉之也。子謂薛居州，善士也，使之居於王所。在於王所者，長幼卑尊，皆薛居州也，王誰與爲不善？在王所者，長幼卑尊，皆非薛居州也，王誰與爲善？一薛居州，獨如宋王何？」居州，亦宋臣。言小人衆而君子獨，無以成正君之功。

○公孫丑問曰：「不見諸侯何義？」孟子曰：「古者不爲臣不見。不爲臣，謂未仕於其國者也，此不見諸侯之義也。段干木踰垣而辟之，泄柳閉門而不内，是皆已甚。迫，斯可以見矣。辟，去聲。内，與納同。○段干木，魏文侯時人。泄柳，魯繆公時人。文侯、繆公欲見此二人，而二人不肯見之，蓋未爲臣也。已甚，過甚也。迫，謂求見之切也。陽貨欲見孔子而惡無禮，大夫有賜於士，不得受於其家，則往拜其門。陽貨矙孔子之亡也，而饋孔子蒸豚；孔子亦矙其亡也，而往拜之。當是時，陽貨先，豈得不見？「欲見」之「見」，音現。惡，去聲。矙，音勘。○此又引孔子之事，以明可見之節也。欲見孔子，欲召孔子來見己也。惡無禮，畏人以己爲無禮也。受於其家，對使人拜受於家也。其門，大夫之門也。矙，窺也。陽貨於魯爲大夫，孔子爲士，故以此物及其不在而饋之，欲其來拜而見之也。

先，謂先來加禮也。**曾子曰：『脅肩諂笑，病于夏畦。』子路曰：『未同而言，觀其色赧赧然，非由之所知也。』由是觀之，則君子之所養可知已矣。」**脅肩，竦體。諂笑，小人側媚之態也。病，勞也。夏畦，夏月治畦之人也。言爲此者，其勞過於夏畦之人也。未同而言，與人未合而强與之言也。赧赧，慙而面赤之貌。由，子路名。言非己所知，甚惡之之辭也。孟子言由此二言觀之，則二子之所養可知，必不肯不俟其禮之至，而輒往見之也。○此章言聖人禮義之中正，過之者傷於迫切而不洪，不及者淪於汙賤而可耻。

○戴盈之曰：「什一，去關市之征，今兹未能。請輕之，以待來年，然後已，何如？」盈之，亦宋大夫也。什一，井田之法也。關市之征，商賈之税也。已，止也。**孟子曰：「今有人日攘其鄰之雞者，或告之曰：『是非君子之道。』曰：『請損之，月攘一雞，以待來年，然後已。』**攘，物自來而取之也。損，減也。**如知其非義，斯速已矣，何待來年？」**知義理之不可而不能速改，與月攘一雞何以異哉？

○公都子曰：「外人皆稱夫子好辯，敢問何也？」孟子曰：「予豈好辯哉？予不得已也。好，去聲，下同。**天下之生久矣，一治一亂。**治，去聲。○生，謂生民也。一治一亂，氣化盛衰，人事得失，反覆相尋，理之常也。**當堯之時，水逆行，氾濫於中國。蛇龍居之，民無所定。下者爲巢，上者爲營窟。《書》曰：『洚水警余。』洚水者，洪水也。**水逆行，下流壅塞，故水倒流而旁溢也。下，下地。上，高地也。營窟，穴處也。《書》，《虞書·大禹謨》也。洚水，洚洞無涯之水也。警，戒也。此一亂也。使禹治之，禹掘地而注之海，驅蛇龍而放之菹。水由地中行，江、淮、河、漢是也。險阻既遠，鳥獸之害人者消，然後人得平土而居之。掘地，掘去壅塞也。菹，澤生草者也。地中，兩涯之間也。險阻，謂水之氾濫也。遠，去也。消，除也。此一治也。堯舜既没，聖人之道衰。暴君代作，壞宮室以爲汙池，民無所安息；棄田以爲園囿，使民不得衣食。邪説暴行又作，園囿、汙池、沛澤多而禽獸至。及紂之身，天下又大亂。暴君，謂夏太康、孔甲、履癸、商武乙之類也。宮室，民居也。沛，草木之所生也。澤，水所鍾也。自堯舜没至此，治亂非一，及紂而又一大亂也。周公相武王，誅紂伐奄，三年討其君，驅飛廉於海隅而戮之。滅國者五十，驅虎、豹、犀、象而遠之。天下大悦。《書》曰：『丕顯哉，文王謨！丕承哉，武王烈！佑啓我後人，咸以正無缺。』奄，東方之國，助紂爲虐者也。飛廉，紂幸臣也。五十國，皆紂黨虐民者也。《書》，《周書·君牙》之篇。丕，大也。顯，明也。謨，謀也。承，繼也。烈，光也。佑，助也。啓，開也。缺，壞也。此一治也。世衰道微，邪説暴行有作，臣弑其君者有之，子弑其父者有之。「有作」之「有」，讀爲又，古字通用。○此周室東遷之後，又一亂也。孔子懼，作《春秋》。《春秋》，天子之事也。是故孔子曰：『知我者其惟《春秋》乎！罪我者其惟《春秋》乎！』胡氏曰：「仲尼作《春秋》以寓王法。惇典、庸禮、命德、討罪，其大要皆天子之事也。知孔子者，謂此書之作，遏人欲於橫流，存天理於既滅，爲後世慮，至深遠也。罪孔子者，以謂無其位而託二百四十二年南面之權，使亂臣賊子禁其欲而不得肆，則戚矣。」愚謂孔子作《春秋》以討亂賊，則致治之法垂於萬世，是亦一治也。**聖王不作，諸侯放恣，處士橫議，楊朱、墨翟之言盈天下。天下之言，不歸楊，則歸墨。楊氏爲我，是無君也；墨氏兼愛，是無父也。無父無君，是禽獸也。公明儀曰：『庖有肥肉，廄有肥馬，民有飢色，野有餓莩，此率獸而食人也。』楊墨之道不息，孔子之道不著，是邪說誣民，充塞仁義也。仁義充塞，則率獸食人，人將相食。**楊朱但知愛身，而不復知有致身之義，故無君；墨子愛無差等，而視其至親無異衆人，故無父。無父無君，則人道滅絶，是亦禽獸而已。公明儀之言，義見首篇。充塞仁義，謂邪說徧滿，妨於仁義也。孟子引儀之言，以明楊墨道行，則人皆無父無君，以陷於禽獸，而大亂將起，是亦率獸食人而人又相食也。此又一亂也。**吾爲此懼，閑先聖之道，距楊墨，放淫辭，邪說者不得作。作於其心，害於其事；作於其事，害於其政。聖人復起，不易吾言矣。**閑，衛也。放，驅而遠之也。作，起也。事，所行。政，大體也。孟子雖不得志於時，然楊墨之害，自是滅息，而君臣父子之道，賴以不墜。是亦一治也。程子曰：「楊墨之害，甚於申韓；佛氏之害，甚於楊墨。蓋楊氏爲我疑於義，墨氏兼愛疑於仁，申韓則淺陋易見。故孟子止闢楊墨，爲其惑世之甚也。佛氏之言近理，又非楊墨之比，所以爲害尤甚。」**昔者禹抑洪水而天下平，周公兼夷狄驅猛獸而百姓寧，孔子成《春秋》而亂臣賊子懼。**抑，止也。兼，并之也，總結上文也。○南軒曰：「成《春秋》而亂臣賊子懼者，亂臣賊子懼其情僞畢見，而討絶之法著焉，施於萬世皆無所遁其跡故也。」**《詩》云：『戎狄是膺，荆舒是懲，則莫我敢承。』無父無君，是周公所膺也。我亦欲正人心，息**

邪説，距詖行，放淫辭，以承三聖者。豈好辯哉？予不得已也。詖、淫，解見前篇。辭者，説之詳也。承，繼也。三聖，禹、周公、孔子也。蓋邪説横流，壞人心術，甚於洪水猛獸之災，慘於夷狄篡弑之禍，故孟子深懼而力救之。再言「豈好辯哉，予不得已也」，所以深致意焉。然非知道之君子，孰能真知其所以不得已之故哉？**能言距楊墨者，聖人之徒也。**」言苟有能爲此距楊墨之説者，則其所趨正矣，雖未必知道，是亦聖人之徒也。孟子既答公都子之問，而意有未盡，故復言此。蓋邪説害正，人人得而攻之，不必聖賢。如《春秋》之法，亂臣賊子，人人得而討之，不必士師也。聖人救世立法之意，其切如此。若以此意推之，則不能攻討，而又唱爲不必攻討之説者，其爲邪詖之徒，亂賊之黨可知矣。○尹氏曰：「學者於是非之原，毫釐有差，則害流於生民，禍及於後世，故孟子辯邪説如是之嚴，而自以爲承三聖之功也。當是時，方且以好辯目之，是以常人之心而度聖賢之心也。」南軒曰：「爲我、兼愛，特其見之偏耳，而比之遽及於禽獸者，蓋爲我則自私，自私則賊義，而君臣之分遂可廢也；兼愛則無本，無本則害仁，而父子之親遂可夷也。人之異於庶物，以其有君臣父子也。無父無君，則與禽獸有異乎哉？」○愚案：莊子以曾、史、楊、墨並譏者凡數焉。曾子，孔門之高弟，史魚亦孔子所與，莊生非孔子者也，其譏之宜矣，併及於楊墨者，以其兼愛之似仁，爲我之似義故也。孟子、莊子同於非楊墨，而其意不同。蓋莊子直以爲仁義，孟子則以其似仁義而實非仁義，此所以爲不同也。○孔子既没，異端遂作，至孟子時盛矣。而孟子所深距者，惟楊墨二氏。何哉？伊川嘗論之曰：「楊氏爲我，疑於義；墨氏兼愛，疑於仁。故孟子闢之，爲其惑世之甚也。夫爲我之疑於義何也？義者任理而無情，楊朱自一身之外截然弗恤，故其迹似乎義。兼愛之疑於仁何也？仁者尚恩而主愛，墨翟於親疏之間無乎不愛，故其迹似乎仁。殊不知天下之理本一而分則殊，故君子親親而仁民，仁民而愛物，心無不溥，而其施有序。心無不溥，則非爲我矣；其施有序，則非兼愛矣。楊專於爲我，則昧乎理之一；墨一於兼愛，則昧乎分之殊。若是而曰仁義，乃所以賊乎仁義也。夫事君則致其身，楊但知愛身，而不知致身之義，故無君。立愛必自親始，墨愛無差等，而視其至親無異衆人，故無父。無父無君，則人道滅絕，是亦禽獸而已。閑者，防閑之義。距楊墨、放淫辭、闢邪説者，即所以閑先聖之道也。天下之治亂，其源實出於人心，邪説一溺於其心，則發於心而害於事，發於事而害於政，蓋必然之勢。此邪説所以不可不闢，人心所以不可不正也。禹抑洪水，周公兼夷狄驅猛獸，孔子作《春秋》，事雖不同，而其救天下之患，立生民之極則一。孟子之心，亦三聖之心也。」《衍義》

○匡章曰：「陳仲子豈不誠廉士哉？居於陵，三日不食，耳無聞，目無見也。井上有李，螬食實者過半矣，匍匐往將食之，三咽，然後耳有聞，目有見。」於，音烏。下「於陵」同。螬，音曹。咽，音宴。○匡章、陳仲子，皆齊人。廉，有分辨，不苟取也。於陵，地名。螬，蠐螬蟲也。匍匐，言無力不能行也。咽，吞也。**孟子曰：「於齊國之士，吾必以仲子爲巨擘焉。雖然，仲子惡能廉？充仲子之操，則蚓而後可者也。**巨擘，大指也。言齊人中有仲子，如衆小指中有大指也。充，推而滿之也。操，所守也。蚓，蚯蚓也。言仲子未得爲廉也，必若滿其所守之志，則惟蚯蚓之無求於世，然後可以爲廉耳。**夫蚓，上食槁壤，下飲黄泉。仲子所居之室，伯夷之所築與？抑亦盜跖之所築與？所食之粟，伯夷之所樹與？抑亦盜跖之所樹與？是未可知也。」**槁壤，乾土也。黄泉，濁水也。

抑，發語辭也。言蚓無求於人而自足，而仲子未免居室食粟，若所從來或有非義，則是未能如蚓之廉也。

曰：「是何傷哉？彼身織屨，妻辟纑，以易之也。」辟，音璧。纑，音盧。○辟，績也。纑，練麻也。

曰：「仲子，齊之世家也。兄戴，蓋祿萬鍾。以兄之祿爲不義之祿而不食也，以兄之室爲不義之室而不居也，辟兄離母，處於於陵。他日歸，則有饋其兄生鵝者，己頻顣曰：『惡用是鶂鶂者爲哉？』他日，其母殺是鵝也，與之食之。其兄自外至，曰：『是鶂鶂之肉也。』出而哇之。蓋，音閤。辟，音避。頻，與顰同。顣，與蹙同，子六反。惡，平聲。鶂，魚一反。哇，音蛙。○世家，世卿之家。兄名戴，食采於蓋，其入萬鍾也。歸，自於陵歸也。己，仲子也。鶂鶂，鵝聲也。頻顣而言，以其兄受饋爲不義也。哇，吐之也。**以母則不食，以妻則食之；以兄之室則弗居，以於陵則居之。是尚爲能充其類也乎？若仲子者，蚓而後充其操者也。」**言仲子以母之食、兄之室爲不義而不食不居，其操守如此。至於妻所易之粟，於陵所居之室，既未必伯夷之所爲，則亦不義之類耳。今仲子於此則不食不居，於彼則食之居之，豈爲能充滿其操守之類者乎？必其無求自足，如蚯蚓然，乃爲能滿其志而得爲廉耳，然豈人之所可爲哉？○范氏曰：「天之所生，地之所養，惟人爲大。人之所以爲大者，以其有人倫也。仲子避兄離母，無親戚、君臣、上下，是無人倫也。豈有無人倫而可以爲廉哉？」○南軒曰：「於陵仲子，於所當享有所不安，引而避之，而其窮至於無以食，而食井上之螬李。在當時或稱其廉，謂其能不以一介取諸人也。曾不知伊尹之不以一介與人，不以一介取諸人，以非其義、非其道之故耳。若於其所當居而不居，則反害於道義矣。仲子，齊之世家也，兄戴蓋祿萬鍾，仲子苟以爲不當虛享其祿食，則當與其兄共思社稷之計，光輔其主，治其國家，保其民人，則齊國有無窮之業，而仲子之家亦有無窮之聞，斯爲稱焉耳。今乃昧正大之見，爲狹陋之思，以食粟受鵝爲不義，而不知避兄離母之爲非；徒欲潔身以爲清，而不知廢大倫之爲惡。小廉妨大德，私義害公義。原仲子本心，亦豈不知母子之性重於其妻，兄之居爲愈於於陵乎？惟其私意所萌，亂夫倫類，至此極矣！衆人惑於其迹，以其清苦高介而取之，而不知原其所萌，若是其差殊也。嗟乎！世之貪冒苟得肆而爲惡者多矣，而孟子於仲子之徒，獨闢之之深者，蓋世之爲惡者其失易見，而仲子之徒，其過爲難知也。惟其難知，故可以惑世俗而禍仁義。孟子反覆闢之，蓋有以也。」

孟子集編卷第七

離婁章句上凡二十八章。

孟子曰：「離婁之明，公輸子之巧，不以規矩，不能成方員；師曠之聰，不以六律，不能正五音；堯舜之道，不以仁政，不能平治天下。離婁，古之明目者。公輸子，名班，魯之巧人也。規，所以爲員之器也。矩，所以爲方之器也。師曠，晉之樂師，知音者也。六律，截竹爲筩，陰陽各六，以節五音之上下。黄鍾、太蔟、姑洗、蕤賓、夷則、無射爲陽；大吕、夾鍾、仲吕、林鍾、南吕、應鍾爲陰也。五音：宮、商、角、徵、羽也。范氏曰：「此言治天下不可無法度，仁政者，治天下之法度也。」**今有仁心仁聞而民不被其澤，不可法於後世者，不行先王之道也。**聞，去聲。○仁心，愛人之心也。仁聞者，有愛人之聲聞於人也。先王之道，仁政是也。范氏曰：「齊宣王不忍一牛之死，以羊易之，可謂有仁心。梁武帝終日一食蔬素，宗廟以麪爲犧牲，斷死刑必爲之涕泣，天下知其慈仁，可謂有仁聞。然而宣王之時，齊國不治；武帝之末，江南大亂。其故何哉？有仁心仁聞而不行先王之道故也。」**故曰：徒善不足以爲政，徒法不能以自行。**有其心，無其政，是爲徒善；有其政，無其心，是爲徒法。**《詩》云：『不愆不忘，率由舊**

章。』遵先王之法而過者，未之有也。聖人既竭目力焉，繼之以規矩準繩，以爲方員平直，不可勝用也；既竭耳力焉，繼之以六律，正五音，不可勝用也；既竭心思焉，繼之以不忍人之政，而仁覆天下矣。此言古之聖人，既竭耳目心思之力，然猶以爲未足以偏天下、及後世，故制爲法度以繼續之，則其用不窮，而仁之所被者廣矣。故曰，爲高必因丘陵，爲下必因川澤。爲政不因先王之道，可謂智乎？丘陵本高，川澤本下，爲高下者因之，則用力少而成功多矣。鄒氏曰：「自章首至此，論以仁心仁聞行先王之道。」是以惟仁者宜在高位。不仁而在高位，是播其惡於衆也。仁者，有仁心仁聞而能擴而充之，以行先王之道者也。播惡於衆，謂貽患於下也。上無道揆也，下無法守也，朝不信道，工不信度，君子犯義，小人犯刑，國之所存者，幸也。朝，音潮。○此言不仁而在高位之禍也。故曰：城郭不完，兵甲不多，非國之災也；田野不辟，貨財不聚，非國之害也。上無禮，下無學，賊民興，喪無日矣。上不知禮，則無以教民；下不知學，則易與爲亂。鄒氏曰：「自是以惟仁者至此，所以責其君。」《詩》曰：『天之方蹶，無然泄泄。』蹶，居衛反。泄，弋制反。泄泄，猶沓沓也。沓沓，即泄泄之意。蓋孟子時人語如此。事君無義，進退無禮，言則非先王之道者，猶沓沓也。故曰：責難於君謂之恭，陳善閉邪謂之敬，吾君不能謂之賊。」范氏曰：「人臣以難事責於君，使其君爲堯舜之君者，尊君之大也；開陳善道以禁閉君之邪心，唯恐其君或陷於有過之地者，敬君之至也；謂其君不能行善道而不以告者，賊害其君之甚也。」鄒氏曰：「自《詩》云『天之方蹶』至此，所以責其臣。」

〇鄒氏曰：「此章言爲治者，當有仁心仁聞以行先王之政，而君臣又當各任其責也。」〇南軒曰：「責難於君者，以先王事業望其君，不敢以君爲難也。」

〇孟子曰：「規矩，方員之至也；聖人，人倫之至也。規矩盡所以爲方員之理，猶聖人盡所以爲人之道。欲爲君盡君道，欲爲臣盡臣道，二者皆法堯舜而已矣。不以舜之所以事堯事君，不敬其君者也；不以堯之所以治民治民，賊其民者也。孔子曰：『道二：仁與不仁而已矣。』法堯舜，則盡君臣之道而仁矣；不法堯舜，則慢君賊民而不仁矣。二端之外，更無他道。出乎此，則入乎彼矣，可不謹哉？暴其民甚，則身弒國亡；不甚，則身危國削。名之曰『幽』、『厲』，雖孝子慈孫，百世不能改也。言不仁之禍必至於此，可懼之甚也。《詩》云『殷鑒不遠，在夏后之世』，此之謂也。」

〇孟子曰：「三代之得天下也以仁，其失天下也以不仁。三代，謂夏、商、周也。禹、湯、文、武以仁得之，桀、紂、幽、厲以不仁失之。國之所以廢興存亡者亦然。天子不仁，不保四海；諸侯不仁，不保社稷；卿大夫不仁，不保宗廟；士庶人不仁，不保四體。今惡死亡而樂不仁，是猶惡醉而强酒。」惡，去聲。强，上聲。〇南軒曰：「仁者，人之道。人道既廢，則雖有四體，其能保諸？是不仁者，乃趨死亡之道也。云云。雖然，此特未能真知不仁者之可以死亡耳，使其真知不仁者之可以死亡，則如蹈水火之不敢爲也。」〇孟子此章，明白峻厲，自天子以至庶人，皆當佩服以自警也。然所謂不仁者

非他，縱人欲以滅天理而已。人欲縱而天理滅，其禍至於如此，可不畏哉！《衍義》

○孟子曰：「愛人不親反其仁，治人不治反其智，禮人不答反其敬。「治人」之治，平聲。「不治」之治，去聲。○我愛人而人不親我，則反求諸己，恐我之仁未至也，智、敬放此。**行有不得者，皆反求諸己，其身正而天下歸之。**不得，謂不得其所欲，如不親、不治、不答是也。反求諸己，謂反其仁、反其智、反其敬也。如此，則其自治益詳，而身無不正矣。天下歸之，極言其效也。**《詩》云：『永言配命，自求多福。』」**解見前篇。○亦承上章而言。

○孟子曰：「人有恒言，皆曰『天下國家』。天下之本在國，國之本在家，家之本在身。」恒，胡登反。○恒，常也。雖常言之，而未必知其言之有序也。故推言之，而又以家本乎身也。此亦承上章而言之，《大學》所謂「自天子以至於庶人，壹是皆以修身爲本」，爲是故也。○孟子謂天下國家，乃世人常常稱道之言，而不知國乃天下之本，家乃國之本，身又家之本，其言蓋有序也。本猶木之根本，根固而後枝葉盛。爲治本末亦猶是也。然《大學》言心而此不言心者，蓋誠意、正心，皆修身之事，言身則心在中矣。《衍義》

○孟子曰：「爲政不難，不得罪於巨室。巨室之所慕，一國慕之；一國之所慕，天下慕之，故沛然德教溢乎四海。」巨室，世臣大家也。得罪，謂身不正而取怨怒也。麥丘邑人祝齊桓公曰：「願主君無得罪於羣臣百姓。」意蓋如此。慕，向也，心悦誠服之謂也。沛然，盛大流行之貌。溢，充滿也。蓋巨室之心，難以力服，而國人素所取信；今既悦服，則國人皆服，而吾德教之所施，可以無遠而不至矣。

此亦承上章而言，蓋君子不患人心之不服，而患吾身之不修；吾身既修，則人心之難服者先服，而無一人之不服矣。○林氏曰：「戰國之世，諸侯失德，巨室擅權，爲患甚矣。然或者不修其本而遽欲勝之，則未必能勝而適以取禍。故孟子推本而言，惟務修德以服其心。彼既悦服，則吾之德教無所留礙，可以及乎天下矣。裴度所謂韓弘輿疾討賊，承宗斂手削地，非朝廷之力能制其死命，特以處置得宜，能服其心故爾，正此類也。」

○孟子曰：「天下有道，小德役大德，小賢役大賢；天下無道，小役大，弱役强。斯二者天也，順天者存，逆天者亡。有道之世，人皆修德，而位必稱其德之大小；天下無道，人不修德，則但以力相役而已。天者，理勢之當然也。**齊景公曰：『既不能令，又不受命，是絶物也。』涕出而女於吴。**女，去聲。○引此以言小役大、弱役强之事也。令，出令以使人也。受命，聽命於人也。物，猶人也。女，以女與人也。吴，蠻夷之國也。景公羞與爲婚而畏其强，故涕泣而以女與之。**今也小國師大國而恥受命焉，是猶弟子而恥受命於先師也。**言小國不修德以自强，其般樂怠敖，皆若效大國之所爲者，而獨恥受其教命，不可得也。**如恥之，莫若師文王。師文王，大國五年，小國七年，必爲政於天下矣。**此因其愧恥之心而勉以修德也。文王之政，布在方策，舉而行之，所謂師文王也。五年、七年，以其所乘之勢不同爲差。蓋天下雖無道，然修德之至，則道自我行，而大國反爲吾役矣。程子曰：「五年、七年，聖人度其時則可矣。然凡此類，學者皆當思其作爲如何，乃有益耳。」**《詩》云：『商之孫子，其麗不億。**

上帝既命，侯于周服。侯服于周，天命靡常。殷士膚敏，裸將于京。』孔子曰：『仁不可爲衆也。夫國君好仁，天下無敵。』孔子因讀此詩，而言有仁者則雖有十萬之衆，不能當之。故國君好仁，則必無敵於天下也。**今也欲無敵於天下而不以仁，是猶執熱而不以濯也。《詩》云：『誰能執熱，逝不以濯？』」**此章言不能自强，則聽天所命；修德行仁，則天命在我。○此《大雅·文王》之詩也。以商之孫子而爲周之諸侯，以殷之美士而奔走周廟之祭，天命何常之有哉？成湯惟其仁也，故天命歸於商；紂惟其不仁，故天命轉而歸周。商之子孫其數以十萬計，可謂衆矣，而不能存商者，以周之仁，雖衆無所用也。孟子舉此，以明國君好仁則天下無能敵者，歎當時之不然也。前後三章，而三取喻，曰惡濕而居下也，惡醉而强酒也，執熱而不以濯也，其警世主也深矣。《衍義》

○孟子曰：「不仁者可與言哉？安其危而利其菑，樂其所以亡者。不仁而可與言，則何亡國敗家之有？菑，與災同。樂，音洛。○安其危利其災者，不知其爲危菑而反以爲安利也。所以亡者，謂荒淫暴虐，所以致亡之道也。不仁之人，私欲固蔽，失其本心，故其顛倒錯亂至於如此，所以不可告以忠言，而卒至於敗亡也。○自昔危亂之世，未嘗無忠言，祖伊嘗諫紂矣，召穆公嘗諫厲王矣，李斯嘗諫二世矣，而三主之不聽者，蓋其心既不仁，故顛倒迷謬，以危爲安，以菑爲利，以取亡之道爲可樂也。夫人君孰不欲安存而惡危亡，而其反易至此者，私欲蔽障而失其本心故耳。《衍義》**有孺子歌曰：『滄浪之水清兮，可以濯我纓；滄浪之水濁兮，可以濯我足。』**浪，音郎。**孔子曰：『小子聽之！清斯濯纓，濁斯濯足矣，自取之也。』**言水之清濁有以自取之也。聖人聲入心通，無非至理，於此可見。○愚案：

「聲入心通」四字，朱子嘗以解耳順之義矣。今復用於此，蓋聖人之心，表裏澄徹，故所聞之言雖淺，而所悟之理甚精，亦猶見至顯之象而識至微之理也。夫人必自侮，然後人侮之；家必自毁，而後人毁之；國必自伐，而後人伐之。《太甲》曰：『天作孽，猶可違；自作孽，不可活。』此之謂也。」

○孟子曰：「桀紂之失天下也，失其民也；失其民者，失其心也。得天下有道，得其民，斯得天下矣；得其民有道，得其心，斯得民矣；得其心有道，所欲與之聚之，所惡勿施爾也。民之歸仁也，猶水之就下、獸之走壙也。走，音奏。○壙，廣野也。言民之所以歸乎此，以其所欲之在乎此也。故爲淵敺魚者，獺也；爲叢敺爵者，鸇也；爲湯武敺民者，桀與紂也。爲，去聲。敺，與驅同。今天下之君有好仁者，則諸侯皆爲之敺矣。雖欲無王，不可得已。好、爲、王，皆去聲。○南軒曰：「孟子所謂『諸侯皆爲之敺』者，非利乎他人之爲己敺也，特言其理之當然者耳。循夫天理而無利天下之心而天下歸之，此三王之所以王也。假是道而亦得天下者，漢唐是也。故秦爲漢敺者也，隋爲唐敺者也。」○此章之要，在乎所欲與聚、所惡勿施之二言。《大學》曰：「民之所好好之，民之所惡惡之，此之謂民之父母。」父母於子，心誠求之，所欲者無不與，所惡者無不去。君之於民，何獨不然？當戰國時，禽獸其民，往往施之以所惡，故孟子激切而言之。夫仁者豈有心於天下歸己哉？水就下，獸走壙，理之自然，非有爲而爲之也。南軒有言：「循天理而無利天下之心而天下歸之者，三王之所以王也。假是道亦以得天下者，漢唐是也。」《衍義》今之欲王者，猶七年之病求三年之艾也。苟爲不畜，終身不得。苟不志於仁，終身憂辱，以陷於死亡。《詩》云『其何能淑，載胥及溺』，此之謂也。」

○**孟子曰：「自暴者，不可與有言也；自棄者，不可與有爲也。言非禮義，謂之自暴也；吾身不能居仁由義，謂之自棄也。**暴，猶害也。非，猶毀也。自害其身者，不知禮義之爲美而非毀之，雖與之言，必不見信也。自棄其身者，猶知仁義之爲美，但溺於怠惰，自謂必不能行，與之有爲必不能勉也。程子曰：「人苟以善自治，則無不可移者，雖昏愚之至，皆可漸磨而進也。惟自暴者拒之以不信，自棄者絶之以不爲，雖聖人與居，不能化而入也。此所謂下愚之不移也。」**仁，人之安宅也；義，人之正路也。**仁宅已見前篇。義者，宜也，乃天理之當行，無人欲之邪曲，故曰正路。**曠安宅而弗居，舍正路而不由，哀哉！」**舍，上聲。○曠，空也。由，行也。○此章言道本固有而人自絶之，是可哀也。此聖賢之深戒，學者所當猛省也。○仁者，心之德。心存於仁則安，反是則危。義者，心之制。身由於義則正，反是則邪。二者皆吾所自有，而甘心於自棄焉，是虛至安之宅而託曠蕩之野，背至正之路而趨荆棘之塗，此聖賢之所深哀也。《衍義》

○**孟子曰：「道在爾而求諸遠，事在易而求諸難。人人親其親、長其長而天下平。」**爾、邇，古字通用。易，去聲。長，上聲。○親長在人爲甚邇，親之長之在人爲甚易，而道初不外是也。舍此而他求，則遠且難而反失之。但人人各親其親、各長其長，而天下自平矣。○戰國之時，學道者不求之近而求之遠，不知堯舜之道不離於徐行後長之際，而仁義之實止在乎尊親敬長之間。圖事者不求之易而求之難，不知闢土地、朝秦楚有甚於緣木求魚，而老吾老、幼吾幼則天下可運之掌。故孟子切切以告時君，欲其反求之吾身而不責效於天下。蓋人君能親其親，而人亦莫不親其親；能長其長，則人亦莫不長其長。舉天下之人而各親其親、各長其長，則和順輯睦之風行，而乖争陵犯之俗息，天下其有不平者乎？見《衍義》。

○孟子曰：「居下位而不獲於上，民不可得而治也。獲於上有道，不信於友，弗獲於上矣；信於友有道，事親弗悦，弗信於友矣；悦親有道，反身不誠，不悦於親矣；誠身有道，不明乎善，不誠其身矣。獲於上，得其上之信任也。誠，實也。反身不誠，反求諸身而其所以爲善之心有不實也。不明乎善，不能即事以窮理，無以真知善之所在也。游氏曰：「欲誠其意，先致其知；不明乎善，不誠其身矣。學至於誠身，則安往而不致其極哉？以内則順乎親，以外則信乎友，以上則可以得君，以下則可以得民矣。」**是故誠者，天之道也；思誠者，人之道也。**誠者，理之在我者皆實而無僞，天道之本然也；思誠者，欲此理之在我者皆實而無僞，人道之當然也。**至誠而不動者，未之有也；不誠，未有能動者也。」**至，極也。楊氏曰：「動便是驗處，若獲乎上、信乎友、悦於親之類是也。」○此章述《中庸》孔子之言，見思誠爲修身之本，而明善又爲思誠之本。乃子思所聞於曾子，而孟子所受乎子思者，亦與《大學》相表裏，學者宜潛心焉。○南軒曰：「誠者天之道，言其實然之理天之所爲也，聖人則全此體，身誠而善無不明也。思誠者人之道，則是以人之所爲求合於天焉，學者明善誠身之功是也。」

○孟子曰：「伯夷辟紂，居北海之濱，聞文王作，興曰：『盍歸乎來！吾聞西伯善養老者。』太公辟紂，居東海之濱，聞文王作，興曰：『盍歸乎來！吾聞西伯善養老者。』辟，去聲。○作、興，皆起也。盍，何不也。西伯，即文王也。紂命爲西方諸侯之長，得專征伐，故稱西伯。太公，姜姓，吕氏，名尚。文王發政，必先鰥寡孤獨，庶人之老，皆無凍餒，故伯夷、太公來就其養，非求仕也。**二老者，**

天下之大老也，而歸之，是天下之父歸之也。天下之父歸之，其子焉往？焉，於虔反。○二老，伯夷、太公也。大老，言非常人之老者。天下之父，言齒德皆尊，如衆父然。既得其心，則天下之心不能外矣。蕭何所謂養民致賢以圖天下者，暗與此合，但其意則有公私之辨，學者又不可以不察也。諸侯有行文王之政者，七年之内，必爲政於天下矣。」七年，以小國而言也。大國五年，在其中矣。

○孟子曰：「求也爲季氏宰，無能改於其德，而賦粟倍他日。孔子曰：『求非我徒也，小子鳴鼓而攻之可也。』求，孔子弟子冉求。季氏，魯卿。宰，家臣。賦，猶取也，取民之粟倍於他日也。小子，弟子也。鳴鼓而攻之，聲其罪而責之也。由此觀之，君不行仁政而富之，皆棄於孔子者也。況於爲之强戰？争地以戰，殺人盈野；争城以戰，殺人盈城。此所謂率土地而食人肉，罪不容於死。爲，去聲。○林氏曰：「富其君者，奪民之財耳，而夫子猶惡之，況爲土地之故而殺人，使其肝腦塗地，則是率土地而食人之肉。其罪之大，雖至於死，猶不足以容之也。」故善戰者服上刑，連諸侯者次之，辟草萊、任土地者次之。」辟，與闢同。○善戰，如孫臏、吴起之徒。連結諸侯，如蘇秦、張儀之類。辟，開墾也。任土地，謂分土授民，使任耕稼之責，如李悝盡地力，商鞅開阡陌之類也。

○孟子曰：「存乎人者，莫良於眸子。眸子不能掩其惡。胷中正，則眸子瞭焉；胷中不正，則眸子眊焉。眸，音牟。瞭，音了。眊，音耄。○良，善也。眸子，目瞳子也。瞭，明也。眊者，蒙蒙，目不明之貌。蓋人與物接之時，其神在目，故胷中正則神精而明，不正則神散而昏。聽其言也，觀其眸子，人焉廋哉？」焉，於虔反。廋，音搜。○廋，匿也。言亦心之所發，故併此以觀，則人之邪正不可匿矣。然言猶可以僞爲，眸子則有不容僞者。○目者，精神之所發，而言者，心術之所形，故審其言之邪正，驗其目之明昧，而其人之賢否不可掩焉。此觀人之一法也。《衍義》

○孟子曰：「恭者不侮人，儉者不奪人。侮奪人之君，惟恐不順焉，惡得爲恭儉？恭儉豈可以聲音笑貌爲哉？」惡，平聲。○惟恐不順，言恐人之不順己。聲音笑貌，僞爲於外也。

○淳于髡曰：「男女授受不親，禮與？」孟子曰：「禮也。」曰：「嫂溺則援之以手乎？」曰：「嫂溺不援，是豺狼也。男女授受不親，禮也；嫂溺援之以手者，權也。」與，平聲。援，音爰。○淳于，姓，髡，名，齊之辯士。授，與也。受，取也。古禮，男女不親授受，以遠別也。援，救之也。權，稱錘也，稱物輕重而往來以取中者也。權而得中，是乃禮也。曰：「今天下溺矣，夫子之不援，何也？」言今天下大亂，民遭陷溺，亦當從權以援之，不可守先王之正道也。曰：「天下溺，援之以道；嫂溺，援之以手。子欲手援天下乎？」言天下溺，惟道可以救之，非若嫂溺可手援也。今子欲援天下，乃欲使我枉道求合，則先失其所以援之之具矣。是欲使我以手援天下乎？○此章言直己守道，所以濟時；枉道徇人，徒爲失己。

○公孫丑曰：「君子之不教子，何也？」不親教也。孟子曰：「勢不行也。教者必以正；以正不行，繼之以怒；繼之以怒，則反夷矣。『夫子教我以正，夫子未出於正也。』則是父子相夷也。父子相夷，則惡矣。夷，傷也。教子者，本爲愛其子也，繼之以怒，則反傷其子矣。父既傷其子，子之心又責其父曰：「夫子教我以正道，而夫子之身未必自行正道。」則是子又傷其父也。古者易子而教之。易子而教，所以全父子之恩，而亦不失其爲教。父子之間不責善。責善則離，離則不祥莫大焉。」責善，朋友之道也。○王氏曰：「父有争子，何也？所謂争者，非責善也，當不義則争之而已矣。父之於子者如何？曰：當不義，則亦戒之而已矣。」

○孟子曰：「事孰爲大？事親爲大；守孰爲大？守身爲大。不失其身而能事其親者，吾聞之矣；失其身而能事其親者，吾未之聞也。守身，持守其身，使不陷於不義也。一失其身，則虧體辱親，雖日用三牲之養，猶不足以爲孝矣。孰不爲事？事親，事之本也；孰不爲守？守身，守之本也。事親孝，則忠可移於君，順可移於長。身正，則家齊、國治而天下平。曾子養曾皙，必有酒肉。將徹，必請所與。問有餘，必曰『有』。曾皙死，曾元養曾子，必有酒肉。將徹，不請所與。問有餘，曰『亡矣』，將以復進也，此所謂養口體者也。若曾子，則可謂養志也。養，去聲。復，扶又反。○此承上文事親言之。曾皙，名點，曾子父也。曾元，曾子子也。曾子養其父，每食必有酒肉。食畢將徹去，必請於父曰：「此餘者與誰？」或父問此物尚有餘否？必曰「有」。恐親意更欲與人也。曾元不請所與，雖有言無。其意將以復進於親，不欲其與人也。此但能養父母之口體而已。曾子則能承順父母之志，而不忍傷之也。事親若曾子者，可也。」言當如曾子之養志，不可如曾元但養口體。程子曰：「子之身所能爲者，皆所當爲，無過分之事也。故事親若曾子可謂至矣，而孟子止曰可也，豈以曾子之孝爲有餘哉？」

○孟子曰：「人不足與適也，政不足閒也。惟大人爲能格君心之非。君仁莫不仁，君義莫不義，君正莫不正。一正君而國定矣。」適，音謫。閒，去聲。○趙氏曰：「適，過也。閒，非也。格，正也。徐氏曰：「格者，物之所取正也。《書》曰：『格其非心。』」愚謂「閒」字上亦當有「與」字。言人君用人之非，不足過謫；行事之失，不足非閒。惟有大人之德，則能格其君心之不正以歸於正，而國無不治矣。大人者，大德之人，正己而物正者也。○程子曰：「天下之治亂，繫乎人君之仁與不仁耳。心之非，即害於政，不待乎發之於外也。昔者孟子三見齊王而不言事，門人疑之。孟子曰：『我先攻其邪心，心既正，而後天下之事可從而理也。』夫政事之失，用人之非，知者能更之，直者能諫之。然非心存焉，則事事而更之，後復有其事，將不勝其更矣；人人而去之，後復用其人，將不勝其去矣。是以輔相之職，必在乎格君心之非，然後無所不正；而欲格君心之非者，非有大人之德，則亦莫之能也。」○南軒曰：「格之爲言，感通至到也。《書》曰：『格于上帝。』蓋君心之非，不可以氣力勝，必也感通至到，而使之自消磨焉，所謂格也。蓋積其誠意，一動靜，一語默，無非格之之道也。心非未格，則雖責其人材，更其政事，幸見其聽而肯改易，他日之所欲所行，亦未必是也。何者？其源不正，不可勝救也。心非既格，則人材、政事，皆將源源而日新矣。然其格君心之業，非大人則不能。若在己之非猶有未之能克者，而將何以盡夫感通之道哉？後世道學不明，論治者不過及於人材政事而已，孰知其本在於君心？而格君之本，乃在於吾心乎！」

〇孟子曰：「有不虞之譽，有求全之毁。」虞，度也。吕氏曰：「行不足以致譽而偶得譽，是謂不虞之譽。求免於毁而反致毁，是謂求全之毁。言毁譽之言，未必皆實，修己者不可以是遽爲憂喜，觀人者不可以是輕爲進退。」

〇孟子曰：「人之易其言也，無責耳矣。」易，去聲。〇人之所以輕易其言者，以其未遭失言之責故耳。蓋常人之情，無所懲於前，則無所警於後，非以爲君子之學，必俟有責而後不敢易其言也。然此亦豈有爲而言之與？

〇孟子曰：「人之患在好爲人師。」好，去聲。〇王勉曰：「學問有餘，人資於己，不得已而應之可也。若好爲人師，則自足而不復有進矣，此人之大患也。」〇南軒曰：「學莫病於自足。古之所謂師者，學明行修，人從而師之，而非有欲人師己之心也。人師乎己，從而以己之善善之，其答問論辯之際，亦有互相發者，故教學相長也。若有好爲人師之意，則是乃矜己自大之私萌乎中，欲以益於人而不知其先損於己，此其所以可懼也。」

〇樂正子從於子敖之齊。子敖，王驩字。**樂正子見孟子。孟子曰：「子亦來見我乎？」曰：「先生何爲出此言也？」曰：「子來幾日矣？」曰：「昔者。」曰：「昔者，則我出此言也，不亦宜乎？」曰：「舍館未定。」曰：「子聞之也，舍館定，然後求見長者乎？」**長，上聲。〇昔者，前日也。館，客舍也。王驩，孟子所不與言者，則其人可知矣。樂正子乃從之行，其失身之罪大矣；又不蚤見長者，則其罪又有甚者焉。故孟子姑以此責之。**曰：「克有罪。」**陳氏曰：「樂正子固不能無罪矣，然其勇於受責如此，非好善而篤信之，其能若是乎？世有强辯飾非，聞諫愈甚者，又樂正子之罪人也。」

○孟子謂樂正子曰：「子之從於子敖來，徒餔啜也。我不意子學古之道，而以餔啜也。」餔，博孤反。啜，昌悦反。○徒，但也。餔，食也。啜，飲也。言其不擇所從，但求食耳。此乃正其罪而切責之。

○孟子曰：「不孝有三，無後爲大。趙氏曰：「於禮有不孝者三事：謂阿意曲從，陷親不義，一也；家貧親老，不爲禄仕，二也；不娶無子，絶先祖祀，三也。三者之中，無後爲大。」**舜不告而娶，爲無後也，君子以爲猶告也。」**「爲無」之「爲」，去聲。○舜告焉則不得娶，而終於無後矣。告者禮也，不告者權也。猶告，言與告同也。蓋權而得中，則不離於正矣。○范氏曰：「天下之道，有正有權。正者萬世之常，權者一時之用。常道人皆可守，權非體道者不能用也。蓋權出於不得已者也，若父非瞽瞍，子非大舜，而欲不告而娶，則天下之罪人也。」

○孟子曰：「仁之實，事親是也；義之實，從兄是也。仁主於愛，而愛莫切於事親；義主於敬，而敬莫先於從兄。故仁義之道，其用至廣，而其實不越於事親從兄之間。蓋良心之發，最爲切近而精實者。有子以孝弟爲爲仁之本，其意亦猶此也。**智之實，知斯二者弗去是也；禮之實，節文斯二者是也；樂之實，樂斯二者。樂則生矣，生則惡可已也，惡可已，則不知足之蹈之、手之舞之。」**「樂斯」、「樂則」之「樂」，音洛。惡，平聲。○斯二者，指事親從兄而言。知而弗去，則見之明而守之固矣。節文，謂品節文章。樂則生矣，謂和順從容，無所勉强，事親從兄之意油然自生，如草木之有生意也。既有生意，則其暢茂條達，自有不可遏者，所謂惡可已也。其又盛，則至於手舞足蹈而不自知矣。○此章言事親從兄，良心真切，天下之道，皆原於此。然必知之明而守之固，然後節之密而樂之深也。○南軒曰：「仁義具於人之性，而其實見於事親從兄之間。蓋仁故能愛，愛莫大於愛親。義者宜也，宜之所施，莫宜於從兄也。擴而充之，仁義蓋不可勝用，而實事親從兄之心也。故知者知此而弗去者也，禮者節文此者也，樂者樂此者也，豈有外此者哉？知必云『弗去』者，蓋曰知之而有時乎去之，非真知者也，知之至則弗肯去之矣。有其禮斯有其節，有其實斯有其文，凡三千、三百，皆所以節文乎此者也。有以節文，則內外進矣。至於樂，則非自得之深、涵養之熟者，無此味也。樂則生矣，生者心之道，蓋其中心油然有不自知其然也。生則惡可已，言其自不可已，則手之所舞，足之所蹈，莫非是矣。至此，則仁義之心粹然於內，而周流乎事事物物之間矣。」○此孟子指言仁義知禮樂之實，使人知所以用力之地也。仁義之道大矣，而其切實處止在於事親從兄。蓋二者人之良知良能，天性之真於焉發見。欲爲仁義者，惟致力乎此而已，否則悠悠焉、泛泛然，非可據之實地矣。真知斯二者，守之而不去，則智之實。節文斯二者，適隆殺之宜，則禮之實。於斯二者行之而樂，有從容安適之意，無勉强矯拂之爲，則樂之實。蓋天下之善，未有出於事親從兄之外者。苟至於樂，則方寸之間油然自有生意，敷暢條達，自不可已，足之所蹈，手之所舞，亦將有不知其然而然者矣。非深玩而實體之，其能知此味乎！《衍義》

○孟子曰：「天下大悦而將歸己。視天下悦而歸己，猶草芥也，惟舜爲然。不得乎親，不可以爲人；不順乎親，不可以爲子。言舜視天下之歸己如草芥，而惟欲得其親而順之也。得者，曲爲承順以得其心之悦而已。順則有以諭之於道，心與之一而未始有違，尤人所難也。爲人蓋泛言之，爲子則愈密矣。**舜盡事親之道而瞽瞍厎豫，瞽瞍厎豫而天下化，瞽瞍厎豫而天下之爲父子者定，此之謂大孝。」**厎，之爾反。○瞽瞍，舜父名。厎，致也。豫，悦樂也。瞽瞍至頑，嘗欲殺舜，至是而厎豫焉。《書》所謂「不格姦亦允若」是也。蓋舜至此而有以順乎親矣。是以天下之爲子者，知天下無不可事之親，顧吾所以事之者未若舜耳。於是莫不勉而爲孝，至於其親亦厎豫焉，則天下之爲父者，亦莫不慈，所謂化也。子孝父慈，各止其所，而無不安其位之意，所謂定也。爲法於天下，可傳於後世，非止一身一家之孝而已，此所以爲大孝也。○李氏曰：「舜之所以能使瞽瞍厎豫者，盡事親之道，共爲子職，不見父母之非而已。」○舜之所值者，至難事之親也，然積誠感動，猶能使之厎豫，况其不如瞽瞍者乎？故瞽瞍厎豫，而天下之爲人子者皆知無不可事之親，而各勉於爲孝，此所謂天下化也。昔羅豫章論此曰：「只爲天下無不是底父母。」陳了翁聞而善之曰：「惟如此而後天下之爲父子者定。彼臣弑君、子弑父者，常始於見其有不是處耳。」嗚呼！罪己而不非其親者，仁人孝子之心也；怨親而不反諸己者，亂臣賊子之志也。後之事難事之親者，其必以舜爲法。《衍義》

孟子集編卷第八

離婁章句下凡三十三章。

孟子曰：「舜生於諸馮，遷於負夏，卒於鳴條，東夷之人也。諸馮、負夏、鳴條，皆地名，在東方夷服之地。**文王生於岐周，卒於畢郢，西夷之人也。**岐周，岐山下周舊邑，近畎夷。畢郢，近豐鎬，今有文王墓。**地之相去也，千有餘里；世之相後也，千有餘歲。得志行乎中國，若合符節。**得志行乎中國，謂舜爲天子，文王爲方伯，得行其道於天下也。符節，以玉爲之，篆刻文字而中分之，彼此各藏其半，有故則左右相合以爲信也。若合符節，言其同也。**先聖後聖，其揆一也。」**揆，度也。其揆一者，言度之而其道無不同也。○范氏曰：「言聖人之生，雖有先後遠近之不同，然其道則一也。」○南軒曰：「先聖後聖，莫非一揆，孟子獨舉舜與文王言之者，蓋其地相去爲最遠，而世相去爲最久故耳。所謂『得志行乎中國』者，聖人之道化行乎天下，是所謂得志者也。然自今觀之，舜與文王所值之時，周旋於父子君臣之際者蓋不同矣，孟子謂若合符節者何邪？蓋道一而已。其所以一者，天之理也；若夫人爲，則萬殊矣。聖人者，純乎天理者也，純乎天理，則其云爲注措，莫非天之所爲，而有二乎哉！故舜之所以事瞽瞍者，是文王所以事王季者也；而文王之事紂，是舜所以事堯也；文王之憂勤，是舜無爲而治者也。舜與文王易地則皆然，何者？舜與文王皆天也，使其間有一毫不相似，則不曰若符節之契矣。然舜與文王之所以爲天者，則抑有道矣。堯、舜、文王，生知之聖也，亦必學以成之。『惟精惟一，允執厥中』者，舜之學也；『緝熙敬止，克宅厥心』者，文王之學也。即其生知之聖，而學以成之，此其所以爲天之無疆也。學者讀此章，當深究所以一者，於此有得，則先聖後聖之心，可得而識矣。」

○子產聽鄭國之政，以其乘輿濟人於溱洧。乘，去聲。溱，音臻。洧，榮美反。○子產，鄭大夫公孫僑也。溱、洧，二水名也。子產見人有徒涉此水者，以其所乘之車載而渡之。**孟子曰：「惠而不知爲政。**惠，謂私恩小利。政，則有公平正大之體，綱紀法度之施焉。**歲十一月徒杠成，十二月輿梁成，民未病涉也。**杠，音江。○杠，方橋也。徒杠，可通徒行者。梁，亦橋也。輿梁，可通車輿者。周十一月，夏九月也。周十二月，夏十月也。《夏令》曰：「十月成梁。」蓋農功已畢，可用民力，又時將寒沍，水有橋梁，則民不患於徒涉，亦王政之一事也。**君子平其政，行辟人可也，焉得人人而濟之？**辟，與闢同。焉，於虔反。○辟，辟除也，如《周禮》「閽人爲之辟」之「辟」。言能平其政，則出行之際，辟除行人，使之避己，亦不爲過。況國中之水，當涉者衆，豈能悉以乘輿濟之哉？**故爲政者，每人而悦之，日亦不足矣。」**言每人皆欲致私恩以悦其意，則人多日少，亦不足於用矣。諸葛武侯嘗言：「治世以大德，不以小惠。」得孟子之意矣。

○孟子告齊宣王曰：「君之視臣如手足，則臣視君如腹心；君之視臣如犬馬，則臣視君如國人；君之視臣如土芥，則臣視君如寇讎。」孔氏曰：「宣王之遇臣下，恩禮衰薄，至於昔者所進，今日不知其亡；則其於羣臣可謂邈然無敬矣。故孟子告之以此。手足腹心，相待一體，恩義之至也。如犬馬則輕賤之，然猶有豢養之恩焉。國人，猶言路人，言無怨無德也。土芥，則踐踏之而已矣，斬艾之而已矣，其賤惡之又甚矣。寇讎之報，不亦宜乎？」**王曰：「禮，爲舊君有服，何如斯可爲服矣？」**爲，去聲，下「爲之」同。○《儀禮》曰：「以道去君而未絶者，服齊衰三月。」王疑孟子之言太甚，故以此禮爲問。**曰：「諫行言聽，膏澤下於民；有故而去，則君使人導之出疆，又先於其所往；去三年不反，然後收其田里。此之謂三有禮焉。如此，則爲之服矣。**導之出疆，防剽掠也。先於其所往，稱道其賢，欲其收用之也。三年而後收其田禄里居，前此猶望其歸也。**今也爲臣，諫則不行，言則不聽；膏澤不下於民；有故而去，則君搏執之，又極之於其所往；去之日，遂收其田里。此之謂寇讎。寇讎何服之有？」**極，窮也。窮之於其所往之國，如晉錮欒盈也。○潘興嗣曰：「孟子告齊王之言，猶孔子對定公之意也；而其言有迹，不若孔子之渾然也。蓋聖賢之别如此。」楊氏曰：「君臣以義合者也。故孟子爲齊王深言報施之道，使知爲君者不可不以禮遇其臣耳。若君子之自處，則豈處其薄乎？孟子曰『王庶幾改之，予日望之』，君子之言蓋如此。」○南軒曰：「此所以深警宣王也。若夫在爲臣者之分，君雖待我者有未至，我所以事君者可以不自盡乎？是當玩孟子三宿出晝之心，則庶乎其得之矣。」○案：《檀弓》：「繆公問於子思曰：『爲舊君反服，古與？』子思曰：『古之君子，進人以禮，退人以禮，故有舊君反服之禮也。今之君子，進人若將加諸膝，退人若將墜諸淵，毋爲戎首，不亦善乎？又何反服之禮之有？』」孟子之言蓋本乎此。○以上言君臣交盡其道。○戰國之君以爵禄奔走士大夫，無復遇臣之禮，其臣亦懷利苟從，無復事君之忠，故孟子以此深警齊王也。昔魯繆公問於子思曰：「爲舊君反服，古與？」子思云云。孟子告齊王，即子思之告繆公者也。雖然，孟子爲齊王言則然也，而所以自處則不然也。千里見王，不遇故去，而三宿出晝，未嘗有悻悻之心，曷嘗以寇讎視其君哉？故曰孟子爲齊王言則然，而所以自處則不然也。

○孟子曰：「無罪而殺士，則大夫可以去；無罪而戮民，則士可以徙。」言君子當見幾而作，禍已迫，則不能去矣。

○孟子曰：「君仁莫不仁，君義莫不義。」張氏曰：「此章重出。然上篇主言人臣當以正君爲急，此章直戒人君，義亦小異耳。」

○孟子曰：「非禮之禮，非義之義，大人弗爲。」察禮不精，故有二者之蔽。大人則隨事而順理，因時而處宜，豈爲是哉？○南軒曰：「非禮之禮，非義之義，謂其事雖本是禮義，而施之不當，一過其則，則爲非禮義矣。故程子曰：『恭本爲禮，過於恭，是非禮之禮也；以物與人爲義，過於與，是非義之義矣。推是類可見矣。』蓋禮義本於天而著於人心，各有其則而不可過，乃天下之公而非有我之所得私也。一以己意加之，則是私情而已。故其事雖以禮義，而君子謂之非禮之禮，非義之義也。」

○孟子曰：「中也養不中，才也養不才，故人樂有賢父兄也。如中也棄不中，才也棄不才，則賢不肖之相去，其間不能以寸。」樂，音洛。○無過不及之謂中，足以有爲之謂才。養，謂涵育薰陶，俟其自化也。賢，謂中而才者也。樂有賢父兄者，樂其終能成己也。爲父兄者，若以子弟之不賢，遂遽絶之而不能教，則吾亦過中而不才矣。其相去之間，能幾何哉？○南軒曰：「此所謂中者，以德言；才者，以質言。惟有德者爲能涵養性情，而無過不及之患，故謂之中。而其倚於一偏不能自正者，則謂之不中。資質美茂如忠厚、剛毅、明敏之類，則謂之才。而其資質不美以陷於刻薄、柔懦、愚暗之流，則謂之不才。父兄之於子弟也，見其不中不才，則當思所以教之。教之之道，莫如養之。養之者，如天地涵養萬物，其雨露之所濡，雷風之所振，和氣之薰陶，寧有間斷乎哉？故物以生遂焉。父兄之所以養其子弟，當若是也。寬裕以容之，義理以漸之，忠信以成之，開其明而祛其惑，引之以其方，而使之自喻。此皆養之之方也。」

○孟子曰：「人有不爲也，而後可以有爲。」程子曰：「有不爲，知所擇也。惟能有不爲，是以可以有爲。無所不爲者，安能有所爲邪？」

○孟子曰：「言人之不善，當如後患何？」此亦有爲而言。

○孟子曰：「仲尼不爲已甚者。」已，猶太也。楊氏曰：「言聖人所爲，本分之外，不加毫末。非孟子真知孔子，不能以是稱之。」

○孟子曰：「大人者，言不必信，行不必果，惟義所在。」行，去聲。○必，猶期也。大人言行，不先期於信果，但義之所在，則必從之，卒亦未嘗不信果也。○尹氏曰：「主於義，則信果在其中矣；主於信果，則未必合義。」王勉曰：「若不合於義而不信不果，則妄人爾。」

○孟子曰：「大人者，不失其赤子之心者也。」大人之心，通達萬變；赤子之心，則純一無僞而已。然大人之所以爲大人，正以其不爲物誘，而有以全其純一無僞之本然。是以擴而充之，則無所不知，無所不能，而極其大也。○大人事事理會得，只是無許多巧僞曲折，便是赤子之心。赤子之心，純一無僞。大人者，是有知覺底純一無僞。○赤子之心不可盡謂已發，亦有未發處。○案呂氏以赤子之心爲未發，程子謂已發而未遠乎道。○南軒曰：「赤子之心，無聲色臭味之誘，無智巧作僞之私。」

○孟子曰：「養生者不足以當大事，惟送死可以當大事。」養，去聲。○事生固當愛敬，然亦人道之常耳；至於送死，則人道之大變。孝子之事親，舍是無以用其力矣。故尤以爲大事，而必誠必信，不使少有後日之悔也。

○孟子曰：「君子深造之以道，欲其自得之也。自得之，則居之安；居之安，則資之深；資之深，則取之左右逢其原，故君子欲其自得之也。」造，七到反。○造，詣也。深造之者，進而不已之意。道，則其進爲之方也。資，猶藉也。左右，身之兩旁，言至近而非一處也。逢，猶值也。原，本也，水之來處也。言君子務於深造而必以其道者，欲其有所持循，以俟夫默識心通，自然而得之於己也。自得於己，則所以處之者安固而不摇；處之安固，則所藉者深遠而無盡；所藉者深，則日用之間取之至近，無所往而不值其所資之本也。○程子曰：「學不言而自得者，乃自得也。有安排布置者，皆非自得也。然必潛心積慮，優游厭飫於其間，然後可以有得。若急迫求之，則是私己而已，終不足以得之也。」○南軒曰：「學貴於自得。不自得則無以有諸己，自得而後爲己物也。以其德性之知，非他人之所能與，非聰明智力之所可及，故曰自得。深造之以道者，言其涵泳之深也，工夫篤至，而後能有得，不然，則爲臆度而已，非自得也。臆度者，猶在此而想彼；自得，則此便是彼，更無二也。蓋所得未真實，則中心必有歆然不安者。自得則如水之必寒，火之必熱，不可得而易，故居之安。居之安，則資乎此，而所進日深矣。資者，憑藉據依之謂。蓋居之既安，則自得之味愈無窮也，故曰資之深。資之深，則萬事素定乎此，事至物來，隨而應之，周流運用，無非大端之所存，故曰取之左右逢其原。於是重言之曰『君子欲其自得之也』，其示人至矣。夫未之有得，則何所居？無所居，則又何所資而取哉？故自得其本也。然欲其自得，則有道矣，非深造之以道不可也。」

○**孟子曰：「博學而詳説之，將以反説約也。」**言所以博學於文，而詳説其理者，非欲以誇多而鬭靡也。欲其融會貫通，有以反而説到至約之地耳。蓋承上章之意而言，學非欲其徒博，而亦不可以徑約也。○南軒曰：「天下之理常存於至約，然求約有道，其惟博學而詳説歟？稽之前古，考之當今，以至於禮儀三百、威儀三千，朝夕從事而學焉，所謂博也。極天下之禮，講明問辯而不置焉，所謂詳也。博學詳説，則心廣義精，而所謂約者可得於言意之表矣。故吾之博學詳説，是將以反之於己而説約也。學不博，説不詳，而曰我知約者，是特陋而已矣。若博學詳説，而志不在於求約，則是外馳其心，務廣而貪多耳，非所謂學也。」

○**孟子曰：「以善服人者，未有能服人者也；以善養人，然後能服天下。天下不心服而王者，未之有也。」**王，去聲。○服人者，欲以取勝於人；養人者，欲其同歸於善。蓋心之公私小異，而人之嚮背頓殊，學者於此不可以不審也。

○**孟子曰：「言無實不祥。不祥之實，蔽賢者當之。」**或曰：「天下之言無有實不祥者，惟蔽賢爲不祥之實。」或曰：「言而無實者不祥，故蔽賢爲不祥之實。」二説不同，未知孰是，疑或有闕文焉。

○徐子曰：「仲尼亟稱於水，曰：『水哉，水哉！』何取於水也？」亟，去吏反。○亟，數也。水哉水哉，歎美之辭。**孟子曰：「原泉混混，不舍晝夜。盈科而後進，放乎四海，有本者如是，是之取爾。**舍、放，皆上聲。○原泉，有原之水也。混混，湧出之貌。不舍晝夜，言常出不竭也。盈，滿也。科，坎也。言其進以漸也。放，至也。言水有原本，不已而漸進以至於海；如人有實行，則亦不已而漸進以至於極也。**苟爲無本，七八月之間雨集，溝澮皆盈；其涸也，可立而待也。故聲聞過情，君子恥之。」**澮，古外反。涸，下各反。聞，去聲。○集，聚也。澮，田間水道也。涸，乾也。如人無實行，而暴得虛譽，不能長久也。聲聞，名譽也。情，實也。恥者，恥其無實而將不繼也。林氏曰：「徐子之爲人，必有躐等干譽之病，故孟子以是答之。」○鄒氏曰：「孔子之稱水，其旨微矣。孟子獨取此者，以徐子之所急者言之也。孔子嘗以聞達告子張矣，達者有本之謂也，聞則無本之謂也。然則學者其可以不務本乎？」○又《家語》孔子觀於東流之水一段，亦當參觀。古今同此水也，然孔子觀之而明道體之無息，孟子推之而明爲學之有本，今人之凡觀於水者，其亦知此乎？此格物致知所當察也。

○孟子曰：「人之所以異於禽獸者幾希，庶民去之，君子存之。幾希，少也。庶，衆也。人物之生，同得天地之理以爲性，同得天地之氣以爲形；其不同者，獨人於其間得形氣之正，而能有以全其性，爲少異耳。雖曰少異，然人物之所以分，實在於此。衆人不知此而去之，則名雖爲人，而實無以異於禽獸。君子知此而存之，是以戰兢惕厲，而卒能有以全其所受之理也。**舜明於庶物，察於人倫，由仁義**

行，非行仁義也。」物，事物也。明，則有以識其理也。人倫，説見前篇。察，則有以盡其理之詳也。物理固非度外，而人倫尤切於身，故其知之有詳略之異。在舜則皆生而知之也。由仁義行，非行仁義，則仁義已根於心，而所行皆從此出。非以仁義爲美，而後勉强行之，所謂安而行之也。此則聖人之事，不待存之而無不存矣。○尹氏曰：「存之者，君子也；存者，聖人也。君子所存，存天理也。由仁義行，存者能之。」○舜明於庶物，察於人倫。明察是見得事事物物之理，無一毫之未盡。所謂仁義者，皆不待求之於外，此身此心便渾然都是仁義。○問：「云云。若學者須是行仁義始得？」曰：「這便如三月不違意。他是平日身常在仁義内，即恁地行出。學者身在外，且須去求仁義，就上行。然又須以由仁義行爲準的，方得。」○或言由仁義行，好行仁義，便有善利之分。曰：「豈不見上有舜字，惟舜便由仁義行，他人須窮理，知其爲仁爲義，從而行之。且如『仁者安仁，智者利仁』，既未能安仁，亦須是利仁。利仁豈不是好底？知仁之爲利而行之，不然則以人欲爲利矣。」○南軒曰：「『由仁義行，非行仁義』者，行仁義猶爲二物也，由仁義行，則如目視而耳聽，手持而足履，無非是矣。若舜者，可謂全其所以爲人者，而無虧欠矣。未至於舜，皆爲未盡也。」○人之與物相去亦遠矣。而孟子以爲幾希者，蓋人物均有一心，然人能存而物不能存，所不同者惟此而已。人類之中有凡民者，亦有是心而不能存，是即禽獸也。惟君子能存之，所以異於物耳。若大舜之聖，則明乎物之所以爲物，察乎人之所以爲人，不待於存而自存。蓋存之者猶待於用力，舜則身即理，理即身，渾然無間，而不待於用力，所謂生知、安行、從容中道者是也。由仁義行，則身與理一，行仁義，則身與理二。然未至於舜，則所以行仁義者正所當勉也。行而久，久而熟，熟而安，則與由而行者亦豈異哉？《衍義》

○孟子曰：「禹惡旨酒而好善言。惡、好，皆去聲。○《戰國策》曰：「儀狄作酒，禹飲而甘之，曰『後世必有以酒亡其國者』，遂疏儀狄而絶旨酒。」《書》曰：「禹拜昌言。」**湯執中，立賢無方。**執，謂守而不失。中者，無過不及之名。方，猶類也。立賢無方，惟賢則立之於位，不問其類也。**文王視民如傷，望道而未之見。**而，讀爲如，古字通用。○民已安矣，而視之猶若有傷；道已至矣，而望之猶若未見。聖人之愛民深，而求道切，不自滿足，終日乾乾之心也。**武王不泄邇，不忘遠。**泄，狎也。邇者人所易狎而不泄，遠者人所易忘而不忘，德之盛，仁之至也。**周公思兼三王，以施四事；其有不合者，仰而思之，夜以繼日；幸而得之，坐以待旦。」**三王：禹也，湯也，文、武也。四事，上四條之事也。時異勢殊，故其事或有所不合，思而得之，則其理初不異矣。坐以待旦，急於行也。○此承上章言舜，因歷叙羣聖以繼之，而各舉其一事，以見其憂勤惕厲之意。蓋天理之所以常存，而人心之所以不死也。○程子曰：「孟子所稱，各因其一事而言，非謂武王不能執中立賢，湯却泄邇忘遠也。人謂各舉其盛，亦非也，聖人亦無不盛。」○南軒曰：「於是四者而窺四聖人之心，則可見其運而不息，化而不滯，其天地之心歟？」

○孟子曰：「王者之迹熄而《詩》亡，《詩》亡然後《春秋》作。王者之迹熄，謂平王東遷，而政教號令不及於天下也。《詩》亡，謂《黍離》降爲國風而雅亡也。《春秋》，魯史記之名，孔子因而筆削之。始於魯隱公之元年，實平王之四十九年也。**晉之《乘》，楚之《檮杌》，魯之《春秋》，一也。**乘，去聲。檮，音逃。杌，音兀。○乘，義未詳。趙氏以爲興於田賦乘馬之事。或曰：「取記載當時行事而名之也。」檮杌，惡獸名，古者因以爲凶人之號，取記惡垂戒之義也。《春秋》者，記事者必表年以首事，年有四時，故錯舉以爲所記之名也。古者列國皆有史官，掌記時事。此三者皆其所記册書之名也。**其事則齊桓、晉文，其文則史。孔子曰：『其義則丘竊取之矣。』**」春秋之時，五霸迭興，而桓文爲盛。史，史官也。竊取者，謙辭也。《公羊傳》作「其辭則丘有罪焉爾」，意亦如此。蓋言斷之在己，所謂筆則筆、削則削，游夏之徒不能贊一辭者也。尹氏曰：「言孔子作《春秋》，亦以史之文載當時之事也，而其義則定天下之邪正，爲百王之大法。」○此又承上章歷叙羣聖，因以孔子之事繼之，而孔子之事莫大於《春秋》，故特言之。

○孟子曰：「君子之澤五世而斬，小人之澤五世而斬。澤，猶言流風餘韻也。父子相繼爲一世，三十年亦爲一世。斬，絶也。大約君子小人之澤，五世而絶也。楊氏曰：「四世而緦，服之窮也；五世袒免，殺同姓也；六世親屬竭矣。服窮則遺澤寖微，故五世而斬。」**予未得爲孔子徒也，予私淑諸人也。**」私，猶竊也。淑，善也。李氏以爲方言是也。人，謂子思之徒也。自孔子卒至孟子遊梁時，方百四十餘年，而孟子已老。然則孟子之生，去孔子未百年也。故孟子言予雖未得親受業於孔子之門，然聖人之澤尚存，猶有能傳其學者。故我得聞孔子之道於人，而私竊以善其身，蓋推尊孔子而自謙之辭也。○此又承上三章，歷叙舜禹，至於周孔，而以是終之。其辭雖謙，然其所以自任之重，亦有不得而辭者矣。

○孟子曰：「可以取，可以無取，取傷廉；可以與，可以無與，與傷惠；可以死，可以無死，死傷勇。」先言可以者，略見而自許之辭也；後言可以無者，深察而自疑之辭也。過取固害於廉，然過與亦反害其惠，過死亦反害其勇，蓋過猶不及之意也。林氏曰：「公西華受五秉之粟，是傷廉也；冉子與之，是傷惠也；子路之死於衛，是傷勇也。」○南軒曰：「取與死生之義，有灼然易判者，亦有在可否之間者。在可否之間，非義精者莫能擇也。蓋其幾，間不容息，一或有偏，則失之矣。是以君子貴乎存養，存之有素，則其理不昧；養之有素，則物莫能奪。夫然，故當事幾之來，有以處之而得其當也。孟子於齊餽兼金不受，其於宋疑不可受而受，蓋以其無處而餽之，則爲傷廉故耳。孔子於公西華之使，冉子爲其請粟，疑可與也，而不與，蓋以周急不繼富，而與之則傷惠故耳。至於比干諫而死，箕子疑亦可死也，而陽狂以避，蓋以父師之義，死之則爲傷勇故也。然在賢者則於可不可之間能擇而處之，在聖人則動無非義，更不言擇矣。雖然，取之爲傷廉固也，然與爲傷惠，死爲傷勇，何哉？蓋所謂惠與勇者，以其義之所在故耳。若義所不在，雖似惠似勇，而反害於惠勇之實，且於所不當然而然，則於其所當然者廢矣。豈不爲有害乎！」

○逄蒙學射於羿，盡羿之道，思天下惟羿爲愈己，於是殺羿。孟子曰：「是亦羿有罪焉。」公明儀曰：「宜若無罪焉。」曰：「薄乎云爾，惡得無罪？逄，薄江反。惡，平聲。○羿，有窮后羿也。逄蒙，羿之家衆也。羿善射，篡夏自立，後爲家衆所殺。愈猶勝也。薄，言其罪差薄耳。**鄭人使子濯孺子侵衛，衛使庾公之斯追之。子濯孺子曰：『今日我疾作，不可以執弓，吾死矣夫！』問其僕曰：『追我者誰也？』其僕曰：『庾公之斯也。』曰：『吾生矣。』其僕曰：『庾公之斯，衛之善射者也，夫子曰「吾生」，何謂也？』曰：『庾公之斯學射於尹公之他，尹公之他學射於我。夫尹公之他，端人也，其取友必端矣。』庾公之斯至，曰：『夫子何爲不執弓？』曰：『今日我疾作，不可以執弓。』曰：『小人學射於尹公之他，尹公之他學射於夫子。我不忍以夫子之道反害夫子。雖然，今日之事，君事也，我不敢廢。』抽矢扣輪，去其金，發乘矢而後反。」**

他，徒河反。「矣夫」、「夫尹」之「夫」，並音扶。去，上聲。乘，去聲。○之，語助也。僕，御也。尹公他亦衛人也。端，正也。孺子以尹公正人，知其取友必正，故度庾公必不害己。小人，庾公自稱也。金，鏃也。扣輪出鏃，令不害人，乃以射也。乘矢，四矢也。孟子言使羿如子濯孺子得尹公他而教之，則必無逢蒙之禍。然夷羿篡弒之賊，蒙乃逆儔；庾斯雖全私恩，亦廢公義。其事皆無足論者，孟子蓋特以取友而言耳。

○孟子曰：「西子蒙不潔，則人皆掩鼻而過之。西子，美婦人。蒙，猶冒也。不潔，汙穢之物也。掩鼻，惡其臭也。**雖有惡人，齊戒沐浴，則可以祀上帝。」**齊，側皆反。○惡人，醜貌者也。○尹氏曰：「此章戒人之喪善，而勉人以自新也。」

○孟子曰：「天下之言性也，則故而已矣，故者以利爲本。性者，人物所得以生之理也。故者，其已然之迹，若所謂天下之故者也。利，猶順也，語其自然之勢也。言事物之理，雖若無形而難知，然其發見之已然，則必有迹而易見。故天下之言性者，但言其故而理自明，猶所謂善言天者必有驗於人也。然其所謂故者，又必本其自然之勢，如人之善、水之下，非有所矯揉造作而然者也。若人之爲惡、水之在山，則非自然之故矣。**所惡於智者，爲其鑿也。如智者若禹之行水也，則無惡於智矣。禹之行水也，行其所無事也。如智者亦行其所無事，則智亦大矣。**惡、爲，皆去聲。○天下之理，本皆順利，小智之人，務爲穿鑿，所以失之。禹之治水，則因其自然之勢而導之，未嘗以私智穿鑿而有所事，是以水得其潤下之性而不爲害也。○程子曰：「智出於人之性。人之爲智，或入於巧僞，而老莊之徒遂欲棄智，是豈性之罪也哉！善乎孟子之言，所惡於智者，爲其鑿也。」**天之高也，星辰之遠也，苟求其故，千歲之日**

至，可坐而致也。」天雖高，星辰雖遠，然求其已然之迹，則其運有常。雖千歲之久，其日至之度，可坐而得。況於事物之近，若因其故而求之，豈有不得其理者，而何以穿鑿爲哉？必言日至者，造曆者以上古十一月甲子朔夜半冬至爲曆元也。○程子曰：「此章專爲智而發。」愚謂事物之理，莫非自然。順而循之，則爲大智。若用小智而鑿以自私，則害於性而反爲不智。程子之言，可謂深得此章之旨矣。○南軒曰：「所惡於智者，爲其鑿也。鑿者以人爲爲之也，無是理而强爲之，故謂之鑿。鑿則失性，失其性則不可推而行，無所利矣，此所以惡夫智也。是蓋以其私智爲智，而非所謂智矣。蓋就下者，水之性也，水之性非禹之所得爲，禹能知而順之，非智乎？事事物物，其理之素具者，皆若水之就下然也。智者之於事物，皆若禹之於水，則智不亦大矣乎！所謂『行其所無事』也，謂由其所當然，未嘗致纖毫之力也。天雖高，星辰雖遠，而其故皆可得而求，蓋莫非循自然之理也。求其故，則千歲之日至，亦可坐而致也，而況他乎？故夫上世聖人所以建立人紀，裁成萬化，其事業爲無窮，然在聖人亦何加毫末於此？皆天下之性所當然，而聖人特以利之耳。」

○公行子有子之喪，右師往弔，入門，有進而與右師言者，有就右師之位而與右師言者。公行子，齊大夫。右師，王驩也。**孟子不與右師言，右師不悅曰：「諸君子皆與驩言，孟子獨不與驩言，是簡驩也。」**簡，略也。**孟子聞之，曰：「禮，朝廷不歷位而相與言，不踰階而相揖也。我欲行禮，子敖以我爲簡，不亦異乎？」**朝，音潮。○是時齊卿大夫以君命弔，各有位次。若周禮，凡有爵者之喪禮，則職喪涖其禁令，序其事，故云朝廷也。歷，更涉也。位，他人之位也。右師未就位而進與之言，則右師歷己之位矣；右師已就位而就與之言，則己歷右師之位矣。孟子、右師之位又不同階，孟子不敢失此禮，故不與右師言也。

○**孟子曰：「君子所以異於人者，以其存心也。君子以仁存心，以禮存心。**以仁禮存心，言以是存於心而不忘也。**仁者愛人，有禮者敬人。**此仁禮之施。**愛人者人恒愛之，敬人者人恒敬之。**恒，胡登反。○此仁禮之驗。**有人於此，其待我以横逆，則君子必自反也：我必不仁也，必無禮也，此物奚宜至哉？**横，去聲，下同。○横逆，謂强暴不順理也。物，事也。**其自反而仁矣，自反而有禮矣，其横逆由是也，君子必自反也：我必不忠。**由，與猶同，下放此。○忠者，盡己之謂。我必不忠，恐所以愛敬人者，有所不盡其心也。**自反而忠矣，其横逆由是也，君子曰：『此亦妄人也已矣。如此則與禽獸奚擇哉？於禽獸又何難焉？』**難，去聲。○奚擇，何異也。又何難焉，言不足與之校也。**是故君子有終身之憂，無一朝之患也。乃若所憂則有之：舜人也，我亦人也。舜爲法於天下，可傳於後世，我由未免爲鄉人也，是則可憂也。憂之如何？如舜而已矣。若夫君子所患則亡矣。非仁無爲也，非禮無行也。如有一朝之患，則君子不患矣。」**夫，音扶。○鄉人，鄉里之常人也。君子存心不苟，故無後憂。○此所謂存心與存其心，不同只是處心。又曰所以異於人，以其處心與人不同。○問「自反而忠之忠」。曰：「忠者盡己也。仁禮無一毫不盡。」○我由未免爲鄉人，此便是知耻，知耻則進學不得不勇。○南軒曰：「其欲如舜者，非慕夫舜之事功也，欲如舜之盡其道爲難也。『爲法於天下,可傳於後世』,言舜爲人倫之至也。其憂不如舜者,豈但憂之而已哉?求所以則而傚之者,惟恐不及也。故曰『憂之如何,如舜而已矣』。」

○禹、稷當平世,三過其門而不入,孔子賢之。事見前篇。**顏子當亂世,居於陋巷,一簞食,一瓢飲,人不堪其憂,顏子不改其樂,孔子賢之。**食,音嗣。樂,音洛。**孟子曰:「禹、稷、顏回同道。**聖賢之道,進則救民,退則修己,其心一而已矣。**禹思天下有溺者,由己溺之也;稷思天下有飢者,由己飢之也,是以如是其急也。**由,與猶同。○禹、稷身任其職,故以爲己責而救之急也。**禹、稷、顏子易地則皆然。**聖賢之心無所偏倚,隨感而應,各盡其道。故使禹、稷居顏子之地,則亦能樂顏子之樂;使顏子居禹、稷之任,亦能憂禹、稷之憂也。**今有同室之人鬭者,救之,雖被髮纓冠而救之,可也。**不暇束髮,而結纓往救,言急也。以喻禹、稷。**鄉鄰有鬭者,被髮纓冠而往救之,則惑也,雖閉户可也。」**喻顏子也。○此章言聖賢心無不同,事則所遭或異,然處之各當其理,是乃所以爲同也。尹氏曰:「當其可之謂時,前聖後聖,其心一也,故所遇皆盡善。」○楊氏曰:「君子所以施諸身,措之天下,各欲當其可而已。禹思天下之溺猶已溺之,稷思天下之飢猶已飢之,過門不入,弗子其子,至胼手胝足,不以爲病,君子不以爲過。顏淵在陋巷,飯蔬飲水,終日如愚人,然君子不謂之不及。蓋禹、稷被髮纓冠而往救者也,顏淵閉户者也。故孟子曰『易地則皆然』。若顏淵、禹、稷不當其可,則是楊、墨而已。」○南軒曰:「禹、稷、顏子之心一也。心之所爲一者,天理之所存,而無意、必、固、我加乎其間,當其可而已,此之謂時中。」又曰:「顏子未見施爲而遽比之禹、稷,不亦過乎?」曰:「禹、稷之事功,果何所自乎?德者本也,事功末也，本末一致也。故程子曰：『有顏子之德，則有禹稷之事功。』所謂事功，在聖賢夫何有哉？惟其時而已矣。然而孟子歷聘諸國，皇皇然以行道爲己任，有異乎顏子之爲何哉？方是時，異端並作，人欲横流，世無孔子，孟子烏得不以行道自任？予亦曰：顏子、孟子，易地則皆然。」

○公都子曰：「匡章，通國皆稱不孝焉。夫子與之遊，又從而禮貌之，敢問何也？」匡章，齊人。通國，盡一國之人也。禮貌，敬之也。**孟子曰：「世俗所謂不孝者五：惰其四支，不顧父母之養，一不孝也；博弈好飲酒，不顧父母之養，二不孝也；好貨財，私妻子，不顧父母之養，三不孝也；從耳目之欲，以爲父母戮，四不孝也；好勇鬬很，以危父母，五不孝也。章子有一於是乎？**好、養、從，皆去聲。很，胡懇反。○戮，羞辱也。很，忿戾也。**夫章子，子父責善而不相遇也。**夫，音扶。○遇，合也。相責以善而不相合，故爲父所逐也。**責善，朋友之道也；父子責善，賊恩之大者。**賊，害也。朋友當相責以善。父子行之，則害天性之恩也。○此章言父子不責善。子之諫父，已見前幾諫等章，父之不教子，獨見於此。然則子有未善，一付之師友，而反不問焉，可乎？曰：「父未嘗不教子也。鯉趨而過庭，孔子告之以學《詩》、學禮，此非教而何？特不深責以善耳。然君子之教，以身不以言。故公明儀學於曾子，三年不讀書。曾子曰：『儀而居參之門三年，不學何也？』公明儀曰：『安敢不學！儀見夫子居庭，親在，叱咤之聲未嘗至於犬馬。儀説之，學而未能。儀見夫子之應賓客，恭儉而不懈惰，儀説之，學而未能。儀見夫子之居朝廷嚴，儀説之，學而未能。儀安敢不學而居君子之門乎？』古之君子，其以身教也如此，豈必諄諄然命之而後謂之教邪？『夫子教我以正而夫子未出於正』，此正以言教不以身教之罪也。《説苑》曰：『父母正則子孫孝慈。孔子家兒不識怒，曾子家兒不識罵。』爲人父者，其可不知此義邪？」**夫章子，豈不欲有夫妻子母之屬哉？爲得罪於父，不得近。出妻屏子，終身不養焉。其設心以爲不若是，是則罪之大者，是則章子已矣。**」「夫章」之「夫」，音扶。爲，去聲。屏，必井反。養，去聲。○言章子非不欲身有夫妻之配、子有子母之屬，但爲身不得近於父，故不敢受妻子之養，以自責罰。其心以爲不如此，則其罪益大也。○此章之旨，於衆所惡而必察焉，可以見聖賢至公至仁之心矣。楊氏曰：「章子之行，孟子非取之也，特哀其志而不與之絶耳。」○南軒曰：「常人之私情，樂聞人之過，責人惟恐不深，而不復察其理。君子恕以待人，油然公平，各以其分，而是非無不得矣。匡章之事，亦可謂處乎其不幸者也，衆人皆歸之以不孝之名，而孟子獨明其不然者，察於理故耳。蓋諫於其父而父不受，以至於怒而屏之，以君子之法論之，章特未知夫有隱而無犯與夫號泣而從者其婉愉委曲爲如何，非致其深愛者不能也。章之諫也，毋乃不能察其親之意，而或過於辭色歟？是以爲責善而賊恩也。夫至於責善而賊恩，則非惟不能正救其事，而反以傷其父子之天性，其所處固不爲無過，然謂之不孝，則抑甚矣。蓋章本心亦庶幾欲其父之爲善耳，而處之或過，反以致其怒，而章子又以爲既得罪於父，則己亦不當安夫妻子之養，則從而黜屏其妻子，謂不若是，則己之罪益大也。其深自咎責之意可見矣。夫察章之事，既異乎世俗之所謂不孝，而原章之心，則又以得罪於父爲不遑安，則章亦庶幾其可進於善者，而豈當棄絶於君子之門哉？若章得罪於父而不知懼，則是以忿戾之氣行乎其間，而可罪矣。然則君子之觀人也，豈苟云乎哉？夫齊國之士皆以仲子爲廉，通國皆稱匡章爲不孝，而孟子獨明其不然，世俗之毀譽，如無本之水，非君子孰能察之！」○

案：孟子論人物，如伯夷、柳下惠、伊尹之類，已散見諸篇。若仲子事，合見出處篇，匡章事，亦合在父子篇，以其察世俗之毀譽而斷之以至公之理，深得論人之法，故備載焉。若荀、揚以下，評論人物未必皆當，故略。

○曾子居武城，有越寇。或曰：「寇至，盍去諸？」曰：「無寓人於我室，毀傷其薪木。」寇退，則曰：「脩我牆屋，我將反。」寇退，曾子反。左右曰：「待先生，如此其忠且敬也。寇至則先去以爲民望，寇退則反，殆於不可。」沈猶行曰：「是非汝所知也。昔沈猶有負芻之禍，從先生者七十人，未有與焉。」與，去聲。○武城，魯邑名。盍，何不也。左右，曾子之門人也。忠敬，言武城之大夫事曾子，忠誠恭敬也。爲民望，言使民望而效之。沈猶行，弟子姓名也。言曾子嘗舍於沈猶氏，時有負芻者作亂，來攻沈猶氏，曾子率其弟子去之，不與其難。言師賓不與臣同。子思居於衛，有齊寇。或曰：「寇至，盍去諸？」子思曰：「如伋去，君誰與守？」言所以不去之意如此。孟子曰：「曾子、子思同道。曾子，師也，父兄也；子思，臣也，微也。曾子、子思易地則皆然。」微，猶賤也。尹氏曰：「或遠害，或死難，其事不同者，所處之地不同也。君子之心，不繫於利害，惟其是而已，故易地則皆能爲之。」○孔氏曰：「古之聖賢，言行不同，事業亦異，而其道未始不同也。學者知此，則因所遇而應之；若權衡之稱物，低昂屢變，而不害其爲同也。」

○儲子曰：「王使人瞯夫子，果有以異於人乎？」孟子曰：「何以異於人哉？堯舜與人同耳。」瞯，古莧反。○儲子，齊人也。瞯，竊視也。聖人亦人耳，豈有異於人哉？

〇齊人有一妻一妾而處室者，其良人出，則必饜酒肉而後反。其妻問所與飲食者，則盡富貴也。其妻告其妾曰：「良人出，則必饜酒肉而後反，問其與飲食者，盡富貴也，而未嘗有顯者來，吾將瞯良人之所之也。」蚤起，施從良人之所之，徧國中無與立談者。卒之東郭墦間，之祭者，乞其餘；不足，又顧而之他。此其爲饜足之道也。其妻歸，告其妾曰：「良人者，所仰望而終身也。今若此。」與其妾訕其良人，而相泣於中庭。而良人未之知也，施施從外來，驕其妻妾。施，音迤，又音易。墦，音燔。施施，如字。〇章首當有「孟子曰」字，闕文也。良人，夫也。饜，飽也。顯者，富貴人也。施，邪施而行，不使良人知也。墦，冢也。顧，望也。訕，怨詈也。施施，喜悅自得之貌。由君子觀之，則人之所以求富貴利達者，其妻妾不羞也而不相泣者，幾希矣。孟子言自君子而觀，今之求富貴者，皆若此人耳。使其妻妾見之，不羞而泣者少矣，言可羞之甚也。〇趙氏曰：「言今之求富貴者，皆以枉曲之道，昬夜乞哀以求之，而以驕人於白日，與斯人何以異哉？」

孟子集編卷第九

萬章章句上凡九章。

萬章問曰：「舜往于田，號泣于旻天，何爲其號泣也？」孟子曰：「怨慕也。」號，平聲。○舜往于田，耕歷山時也。仁覆閔下，謂之旻天。號泣于旻天，呼天而泣也。事見《虞書·大禹謨》篇。怨慕，怨己之不得於親而思慕也。**萬章曰：「父母愛之，喜而不忘；父母惡之，勞而不怨。然則舜怨乎？」曰：「長息問於公明高曰：『舜往于田，則吾既得聞命矣；號泣于旻天，于父母，則吾不知也。』公明高曰：『是非爾所知也。』夫公明高以孝子之心，爲不若是恝，我竭力耕田，共爲子職而已矣，父母之不我愛，於我何哉？**惡，去聲。夫，音扶。恝，苦八反。共，平聲。○長息，公明高弟子。公明高，曾子弟子。「于父母」，亦《書》辭，言呼父母而泣也。恝，無愁之貌。於我何哉，自責不知己有何罪耳，非怨父母也。楊氏曰：「非孟子深知舜之心，不能爲此言。」蓋舜惟恐不順於父母，未嘗自以爲孝也；若自以爲孝，則非孝矣。」**帝使其子九男二女，百官牛羊倉廩備，以養舜於畎畝之中。天下之士多就之者，帝將胥天下而遷之焉。爲不順於父母，如窮人無所歸。**爲，去聲。○帝，堯也。《史記》云：「二女妻之，以觀其內；九男事之，以觀其外。」又言：「一年所居成聚，二年成邑，三年成都。」是天下之士就之也。胥，相視也。遷之，移以與之也。如窮人之無所歸，言其怨慕迫切之甚也。**天下之士悅之，人之所欲也，而不足以解憂；好色，人之所欲，妻帝之二女，而不足以解憂；富，人之所欲，富有天下，而不足以解憂；貴，人之所欲，貴爲天子，而不足以解憂。人悅之、好色、富貴，無足以解憂者，惟順於父母，可以解憂。**孟子推舜之心如此，以解上文之意。極天下之欲，不足以解憂；而惟順於父母，可以解憂。孟子真知舜之心哉！**人少，則慕父母；知好色，則慕少艾；有妻子，則慕妻子；仕則慕君，不得於君則熱中。大孝終身慕父母。五十而慕者，予於大舜見之矣。」**少、好，皆去聲。〇言常人之情，因物而遷，惟聖人爲能不失其本心也。艾，美好也。《楚辭》、《戰國策》所謂幼艾，義與此同。不得，失意也。熱中，躁急心熱也。言五十者，舜攝政時年五十也。五十而慕，則其終身慕可知矣。〇此章言舜不以得衆人之所欲爲己樂，而以不順乎親之心爲己憂。非聖人之盡性，其孰能之？〇孟子可謂知舜之心矣！蓋窮天下之可欲，皆外物也，聖人視之如浮雲然，得喪去來，不以介意，惟不順於父母，則以爲己之大罪，而不敢自恕。人知舜怨之爲怨，獨孟子知其怨乃所以爲慕。慕之爲言，愛之深、思之切也。五十始衰，《禮》所謂「不致毀」之時也。大舜於此猶慕焉，聖人純孝之心，不以老而衰也。揚雄亦曰：「事父母自知不足者，其舜乎？」蓋舜雖已順其親，而其心常若不足，此其所以爲終身之慕。《衍義》

〇萬章問曰：「《詩》云：『娶妻如之何？必告父母。』信斯言也，宜莫如舜。舜之不告

而娶，何也？」孟子曰：「告則不得娶。男女居室，人之大倫也。如告，則廢人之大倫，以懟父母，是以不告也。」懟，直類反。○《詩》，《齊國風·南山》之篇也。信，誠也，誠如此詩之言也。懟，讎怨也。舜父頑母嚚，常欲害舜。告則不聽其娶，是廢人之大倫，以讎怨於父母也。萬章曰：「舜之不告而娶，則吾既得聞命矣；帝之妻舜而不告，何也？」曰：「帝亦知告焉則不得妻也。」妻，去聲。○以女爲人妻曰妻。程子曰：「堯妻舜而不告者，以君治之而已，如今之官府治民之私者亦多。」萬章曰：「父母使舜完廩，捐階，瞽瞍焚廩。使浚井，出，從而揜之。象曰：『謨蓋都君咸我績。牛羊父母，倉廩父母，干戈朕，琴朕，弤朕，二嫂使治朕棲。』象往入舜宮，舜在牀琴。象曰：『鬱陶思君爾。』忸怩。舜曰：『惟兹臣庶，汝其于予治。』不識舜不知象之將殺己與？」曰：「奚而不知也？象憂亦憂，象喜亦喜。」弤，都禮反。忸，女六反。怩，音尼。與，平聲。○完，治也。捐，去也。階，梯也。揜，蓋也。案《史記》曰：「使舜上塗廩，瞽瞍從下縱火焚廩，舜乃以兩笠自捍而下去，得不死。後又使舜穿井，舜穿井爲匿空旁出。舜既入深，瞽瞍與象共下土實井，舜從匿空出去。」即其事也。象，舜異母弟也。謨，謀也。蓋，蓋井也。舜所居三年成都，故謂之都君。咸，皆也。績，功也。舜既入井，象不知舜已出，欲以殺舜爲己功也。干，盾也。戈，戟也。琴，舜所彈五弦琴也。弤，琱弓也。象欲以舜之牛羊倉廩與父母，而自取此物也。二嫂，堯二女也。棲，牀也，象欲使爲己妻也。象往舜宮，欲分取所有，見舜生在牀彈琴，蓋既出即潛歸其宮也。鬱陶，思之甚而氣不得伸也。象言己思君之甚，故來見爾。忸怩，慙色也。臣庶，謂其百官也。象素憎舜，不至其宮，故舜見其來而喜，使之治其臣庶也。孟子言舜非不知其將殺己，但見其憂則憂，見其喜則喜，兄弟之情，自有所不能已耳。萬章所言，其有無不可知，然舜之心，則孟子有以知之矣，他亦不足辨也。程子曰：「象憂亦憂，象喜亦喜，人情天理，於是爲至。」曰：「然則舜僞喜者與？」曰：「否。昔者有饋生魚於鄭子産，子産使校人畜之池。校人烹之，反命曰：『始舍之，圉圉焉，少則洋洋焉，攸然而逝。』子産曰：『得其所哉！得其所哉！』校人出，曰：『孰謂子産智？予既烹而食之，曰：得其所哉，得其所哉。』故君子可欺以其方，難罔以非其道。彼以愛兄之道來，故誠信而喜之，奚僞焉？」與，平聲。校，音效，又音教。畜，許六反。○校人，主池沼小吏也。圉圉，困而未舒之貌。洋洋，則稍縱矣。攸然而逝者，自得而遠去也。方，亦道也。罔，蒙蔽也。欺以其方，謂誑之以理之所有；罔以非其道，謂昧之以理之所無。象以愛兄之道來，所謂欺之以其方也。舜本不知其僞，故實喜之，何僞之有？○此章又言舜遭人倫之變，而不失天理之常也。○象欲殺舜之迹甚明，在舜豈不知之？然見其憂則憂，見其喜則喜，略無一毫芥蔕於其中。後世骨肉之間，小有疑隙，則猜防萬端，惟恐發之不蚤，除之不亟。至此然後知聖人之心與天同量也。世儒以帝堯在上，二女嬪虞，象無殺舜之理，故以孟子爲疑，不知孟子特論大舜之心，使其有是，處之不過如此，豈必真有是哉！《衍義》

○萬章問曰：「象日以殺舜爲事，立爲天子，則放之，何也？」孟子曰：「封之也，或曰放焉。」放猶置也，置之於此，使不得去也。萬章疑舜何不誅之，孟子言舜實封之，而或者誤以爲放也。萬章曰：「舜流共工于幽州，放驩兜于崇山，殺三苗于三危，殛鯀于羽山，四罪而天下咸服，誅不仁也。象至不仁，封之有庳。有庳之人奚罪焉？仁人固如是乎？在他人則誅之，在弟則

封之。」曰：「仁人之於弟也，不藏怒焉，不宿怨焉，親愛之而已矣。親之欲其貴也，愛之欲其富也。封之有庳，富貴之也。身爲天子，弟爲匹夫，可謂親愛之乎？」庳，音鼻。○流，徙也。共工，官名。驩兜，人名。二人比周，相與爲黨。三苗，國名，負固不服。殺，殺其君也。殛，誅也。鯀，禹父名，方命圮族，治水無功，皆不仁之人也。幽州、崇山、三危、羽山、有庳，皆地名也。或曰今道州鼻亭，即有庳之地也。未知是否。萬章疑舜不當封象，使彼有庳之民無罪而遭象之虐，非仁人之心也。藏怒，謂藏匿其怒。宿怨，謂留蓄其怨。**「敢問或曰放者，何謂也？」曰：「象不得有爲於其國，天子使吏治其國，而納其貢税焉，故謂之放。豈得暴彼民哉？雖然，欲常常而見之，故源源而來。『不及貢，以政接于有庳』，此之謂也。」**孟子言象雖封爲有庳之君，然不得治其國，天子使吏代之治，而納其所收之貢税於象。有似於放，故或者以爲放也。蓋象至不仁，處之如此，則既不失我親愛之心，而彼亦不得虐有庳之民也。源源，若水之相繼也。來，謂來朝覲也。「不及貢，以政接于有庳」，謂不待及諸侯朝貢之期，而以政事接見有庳之君。蓋古書之辭，而孟子引以證源源而來之意，見其親愛之無已如此也。○吴氏曰：「言聖人不以公義廢私恩，亦不以私恩害公義。舜之於象，仁之至，義之盡也。」○聖人不以公義廢私恩，故不以象之惡而不與之以富貴；亦不以私恩廢公義，故使之不得有爲於其國，以暴其民。舜之於象，仁之至，義之盡也。《衍義》

○咸丘蒙問曰：「語云：『盛德之士，君不得而臣，父不得而子。』舜南面而立，堯帥諸侯北面而朝之，瞽瞍亦北面而朝之。舜見瞽瞍，其容有蹙。孔子曰：『於斯時也，天下殆哉，岌

岌乎！』不識此語誠然乎哉？」孟子曰：「否。此非君子之言，齊東野人之語也。堯老而舜攝也。《堯典》曰：『二十有八載，放勳乃徂落，百姓如喪考妣，三年，四海遏密八音。』孔子曰：『天無二日，民無二王。』舜既爲天子矣，又帥天下諸侯以爲堯三年喪，是二天子矣。」

朝，音潮。岌，魚及反。○咸丘蒙，孟子弟子。語者，古語也。蹙，顰蹙不自安也。岌岌，不安貌也。言人倫乖亂，天下將危也。齊東，齊國之東鄙也。孟子言堯但老不治事，而舜攝天子之事耳。堯在時，舜未嘗即天子位，堯何由北面而朝乎？又引《書》及孔子之言以明之。《堯典》，《虞書》篇名。今此文乃見於《舜典》，蓋古書二篇，或合爲一耳。言舜攝位二十八年而堯死也。徂，升也。落，降也。人死則魂升而魄降，故古者謂死爲徂落。遏，止也。密，静也。八音，金、石、絲、竹、匏、土、革、木，樂器之音也。

咸丘蒙曰：「舜之不臣堯，則吾既得聞命矣。《詩》云：『普天之下，莫非王土；率土之濱，莫非王臣。』而舜既爲天子矣，敢問瞽瞍之非臣，如何？」曰：「是詩也，非是之謂也；勞於王事，而不得養父母也。曰：『此莫非王事，我獨賢勞也。』故説詩者，不以文害辭，不以辭害志。以意逆志，是爲得之。如以辭而已矣，《雲漢》之詩曰：『周餘黎民，靡有孑遺。』信斯言也，是周無遺民也。

不臣堯，不以堯爲臣，使北面而朝也。《詩》，《小雅·北山》之篇也。普，徧也。率，循也。此詩今毛氏序云：「役使不均，己勞於王事而不得養其父母焉。」其詩下文亦云：「大夫不均，我從事獨賢。」乃作詩者自言天下皆王臣，何爲獨使我以賢才而勞苦乎？非謂天子可臣其父也。文，字也。辭，語也。逆，迎也。《雲漢》，《大雅》篇名也。孑，獨立之貌。遺，脱也。言説詩之法，不可以一字而害一句之義，不可以一句而害設辭之志，當以己意迎取作者之志，乃爲得之。若但以其辭而已，則如《雲漢》所言，是周之民真無遺種矣。惟以意逆之，則知作詩者之志在於憂旱，而非真無遺民也。孝子之至，莫大乎尊親；尊親之至，莫大乎以天下養。爲天子父，尊之至也；以天下養，養之至也。《詩》曰：『永言孝思，孝思維則。』此之謂也。養，去聲。○言瞽瞍既爲天子之父，則當享天下之養，此舜之所以爲尊親養親之至也。豈有使之北面而朝之理乎？《詩》，《大雅·下武》之篇。言人能長言孝思而不忘，則可以爲天下法則也。《書》曰：『祗載見瞽瞍，夔夔齊栗，瞽瞍亦允若。』是爲父不得而子也。」見，音現。齊，側皆反。○《書》，《大禹謨》篇也。祗，敬也。載，事也。夔夔齊栗，敬謹恐懼之貌。允，信也。若，順也。言舜敬事瞽瞍，往而見之，敬謹如此，瞽瞍亦信而順之也。孟子引此而言瞽瞍不能以不善及其子，而反見化於其子，則是所謂父不得子者，而非如咸丘蒙之説也。

○萬章曰：「堯以天下與舜，有諸？」孟子曰：「否。天子不能以天下與人。」天下者，天下之天下，非一人之私有故也。「然則舜有天下也，孰與之？」曰：「天與之。」萬章問而孟子答也。「天與之者，諄諄然命之乎？」諄，之淳反。○萬章問也。諄諄，詳語之貌。曰：「否。天不言，以行與事示之而已矣。」行，去聲，下同。○行之於身謂之行，措諸天下謂之事。言但因舜之行事，而示以與之之意耳。曰：「以行與事示之者如之何？」曰：「天子能薦人於天，不能使天與之天下；諸侯能薦人於天子，不能使天子與之諸侯；大夫能薦人於諸侯，不能使諸侯與之大夫。昔者堯薦舜於天而天受之，暴之於民而民受之，故曰：天不言，以行與事示之而已矣。」暴，步卜反，下同。○暴，顯也。言下能薦人於上，不能令上必用之。舜爲天人所受，是因舜之行與事，而示之以與之之意也。曰：「敢問薦之於天而天受之，暴之於民而民受之，如何？」曰：「使之主祭而百神享之，是天受之；使之主事而事治，百姓安之，是民受之也。天與之，人與之，故曰：天子不能以天下與人。治，去聲。舜相堯二十有八載，非人之所能爲也，天也。堯崩，三年之喪畢，舜避堯之子於南河之南。天下諸侯朝覲者，不之堯之子而之舜；訟獄者，不之堯之子而之舜；謳歌者，不謳歌堯之子而謳歌舜，故曰天也。夫然後之中國，踐天子位焉。而居堯之宮，逼堯之子，是篡也，非天與也。相，去聲。朝，音潮。夫，音扶。○南河在冀州之南，其南即豫州也。訟獄，謂獄不決而訟之也。《太誓》曰『天視自我民視，天聽自我民聽』，此之謂也。」自，從也。天無形，其視聽皆從於民之視聽。民之歸舜如此，則天與之可知矣。

○萬章問曰：「人有言：『至於禹而德衰，不傳於賢而傳於子。』有諸？」孟子曰：「否，不然也。天與賢，則與賢；天與子，則與子。昔者舜薦禹於天，十有七年，舜崩。三年之喪畢，禹避舜之子於陽城。天下之民從之，若堯崩之後，不從堯之子而從舜也。禹薦益於天，七年，禹崩。三年之喪畢，益避禹之子於箕山之陰。朝覲訟獄者不之益而之啓，曰：『吾君之子也。』謳歌者不謳歌益而謳歌啓，曰：『吾君之子也。』朝，音潮。○陽城，箕山之陰，皆嵩山下深谷中可藏處也。啓，禹之子也。楊氏曰：「此語孟子必有所受，然不可考矣。但云天與賢則與賢，天與子則與子，可以見堯、舜、禹之心，皆無一毫私意也。」**丹朱之不肖，舜之子亦不肖。舜之相堯，禹之相舜也，歷年多，施澤於民久。啓賢，能敬承繼禹之道。益之相禹也，歷年少，施澤於民未久。舜、禹、益相去久遠，其子之賢不肖，皆天也，非人之所能爲也。莫之爲而爲者，天也；莫之致而至者，命也。**「之相」之「相」，去聲。「相去」之「相」，如字。○堯、舜之子皆不肖，而舜、禹之爲相久，此堯、舜之子所以不有天下，而舜、禹有天下也。禹之子賢，而益相不久，此啓所以有天下而益不有天下也。然此皆非人力所爲而自爲，非人力所致而自至者。蓋以理言之謂之天，自人言之謂之命，其實則一而已。**匹夫而有天下者，德必若舜、禹，而又有天子薦之者，故仲尼不有天下。**孟子因禹、益之事，歷舉此下兩條以推明之。言仲尼之德，雖無愧於舜、禹，而無天子薦之者，故不有天下。**繼世以有天下，天之所廢，必若桀、紂者也，故益、伊尹、周公不有天下。**繼世而有天下者，其先世皆有大功德於民，故必有大惡如桀、紂，則天乃廢之。如啓及太甲、成王雖不及益、伊尹、周公之賢聖，但能嗣守先業，則天亦不廢之。故益、伊尹、周公，雖有舜、禹之德，而亦不有天下。**伊尹相湯以王於天下。湯崩，太丁未立，外丙二年，仲壬四年。太甲顛覆湯之典刑，伊尹放之於桐。三年，太甲悔過，自怨自艾，於桐處仁遷義；三年，以聽伊尹之訓己也，復歸于亳。**相、王，皆去聲。艾，音乂。○此承上文言伊尹不有天下之事。趙氏曰：「太丁，湯之太子，未立而死。外丙立二年，仲壬立四年，皆太丁弟也。太甲，太丁子也。」程氏曰：「古人謂歲爲年。湯崩時，外丙方二歲，仲壬方四歲，惟太甲差長，故立之也。」二說未知孰是。顛覆，壞亂也。典刑，常法也。桐，湯墓所在。艾，治也，《説文》云「芟草也」，蓋斬絶自新之意。亳，商所都也。周公之不有天下，猶益之於夏，伊尹之於殷也。此復言周公所以不有天下之意。孔子曰：『唐虞禪，夏后、殷、周繼，其義一也。』」禪，音擅。○禪，授也。或禪或繼，皆天命也。聖人豈有私意於其間哉？○尹氏曰：「孔子曰：『唐虞禪，夏后、殷、周繼，其義一也。』孟子曰：『天與賢則與賢，天與子則與子。』知前聖之心者，無如孔子，繼孔子者，孟子而已矣。」

○萬章問曰：「人有言『伊尹以割烹要湯』，有諸？」要，平聲，下同。○要，求也。案《史記》：「伊尹欲行道以致君而無由，乃爲有莘氏之媵臣，負鼎俎以滋味説湯，致於王道。」蓋戰國時有爲此說者。孟子曰：「否，不然。伊尹耕於有莘之野，而樂堯、舜之道焉。非其義也，非其道也，祿之以天下，弗顧也；繫馬千駟，弗視也。非其義也，非其道也，一介不以與人，一介不以取諸人。樂，音洛。○莘，國名。樂堯、舜之道者，誦其詩，讀其書，而欣慕愛樂之也。駟，四匹也。介與草芥之芥同。言其辭受取與，無大無細，一以道義而不苟也。湯使人以幣聘之，囂囂然曰：『我何以湯之聘幣爲哉？我豈若處畎畝之中，由是以樂堯、舜之道哉？』囂，五高反，又户驕反。○囂囂，無欲自得之貌。湯三使往聘之，既而幡然改曰：『與我處畎畝之中，由是以樂堯、舜之道，吾豈若使是君爲堯、舜之君哉？吾豈若使是民爲堯、舜之民哉？吾豈若於吾身親見之哉？幡然，變動之貌。於吾身親見之，言於我之身親見其道之行，不徒誦説向慕之而已也。**天之生此民也，使先知覺後知，使先覺覺後覺也。予，天民之先覺者也；予將以斯道覺斯民也。非予覺之而誰也？』**此亦伊尹之言也。知，謂識其事之當然。覺，謂悟其理之所以然。覺後知後覺，如呼寐者而使之寤也。言天使者，天理當然，若使之也。程子曰：「予天民之先覺，謂我乃天生此民中，盡得民道而先覺者也。既爲先覺之民，豈可不覺其未覺者。及彼之覺，亦非分我所有以予之也，皆彼自有此理，我但能覺之而已。」**思天下之民匹夫匹婦有不被堯、舜之澤者，若己推而内之溝中。其自任以天下之重如此，故就湯而説之以伐夏救民。**推，吐回反。内，音納。説，音税。○《書》曰：「昔先正保衡作我先王，曰：『予弗克俾厥后爲堯、舜，其心愧耻，若撻于市。』一夫不獲，則曰『時予之辜』。」孟子之言蓋取諸此。是時夏桀無道，暴虐其民，故欲使湯伐夏以救之。徐氏曰：「伊尹樂堯、舜之道。堯、舜揖遜，而伊尹説湯以伐夏者，時之不同，義則一也。」**吾未聞枉己而正人者也，况辱己以正天下者乎？聖人之行不同也，或遠或近，或去或不去，歸潔其身而已矣。**行，去聲。○辱己甚於枉己，正天下難於正人。若伊尹以割烹要湯，辱己甚矣，何以正天下乎？遠，謂隱遁也。近，謂仕近君也。言聖人之行雖不必同，然其要歸，在潔其身而已。伊尹豈肯以割烹要湯哉？**吾聞其以堯、舜之道要湯，未聞以割烹也。**林氏曰：「以堯、舜之道要湯者，非實以是要之也，道在此而湯之聘自來耳。猶子貢言夫子之求之，異乎人之求之也。」愚謂此語亦猶前章所論父不得而子之意。○問：「《集注》中説曾點有樂此終身之語，如何？」曰：「觀舜居深山之中，伊尹耕於有莘之野，豈不是樂以終身？後來事業亦偶然耳。若先有一毫安排等待之心，便成病痛

矣。」《伊訓》曰：『天誅造攻自牧宮，朕載自亳。』」《伊訓》，《商書》篇名。孟子引以證伐夏救民之事也。今《書》「牧宮」作「鳴條」。造、載，皆始也。伊尹言始攻桀無道，由我始其事於亳也。

○萬章問曰：「或謂孔子於衛主癰疽，於齊主侍人瘠環，有諸乎？」孟子曰：「否，不然也。好事者爲之也。癰，於容反。疽，七余反。好，去聲。○主，謂舍於其家，以之爲主人也。癰疽，瘍醫也。侍人，奄人也。瘠，姓。環，名。皆時君所近狎之人也。好事，謂喜造言生事之人也。**於衛主顏讎由。彌子之妻與子路之妻，兄弟也。彌子謂子路曰：『孔子主我，衛卿可得也。』子路以告。孔子曰：『有命。』孔子進以禮，退以義，得之不得曰『有命』。而主癰疽與侍人瘠環，是無義無命也。**讎，如字，又音犨。○顏讎由，衛之賢大夫也，《史記》作顏濁鄒。彌子，衛靈公幸臣彌子瑕也。徐氏曰：「禮主於辭遜，故進以禮；義主於斷制，故退以義。難進而易退者也，在我者有禮義而已，得之不得則有命存焉。」**孔子不悦於魯、衛，遭宋桓司馬將要而殺之，微服而過宋。是時孔子當阨，主司城貞子，爲陳侯周臣。**要，平聲。○不悦，不樂居其國也。桓司馬，宋大夫向魋也。司城貞子，亦宋大夫之賢者也。陳侯，名周。案《史記》：「孔子爲魯司寇，齊人饋女樂以間之，孔子遂行。適衛月餘，去衛適宋。司馬魋欲殺孔子，孔子去至陳，主於司城貞子。」孟子言孔子雖當阨難，然猶擇所主，況在齊衛無事之時，豈有主癰疽侍人之事乎？**吾聞觀近臣，以其所爲主；觀遠臣，以其所主。若孔子主癰疽與侍人瘠環，何以爲孔子？」**近臣，在朝之臣。遠臣，遠方來仕者。君子小人，各從其類，故觀其所爲主，與其所主者，而其人可知。○南軒曰：「孔子進以禮，退以義，非聖人擇禮義而爲進退，聖人進退無非禮義。禮義之所在，固命之所存也。」○君子小人，各從其類，故近臣而賢，必能舉遠臣之賢者，遠臣而賢，亦必有近臣之賢者以舉之。故觀其所舉之賢否，則近臣之爲人可知；觀舉者之賢否，則遠臣之爲人可知。《衍義》

○萬章問曰：「或曰：『百里奚自鬻於秦養牲者，五羊之皮，食牛，以要秦穆公。』信乎？」孟子曰：「否，不然。好事者爲之也。食，音嗣。好，去聲，下同。○百里奚，虞之賢臣。人言其自賣於秦養牲者之家，得五羊之皮，而爲之食牛，因以干秦穆公也。百里奚，虞人也。晉人以垂棘之璧與屈産之乘，假道於虞以伐虢。宮之奇諫，百里奚不諫。屈，求勿反。乘，去聲。○虞、虢，皆國名。垂棘之璧，垂棘之地所出之璧也。屈産之乘，屈地所生之良馬也。乘，四匹也。晉欲伐虢，道經於虞，故以此物借道，其實欲并取虞。宮之奇，亦虞之賢臣，諫虞公令勿許，虞公不用，遂爲晉所滅。百里奚知其不可諫，故不諫而去之。知虞公之不可諫而去，之秦，年已七十矣，曾不知以食牛干秦穆公之爲汙也，可謂智乎？不可諫而不諫，可謂不智乎？知虞公之將亡而先去之，不可謂不智也。時舉於秦，知穆公之可與有行也而相之，可謂不智乎？相秦而顯其君於天下，可傳於後世，不賢而能之乎？自鬻以成其君，鄉黨自好者不爲，而謂賢者爲之乎？」相，去聲。○自好，自愛其身之人也。孟子言百里奚之智如此，必知食牛以干主之爲汙。其賢又如此，必不肯自鬻以成其君也。然此事當孟子時已無所據，孟子直以事理反覆推之，而知其必不然耳。○范氏曰：「古之聖賢未遇之時，鄙賤之事，不耻爲之。如百里奚爲人養牛，無足怪也。惟是人君不致敬盡禮，則不可得而見。豈有先自汙辱以要其君哉？莊周曰：『百里奚爵禄不入於心，故飯牛而牛肥，使穆公忘其賤而與之政。』亦可謂知百里奚矣。伊尹、百里奚之事，皆聖賢出處之大節，故孟子不得不辯。」尹氏曰：「當時好事者之論，大率類此。蓋以其不正之心度聖賢也。」

孟子集編卷第十

萬章章句下凡九章。

孟子曰：「伯夷，目不視惡色，耳不聽惡聲。非其君不事，非其民不使。治則進，亂則退。横政之所出，横民之所止，不忍居也。思與鄉人處，如以朝衣朝冠坐於塗炭也。當紂之時，居北海之濱，以待天下之清也。故聞伯夷之風者，頑夫廉，懦夫有立志。治，去聲，下同。横，去聲。朝，音潮。○横，謂不循法度。頑者，無知覺。廉者，有分辨。懦，柔弱也。餘並見前篇。伊尹曰：『何事非君？何使非民？』治亦進，亂亦進。曰：『天之生斯民也，使先知覺後知，使先覺覺後覺。予，天民之先覺者也，予將以此道覺此民也。』思天下之民匹夫匹婦有不與被堯、舜之澤者，若己推而内之溝中，其自任以天下之重也。與，音預。○何事非君，言所事即君。何使非民，言所使即民。無不可事之君，無不可使之民也。餘見前篇。柳下惠，不羞汙君，不辭小官。進不隱賢，必以其道。遺佚而不怨，阨窮而不憫。與鄉人處，由由然不忍去也。『爾爲爾，我爲我，雖袒裼裸裎於我側，爾焉能浼我哉？』故聞柳下惠之風者，鄙夫寬，薄夫敦。鄙，狹陋也。敦，厚也。餘見前篇。**孔子之去齊，接淅而行；去魯，曰：『遲遲吾行也。』去父母國之道也。可以速而速，可以久而久，可以處而處，可以仕而仕，孔子也。」**淅，先歷反。○接，猶承也。淅，漬米水也。漬米將炊，而欲去之速，故以手承水取米而行，不及炊也。舉此一端，以見其久、速、仕、止，各當其可也。或曰：「孔子去魯，不税冕而行，豈得爲遲？」楊氏曰：「孔子欲去之意久矣，不欲苟去，故遲遲其行也。膰肉不至，則得以微罪行矣，故不税冕而行，非速也。」**孟子曰：「伯夷，聖之清者也；伊尹，聖之任者也；柳下惠，聖之和者也；孔子，聖之時者也。**張子曰：「無所雜者清之極，無所異者和之極。勉而清，非聖人之清；勉而和，非聖人之和。所謂聖者，不勉不思而至焉者也。」孔氏曰：「任者，以天下爲己責也。」愚謂孔子仕、止、久、速，各當其可，蓋兼三子之所以聖者而時出之，非如三子之可以一德名也。或疑伊尹出處，合乎孔子，而不得爲聖之時，何也？程子曰：「終是任底意思在。」**孔子之謂集大成。集大成也者，金聲而玉振之也。金聲也者，始條理也；玉振之也者，終條理也。始條理者，智之事也；終條理者，聖之事也。**此言孔子集三聖之事，而爲一大聖之事，猶作樂者，集衆音之小成，而爲一大成也。成者，樂之一終，《書》所謂「簫《韶》九成」是也。金，鍾屬。聲，宣也，如「聲罪致討」之「聲」。玉，磬也。振，收也，如「振河海而不洩」之「振」。始，始之也。終，終之也。條理，猶言脈絡，指衆音而言也。智者，知之所及；聖者，德之所就也。蓋樂有八音：金、石、絲、竹、匏、土、革、木。若獨奏一音，則其一音自爲始終，而爲一小成。猶三子之所知偏於一，而其所就亦偏於一也。八音之中，金石爲重，故特爲衆音之綱紀。又金始震而玉終詘然也，故並奏八音，則於其未作，而先擊鎛鍾以宣其聲；俟其既闋，而後擊特磬以收其韻。宣以始之，收以終之。二者之間，脈絡貫通，無所不備，則合衆小成而爲一大成，猶孔子之知無不盡而德無不全也。金聲玉振，始終條理，疑古《樂經》之言。故倪寬云：「惟天子建中和之極，兼總條貫，金聲而玉振之。」亦此意也。**智，譬則巧也；聖，譬則力也。由射於百步之外也，其至，爾力也；其中，非爾力也。」**中，去聲。○此復以射之巧力，發明智、聖二字之義。見孔子巧力俱全，而聖智兼備，三子則力有餘而巧不足，是以一節雖至於聖，而智不足以及乎時中也。○此章言三子之行，各極其一偏；孔子之道，兼全於衆理。所以偏者，由其蔽於始，是以缺於終；所以全者，由其知之至，是以行之盡。三子猶春夏秋冬之各一其時，孔子則太和元氣之流行於四時也。

○北宮錡問曰：「周室班爵禄也，如之何？」錡，魚綺反。○北宮，姓；錡，名；衛人。班，列也。**孟子曰：「其詳不可得聞也。諸侯惡其害己也，而皆去其籍。然而軻也，嘗聞其略也。**惡，去聲。去，上聲。○當時諸侯兼并僭竊，故惡周制妨害己之所爲也。**天子一位，公一位，侯一位，伯一位，子、男同一位，凡五等也。君一位，卿一位，大夫一位，上士一位，中士一位，下士一位，凡六等。**此班爵之制也。五等通於天下，六等施於國中。**天子之制，地方千里，公、侯皆方百里，伯七十里，子、男五十里，凡四等。不能五十里，不達於天子，附於諸侯，曰附庸。**此以下，班禄之制也。不能，猶不足也。小國之地不足五十里者，不能自達於天子，因大國以姓名通，謂之附庸，若春秋邾儀父之類是也。**天子之卿受地視侯，大夫受地視伯，元士受地視子、男。**視，比也。徐氏曰：「王畿之內，亦制都鄙受地也。」元士，上士也。**大國地方百里，君十卿祿，卿祿四大夫，大夫倍上士，上士倍中士，中士倍下士，下士與庶人在官者同祿，祿足以代其耕也。**十，十倍之也。四，四倍之也。倍，加一倍也。徐氏曰：「大國君田三萬二千畝，其入可食二千八百八十人。卿田三千二百畝，可食二百八十八人。大夫田八百畝，可食七十二人。上士田四百畝，可食三十六人。中士田二百畝，可食十八人。下士與庶人在官者田百畝，可食九人至五人。庶人在官，府史胥徒也。」愚案：君以下所食之祿，皆助法之公田，藉農夫之力以耕而收其租。士之無田，與庶人在官者，則但受祿於官，如田之入而已。**次國地方七十里，君十卿祿，卿祿三大夫，大夫倍上士，上士倍中士，中士倍下士，下士與庶人在官者同祿，祿足以代其耕也。**三，謂三倍之也。徐氏曰：「次國君田二萬四千畝，可食二千一百六十人。卿田二千四百畝，可食二百十六人。」**小國地方五十里，君十卿祿，卿祿二大夫，大夫倍上士，上士倍中士，中士倍下士，下士與庶人在官者同祿，祿足以代其耕也。**二，即倍也。徐氏曰：「小國君田一萬六千畝，可食千四百四十人。卿田一千六百畝，可食百四十四人。」**耕者之所獲，一夫百畝。百畝之糞，上農夫食九人，上次食八人，中食七人，中次食六人，下食五人。庶人在官者，其祿以是爲差。」**食，音嗣。○獲，得也。一夫一婦，佃田百畝。加之以糞，糞多而力勤者爲上農，其所收可供九人。其次用力不齊，故有此五等。庶人在官者，其受祿不同，亦有此五等也。○愚案：此章之說，與《周禮》、《王制》不同，蓋不可考，闕之可也。程子曰：「孟子之時，去先王未遠，載籍未經秦火，然而班爵祿之制已不聞其詳。今之禮書，皆掇拾於煨燼之餘，而多出於漢儒一時之傅會，奈何欲盡信而句爲之解乎？然則其事故不可一一追復矣。」

○萬章問曰：「敢問友。」孟子曰：「不挾長，不挾貴，不挾兄弟而友。友也者，友其德也，不可以有挾也。挾者，兼有而恃之之稱。孟獻子，百乘之家也，有友五人焉：樂正裘、牧仲，其三人，則予忘之矣。獻子之與此五人者友也，無獻子之家者也。此五人者，亦有獻子之家，則不與之友矣。乘，去聲，下同。○孟獻子，魯之賢大夫仲孫蔑也。張子曰：「獻子忘其勢，五人者忘人之勢。不資其勢而利其有，然後能忘人之勢。若五人者有獻子之家，則反爲獻子之所賤矣。」非惟百乘之家爲然也。雖小國之君亦有之。費惠公曰：『吾於子思，則師之矣；吾於顔般，則友之矣；王順、長息，則事我者也。』費，音秘。般，音班。○惠公，費邑之君也。師，所尊也。友，所敬也。事我者，所使也。非惟小國之君爲然也，雖大國之君亦有之。晉平公之於亥唐也，入云則入，坐云則坐，食云則食。雖疏食菜羹，未嘗不飽，蓋不敢不飽也。然終於此而已矣。弗與共天位也，弗與治天職也，弗與食天禄也，士之尊賢者也，非王公之尊賢也。「疏食」之「食」，音嗣。「平公」、「王公」下，諸本多無「之」字，疑闕文也。○亥唐，晉賢人也。平公造之，唐言入，公乃入，言坐乃坐，言食乃食也。疏食，糲飯也。不敢不飽，敬賢者之命也。○范氏曰：「位曰天位，職曰天職，禄曰天禄。言天所以待賢人，使治天民，非人君所得專者也。」舜尚見帝，帝館甥于貳室，亦饗舜，迭爲賓

主，是天子而友匹夫也。尚，上也。舜上而見於帝堯也。館，舍也。禮，妻父曰外舅。謂我舅者，吾謂之甥。堯以女妻舜，故謂之甥。貳室，副宮也。堯舍舜於副宮，而就饗其食。**用下敬上，謂之貴貴；用上敬下，謂之尊賢。貴貴、尊賢，其義一也。」**貴貴、尊賢，皆事之宜者。然當時但知貴貴，而不知尊賢，故孟子曰「其義一也」。○此言朋友人倫之一，所以輔仁，故以天子友匹夫而不爲詘，以匹夫友天子而不爲僭。此堯、舜所以爲人倫之至，而孟子言必稱之也。○孟子謂自天子至大夫，皆有友賢之義，然知友賢而未知用賢，則猶未也。蓋位者天位，所以處賢者也；職者天職，所以命賢者也；禄者天禄，所以養賢者也。三者皆天所以待賢人，使治天民者也。而晉平公之於亥唐，特虛尊之而已，未嘗處之以位，命之以職，食之以禄也。此豈王公尊賢之道哉？必如堯之於舜，然後爲盡友賢之道矣。夫貴貴、尊賢，其理本一，然戰國之世，人但知貴貴，而不復知尊賢，故孟子歷叙友賢之事，而終欲以堯、舜爲法也。《衍義》

○萬章問曰：「敢問交際何心也？」孟子曰：「恭也。」際，接也。交際，謂人以禮儀幣帛相交接也。**曰：「卻之卻之爲不恭，何哉？」曰：「尊者賜之，曰『其所取之者，義乎，不義乎』，而後受之，以是爲不恭，故弗卻也。」**卻，不受而還之也。再言之，未詳。萬章疑交際之間，有所卻者，人便以爲不恭，何哉？孟子言尊者之賜，而心竊計其所以得此物者，未知合義與否，必其合義，然後可受，不然則卻之矣，所以卻之爲不恭也。**曰：「請無以辭卻之，以心卻之，曰『其取諸民之不義也』，而以他辭無受，不可乎？」曰：「其交也以道，其接也以禮，斯孔子受之矣。」**萬章以爲彼既得之不義，則其餽不可受。但無以言語間而卻之，直以心度其不義，而託於他辭以卻之，如此可否邪？交以道，如餽贐、聞戒、周其飢餓之類。接以禮，謂辭命恭敬之節。孔子受之，如受陽貨蒸豚之類也。**萬章曰：「今有禦人於國門之外者，其交也以道，其餽也以禮，斯可受禦與？」曰：「不可。《康誥》曰：『殺越人于貨，閔不畏死，凡民罔不譈。』是不待教而誅者也。殷受夏，周受殷，所不辭也。於今爲烈。如之何其受之？」**與，平聲。譈，《書》作「憝」，徒對反。○禦，止也。止人而殺之，且奪其貨也。國門之外，無人之處也。萬章以爲苟不問其物之所從來，而但觀其交接之禮，則設有禦人者，用其禦得之貨以禮餽我，則可受之乎？《康誥》，《周書》篇名。越，顛越也。今《書》「閔」作「愍」，無「凡民」二字。譈，怨也。言殺人而顛越之，因取其貨，閔然不知畏死，凡民無不怨之。孟子言此乃不待教戒而當即誅者也，如何而可受之乎？「殷受」至「爲烈」十四字，語意不倫。李氏以爲此必有斷簡或闕文者，近之，而愚意其直爲衍字耳。然不可考，姑闕之可也。**曰：「今之諸侯取之於民也，猶禦也。苟善其禮際矣，斯君子受之，敢問何説也？」曰：「子以爲有王者作，將比今之諸侯而誅之乎？其教之不改而後誅之乎？夫謂非其有而取之者盜也，充類至義之盡也。孔子之仕於魯也，魯人獵較，孔子亦獵較。獵較猶可，而況受其賜乎？」**比，去聲。夫，音扶。較，音角。○比，連也。言今諸侯之取於民，固多不義，然有王者起，必不連合而盡誅之。必教之不改而後誅之，則其與禦人之盜不待教而誅者不同矣。夫禦人於國門之外，與非其有而取之，二者固皆不義之類，然必禦人，乃爲真盜。其謂非有而取爲盜者，乃推其類，至於義之至精至密之處而極言之耳，非便以爲真盜也。然則今之諸侯，雖曰取非其有，而豈可遽以同於禦人之盜也哉？又引孔子之事，以明世俗所尚，猶或可從，況受其賜，何爲不可乎？獵較，未詳。趙氏以爲田獵相較，奪禽獸以祭。孔子不違，所以小同於俗也。張氏以爲獵而較所獲之多少也。二説未知孰是。**曰：「然則孔子之仕也，非事道與？」曰：「事道也。」「事道奚獵較也？」曰：「孔子先簿正祭器，不以四方之食供簿正。」曰：「奚不去也？」曰：「爲之兆也。兆足以行矣，而不行，而後去，是以未嘗有所終三年淹也。**與，平聲。○此因孔子事而反覆辯論也。事道者，以行道爲事也。事道奚獵較也，萬章問也。先簿正祭器，未詳。徐氏曰：「先以簿書正其祭器，使有定數，不以四方難繼之物實之。夫器有常數、實有常品，則其本正矣，彼獵較者，將久而自廢矣。」未知是否也。兆，猶卜之兆，蓋事之端也。孔子所以不去者，亦欲小試行道之端，以示於人，使知吾道之果可行也。若其端既可行，而人不能遂行之，然後不得已而必去之。蓋其去雖不輕，而亦未嘗不決，是以未嘗終三年留於一國也。**孔子有見行可之仕，有際可之仕，有公養之仕。於季桓子，見行可之仕也；於衛靈公，際可之仕也；於衛孝公，公養之仕也。」**見行可，見其道之可行也。際可，接遇以禮也。公養，國君養賢之禮也。季桓子，魯卿季孫斯也。衛靈公，衛侯元也。孝公，《春秋》、《史記》皆無之，疑出公輒也。因孔子仕魯，而言其仕有此三者。故於魯則兆足以行矣而不行然後去，而於衛之事，則又受其交際問餽而不卻之一驗也。○尹氏曰：「不聞孟子之義，則自好者爲於陵仲子而已。聖賢辭受進退，惟義所在。」愚案：此章文義多不可曉，不必强爲之説。○南軒曰：「讀《孟子》此章，所以答萬章者反復曲折，可謂義之精矣。問交際何心，則曰恭，蓋交際之道主乎恭也。問卻之何以爲不恭，則以謂尊者有賜，若念其取之義與不義而後受，則非所以敬事乎其尊者也。吾知不虛其賜我之意而已，豈暇問其所自哉？若夫萬章之説，以心卻之，而以他辭無受，則是乃不恭之心，而辭何爲乎？ 然而其受也，必交以道而接以禮，使交之不以道，而接之不以禮，則固有所不受矣。 於齊餽兼金百鎰而不受，是亦尊者之賜也，然未有辭，則是貨我而已。 其交也固非道，其接也固非禮，此所爲不受也。 蓋亦非爲其取之不義之故，初亦無害乎交際之恭也。 萬章於此有疑焉，謂有人於此，禦人以兵而得貨，然交以道，餽以禮，則君子固亦受與？ 孟子謂禦人而奪貨者，此所謂大憝，有國者之所必禁，不待教令而誅者。 三代之法同，不必設辭而可知者，居今之世，其法爲甚著，奈何而可受其餽乎！ 萬章謂既以爲不可，則今之諸侯以非道取民，與此何異？ 而君子以善其禮際而受之可乎？ 孟子謂事固有輕重，若以爲有王者作，將不待教而盡誅今之諸侯乎？ 抑亦教而不改而後誅之也？ 以理論之，則必待教而不改，然後誅之明矣。 然則其可與不待教而誅者同日而語乎？ 夫謂非其有而取之爲盜者，蓋充夫非其有而取之之類，以極義之所在而比之爲盜則可，若便以爲與禦人奪貨之盜同罪，則豈可哉？ 大抵聖賢因汙隆而起變化，辭受取與，皆天下正理，過與不及，爲失其正理則均也。 魯之習俗，必獵較而後以祭，孔子仕於魯，亦不違也，而況於受其賜乎？ 萬章聞是言，則又疑孔子之仕，所事者道，而何獵較爲也？ 孟子以爲孔子於宗廟之祭，先簿正其祭器，立之彝典，不以四方之食供簿正。 蓋四方之食非簿正之常典也，然於獵較而供祭之事猶有所未廢，蓋由簿正之事而正之，其施設則有次第矣。 而萬章以爲既不能遂盡正之，則曷爲不遂去？ 孟子謂爲之兆也。 爲之兆者，正本開端，而爲可繼也。 聖人之爲，如天地之化，不疾不徐，雖曰爲之兆，而化育之大體已具矣。 在他人，緩則失時，速則反害，蓋非溥博淵泉而時出之，是以無序而不和也。 兆足以行而不行者，蓋以其兆固可繼此以行，而有所不得行焉，則命也，夫然後去之，故亦未嘗有三年之淹焉。

其先後遲速皆天理也。此所謂聖之時者歟！於是遂論孔子之仕有三焉：行可之仕，謂其兆可以行者也；際可之仕，謂遇聖人以禮者也；公養之仕，謂養聖人以道者也。遇以禮而養以道者，聖人亦豈得而絶之乎？讀是章者，涵泳而精思之，亦可以窺聖賢之用，而知辭受取與之方也。」

○孟子曰：「仕非爲貧也，而有時乎爲貧；娶妻非爲養也，而有時乎爲養。爲、養，並去聲，下同。○仕本爲行道，而亦有家貧親老，或道與時違，而但爲禄仕者。如娶妻本爲繼嗣，而亦有爲不能親操井臼，而欲資其餽養者。**爲貧者，辭尊居卑，辭富居貧。**貧富，謂禄之厚薄。蓋仕不爲道，已非出處之正，故其所處但當如此。**辭尊居卑，辭富居貧，惡乎宜乎？抱關擊柝。**惡，平聲。柝，音託。○柝，行夜所擊木也。蓋爲貧者雖不主於行道，而亦不可以苟禄。故惟抱關擊柝之吏，位卑禄薄，其職易稱，爲所宜居也。李氏曰：「道不行矣，爲貧而仕者，此其律令也。若不能然，則是貪位慕禄而已矣。」**孔子嘗爲委吏矣，曰『會計當而已矣』。嘗爲乘田矣，曰『牛羊茁壯，長而已矣』。**委，烏僞反。會，工外反。當，丁浪反。乘，去聲。茁，阻刮反。長，上聲。○此孔子之爲貧而仕者也。委吏，主委積之吏也。乘田，主苑囿芻牧之吏也。茁，肥貌。言以孔子大聖，而嘗爲賤官不以爲辱者，所以爲貧而仕，官卑禄薄，而職易稱也。**位卑而言高，罪也；立乎人之本朝，而道不行，恥也。」**朝，音潮。○以出位爲罪，則無行道之責；以廢道爲恥，則非竊禄之官，此爲貧者之所以必辭尊富而寧處貧賤也。○尹氏曰：「言爲貧者不可以居尊，居尊者必欲以行道。」○南軒曰：「此章言爲貧而仕之義。夫仕者豈爲貧乎哉？蓋將以行道也，而亦有爲貧而仕者焉。是猶娶妻本爲繼嗣，非爲養也，而亦有爲養而娶者焉。然則爲貧而仕與爲養而娶，是亦皆義也。雖然，既曰爲貧矣，則不當處夫尊與富，居於卑與貧者可也。若處其尊與富，則是名爲爲貧，而其實竊位也。處其尊與富，則當任其責，此豈爲貧之地哉！是則非義矣。故抱關擊柝，亦以爲宜者，本爲貧故也。孔子嘗爲委吏，嘗爲乘田矣。聖人篤誠，雖居下位，必敬其事，曰『會計當而已矣』，曰『牛羊茁壯，長而已矣』，以其職在乎是而不越也。蓋位卑者，言責不加焉，言高則罪矣，故可以姑守其職，此爲貧而仕之法也。若夫立人之本朝，則當以行道爲任，道不行而竊其位，君子之所耻也。然則高位厚禄，非所以養貧也，後世不明此義，假爲貧之名，安享寵利而恬然曾不以爲愧，此可勝罪哉！必不得已，爲貧而仕，其以抱關擊柝之爲宜，則可矣。嗟夫！觀夫子爲委吏而曰『會計當而已矣』，爲乘田而曰『牛羊茁壯，長而已矣』，則夫子得政於天下，其所當爲者如何哉？事有小大，而心則一也，亦曰止其所而已矣。」

○萬章曰：「士之不託諸侯，何也？」孟子曰：「不敢也。諸侯失國，而後託於諸侯，禮也；士之託於諸侯，非禮也。」託，寄也，謂不仕而食其禄也。古者諸侯出奔他國，食其廩餼，謂之寄公。士無爵土，不得比諸侯。不仕而食禄，則非禮也。**萬章曰：「君餽之粟，則受之乎？」曰：「受之。」「受之何義也？」曰：「君之於氓也，固周之。」**周，救也。視其空乏，則周卹之，無常數，君待民之禮也。**曰：「周之則受，賜之則不受，何也？」曰：「不敢也。」曰：「敢問其不敢何也？」曰：「抱關擊柝者，皆有常職以食於上。無常職而賜於上者，以爲不恭也。」**賜，謂予之禄，有常數，君所以待臣之禮也。**曰：「君餽之，則受之，不識可常繼乎？」曰：「繆公之於子思也，亟問，亟餽鼎肉。子思不悦。於卒也，摽使者出諸大門之外，北面稽首再拜而不受。曰：『今而後知君之**

犬馬畜伋。』蓋自是臺無餽也。悦賢不能舉，又不能養也，可謂悦賢乎？」亟，去聲，下同。摽，音杓。使，去聲。○亟，數也。鼎肉，熟肉也。卒，末也。摽，麾也。數以君命來餽，當拜受之，非養賢之禮，故不悦。而於其末後復來餽時，麾使者出拜而辭之。犬馬畜伋，言不以人禮待己也。臺，賤官，主使令者。蓋繆公愧悟，不復令臺來致餽也。舉，用也。能養者未必能用，況又不能養乎？**曰：「敢問國君欲養君子，如何斯可謂養矣？」曰：「以君命將之，再拜稽首而受。其後廩人繼粟，庖人繼肉，不以君命將之。子思以爲鼎肉，使己僕僕爾亟拜也，非養君子之道也。**初以君命來餽，則當拜受。其後有司各以其職繼續所無，不以君命來餽，不使賢者有亟拜之勞也。僕僕，煩猥貌。**堯之於舜也，使其子九男事之，二女女焉，百官牛羊倉廩備，以養舜於畎畝之中，後舉而加諸上位。故曰：王公之尊賢者也。」**女，下字去聲。○能養能舉，悦賢之至也，惟堯、舜爲能盡之，而後世之所當法也。○南軒曰：「萬章所謂託於諸侯，蓋以爲士雖不得行其道，而託禄於諸侯以自養，宜若可也。而孟子以爲非禮，以其無是理故也，然周之則可以受。周之與賜所以異者，蓋居其國則爲其民，君以其飢餓而餽焉，受斯可也。若欲以自託而虚享其禄賜，則於義何居乎？名不正則失其序而不和，故孔子論之。至於禮樂不興而民無所措手足，君子之於禮樂不斯須去身者，其動未嘗不當，名正而言順故也。曰不敢者，以其無常職而受賜，陷於不恭，故不敢也。雖然，此士之所以自處者當然也，在國君之待士，則有養賢之禮焉，故舉子思之事以告之。夫子思受繆公之餽者，周之而受之之義也。至於餽之之久而僕僕然亟拜，則是徒爲餽而已，徒爲餽則與養犬馬之道何異！烏有君子而受其犬馬之畜者乎？故及其久也，則再拜稽首而不受。蓋繆公雖有悦賢之名，不能舉而用，又不能以禮養之也，賢者其肯處乎？其以禮養者，繼肉是也，蓋不敢以是而數屢之，故使繼之而已。雖然，此及乎養之之禮，而未及乎舉之之道也。若堯之於舜，則尊賢之極而養道之盡也。事之以九男，女之以二女，百官牛羊倉廩備，而養之於畎畝之中，惟恐不得當其意。一旦舉而加諸上位，如是而後可以謂之王公之尊賢也。孟子每以堯、舜之事爲言者，語道者必稽諸聖人，所以示萬世之準的，蓋聖人人倫之至故也。嗟乎！爲士者，於辭受之際，可不思夫名正而言順者乎？爲君者之待士，又何可不深思所以養之之道乎？」

○萬章曰：「敢問不見諸侯，何義也？」孟子曰：「在國曰市井之臣，在野曰草莽之臣，皆謂庶人。庶人不傳質爲臣，不敢見於諸侯，禮也。」質，與贄同。○傳，通也。質者，士執雉，庶人執鶩，相見以自通者也。國内莫非君臣，但未仕者與執贄在位之臣不同，故不敢見也。萬章曰：「庶人，召之役，則往役；君欲見之，召之，則不往見之，何也？」曰：「往役，義也；往見，不義也。往役者，庶人之職；不往見者，士之禮。且君之欲見之也，何爲也哉？」曰：「爲其多聞也，爲其賢也。」曰：「爲其多聞也，則天子不召師，而况諸侯乎？爲其賢也，則吾未聞欲見賢而召之也。爲，並去聲。繆公亟見於子思，曰：『古千乘之國以友士，何如？』子思不悦，曰：『古之人有言：曰事之云乎，豈曰友之云乎？』子思之不悦也，豈不曰：『以位，則子君也，我臣也。何敢與君友也？以德，則子事我者也，奚可以與我友？』千乘之君求與之友，而不可得也，而況可召與？亟、乘，皆去聲。「召與」之「與」，平聲。○孟子引子思之言而釋之，以明不可召之意。齊景公田，招虞人以旌，不至，將殺之。志士不忘在溝壑，勇士不忘喪其元。孔子奚取焉？取非其招不往也。」喪，息浪反。説見前篇。曰：「敢問招虞人何以？」曰：「以皮冠。庶人以旃，士以旂，大夫以旌。皮冠，田獵之冠也。事見《春秋傳》。然則皮冠者，虞人之所有事也，故以是招之。庶人，未仕之臣。通帛曰旃。士謂已仕者。交龍爲旂，析羽而注於旂干之首曰旌。以大夫之招招虞人，虞人死不敢往。以士之招招庶人，庶人豈敢往哉？況乎以不賢人之招招賢人乎？欲見而召之，是不賢人之招也。以士之招招庶人，則不敢往；以不賢人之招招賢人，則不可往矣。欲見賢人而不以其道，猶欲其入而閉之門也。夫義，路也；禮，門也。惟君子能由是路，出入是門也。《詩》云：『周道如底，其直如矢；君子所履，小人所視。』」夫，音扶。底，《詩》作「砥」，之履反。○《詩》，《小雅·大東》之篇。底，與砥同，礪石也。言其平也。矢，言其直也。視，視以爲法也。引此以證上文能由是路之義。○南軒曰：「禮義，人性之所有。譬之路與門，有足者皆可以由，可以出入也。而君子獨能之者，衆人迷於物欲，君子存其良心故也。」萬章曰：「孔子，君命召，不俟駕而行。然則孔子非與？」曰：「孔子當仕有官職，而以其官召之也。」與，平聲。○孔子方仕而任職，君以其官名召之，故不俟駕而行。徐氏曰：「孔子、孟子，易地則皆然。」○此章言不見諸侯之義，最爲詳悉，更合陳代、公孫丑所問者而觀之，其説乃盡。

○孟子謂萬章曰：「一鄉之善士，斯友一鄉之善士；一國之善士，斯友一國之善士；天下之善士，斯友天下之善士。言己之善蓋於一鄉，然後能盡友一鄉之善士。推而至於一國、天下皆然，隨其高下以爲廣狹也。以友天下之善士爲未足，又尚論古之人。頌其詩，讀其書，不知其人，可乎？是以論其世也，是尚友也。」尚，上同。言進而上也。頌，誦通。論其世，論其當世行事之迹也。言既觀其言，則不可以不知其爲人之實，是以又考其行也。夫能友天下之善士，其所友衆矣，猶以爲未足，又進而取於古人。是能進其取友之道，而非止爲一世之士矣。

○齊宣王問卿。孟子曰：「王何卿之問也？」王曰：「卿不同乎？」曰：「不同。有貴戚之卿，有異姓之卿。」王曰：「請問貴戚之卿。」曰：「君有大過則諫，反覆之而不聽，則易位。」大過，謂足以亡其國者。易位，易君之位，更立親戚之賢者。蓋與君有親親之恩，無可去之義，以宗廟爲重，不忍坐視其亡，故不得已而至於此也。王勃然變乎色。勃然，變色貌。曰：「王勿異也。王問臣，臣不敢不以正對。」孟子言也。王色定，然後請問異姓之卿。曰：「君有過則諫，反覆之而不聽，則去。」君臣義合，不合則去。○此章言大臣之義，親疏不同，守經行權，各有其分。貴戚之卿，小過非不諫也，但必大過而不聽，乃可易位。異姓之卿，大過非不諫也，雖小過而不聽，已可去矣。然三仁貴戚，不能行之於紂；而霍光異姓，乃能行之於昌邑。此又委任權力之不同，不可以執一論也。○曰：「大過，謂足以亡其國者。易位，易君之位，更立親戚之賢者。蓋與君有親親之恩，無可去之義，以宗廟爲重，不忍坐視其亡，故不得已而至於此。若異姓，不合則可去，蓋君臣以義合故也。」○愚案：貴戚易位之説，非後世所得行。君有大過，惟當反覆極言，如屈平、劉向之爲爾。平諫懷王不聽，雖放流，睠顧楚國，繫心懷王，不忘欲反，冀幸君之一悟，俗之一改也。其存君興國而欲反覆之，一篇之中，三致意焉，至亡可奈何而後已，可謂忠矣，然忿而沈淵，則過也。致堂胡氏嘗論之曰：「世謂屈原、劉向，皆同姓之臣，忠言著於當時，文采表於後世，未易以優劣判。以愚觀之，向蓋優於原也。向歷事三帝，前經恭、顯擅朝，後值王鳳專政，殺戮忠諫之時，上則正言譏刺，懇懇納忠，下則官雖不遷，禍亦不及，豈非德信有孚，周身無闕故邪？原則褊介悻直，揭揭然衆邪之中，上忤君心，下取衆疾，昧於不可則止之道，怨刺强聒，無所容身，懷沙赴流，智斯下矣。」胡氏之論向甚當，然於平則貶之太過。必如朱子曰「原之爲人，其志行雖或過於中庸而不可以爲法，然皆出於忠君愛國之誠心」，然後爲當其實爾。又同姓之卿，雖無可去之義，若其君有大惡而不可諫，易位之事又不得行，宗社將危，豈容坐待？則微子去之，亦有明義存焉。其惡雖未如紂，然非可事之君，義不當食其禄，則魯之叔肸，可以爲法。《春秋》：宣十有七年，公弟叔肸卒。《穀梁傳》曰：「叔肸，賢之也。其賢之何也？宣弑而非之也。非之則胡爲不去也？曰：兄弟也，何去而之？與之財，則曰『我足矣』。織屨而食，終身不食宣公之食。」《春秋》貴之，因時制義，初無定在也。○又案：孟子「反覆」二字，最宜深體。前世人臣，固有見君之過失，姑一言以塞責者曰：「吾亦嘗諫之云爾，諫而不從，非吾責也。」此其用心既欲苟全爵位，又欲厭塞公言，張華之所以見屈於張林，而不能自免也。必反覆而諫，諫而不從則去，此人臣之正法。孟子之言，胡可易哉！

孟子集編卷第十一

告子章句上凡二十章。

告子曰：「性，猶杞柳也；義，猶桮棬也。以人性爲仁義，猶以杞柳爲桮棬。」桮，音杯。棬，丘圓反。○性者，人生所稟之天理也。杞柳，柜柳。桮棬，屈木所爲，若卮匜之屬。告子言人性本無仁義，必待矯揉而後成，如荀子性惡之説也。**孟子曰：「子能順杞柳之性而以爲桮棬乎？將戕賊杞柳而後以爲桮棬也？如將戕賊杞柳而以爲桮棬，則亦將戕賊人以爲仁義與？率天下之人而禍仁義者，必子之言夫！」**戕，音牆。與，平聲。夫，音扶。○言如此，則天下之人皆以仁義爲害性而不肯爲，是因子之言而爲仁義之禍也。○南軒曰：「有太極則有兩儀，故立天之道曰陰與陽，立地之道曰柔與剛，立人之道曰仁與義。仁義者，性之所有，而萬善之宗也。人之有仁義，乃其性之本然，自親親而推之至於仁不可勝用，自長長而推之至於義不可勝用，皆順其所素有，而非外取之也。若逆乎仁義，則爲失其性矣。而告子乃以杞柳爲喻，其言曰『以人性爲仁義』，則失之甚矣。蓋仁義，性也，而曰『以人性爲仁義』，則性别爲一物，以人爲矯揉而爲仁義，其失豈不甚乎！」○或謂杞柳之可爲桮棬，亦性也。朱子曰：「杞柳之性固可以爲桮棬，然須斬伐裁截矯揉而後可成，故孟子曰戕賊杞柳而後可以爲桮棬。若杞柳可爲而楩楠不可爲，又是第一重義理，不當引以爲説。」○愚案：程子曰：「服牛乘馬，皆因其性而爲之。胡不乘牛而服馬？理不可也。」或人之説蓋本於此。然杞柳之爲桮棬，尚須人力，仁義之性本於自然，不待著力。此朱子所以不取之也。其義精矣。○《衍義》曰：「告子之説，蓋謂人性本無仁義，必用力而强爲，若杞柳本非桮棬，必矯揉而後就也。吁！何其昧於理之甚邪！夫仁義即性也，告子乃曰『以人性爲仁義』，如此，則性自性，仁義自仁義也。其可乎？夫以杞柳爲桮棬，必斬伐之，屈折之，乃克有成。若人之爲仁義，乃其性之固有。孩提之童，皆知愛親，即所謂仁；及其長也，皆知敬兄，即所謂義。何勉强矯拂之有？使告子之言行，世之人必曰『仁義乃戕賊人之物』，將畏憚而不肯爲。是率天下而害仁義，其禍將不可勝計矣。」

○告子曰：「性猶湍水也，決諸東方則東流，決諸西方則西流。人性之無分於善不善也，猶水之無分於東西也。」湍，他端反。○湍，波流瀠迴之貌也。告子因前説而小變之，近於揚子善惡混之説。**孟子曰：「水信無分於東西，無分於上下乎？人性之善也，猶水之就下也。人無有不善，水無有不下。**言水誠不分東西矣，然豈不分上下乎？性即天理，未有不善者也。**今夫水，搏而躍之，可使過顙；激而行之，可使在山。是豈水之性哉？其勢則然也。人之可使爲不善，其性亦猶是也。」**夫，音扶。搏，補各反。○搏，擊也。躍，跳也。顙，額也。水之過額、在山，皆不就下也。然其本性未嘗不就下，但爲搏激所使而逆其性耳。○此章言性本善，故順之而無不善；本無惡，故反之而後爲惡，非本無定體而可以無所不爲也。○或問：「告子、揚子之説如何？」曰：「告子以爲性無善惡，揚子以爲性有善惡，其言雖同，而所以言則亦不無少異也。」○告子杞柳之喻既爲孟子所闢，則又小變其説而取喻於湍水。蓋前説專指人性爲惡，至是又謂可以爲善，可以爲惡，而借水以明之。不知水之性未嘗不就下，雖搏之過顙，激之在山，可暫違其本性，而終不能使不復其本性也。人之爲不善者固有之矣，然其所以然者，往往有物欲所誘，利害所移，而非其本然之性也。故雖甚愚無知之人，詈之以惡逆，斥之以盜賊，鮮不變色者。至於見赤子之入井，則莫不怵惕而救之。朱子以爲性本善，故順之而無不善；本無惡，故反之而後爲惡。非本無定體而可以無所不爲也。斯言盡之矣。《衍義》

○告子曰：「生之謂性。」生，指人物之所以知覺運動者而言。告子論性，前後四章，語雖不同，然其大指不外乎此，與近世佛氏所謂「作用是性」者略相似。**孟子曰：「生之謂性也，猶白之謂白與？」曰：「然。」「白羽之白也，猶白雪之白；白雪之白，猶白玉之白與？」曰：「然。」**與，平聲，下同。○白之謂白，猶言凡物之白者，同謂之白，更無差別也。白羽以下，孟子再問而告子曰然，則是謂凡有生者同是一性矣。**「然則犬之性，猶牛之性，牛之性，猶人之性與？」**孟子又言若果如此，則犬、牛與人皆有知覺，皆能運動，其性皆無以異矣，於是告子自知其説之非而不能對也。○愚案：性者，人之所得於天之理也。生者，人之所得於天之氣也。性，形而上者也。氣，形而下者也。人物之生，莫不有是性，亦莫不有是氣。然以氣言之，則知覺運動，人與物若不異也；以理言之，則仁、義、禮、智之稟，豈物之所得而全哉？此人之性所以無不善，而爲萬物之靈也。告子不知性之爲理，而以所謂氣者當之，是以有杞柳、湍水之喻。食色無善無不善之説，縱横繆戾，紛紜舛錯，而此章之誤，乃其本根。所以然者，蓋徒知知覺運動之蠢然者人與物同，而不知仁、義、禮、智之粹然者人與物異也。孟子以是折之，其義精矣。○人物之生，天賦之以此理，未嘗不同，但人物之稟受自有異爾。如一江水，杓取只得一杓，碗取只得一碗，至於一桶一缸，各隨器量不同，故理亦隨以異。○物亦具有五行，只是得五行之偏者耳。○論萬物之一原，則理同而氣異；觀萬物之異體，則氣猶相近，而理絶不同。氣相近，如知寒暖，識飢飽，好生惡死，趨利避害，人與物都一般。理不同，如蜂蟻之君臣，只是義上有一點子明；虎狼之父子，只是仁上有一點子明；其他更推不去。○問：「人物皆稟天地之理以爲性，皆受天地之氣以爲形。若人稟之不同，固是氣有昏明厚薄之異。若在物言之，不知是所稟之理便有不全邪？亦是緣氣稟之昏蔽故如此邪？」曰：「惟其所受之氣只有許多，故其理亦只有許多。如犬馬，形氣如此，故只會得如此事。」又問：「物物具一太極，則是理無不全也。」曰：「以理言之，則無不全；以氣言之，則不能無偏。」○性如日光，人物所受之不同，如隙竅之受光有大小也。○人與物都一般者，理也；所以不同者，心也。人心虚靈，包得許多道理過，故無不通。雖有氣質昏底，亦可克治使明。萬物之心，便包許多道理不過。以本論之，其理則一，纔稟於氣，便有不同。○問：「動物有知，植物無知，何也？」曰：「動物有血氣，故能知。植物雖不可言知，然一般生意亦可見。若戕賊之，便枯瘁不悦懌，亦似有知者。」○問：「理是人物同得於天者。如物之無情者，亦有理否？」曰：「固是有理，如舟只可行之於水，車只可行之於陸。」○孟子言「人之所以異於禽獸者幾希，庶民去之，君子存之」，不知人何故與禽獸異？又言：「犬之性猶牛之性，牛之性猶人之性與？」不知人何故與牛犬異？此兩處似欠一轉語。須著説是形氣不同，故性亦少異，始得。故孟子見得人性同處，直是分曉直截，却於此似未甚察。○問：「氣有清濁，而理則同，如何？」曰：「理如寶珠，在聖賢則如置在清水中，其光輝自然發見；在愚不肖則如置在濁水中，須是澄去泥沙，則光輝方可見。至如萬物，亦有此理，只爲氣昏塞，如置寶珠於濁泥中，不復可見。」○生之謂氣，生之理謂性。○孟子以理言性，告子以氣言性。○問告子云云。曰：「合下便是錯了。他只是説生來精神魂魄，凡動用處是性，正如禪家説作用是性，只説得箇形而下者，故孟子闢之。」○釋氏曰「作用是性：在目曰見，在耳曰聞，在鼻齅香，在口談論，在手執捉，在足運奔」，即告子「生之謂性」之説也。且如手執捉，若執刀妄亂殺人，亦可謂性乎？龜山舉龐居士云「神通妙用，運水搬柴」，以此「徐行後長」，不知「徐行後長」方謂之弟，「疾行先長」則爲不弟。如曰運水搬柴即是妙用，則徐行、疾行皆可謂之弟邪？○告子説「生之謂性」，二程都説他説得是，只下面接得不是。若如此説，却如釋氏言「作用是性」，乃是説氣質之性，非性善之性。○案：程子曰：「告子云『生之謂性』，凡天地所生之物，須是謂性。皆謂之性則可，於中却分别牛之性、馬之性。是他便只道一般，如釋氏説蠢動含靈，皆有佛性，如此則不可。」蓋不以生之謂性爲非，故朱子云云，其義益精矣。

○告子曰：「食色，性也。仁，内也，非外也；義，外也，非内也。」告子以人之知覺運動者爲性，故言人之甘食悦色者即其性。故仁愛之心生於内，而事物之宜由乎外。學者但當用力於仁，而不必求合於義也。**孟子曰：「何以謂仁内義外也？」曰：「彼長而我長之，非有長於我也；猶彼白而我白之，從其白於外也，故謂之外也。」**長，上聲，下同。○我長之，我以彼爲長也；我白之，我以彼爲白也。**曰：「異於白馬之白也，無以異於白人之白也；不識長馬之長也，無以異於長人之長與？且謂長者義乎？長之者義乎？」**與，平聲，下同。○張氏曰：「上『異於』二字宜衍。」李氏曰：

「或有闕文焉。」愚案：白馬、白人，所謂彼白而我白之也；長馬、長人，所謂彼長而我長之也。白馬、白人不異，而長馬、長人不同，是乃所謂義也。義不在彼之長，而在我長之之心，則義之非外明矣。**曰：「吾弟則愛之，秦人之弟則不愛也，是以我爲悦者也，故謂之内。長楚人之長，亦長吾之長，是以長爲悦者也，故謂之外也。」**言愛主於我，故仁在内；敬主於長，故義在外。**曰：「耆秦人之炙，無以異於耆吾炙。夫物則亦有然者也，然則耆炙亦有外與？」**耆，與嗜同。夫，音扶。○言長之、耆之，皆出於心也。林氏曰：「告子以食色爲性，故因其所明者而通之。」○自篇首至此四章，告子之辯屢屈，而屢變其説以求勝，卒不聞其能自反而有所疑也。此正其所謂「不得於言勿求於心」者，所以卒於鹵莽而不得其正也。○飲食男女，固出於性。然告子以生爲性，則以性爲止於是矣，因此又生仁内義外之説。正與佛者之言以作用爲性、義理爲障者相類。然孟子不攻其食色之云者，使誠知義之非外，則性之不止於食色，其有以察之矣。○告子不知理之爲性，乃即人之身而指其能知覺運動者以當之，所謂生者是也。始而見其但能知覺運動，非教不成，故有杞柳之譬。既屈於孟子之言，而病其説之偏於惡也，則又繼而爲湍水之喻，以見其但能知覺運動，而非有善惡之分。又以孟子爲未喻己之意也，則又於生之謂性章極其立論之本意而索言之，至於孟子折之，則其説又窮，而終莫悟其非也。其以食色爲言，蓋猶生之云爾。而公都子之所引，又湍水之餘論也。以是考之，凡告子之論性，其不外乎生之一字明矣。但前此未有深究其弊者，往往隨其所向，各爲一説以與之辯，而不察其所以失之端獨在於此，是以其説雖多，而迄無一定之論也。○告子只知有人心，不知有道心，故有食色性也及義外之問。○南軒曰：「食色固出於性，然莫不有則焉。今告子乃舉物而遺其則，是固出於性無分於善不善之論也。其說行，則天理不明，而人欲莫之遏矣。至於仁内義外之說，其失又甚焉。彼以爲長之在人，如白之在彼，曾不知白之爲色，一定而不變，而長之所宜，則隨事而不同也。若一概而論，則馬之長，將亦無以異於人之長，而可乎？長雖在彼，而長之者在我。蓋長之之理素具於此，非因彼而有也。有是性則具是理，其輕重、親疏、小大、遠近之宜，固森然於秉彝之中而不可亂。事物至於前者雖萬有不同，而有物必有則，泛應曲酬，各得其當，皆吾素有之義，而非外取之，此天所命也。惟夫昧於天命，而以天下之公理爲有我之得私，而始有義外之說。孟子告之曰：『且謂長者義乎？長之者義乎？』使知夫長之之爲義，則知義之非外矣。而告子猶惑焉，謂愛吾弟而不愛秦人之弟，是以我爲悦，故曰仁内也；長吾長而亦長楚人之長，是以長爲悦，故曰義外也。曾不知所以長之者，非在我而何出哉？故孟子復以耆炙喻之：同爲炙也，而所以耆之則在我，然則以其在彼之同，而謂耆炙之爲外可乎？雖然，長我之長，義也，長楚人之長，亦義也，長則同，而待吾兄與待楚人，固有間矣。其分之殊，豈人之所能爲哉！觀告子義外之説，固爲不知義矣。則其所謂仁内者，亦烏知仁之所以爲仁者哉！彼徒以愛爲仁，而不知愛之施有差等，固義之所存也。徒以長爲義，而不知所以長之者，固仁之體也。不知仁義而以論性，宜乎莫適其指歸也。」

○孟季子問公都子曰：「何以謂義内也？」孟季子，疑孟仲子之弟也。蓋聞孟子之言而未達，故私論之。**曰：「行吾敬，故謂之内也。」**所敬之人雖在外，然其知當敬而行吾心之敬以敬之，則不在外也。**「鄉人長於伯兄一歲，則誰敬？」曰：「敬兄。」「酌則誰先？」曰：「先酌鄉人。」「所敬在**

此，所長在彼，果在外，非由內也。」長，上聲。○伯，長也。酌，酌酒也。此皆季子問、公都子答，而季子又言，如此則敬長之心，果不由中出也。公都子不能答，以告孟子。孟子曰：「敬叔父乎？敬弟乎？彼將曰『敬叔父』。曰『弟爲尸，則誰敬』？彼將曰『敬弟』。子曰：『惡在其敬叔父也？』彼將曰：『在位故也。』子亦曰：『在位故也。庸敬在兄，斯須之敬在鄉人。』」惡，平聲。○尸，祭祀所主以象神，雖子弟爲之，然敬之當如祖考也。在位，弟在尸位，鄉人在賓客之位也。庸，常也。斯須，暫時也。言因時制宜，皆由中出也。季子聞之曰：「敬叔父則敬，敬弟則敬，果在外，非由內也。」公都子曰：「冬日則飲湯，夏日則飲水，然則飲食亦在外也？」此亦上章耆炙之意。○范氏曰：「二章問答，大指畧同，皆反覆譬喻以曉當世，使明仁義之在內，則知人之性善，而皆可以爲堯舜矣。」○南軒曰：「季子不知性，故於義內之説有疑焉。公都子答以行吾敬，故謂之內，亦未爲失也。蓋敬之所施，各有攸當，是乃義也。然公都子未能本於性而論，故聞季子先酌鄉人之論，則無以對之。蓋庸敬於兄，義也；以鄉人之長，酌而先之，亦義也。可敬雖在彼，而敬之者在我，故孟子以弟爲尸爲比。夫兄之當敬，鄉人之酌當先，與夫爲尸者之當敬，皆其理之素定而不易者也，然則其爲在內也明矣。而季子猶惑焉，蓋以叔父與弟爲在外，而不知其義之存於內，內外之本一也。公都子蓋有發於孟子之言，故以冬日飲湯，夏日飲水譬之。蓋冬之飲必湯，夏之飲必水，是乃義也，而豈外乎哉。」

○公都子曰：「告子曰：『性無善無不善也。』此亦「生之謂性，食色性也」之意，近世蘇氏、胡氏之説蓋如此。或曰：『性可以爲善，可以爲不善。是故文、武興，則民好善；幽、厲興，則民好暴。』好，去聲。○此即湍水之説也。或曰：『有性善，有性不善，是故以堯爲君而有象；以瞽瞍爲父而有舜；以紂爲兄之子且以爲君，而有微子啓、王子比干。』韓子性有三品之説蓋始此。案此文，則微子、比干皆紂之叔父，而《書》稱微子爲商王元子，疑此或有誤字。今曰『性善』，然則彼皆非與？」與，平聲。孟子曰：「乃若其情，則可以爲善矣，乃所謂善也。乃若，發語辭。情者，性之動也。人之情，本但可以爲善而不可以爲惡，則性之本善可知矣。若夫爲不善，非才之罪也。夫，音扶。○才，猶材質，人之能也。人有是性，則有是才，性既善則才亦善。人之爲不善，乃物欲陷溺而然，非其才之罪也。惻隱之心，人皆有之；羞惡之心，人皆有之；恭敬之心，人皆有之；是非之心，人皆有之。惻隱之心，仁也；羞惡之心，義也；恭敬之心，禮也；是非之心，智也。仁義禮智，非由外鑠我也，我固有之也，弗思耳矣。故曰：『求則得之，舍則失之。』或相倍蓰而無算者，不能盡其才者也。惡，去聲。舍，上聲。蓰，音師。○恭者，敬之發於外者也；敬者，恭之主於中者也。鑠，以火銷金之名，自外以至内也。算，數也。言四者之心人所固有，但人自不思而求之耳，所以善惡相去之遠，由不思不求而不能擴充以盡其才也。前篇言是四者爲仁、義、禮、智之端，而此不言端者，彼欲其擴而充之，此直因用以著其本體，故言有不同耳。《詩》曰：『天生蒸民，有物有則。民之秉夷，好是懿德。』孔子曰：『爲此詩者，其知道乎！故有物必有則，民之秉夷也，故好是懿德。』」好，去聲。○《詩》，《大雅·蒸民》之篇。蒸，《詩》作「烝」，衆也。物，事也。則，法也。夷，《詩》作「彝」，常也。懿，美也。有物必有法：如有耳目，則有聰明之德；有父子，則有慈孝之心，是民所秉執之常性也，故人之情無不好此懿德者。以此觀之，則人性之善可見，而公都子所問之三説，皆不辯而自明矣。○程子曰：「性即理也，理則堯舜至於塗人一也。才稟於氣，氣有清濁，稟有清者爲賢，稟有濁者爲愚。學而知之，則氣無清濁，皆可至於善而復性之本，湯武身之是也。孔子所言下愚不移者，則自暴自棄之人也。」又曰：「論性不論氣，不備；論氣不論性，不明；二之則不是。」張子曰：「形而後有氣質之性，善反之，則天地之性存焉。故氣質之性，君子有弗性者焉。」愚案：程子此説才字，與孟子本文小異。蓋孟子專指其發於性者言之，故以爲才無不善；程子兼指其稟於氣者言之，則人之才固有昏明强弱之不同矣，張子所謂氣質之性是也。二説雖殊，各有所當，然以事理考之，程子爲密。蓋氣質所稟雖有不善，而不害性之本善；性雖本善，而不可以無省察矯揉之功，學者所當深玩也。○告子曰性無善無不善，非惟無不善，并善亦無之。謂性中無惡，則可謂無善，則性果何物？○性既善，才亦可爲善，今乃至於爲不善，非是才如是，乃是我使才如此，故曰「非才之罪」。○問：「孟子言情才皆善，如何？」曰：「情本自善，其發也，未有染汙，何嘗不善？才只是資質，亦無不善，譬物之白者，未染時，只是白也。」○人皆有許多才，聖人却做許多事，我不能做得些子出，故孟子謂「或倍蓰而無算者，不能盡其才者也」。○不能盡其才，謂發得略好，便自阻隔了，不順他道理做去。○論情可謂善。因曰：「李翺論復性則是，滅情以復性則非。情如何可滅？此乃釋氏之説，陷於其中不自知。」○理醇而氣雜。理精一，故醇；氣粗，故雜。○胡氏説性不可以善言。本然之性，其尊無對，纔説善時，便與惡對，非本然之性矣。孟子道性善，非是説性之善，只是贊歎之辭。某嘗辯之：本然之性，固渾然至善，無惡可對，此天之賦予然也。然行之在人，則有善有惡，行得善者，即本然之性，豈可謂善者非本然之性乎？若如其言，有本然之性，又有善惡相對之性，則是有兩性矣。其得於天者，此性也；行得善者，亦此性也。只是纔有箇行得善底，便有箇不善底，所以善惡須著對説。不是元有箇惡在裏與之爲對，只是行得錯底，便流入於惡爾。然文定之説，又得於龜山，龜山得之東林揔老。揔極聰明，龜山嘗問：「孟子道性善，是否？」揔曰：「是。」又問：「性豈可以善惡言？」揔曰：「本然之性，不與惡對。」揔之言，本未有病，蓋本然之性是本無惡。及至文定父子，遂分成兩截，説善底不是性。若善底非本然之性，却那處得這善來？既以善爲贊歎之辭，便是性本善矣。若非性善，何贊歎之有？二蘇論性亦是如此，嘗言孟子道性善，猶云火之能熟物也，荀卿言性惡，猶云火之能焚物也。龜山反其説而辨之曰：「火之所以能熟物者，以其能焚故耳。若火不能焚，物何能熟？」蘇氏論性：「自堯舜至孔子，不得已而命之，且繼之曰中，曰一，未嘗分善惡言也。自孟子道性善，而一與中始支矣。」更不看道理，只認説得行底便是。諸胡之説亦然，《知言》之論性曰：「不可以善惡辨，不可以是非分。」既無善惡，又無是非，則是告子湍水之説爾。○問：「《知言》『萬事萬物性之質也』，如何？」曰：「此未有害。最是『好惡，性也』，大錯。」○五峯言：「天命不囿於善，不可以人欲對。」天理固無對，然有人欲，則天理便不得不與人欲相爲消長。善亦本無對，然既有惡，則善便不得不與惡相爲盛衰。且謂天命不囿於物可也，謂其不囿於善，則不知天之所以爲天矣！謂惡不足以言性可也，謂善不足以言性，則不知善之所從來矣！○好善而惡惡，人之性也。爲有善惡，故有好惡。君子順其性，小人拂其性。五峯言：「好惡，性也。君子好惡以道，小人好惡以欲。」是「好人之所惡，惡人之所好」，亦是性也，而可乎？

或問：「『天理人欲，同體異用，同行異情』之説，如何？」先生曰：「當然之理，人合恁地底，便是體，故仁、義、禮、智爲體。如五峯之説，則仁與不仁，義與不義，禮與無禮，智與無智，皆是性。非小失也。性中只有天理，無人欲，謂之同體可乎？若如此，則是性可以爲善，亦可以爲惡矣。同行異情，蓋亦有之。如口之於味，目之於色，耳之於聲，鼻之於臭，四肢之於安佚，聖人與常人皆如此，是同行也。然聖人之情，不溺於此，所以與常人異耳。」○龜山云：「天命之謂性，人欲非性也。」胡氏不取其説，是以人欲爲性矣。此其甚差者也。○又白雲郭氏言，性善之善，非善惡之善。先生謂：「極本窮源之善，與善惡末流之善，非有二也，但以其發與未發言之，有不同耳。蓋未發之前，只有此善，而其發爲善惡之善者，亦此善也。既發之後，乃有不善以雜焉，而其所謂善者，即極本窮源之發耳。」○南軒張氏曰：「善者，性也；能爲善者，才也。」○公都子，學於告子者也，故以性善爲非，而設三者之説以闢孟子。孟子不與之辯，猶以性之發見者言之。蓋所謂性者，仁、義、禮、智而已。然未發之前，無朕兆之可見，惟感物而動，爲惻隱、爲羞惡、爲恭敬、爲是非，然後性之本可識。蓋四者情也，而其本則性也。由其性之善，故發而爲情亦善；因情之善，而性之善可知矣。夫善者，性也；而能爲善者，才也。性以體言，才以用言，才本可以爲善，而不可以爲惡。今乃至於爲不善者，是豈才之罪哉！陷溺使然也。夫四者之心，所以人人皆有者，由其具仁、義、禮、智之性故也。鑠者，以火銷金之名，火之銷金，由外以至内也。性則我所固有，非自外來，獨患夫人之弗思弗求耳。《衍義》

○孟子曰：「富歲，子弟多賴；凶歲，子弟多暴，非天之降才爾殊也，其所以陷溺其心者然也。富歲，豐年也。賴，藉也。豐年衣食饒足，故有所賴藉而爲善；凶年衣食不足，故有以陷溺其心而爲暴。今夫麰麥，播種而耰之，其地同，樹之時又同，浡然而生，至於日至之時，皆熟矣。雖有不同，則地有肥磽，雨露之養，人事之不齊也。夫，音扶。麰，音牟。耰，音憂。磽，苦交反。○麰，大麥也。耰，覆種也。日至之時，謂當成熟之期也。磽，瘠薄也。故凡同類者，舉相似也，何獨至於人而疑之？聖人與我同類者。聖人亦人耳，其性之善，無不同也。故龍子曰：『不知足而爲屨，我知其不爲蕢也。』屨之相似，天下之足同也。蕢，音匱。○蕢，草器也。不知人足之大小而爲之屨，雖未必適中，然必似足形，不至成蕢也。口之於味，有同耆也。易牙先得我口之所耆者也。如使口之於味也，其性與人殊，若犬馬之與我不同類也，則天下何耆皆從易牙之於味也？至於味，天下期於易牙，是天下之口相似也。耆，與嗜同，下同。○易牙，古之知味者。言易牙所調之味，則天下皆以爲美也。惟耳亦然。至於聲，天下期於師曠，是天下之耳相似也。師曠，能審音者也。言師曠所和之音，則天下皆以爲美也。惟目亦然。至於子都，天下莫不知其姣也。不知子都之姣者，無目者也。姣，古卯反。○子都，古之美人也。姣，好也。故曰：口之於味也，有同耆焉；耳之於聲也，有同聽焉；目之於色也，有同美焉。至於心，獨無所同然乎？心之所同然者何也？謂理也，義也。聖人先得我心之所同然耳。故理義之悅我心，猶芻豢之悅我口。」然，猶可也。草食曰芻，牛羊是也；穀食曰豢，犬豕是也。程子曰：「在物爲理，處物爲義，體用之謂也。孟子言人心無不悅理義者，但聖人則先知先覺乎此耳，非有以異於人也。」程子又曰：「理義之悅我心，猶芻豢之悦我口，此語親切有味。須實體察得禮義之悦心，真猶芻豢之悦口始得。」○《集義》吕氏曰：「我心同然，即天理天德。孟子言同然者，恐人有私意蔽之，苟無私意，我心即天心。」○謝氏曰：「嘗問伊川先生『養心莫善於寡欲』此一句如何？先生曰：『此一句淺，不如「理義之悦心，猶芻豢之悦口」，最親切有滋味。』」云云，見前。○又云：「理只是事物當然底道理，義是事之合宜處。」

○孟子曰：「牛山之木嘗美矣，以其郊於大國也，斧斤伐之，可以爲美乎？是其日夜之所息，雨露之所潤，非無萌蘖之生焉，牛羊又從而牧之，是以若彼濯濯也。人見其濯濯也，以爲未嘗有材焉，此豈山之性也哉？蘖，五割反。○牛山，齊之東南山也。邑外謂之郊。言牛山之木，前此固嘗美矣，今爲大國之郊，伐之者衆，故失其美耳。息，生長也。日夜之所息，謂氣化流行未嘗間斷，故日夜之間，凡物皆有所生長也。萌，芽也。蘖，芽之旁出者也。濯濯，光潔之貌。材，材木也。言山木雖伐，猶有萌蘖，而牛羊又從而害之，是以至於光潔而無草木也。**雖存乎人者，豈無仁義之心哉？其所以放其良心者，亦猶斧斤之於木也，旦旦而伐之，可以爲美乎？其日夜之所息，平旦之氣，其好惡與人相近也者幾希，則其旦晝之所爲，有梏亡之矣。梏之反覆，則其夜氣不足以存；夜氣不足以存，則其違禽獸不遠矣。人見其禽獸也，而以爲未嘗有才焉者，是豈人之情也哉？**好、惡，並去聲。○良心者，本然之善心，即所謂仁義之心也。平旦之氣，謂未與物接之時，清明之氣也。好惡與人相近，言得人心之所同然也。幾希，不多也。梏，械也。反覆，展轉也。言人之良心雖已放失，然其日夜之間，亦必有所生長。故平旦未與物接，其氣清明之際，良心猶必有發見者。但其發見至微，而旦晝所爲之不善，又已隨而梏亡之，如山木既伐，猶有萌蘖，而牛羊又牧之也。晝之所爲，既有以害其夜之所息；夜之所息，又不能勝其晝之所爲，是以展轉相害。至於夜氣之生，日以寖薄，而不足以存其仁義之良心，則平旦之氣亦不能清，而所好惡遂與人遠矣。**故苟得其養，無物不長；苟失其養，無物不消。**長，上聲。○山木、人心，其理一也。**孔子曰：『操則存，舍則亡；出入無時，莫知其鄉。』惟心之謂與？」**舍，音捨。與，平聲。○孔子言心，操之則在此，舍之則失去，其出入無定時亦無定處如此。孟子引之，以明心之神明不測，得失之易，而保守之難，不可頃刻失其養。學者當無時而不用其力，使神清氣定，常如平旦之時，則此心常存，無適而非仁義也。程子曰：「心豈有出入，亦以操舍而言耳。操之之道，敬以直内而已。」○愚聞之師曰：「人，理義之心未嘗無，惟持守之即在爾。若於旦晝之間，不至梏亡，則夜氣愈清。夜氣清，則平旦未與物接之時，湛然虚明氣象，自可見矣。」孟子發此夜氣之説，於學者極有力，宜熟玩而深省之也。○問：「旦晝不梏亡，則是養得這夜氣清明？」曰：❶「不是靠氣爲主，蓋要此氣養仁義之心。如水之養魚，水多則魚鮮，水涸則魚病。養得這氣盛，則仁義之心亦完；氣少，則仁義之心亦微矣。」○《孟子》此段，首尾正爲良心設。人多將夜氣便做良心説，非也。蓋言夜氣至清，足以存得此良心耳。平旦之氣亦清，亦以存吾良心，故其好惡之公猶與人相近，但此心存得不多時。至「旦晝所爲，則梏亡之矣」，所謂梏者，人多謂梏亡其夜氣，亦非也。謂旦晝之爲，能梏亡其良心也。○問「平旦之氣」。先生云：「氣清則能存固有

❶「曰」，原誤作「白」，據四庫本改。

之良心。如旦晝之所爲，有以汩亂其氣，則良心爲之不存矣。然暮夜止息，稍不紛擾，則良心又復生長。譬如一井水，終日擾動，便渾了。至夜稍息，則便有清水出。所謂『夜氣不足以存』者，便是攪動得太甚。則雖有止息時，亦不能清矣。」○氣與理本相依。旦晝所爲不害於理，則夜氣之所養益厚。夜之所息既有助於理，則旦晝之所爲益無不當矣。日間梏亡者寡，則夜氣自然清明虛靜，至平旦亦然。旦晝應事接物，亦莫不然。○梏如被他禁械在那裏，更不容他動。○心一放時，便是斧斤之戕，牛羊之牧；一收斂在此，便是日夜之息，雨露之潤。○問「夜氣」。曰：「前輩皆無明説，某因將《孟子》反覆熟讀，方看得出。後看程子却説『夜氣之所存者，良知良能也』，與臆見合，以此知觀書不可苟，熟讀深思，道理自見。」○惟其神明不測，所以有出入；惟其能出入，所以神明不測。○「范純夫之女謂：『心豈有出入？』程先生聞之曰：『此女雖不識孟子，却能識心。』是否？」曰：「此一段説，正要人看。孟子舉孔子之言曰『出入無時，莫知其鄉』，此別有説。伊川言純夫女『却能識心』，心却易識，只是不識孟子之意。」問「操則存」。曰：「心不是死物，須把做活看。不爾，則是釋氏入定坐禪。操存者，只是於應事接物之時，事事中理，便是存。若處事不是當，便心不在。只是兀然守在這裏，忽有事至吾前，操底便散了，却是『舍則亡』也。」問：「未應接時如何？」曰：「只是戒謹恐懼而已。」又曰：「只要提他醒，便是操。」○求放操存，皆兼動静而言，非塊然默守之謂。○存亡出入一章，乃是正説心之體以其妙不測。如此，非獨能安静純一，亦能周流變化。學者須是著力照管，豈專爲其已放者而言邪？今專指其安静純一者爲良心，則於其體用有不周矣。○又曰：「自寂然不動以至感而遂通天下之故，無非此心之妙。」○南軒曰：「日夜之所息者，蓋人雖終日汩汩於物慾，然亦有休息之時也。程子曰：『息有二義：訓休息，亦訓生息。』息，所以生也。心非有出入，因操舍而言也，操則在此，舍則不存焉矣。以其在此，則謂之入可也；以其不存焉，則謂之出可也。」○又曰：「涪川譙定從伊川學，以其所見作牧牛圖，如非禮勿視，則牛眼白；非禮勿聽，則牛耳白；非禮勿言，則口白；非禮勿動，然後身白。藉溪得其圖，以寄猶子大原，張於書室。一日，母翁夫人見之，指心曰：『只這裏轉了，後那得許多事。』」○案：此可與范太史女論心一段參觀。○孟子之言，以旦晝爲主。而朱子推衍其義，謂當無時而不用力，則旦也、晝也、夜也，皆兢業自持之時，其功益精密矣。愚嘗推衍朱子之説，爲夜氣之箴，有曰：「盍觀夫冬之爲氣乎？木歸其根，蟄坯其封，凝然寂然，不見兆眹，而造化發育之妙，實胚胎乎其中。蓋闔者闢之基，正者元之本，而艮所以爲物之始終。夫一晝一夜者，三百六旬之積，故冬爲四時之夜，而夜乃一日之冬。天壤之間，羣物俱闃窈乎如未判之鴻濛。維人之身，嚮晦宴息，亦當以造物而爲宗，必齊其心，必肅其躬，不敢弛然自放於牀第之上，使慢易非僻得以賊吾之衷。雖終日乾乾，靡容一息之間斷，而昏冥易忽之際，尤當致戒謹之功。蓋安其身，所以爲朝聽晝訪之地，而夜氣深厚，則仁義之心，亦浩乎其不窮。本既立矣，而又致察於事物，周旋之頃，敬義夾持，動静交養，則人欲無隙之可入，天理皦乎其昭融。」愚謂：物欲之害，夜爲最甚，故其説以夜爲本，若異於孟子、朱子者，然亦未嘗不互相發也。《衍義》

○孟子曰：「無或乎王之不智也。或，與惑同，疑怪也。王，疑指齊王。**雖有天下易生之物也，一日暴之，十日寒之，未有能生者也。吾見亦罕矣，吾退而寒之者至矣，吾如有萌焉何哉？**易，去聲。暴，步卜反。見，音現。○暴，温之也。我見王之時少，猶一日暴之也；我退則諂諛雜進之日多，是十日寒之也。雖有萌蘖之生，我亦安能如之何哉？今夫弈之爲數，小數也；不專心致志，則不得也。弈秋，通國之善弈者也。使弈秋誨二人弈，其一人專心致志，惟弈秋之爲聽；一人雖聽之，一心以爲有鴻鵠將至，思援弓繳而射之。雖與之俱學，弗若之矣。爲是其智弗若與？曰：非然也。」夫，音扶。繳，音灼。射，食亦反。「爲是」之「爲」，去聲。「若與」之「與」，平聲。○弈，圍棋也。數，技也。致，極也。弈秋，善弈者，名秋也。繳，以繩繫矢而射也。○程子爲講官，言於上曰：「人主一日之間，接賢士大夫之時多，親宦官宮妾之時少，則可以涵養氣質，而薰陶德性。」時不能用，識者恨之。范氏曰：「人君之心，惟在所養。君子養之以善則智，小人養之以惡則愚。然賢人易疎，小人易親，是以寡不能勝衆，正不能勝邪。自古國家治日常少，而亂日常多，蓋以此也。」

○孟子曰：「魚，我所欲也；熊掌，亦我所欲也，二者不可得兼，舍魚而取熊掌者也。生，亦我所欲也；義，亦我所欲也，二者不可得兼，舍生而取義者也。舍，上聲。○魚與熊掌皆美味，而熊掌尤美也。生亦我所欲，所欲有甚於生者，故不爲苟得也；死亦我所惡，所惡有甚於死者，故患有所不辟也。惡、辟，皆去聲，下同。○釋所以舍生取義之意。得，得生也。欲生惡死者，雖衆人利害之常情，而欲惡有甚於生死者，乃秉彝義理之良心，是以欲生而不爲苟得，惡死而有所不避也。如使人之所欲莫甚於生，則凡可以得生者，何不用也？使人之所惡莫甚於死者，則凡可以辟患者，何不爲也？設使人無秉彝之良心，而但有利害之私情，則凡可以偷生免死者，皆將不顧禮義而爲之矣。**由是則生而有不用也，由是則可以辟患而有不爲也。**由其必有秉彝之良心，是以其能舍生取義如此。**是故所欲有甚於生者，所惡有甚於死者，非獨賢者有是心也，人皆有之，賢者能勿喪耳。**喪，去聲。○羞惡之心，人皆有之，但衆人汩於利欲而忘之，惟賢者能存之而不喪耳。**一簞食，一豆羹，得之則生，弗得則死。嘑爾而與之，行道之人弗受；蹴爾而與之，乞人不屑也。**食，音嗣。嘑，呼故反。蹴，子六反。○豆，木器也。嘑，咄啐之貌。行道之人，路中凡人也。蹴，踐踏也。乞人，丐乞之人也。不屑，不以爲潔也。言雖欲食之急而猶惡無禮，有寧死而不食者。是其羞惡之本心，欲惡有甚於生死者，人皆有之也。**萬鍾則不辨禮義而受之。萬鍾於我何加焉？爲宮室之美、妻妾之奉、所識窮乏者得我與？**爲，去聲。與，平聲。○萬鍾於我何加，言於我身無所增益也。所識窮乏者得我，謂所知識之窮乏者感我之惠也。上言人皆有羞惡之心，此言衆人所以喪之，由此三者。蓋理義之心雖曰固有，而物欲之蔽，亦人所易昏也。**鄉爲身死而不受，今爲宮室之美爲之；鄉爲身死而不受，今爲妻妾之奉爲之；鄉爲身死而不受，今爲所識窮乏者得我而爲之，是亦不可以已乎？此之謂失其本心。」**鄉，爲，並去聲。爲之之爲，並如字。○言三者身外之物，其得失比生死爲甚輕。鄉爲身死猶不肯受嘑蹴之食，今乃爲此三者而受無禮義之萬鍾，是豈不可以止乎？本心，謂羞惡之心。○此章言羞惡之心，人所固有。或能决死生於危迫之際，而不免計豐約於宴安之時，是以君子不可頃刻而不省察於斯焉。○南軒曰：「二者不可得兼，言權其輕重而取舍之也。夫樂生而惡死，人之常情，賢者亦豈與人異哉？而有至於舍生而取義者，非真知義之重於生，其能然乎？其舍生取義，猶飢之食、渴之飲，亦爲其所當然而已。故曰所欲有甚於生者，所惡有甚於死者。所欲，謂禮義；所惡，謂非禮義也。所惡如是，乃爲得性情之正，若但知樂生惡死而已，則凡可以求生、可以辟患者，無所不爲，天理滅而流於人欲之歸矣。」又曰：「嘑爾而不受，蹴爾而不屑，此其羞惡之心也。人之困窮，其欲未肆，故其端尚在。至於爲萬鍾所動，則有不復顧者矣。曰『萬鍾於我何加焉』，人能深味斯言而得其旨，則亦可見外物之無足慕矣。」○又曰：「學者須是求仁。所謂求仁者，不放此心。聖人只教人求仁，蓋仁、義、禮、智四者，仁足以包之，若存得仁，自然頭頭做著，不用逐事安排，故曰『苟志於仁矣，無惡也』。看《大學》，亦要識此意，所謂顧天命，無他，求其放心而已。」又曰：「仁是無形迹事。孟子恐人理會不得，便説道只人心便是。却不是把仁來形容人心，乃是把人心來指示仁。所謂放其心而不知求，蓋存得此心，便是仁，若此心放了，又理會甚仁。今人之心，靜時昏，動時擾，皆是放了。」又曰：「仁是本心之德。存得此心，便無不仁，如説克己復禮，亦只是要得私欲去後，本心常存耳。」

○孟子曰：「仁，人心也；義，人路也。仁者心之德，程子所謂心如穀種，仁則其生之性是也。然但謂之仁，則人不知其切於己，故反而名之曰人心，則可以見其爲此身酬酢萬變之主，而不可須臾失矣。義者行事之宜，謂之人路，則可以見其爲出入往來必由之道，而不可須臾舍矣。**舍其路而弗由，放其心而不知求，哀哉！**舍，上聲。○「哀哉」二字，最宜詳味，令人惕然有深省處。**人有雞犬放，則知求之；有放心，而不知求。**程子曰：「心至重，雞犬至輕。雞犬放則知求之，心放則不知求，豈愛其至輕而忘其至重哉？弗思而已矣。」○愚謂上兼言仁義，而此下專論求放心者，能求放心，則不違於仁而義在其中

矣。學問之道無他，求其放心而已矣。」學問之事，固非一端，然其道則在於求其放心而已。蓋能如是，則志氣清明，義理昭著，而可以上達。不然，則昏昧放逸，雖曰從事於學，而終不能有所發明矣。故程子曰：「聖賢千言萬語，只是欲人將已放之心約之，使反復入身來，自能尋向上去，下學而上達也。」此乃孟子開示要切之言，程子又發明之，曲盡其指，學者宜服膺而勿失也。○仁者，心之德也。而孟子直以爲人心者，蓋有此心，即有此仁，心而不仁，則非人矣。孔門之言仁多矣，皆指其用功處言，此則徑舉全體，使人知心即仁，仁即心，而不可以二視之也。義者，人所當行之路。跬步而不由乎此，則陷於邪僻之徑矣。世之人乃有舍其路而弗由，放其心而不知求者，正猶病風喪心之人，猖狂妄行而不知反也，豈不可哀也哉！雞犬至輕也，放則知求之；人心至重也，放而不知求。借至輕而喻至重，所以使人知警也。然則人心之放何也？欲汩之則放，利誘之則放。心既放，則其行必差，故孟子始以人心人路並言，而終獨諄諄於放心之知求。能求放心，則中有主而行不失矣，故曰：「學問之道無他，求其放心而已矣。」《衍義》

○孟子曰：「今有無名之指，屈而不信，非疾痛害事也，如有能信之者，則不遠秦楚之路，爲指之不若人也。信，與伸同。爲，去聲。○無名指，手之第四指也。**指不若人，則知惡之；心不若人，則不知惡，此之謂不知類也。」**惡，去聲。○不知類，言其不知輕重之等也。○愚案：程子曰：「人於外物奉身者，事事要好，只有自家一箇身與心，却不要好。苟得外物好時，却不知道自家身與心却已先不好了也。」又永嘉鄭氏曰：「覽鏡而面目有汙，則必滌之；振衣而領袖有垢，則必濯之；居室而几案牕壁有塵，則必拂之，不如是則不能安焉。至於方寸之中，神明之舍，汙穢垢塵日積焉而不知滌濯振拂之，察小而遺大，察外而遺内，其爲不能充其類，不亦甚乎！」程子、鄭氏之言，皆足以警學者，故附見焉。

○孟子曰：「拱把之桐梓，人苟欲生之，皆知所以養之者。至於身，而不知所以養之者，豈愛身不若桐梓哉？弗思甚也。」拱，兩手所圍也。把，一手所握也。桐、梓，二木名。○南軒曰：「愛其身必思所以養之，然所以養之者，則有道矣。古之人，理義以養其心，以至於動作、起居、聲氣、容貌之間，莫不有養之之法焉。所以尊德性而道問學，以成其身也。於桐梓而知所以養，則自拱把至於合抱，可以馴致。於身而知所以養，則爲賢爲聖，亦循循可進耳。曰『弗思甚也』，蓋思之則知身之爲貴，而不可以失其養，弗思則待其身曾一草一木之不若矣。」

○孟子曰：「人之於身也，兼所愛。兼所愛，則兼所養也。無尺寸之膚不愛焉，則無尺寸之膚不養也。所以考其善不善者，豈有他哉？於己取之而已矣。人於一身，固當兼養，然欲考其所養之善否者，惟在反之於身，以審其輕重而已矣。體有貴賤，有小大。無以小害大，無以賤害貴。養其小者爲小人，養其大者爲大人。賤而小者，口腹也；貴而大者，心志也。今有場師，舍其梧檟，養其樲棘，則爲賤場師焉。舍，上聲。檟，音賈。樲，音貳。○場師，治場圃者。梧，桐也；檟，梓也，皆美材也。樲棘，小棗，非美材也。養其一指而失其肩背，而不知也，則爲狼疾人也。狼善顧，疾則不能，故以爲失肩背之喻。飲食之人，則人賤之矣，爲其養小以失大也。爲，去聲。○飲食之人，專養口腹者也。飲食之人無有失也，則口腹豈適爲尺寸之膚哉？」此言若使專養口腹，而能不失其大體，則口腹之養，軀命所關，不但爲尺寸之膚而已。但養小之人，無不失其大者，故口腹雖所當養，而終不可以小害大，賤害貴也。○飢渴飲食，是亦理也，人所爲賤之者，爲其但知口腹之養，而失其大者耳。如使飲食之人而不失其大者，則口腹豈但爲養其尺寸之膚，固亦理義之所存也，故失其大者，則役於血氣而爲人欲。先立乎其大者，則本諸天命而皆至理。人欲流，則口腹之須何有窮極，此人之所以違禽獸不遠也。天理明，則一飲一食之間亦莫不有則焉，此人之所以成身而通乎天地也。

○公都子問曰：「鈞是人也，或爲大人，或爲小人，何也？」孟子曰：「從其大體爲大人，從其小體爲小人。」鈞，同也。從，隨也。大體，心也。小體，耳目之類也。**曰：「鈞是人也，或從其大體，或從其小體，何也？」曰：「耳目之官不思，而蔽於物，物交物，則引之而已矣。心之官則思，思則得之，不思則不得也。此天之所與我者，先立乎其大者，則其小者弗能奪也。此爲大人而已矣。」**官之爲言司也。耳司聽，目司視，各有所職而不能思，是以蔽於外物。既不能思而蔽於外物，則亦一物而已。又以外物交於此物，其引之而去不難矣。心則能思，而以思爲職。凡事物之來，心得其職，則得其理，而物不能蔽；失其職，則不得其理，而物來蔽之。此三者，皆天之所以與我者，而心爲大。若能有以立之，則事無不思，而耳目之欲不能奪之矣，此所以爲大人也。然「此天」之「此」，舊本多作「比」，而趙注亦以「比方」釋之。今本既多作「此」，而注亦作「此」，乃未詳孰是。但作比方，於義爲短，故且從今本云。○范浚《心箴》曰：「茫茫堪輿，俯仰無垠。人於其間，眇然有身。是身之微，太倉稊米。參爲三才，曰惟心耳。往古來今，孰無此心？心爲形役，乃獸乃禽。惟口耳目，手足動靜。投間抵隙，爲厥心病。一心之微，衆欲攻之。其與存者，嗚呼幾希！君子存誠，克念克敬。天君泰然，百體從令。」

○孟子曰：「有天爵者，有人爵者。仁義忠信，樂善不倦，此天爵也；公卿大夫，此人爵也。樂，音洛。○天爵者，德義可尊，自然之貴也。古之人脩其天爵，而人爵從之。脩其天爵，以爲吾分之所當然者耳。人爵從之，蓋不待求之而自至也。今之人脩其天爵，以要人爵；既得人爵，而棄其天爵，則惑之甚者也，終亦必亡而已矣。」要，音邀。○要，求也。脩天爵以要人爵，其心固已惑矣；得人爵而棄天爵，則其惑又甚焉，終必并其所得之人爵而亡之也。○南軒曰：「古之人脩其天爵而已，非有所爲而爲之，人爵從之者，言其理則然也。今之人脩其天爵以要人爵，夫有一毫要人爵之心，則有害於天爵。其脩之也，亦慕其名而已。」

○孟子曰：「欲貴者，人之同心也。人人有貴於己者，弗思耳。貴於己者，謂天爵也。人之所貴者，非良貴也。趙孟之所貴，趙孟能賤之。人之所貴，謂人以爵位加己而後貴也。良者，本然之善也。趙孟，晉卿也。能以爵禄與人而使之貴，則亦能奪之而使之賤矣。若良貴，則人安得而賤之哉？《詩》云：『既醉以酒，既飽以德。』言飽乎仁義也，所以不願人之膏粱之味也；令聞廣譽施於身，所以不願人之文繡也。」聞，去聲。○《詩》，《大雅·既醉》之篇。飽，充足也。願，欲也。膏，肥肉。粱，美穀。令，善也。聞，亦譽也。文繡，衣之美者也。仁義充足而聞譽彰著，皆所謂良貴也。○尹氏曰：「言在我者重，則外物輕。」

○孟子曰：「仁之勝不仁也，猶水勝火。今之爲仁者，猶以一杯水，救一車薪之火也；

不熄，則謂之水不勝火，此又與於不仁之甚者也。與，猶助也。仁之能勝不仁，必然之理也。但爲之不力，則無以勝不仁，而人遂以爲真不能勝，是我之所爲有以深助於不仁者也。○以正勝邪，須做得十分工夫，方勝得他。正如人身正氣稍不足，邪便得以干之矣。終亦必亡而已矣。」言此人之心，亦且自怠於爲仁，終必并與其所爲而亡之。○趙氏曰：「言爲仁不至，而不反諸己也。」○南軒曰：「此爲有志於仁而未力者言也。仁與不仁，特係乎操舍之間，而天理、人欲分焉。天理存則人欲消，固不兩立也，故以水勝火喻之。然用力於仁，貴於久而勿舍，若一暴而十寒，倏得而復失，則暫存之天理，豈能勝無窮之人欲哉！學者觀於此，其可斯須而不存是心乎？天理寖明，則人欲寖消矣。及其至也，純是天理，以水勝火，不其然乎？」

○孟子曰：「五穀者，種之美者也；苟爲不熟，不如荑稗。夫仁亦在乎熟之而已矣。」荑，音蹄。稗，蒲賣反。夫，音扶。○荑稗，草之似穀者，其實亦可食，然不能如五穀之美也。但五穀不熟，則反不如荑稗之熟；猶爲仁而不熟，則反不如爲他道之有成。是以爲仁必貴乎熟，而不可徒恃其種之美，又不可以仁之難熟，而甘爲他道之有成也。○尹氏曰：「日新而不已則熟。」○南軒曰：「此勉學者爲仁貴乎有成也。仁者，人之所以爲人也。然爲之而不至，則未可謂成人，況於乍明乍暗，若存若亡，無篤實悠久之功，則終亦必亡而已矣，云云。未至於顏子之地，皆未可語夫熟。」

○孟子曰：「羿之教人射，必志於彀；學者亦必志於彀。彀，古候反。○羿，善射者也。志，猶期也。彀，弓滿也。滿而後發，射之法也。學，謂學射。大匠誨人，必以規矩；學者亦必以規矩。」

大匠，工師也。規矩，匠之法也。○此章言事必有法，然後可成，師舍是則無以教，弟子舍是則無以學。曲藝且然，况聖人之道乎？○南軒曰：「彀者，弩張向的處也。射者，期於中鵠也，然羿之教人，使志於彀，鵠在彼，而彀在此，心存乎此，雖不中，不遠矣。學者，學爲聖賢也，聖賢曷爲而可至哉？求之吾身而已，求之吾身，其則蓋不遠。心之所同然者，人所固有也，學者亦存此而已，存乎此，則聖賢之門牆可漸而入也。規矩所以爲方員也，大匠誨人，使之用規矩而已，至於巧，則非大匠之所能誨，存乎其人焉。然巧固不外乎規矩也，學者之於道，其爲有漸，其進有序，自洒埽應對至於禮儀之三百、威儀之三千，猶木之有規矩也，亦循乎此而已。至於形而上者之事，則在其人所得何如。形而上者固不外乎洒埽應對之間也，舍是以求道，是猶舍規矩以求巧也。此章所舉二端，教人者與受教於人者，皆不可以不知。」

孟子集編卷第十二

告子章句下凡十六章。

任人有問屋廬子曰：「禮與食孰重？」曰：「禮重。」任，平聲。○任，國名。屋廬子，名連，孟子弟子也。「色與禮孰重？」任人復問也。曰：「禮重。」曰：「以禮食，則飢而死；不以禮食，則得食，必以禮乎？親迎，則不得妻；不親迎，則得妻，必親迎乎？」迎，去聲。屋廬子不能對，明日之鄒以告孟子。孟子曰：「於答是也何有？於，如字。○何有，不難也。不揣其本而齊其末，方寸之木可使高於岑樓。揣，初委反。○本，謂下。末，謂上。方寸之木至卑，喻食色。岑樓，樓之高鋭似山者，至高，喻禮。若不取其下之平，而升寸木於岑樓之上，則寸木反高，岑樓反卑矣。金重於羽者，豈謂一鉤金與一輿羽之謂哉？鉤，帶鉤也。金本重，而帶鉤小，故輕，喻禮有輕於食色者；羽本輕，而一輿多，故重，喻食色有重於禮者。取食之重者，與禮之輕者而比之，奚翅食重？取色之重者與禮之輕者而比之，奚翅色重？翅，與啻同，古字通用，施智反。○禮食、親迎，禮之輕者也。飢而死以滅其性，不得妻而廢人倫，食色之重者也。奚翅，猶言何但。言其相去懸絶，不但有輕重之差而已。往應之曰：『紾兄之臂而奪之食，則得食；不紾，則不得食，則將紾之乎？踰東家牆而摟其處子，則得妻；不摟，則不得妻，則將摟之乎？』」紾，音軫。摟，音婁。○紾，戾也。摟，牽也。處子，處女也。此二者，禮與食色皆其重者，而以之相較，則禮爲尤重也。○此章言義理事物，其輕重固有大分，然於其中又各自有輕重之別。聖賢於此，錯綜斟酌，毫髮不差，固不肯枉尺而直尋，亦未嘗膠柱而調瑟，所以斷之，一視於理之當然而已矣。

○曹交問曰：「人皆可以爲堯舜，有諸？」孟子曰：「然。」趙氏曰：「曹交，曹君之弟也。」人皆可以爲堯舜，疑古語，或孟子所嘗言也。「交聞文王十尺，湯九尺，今交九尺四寸以長，句。食粟而已，如何則可？」曹交問也。食粟而已，言無他材能也。曰：「奚有於是？亦爲之而已矣。有人於此，力不能勝一匹雛，則爲無力人矣；今曰舉百鈞，則爲有力人矣。然則舉烏獲之任，是亦爲烏獲而已矣。夫人豈以不勝爲患哉？弗爲耳。勝，平聲。○匹，字本作「鳴」，鴨也，從省作「匹」。《禮記》説「匹爲鶩」是也。烏獲，古之有力人也，能舉移千鈞。徐行後長者謂之弟，疾行先長者謂之不弟。夫徐行者，豈人所不能哉？所不爲也。堯舜之道，孝弟而已矣。後，去聲。長，上聲。先，去聲。夫，音扶。○陳氏曰：「孝弟者，人之良知良能，自然之性也。堯舜人倫之至，亦率是性而已。豈能加毫末於是哉？」楊氏曰：「堯舜之道大矣，而所以爲之，乃在夫行止疾徐之間，非有甚高難行之事也，百姓蓋日用而不知耳。」子服堯之服，誦堯之言，行堯之行，是堯而已矣；子服桀之服，誦桀之

言，行桀之行，是桀而已矣。」之、行，並去聲。○言爲善爲惡，皆在我而已。詳曹交之問，淺陋麤率，必其進見之時，禮貌衣冠言動之間，多不循禮，故孟子告之如此兩節云。**曰：「交得見於鄒君，可以假館，願留而受業於門。」**見，音現。○假館而後受業，又可見其求道之不篤。**曰：「夫道，若大路然，豈難知哉？人病不求耳。子歸而求之，有餘師。」**夫，音扶。○言道不難知，若歸而求之事親敬長之間，則性分之内，萬理皆備，隨處發見，無不可師，不必留此而受業也。○曹交事長之禮既不至，求道之心又不篤，故孟子教之以孝弟，而不容其受業。蓋孔子餘力學文之意，亦不屑之教誨也。○問云云。曰：「楊氏之説有曰：『佛者龐蘊有「神通并妙用，運水及搬柴」，此乃自得之言，最爲達理。但其言周遮，便更通徹，亦須把來做一件事。若孟子之言，則無適不然矣。』愚竊惑之。夫釋氏之言，偶與聖賢相似者多矣，但其本不同，則雖相似而實相反也。蓋如此章孟子之言，均是行也，而一疾一徐，其間便有堯、桀之異。是乃物則民彝，自然之實理，而豈人之所能爲哉？若釋氏之言，則但能運水搬柴，則雖倒行逆施，亦無適而不可矣，何必徐行而後可以爲堯哉？蓋其學以空爲真，以理爲障，而以縱横作用爲奇特，故與吾儒之論正相南北，至於如此。今不察焉，而以達理自得稱之，至語其病，則以爲特在於周遮著意而已。如此，則是凡爲佛者去此二病，而遂與吾學不殊也。程子有言：『以吾觀於釋氏，句句同，事事合。然以其本之不正，是以卒無一事之同。』正謂此爾。或問於胡文定曰：『禪者以拈槌豎拂爲妙用，如何？』公曰：『以此爲用，用而不妙，須是動容周旋中禮，始是妙用處。』求之楊氏之言，其得失可見矣。」

○公孫丑問曰：「高子曰：『《小弁》，小人之詩也。』」孟子曰：「何以言之？」曰：「怨。」

弁，音盤。○高子，齊人也。《小弁》，《小雅》篇名。周幽王娶申后，生太子宜臼；又得褒姒，生伯服，而黜申后、廢宜臼，於是宜臼之傅爲作此詩，以叙其哀痛迫切之情也。**曰：「固哉，高叟之爲詩也！有人於此，越人關弓而射之，則己談笑而道之；無他，疏之也。其兄關弓而射之，則己垂涕泣而道之；無他，戚之也。《小弁》之怨，親親也。親親，仁也。固矣夫，高叟之爲詩也！」**關，與彎同。射，食亦反。夫，音扶。○固，謂執滯不通也。爲，猶治也。越，蠻夷國名。道，語也。親親之心，仁之發也。**曰：「《凱風》何以不怨？」**《凱風》，《邶風》篇名。衛有七子之母，不能安其室，七子作詩以自責也。**曰：「《凱風》，親之過小者也；《小弁》，親之過大者也。親之過大而不怨，是愈疏也；親之過小而怨，是不可磯也。愈疏，不孝也；不可磯，亦不孝也。**磯，音機。○磯，水激石也。不可磯，言微激之而遽怒也。**孔子曰：『舜其至孝矣，五十而慕。』」**言舜猶怨慕，《小弁》之怨，不爲不孝也。○趙氏曰：「生之膝下，一體而分。喘息呼吸，氣通於親。當親而疏，怨慕號天。是以《小弁》之怨，未足爲愆也。」○或問：「五十而慕，何必舜？」武夷胡氏曰：「所謂慕者，不變其初心也。初心者，赤子之心也。爲舜父母日欲殺舜，與他人父母不同，故獨言舜耳。此一節，又當與前章參玩云。」○又晉獻公將廢太子申生，里克諫不聽，太子曰：「吾其廢乎？」里克曰：「子懼不孝，不懼不得立，修己而不責人，則免於難。」君子曰善處父子之間。季武子立其愛子悼子，而以長子公鉏爲馬正。公鉏慍而不出，閔子馬見之曰：「子無然。禍福無門，惟人所召。爲人子者，患不孝，不患無所敬共。父命何常之有？若能孝敬，富倍季氏可也；姦回不軌，禍倍下民可也。」公鉏然之。敬共朝夕，恪居官次，季孫果喜而厚之。爲人子者，不幸而處愛憎興廢之間，則於里克、閔子馬之言，可不念之哉！

○宋牼將之楚，孟子遇於石丘。牼，口莖反。○宋，姓；牼，名。石丘，地名。曰：「先生將何之？」趙氏曰：「學士年長者，故謂之先生。」曰：「吾聞秦、楚構兵，我將見楚王説而罷之。楚王不悦，我將見秦王説而罷之。二王我將有所遇焉。」説，音税。○時宋牼方欲見楚王，恐其不悦，則將見秦王也。遇，合也。案《莊子》書：「有宋銒者，禁攻寢兵，救世之戰。上説下教，强聒不舍。」疏云：「齊宣王時人。」以事考之，疑即此人也。曰：「軻也請無問其詳，願聞其指。説之將何如？」曰：「我將言其不利也。」曰：「先生之志則大矣，先生之號則不可。徐氏曰：「能於戰國擾攘之中，而以罷兵息民爲説，其志可謂大矣，然以利爲名，則不可也。」先生以利説秦、楚之王，秦、楚之王悦於利，以罷三軍之師，是三軍之士樂罷而悦於利也。爲人臣者懷利以事其君，爲人子者懷利以事其父，爲人弟者懷利以事其兄。是君臣、父子、兄弟終去仁義，懷利以相接，然而不亡者，未之有也。樂，音洛，下同。先生以仁義説秦、楚之王，秦、楚之王悦於仁義而罷三軍之師，是三軍之士樂罷而悦於仁義也。爲人臣者懷仁義以事其君，爲人子者懷仁義以事其父，爲人弟者懷仁義以事其兄，是君臣、父子、兄弟去利懷仁義以相接也。然而不王者，未之有也。何必曰利？」王，去聲。○此章言休兵息民，爲事則一，然其心有義利之殊，而其效有興亡之異，學者所當深察而明辨之也。○南軒曰：「事一也，而情有異，則所感與其所應皆不同，是以古之謀國者，以義理不以利害，此天理人欲之所以分，而治忽之所由係，蓋不可不謹於其源也。夫説二君而使之罷兵，非不善也，然由宋牼之説而説之以利，使其能從，亦利心耳。罷兵雖息一時之事，而徇利實傷萬世之彝。自衆人論之，惟欲其説之行，而不睹其害於後；在君子則寧説之不行，不忍失正理而啓禍源也。故使二君悦於利而聽從，則三軍之士樂罷而悦於利，以至於觀聽之間亦莫不動焉，上下憧憧，徒知利之爲利，則凡私己而自便者無不爲也。人欲肆行，君臣、父子、兄弟之大倫亦且不暇恤矣，則豈非危亡之道乎！由孟子之説而説以仁義，使二君幸而聽，則是其心復於正道，三軍之士樂罷而悦於仁義，則皆知仁義至重，將於君臣、父子、兄弟之際，無非以是心相與，人心正而治道興矣。三代之所以王者，用此道也。然則其説則同，所以説者異，毫釐之差，霄壤之分，可不謹哉！學者有見於此，則知五伯之在春秋，爲功之首而罪之魁也。又知曾西之所以卑管晏而尊子路者也，則庶乎知入德之門矣。」○戰國交兵之禍烈矣，宋牼一言而罷之，豈非生民之福而仁人之所甚願者哉？顧利端一開，君臣、父子、兄弟將惟利是趨，春秋弑君三十六，大抵皆見利而動，其禍又有甚於交兵者。是以聖賢不得不嚴其防也。《衍義》

○孟子居鄒，季任爲任處守，以幣交，受之而不報。處於平陸，儲子爲相，以幣交，受之而不報。任，平聲。相，去聲，下同。○趙氏曰：「季任，任君之弟。任君朝會於鄰國，季任爲之居守其國也。儲子，齊相也。不報者，來見則當報之，但以幣交，則不必報也。**他日由鄒之任，見季子；由平陸之齊，不見儲子。屋廬子喜曰：「連得間矣。」**屋廬子知孟子之處此必有義理，故喜得其間隙而問之。

問曰：「夫子之任見季子，之齊不見儲子，爲其爲相與？」「爲其」之「爲」，去聲，下同。與，平聲。

○言儲子但爲齊相，不若季子攝守君位，故輕之邪？曰：「非也。《書》曰：『享多儀，儀不及物曰不享，惟不役志于享。』《書》，《周書·洛誥》之篇。享，奉上也。儀，禮也。物，幣也。役，用也。言雖享而禮意不及其幣，則是不享矣，以其不用志于享故也。爲其不成享也。」孟子釋《書》意如此。屋廬子悅。或問之。屋廬子曰：「季子不得之鄒，儲子得之平陸。」徐氏曰：「季子爲君居守，不得往他國以見孟子，則以幣交而禮意已備。儲子爲齊相，可以至齊之境內而不來見，則雖以幣交，而禮意不及其物也。」

○淳于髡曰：「先名實者，爲人也；後名實者，自爲也。夫子在三卿之中，名實未加於上下而去之，仁者固如此乎？」先、後、爲，皆去聲。○名，聲譽也。實，事功也。言以名實爲先而爲之者，是有志於救民也；以名實爲後而不爲者，是欲獨善其身者也。名實未加於上下，言上未能正其君，下未能濟其民也。孟子曰：「居下位，不以賢事不肖者，伯夷也；五就湯，五就桀者，伊尹也；不惡汙君，不辭小官者，柳下惠也。三子者不同道，其趨一也。一者，何也？曰仁也。君子亦仁而已矣，何必同？」惡、趨，並去聲。○仁者，無私心而合天理之謂。楊氏曰：「伊尹之就湯，以三聘之勤也。其就桀也，湯進之也。湯豈有伐桀之意哉？其進伊尹以事之也，欲其悔過遷善而已。伊尹既就湯，則以湯之心爲心矣，及其終也，人歸之，天命之，不得已而伐之耳。若湯初求伊尹，即有伐桀之心，而伊尹遂相之以伐桀，是以取天下爲心也。以取天下爲心，豈聖人之心哉？」○南軒曰：「淳于髡以孟子爲卿於齊，未久而遽去，疑其爲自爲而非仁者之所爲。蓋髡徒知以爲人爲仁，而不知仁之理存乎性者也。故伯夷之不以賢事不肖，伊尹之五就，柳下惠之不惡不辭，而皆爲趨於仁，以其皆本於天理之正故爾。若徇夫爲人之名，以爲仁而咈其性之理，則所謂愛之本先亡，而其所以爲愛者特其情之流耳，豈不反害於仁乎！」曰：「魯繆公之時，公儀子爲政，子柳、子思爲臣，魯之削也滋甚。若是乎賢者之無益於國也！」公儀子，名休，爲魯相。子柳，泄柳也。削，地見侵奪也。髡譏孟子雖不去，亦未必能有爲也。曰：「虞不用百里奚而亡，秦穆公用之而霸。不用賢則亡，削何可得與？」與，平聲。○百里奚，事見前篇。曰：「昔者王豹處於淇，而河西善謳；緜駒處於高唐，而齊右善歌；華周、杞梁之妻善哭其夫，而變國俗。有諸内必形諸外。爲其事而無其功者，髡未嘗睹之也。是故無賢者也，有則髡必識之。」華，去聲。○王豹，衛人，善謳。淇，水名。緜駒，齊人，善歌。高唐，齊西邑。華周、杞梁，二人皆齊臣，戰死於莒。其妻哭之哀，國俗化之皆善哭。髡以此譏孟子仕齊無功，未足爲賢也。曰：「孔子爲魯司寇，不用，從而祭，燔肉不至，不税冕而行。不知者以爲爲肉也，其知者以爲爲無禮也。乃孔子則欲以微罪行，不欲爲苟去。君子之所爲，衆人固不識也。」税，音脱。「爲肉」、「爲無」之「爲」，去聲。○案《史記》：「孔子爲魯司寇，攝行相事。齊人聞而懼，於是以女樂遺魯君。季桓子與魯君往觀之，怠於政事。子路曰：『夫子可以行矣。』孔子曰：『魯今且郊，如致膰于大夫，則吾猶可以止。』桓子卒受齊女樂，郊又不致膰俎于大夫，孔子遂行。」孟子言以爲爲肉者，固不足道；以爲爲無禮，則亦未爲深知孔子者。蓋聖人於父母之國，不欲顯其君相之失，又不欲爲無故而苟去，故不以女樂去，而以膰肉行。其見幾明決，而用意忠厚，固非衆人所能識也。然則孟子之所爲，豈髡之所能識哉？○尹氏曰：「淳于髡未嘗知仁，而未嘗識賢也，宜乎其言若是。」

○孟子曰：「五霸者，三王之罪人也；今之諸侯，五霸之罪人也；今之大夫，今之諸侯之罪人也。趙氏曰：「五霸：齊桓、晉文、秦穆、宋襄、楚莊也。三王：夏禹、商湯、周文武也。」丁氏曰：「夏昆吾，商大彭、豕韋，周齊桓、晉文，謂之五霸。」天子適諸侯曰巡狩，諸侯朝於天子曰述職。春省耕而補不足，秋省斂而助不給。入其疆，土地辟，田野治，養老尊賢，俊傑在位，則有慶，慶以地。入其疆，土地荒蕪，遺老失賢，掊克在位，則有讓。一不朝，則貶其爵；再不朝，則削其地；三不朝，則六師移之。是故天子討而不伐，諸侯伐而不討。五霸者，摟諸侯以伐諸侯者也，故曰：五霸者，三王之罪人也。朝，音潮。辟，與闢同。治，平聲。○慶，賞也，益其地以賞之也。掊克，聚斂也。讓，責也。移之者，誅其罪而變置之也。討者，出命以討其罪，而使方伯連帥帥諸侯以伐之也。伐者奉天子之命，聲其罪而伐之也。摟，牽也。五霸牽諸侯以伐諸侯，不用天子之命也。自「入其疆」至「則有讓」，言巡狩之事，自「一不朝」至「六師移之」，言述職之事。五霸，桓公爲盛。葵丘之會諸侯，束牲、載書而不歃血。初命曰：『誅不孝，無易樹子，無以妾爲妻。』再命曰：『尊賢育才，以彰有德。』三命曰：『敬老慈幼，無忘賓旅。』四命曰：『士無世官，官事無攝，取士必得，無專殺大夫。』五命曰：『無曲防，無遏糴，無有封而不告。』曰：『凡我同盟之人，既盟之後，言歸

于好。』今之諸侯，皆犯此五禁，故曰：今之諸侯，五霸之罪人也。歃，所洽反。糴，音狄。好，去聲。○案《春秋傳》：「僖公九年，葵丘之會，陳牲而不殺。讀書加於牲上，壹明天子之禁。」樹，立也。已立世子，不得擅易。初命三事，所以修身正家之要也。賓，賓客也。旅，行旅也。皆當有以待之，不可忽忘也。士世禄而不世官，恐其未必賢也。官事無攝，當廣求賢才以充之，不可以闕人廢事也。取士必得，必得其人也。無專殺大夫，有罪則請命於天子而後殺之也。無曲防，不得曲爲隄防，壅泉激水，以專小利，病鄰國也。無遏糴，鄰國凶荒，不得閉糴也。無有封而不告者，不得專封國邑而不告天子也。**長君之惡其罪小，逢君之惡其罪大。今之大夫，皆逢君之惡，故曰：今之大夫，今之諸侯之罪人也。」**長，上聲。○君有過不能諫，又順之者，長君之惡也。君之過未萌，而先意導之者，逢君之惡也。○林氏曰：「邵子有言：『治《春秋》者，不先治五霸之功罪，則事無統理，而不得聖人之心。春秋之間，有功者未有大於五霸，有過者亦未有大於五霸。故五霸者，功之首，罪之魁也。』孟子此章之義，其亦若此也與？然五霸得罪於三王，今之諸侯得罪於五霸，皆出於異世，故得以逃其罪。至於今之大夫，其得罪於今之諸侯，則同時矣；而諸侯非惟莫之罪也，乃反以爲良臣而厚禮之。不以爲罪而反以爲功，何其謬哉！」

○魯欲使慎子爲將軍。慎子，魯臣。**孟子曰：「不教民而用之，謂之殃民。殃民者，不容於堯舜之世。**教民者，教之禮義，使知入事父兄，出事長上也。用之，使之戰也。**一戰勝齊，遂有南陽，然且不可。」**是時魯蓋欲使慎子伐齊，取南陽也。故孟子言就使慎子善戰有功如此，且猶不可。**慎子**

勃然不悦曰：「此則滑釐所不識也。」滑，音骨。○滑釐，慎子名。**曰：「吾明告子。天子之地方千里；不千里，不足以待諸侯。諸侯之地方百里；不百里，不足以守宗廟之典籍。**待諸侯，謂待其朝覲聘問之禮。宗廟典籍，祭祀會同之常制也。**周公之封於魯，爲方百里也；地非不足，而儉於百里。太公之封於齊也，亦爲方百里也；地非不足也，而儉於百里。**二公有大勳勞於天下，而其封國不過百里。儉，止而不過之意也。**今魯方百里者五，子以爲有王者作，則魯在所損乎？在所益乎？**魯地之大，皆并吞小國而得之。有王者作，則必在所損矣。**徒取諸彼以與此，然且仁者不爲，况於殺人以求之乎？**徒，空也，言不殺人而取之也。**君子之事君也，務引其君以當道，志於仁而已。」**當道，謂事合於理；志仁，謂心在於仁。○南軒曰：「孟子下章云云，大抵於此章意同。戰國之臣所以事君者，徒以富國强兵爲急，其君亦固以此爲臣之忠於我，而孟子以爲民賊，何哉？蓋君不鄉道，不志於仁，而但爲之爲富强之計，則君益驕肆，民益憔悴，是上成君之惡，而下絶民之命也。當時諸侯以民賊爲良臣，豈不痛哉！孟子之言曰『由今之道，無變今之俗，雖與之天下，不能一朝居』，此聖賢拔本塞源之意。今之道，功利之道也；今之俗，功利之俗也。由是道不變其俗，本源既差，縱使其間節目之善，亦終無以相遠也。故必以不由其道爲先，不由其道，則由仁義之道矣。由仁義之道，變而爲仁義之俗，然後名正言順而事可成也。所謂『不能一朝居』者，功利既勝，人紀隳喪，雖得天下，何以維持主守之乎？故功愈就而害愈深，利愈大而禍愈速，富國强兵之説，至於秦可謂獲其利矣。然自始皇初并天下，固已在絶滅之中，人心内離，豈復爲秦之臣哉！孟子謂『雖與天下，不能一朝居』者，寧不信乎？知此義，而後可以謀人之國矣。」

○孟子曰：「今之事君者曰：『我能爲君辟土地，充府庫。』今之所謂良臣，古之所謂民賊也。君不鄉道，不志於仁，而求富之，是富桀也。爲，去聲。辟，與闢同。鄉，與向同，下皆同。○辟，開墾也。『我能爲君約與國，戰必克。』今之所謂良臣，古之所謂民賊也。君不鄉道，不志於仁，而求爲之强戰，是輔桀也。約，要結也。與國，和好相與之國也。由今之道，無變今之俗，雖與之天下，不能一朝居也。」言必争奪而至於危亡也。

○白圭曰：「吾欲二十而取一，何如？」白圭，名丹，周人也。欲更税法，二十分而取其一分。林氏曰：「案《史記》：白圭能薄飲食，忍耆欲，與童僕同苦樂。樂觀時變，人棄我取，人取我與，以此居積致富。其爲此論，蓋欲以其術施之國家也。」孟子曰：「子之道，貉道也。貉，音陌。○貉，北方夷狄之國名也。萬室之國，一人陶，則可乎？」曰：「不可，器不足用也。」孟子設喻以詰圭，而圭亦知其不可也。曰：「夫貉，五穀不生，惟黍生之。無城郭、宫室、宗廟、祭祀之禮，無諸侯幣帛饔飧，無百官有司，故二十取一而足也。夫，音扶。○北方地寒，不生五穀，黍蚤熟，故生之。饔飧，以飲食饋客之禮也。今居中國，去人倫，無君子，如之何其可也？無君臣、祭祀、交際之禮，是去人倫；無百官有司，是無君子。陶以寡，且不可以爲國，況無君子乎？因其辭以折之。欲輕之於堯舜之道者，大貉、小貉也；欲重之於堯舜之道者，大桀、小桀也。」什一而税，堯舜之道也。多則桀，寡則貉。今欲輕重之，則是小貉、小桀而已。

○白圭曰：「丹之治水也愈於禹。」趙氏曰：「當時諸侯有小水，白圭爲之築隄，壅而注之他國。」孟子曰：「子過矣。禹之治水，水之道也。順水之性也。是故禹以四海爲壑，今吾子以鄰國爲壑。壑，受水處也。水逆行，謂之洚水。洚水者，洪水也，仁人之所惡也。吾子過矣。」惡，去聲。○水逆行者，下流壅塞，故水逆流。今乃壅水以害人，則與洪水之災無異矣。

○孟子曰：「君子不亮，惡乎執？」惡，平聲。○亮，信也，與諒同。惡乎執，言凡事苟且，無所執持也。

○魯欲使樂正子爲政。孟子曰：「吾聞之，喜而不寐。」喜其道之得行。公孫丑曰：「樂正子强乎？」曰：「否。」「有知慮乎？」曰：「否。」「多聞識乎？」曰：「否。」知，去聲。○此三者，皆當世之所尚，而樂正子之所短，故丑疑而歷問之。「然則奚爲喜而不寐？」丑問也。曰：「其爲人也好善。」好，去聲，下同。「好善足乎？」丑問也。曰：「好善優於天下，而況魯國乎？優，有餘裕也。言雖治天下，尚有餘力也。夫苟好善，則四海之內，皆將輕千里而來告之以善。夫，音扶，下同。○輕，易也，言不以千里爲難也。夫苟不好善，則人將曰：『訑訑，予既已知之矣。』訑訑之聲音顔色，距人於千里之外。士止於千里之外，則讒諂面諛之人至矣。與讒諂面諛之人居，國欲治，可得乎？」訑，音移。治，去聲。○訑訑，自足其智，不嗜善言之貌。君子、小人，迭爲消長。

直諒多聞之士遠，則讒諂面諛之人至，理勢然也。○此章言爲政，不在於用一己之長，而貴於有以來天下之善。

○陳子曰：「古之君子何如則仕？」孟子曰：「所就三，所去三。其目在下。迎之致敬以有禮，言將行其言也，則就之；禮貌未衰，言弗行也，則去之。所謂見行可之仕，若孔子於季桓子是也。受女樂而不朝，則去之矣。其次，雖未行其言也，迎之致敬以有禮，則就之；禮貌衰，則去之。所謂際可之仕，若孔子於衛靈公是也。故與公遊於囿，公仰視蜚鴈而後去之。其下，朝不食，夕不食，飢餓不能出門户。君聞之曰：『吾大者不能行其道，又不能從其言也，使飢餓於我土地，吾耻之。』周之，亦可受也，免死而已矣。」所謂公養之仕也。君之於民，固有周之之義，况此又有悔過之言，所以可受。然未至於飢餓不能出門户，則猶不受也。其曰免死而已，則其所受亦有節矣。○南軒曰：「此三者，足以盡君子去就之分。舍是三者，則皆爲以利動，而非義之所存矣。」

○孟子曰：「舜發於畎畝之中，傅説舉於版築之間，膠鬲舉於魚鹽之中，管夷吾舉於士，孫叔敖舉於海，百里奚舉於市。説，音悦。○舜耕歷山，三十登庸。説築傅巖，武丁舉之。膠鬲遭亂，鬻販魚鹽，文王舉之。管仲囚於士官，桓公舉以相國。孫叔敖隱處海濱，楚莊王舉之爲令尹。百里奚事見前篇。故天將降大任於是人也，必先苦其心志，勞其筋骨，餓其體膚，空乏其身，行拂亂其所爲，所以動心忍性，曾益其所不能。曾，與增同。○降大任，使之任大事也，若舜以下是也。空，窮也。

乏，絶也。拂，戾也，言使之所爲不遂，多背戾也。動心忍性，謂竦動其心，堅忍其性也。然所謂性，亦指氣稟食色而言耳。程子曰：「若要熟，也須從這裏過。」**人恒過，然後能改；困於心，衡於慮，而後作；徵於色，發於聲，而後喻。**衡，與横同。○恒，常也。猶言大率也。横，不順也。作，奮起也。徵，驗也。喻，曉也。此又言中人之性，常必有過，然後能改。蓋不能謹於平日，故必事勢窮蹙，以至困於心，横於慮，然後能奮發而興起；不能燭於幾微，故必事理暴著，以至驗於人之色，發於人之聲，然後能警悟而通曉也。**入則無法家拂士，出則無敵國外患者，國恒亡。**拂，與弼同。○此言國亦然也。法家，法度之世臣也。拂士，輔拂之賢士也。**然後知生於憂患而死於安樂也。」**樂，音洛。○以上文觀之，則知人之生全，出於憂患，而死亡由於安樂矣。○尹氏曰：「言困窮拂鬱，能堅人之志，而熟人之仁，以安樂失之者多矣。」○南軒曰：「天將以大任降於後，而憂患先之，以成其德。此豈人之所爲哉？所謂莫之爲而爲者天也。其所遭若彼，而所成就若是，乃天也。此六人者，雖有聖賢淺深之異，然始焉經履之艱，而卒焉能勝其任，則一也。以舜之生知，非有待於處憂患以成其德也。舉舜之起於畎畝，以見聖人亦由側微而興耳。若在他人，因憂患以成德，則如下所云是已。夫苦其心志，勞其筋骨，餓其體膚，空乏其身，行拂亂其所欲爲，是使之動心忍性而已。動心，言其心有所感動也；忍性，言忍其性之偏也。動心則善端日萌，而良心可存；忍性則氣稟日化，而天性可復。此所謂增益其所不能也。人恒過，然後能改，言凡人常見其有過，而後能改過。使其漠然不察其有過，則過將日深，何改之有？知用力，則懼吾過之多而改之，惟恐不暇矣。困於心，謂有所攖拂於心；衡於慮，謂有所鬱塞於慮，必如是而後有作。作者，油然有所興起於中也。徵於色，發於聲，謂憂患憤悱發見於聲色，必如是而後喻。喻者，言盎然默識其理之所在也。作也，喻也，身親乃能知之，非言語所可盡也。則又推而言之，以謂爲國者亦然，入則無法家拂士，出則無敵國外患者，國恒亡。蓋泰然自以爲是，自以爲莫予毒，則驕怠日長，至於滅亡而不悟矣。大抵治亂興亡，常分於敬肆之間，使在内而每聞逆耳之規，在外而每有窺窬之患，則戒懼之心存，是心存，則國可爲也，然後知生於憂患而死於安樂。生言生之道也，在身而身泰，施之於天下國家，無往而不爲福也。死言死之道，天命絶于其躬，而敗于其家，凶于乃國者也。然繼體之君，公侯之裔，生而處安樂之地，無憂患之可歷，則將如之何？必也念安樂之可畏，思天命之無常，戒謹恐懼，不敢有其安樂，是乃困心衡慮之方，生之道也。然則所謂死於安樂者，非安樂之能死之也，以其溺於安樂而自絶焉耳。故在君子，則雖處安樂而生理未嘗不遂；在小人，則雖處憂患而亦未嘗不死於憂患，所謂『小人窮斯濫矣』是也。」

○孟子曰：「教亦多術矣，予不屑之教誨也者，是亦教誨之而已矣。」多術，言非一端。屑，潔也。不以其人爲潔而拒絶之，所謂不屑之教誨也。其人若能感此，退自修省，則是亦我教誨之也。○尹氏曰：「言或抑或揚，或與或不與，各因其才而篤之，無非教也。」○南軒曰：「屑與不屑就、不屑去之屑，同訓輕。❶ 教人之道，不一而足。聖賢之教人，固不倦也，然有時而不輕其教誨者，非拒之也，是亦所以教誨之也。然就不屑誨之中，亦有數端焉：或引而不發，而使之自喻；或懼其躐等，而告之有序，聖賢之書，若是者

❶「輕」，原誤作「○」，今據《癸巳孟子説》卷六《告子上》改。

多矣；又有以其信之未篤，則不留於門，使自求之，如孟子之於曹交；以其行之未善，則拒之不見，而使之知之，如孔子之於孺悲。凡此亦皆爲不輕其教誨，而乃所以教誨之也。蓋聖賢言動，無非教也，在學者領略之何如耳。天之於物亦然，《傳》曰：『天有四時雨露雷風，無非教也。』」

孟子集編卷第十三

盡心章句上凡四十六章。

孟子曰：「盡其心者，知其性也。知其性，則知天矣。心者，人之神明，所以具衆理而應萬事者也。性則心之所具之理，而天又理之所從以出者也。人有是心，莫非全體，然不窮理，則有所蔽而無以盡乎此心之量。故能極其心之全體而無不盡者，必其能窮夫理而無不知者也。既知其理，則其所從出，亦不外是矣。以《大學》之序言之，知性則物格之謂，盡心則知至之謂也。**存其心，養其性，所以事天也。**存，謂操而不舍；養，謂順而不害；事，則奉承而不違也。**殀壽不貳，脩身以俟之，所以立命也。」**殀壽，命之短長也。貳，疑也。不貳者，知天之至，脩身以俟死，則事天以終身也。立命，謂全其天之所付，不以人爲害之。○程子曰：「心也，性也，天也，一理也。自理而言謂之天，自稟受而言謂之性，自存諸人而言謂之心。」張子曰：「由太虛，有天之名；由氣化，有道之名；合虛與氣，有性之名；合性與知覺，有心之名。」愚謂盡心知性而知天，所以造其理也；存心養性以事天，所以履其事也。不知其理，固不能履其事；然徒造其理而不履其事，則亦無以有諸己矣。知天而不以殀壽貳其心，智之盡也；事天而能脩身以俟死，仁之至也。智有不盡，固不知所以爲仁；然智而不仁，則亦將流蕩不法，而不足以爲智矣。○問「盡其心者，知其性也」。曰：「此句文勢，與『得其民者，得其心也』相似。」○此心本來無有些子不備，無有些子不該，須是盡識得許多道理，無些子窒礙，方是盡心。○此心本來虛靈，萬理具備，事事物物皆所當知。今人多是氣質偏了，又爲物欲所蔽，故昏而不能盡知，此聖賢所以貴乎窮理。○萬理雖具於吾心，須使教他知，始得。○伊川云：「盡心然後知性。」此不然。盡字大，知字零星。若未能知性，便欲盡心，何處下手？○或以私意脱落，無有渣滓爲盡心者。先生曰：「若如所論，即不知却如何説『存心』兩字？兼既未知性，即是於理有所未明，如何便到得這田地邪？此處一差，便入釋氏見解矣。況知者，有漸之辭；盡者，無餘之義。其意象規模，自應有先後也。」○性者，吾心之實理，若不知得，却盡箇甚底？○問「知其性，則知天矣」。曰：「性以賦於我之分而言，天以公共道理而言，天便是箇大底人，人便是箇小底天。吾之仁、義、禮、智，即天之元、亨、利、貞。凡吾之所有者，皆自彼而來也，故知吾性，則自然知天矣。」○問「存心養性以事天」。曰：「存之、養之，便是事。心、性便是天。」○心性皆天之所以予我者，不能存養而梏亡之，則非所以事天也。夫心主乎性者，敬以存之，則性得其養而無所害矣。○又問云云。曰：「天教爾父子有親，便用真箇有親；天教爾君臣有義，便須真箇有義，不然便是違天。」○嘉定史官陳武作《楊文靖公傳》論曰：「龜山發明孟子盡心知性之説，曰：『此心明白、洞達、廣大、静一，惟能體會至於了然，斯可以言盡。盡其心，自然知性。』大抵學者必先知仁，知仁則知心，知心則知性。横渠《西銘》蓋欲學者之知仁也。先生没後二三十年，諸儒之明道，蓋有爲世之所尊者矣。其間講之不精者，顧以能知性則能盡心，彼其不達《洪範》之言思，《大學》之言知，《中庸》之論明，而舛逆心性之説，故從之者，俱無自得之學。」著作佐郎李道傳辨之曰：「史官所斥『能知性則能盡心』爲講之不精者，朱先生《集注》説也。孟子曰：『盡其心者，知其性也，知性則知天矣。』舊説謂盡心則知性，知性則知天。前輩皆從之，而先生異焉。蓋先生説經，獨得聖賢本心，故舊説雖善，而考之文義有所未協，則弗從，以爲非聖賢當日立言之本意故也。孟子此章，信如舊説，當云盡其心則知其性矣，知其性則知天矣，而後文義相協。今乃不然，故先生別案本文，更定今説，文義既協，理致自明。史官顧以爲講之不精，何也？且心、性、天三言者，何謂也？程子曰：『自理言之謂之天，自稟受言之謂之性，自存諸人者言之謂之心。』三者蓋所從言之異耳，要之，性即理也，理則一而已矣。故凡能盡此心者，必其知此性者也，苟不知之，若之何其盡之？既知之矣，則所謂天者，豈外此而他求哉？世之學者，每有心小性大之蔽，意謂必先盡其心，而後可以馴致其極以知天性。殊不知性與心初無間，而知與盡則有序。性與心無間，則謂知性故能盡心者，於義爲得；知與盡有序，則謂盡之爲先而知之爲後者，是失其先後之倫也。《集注》云云，於心、性、天三者之説可謂條理別白，指趣分明，讀者可以曉然無疑矣。而史官顧謂其舛逆心性之説，何哉？《洪範》言思，與此不類，若《大學》之言知，《中庸》之言明，大抵皆以知爲先。《集注》先謂必能知而後能盡者，正與之合。史官顧謂其不達於此，何哉？」○又案：孟子此章，心性二字純指道心德性而言，至云動心忍性，則心固道心，性即指氣稟食色之性矣。○張思叔詬駡僕夫，程子曰：「何不動心忍性。」

○孟子曰：「**莫非命也，順受其正。**人物之生，吉凶禍福，皆天所命。然惟莫之致而至者，乃爲正命，故君子脩身以俟之，所以順受乎此也。**是故知命者，不立乎巖牆之下。**命，謂正命。巖牆，牆之將覆者。知正命，則不處危地以取覆壓之禍。**盡其道而死者，正命也。**盡其道，則所值之吉凶，皆莫之致而至者矣。**桎梏死者，非正命也。」**桎梏，所以拘罪人者。言犯罪而死，與立巖牆之下者同，皆人所取，非天所爲也。○此章與上章蓋一時之言，所以發其末句未盡之意。

○孟子曰：「求則得之，舍則失之，是求有益於得也，求在我者也。舍，上聲。○在我者，謂仁、義、禮、智，凡性之所有者。**求之有道，得之有命，是求無益於得也，求在外者也。」**有道，言不可妄求。有命，則不可必得。在外者，謂富貴利達，凡外物皆是。○南軒曰：「富貴利達，衆人謂己有求之之道，然不知其有命焉。固有求而得之者矣，是亦有命，而非求之能有益也。蓋亦有巧求而不得者多矣，以此可見其無益於得也，然則亦可以已矣。」○趙氏曰：「言爲仁由己，富貴在天，如不可求，從吾所好。」

○孟子曰：「萬物皆備於我矣。此言理之本然也。大則君臣父子，小則事物細微，其當然之理，無一不具於性分之内也。**反身而誠，樂莫大焉。**樂，音洛。○誠，實也。言反諸身，而所備之理皆如惡惡臭、好好色之實然，則其行之不待勉强而無不利矣，其爲樂孰大於是。**强恕而行，求仁莫近焉。」**强，上聲。○强，勉强也。恕，推己以及人也。反身而誠則仁矣，其有未誠，則是猶有私意之隔，而理未純也。故當凡事勉强，推己及人，庶幾心公理得而仁不遠也。○此章言萬物之理具於吾身，體之而實，則道在我而樂有餘；行之以恕，則私不容而仁可得。○反身而誠，蓋知之已至而自然循理，所以樂。强恕而行，是知之未至，且恁地把捉，勉强做去，少間到純熟處，便是仁。○問：「反身而誠，是大賢以上事；强恕求仁，是學者身分上事否？」曰：「然。」○又曰：「反身而誠，只是箇真知。真實知得，則滔滔行將去，見得萬理與我爲一，自然其樂無涯。所以伊川云：『異日見卓爾有立於前，然後不知手之舞，足之蹈。』正此意也。」○萬物不是萬物之迹，只是萬物之理。○横渠曰：『萬物皆備於我矣』，言萬物皆素定於我也。行有不慊於心，則餒矣。故反身而誠，樂莫大焉。若不是實做工夫到這裏，如何見得恁地。」○誠是有此理。檢校自家身分，是無欠闕。事君真箇忠，事親真箇孝，是仰不愧於天，俯不怍於人，其樂孰大於此！○反身而誠，孟子之意主於誠字，言反身而實有此理也。爲父而實有慈，爲子而實有孝，豈不快活！若反身不誠，是無此理，但有恐懼而已，豈得樂哉？○未至於反身而誠處，且逐事要推己及人，庶幾心公理得，更好仔細看這般處。○不可將恕事低看了，求仁莫近於恕，恕字甚緊。

○孟子曰：「行之而不著焉，習矣而不察焉，終身由之而不知其道者，衆也。」著者，知之明；察者，識之精。言方行之而不能明其所當然，既習矣而猶不識其所以然，所以終身由之而不知其道者多也。

○孟子曰：「人不可以無耻。無耻之耻，無耻矣。」趙氏曰：「人能耻己之無所耻，是能改行從善之人，終身無復有耻辱之累矣。」

○孟子曰：「耻之於人大矣。耻者，吾所固有羞惡之心也。存之則進於聖賢，失之則入於禽獸，故所繫爲甚大。**爲機變之巧者，無所用耻焉。**爲機械變詐之巧者，所爲之事皆人所深耻，而彼方且自以爲得計，故無所用其愧耻之心也。**不耻不若人，何若人有？」**但無耻一事不如人，則事事不如人矣。或曰：「不耻其不如人，則何能有如人之事。」其義亦通。○或問：「人有耻不能之心，如何？」程子曰：「耻其不能而爲之，可也。耻其不能而掩藏之，不可也。」

〇孟子曰：「古之賢王好善而忘勢，古之賢士何獨不然？樂其道而忘人之勢，故王公不致敬盡禮，則不得亟見之。見且猶不得亟，而況得而臣之乎？」好，去聲。樂，音洛。亟，去吏反。〇言君當屈己以下賢，士不枉道而求利。二者勢若相反，而實則相成，蓋亦各盡其道而已。

〇孟子謂宋句踐曰：「子好遊乎？吾語子遊。句，音鈎。好、語，皆去聲。〇宋，姓；句踐，名。遊，遊説也。人知之，亦囂囂；人不知，亦囂囂。」趙氏曰：「囂囂，自得無欲之貌。」曰：「何如斯可以囂囂矣？」曰：「尊德樂義，則可以囂囂矣。樂，音洛。〇德，謂所得之善。尊之，則有以自重，而不慕乎人爵之榮。義，謂所守之正。樂之，則有以自安，而不徇乎外物之誘也。故士窮不失義，達不離道。離，力智反。〇言不以貧賤而移，不以富貴而淫，此尊德樂義見於行事之實也。窮不失義，故士得己焉；達不離道，故民不失望焉。得己，言不失己也。民不失望，言人素望其興道致治，而今果如所望也。古之人，得志，澤加於民；不得志，脩身見於世。窮則獨善其身，達則兼善天下。」見，音現。〇見，謂名實之顯著也。此又言士得己、民不失望之實。〇此章言内重而外輕，則無往而不善。〇南軒曰：「宋句踐之好遊，謂遊於世，如歷聘之類，意句踐之爲人，徇名而外求者，孟子語之以遊，使求之於吾身而已，云云。道言體，義言用，互相明耳云云。其曰脩身見於世者，言脩其身，而其德名自不可掩，非君子之修身欲以自見於世。」

〇孟子曰：「待文王而後興者，凡民也。若夫豪傑之士，雖無文王猶興。」夫，音扶。〇興者，感動奮發之意。凡民，庸常之人也。豪傑，有過人之才智者也。蓋降衷秉彝，人所同得，唯上智之材無物欲之蔽，爲能無待於教，而自能感發以有爲也。

○孟子曰：「附之以韓、魏之家，如其自視欿然，則過人遠矣。」欿，音坎。○附，益也。韓、魏，晉卿富家也。欿然，不自滿之意。尹氏曰：「言有過人之識，則不以富貴爲事。」

○孟子曰：「以佚道使民，雖勞不怨；以生道殺民，雖死不怨殺者。」程子曰：「以佚道使民，謂本欲佚之也，播穀乘屋之類是也。以生道殺民，謂本欲生之也，除害去惡之類是也。蓋不得已而爲其所當爲，則雖咈民之欲而民不怨，其不然者反是。」

○孟子曰：「霸者之民，驩虞如也；王者之民，皞皞如也。皞，胡老反。○驩虞，與「歡娱」同。皞皞，廣大自得之貌。程子曰：「驩虞，有所造爲而然，豈能久也？耕田鑿井，帝力何有於我？如天之自然，乃王者之政。」楊氏曰：「所以致人驩虞，必有違道干譽之事；若王者則如天，亦不令人喜，亦不令人怒。」**殺之而不怨，利之而不庸，民日遷善而不知爲之者。**此所謂皞皞如也。庸，功也。豐氏曰：「因民之所惡而去之，非有心於殺之也，何怨之有？因民之所利而利之，非有心於利之也，何庸之有？輔其性之自然，使自得之，故民日遷善而不知誰之所爲也。」**夫君子所過者化，所存者神，上下與天地同流，豈曰小補之哉？」**夫，音扶。○君子，聖人之通稱也。所過者化，身所經歷之處，即人無不化，如舜之耕歷山而田者遜畔，陶河濱而器不苦窳也。所存者神，心所存主處便神妙不測，如孔子之立斯立、道斯行、綏斯來、動斯和，莫知其所以然而然也。是其德業之盛，乃與天地之化同運並行，舉一世而甄陶之，非如霸者，但小小補塞其罅漏而已。此則王道之所以爲大，而學者所當盡心也。

○孟子曰：「仁言，不如仁聲之入人深也。程子曰：「仁言，謂以仁厚之言加於民。仁聲，謂仁聞，謂有仁之實而爲衆所稱道者也。此尤見仁德之昭著，故其感人尤深也。」**善政，不如善教之得民也。**政，謂法度禁令，所以制其外也。教，謂道德齊禮，所以格其心也。**善政民畏之，善教民愛之；善政得民財，善教得民心。」**得民財者，百姓足而君無不足也；得民心者，不遺其親，不後其君也。

○**孟子曰：「人之所不學而能者，其良能也；所不慮而知者，其良知也。**良者，本然之善也。程子曰：「良知良能，皆無所由；乃出於天，不係於人。」**孩提之童，無不知愛其親也；及其長也，無不知敬其兄也。**長，上聲，下同。○孩提，二三歲之間，知孩笑、可提抱者也。愛親敬長，所謂良知良能者也。**親親，仁也；敬長，義也。無他，達之天下也。」**言親親敬長，雖一人之私，然達之天下無不同者，所以爲仁義也。○南軒曰：「良云者，有本然之義，有善之義。蓋其本然者無非善也，不學而能，不慮而知，則無一毫人爲加乎其間，天之所爲而性之所有也。孩提知愛其親，及長，知敬其兄，此其知豈待於慮乎？其能豈待於學乎？此所謂良知良能也。然下文獨言知者，蓋知常在先也。愛敬者，良心之大端，蓋親親爲仁，敬長爲義，人道不越是而已。能存是心而達之，則仁義之道不可勝窮矣。雖然，人之良能良知，如飢而食，如渴而飲，手執而足履，亦何莫非是乎？何孟子獨以愛親敬長爲言也？蓋飢食渴飲，手持足履之類，固莫非性之自然，形乎氣體者也。形乎氣體，則有天理，有人欲；循其自然，固莫非天理，毫釐之差，則人欲亂之矣。若愛敬之所發，乃仁義之淵源，故孟子之所以啓告之者，專指夫此，揭天理之粹以示人也。

若異端舉物而遺則，天理人欲混淆而莫識其源，爲弊有不可勝言者矣。」○愚案：「達之天下」，二先生之說少異，當詳之。

○孟子曰：「**舜之居深山之中，與木石居，與鹿豕遊，其所以異於深山之野人者幾希。及其聞一善言，見一善行，若決江河，沛然莫之能禦也。**」行，去聲。○居深山，謂耕歷山時也。蓋聖人之心，至虛至明，渾然之中，萬理畢具。一有感觸，則其應甚速，而無所不通，非孟子造道之深，不能形容至此也。

○孟子曰：「**無爲其所不爲，無欲其所不欲，如此而已矣。**」李氏曰：「有所不爲不欲，人皆有是心也。至於私意一萌，而不能以禮義制之，則爲所不爲、欲所不欲者多矣。能反是心，則所謂擴充其羞惡之心者，而義不可勝用矣，故曰如此而已矣。」

○孟子曰：「**人之有德慧術知者，恒存乎疢疾。**」知，去聲。疢，丑刃反。○德慧者，德之慧。術知者，術之知。疢疾，猶災患也。言人必有疢疾，則能動心忍性，增益其所不能也。**獨孤臣孽子，其操心也危，其慮患也深，故達。**」孤臣，遠臣；孽子，庶子，皆不得於君親，而常有疢疾者也。達，謂達於事理，即所謂德慧術知也。○南軒曰：「疢疾，謂憂患也。蓋人平居無事之時，漠然不省者多矣。惟夫疢疾加焉，則動心忍性，有以感發，故德慧術知由此而生，以孤臣孽子觀之可見。孤臣孽字，操心危，慮患深，危故專一而不敢肆，深故精審而不敢忽，專精之極，故於事理能有所通達也。然所謂德慧術知，蓋有小大，所謂達者，亦有淺深，要之由憂患而有所發，則一也。然則處安樂之地者，誦斯言，可不思夫逸豫之溺人，而深求所以戒懼乎！當憂患之際者，誦斯言，可不念其爲進德脩業之要而自勉勵乎！」

○孟子曰：「**有事君人者，事是君則爲容悦者也。**阿徇以爲容，逢迎以爲悦，此鄙夫之事、妾婦之道也。**有安社稷臣者，以安社稷爲悦者也。**言大臣之計安社稷，如小人之務悦其君，眷眷於此而不忘也。**有天民者，達可行於天下而後行之者也。**民者，無位之稱。以其全盡天理，乃天之民，故謂之天民。必其道可行於天下，然後行之。不然，則寧没世不見知而不悔，不肯小用其道以徇於人也。張子曰：「必功覆斯民然後出，如伊吕之徒。」**有大人者，正己而物正者也。**」大人，德盛而上下化之，所謂「見龍在田，天下文明」者。○此章言人品不同，略有四等。容悦佞臣不足言。安社稷則忠矣，然猶一國之士也。天民則非一國之士矣，然猶有意也。無意無必，唯其所在而物無不化，惟聖者能之。○南軒曰：「以事是君爲容悦者，慕爵禄而從君者也。以安社稷爲悦者，則志存乎功業者也，與爲容悦者固有間矣，然未及乎道義也。蓋志存乎功業，則苟可就其功業而遂其志，則亦所屑爲矣。古之人惟守道明義而已，故雖有蓋世之功業在前可爲，而在我者有一毫之未安，則不敢徇也。蓋功業一時之事，而良心萬世之彝故也。所謂天民者，必明見夫達而其道可行於天下而後行之，蓋其所主在道，而非必於行也。謂之天民者，言能全夫天生此民之理也。天之生民也，其理無不具，而人之虧欠者多矣，故程子謂天民爲能踐形者也，以其在下而未達，故謂之民。大人者，即天民之得時得位者也，若伊尹之在莘野則爲天民，出而佐商則爲大人也。正己而物正者，己正而物自正也。秦漢而下，其間號爲賢臣者，極於以安社稷爲悦而已。語夫天民之事業則鮮矣。」

○孟子曰：「君子有三樂，而王天下不與存焉。樂，音洛。王、與，皆去聲，下並同。**父母俱存，兄弟無故，一樂也。**此人所深願而不可必得者，今既得之，其樂可知。**仰不愧於天，俯不怍於人，二樂也。**程子曰：「人能克己，則仰不愧，俯不怍，心廣體胖，其樂可知，有息則餒矣。」**得天下英才而教育之，三樂也。**盡得一世明睿之才，而以所樂乎己者教而養之，則斯道之傳得之者衆，而天下後世將無不被其澤矣。聖人之心所願欲者，莫大於此，今既得之，其樂爲如何哉？**君子有三樂，而王天下不與存焉。」**林氏曰：「此三樂者，一係於天，一係於人。其可以自致者，惟不愧不怍而已，學者可不勉哉！」

○孟子曰：「廣土衆民，君子欲之，所樂不存焉。樂，音洛，下同。○地闢民聚，澤可遠施，故君子欲之，然未足以爲樂也。**中天下而立，定四海之民，君子樂之，所性不存焉。**其道大行，無一夫不被其澤，故君子樂之，然其所得於天者則不在是也。**君子所性，雖大行不加焉，雖窮居不損焉，分定故也。**分，去聲。○分者，所得於天之全體，故不以窮達而有異。**君子所性，仁義禮智根於心。其生色也，睟然見於面，盎於背，施於四體，四體不言而喻。」**睟，音粹。見，音現。盎，烏浪反。○上言所性之分，與所欲所樂不同，此乃言其藴也。仁、義、禮、智，性之四德也。根，本也。生，發見也。睟然，清和潤澤之貌。盎，豐厚盈溢之意。施於四體，謂見於動作威儀之間也。喻，曉也。四體不言而喻，言四體不待吾言，而自能曉吾意也。蓋氣稟清明，無物欲之累，則性之四德根本於心，其積之盛，則發而著見於外者，不待言而無不順也。程子曰：「睟面盎背，皆積盛致然。四體不言而喻，惟有德者能之。」○又曰：「言四者本於心而生色也。孟子非自及此，焉能道到此。」○又曰：「人必有仁義之心，然後仁義之氣，睟然達於外，故曰『不得於心，勿求於氣』可也。」○此章言君子固欲其道之大行，然其所得於天者，則不以是而有所加損也。○行道固君子之所樂，但其用其舍，於我性分本不相關；進而大行，退而窮居，於我性分之内，初無加損。○問「君子所性」。曰：「此是説生來承受之性。仁、義、禮、智根於心，便見得四端著在心上，相離不得，纔有些子私意，便剗斷了，那根便無生意，其色睟然，都從那根上發出來。性字從心，見得先有這心，便有許多道理在裏。」○四體不言而喻，若曰不待安排而自然中節耳。○南軒曰：「四者具於性而根於心，猶木之著本，水之發源，由是而生生不息焉。仁、義、禮、智根於心，而生色於外，充盛著見，自不可揜，故其睟然之和見於面，盎於背，施於四體，四體不言而喻。涵養擴充，積久而熟，天理融會，動容周旋，無非此理，而内外一也。不言而喻，言其自然由於此而無待防檢耳。」

○孟子曰：「伯夷辟紂，居北海之濱，聞文王作興，曰：『盍歸乎來！吾聞西伯善養老者。』大公辟紂，居東海之濱，聞文王作興，曰：『盍歸乎來！吾聞西伯善養老者。』天下有善養老，則仁人以爲己歸矣。辟，去聲，下同。大，他蓋反。○己歸，謂己之所歸。餘見前篇。五畝之宅，樹牆下以桑，匹婦蠶之，則老者足以衣帛矣。五母雞，二母彘，無失其時，老者足以無失肉矣。百畝之田，匹夫耕之，八口之家可以無飢矣。衣，去聲。○此文王之政也。一家養母雞五，母彘二也。餘見前篇。所謂西伯善養老者，制其田里，教之樹畜，導其妻子，使養其老。五十非帛不煖，七十非肉不飽。不煖不飽，謂之凍餒。文王之民，無凍餒之老者，此之謂也。」田，謂百畝之田。里，謂五畝之宅。樹，謂耕桑。畜，謂雞彘也。趙氏曰：「善養老者，教導之使可以養其老耳，非家賜而人益之也。」

○孟子曰：「易其田疇，薄其稅斂，民可使富也。易、斂，皆去聲。○易，治也。疇，耕治之田也。食之以時，用之以禮，財不可勝用也。勝，音升。○教民節儉，則財用足也。民非水火不生活，昏暮叩人之門戶，求水火，無弗與者，至足矣。聖人治天下，使有菽粟如水火。菽粟如水火，而民焉有不仁者乎？」焉，於虔反。○水火，民之所急，宜自愛之而反不愛者，多故也。尹氏曰：「言禮義生於富足，民無常產，則無常心矣。」

○孟子曰：「孔子登東山而小魯，登太山而小天下。故觀於海者難爲水，遊於聖人之門者難爲言。此言聖人之道大也。東山，蓋魯城東之高山，而太山則又高矣。此言所處益高，則其視下益小；所見既大，則其小者不足觀也。難爲水，難爲言，猶仁不可爲衆之意。觀水有術，必觀其瀾。日月有明，容光必照焉。此言道之有本也。瀾，水之湍急處也。明者，光之體；光者，明之用也。觀水之瀾，則知其源之有本矣；觀日月於容光之隙無不照，則知其明之有本矣。○程子曰：「日月之明有本，故容光必照；君子之道有本，故無不及也。」流水之爲物也，不盈科不行；君子之志於道也，不成章不達。」言學當以漸，乃能至也。成章，所積者厚，而文章外見也。達者，足於此而通於彼也。○此章言聖人之道大而有本，學之者必以其漸，乃能至也。

○孟子曰：「雞鳴而起，孳孳爲善者，舜之徒也。孳孳，勤勉之意。言雖未至於聖人，亦是聖人之徒也。**雞鳴而起，孳孳爲利者，蹠之徒也。**蹠，盜蹠也。**欲知舜與蹠之分，無他，利與善之間也。」**程子曰：「言間者，謂相去不遠，所争毫末耳。善與利，公私而已矣。纔出於善，便以利言也。」○楊氏曰：「舜、蹠之相去遠矣，而其分，乃在利善之間而已，是豈可以不謹？然講之不熟，見之不明，未有不以利爲義者，又學者所當深察也。」或問：「雞鳴而起，若未接物，如何爲善？」程子曰：「只主於敬，便是爲善。」

○孟子曰：「楊子取爲我，拔一毛而利天下，不爲也。「爲我」之「爲」，去聲。○楊子，名朱。取者，僅足之意。取爲我者，僅足於爲我而已，不及爲人也。列子稱其言，曰「伯成子高不以一毫利物」是也。**墨子兼愛，摩頂放踵利天下，爲之。**放，上聲。○墨子，名翟。兼愛，無所不愛也。摩頂，摩突其頂也。放，至也。**子莫執中，執中爲近之，執中無權，猶執一也。**子莫，魯之賢人也。知楊、墨之失中也，故度於二者之中而執其中。近，近道也。權，稱錘也，所以稱物之輕重而取中也。執中而無權，則膠於一定之中而不知變，是亦執一而已矣。程子曰：「中字最難識，須是默識心通。且試言：一廳，則中央爲中；一家，則廳非中而堂爲中；一國，則堂非中而國之中爲中，推此類可見矣。」又曰：「中不可執也，識得則事事物物皆有自然之中，不待安排，安排著則不中矣。」**所惡執一者，爲其賊道也，舉一而廢百也。」**惡、爲，皆去聲。○賊，害也。爲我害仁，兼愛害義，執中者害於時中，皆舉一而廢百者也。○此章言道之所貴者中，中之所貴者權。楊氏曰：「禹、稷三過其門而不入，苟不當其可，則與墨子無異。顏子在陋巷，不改其樂，苟不當其可，則與楊氏無異。子莫執爲我兼愛之中而無權，鄉鄰有鬭而不知閉户，同室有鬭而不知救之，是亦猶執一耳，故孟子以爲賊道。禹、稷、顔回，易地則皆然，以其有權也，不然，則是亦楊、墨而已矣。」○又曰：「三聖相授『允執厥中』，與孟子所論『子莫執中』者，文同而意異。蓋精一於道心之微，則無適而非中者，曰『允執』，則非徒然而執之矣。子莫之執中，則其爲我不敢爲楊朱之深，兼愛不敢爲墨翟之過，而於二者之間，執其一節以爲中耳。故由三聖以爲中，則其中活；由子莫以爲中，則其中死。中之活者，不待權而無不中；中之死者，則非學乎聖人之學，不能有以權之而常適於中也。權，言權衡之權，言其可以稱物之輕重而游移前却以適於平，蓋所以節量仁義之輕重而時措之，非如近世所謂將以濟乎仁義之窮也。」○案：孟子曰：「執中無權，猶執一也。」程子亦曰：「欲知中庸，無如權。」今以經傳言權之義附於此。○子曰：「可與共學，未可與適道，未可與立，未可與權。」○朱子曰：「可與者，言其可與共爲此事也。」○程子曰：「可與共學，知所以求之也；可與適道，知所往也；可與立者，篤志固執而不變也。權，稱錘也，所以稱物而知輕重者也。可與權，謂能權輕重使合義也。」○楊氏曰：「知爲己，則可與學矣。學足以明善，然後可以適道；信篤，然後可與立；知時措之宜，然後可與權。」洪氏曰：「《易》九卦，終於『巽以行權』。權，聖人之大用，未能立而言權，猶人未能立而欲行，鮮不仆矣。」程子曰：「漢儒以反經合道爲權，故有權變、權術之論，皆非也。權只是經也。自漢以下，無人識權字。」愚案：先儒誤以此章連下文「偏其反而」爲一章，故有反經合道之説。程子非之是矣，然以孟子「嫂溺援之以手」之義推之，則權與經亦當有辨。○黄氏曰：「程子言『權只是經』，《或問》云『權、經亦當有辨』，何也？」曰：「是各有所發明也。經，常也。權，變也。常者，一定之理。變者，隨時之宜。遇事之常，則但當守一定之理；遇事之變，則不得不小有移易以就夫權。權與經，不可無辨，《或問》之説然也。然天下之理，惟其當然而已，當經而經，當然也；當權而權，亦當然也。則權雖異於經，而以其當然，則亦只是經，此程子之説然也。有《或問》之説，則經、權之義始明；有程子之説，則經、權之義始正。先儒明道之力，至是而始備矣。」○南軒曰：「事事物物莫不有中。中者，天理當然，不可過而不可不及者也，毫釐之差，則失之矣。何以取中而不失乎？所以貴於能權也。權者，權其輕重而適乎此之謂，君子所以貴於時中也。或者不知權之所以爲中，乃以爲反經合道。夫經者，道之所謂常也。權者，所以權其變而求合乎經也。既反經矣，尚何道之合乎？」○愚案：《公羊傳》桓十一年，「夏五月，癸未，鄭伯寤生卒。九月，宋人執鄭祭仲。祭仲者何？鄭相也。何以不名，賢也。何賢乎祭仲？以爲知權也。其爲知權奈何？祭仲往省于留，塗出于宋，宋人執之，謂之曰：『爲我出忽而立突。』祭仲不從其言，則君必死，國必亡；從其言，則君可以生易死，國可以存易亡。少遼緩之，則突可故出，而忽可故反。古人之有權者，祭仲是也。權者何？權者，反於經然後有善者也」。反經之説始此。祭仲身爲人臣，而廢君立君，若舉棊然，謂之有善，可乎？《公羊》此言，蓋聖經之稂莠，人心之蟊賊，學者不可不察。然則董仲舒所謂「守經事而不知其權，遭變事而不知其宜」者，何如也？曰：此爲不知《春秋》而言也。蓋《春秋》，王道之權衡，處常則用經，遭變則用權，其用權也，乃所以求合乎經也。漢儒之論經、權，惟此爲最粹。大抵爲學必先知經，知經而後可以語權。不知經而遽語權，未有不流於變詐者也。故張子以學未至而語變爲操術之不正。信以夫！

○孟子曰：「飢者甘食，渴者甘飲，是未得飲食之正也，飢渴害之也。豈惟口腹有飢渴

之害？人心亦皆有害。口腹爲飢渴所害，故於飲食不暇擇，而失其正味；人心爲貧賤所害，故於富貴不暇擇，而失其正理。○「人心亦皆有害」，趙氏謂「人心爲利欲所害」。此説甚長。愚謂飢渴害其知味之性，則飲食雖不甘，亦以爲甘；利欲害其仁義之性，則所爲雖不可，亦以爲可。**人能無以飢渴之害爲心害，則不及人不爲憂矣。」**人能不以貧賤之故而動其心，則過人遠矣。○南軒曰：「人心虚明知覺，萬理森然，其好惡是非本何適而非正？惟夫動於私欲，則有所忿懥，有所恐懼，有所好樂，有所憂患，而其正理始昧矣。人能正其心，不使外物害之，如飢渴之害於口腹，則無適而非天理之所存矣。」

○孟子曰：「柳下惠不以三公易其介。」介，有分辨之意。柳下惠進不隱賢，必以其道，遺佚不怨，阨窮不憫，直道事人，至於三黜，是其介也。○此章言柳下惠和而不流，與孔子論夷齊不念舊惡意正相類，皆聖賢微顯闡幽之論也。

○孟子曰：「有爲者辟若掘井，掘井九軔而不及泉，猶爲棄井也。」辟，讀作譬。軔，音刃，與仞同。○八尺曰仞。言鑿井雖深，然未及泉而止，猶爲自棄其井也。○吕侍講曰：「仁不如堯，孝不如舜，學不如孔子，終未入於聖人之域，終未至於天道，未免爲半塗而廢、自棄前功也。」○南軒曰：「天下之事，爲之貴乎有成云云。今夫士之爲仁義，固當循循不已，以極其至。若用力雖勞，未有所臻而畫焉，則亦不得爲成人而已。」

○孟子曰：「堯、舜，性之也；湯、武，身之也；五霸，假之也。」堯、舜天性渾全，不假修習。湯、武修身體道，以復其性。五霸則假借仁義之名，以求濟其貪欲之私耳。**久假而不歸，惡知其非有**

也。」惡，平聲。○歸，還也。有，實有也。言竊其名以終身，而不自知其非真有。或曰：「蓋歎世人莫覺其僞者。」亦通。舊説久假不歸，即爲真有，則誤矣。○尹氏曰：「性之者，與道一也；身之者，履之也，及其成功則一也。五霸則假之而已，是以功烈如彼其卑也。」

○公孫丑曰：「伊尹曰：『予不狎于不順。』放太甲于桐，民大悦。太甲賢。又反之，民大悦。「予不狎于不順」，《太甲》篇文。狎，習見也。不順，言太甲所爲，不順義理也。餘見前篇。賢者之爲人臣也，其君不賢，則固可放與？」與，平聲。孟子曰：「有伊尹之志，則可；無伊尹之志，則簒也。」伊尹之志，公天下以爲心而無一毫之私者也。

○公孫丑曰：「《詩》曰『不素餐兮』，君子之不耕而食，何也？」孟子曰：「君子居是國也，其君用之，則安富尊榮；其子弟從之，則孝弟忠信。『不素餐兮』，孰大於是？」餐，七丹反。○《詩》，《魏國風·伐檀》之篇。素，空也。無功而食禄，謂之素餐，此與告陳相、彭更之意同。

○王子墊問曰：「士何事？」墊，丁念反。○墊，齊王之子也。上則公、卿大夫，下則農、工、商、賈，皆有所事；而士居其間，獨無所事，故王子問之也。孟子曰：「尚志。」尚，高尚也。志者，心之所之也。士既未得行公、卿、大夫之道，又不當爲農、工、商、賈之業，則高尚其志而已。曰：「何爲尚志？」曰：「仁義而已矣。殺一無罪，非仁也；非其有而取之，非義也。居惡在？仁是也；路惡在？義是也。居仁由義，大人之事備矣。」惡，平聲。○非仁非義之事，雖小不爲；而所居所由，無不在於仁義，此士所以尚其志也。大人，謂公、卿、大夫。言士雖未得大人之位，而其志如此，則大人之事體用已全。若小人之事，則固非所當爲也。○又曰：「志字與『父在觀其志』之志同，蓋未見於所行而方見於所存也。」○南軒曰：「尚志者，以立志爲先也。主乎仁義，所謂志也；不主乎仁義，則倀倀然何所據乎？謂之志不立可也。『殺一無罪』、『非其有而取之』，舉二事欲其推類，而知仁義之所存也。夫殺一無罪而非仁，由是而體之，則仁之所以能愛者可得而推矣。非其有而取之爲非義，由是而體之，則義之所以爲宜者亦可得而推矣。居仁由義，居則不違，由則不他也。居仁則體立，由義則用行，大人之事不越此而已矣。學者可不以尚志爲先乎？」○黄氏曰：「《論語》一書，未嘗以仁義對言，而孟子言仁義者，不一而足。蓋夫子教人，無非仁義之道，使人油然入於仁義而不自知也。孟子憫斯世之迷惑，故開關啓鑰，直指人心而明告之也。五常百行，皆性所有，而獨言仁義者何也？仁義蓋其總名，而五常百行其支派也。」○王子墊者，必當時國君之子。天子、諸侯之子，其未命者，皆曰士。觀其所問，與孟子所告，則其人必有志者也。殺一無罪則非仁，非其有而取之則非義，方是時，天下之戰國七，争地以戰，殺人盈野，争城以戰，殺人盈城，其戮及無罪者衆矣，此不仁之甚也。侵人土疆，奪人寶貨，非其有取之者衆矣，此不義之甚也。然當時之君忍於爲此，未必知其爲不仁、不義也。故孟子斥而言之，使以不仁爲戒，而所居常在乎仁；以不義爲戒，而所由常在乎義，如此則大人之事備矣。《衍義》

○孟子曰：「仲子，不義與之齊國而弗受，人皆信之，是舍簞食豆羹之義也。人莫大焉亡親戚、君臣、上下。以其小者信其大者，奚可哉？」舍，音捨。食，音嗣。○仲子，陳仲子也。言仲子設若非義而與之齊國，必不肯受。齊人皆信其賢，然此但小廉耳。其辟兄離母，不食君禄，無人道之大倫，罪莫大焉。豈可以小廉信其大節，而遂以爲賢哉？○南軒曰：「簞食豆羹，得之則生，弗得則死，嘑爾而與之則不受。謂斯人也，一旦而遇萬鍾之禄，苟惟不義，則必不受也，可乎？蓋人之難知也，以其小者，信其大者，固不可也。於陵仲子，以兄之禄爲不義，辟兄離母，處於於陵，齊人高之，以謂若斯人者，不義而與之齊國，亦將必不受也。孟子以爲是舍簞食豆羹之義也，蓋孟子以人倫之際察之，而知其不可信也。人之所以爲人者，莫大於人倫，所謂親戚、君臣、上下是也。今仲子廢親戚、君臣、上下而欲以潔其身，飾小廉而妨大德，其不知義固已甚矣，又烏能不受不義之齊國乎？古之善觀人者，必於人倫之際察之，而其人之得失淺深可概見矣。四岳之舉舜，則曰『克諧以孝』而已。堯之降舜以二女，觀其嬪于虞而已，此舜之所以聖也。冀缺與其妻相待如賓，而臼季知其能治民。茅容殺牲先奉其母，而郭林宗知其可以成德。是亦善觀人者也。若仲子，廢天倫而徇私意，以其小廉信其大節，烏乎可哉？」

○桃應問曰：「舜爲天子，皋陶爲士，瞽瞍殺人，則如之何？」桃應，孟子弟子也。其意以爲舜雖愛父，而不可以私害公；皋陶雖執法，而不可以刑天子之父。故設此問，以觀聖賢用心之所極，非以爲真有此事也。**孟子曰：「執之而已矣。」**言皋陶之心，知有法而已，不知有天子之父也。**「然則舜不禁與？」**與，平聲。○桃應問也。**曰：「夫舜惡得而禁之？夫有所受之也。」**夫，音扶。惡，平聲。○言皋陶之法，有所傳受，非所敢私，雖天子之命亦不得而廢之也。**「然則舜如之何？」**桃應問也。**曰：「舜視棄天下，猶棄敝蹝也。竊負而逃，遵海濱而處，終身訢然，樂而忘天下。」**蹝，音徙。訢，與欣同。樂，音洛。○蹝，草履也。遵，循也。言舜之心，知有父而已，不知有天下也。孟子嘗言舜視天下猶草芥，而惟順於父母可以解憂，與此意互相發。○此章言爲士者，但知有法，而不知天子父之爲尊；爲子者，但知有父，而不知天下之爲大。蓋其所以爲心者，莫非天理之極，人倫之至。學者察此而有得焉，則不待較計論量，而天下無難處之事矣。○南軒曰：「善發明舜之心者，其惟孟子乎！若以後世利害之見論之，則謂天下方歸戴於舜而賴其治，舜乃舍而去之，得無廢已成之業而孤天下之望乎？此不知天理之言也。聖人所以爲治者，循天理而已，若汩於利害而失天理之所存，則雖舜何以治天下哉？或者以舜竊負爲狂，是未之思也。又以爲皋陶既執瞽瞍，舜烏得而竊之，是又未之思也。皋陶執瞽瞍於前，使舜得以中竊負之義於後，乃是天理時中，能全夫君臣、父子之義者也。微孟子，孰能推之！」○案：程子以應接事物而處其當否爲格物致知之一事，然處事之方，不過本之以義理，而參之以時與勢而已。湯之以義制事，《易》之「義以方外」，《中庸》之「時中」是也，各已散見諸篇。獨此一章，其事乃天下之至難，而聖賢處之，曲盡其道，此即處事之大法也。又朱子嘗謂，正其誼不謀其利，明其道不計其功，乃處事之要。學者誠能每事以義爲的，而權其輕重可否之宜，不雜以世俗利害之私，則庶乎應酬事物有餘裕矣。

○孟子自范之齊，望見齊王之子。喟然歎曰：「居移氣，養移體，大哉居乎！夫非盡人之子與？」夫，音扶。與，平聲。○范，齊邑。居，謂所處之位。養，奉養也。言人之居處，所係甚大，王子亦人子耳，特以所居不同，故所養不同而其氣體有異也。**孟子曰：張、鄒皆云羨文也。「王子宮室、車馬、衣服多與人同，而王子若彼者，其居使之然也；況居天下之廣居者乎？**廣居，見前篇。尹氏曰：「睟然見於面，盎於背，居天下之廣居者然也。」**魯君之宋，呼於垤澤之門。守者曰：『此非吾君也，何其聲之似吾君也？』此無他，居相似也。」**呼，去聲。○垤澤，宋城門名也。孟子又引此事爲證。

○孟子曰：「食而弗愛，豕交之也；愛而不敬，獸畜之也。食，音嗣。畜，許六反。○交，接也。畜，養也。獸，謂犬馬之屬。**恭敬者，幣之未將者也。**將，猶奉也。《詩》曰：「承筐是將。」程子曰：「恭敬雖因威儀幣帛而後發見，然幣之未將時，已有此恭敬之心，非因幣帛而後有也。」**恭敬而無實，君子不可虛拘。」**此言當時諸侯之待賢者，特以幣帛爲恭敬，而無其實也。拘，留也。○南軒曰：「此章言交際之道。若徒食之而愛心不加焉，徒愛之而敬心不加焉，則與豕交獸畜無以異。蓋人道之相與，以敬爲主，夫必有是恭敬，而後幣帛以將之，蓋恭敬者先存於幣帛未行之前者也。若無是恭敬，則幣帛何所施乎？雖然，幣帛者所以將其恭敬者也，恭敬存於中，而儀物實於外，此君子之道所以爲内外之宜、文質之中也。若恭敬之心雖存，而無以實之於外，君子亦惡夫虛拘也。昔夫子解驂以賻舊館人之喪，曰吾惡夫涕之無從，蓋是意也。夫古人於交際之道，豈偶然哉？故有燕饗之禮焉，有贄獻之禮焉，有問遺之禮焉，此皆其恭敬之所生焉。恭敬爲之主，而其節文品式，森然備具，而又有貴賤貧富之不同，小大多寡之或異，是皆天之所爲也。若昧乎此，不陷於豕交獸畜，則或失之虛拘，皆非君子之道也。」○二先生釋恭敬無實之語不同，正當參考。

○孟子曰：「形色，天性也；惟聖人，然後可以踐形。」人之有形有色，無不各有自然之理，所謂天性也。踐，如踐言之踐。蓋衆人有是形，而不能盡其理，故無以踐其形；惟聖人有是形，而又能盡其理，然後可以踐其形而無歉也。○程子曰：「此言聖人盡得人道而能充其形也。蓋人得天地之正氣而生，與萬物不同。既爲人，須盡得人理，然後稱其名。衆人有之而不知，賢人踐之而未盡，能充其形，惟聖人也。」楊氏曰：「天生烝民，有物有則。物者，形色也。則者，性也。各盡其則則可以踐形矣。」○南軒曰：「有是形者，皆可以踐形。其曰『可以』者，猶言『事親若曾子者可也』，言至於聖人而始得爲能踐其形也。然則有是形者，皆可以爲聖人，其不爲聖人者，以其不能踐之故耳。」

○齊宣王欲短喪。公孫丑曰：「爲朞之喪，猶愈於已乎？」已，猶止也。**孟子曰：「是猶或紾其兄之臂，子謂之姑徐徐云爾，亦教之孝弟而已矣。」**紾，之忍反。○紾，戾也。教之以孝弟之道，則彼當自知兄之不可戾，而喪之不可短矣。孔子曰：「子生三年，然後免於父母之懷，予也有三年之愛於其父母乎？」所謂教之以孝弟者如此。蓋示之以至情之不能已者，非强之也。**王子有其母死者，其傅爲之請數月之喪。公孫丑曰：「若此者，何如也？」**爲，去聲。○陳氏曰：「王子所生之母死，厭於嫡母而不敢終喪。其傅爲請於王，欲使得行數月之喪也。時又適有此事，丑問如此者，是非何如？」案《儀禮》：「公子爲其母練冠、麻衣、縓緣，既葬除之。」疑當時此禮已廢，或既葬而未忍即除，故請之也。**曰：「是欲終之而不可得也。雖加一日愈於已，謂夫莫之禁而弗爲者也。」**夫，音扶。○言王子欲終喪而不可得，其傅爲請，雖止得加一日，猶勝不加。我前所譏，乃謂夫莫之禁而自不爲者耳。○此章言三年通喪，天經地義，不容私意有所短長。示之至情，則不肖者有以企而及之矣。

○孟子曰：「君子之所以教者五：下文五者，蓋因人品高下，或相去遠近先後之不同。**有如時雨化之者，**時雨，及時之雨也。草木之生，播種封殖，人力已至而未能自化，所少者，雨露之滋耳。及此時而雨之，則其化速矣。教人之妙，亦由是也，若孔子之於顔、曾是已。**有成德者，有達財者，**財，與材同。此各因其所長而教之者也。成德，如孔子之於冉、閔；達財，如孔子之於由、賜。**有答問者，**就所問而答之，若孔、孟之於樊遲、萬章也。**有私淑艾者。**艾，音乂。○私，竊也。淑，善也。艾，治也。人或不能及門受業，但聞君子之道於人，而竊以善治其身，是亦君子教誨之所及，若孔、孟之於陳亢、夷之是也。孟子亦曰：「予未得爲孔子徒也，予私淑諸人也。」**此五者，君子之所以教也。」**聖賢施教，各因其材，小以成小，大以成大，無棄人也。○南軒曰：「《記》曰：『當其可之謂時。』所謂『有如時雨化之者』也，言如時雨之造化萬物也。今夫物之萌者欲發，甲者欲坼，於是時也，而雨及之，則皆得以遂矣。蓋不先不後，當其可而適與之會，無待於彼之求也。君子之教，其察之精矣，於其時而告之，❶得之者如物之被時雨焉，其於欲達未達之間，所賴者深矣。龜山楊氏以爲如告曾子以『吾道一以貫之』是也。蓋曾子未嘗問，而夫子呼以告之，當其可也。成德者，因其有德而成之，如顔、閔、仲弓之徒。其德之所存，雖存乎其人，而成之者，聖人也。達財者，因其材而達之，如賜之達、由之果、求之藝，雖其天資所稟，而達之使盡其材，則教之功也。夫成德達材，答問固在其中，而又有所謂答問者，此則專爲凡答其問者也。雖鄙夫之空空，所以答之者，亦無非竭兩

❶「時而」，原缺，今據《癸巳孟子説》卷七《盡心上》補。

端之教也。又有所謂私淑艾者焉，蓋不在於言辭之間，躬行於身，而觀者化焉。凡動容周旋之間，無非教也，君子之善治其身，非爲教人也，身修而教在其中，成己成物之道也。其所以教，不越是五者，然私淑艾者，又其本也。」

○公孫丑曰：「道則高矣，美矣，宜若登天然，似不可及也。何不使彼爲可幾及而日孳孳也？」幾，音機。**孟子曰：「大匠不爲拙工改廢繩墨，羿不爲拙射變其彀率。**爲，去聲。彀，古候反。率，音律。○彀率，彎弓之限也。言教人者，皆有不可易之法，不容自貶以徇學者之不能也。**君子引而不發，躍如也。中道而立，能者從之。」**引，引弓也。發，發矢也。躍如，如踊躍而出也。因上文彀率，而言君子教人，但授以學之之法，而不告以得之之妙，如射者之引弓而不發矢，然其所不告者，已如踊躍而見於前矣。中者，無過不及之謂。中道而立，言其非難非易。能者從之，言學者當自勉也。○此章言道有定體，教有成法，卑不可抗，高不可貶；語不能顯，默不能藏。○引而不發，謂漸啓其端而不竟其說。躍如，謂義理昭著，如有物躍然於心目之間。○南軒曰：「公孫丑之意，以爲孟子之道高大，學者有難進之患，欲少抑而就之，庶其可以幾及而爲之孳孳也。夫聖人之道，天下之正理，不可過也，不可不及也。自卑者視之，以爲甚高，而不知其高之爲中也；自隘者視之，以爲甚大，而不知其大之爲常也。徇彼而遷就，則非所以爲道矣。故孟子以大匠之繩墨、羿之彀率爲譬。夫繩墨而可改，則非所以爲繩墨矣；彀率而可變，則非所以爲彀率矣。君子之教人，引而不發，引之使向方，而發則係於彼也。躍如者，言其自得之，如有所興起於中也。蓋理義素存乎其心，向也陷溺，而今焉興起耳。道以中爲至，中道而立，其能者固從之，其不

能者亦莫如之何也已。亦猶大匠設繩墨，羿爲彀率以示人，其能與不能，則存乎其人耳。中道而立，能者從之，此正大之體而天地之情也。雖然，學者於聖人之言，當以身體之，以心驗之，循其所謂繩墨彀率者而勿舍焉，及其久也，將自有得。不然而先起求躍之意，則是蘄獲助長，爲害祇甚矣。」

○孟子曰：「天下有道，以道殉身；天下無道，以身殉道。殉，如殉葬之殉，以死隨物之名也。身出則道在必行，道屈則身在必退，以死相從而不離也。**未聞以道殉乎人者也。」**以道從人，妾婦之道。

○公都子曰：「滕更之在門也，若在所禮，而不答，何也？」更，平聲。○趙氏曰：「滕更，滕君之弟，來學者也。」**孟子曰：「挾貴而問，挾賢而問，挾長而問，挾有勳勞而問，挾故而問，皆所不答也。滕更有二焉。」**長，上聲。○趙氏曰：「二，謂挾貴、挾賢也。」尹氏曰：「有所挾，則受道之心不專，所以不答也。」○此言君子雖誨人不倦，又惡夫意之不誠者。○南軒曰：「受道者以虚心爲本。虚則受，挾則私意先横於胷中，而可告語乎？故空空之鄙夫，聖人未嘗不竭兩端之教，而滕更之在門，若在所禮，而不答也，使滕更思其所以不答之故，於其所挾，致力以消弭之，其庶幾乎！然則孟子之不答，是亦誨之而已矣。」

○孟子曰：「於不可已而已者，無所不已；於所厚者薄，無所不薄也。已，止也。不可止，謂所不得不爲者也。所厚，所當厚者也。此言不及者之弊。**其進鋭者，其退速。」**進鋭者，用心太過，其氣易衰，故退速。○三者之弊，理勢必然，雖過不及之不同，然卒同歸於廢弛。

○孟子曰：「君子之於物也，愛之而弗仁；於民也，仁之而弗親。親親而仁民，仁民而

愛物。」物，謂禽獸草木。愛，謂取之有時，用之有節。程子曰：「仁，推己及人，如老吾老以及人之老，於民則可，於物則不可。統而言之則皆仁，分而言之則有序。」楊氏曰：「其分不同，故所施不能無差等，所謂理一而分殊者也。」尹氏曰：「何以有是差等？一本故也，無僞也。」○南軒曰：「理一而分殊者，聖人之道也。蓋究其所本，則固原於一；而循其所推，則不得不殊。明乎此，則知仁義之未嘗不相須矣。」○天下之理一，而分則殊。凡生於天壤之間者，莫非天地之子，而吾之同氣者也，是之謂理一。然親者，吾之同體；民者，吾之同類；而物則異類矣，是之謂分殊。以其理一，故仁愛之仁無不偏；以其分殊，故仁愛之施則有差。若以親親之道施於民，則親疎無以異矣，是乃薄其親。以仁民之道施於物，則貴賤無以異矣，是乃薄其民。故於親則親之，於民則仁之，而於物則愛之。合而言之則皆仁，分而言之則有序，此二帝三王之道所以異於楊、墨也。《衍義》

○孟子曰：「知者無不知也，當務之爲急；仁者無不愛也，急親賢之爲務。堯、舜之知而不偏物，急先務也；堯、舜之仁不偏愛人，急親賢也。「知者」之「知」，並去聲。○知者固無不知，然常以所當務者爲急，則事無不治，而其爲知也大矣；仁者固無不愛，然常急於親賢，則恩無不洽，而其爲仁也博矣。**不能三年之喪，而緦、小功之察；放飯流歠，而問無齒決，是之謂不知務。」**飯，扶晚反。歠，昌悦反。○三年之喪，服之重者也。緦麻三月，小功五月，服之輕者也。察，致詳也。放飯，大飯。流歠，長歠，不敬之大者也。齒決，齧斷乾肉，不敬之小者也。問，講求之意。○此章言君子之於道，識其全體，則心不狹；知所先後，則事有序。豐氏曰：「智不急於先務，雖偏知人之所知、偏能人之所能，徒弊精神，而無益於天下之治矣。仁不急於親賢，雖有仁民愛物之心，小人在位，無由下達，聰明日蔽於上，而惡政日加於下，此孟子所謂不知務也。」○先生因是推言學者亦有當務，如孟子論今樂古樂，則與民同樂，乃樂之本，學者所當知也。若欲明其聲音節奏，特樂之一事耳。學者須要窮其原本，放得大水下來，則如海潮之至，大船小船莫不浮動。如講學，既能其大者，則小小文義，自是該通，若只於淺處用功，則必不免沈滯之患矣。○南軒曰：「自身以至天下，皆有當務。蓋天下之事，未有無先後者。《傳》曰：『知所先後，則近道矣。』此所以貴乎格物也。雖然，孟子之所喻，特言舍大而徇小者爲不知務耳，非謂能三年之喪，則緦、小功有不足察；無放飯流歠，則齒決有不必問也。先後具舉，本末畢貫，此爲學者又不可以不知也。」

孟子集編卷第十四

盡心章句下凡三十八章。

孟子曰：「不仁哉，梁惠王也！仁者以其所愛及其所不愛，不仁者以其所不愛及其所愛。」親親而仁民，仁民而愛物，所謂以其所愛及其所不愛也。公孫丑曰：「何謂也？」「梁惠王以土地之故，糜爛其民而戰之，大敗，將復之，恐不能勝，故驅其所愛子弟以殉之，是之謂以其所不愛及其所愛也。」「梁惠王」以下，孟子荅辭也。糜爛其民，使之戰鬬，糜爛其血肉也。復之，復戰也。子弟，謂太子申也。以土地之故及其民，以民之故及其子，皆以其所不愛及其所愛也。○此章言仁人之恩，自内及外；不仁之禍，由疏逮親。○南軒曰：「此愛者，仁之道也，而有所不愛者，是爲私意所隔而愛之理蔽於内也。善推其所爲，則自親以及疏，雖各有等差，而愛無不加焉。至於不仁者，則不能推矣。不能推，故日以陷溺，不惟無以及於人，且將併與其親愛者亦不之恤，此豈仁之道哉！」○人之情，孰不愛其所親，而梁惠王乃倒置若是者，以貪得之心勝，故天理熄滅，人欲横流，而至於斯極也。朱子謂仁人之恩自内及外，不仁之禍由疏及親，斯言盡之矣。嗚呼！梁惠王以土地之故，驅子弟以殉之，故孟子譏其不仁也。《衍義》

〇孟子曰：「春秋無義戰。彼善於此，則有之矣。《春秋》每書諸侯戰伐之事，必加譏貶，以著其擅興之罪，無有以爲合於義而許之者。但就中彼善於此者則有之，如召陵之師之類是也。征者上伐下也，敵國不相征也。」征，所以正人也。諸侯有罪，則天子討而正之，此春秋所以無義戰也。

〇孟子曰：「盡信《書》，則不如無《書》。程子曰：「載事之辭，容有重稱而過其實者，學者當識其義而已；苟執於辭，則時或有害於義，不如無書之愈也。」吾於《武成》，取二三策而已矣。《武成》，《周書》篇名，武王伐紂歸而記事之書也。策，竹簡也。取其二三策之言，其餘不可盡信也。程子曰：「取其奉天伐暴之意，反政施仁之法而已。」仁人無敵於天下。以至仁伐至不仁，而何其血之流杵也？」杵，舂杵也。或作「鹵」，楯也。《武成》言武王伐紂，紂之「前徒倒戈，攻于後以北，血流漂杵」。孟子言此則其不可信者。然《書》本意，乃謂商人自相殺，非謂武王殺之也。孟子之設是言，懼從世之惑，且長不仁之心耳。

〇孟子曰：「有人曰：『我善爲陳，我善爲戰。』大罪也。陳，去聲。〇制行伍曰陳，交兵曰戰。國君好仁，天下無敵焉。好，去聲。南面而征北狄怨，東面而征西夷怨。曰：『奚爲後我？』此引湯之事以明之，解見前篇。武王之伐殷也，革車三百兩，虎賁三千人。兩，去聲。賁，音奔。〇又以武王之事明之也。兩，車數，一車兩輪也。千，《書序》作「百」。王曰：『無畏！寧爾也，非敵百姓也。』若崩厥角稽首。《書·泰誓》文與此小異。孟子之意當云：王謂商人曰：無畏我也，我來伐紂，本爲安寧汝，非敵商之百姓也。於是商人稽首至地，如角之崩也。**征之爲言正也，各欲正己也，焉用戰？」**焉，於虔反。○民爲暴君所虐，皆欲仁者來正己之國也。○南軒曰：「征之爲言正也，人望其來正己也，而何戰之有哉？若不志於仁，而徒欲以巧力取勝，則天下孰非吾敵？勝與負均爲殘民而逆天。雖然戰陳君子之所不取，而大司馬有教戰之法，何也？先王之制兵，亦仁政之大者，所以禁暴止亂而救民之生也。有兵斯有用兵之法，非若後世詭譎之爲也。蓋明其節制，一其號令，使之服習，而其本則出於仁義，是以無敵於天下。若弛兵徹禁以召外侮，而曰吾好仁而已，是烏所謂仁者哉！」

○孟子曰：「梓匠輪輿能與人規矩，不能使人巧。」尹氏曰：「規矩，法度可告者也。巧則在其人，雖大匠亦末如之何也已。蓋下學可以言傳，上達必由心悟，莊周所論斲輪之意蓋如此。」○案《莊子》：「輪扁曰：『斲輪，徐則甘而不固，疾則苦而不入，不徐不疾，得之於手而應之於心，口不能言，有數存焉。臣不能以喻臣之子，臣之子不能得之於臣，是以行年七十而老於斲輪。』」

○孟子曰：「舜之飯糗茹草也，若將終身焉；及其爲天子也，被袗衣，鼓琴，二女果，若固有之。」飯，上聲。糗，去久反。茹，音汝。袗，之忍反。果，《説文》作「婐」，烏果反。○飯，食也。糗，乾糒也。茹，亦食也。袗，畫衣也。二女，堯二女也。果，女侍也。言聖人之心，不以貧賤而有慕於外，不以富貴而有動於中，隨遇而安，無預於己，所性分定故也。○南軒曰：「舜於窮通之際，果何有哉？所欲不存，樂天而安命。窮而在下，初無一毫之虧，達而在上，亦無一毫之加，故無適而不自得也。」

○孟子曰：「吾今而後知殺人親之重也：殺人之父，人亦殺其父；殺人之兄，人亦殺其

兄。然則非自殺之也，一間耳。」間，去聲。○言吾今然後知者，必有所爲而感發也。一間者，我往彼來，間一人耳，其實與自害其親無異也。范氏曰：「知此則愛敬人之親，人亦愛敬其親矣。」

○孟子曰：「古之爲關也，將以禦暴。譏察非常。**今之爲關也，將以爲暴。」**征税出入。○范氏曰：「古之耕者什一，後世或收大半之税，此以賦歛爲暴也。文王之囿，與民同之；齊宣王之囿，爲阱國中，此以園囿爲暴也。後世爲暴，不止於關，若使孟子用於諸侯，必行文王之政，凡此之類，皆不終日而改也。」

○孟子曰：「身不行道，不行於妻子；使人不以道，不能行於妻子。」身不行道者，以行言之。不行者，道不行也。使人不以道者，以事言之。不能行者，令不行也。

○孟子曰：「周于利者，凶年不能殺；周于德者，邪世不能亂。」周，足也，言積之厚則用有餘。

○孟子曰：「好名之人，能讓千乘之國；苟非其人，簞食豆羹見於色。」好、乘、食，皆去聲。見，音現。○好名之人，矯情干譽，是以能讓千乘之國；然若本非能輕富貴之人，則於得失之小者，反不覺其真情之發見矣。蓋觀人不於其所勉，而於其所忽，然後可以見其所安之實也。○東坡所謂「人能碎千金之璧，而不能不失聲於破釜」，正此意。「苟非其人」，其人指真能讓國者，非指好名之人也。○問：「曾會得東坡之説否？」曰：「如此，則『能讓千乘之國』只是好名，至『簞食豆羹見於色』却是實情也。」曰：「然。某把此一段對『鄉爲身死而不受』一段，蓋此段是好名之心勝，大處打得過，小處漏綻也。動於萬鍾者，是小處遮掩得過，大處發露也。」○南軒曰：「《孟子》此章，言人之度量相越有如是其遠者。夫均是人也，而有讓千乘之國者，有與人簞食豆羹而德見於色者，何其不侔也？蓋其所存有厚薄，而所見有廣狹之故耳。夫能讓千乘之國，亦可謂高矣，而孟子謂之好名之人者，何哉？蓋未能循天理之實然者，則亦未免爲徇其名而已，如季札之徒是也。季子之父兄所以眷眷於季子之立者，爲其賢也，此公理而非私意也，而季子三辭焉，是未究夫當立之義非爲季子之私也。就隘俗論之，可謂超然獨出矣，而揆之以道，蓋亦好名而蔽其實故也。好名之人雖能讓國，未免限於名。若夫大賢以上，循乎天理，雖以舜、禹受天下，受其所當受而不爲泰；以泰伯之讓，夷、齊之讓，讓其所當讓而不爲好名。故孔子稱舜、禹，則曰『有天下而不與焉』；稱泰伯，則曰『民無得而稱焉』；稱夷、齊，曰『求仁而得仁』。聖人之意，蓋可見矣。」○愚案：泰伯、夷、齊之讓，與子臧、季札之讓，其讓則一，而所以讓則不同。學者所當究見其義。○或問曰：「何以言三讓之爲固讓也？」曰：「古人辭讓，以三爲節，一辭爲禮辭，再辭爲固辭，三辭爲終辭。故古注至是，但言三讓，而不解其目也，今必求其事以實之，則亦無所據矣。」曰：「何以言其讓於隱微之中也？」曰：「泰伯之讓，無揖遜授受之迹，人但見其逃去不反而已，不知其讓也。知其讓者，見其讓國而已，而不知所以使文、武有天下者實由於此，則是以天下讓也。」曰：「其爲至德，何也？」曰：「讓之爲德既美矣，至於三，則其讓誠矣；以天下讓，則其所讓大矣；而又能隱晦其跡，使民無得而稱焉，則其讓也，非有爲名之累矣，此其德所以爲至極，而不可以有加也。」曰：「太王有廢長立少之意，非禮也。泰伯又探其邪志而成之，至於父死不赴，傷毁髮膚，皆非賢者之事，就使必於讓國而爲之，則亦過而不合於中庸之德矣，其爲至德，何也？」曰：「大王之欲立賢子孫，爲其道足以濟天下，而非有愛憎之間，利欲之私也。是以泰伯去之而不以爲狷，王季受之而不以爲貪，父死不赴，傷毁髮膚，而不爲不孝。蓋處君臣、父子之變，而不失乎中庸，此所以爲至德也。與魯隱公、吴季子之事，蓋不同矣。」曰：「逃去可矣，何必斷髮文身哉？」曰：「先儒議論之多矣。蘇氏以爲讓國，盛德之事矣，然存其實而取其名者，亂之所由起，故泰伯爲此，所以使名實俱亡而亂不作也。此以利害言之，固不足以得聖賢之心。而其弟黄門又曰：『子貢言泰伯端委以治吴，則固未嘗斷髮文身也。且漢東海王以天下授顯宗，唐宋王成器以天下授玄宗，皆兄弟終身無間言，何必斷髮文身哉！』此引子貢之言，則其事固有不可考者，然以漢、唐二事例之，則亦未足以盡聖賢之心也。蓋使王季之心，但如顯宗、玄宗則可，若有叔齊之義，則亦不能以一朝居矣。使泰伯而不有以深自絶焉，則亦何必致國於王季而安其位哉！然顯宗、玄宗之心，其厚薄又自不同也。」○南軒曰：「三讓，程子曰：『不立一也，逃之二也，文身三也。』夫泰伯之讓，誠難知也。以君之元子而棄宗國以逃身，本中夏而從夷狄之爲，不亦冒先王之大禁歟？而泰伯安然行之，非聖人孰能明其爲至德也。至德，謂德之至也。泰伯知文王有聖德，天之所命，當使天下被其澤，故致國於王季，爲文王也。故曰以天下讓，言其至公之心，爲天下而讓也。變而止乎中，非達權樂天者，其孰能與於此乎！惟其事情深遠，故民無得而稱，而聖人獨知其爲至德也。或曰：『泰伯之心，知文王得國則周必有天下乎？』非然也。以是存心，則是利夫天下者也。泰伯知文王得國，則天下必被其澤也，至於周之有天下，則泰伯豈加毫末於此哉！此又不可不知也。」

○孟子曰：「不信仁賢，則國空虚。空虚，言若無人然。**無禮義，則上下亂。**禮義，所以辨上下，定民志。**無政事，則財用不足。」**生之無道，取之無度，用之無節故也。○尹氏曰：「三者以仁賢爲本，無仁賢，則禮義政事，處之皆不以其道矣。」

○**孟子曰：「不仁而得國者，有之矣；不仁而得天下，未之有也。」**言不仁之人，騁其私智，可以盜千乘之國，而不可以得丘民之心。鄒氏曰：「自秦以來，不仁而得天下者有矣；然皆一再傳而失之，猶不得也。所謂得天下者，必如三代而後可。」○南軒曰：「不仁而得國，亦得其土地而已，顧豈得其民人之心哉？然則是終可保乎？孟子之言，所當深味，而不可執辭以害意也。」

○**孟子曰：「民爲貴，社稷次之，君爲輕。**社，土神。稷，穀神。建國則立壇壝以祀之。蓋國以民爲本，社稷亦爲民而立，而君之尊，又係於二者之存亡，故其輕重如此。○君者，神人之主。君爲貴，社稷次之，而民又次之，乃其常也，而孟子顧反言之，何哉？戰國之時，視民如草芥，不知興廢存亡皆由此出，故其言若此。使知民之貴甚於社稷，其敢以君之貴而慢其民乎？《衍義》**是故得乎丘民而爲天子，得乎天子爲諸侯，得乎諸侯爲大夫。**丘民，田野之民，至微賤也。然得其心，則天下歸之。天子至尊貴也，而得其心者，不過爲諸侯耳，是民爲重也。**諸侯危社稷，則變置。**諸侯無道，將使社稷爲人所滅，則當更立賢君，是君輕於社稷也。**犧牲既成，粢盛既潔，祭祀以時，然而旱乾水溢，則變置社稷。」**盛，音成。○祭祀不失禮，而土穀之神不能爲民禦災捍患，則毀其壇壝而更置之，亦年不順成，八蜡不通之意，是社稷雖重於君而輕於民也。

○**孟子曰：「聖人，百世之師也，伯夷、柳下惠是也。故聞伯夷之風者，頑夫廉，懦夫有立志；聞柳下惠之風者，薄夫敦，鄙夫寬。奮乎百世之上。**句。**百世之下，聞者莫不興起**

也。非聖人而能若是乎，而况於親炙之者乎？」興起，感動奮發也。親炙，親近而熏炙之也。餘見前篇。

○孟子曰：「仁也者，人也。合而言之，道也。」仁者，人之所以爲人之理也。然仁，理也；人，物也。以仁之理，合於人之身而言之，乃所謂道者也。程子曰：「《中庸》所謂率性之謂道是也。」○或曰：「外國本，『人也』之下，有『義也者宜也，禮也者履也，智也者知也，信也者實也』，凡二十字。」今案，如此則理極分明，然未詳其是否也。○仁者，人也。人之所以爲人者，以其有此而已。○人之所以得名，以其仁也。言仁而不言人，則不見理之所寓；言人而不言仁，則人止不過是一塊血肉耳。必合而言之，方見得道理出來。○此仁字不是別物，即是這人底道理。將這仁與人合，便是道。程子謂此猶「率性之謂道」也。如《中庸》「仁者，人也」是對「義者，宜也」，意又不同。「人」字是以人身言之，人自有生意，是言仁之生道也。《中庸》説「仁」字又密。上言「修身以道，修道以仁」，便説「仁者，人也」，是切己言之。孟子是統而言之。○南軒曰：「仁者，人也。仁謂人之理，人謂人之身，仁字本自人身上得名，合而言之，則人而仁矣，是乃人之道也。故伊川曰：『仁固是道，道却是總名。』蓋人之生，其愛之理具於性，是乃所以爲人之道者。惟其私意日以蔽隔，故其理雖存，而人不能合之，則仁道亦幾乎息矣。惟君子以克己爲務，己私既克，無所蔽隔，而天理粹然，則人與仁合，而爲人之道得矣。」

○孟子曰：「孔子之去魯，曰：『遲遲吾行也。』去父母國之道也。去齊，接淅而行，去他國之道也。」重出。

○孟子曰：「君子之戹於陳蔡之間，無上下之交也。」君子，孔子也。戹，與厄同。君臣皆惡，無所與交也。

○貉稽曰：「稽大不理於口。」貉，音陌。○趙氏曰：「貉，姓；稽，名。爲衆口所訕。」理，賴也。今案《漢書》「無俚」，《方言》亦訓賴。孟子曰：「無傷也。士憎兹多口。趙氏曰：「爲士者，益多爲衆口所訕。」案此則憎當從土，今本皆從心，蓋傳寫之誤。《詩》云：『憂心悄悄，愠于羣小。』孔子也。『肆不殄厥愠，亦不隕厥問。』文王也。」《詩》，《邶風·柏舟》及《大雅·緜》之篇也。悄悄，憂貌。愠，怒也。本言衛之仁人見怒於羣小。孟子以爲孔子之事，可以當之。肆，發語辭。隕，墜也。問，聲問也。本言太王事昆夷，雖不能殄絶其愠怒，亦不自墜其聲問之美。孟子以爲文王之事，可以當之。○尹氏曰：「言人顧自處如何，盡其在我者而已。」

○孟子曰：「賢者以其昭昭，使人昭昭；今以其昏昏，使人昭昭。」昭昭，明也。昏昏，闇也。尹氏曰：「大學之道，在自昭明德；而施於天下國家，其有不順者寡矣。」

○孟子謂高子曰：「山徑之蹊間，句。介然用之而成路。句。爲間不用，則茅塞之矣。今茅塞子之心矣。」介，音戛。○徑，小路也。蹊，人行處也。介然，倏然之頃也。用，由也。路，大路也。爲間，少頃也。茅塞，茅草生而塞之也。言理義之心，不可少有間斷也。○南軒曰：「此言學者初聞善道，其心不無欣慕而開明，猶山徑之有蹊間也，由是而體認充廣，朝夕於斯，則德進而業廣矣，猶用之而成路也。苟惟若有若亡而不用其力，則内爲氣習所蔽，外爲物欲所誘，向之開明者，幾何不復窒塞邪！然則山徑之蹊間，在夫用與不用；士之於學，亦係於思與不思而已，思則通，不思則塞矣。」

○高子曰：「禹之聲，尚文王之聲。」尚，加尚也。豐氏曰：「言禹之樂，過於文王之樂。」**孟子曰：「何以言之？」曰：「以追蠡。」**追，音堆。蠡，音禮。○豐氏曰：「追，鐘鈕也。《周禮》所謂旋蟲是也。蠡者，齧木蟲也。言禹時鐘在者，鐘鈕如蟲齧而欲絶，蓋用之者多，而文王之鐘不然，是以知禹之樂過於文王之樂也。」**曰：「是奚足哉？城門之軌，兩馬之力與？」**與，平聲。○豐氏曰：「奚足，言此何足以知之也。軌，車轍跡也。兩馬，一車所駕也。城中之涂容九軌，車可散行，故其轍跡淺；城門惟容一車，車皆由之，故其轍跡深。蓋日久車多所致，非一車兩馬之力能使之然也。言禹在文王前千餘年，故鐘久而紐絶；文王之鐘，則未久而紐全，不可以此而論優劣也。」○此章文義本不可曉，舊説相承如此，而豐氏差明白，故今存之，亦未知其是否也。

○齊饑。陳臻曰：「國人皆以夫子將復爲發棠，殆不可復。」復，扶又反。○先時齊國嘗饑，孟子勸王發棠邑之倉，以賑貧窮。至此又饑，陳臻問言齊人望孟子復勸王發棠，而又自言恐其不可也。**孟子曰：「是爲馮婦也。晉人有馮婦者，善搏虎，卒爲善士。則之野，有衆逐虎。虎負嵎，莫之敢攖。望見馮婦，趨而迎之。馮婦攘臂下車。衆皆悦之，其爲士者笑之。」**手執曰搏。卒爲善士，後能改行從善也。之，適也。負，依也。山曲曰嵎。攖，觸也。笑之，笑其不知止也。疑此時齊王已不能用孟子，而孟子亦將去矣，故其言如此。

○孟子曰：「口之於味也，目之於色也，耳之於聲也，鼻之於臭也，四肢之於安佚也，性

也，有命焉，君子不謂性也。 程子曰：「五者之欲，性也。然有分，不能皆如其願，則是命也。不可謂我性之所有，而求必得之也。」愚案：不能皆如其願，不止爲貧賤。蓋雖富貴之極，亦有品節限制，則是亦有命也。**仁之於父子也，義之於君臣也，禮之於賓主也，智之於賢者也，聖人之於天道也，命也，有性焉，君子不謂命也。」** 程子曰：「仁、義、禮、智、天道，在人則賦於命者，所稟有厚薄清濁，然而性善可學而盡，故不謂之命也。」張氏曰：「晏嬰智矣，而不知仲尼。是非命邪？」愚案：所稟者厚而清，則其仁之於父子也至，義之於君臣也盡，禮之於賓主也恭，智之於賢否也哲，聖人之於天道也，無不脗合而純亦不已焉。薄而濁，則反是，是皆所謂命也。或曰「者」當作「否」，「人」衍字，更詳之。○愚聞之師曰：「此二條者，皆性之所有而命於天者也。然世之人，以前五者爲性，雖有不得，而必欲求之；以後五者爲命，一有不至，則不復致力，故孟子各就其重處言之，以伸此而抑彼也。張子所謂『養則付命於天，道則責成於己』，其言約而盡矣。」○問「君子不謂性」。曰：「這性字不全是就理上説。口之欲食，目之欲色，以至耳鼻四肢之欲，固是天理之自然。然理附於氣，這許多都從血氣軀殼上發出來，故君子不當以此爲主，而以天命之理爲主。」○「君子不謂命」，「命」字有兩説：一以所稟言之，一以所值言之。《集注》是以所稟言。○「性也，有命焉」，此性字兼氣稟而言。「命也，有性焉」，此性字專言其理。○兩性字、兩命字都不同。上面性字是人心，下面性字是道心。上面命字是氣，論貧富貴賤；下面命字是理，論智愚賢不肖。○問「君子不謂性命」。曰：「此不難解，只將自家身看便見。且如嗜芻豢而厭藜藿，是性如此，然芻豢分無可得，只得且食藜藿。如父子有親，然有相愛者，有不相愛者，有相愛深者，有相愛淺者，此便是命。然在我有薄處，便當勉强以致其厚，在彼有薄處，我當致厚以感他，如舜於瞽瞍是也。」○問「有命焉」之命。曰：「此命字却合理與氣而言。蓋五者之欲，固是人性，然有命分。既不可謂我性之所有而必求得之，又不可謂我分可以得而必極其欲。如貧賤不能如願，此固分也。富貴之極，可以無所不爲，然亦有限節裁制，又當安之於理。如紂酒池肉林，却是富貴之極而不知限節之意。若以其分言之，固無不可爲，但道理却恁地不得。今人只説得一邊，不知合而言之，未嘗不同也。『命也，有性焉』，此性字却指理而言。如舜遇瞽瞍，固是氣數，然舜惟盡事親之道，期於底豫，此所謂盡性。大凡清濁厚薄之稟，皆命也。所造之有淺有深，所遇之有應有不應，皆清濁厚薄之分不同。且如聖人之於天道，如堯、舜則是性之，湯、武則是身之，禹則『入聖域而不優』，此是合下所稟有異。但其命雖如此，又有性焉，但當盡性而已，故不謂命。」○孟子此章，只要遏人欲，存天理，故於人説性處便曰「有命」，人説命處却曰「有性」。

○浩生不害問曰：「樂正子，何人也？」孟子曰：「善人也，信人也。」趙氏曰：「浩生，姓；不害，名。齊人也。」**「何謂善？何謂信？」**不害問也。**曰：「可欲之謂善，**天下之理，其善者必可欲，其惡者必可惡。其爲人也，可欲而不可惡，則可謂善人矣。**有諸己之謂信。**凡所謂善，皆實有之，如惡惡臭，如好好色，是則可謂信人矣。○張子曰：「志仁無惡之謂善，誠善於身之謂信。」**充實之謂美，**力行其善，至於充滿而積實，則美在其中而無待於外矣。**充實而有光輝之謂大，**和順積中，而英華發外，美在其中，而暢於四支，發於事業，則德業至盛而不可加矣。**大而化之之謂聖，**大而能化，使其大者泯然無復可見之迹，則不思不勉、從容中道，而非人力之所能爲矣。張子曰：「大可爲也，化不可爲也，在熟之而已矣。」

聖而不可知之之謂神。程子曰：「聖不可知，謂聖之至妙，人所不能測。非聖人之上，又有一等神人也。」**樂正子，二之中，四之下也。**」蓋在善、信之間，觀其從於子敖，則其有諸己者或未實也。張子曰：「顏淵、樂正子皆知好仁矣。樂正子志仁無惡而不致於學，所以但爲善人、信人而已；顏子好學不倦，合仁與智，具體聖人，獨未至聖人而止耳。」○程子曰：「士之所難者，在有諸己而已。能有諸己，則居之安，資之深，而美且大可以馴致矣。徒知可欲之善，而若存若亡而已，則能不受變於俗者鮮矣。」尹氏曰：「自可欲之善，至於聖而不可知之神，上下一理。擴充之至於神，則不可得而名矣。善人只是一箇渾然好人，都是可欲，更無些子可嫌處。」○問「可欲之善」。曰：「爲君仁、爲臣敬、爲父慈、爲子孝是也。」○「有諸己之謂信」，謂真箇有此善，若不有諸己，則不可謂之信。○「有諸己」，韓文公所謂「足乎己，無待於外之謂德」是也。有待於外底，如伊川所謂「富人多寶，貧子借看」之喻是也。○程子曰：「乾，聖人之分也，可欲之善屬焉。坤，賢人之分，有諸己之信屬焉。」一是自然，一是做工夫積習而至。又曰：「善、信、美、大、聖、神，是六等人。『可欲之謂善』，是説資稟好。『欲』，是別人以爲可欲。『有諸己之謂信』，是説學。」○南軒曰：「云云。人雖本有是善，而爲氣習所蔽，莫之能有，惟其存之久，而後能實有之。未有之，如他人之物，有諸己，而後爲己物也。自是而不自已焉，則進乎充實之地。充實者，充盛篤實也。美者，美在其中也。美之所積者厚，則光輝之所發者充塞而不可掩矣，故謂之大。然猶有大之可名，至於大而化，則大不足以名之。程子謂未化者如操尺度以量物，用之尚未免於有差；至於化，則己即是尺度，尺度即己，蓋成乎天者也。若夫神，則是聖人之妙，人不可得而測者，不疾而速，不行而至是也。非聖之外復有所謂神也。」○問：「『大而化之之謂聖』，橫渠謂『大可爲也，化不可爲也，在熟之而已矣』，此則與《易》之『擬議以成其變化』同。或説大猶有迹，化謂使充實光輝者泯然無形迹之可見。竊疑與釋氏銷礙入空之説相似，不知如何？」先生答曰：「孟子説化字，與《易》之變化不同，後説得之。然非銷礙入空之謂，更分別之，自可見矣。」

○孟子曰：「逃墨必歸於楊，逃楊必歸於儒。歸，斯受之而已矣。墨氏務外而不情，楊氏太簡而近實，故其反正之漸，大略如此。歸斯受之者，閔其陷溺之久，而取其悔悟之新也。**今之與楊、墨辯者，如追放豚，既入其苙，又從而招之。」**放豚，放逸之豕豚也。苙，闌也。招，罥也，羈其足也。言彼既來歸，而又追咎其既往之失也。○此章見聖賢之於異端，距之甚嚴，而於其來歸，待之甚恕。距之嚴，故人知彼説之爲邪；待之恕，故人知此道之可反，❶仁之至、義之盡也。○問「逃墨歸楊」云云。曰：「楊、墨皆是邪説，無大輕重，但墨氏之説尤出於矯僞不近人情而難行，故孟子之言如此，非以楊氏爲可取也。」○程子曰：「儒者潛心正道，不容有差，其始甚微，其終則不可救。如『師也過，商也不及』，於聖人中道，師只是過於厚些，商只是不及些，然而厚則漸至於兼愛，不及則便至於爲我。其過不及同出於儒者，其末遂至楊、墨。至如楊、墨，亦未至於無父無君，孟子推之，便至於此，蓋其差必至於是也。」○吕氏《大事記》曰：「齊宣王喜文學游説之士，鄒衍之徒七十六人皆賜列第爲上大夫，不治而議論，是以齊稷下學士盛者數百千人。是時諸子並起，秦漢以後所謂六家九流，特其略耳。」《孟子荀卿列傳》曰：「騶衍作怪迂之變，《終始》、《大聖》之

❶「反」，原作「及」，今據四庫薈要本改。

篇稱引天地剖判以來，五德轉移，治各有宜。其語閎大不經，王公大人初見其術，惧然顧化。淳于髡，齊人。博聞强記，學無所主。慎到，趙人。田駢、接子，齊人。環淵，楚人。皆學黄老之術。騶奭者，齊諸騶子，亦頗采騶衍之術，文具難施。公孫龍爲堅白同異之辯，魏有李悝盡地力之教，楚有尸子、長盧，阿之吁子焉。自騶衍與齊之稷下先生淳于髡、慎到、環淵、接子、田駢之徒，各著書言治亂之事，以干世主，豈可勝道哉！」《莊子·天下篇》曰：「古之人其備乎！配神明，醇天地，育萬物，和天下，澤及百姓，明於本數，係於末度，六通四闢，小大精粗，其運無乎不在。其明而在度數者，舊法世傳之史尚多有之。其在《詩》、《書》、《禮》、《樂》者，鄒魯之士、縉紳先生多能明之。《詩》以導志，《書》以導事，《禮》以導行，《樂》以導和，《易》以導陰陽，《春秋》以導名分。其數散於天下而設於中國者，百家之學或稱而道之。天下大亂，道德不一，天下多得一察焉以自好。譬如耳、目、鼻、口，皆有所明，不能相通。天下之人各爲其所欲焉以自爲方。悲夫！百家往而不反，必不合矣！後世學者，不見天地之純，古人之大體，道術將爲天下裂。」司馬子長與莊生所談，皆當深味也。愚案：莊生所述諸子，墨翟、禽滑釐，其一也；宋鈃、尹文，其二也；彭蒙、田駢、慎到，其三也；關尹、老聃，其四也；莊周，其五也；惠施，其六也。異端之盛，莫甚於此時，而孟子獨深辯楊、墨者，或曰：「楊、墨之禍仁義固也，必若何而後爲仁義也？」曰：「孟子嘗言之矣，曰君子『親親而仁民，仁民而愛物』是也。蓋自親親而推之於民物，是其理之一也，明乎理之一，則心無不溥，而非楊氏之爲我矣。親親與仁民不同，仁民與愛物不同，是其分之殊也，明乎分之殊，則其施有序，而非墨氏之兼愛矣。聖賢正大之學，異端私邪之見，真霄壤也。學者徒知孟子之闢楊、墨，而不知此章乃闢楊、墨之本所由見焉。」

〇孟子曰：「有布縷之征，粟米之征，力役之征。君子用其一，緩其二。用其二而民有殍，用其三而父子離。」征賦之法，歲有常數，然布縷取之於夏，粟米取之於秋，力役取之於冬，當各以其時，若并取之，則民力有所不堪矣。今兩税三限之法，亦此意也。尹氏曰：「言民爲邦本，取之無度，則其國危矣。」

〇孟子曰：「諸侯之寶三：土地，人民，政事。寶珠玉者，殃必及身。」尹氏曰：「言寶得其寶者安，寶失其寶者危。」

〇盆成括仕於齊。孟子曰：「死矣盆成括！」盆成括見殺。門人問曰：「夫子何以知其將見殺？」曰：「其爲人也小有才，未聞君子之大道也，則足以殺其軀而已矣。」盆成，姓；括，名也。恃才妄作，所以取禍。徐氏曰：「君子道其常而已。括有死之道焉，設使幸而獲免，孟子之言猶信也。」〇南軒曰：「才如辨給敏捷之類。小有才而未聞大道，則必求所以用其才，謂聰明智力之可以有爲，而不知理義之顧。若是者，極其才而不知所止，不至於顛覆則不已。故盆成括仕於齊，而孟子知其必見殺也。蓋不聞道，則爲才所役，聞道則有以爲用矣。所謂道者，非他也，理義之存乎人心者也。於此有聞，則其進退語默之際皆有所據，則才有所不敢恃矣。故夫人之有才，本不足以爲人害，惟其無所本而徒用其才，於是才始足以病己，甚至於有取死之道，反不若魯鈍無才之爲愈也。夫小有才而未聞道者，身且不能保，而爲國者乃信而用之，亡國敗家，其何日之有！」〇愚案：此才與「有才而驕吝」之才同，若所謂「天之降才」與「不善非才之罪也」、「不能盡其才」，則指其根於性者而言，如才子、才難之才矣。

○孟子之滕，館於上宮。有業屨於牖上，館人求之弗得。館，舍也。上宮，別宮名。業屨，織之有次業而未成者，蓋館人所作，置之牖上而失之也。**或問之曰：「若是乎從者之廋也？」曰：「子以是爲竊屨來與？」曰：「殆非也。夫子之設科也，往者不追，來者不拒。苟以是心至，斯受之而已矣。」**從、爲，去聲。與，平聲。夫子，如字，舊讀爲扶余者非。○或問之者，問於孟子也。廋，匿也。言子之從者，乃匿人之物如此乎？孟子答之，而或人自悟其失，因言此從者固不爲竊屨而來，但夫子設置科條以待學者，苟以向道之心而來，則受之耳，雖夫子亦不能保其往也。門人取其言，有合於聖賢之指，故記之。

○孟子曰：「人皆有所不忍，達之於其所忍，仁也；人皆有所不爲，達之於其所爲，義也。惻隱羞惡之心，人皆有之，故莫不有所不忍不爲，此仁義之端也。然以氣質之偏、物欲之蔽，則於他事或有不能者。但推所能，達之於所不能，則無非仁義矣。○南軒曰：「人皆有所不忍，皆有所不爲，此其秉彝之不可殄滅也。然有所不忍矣，而於他則忍之；有所不爲矣，而於他則爲之。此豈有異心哉？爲私欲所蔽而生道息故也。若以其所不忍而達之於其所忍，豈非仁之方乎？以其所不爲而達之於所爲，豈非義之方乎？達，謂達於用；充，謂充其所有者也。此章始言仁義，而末獨言義，何也？蓋仁、義，體用相須者也，人之不仁，以非義害之也，不爲非義，而後仁可得而存。故反復再三，推而言之，使人知所用力也。」○孟子此章，教人以善推其所爲也。夫有所不忍、有所不爲者，此心之正也。能即是心而推之，雖所忍者亦不忍，即仁也；雖所爲者亦不爲，即義也。如無欲害人，此所謂不忍也，私欲一動，則不忍者有時而忍矣。無欲穿窬，此所謂不爲也，私欲一動，則不爲者有時而爲矣。惟能即是心而充之，害人之事固所不欲，其未至於害人者，亦皆不欲，仁其可勝用乎？穿窬之事固所不爲，其未至於穿窬者，亦皆不爲，義其可勝用乎？爾、汝，人所輕賤之稱，知耻者之所不肯受，此所謂羞惡之心也。能自此充之，則無所往而非義也。大抵人之本心無不善者，由其以利欲汨之而失其本心，故侵尋蹉跌，遂流於不善。如百里之走則耻之，而五十里則不以爲耻，曷若併歲攘而不爲乎？知此而後知孟子充之之説。《衍義》**人能充無欲害人之心，而仁不可勝用也；人能充無穿踰之心，而義不可勝用也。**勝，平聲。○充，滿也。穿，穿穴；踰，踰牆，皆爲盜之事也。能推所不忍，以達於所忍，則能滿其無欲害人之心，而無不仁矣；能推其所不爲，以達於所爲，則能滿其無穿踰之心，而無不義矣。**人能充無受爾汝之實，無所往而不爲義也。**此申説上文充無穿踰之心之意也。蓋爾、汝，人所輕賤之稱，人雖或有所貪昧隱忍而甘受之者，然其中心必有慚忿而不肯受之之實。人能即此而推之，使其充滿無所虧缺，則無適而非義矣。**士未可以言而言，是以言餂之也；可以言而不言，是以不言餂之也，是皆穿踰之類也。」**餂，音忝。○餂，探取之也。今人以舌取物曰餂，即此意也。便佞隱默，皆有意探取於人，是亦穿踰之類。然其事隱微，人所易忽，故特舉以見例。明必推無穿踰之心，以達於此而悉去之，然後爲能充其無穿踰之心也。

○孟子曰：「言近而指遠者，善言也；守約而施博者，善道也。君子之言也，不下帶而道存焉。施，去聲。○古人視不下於帶，則帶之上乃目前常見至近之處也。舉目前之近事，而至理存焉，所以爲言近而指遠也。**君子之守，脩其身而天下平。**此所謂守約而施博也。**人病舍其田而芸人**

之田，所求於人者重，而所以自任者輕。」舍，音捨。○此言不守約而務博施之病。

○孟子曰：「堯、舜，性者也；湯、武，反之也。性者，得全於天，無所汙壞，不假修爲，聖之至也。反之者，修爲以復其性，而至於聖人也。程子曰：「性之、反之，古未有此語。蓋自孟子發之。」呂氏曰：「無意而安行，性也；有意利行，而至於無意，復性者也。堯、舜不失其性，湯、武善反其性，及其成功則一也。」**動容周旋中禮者，盛德之至也；哭死而哀，非爲生者也；經德不回，非以干禄也；言語必信，非以正行也。**中、爲、行，並去聲。○細微曲折，無不中禮，乃其盛德之至。自然而中，而非有意於中也。經，常也。回，曲也。三者亦皆自然而然，非有意而爲之也，皆聖人之事，性之之德也。**君子行法以俟命而已矣。」**法者，天理之當然者也。君子行之，而吉凶禍福有所不計，蓋雖未至於自然，而已非有所爲而爲矣。此反之之事，董子所謂「正其義不謀其利，明其道不計其功」，正此意也。○程子曰：「動容周旋中禮者，盛德之至。行法以俟命者，『朝聞道夕死可矣』之意也。」呂氏曰：「法由此立，命由此出，聖人也；行法以俟命，君子也。聖人性之，君子所以復其性也。」

○孟子曰：「說大人，則藐之，勿視其巍巍然。說，音稅。藐，音眇。○趙氏曰：「大人，當時尊貴者也。藐，輕之也。巍巍，富貴高顯之貌。藐焉而不畏之，則志意舒展，言語得盡也。」**堂高數仞，榱題數尺，我得志弗爲也；食前方丈，侍妾數百人，我得志弗爲也；般樂飲酒，驅騁田獵，後車千乘，我得志弗爲也。在彼者，皆我所不爲也；在我者，皆古之制也，吾何畏彼哉？」**榱，楚危反。般，音盤。樂，音洛。乘，去聲。○榱，桷也。題，頭也。食前方丈，饌食列於前者，方一丈也。此皆其所謂巍巍然者，我雖得志，有所不爲，而所守者皆古聖賢之法，則彼之巍巍者，何足道哉！○楊氏曰：「《孟子》此章，以己之長，方人之短，猶有此等氣象，在孔子則無此矣。」

○孟子曰：「養心莫善於寡欲。其爲人也寡欲，雖有不存焉者，寡矣；其爲人也多欲，雖有存焉者，寡矣。」欲，如口、鼻、耳、目、四支之欲，雖人之所不能無，然多而不節，未有不失其本心者，學者所當深戒也。程子曰：「所欲不必沈溺，只有所向便是欲。」○《集義》程子曰：「孟子言『養心莫善於寡欲』，欲寡則心自誠。荀子言『養心莫善於誠』，既誠矣，又何用養？此已不識誠，又不知所以養。」○致知在所養，養知莫過於寡欲。○呂氏曰：「欲者，感動於物也。治心之道莫善於少欲，少欲則耳目之官不蔽於物，而心常寧矣。心常寧則定而不亂、明而不暗，道之所由生，德之所自成也。不存者，梏亡之謂也。寡欲之人，則無梏亡之患矣。其爲人也多欲，則好動而無節，妄作而失常，善端所由喪而天理虧焉，故雖有存焉寡矣。是故心者，性之用也，可以成性，可以失性，得其養則道進而德長，所以成性；失其養則反道敗德，所以失性。云云。」又曰：「天下之難持者，莫如心；天下之易染者，莫如欲。」○南軒曰：「有所向則爲欲，多欲則百慮紛紜，其心外馳，尚何所存乎！寡欲則思慮澹，血氣平，其心虛寧，而不存者寡矣。雖然，天資寡欲之人，其不存焉者固寡，然不知存其存，則亦莫之能充也。若學者以寡欲爲要，則當存養擴充，由寡欲以至無欲，則其清明高遠者爲無窮矣。」

○曾晳嗜羊棗，而曾子不忍食羊棗。羊棗，實小，黑而圓，又謂之羊矢棗。曾子以父嗜之，父没之後，食必思親，故不忍食也。公孫丑問曰：「膾炙與羊棗孰美？」孟子曰：「膾炙哉！」公孫丑曰：「然則曾子何爲食膾炙而不食羊棗？」曰：「膾炙所同也，羊棗所獨也。諱名不諱姓，姓所同也，名所獨也。」肉聶而切之爲膾。炙，炙肉也。

○萬章問曰：「孔子在陳曰：『盍歸乎來！吾黨之士狂簡，進取，不忘其初。』孔子在陳，何思魯之狂士？」盍，何不也。狂簡，謂志大而略於事。進取，謂求望高遠。不忘其初，謂不能改其舊也。此語與《論語》小異。孟子曰：「孔子『不得中道而與之，必也狂獧乎！狂者進取，獧者有所不爲也』。孔子豈不欲中道哉？不可必得，故思其次也。」獧，音絹。○「不得中道」至「有所不爲」，據《論語》亦孔子之言。然則「孔子」字下當有「曰」字。《論語》「道」作「行」，「獧」作「狷」。有所不爲者，知耻自好，不爲不善之人也。「孔子豈不欲中道」以下，孟子言也。「敢問何如斯可謂狂矣？」萬章問。曰：「如琴張、曾晳、牧皮者，孔子之所謂狂矣。」琴張，名牢，字子張。子桑户死，琴張臨其喪而歌。事見《莊子》。雖未必盡然，要必有近似者。曾晳見前篇。季武子死，曾晳倚其門而歌，事見《檀弓》。又言志異乎三子者之撰，事見《論語》。牧皮，未詳。「何以謂之狂也？」萬章問。曰：「其志嘐嘐然，曰『古之人，古之人』。夷考其行而不掩焉者也。嘐，火交反。行，去聲。○嘐嘐，志大言大也。重言「古之人」，見其動輒稱之，不一稱而已也。夷，平也。掩，覆也。言平考其行，則不能覆其言也。程子曰：「曾晳言志，而夫子與之。蓋與聖人之志同，便是堯舜氣象也，特行有不掩焉耳，此所謂狂也。」狂者又不可得，欲得不屑不潔之士而與之，是獧也，是又其次也。此因上文所引，遂解所以思得獧者之意。狂，有志者也；獧，有守者也。有志者能進於道，有守者不失其身。屑，潔也。孔子曰：『過我門而不入我室，我不憾焉者，其惟鄉原乎！鄉原，德之賊也。』」曰：「何如斯可謂之鄉原矣？」鄉原，非有識者。原，與愿同。《荀子》「原慤」，字皆讀作愿，謂謹愿之人也。故鄉里所謂愿人，謂之鄉原。孔子以其似德而非德，故以爲德之賊。過門不入而不恨之，以其不見親就爲幸，深惡而痛絶之也。萬章又引孔子之言而問也。曰：「『何以是嘐嘐也？言不顧行，行不顧言，則曰：古之人，古之人。行何爲踽踽涼涼？生斯世也，爲斯世也，善斯可矣。』閹然媚於世也者，是鄉原也。」行，去聲。踽，其禹反。閹，音奄。○踽踽，獨行不進之貌。涼涼，薄也，不見親厚於人也。鄉原譏狂者曰：何用如此嘐嘐然，行不掩其言，而徒每事必稱古人邪？又譏獧者曰：何必如此踽踽涼涼，無所親厚哉？人既生於此世，則當但爲此世之人，使當世之人皆以爲善則可矣，此鄉原之志也。閹，如奄人之奄，閉藏之意也。媚，求悦於人也。孟子言此深自閉藏，以求親媚於世，是鄉原之行也。萬章曰：「一鄉皆稱原人焉，無所往而不爲原人，孔子以爲德之賊，何哉？」原，亦謹厚之稱，而孔子以爲德之賊，故萬章疑之。曰：「非之無舉也，刺之無刺也；同乎流俗，合乎汙世；居之似忠信，行之似廉潔；衆皆悦之，自以爲是，而不可與入堯、舜之道，故曰德之賊也。呂侍講曰：「言此等之人，欲非之則無可舉，欲刺之則無可刺也。」流俗者，風俗頽靡，如水之下流，衆莫不然也。汙，濁也。非忠信而似忠信，非廉潔而似廉潔。**孔子曰：『惡似而非者：惡莠，恐其亂苗也；惡佞，恐其亂義也；惡利口，恐其亂信也；惡鄭聲，恐其亂樂也；惡紫，恐其亂朱也；惡鄉原，恐其亂德也。』**惡，去聲。莠，音有。○孟子又引孔子之言以明之。莠，似苗之草也。佞，才智之稱，其言似義而非義也。利口，多言而不實者也。鄭聲，淫樂也。樂，正樂也。紫，間色。朱，正色也。鄉原不狂不獧，人皆以爲善，有似乎中道而實非也，故恐其亂德。**君子反經而已矣。經正，則庶民興；庶民興，斯無邪慝矣。」**反，復也。經，常也，萬世不易之常道也。興，興起於善也。邪慝，如鄉原之屬是也。世衰道微，大經不正，故人人得爲異説以濟其私，而邪慝並起，不可勝正，君子於此，亦復其常道而已。常道既復，則民興於善，而是非明白，無所回互，雖有邪慝，不足以惑之矣。○尹氏曰：「君子取夫狂獧者，蓋以狂者志大而可與進道，獧者有所不爲而可與有爲也。所惡於鄉原而欲痛絶之者，爲其似是而非，惑人之深也。絶之之術無他焉，亦曰反經而已矣。」

○孟子曰：「由堯、舜至於湯，五百有餘歲，若禹、皋陶則見而知之；若湯，則聞而知之。趙氏曰：「五百歲而聖人出，天道之常，然亦有遲速，不能正五百年，故言有餘也。」尹氏曰：「知，謂知其道也。」**由湯至於文王，五百有餘歲，若伊尹、萊朱則見而知之；若文王，則聞而知之。**趙氏曰：「萊朱，湯賢臣。」或曰：即仲虺也，爲湯左相。**由文王至於孔子，五百有餘歲，若太公望、散宜生，則見而知之；若孔子，則聞而知之。**散，素亶反。○散，氏；宜生，名，文王賢臣也。子貢曰：「文、武之道，未墜於地，在人。賢者識其大者，不賢者識其小者，莫不有文、武之道焉。夫子焉不學？」此所謂聞而知之也。**由孔子而來至於今，百有餘歲，去聖人之世，若此其未遠也；近聖人之居，若此其甚**

也，然而無有乎爾，則亦無有乎爾。」林氏曰：「孟子言孔子至今時未遠，鄒、魯相去又近，然而已無有見而知之者矣；則五百餘歲之後，又豈復有聞而知之者乎？」愚案：此言雖若不敢自謂已得其傳，而憂後世遂失其傳，然乃所以自見其有不得辭者，而又以見夫天理民彝不可泯滅，百世之下，必將有神會而心得之者耳。故於篇終，歷序羣聖之統，而終之以此，所以明其傳之有在，而又以俟後聖於無窮也，其指深哉！○有宋元豐八年，河南程顥伯淳卒。潞公文彦博題其墓曰：「明道先生。」而其弟頤正叔序之曰：「周公没，聖人之道不行；孟軻死，聖人之學不傳。道不行，百世無善治；學不傳，千載無真儒。無善治，士猶得以明夫善治之道，以淑諸人，以傳諸後；無真儒，則天下貿貿焉莫知所之，人欲肆而天理滅矣。先生生乎千四百年之後，得不傳之學於遺經，以興起斯文爲己任。辨異端，闢邪説，使聖人之道焕然復明於世。蓋自孟子之後，一人而已。然學者於道不知所向，則孰知斯人之爲功？不知所至，則孰知斯名之稱情也哉？」○南軒曰：「道不爲古今而有加損，聖人先得我心之所同然者耳。苟得其所同然，則雖越宇宙，與親見之何以異哉！」○愚案：皋陶、伊尹、萊朱、太公望、散宜生皆與斯道之傳。今考之《皋陶謨》、《伊訓》、《太甲》、《咸有一德》諸篇，則二人之學，至精至粹，其得與羣聖之列也宜哉！萊朱若誠仲虺，則固伊尹之亞也。太公望於《書》無所見，惟《大戴禮·踐阼》篇，武王問道於太公望，公奉丹書以入，所陳者敬義仁之道。其所以爲文、武之師者，亦豈苟哉？後世特以爲兵家之祖，蓋未然也。散宜生之名一見於《書》，而傳道之事則無所考。至於獨言文王而不及武王、周公，則以父子同道，舉文王則餘在其中故爾。或者遂謂孟子有不取武王之意，豈其然邪？

附録

文淵閣四庫全書四書集編提要

臣等謹案：《四書集編》二十六卷，宋真德秀撰。德秀字希元，浦城人。慶元五年進士，中詞科。紹定中拜參知政事，進資政殿直學士。卒謚文忠。事蹟具《宋史·道學傳》。❶此書惟《大學》一卷、《中庸》一卷爲德秀所手定。《大學章句序》後有題記一行，稱「寶慶三年八月丁卯後學真德秀編于學易齋」者，其成書年月也。其子志道序，亦惟稱《大學》、《中庸》，而云《論語》、《孟子集註》雖已點校，《集編》則未成。咸淳九年案：原本作咸寧九年，宋無此年號，今改正。劉才之序，❷始稱西山所編惟《中庸》、《大學》，《論》、《孟》二書闕焉，叩之庭聞，則云已經點校，但未編集。是《論》、《孟》固未嘗無成書。一日論諸堂上，學正劉樸谿承謂《讀書記》

---

❶「宋史道學傳」，按真氏本傳實在《宋史》卷四百三十七《儒林》七。

❷「劉才之」，原脱「之」字，據《四書集編》劉才之序作者署名補。

中所載《論》、《孟》處，與今所刊《中庸》、《大學》凡例同，其他如《文集》、《衍義》等書，亦有可採摭者，因勉其彙集成書，凡五閱月而帙就，又五閱月而刊成云云。是《論語》十卷，《孟子》十四卷，皆劉承以德秀遺書補輯成之者也。朱子以《大學》、《中庸》、《論語》、《孟子》合爲四書，其《章句》多出新意，其《集註》雖多參取舊文，而亦與諸儒異。其所以去取之意，散見《或問》、《語類》、《文集》中，不能一一載也。而《或問》、《語類》、《文集》又多一時未定之説與門人記録失真之處，故先後異同，重複顛舛，讀者往往病焉。是編博采朱子之説以相發明，復間附己見，以折衷訛異。志道序述德秀之言，自稱有銓擇刊潤之功，殆非虚語。趙順孫《四書纂疏》備列德秀所著諸書，而不載其目，蓋至宋末始刊，其出最晚，順孫未之見也。自是以後，踵而作者汗牛充棟，然其學皆不及德秀，故其書亦終不及焉。乾隆四十六年十一月恭校上。

《儒藏》精華編選刊

即出書目（二〇二三）

白虎通德論
誠齋集
春秋本義
春秋集傳大全
春秋左氏傳賈服注輯述
春秋左氏傳舊注疏證
春秋左傳讀
道南源委
桴亭先生文集
復初齋文集
廣雅疏證
龜山先生語録
郭店楚墓竹簡十二種校釋
國語正義
涇野先生文集
康齋先生文集
孔子家語　曾子注釋
禮書通故
論語全解
毛詩後箋
毛詩稽古編
孟子正義
孟子注疏
閩中理學淵源考
木鐘集
群經平議

三魚堂文集　外集
上海博物館藏楚竹書十九種校釋
尚書集注音疏
詩本義
詩經世本古義
詩毛氏傳疏
詩三家義集疏
書疑　東坡書傳　尚書表注
書傳大全
四書集編
四書蒙引
四書纂疏
宋名臣言行録
孫明復先生小集　春秋尊王發微
文定集

五峰集　胡子知言
小學集註
孝經注解　温公易説　司馬氏書儀　家範
孶經室集
伊川擊壤集
儀禮圖
儀禮章句
易漢學
游定夫先生集
御選明臣奏議
周易口義　洪範口義
周易姚氏學